Die Reihe
„Studien zur Wahl- und Einstellungsforschung"
wird herausgegeben von

Prof. Dr. Hans Rattinger, Universität Mannheim
Prof. Dr. Oscar W. Gabriel, Universität Stuttgart
Prof. Dr. Rüdiger Schmitt-Beck, Universität Mannheim

Band 23

Markus Tausendpfund

Gemeinden als Rettungsanker der EU?

Individuelle und kontextuelle Faktoren der Zustimmung
der Bürgerinnen und Bürger zur Europäischen Union

Gefördert durch die Deutsche Forschungsgemeinschaft.

Die Deutsche Nationalbibliothek verzeichnet diese Publikation in
der Deutschen Nationalbibliografie; detaillierte bibliografische
Daten sind im Internet über http://dnb.d-nb.de abrufbar.

Zugl.: Mannheim, Univ., Diss., 2012

ISBN 978-3-8487-0023-3

1. Auflage 2013
© Nomos Verlagsgesellschaft, Baden-Baden 2013. Printed in Germany. Alle Rechte,
auch die des Nachdrucks von Auszügen, der fotomechanischen Wiedergabe und der
Übersetzung, vorbehalten. Gedruckt auf alterungsbeständigem Papier.

Vorwort

Das vorliegende Buch ist die überarbeitete Version meiner am 29. Februar 2012 eingereichten und am 21. Mai 2012 an der Fakultät für Sozialwissenschaften der Universität Mannheim verteidigten Dissertation. Sie ist im Rahmen des von der Deutschen Forschungsgemeinschaft (DFG) geförderten und am Mannheimer Zentrum für Europäische Sozialforschung (MZES) der Universität Mannheim durchgeführten Projekts „Europa im Kontext" entstanden.

Eine Promotion ist ein Abenteuer. Und Abenteuer lässt sich in Übereinstimmung mit Hildegunst von Mythenmetz nach dem Zamonischen Wörterbuch als „eine waghalsige Unternehmung aus Gründen des Forschungsdrangs oder des Übermuts; mit lebensbedrohlichen Aspekten, unberechenbaren Gefahren und manchmal fatalem Ausgang" definieren (Moers 2006, 9). Eine Promotion ist mit der Wanderung des jungen Lindwurms nach Buchhaim vergleichbar, der dort in den Besitz des *Blutigen Buches* kam und das Orm erwarb. Auf dieser Reise begegnet Hildegunst von Mythenmetz Büchern, die „verletzen, vergiften, ja sogar töten können" (Moers 2006, 9). Bei der Bearbeitung der vorliegenden Studie durfte ich mich mit den verschiedensten Texten auseinandersetzen – Monographien, Sammelbänden, Aufsätzen in Fachzeitschriften, amtlichen Dokumenten und auch „grauer" Literatur. Viele Veröffentlichungen haben mich inspiriert, neue Einsichten verschafft und meine Kreativität gefördert. Zwar wollte mich vermutlich kein Text verletzen, vergiften oder sogar töten, aber einige führten mich zumindest in Sackgassen, auf Umwege oder wie Hildegunst von Mythenmetz auf „düsteren, labyrinthischen und gefährlichen Pfaden tief hinab, hinab in die Eingeweide der Erde" (Moers 2006, 9). In solchen Situationen ist es unermesslich wertvoll, wenn Kollegen, Mitstreiter und Freunde einen auf dieser mehrjährigen Wanderung begleiten. Die aus Sackgassen herausführen, die den Nutzen so mancher Umwege verdeutlichen und immer wieder Zuversicht aussprechen. Eine Promotion ohne solche Begleiter mag möglich sein, mit solchen Weggefährten ist sie aber sicher angenehmer. Deshalb bin ich dankbar und froh, dass mich insbesondere auf den düsteren und gefährlicheren Wegstrecken meiner Promotionsreise viele Menschen begleitet haben.

Zu meinen wichtigsten Reisegefährten zählt Jan W. van Deth, der mich auf allen Etappen – von der Entwicklung über die Durchführung bis hin zum Verfassen dieser Studie – begleitet hat. Er war stets ein geduldiger und konstruktiver Gesprächspartner, der immer wieder auf Widersprüche in der theoretischen Argumentation, der konzeptionellen Anlage der Arbeit sowie der Präsentation der empirischen Befunde aufmerksam machte. Insbesondere hat er dazu beigetragen, dass ich auf den unzähligen universitären Pfaden und Wegen das eigentliche Ziel nicht aus dem Auge verloren habe. Ein herzliches Dankeschön geht an Angelika Vetter, die sich – ohne zu zögern – bereit erklärte, eines der beiden Gutachten zu der Dissertation zu verfassen. Insbesondere ihre freundlichen und aufmunternden Worte am Ende der langen Wegstrecke haben die „Strapazen" erträglicher gemacht. Rüdiger Schmitt-Beck bin ich nicht nur für die Übernahme des Prüfungsvorsitzes bei meinem Promotionsverfahren dankbar, sondern auch für die Möglichkeit, meine überarbeitete Dissertation in dieser von ihm mit herausgegebenen Buchreihe zu veröffentlichen.

Vor der Veröffentlichung haben viele Weggefährten Entwürfe einzelner Kapitel kritisch gelesen und kommentiert. Ich danke Nikolaus Hollermeier, Felix Hörisch, Viktoria Kaina, Sebastian Kuhn, Christian Schnaudt, Ellen Schneider, Nicole Seher, Meike Vollmar, Jessica Walter, Felix Weiss und Lisa Wessa für ihre konstruktiven und hilfreichen Anmerkungen. Ein geduldiger und hilfsbereiter Gesprächspartner bei kniffligen statistischen Fragen und Problemen war Steffen Schindler. Drei Menschen verdienen meinen besonderen Dank: Simone Abendschön, Daniela Braun und Benjamin von dem Berge. Simone und Daniela haben die Arbeit nicht nur komplett gelesen, sondern auch mit wertvollen Ratschlägen und Hinweisen bereichert. Ihre Anregungen haben dazu beigetragen, meine Argumentation präziser und analytischer zu präsentieren. Ben hat in der „finalen" Version der Arbeit nicht nur zahlreiche Tippfehler gefunden, sondern musste als Bürokollege meine Stimmungsschwankungen und mit zunehmender Dissertationsdauer auch meine Gereiztheit ertragen. Seine Ausgeglichenheit und Ruhe gerade an stürmischen Tagen verdienen meinen Respekt und Anerkennung. Herzlichen Dank für die freundschaftliche Arbeitsatmosphäre und die unzähligen – nicht nur wissenschaftlichen – Gespräche. Vor der Buchpublikation hat Dieter Rihm das komplette Manuskript noch einmal Korrektur gelesen. Alle Personen haben zur Qualitätsverbesserung dieser Arbeit beigetragen. Dafür an dieser Stelle nochmals ein herzliches Dankeschön!

Neben den genannten Menschen bin ich mit der DFG und dem MZES auch zwei Institutionen zu Dank verpflichtet. Die DFG hat die Studie und meine Forschungsarbeit im Rahmen des Projekts „Europa im Kontext" finanziell gefördert. Das MZES stellte erstklassige Arbeitsbedingungen zur Verfügung, so dass ich mich auf meine Forschung konzentrieren konnte. Für die sozialwissenschaftliche Forschung ist das MZES zweifellos ein echter Glücksfall.

Schließlich danke ich meinen Eltern für die uneingeschränkte Unterstützung. Ihnen ist dieses Buch gewidmet.

Jena, im Dezember 2012   Markus Tausendpfund

Inhaltsverzeichnis

Tabellenverzeichnis	10
Abbildungsverzeichnis	14
1. Einführung	17
1.1 Problemstellung	21
1.2 Zielsetzung und Forschungsfragen	23
2. Datengrundlage und Analysestrategie	30
2.1 Datengrundlage	30
2.1.1 Bürgerbefragung	36
2.1.2 Kommunalpolitikerbefragung	41
2.1.3 Kontextdaten	44
2.2 Analysestrategie	46
3. Bürger, Einstellungen und Europäische Union	48
3.1 Die Rolle der Bürger im europäischen Integrationsprozess	49
3.2 Konzept der politischen Unterstützung	54
3.2.1 Grundannahmen des Konzepts der politischen Unterstützung	55
3.2.2 Weiterentwicklung des Konzepts der politischen Unterstützung	61
3.2.3 Vergleich und Schlussfolgerungen	63
3.3 Operationalisierung	66
3.3.1 Effektivität	66
3.3.2 Legitimität	70
3.3.3 Identifikation	73
3.3.4 Effektivität, Legitimität und Identifikation	76
3.3.5 Indexbildung	78
3.4 Unterschiede der politischen Unterstützung zwischen Gemeinden	83

4. Einfluss individueller Faktoren auf die politische Unterstützung	90
4.1 Soziodemographische Faktoren	92
4.1.1 Geschlecht	92
4.1.2 Alter und Kohortenzugehörigkeit	99
4.1.3 Bildung	114
4.1.4 Soziale Schicht	119
4.1.5 Einkommen	124
4.1.6 Religion	129
4.1.7. Multivariate Analysen	136
4.2 Politische Faktoren	140
4.2.1 Kognitive Mobilisierung	140
4.2.2 Werte	149
4.2.3 Politisches Interesse	155
4.2.4 Parteiorientierung	160
4.2.5 Politische Ideologie	166
4.2.6 Kosten-Nutzen-Überlegungen	171
4.2.7 Politische Informationsnutzung	176
4.2.8 Multivariate Analysen	186
4.3 Sozialkapitalfaktoren	190
4.3.1 Netzwerke	192
4.3.2 Soziales Vertrauen	202
4.3.3 Normen	207
4.3.4 Multivariate Analysen	214
4.4 Lokale und nationalstaatliche Faktoren	218
4.4.1 Lokale Orientierungen	219
4.4.2 Nationalstaatliche Orientierungen	231
4.4.3 Multivariate Analysen	240
4.5 Zusammenfassende Analysen	242
5. Einfluss kontextueller Merkmale auf die politische Unterstützung	252
5.1 Relevanz des lokalen Umfelds für die politische Unterstützung der EU	256
5.2 Einfluss des lokalen Umfelds auf die politische Unterstützung der EU	268
5.2.1 Politik	270
5.2.1.1 Politisierung	271
5.2.1.2 Zufriedenheit mit lokalen Institutionen	276
5.2.1.3 Haltungen der Kommunalpolitiker zur EU	280
5.2.1.4 Zusammenfassung	287

5.2.2 Gesellschaft	289
5.2.2.1 Europäische Städtepartnerschaften	290
5.2.2.2 Religiöse Fragmentierung	297
5.2.2.3 Werteklima	300
5.2.2.4 Ausländeranteil	304
5.2.2.5 Zusammenfassung	312
5.2.3 Wirtschaft	313
5.2.3.1 Finanzsituation der Gemeinden	315
5.2.3.2 Wirtschaftslage	319
5.2.3.3 EU-Transferzahlungen	325
5.2.3.4 Zusammenfassung	331
5.2.4 Politik, Gesellschaft und Wirtschaft	332
5.3 Zusammenfassende Analysen	335
6. Zusammenfassung und Diskussion	338
6.1 Beantwortung der Forschungsfragen	339
6.2 Schlussfolgerungen	346
6.3 Forschungsperspektiven	348
Literatur	353
Anhang	
Indikatoren der Politisierung	401
Indikator der Zufriedenheit mit lokalen Institutionen	402
Indikatoren der Haltungen der Kommunalpolitiker zur EU	403
Indikatoren der städtepartnerschaftlichen Beziehungen	404
Indikatoren der religiösen Fragmentierung	405
Indikatoren des Werteklimas	406
Indikatoren des Ausländeranteils	407
Indikatoren der Finanzsituation der Gemeinden	408
Indikatoren der Wirtschaftslage	409
Indikatoren der EU-Transferzahlungen	410

Tabellenverzeichnis

Tabelle 1:	Die 28 ausgewählten Gemeinden im Überblick	34
Tabelle 2:	Angaben zur Feldphase der Bürgerbefragung	40
Tabelle 3:	Angaben zur Feldphase der Kommunalpolitikerbefragung	43
Tabelle 4:	Hauptkomponentenanalyse der Indikatoren der Effektivität	70
Tabelle 5:	Hauptkomponentenanalyse der Indikatoren der Legitimität	73
Tabelle 6:	Hauptkomponentenanalyse der Indikatoren der Effektivität, Legitimität und Identifikation	78
Tabelle 7:	Fallzahlen, Mittelwerte und Standardabweichungen sowie Cronbach's Alphas der einzelnen Varianten der Indexbildung	83
Tabelle 8:	Übersicht der Gemeinden, die mindestens auf einer Dimension politischer Unterstützung signifikant vom jeweiligen Gesamtdurchschnitt abweichen	89
Tabelle 9:	Geschlecht und politische Unterstützung der EU	98
Tabelle 10:	Historische Epochen der EU	106
Tabelle 11:	Epochen und die Formierung politischer Generationen	110
Tabelle 12:	Alter und politische Unterstützung der EU (lineare Beziehung)	111
Tabelle 13:	Alter und politische Unterstützung der EU (kurvilineare Beziehung)	111
Tabelle 14:	Kohortenzugehörigkeit und politische Unterstützung der EU	112
Tabelle 15:	Bildung und politische Unterstützung der EU	118
Tabelle 16:	Schichtzugehörigkeit und politische Unterstützung der EU	123
Tabelle 17:	Einkommen und politische Unterstützung der EU	129
Tabelle 18:	Religionsgemeinschaft und politische Unterstützung der EU	135
Tabelle 19:	Kirchgangshäufigkeit und politische Unterstützung der EU	136
Tabelle 20:	Erwartungen und Befunde zu den soziodemographischen Faktoren	137
Tabelle 21:	Soziodemographische Faktoren und politische Unterstützung der EU	138
Tabelle 22:	Erklärte Varianz der soziodemographischen Faktoren	140
Tabelle 23:	Befragte nach Wissensgruppen (Fallzahl: 11.870)	147
Tabelle 24:	Kognitive Mobilisierung und politische Unterstützung der EU	148
Tabelle 25:	Wertorientierung und politische Unterstützung der EU	154
Tabelle 26:	Wertorientierung und Verbundenheit mit Europa sowie Stolz, ein Bürger Europas zu sein	155
Tabelle 27:	Politisches Interesse und politische Unterstützung der EU	160

Tabelle 28: Parteiorientierung und politische Unterstützung der EU 166
Tabelle 29: Extreme Links-Rechts-Selbsteinstufung
und politische Unterstützung der EU 170
Tabelle 30: Links-Rechts-Selbsteinstufung
und politische Unterstützung der EU 170
Tabelle 31: Vor- und Nachteile durch die EU
und politische Unterstützung der EU 175
Tabelle 32: Politische Informationsnutzung
und politische Unterstützung der EU 186
Tabelle 33: Erwartungen und Befunde zu den politischen Faktoren 187
Tabelle 34: Politische Faktoren und politische Unterstützung der EU 189
Tabelle 35: Erklärte Varianz der politischen Faktoren 190
Tabelle 36: Beteiligung in Organisationen und politische Unterstützung
der EU 200
Tabelle 37: Beteiligung in ausgewählten Organisationen
und politische Unterstützung der EU 201
Tabelle 38: Beteiligung in informellen Netzwerken
und politische Unterstützung der EU 202
Tabelle 39: Soziales Vertrauen und politische Unterstützung der EU 207
Tabelle 40: Hauptkomponentenanalyse der Eigenschaften
eines guten Bürgers 213
Tabelle 41: Eigenschaften eines guten Bürgers und
politische Unterstützung der EU 214
Tabelle 42: Erwartungen und Befunde zu den Sozialkapitalfaktoren 214
Tabelle 43: Sozialkapitalfaktoren und politische Unterstützung der EU 216
Tabelle 44: Erklärte Varianz der Sozialkapitalfaktoren 217
Tabelle 45: Befragte mit wenig, mittel und viel Sozialkapital
und politische Unterstützung der EU 218
Tabelle 46: Zusammenhänge und Mittelwertvergleiche
lokaler und europäischer Orientierungen 230
Tabelle 47: Erwartungen und Befunde zu den lokalen
und nationalstaatlichen Faktoren 240
Tabelle 48: Lokale und nationalstaatliche Faktoren
und politische Unterstützung der EU 241
Tabelle 49: Erklärte Varianz der lokalen und nationalstaatlichen Faktoren 242
Tabelle 50: Soziodemographische Faktoren und politische
Unterstützung der EU (erweiterte Analysen) 244
Tabelle 51: Politische Faktoren und politische Unterstützung der EU
(erweiterte Analysen) 246
Tabelle 52: Sozialkapitalfaktoren und politische Unterstützung der EU
(erweiterte Analysen) 248

Tabelle 53: Lokale und nationalstaatliche Faktoren und politische Unterstützung der EU (erweiterte Analysen)	249
Tabelle 54: Individualmerkmale und politische Unterstützung der EU (Gesamtmodell)	251
Tabelle 55: Intraklassenkorrelation der Effektivität, Legitimität und Identifikation	263
Tabelle 56: Individualmerkmale und politische Unterstützung der EU	266
Tabelle 57: Intraklassenkorrelation der individuellen Determinanten der politischen Unterstützung der EU	268
Tabelle 58: Indikatoren der Politisierung	274
Tabelle 59: Politisierung und politische Unterstützung der EU	276
Tabelle 60: Zufriedenheit mit lokalen Institutionen und politische Unterstützung der EU	280
Tabelle 61: Indikatoren der Haltungen der Kommunalpolitiker zur EU	286
Tabelle 62: Korrelationen der Haltungen der Kommunalpolitiker zur EU (Pearson's r, N=28)	286
Tabelle 63: Haltungen der Kommunalpolitiker zur EU und politische Unterstützung der EU	287
Tabelle 64: Erwartungen und Befunde zum politischen Umfeld	288
Tabelle 65: Politisches Umfeld und politische Unterstützung der EU	289
Tabelle 66: Indikatoren der städtepartnerschaftlichen Beziehungen	295
Tabelle 67: Korrelationen der Indikatoren der städtepartnerschaftlichen Beziehungen (Pearson's r)	296
Tabelle 68: Städtepartnerschaftliche Beziehungen und politische Unterstützung der EU	297
Tabelle 69: Indikatoren des Werteklimas	302
Tabelle 70: Werteklima und politische Unterstützung der EU	303
Tabelle 71: Indikatoren der ausländischen Bevölkerung	310
Tabelle 72: Ausländische Bevölkerung und politische Unterstützung der EU	311
Tabelle 73: Erwartungen und Befunde zum gesellschaftlichen Umfeld	312
Tabelle 74: Gesellschaftliches Umfeld und politische Unterstützung der EU	313
Tabelle 75: Indikatoren der kommunalen Finanzlage	317
Tabelle 76: Korrelationen der Indikatoren der kommunalen Finanzlage (Pearson's r, N=28)	318
Tabelle 77: Kommunale Finanzlage und politische Unterstützung der EU	318
Tabelle 78: Indikatoren der Wirtschaftslage	324
Tabelle 79: Korrelationen der Indikatoren der Wirtschaftslage (Pearson's r, N=28)	324
Tabelle 80: Wirtschaftslage und politische Unterstützung der EU	325

Tabelle 81: Indikatoren der EU-Transferzahlungen	329
Tabelle 82: Korrelationen der Indikatoren der EU-Transferzahlungen (Pearson's r, N=28)	330
Tabelle 83: EU-Transferzahlungen und politische Unterstützung der EU	331
Tabelle 84: Erwartungen und Befunde zum wirtschaftlichen Umfeld	332
Tabelle 85: Strukturelle Effekte des politischen, gesellschaftlichen und wirtschaftlichen Umfelds auf die politische Unterstützung der EU	333
Tabelle 86: Lokales Umfeld und politische Unterstützung der EU	334
Tabelle 87: Individuelle und kontextuelle Bestimmungsfaktoren der politischen Unterstützung der EU	337
Tabelle 88: Politisierung nach Gemeinden	401
Tabelle 89: Zufriedenheit mit lokalen Institutionen nach Gemeinden	402
Tabelle 90: Haltungen der Kommunalpolitiker zur EU nach Gemeinden	403
Tabelle 91: Städtepartnerschaftliche Beziehungen nach Gemeinden	404
Tabelle 92: Religion nach Gemeinden	405
Tabelle 93: Anteil der Postmaterialisten und der Materialisten nach Gemeinden	406
Tabelle 94: Ausländeranteil nach Gemeinden	407
Tabelle 95: Finanzsituation der Gemeinden	408
Tabelle 96: Wirtschaftslage nach Gemeinden	409
Tabelle 97: EU-Transferzahlungen nach Gemeinden	410

Abbildungsverzeichnis

Abbildung 1:	Forschungsentwurf	28
Abbildung 2:	Geographische Lage der 28 ausgewählten Gemeinden in Hessen	35
Abbildung 3:	Konzept der politischen Unterstützung nach Easton	60
Abbildung 4:	Konzept der politischen Unterstützung nach Fuchs	62
Abbildung 5:	Konzept der politischen Unterstützung integriert in die sozialpsychologische Einstellungsforschung	65
Abbildung 6:	Zufriedenheit mit der Arbeit des Europäischen Parlaments, der Europäischen Kommission sowie der Demokratie in der EU (in Prozent; Fallzahl: 11.870)	69
Abbildung 7:	Akzeptanz des politischen Systems der EU (in Prozent; Fallzahl: 11.870)	72
Abbildung 8:	Verbundenheit mit Europa und Stolz, ein Bürger der EU zu sein (in Prozent; Fallzahl: 11.870)	75
Abbildung 9:	Durchschnittliche Bewertung der Effektivität, Legitimität und Identifikation	84
Abbildung 10:	Durchschnittliche Bewertung der Effektivität in 28 hessischen Gemeinden	85
Abbildung 11:	Durchschnittliche Bewertung der Legitimität in 28 hessischen Gemeinden	86
Abbildung 12:	Durchschnittliche Bewertung der Identifikation in 28 hessischen Gemeinden	88
Abbildung 13:	Mögliche Effekte individueller und kontextueller Faktoren auf die politische Unterstützung der EU	91
Abbildung 14:	Bewertung der Mitgliedschaft des eigenen Landes in der EU als „gute Sache" in Abhängigkeit des Geschlechts (Differenzen von Durchschnittswerten in Prozentpunkten)	95
Abbildung 15:	Befragte in einzelnen Geburtsjahrgängen (in Prozent; Fallzahl: 11.870)	108
Abbildung 16:	Bildungsabschlüsse der Befragten (in Prozent; Fallzahl: 11.870)	117
Abbildung 17:	Befragte in Bildungsgruppen (in Prozent; Fallzahl: 11.780)	117
Abbildung 18:	Schichtzugehörigkeit der Befragten (in Prozent; Fallzahl: 11.870)	123

Abbildung 19:	Befragte in Einkommensgruppen (in Prozent; Fallzahl: 11.870)	127
Abbildung 20:	Äquivalenz-Einkommen der Befragten in Gruppen (in Prozent; Fallzahl: 11.870)	128
Abbildung 21:	Religionsgemeinschaft der Befragten (in Prozent; Fallzahl: 11.870)	133
Abbildung 22:	Kirchgangshäufigkeit der Befragten (in Prozent; Fallzahl: 11.870)	134
Abbildung 23:	EU-Wissen der Befragten (in Prozent; Fallzahl: 11.870)	145
Abbildung 24:	Häufigkeit der Befragten politische Gespräche zu führen (in Prozent; Fallzahl: 11.870)	146
Abbildung 25:	Befragte nach Grad der kognitiven Mobilisierung (in Prozent; Fallzahl: 11.870)	148
Abbildung 26:	Interesse der Befragten an Europapolitik (in Prozent; Fallzahl: 11.870)	159
Abbildung 27:	Haltung der Parteien zur EU auf Basis der Europawahlprogramme 2009	163
Abbildung 28:	Haltung der Parteien zur EU auf Basis von Expertenbewertungen	163
Abbildung 29:	Parteiorientierung der Befragten auf Basis der Sonntagsfrage (in Prozent; Fallzahl: 11.870)	165
Abbildung 30:	Links-Rechts-Selbsteinstufung der Befragten (in Prozent; Fallzahl: 11.870)	169
Abbildung 31:	Vor- und Nachteile durch die EU aus Sicht der Befragten (in Prozent; Fallzahl: 11.870)	174
Abbildung 32:	Politische Informationsnutzung der Befragten (in Prozent; Fallzahl: 11.870)	184
Abbildung 33:	Beteiligung der Befragten in Organisationen (in Prozent; Fallzahl: 11.870)	197
Abbildung 34:	Kontakte der Befragten mit Nachbarn (in Prozent; Fallzahl: 11.870)	198
Abbildung 35:	Soziales Vertrauen der Befragten (in Prozent; Fallzahl: 11.870)	207
Abbildung 36:	Unterstützung der Eigenschaften eines guten Bürgers durch die Befragten (Werte 8 oder höher in Prozent; Fallzahl: 11.870)	211
Abbildung 37:	Zufriedenheit der Befragten mit lokalen Institutionen (in Prozent; Fallzahl: 11.870)	226

Abbildung 38:	Zufriedenheit der Befragten mit der Information und Beteiligung an lokalen Planungen (in Prozent; Fallzahl: 11.870)	228
Abbildung 39:	Verbundenheit der Befragten mit der Gemeinde und Stolz, ein Bürger der Gemeinde zu sein (in Prozent; Fallzahl: 11.870)	229
Abbildung 40:	Zufriedenheit mit der Arbeit des Bundestags, der Bundesregierung sowie mit der Demokratie in Deutschland (in Prozent; Fallzahl: 11.870)	236
Abbildung 41:	Akzeptanz des politischen Systems der BRD durch die Befragten (in Prozent; Fallzahl 11.870)	238
Abbildung 42:	Verbundenheit der Befragten mit Deutschland und Stolz, ein Bürger Deutschlands zu sein (in Prozent; Fallzahl: 11.870)	239
Abbildung 43:	Wohndauer der Befragten in einzelnen Gruppen (in Prozent; Fallzahl: 11.870)	259
Abbildung 44:	Anteil des Lebensalters an der Wohndauer in Gruppen (in Prozent; Fallzahl: 11.870)	260
Abbildung 45:	Berufliche Situation der Befragten (in Prozent; Fallzahl: 11.870)	260
Abbildung 46:	Analyseplan der Mehrebenenmodelle	270
Abbildung 47:	Relevanz von Konflikten bei politischen Entscheidungen (in Prozent; Fallzahl: 720)	273
Abbildung 48:	Kommunalpolitik ist von Harmonie geprägt (in Prozent; Fallzahl: 720)	274
Abbildung 49:	Bedauern eines EU-Scheiterns (in Prozent; Fallzahl: 720)	283
Abbildung 50:	Zustimmung zur weiteren Europäischen Integration (in Prozent; Fallzahl: 720)	284
Abbildung 51:	Vorteile der Gemeinde durch die EU (in Prozent; Fallzahl: 720)	285
Abbildung 52:	Zufriedenheit mit der Demokratie in der EU (in Prozent; Fallzahl: 720)	285

1. Einführung

2013 ist das „Europäische Jahr der Bürgerinnen und Bürger".[1] Das Europäische Parlament hat im Oktober 2012 einer Beschlussvorlage der Europäischen Kommission zugestimmt, um zum 20. Jahrestag der Einführung der Unionsbürgerschaft auf die Rechte der Bürger aufmerksam zu machen. Schließlich haben nach einer Eurobarometer-Umfrage aus dem Jahr 2010 rund 48 Prozent der Europäer das Gefühl, nicht gut über ihre Rechte als Unionsbürger Bescheid zu wissen. Das „Europäische Jahr der Bürgerinnen und Bürger" soll dazu beitragen, dieses Defizit zu beheben (Europäische Kommission 2011c). Dazu sind Veranstaltungen, Konferenzen und Seminare auf Unionsebene sowie in den Mitgliedstaaten, Regionen und Gemeinden vorgesehen.[2]

Die Ausrufung eines „Europäischen Jahres der Bürgerinnen und Bürger" zeigt, dass die Europäische Union (EU) für viele Menschen immer noch eine schwer fassbare, abstrakte Institution ist.[3] Dabei beeinflussen viele Entscheidungen der EU das tägliche Leben. Beim Einkaufen wird mit dem Euro bezahlt, das benachbarte Ausland ohne Grenzkontrollen passiert, und für die Fahrt in die Mannheimer Innenstadt ist eine Feinstaubplakette erforderlich. Die Staatengemeinschaft regelt den Preisrahmen für landwirtschaftliche Produkte, die Abgasgrenzwerte für Autos und den Verkauf von Glühbirnen. Auch die maximalen Kosten für Handygespräche und zulässige Geräuschpegel von Rasenmähern werden von der EU vorgegeben. Schließlich gelten in der Union einheitliche Verbraucherstandards, verbindliche Kennzeichnungen für Lebensmittel und ein Werbeverbot für Tabakprodukte. Der Einfluss der europäischen Ebene auf die Lebensbedingungen der Menschen wird allerdings eher gering eingeschätzt. Nur etwa einer von zehn Bürgern ist der Ansicht, dass die europäische Ebene den größten Einfluss auf die Lebensbedingungen der Menschen hat. Die regionale und lokale sowie die nationale Ebene werden eindeutig als wichtiger angesehen (Europäische Kommission 2009c, 6-7).

---

1 Aus Gründen der besseren Lesbarkeit wird nicht durchgängig eine geschlechterneutrale Sprache verwendet. Mit Begriffen und Bezeichnungen wie Bürger oder Politiker sind selbstverständlich immer auch Frauen gemeint.
2 Für weiterführende Informationen zum „Europäischen Jahr der Bürgerinnen und Bürger" siehe die Homepage unter http://europa.eu/citizens-2013/de/home (Zugriff am 23.12.2012).
3 Die Bezeichnungen Europäische Union, EU, Union, europäische Ebene und Staatengemeinschaft werden in dieser Arbeit synonym verwendet. Damit ist immer das politische System der Europäischen Union gemeint. Mit diesen Begriffen sind auch Vorläuferbezeichnungen der EU eingeschlossen.

Mit der Europäischen Integration ist eine zunehmende Verlagerung nationalstaatlicher Entscheidungskompetenzen auf die europäische Ebene verbunden (z.B. Gabriel 2010, 95). Dadurch entfernt sich die Politik von den Menschen, Entscheidungsprozesse werden komplizierter und die Zuordnung von Verantwortung wird erschwert (z.B. Vetter 2011, 25; 2002c, 606). Damit steht die EU vor einer doppelten Herausforderung: Einerseits wird eine immer weitergehende Integration angestrebt (Barroso 2012; Europäische Kommission 2012), andererseits sollen Entscheidungen nach dem Vertrag von Lissabon (Artikel 1) möglichst offen und bürgernah getroffen werden (siehe auch Piepenschneider 2009). Für die meisten Menschen sind „Brüssel" und „Straßburg" aber weit entfernt, die politischen Debatten zu abstrakt und die Tragweite europäischer Entscheidungen für das alltägliche Leben nicht nachvollziehbar.

In dieser Situation bilden Gemeinden eine unmittelbare Brücke zwischen der weit entfernten EU und den Bürgern. Beide politischen Ebenen sind eng miteinander verbunden. Nach Vetter (2010, 223) haben mittlerweile zwei Drittel aller kommunalrelevanten Vorschriften ihren Ursprung in der EU.[4] Europäische Verordnungen betreffen nahezu alle Bereiche einer Gemeinde (siehe z.B. Knodt 2010, 153; Niederhafner 2010, 172-173; Zimmermann 2008). Der liberalisierte Strommarkt hatte Konsequenzen für die lokalen Stadtwerke, die Einführung des Kommunalwahlrechts für EU-Bürger veränderte die Zusammensetzung der Wahlberechtigten, und das europäische Beihilferecht verringerte die Möglichkeiten der lokalen Wirtschaftsförderung. Zudem müssen Gemeinden ab einer bestimmten Auftragshöhe öffentliche Aufträge europaweit ausschreiben, bei der Ausweisung natürlicher Lebensräume entsprechende EU-Richtlinien beachten und bei der Aufstellung von Bebauungsplänen europäische Emissionsvorgaben berücksichtigen (siehe ausführlich z.B. Münch 2006, 125-166; Pehle 2005; Rechlin 2004). Für die Umsetzung der Entscheidungen aus Brüssel und Straßburg sind die Gemeinden daher unverzichtbar (z.B. Vetter/Soós 2008, 579). Durch europäische Förderprogramme haben Kommunen aber auch direkte Vorteile von der Staatengemeinschaft. Insbesondere ökonomisch schwächere Gemeinden erhalten zum Teil erhebliche Summen, um die wirtschaftlichen Ungleichheiten zwischen einzelnen Gebieten zu verringern. Mit Mitteln aus dem Europäischen Fonds für regionale Entwicklung (EFRE) werden Innenstädte attraktiver gestaltet, lokale Unternehmen gefördert und das touristische Angebot weiterentwickelt. Im Strategiepapier „Die Kohäsionspolitik und die Städte" betont die Europäische Kommission explizit die Bedeutung der Kommunen für

---

4   Auf der Homepage des Deutschen Städte- und Gemeindebunds findet sich unter www.dstgb.de/dstgb/Schwerpunkte/Europa/ eine vergleichbare Einschätzung. Dort heißt es: „Über 60 % aller kommunalrelevanten Gesetze und Verordnungen werden von der EU verursacht." (Zugriff am 24.11.2012)

mehr Wachstum und Beschäftigung in den Regionen. Mit Geldern aus dem Europäischen Sozialfonds (ESF) werden Projekte lokaler Träger unterstützt, die die beruflichen Perspektiven von Menschen verbessern, soziale Integration fördern und Weiterbildungsmaßnahmen unterstützen. Örtliche Landwirte erhalten indes Ausgleichszahlungen für Preissenkungen oder Zuschüsse, um die Entwicklung des ländlichen Raums zu fördern (siehe für einen Überblick z.B. Thränhardt 1998, 370-372; Hartwig 2011).

Die lokale Ebene fungiert aber auch immer stärker als Vermittlungsinstanz für europäische Entscheidungen. Bei der Umsetzung des Plans D für Demokratie, Dialog und Diskussion sollen die Gemeinden als Partner der Europäischen Kommission dazu beitragen, die Bürger verstärkt in die Debatte über die Weiterentwicklung der Staatengemeinschaft einzubinden (z.b. Vetter/Soós 2008, 579). Entsprechend nennt der Aktionsplan der Europäischen Kommission für eine bessere Kommunikationsarbeit drei Prinzipien: Zuhören, Kommunizieren und Zuwendung zu den Bürgern durch verstärkte Kommunikation auf lokaler Ebene (Europäische Kommission 2005, 4-5). Die Bedeutung der Gemeinden für die Europäische Union unterstreicht auch die Initiative „Europa-Gemeinderat" des österreichischen Außenministers Michael Spindelegger. Da Bürgermeister und Gemeindevertreter auch bei Fragen rund um die Staatengemeinschaft häufig die ersten Ansprechpartner seien, wünscht sich der Politiker in möglichst vielen Gemeinden eigene Europa-Gemeinderäte. Als zentrale Anlaufstelle sollen diese Personen einen wesentlichen Beitrag leisten, „damit Entscheidungen der EU vor Ort besser erklärt, verstanden und letztlich mitgetragen werden" (Spindelegger 2010).[5] Nach seiner Einschätzung wird die Staatengemeinschaft für viele Menschen erst durch persönliche Kontakte direkt erfahrbar. Solche persönlichen Kontakte ermöglichen auch lokale Städtepartnerschaften. Diese bringen Bürger aus verschiedenen Ländern miteinander in Kontakt. Sie fördern den Austausch der Menschen in verschiedenen Kulturen, können Vorurteile verringern und das Verständnis füreinander fördern. Solche Partnerschaften gelten daher als „größte Friedensbewegung der Welt" (Woesler 2006, 412) und Paus (2003, 26) bezeichnet „kommunale Partnerschaften als Beitrag zu einem vereinten Europa". Die Beziehungen werden dabei auch genutzt, um durch konkrete Begegnungen und Projekte die Europäische Einigung erfahrbar zu machen (Ruge 2003). Deshalb fördert die Europäische Kommission lokale Städtepartnerschaften und Begegnungen zwischen den Menschen.

Umsetzung europäischer Verordnungen, Förderprogramme, Vermittlungsinstanz und Partnerschaften – die Beispiele zeigen: „Kommunen sind europäisch

---

5 Für weitere Informationen zur Initiative „Europa-Gemeinderat" siehe die Homepage des österreichischen Außenministeriums unter www.bmeia.gv.at/aussenministerium/aussenpolitik/europa/europa-gemeinderaete.html (Zugriff am 12.11.2012).

aktiv und betroffen zugleich. Wer, wenn nicht die Kommunen, kann dafür sorgen, dass Europa auch wirklich dort ankommt, wo es sich im täglichen Leben der Bürger und Unternehmen abspielt? Es sind die Städte, Gemeinden und Landkreise, die den direkten Zugang zu Bürgern und Unternehmen vor Ort haben und als Scharnier zwischen der EU und den Bürgern wirken. Die kommunale Ebene ist die Keimzelle für das Zusammenleben in Europa" (Sabathil 2006, 10).

Für viele Bürger ist die Gemeinde zudem der zentrale Lebensmittelpunkt. Menschen leben und wohnen in Gemeinden, treffen sich mit Freunden und pflegen soziale Kontakte mit ihren Nachbarn. Ehrenamtliches Engagement findet meist vor Ort statt – in der Gemeinde oder im Stadtteil, in dem die Menschen leben. Für viele Bürger sind Gemeindeverwaltung, lokale Politiker und Bürgermeister zudem häufig die einzigen politischen Institutionen, mit denen sie in ihrem Leben unmittelbar in Berührung kommen. Die räumliche Nähe ermöglicht intensivere Kontakte mit politischen Repräsentanten, mehr Möglichkeiten der Beteiligung und eine größere Vertrautheit mit dem politischen Prozess. Dies kann sich günstig auf die Akzeptanz politischer Entscheidungen auswirken und die Verbundenheit mit dem politischen System fördern (z.B. Böttcher 2011, 83; Vetter 2010, 232-233). Aus diesen Gründen ist von den verschiedensten Autoren von Alexis de Tocqueville über Benjamin Barber und Amitai Etzioni bis hin zu Robert Putnam immer wieder eine positive Wirkung der Gemeinde auf allgemeine politische Orientierungen betont worden. Als „Schule der Demokratie" kann die lokale Ebene dazu beitragen, die Legitimität des politischen Systems zu stärken und das Vertrauen in die Demokratie zu fördern (z.B. Vetter 2011; 2010, 221; Geißel 2010, 35). Die durch die Gemeinde geprägten politischen Orientierungen bilden danach eine wichtige Grundlage für die Haltung gegenüber nationalen und supranationalen Institutionen. Deshalb hat die Gemeinde eine Bedeutung, die über die Grenzen kommunalpolitischer Entscheidungsprozesse hinausgeht (z.B. Vetter 2002b).

Insbesondere mit Blick auf die EU ist die Frage nach der Relevanz der Gemeinde für die „Stärkung" und „Erneuerung" der Demokratie ein aktuelles Thema. Seit den 1990er Jahren wird die stillschweigende Zustimmung der Bürger zur Europäischen Integration – der „permissive consensus" (Lindberg/ Scheingold 1970, 249) – verstärkt in Frage gestellt (z.B. Knelangen 2012, 32-33; Weidenfeld 2010, 52-53; Kaina 2009, 1; van Hüllen 2008, 567-570; Schäfer 2006, 350; Laumen/Maurer 2006; siehe ausführlich Kapitel 3.1). Nach Hooghe und Marks (2009, 5) hat sich der „permissive consensus" zu einem „constraining dissensus" entwickelt (siehe auch Down/Wilson 2008). Die Europäische Kommission (2006, 2) stellt in ihrem Weißbuch über eine europäische Kommunikationspolitik fest: „Die Kluft zwischen der Europäischen Union und den Bürgern ist ein weithin bekanntes Problem." Können Gemeinden diese „Kluft" verringern? Fungieren sie tatsächlich als Brücke zwischen einer weit entfernten Europäischen Union und den Menschen vor Ort? Prägt das lokale Umfeld die Einstellungen der Bürger zur Staatengemeinschaft? Mit diesen Fragen widmet sich die vorliegende Studie einem „weißen Fleck" der Forschung zu europäischen Orientierungen.

1.1 Problemstellung

> „Kein Problem ohne Wissen – kein Problem ohne Nichtwissen. Denn jedes Problem entsteht durch die Entdeckung, daß etwas in unserem vermeintlichen Wissen nicht in Ordnung ist." (Popper 1969, 104)

Bei dem Referendum über eine Verfassung für Europa stimmten in der niederländischen Gemeinde Bloemendaal über 60 Prozent der Bürger für das Vertragswerk, im benachbarten Zandvoort votierten 63 Prozent gegen den Vertrag. Mit 58 Prozent wurde in der luxemburgischen Stadt Esch-sur-Sûre die EU-Verfassung abgelehnt, während in allen umliegenden Gemeinden eine Mehrheit der Bürger für den Vertrag stimmte. In der französischen Stadt Cervières im Departement Loire befürworteten 69 Prozent der Bürger die EU-Verfassung; in der Gemeinde Ouches im gleichen Departement stimmten 63 Prozent der Wahlberechtigten gegen das Vertragswerk. Diese Beispiele deuten auf lokale Unterschiede bei der Abstimmung über eine Verfassung für Europa hin (siehe z.B. Tammes/Oude Nijhuis 2011; Barbé 2005; Deloche-Gaudez/Lequesne 2005; Hirsch 2005).

Durch die vielfältigen Verbindungen zwischen der lokalen und europäischen Ebene sind diese lokalen Variationen in der Haltung zur Staatengemeinschaft auf den ersten Blick verständlich. So werden einige Gemeinden durch EU-Gelder profitieren, andere Kommunen dagegen nicht. Schließlich wird es in einzelnen Orten auch eine lange und lebendige Tradition von Städtepartnerschaften geben, während dies in anderen Gemeinden nicht der Fall sein wird. Auch hinsichtlich anderer Faktoren werden sich die Gemeinden sicherlich in vielerlei Hinsicht unterscheiden. Dazu zählen zunächst einmal die Größe, die geographische Lage und die klimatischen Verhältnisse, aber auch die politischen, gesellschaftlichen und wirtschaftlichen Rahmenbedingungen. In einigen Gemeinden wird beispielsweise Arbeitslosigkeit kaum ein Problem sein, während in anderen Kommunen viele Menschen damit direkt oder indirekt konfrontiert sind. Aber auch eher abstrakte Themen wie die städtische Finanzmisere oder kommunale Verschuldung werden für die Bürger spürbar, wenn sie in einer Gemeinde leben, die aus Geldmangel das Freibad schließt, Straßensanierungen verschiebt oder die Beiträge für Kindertagesstätten erhöht. Die religiöse Fragmentierung einer Kommune, der Ausländeranteil oder die Anzahl der Vereine werden ebenfalls einen Einfluss auf die örtliche Lebenssituation haben – und sei es nur durch die

Anzahl der Gottesdienste und kirchlichen Aktivitäten, der Wahrscheinlichkeit mit ausländischen Mitbürgern in Kontakt zu kommen oder dem Angebot an Freizeitaktivitäten. Mit den Möglichkeiten der politischen Partizipation, den Mehrheitsverhältnissen im Gemeinderat oder auch dem Angebot an Parteien sind die Menschen in den Kommunen auch unterschiedlichen lokalpolitischen Konstellationen ausgesetzt.

Offensichtlich unterscheidet sich das lokale Umfeld[6] von Ort zu Ort und kann die politischen Orientierungen der Bürger beeinflussen. Schließlich entstehen Einstellungen „nicht in einem ‚luftleeren‘, bezugslosen Raum, sondern sind Spiegelbild dessen, von welchem Umfeld die Individuen umgeben sind und wie sie dieses wahrnehmen" (Schmidberger 1997a, 10). Mit anderen Worten: „Citizens' attitudes do not develop in a vacuum" (Adam 2009, 193). Danach sind individuelle Einstellungen und Verhaltensweisen nicht nur auf individuelle Merkmale der Personen zurückzuführen, sondern auch ein Resultat der Bedingungen des Umfelds, in dem ein Mensch lebt (z.B. Engel/Simonson 2006, 304; Pötschke 2006). Diese Grundüberlegung stützt sich dabei auf die Tatsache, dass Menschen keine atomisierten Individuen, sondern immer auch in ein soziales Umfeld eingebettet sind (siehe z.B. Faas 2010, 35-39; Bühlmann 2006; Esser 1999a, 415-461; Books/Prysby 1991, 47-81; Huckfeldt 1986, 1). Die eingangs beschriebenen lokalen Unterschiede bei den Referenden zur EU-Verfassung könnten damit auch das Resultat des lokalen Umfelds bzw. der unterschiedlichen politischen, gesellschaftlichen und wirtschaftlichen Rahmenbedingungen vor Ort sein.

Auf den zweiten Blick lassen Modernisierungs- und Individualisierungsprozesse allerdings Zweifel an einem prägenden Einfluss des lokalen Umfelds auf politische Orientierungen aufkommen. Diese haben zu einer steigenden „lifetime geographical mobility of the resident population" (Falter 1978, 861) geführt. Die Wahrscheinlichkeit einer Bindung an die jeweilige Heimatgemeinde nimmt tendenziell ab, da die durchschnittliche Verweildauer der Menschen in ihrem jeweiligen sozialen Umfeld sinkt.[7] Die zunehmende geographische Mobilität führt außerdem zu einer stärkeren Streuung von Freundschaftskontakten über die Stadtgrenzen hinaus. Moderne Kommunikationsmittel begünstigen diese breitere Streuung von Freundschaftskontakten; soziale Interaktionen spielen sich nicht

---

6   Die Begriffe lokales Umfeld, lokale Umgebung und lokaler Kontext werden in dieser Arbeit synonym verwendet. Damit ist das Gemeindegebiet gemeint. Zur Begründung der Festlegung von Gemeinden als lokaler Kontext siehe auch Kapitel 5.

7   Nach dem Statistischen Bundesamt wechselten im Jahr 2006 rund 3,6 Millionen Menschen in Deutschland ihren Wohnsitz über die Gemeindegrenzen hinweg. Die Mobilitätsziffer informiert über die Häufigkeit, mit der Einwohner eines Gebietes ihren Wohnsitz wechseln. Diese betrug 2006 bezogen auf je 1000 Einwohner 43. Das heißt, fast jeder 20. Einwohner zog 2006 innerhalb Deutschlands von einer Gemeinde in eine andere um (Grobecker/Krack-Rohberg 2008, 15).

(mehr) ausschließlich am eigenen Wohnort ab. Dadurch verringert sich auch der Einfluss des lokalen Umfelds auf politische Orientierungen. Nach Klein und Pötschke (2000b, 188-190) hat sich durch die Bildungsexpansion und die damit verbundene kognitive Mobilisierung der Bevölkerung der Handlungsspielraum und die Lebensgestaltung zunehmend auf das Individuum verlagert. Dazu hat auch der Ausbau des Wohlfahrtstaats mit der gestiegenen Absicherung individueller Lebensrisiken beigetragen, was ebenfalls zu einer nachlassenden Bedeutung interpersonaler Kontakte im lokalen Umfeld geführt hat. Menschen gehören zudem nicht nur einer Gruppe, sondern verschiedenen Gruppen in unterschiedlichen Städten und Gemeinden an – den Kollegen am Arbeitsplatz, den Kameraden in der Fußballmannschaft oder auch dem Stammtisch am Sonntagvormittag. Die einwirkenden Gruppenerwartungen und -zwänge sind dabei wahrscheinlich nicht homogen, sondern vielfältig und widersprüchlich. Aus der Wahlforschung ist bekannt, dass Personen, die sozialen Gruppen mit unterschiedlichen politischen Orientierungen angehören (cross-pressure), instabile parteipolitische Einstellungen aufweisen und eher zur Stimmenthaltung neigen (z.B. Schoen 2005b). Mit Blick auf die Wahrnehmung und Bewertung der politischen Wirklichkeit hat auch die Ausbreitung der individuell konsumierbaren Massenmedien, insbesondere des Fernsehens und des Internets, den Einfluss der direkten Kommunikation auf politische Orientierungen verringert. Dies gilt im Besonderen für moderne Demokratien, in denen Politik nahezu ausschließlich über Massenmedien vermittelt wird. Nach Esser (1999a, 457) ist ein Einfluss des Umfelds auf individuelle Einstellungen und Verhaltensweisen kaum zu erwarten, „wenn die Mitgliedschaften der Akteure rasch wechseln, wenn es keine klaren Grenzen zwischen den Kontexten gibt, wenn überkreuzende Zugehörigkeiten möglich sind und wenn sich keine stabilen Gleichgewichte von Interaktionszusammenhängen – die ‚Milieus' also – herausbilden".

Diese – grob skizzierten – Modernisierungs- und Individualisierungsprozesse lassen einen geringen Einfluss des lokalen Umfelds auf politische Orientierungen im Allgemeinen und auf die Haltung zur Europäischen Union im Besonderen erwarten. Die Ergebnisse der Referenden über eine Verfassung für Europa belegen allerdings deutliche Unterschiede in der Bewertung der EU zwischen Städten innerhalb einer Region. Dieser Widerspruch zwischen empirischer Beobachtung und theoretischer Erwartung stellt das zu bearbeitende Problem dieser Studie dar.

1.2 Zielsetzung und Forschungsfragen

Die vorliegende Arbeit untersucht den Einfluss individueller Merkmale *und* des lokalen Umfelds auf die Zustimmung der Bürger zur EU. Aus dem im Kapitel

1.1 aufgezeigten Widerspruch zwischen theoretischer Erwartung und empirischer Beobachtung leitet sich die zentrale Fragestellung der Studie ab:

Warum unterscheidet sich trotz fortschreitender Modernisierungs- und Individualisierungsprozesse die Zustimmung zur Europäischen Union zwischen Gemeinden?

Für eine Antwort auf diese Frage wird im ersten Schritt geklärt, wie hoch die Zustimmung zur EU in verschiedenen Gemeinden ausfällt. Dies ermöglicht dann auch eine Einschätzung, in welchem Ausmaß sich die Zustimmung zur EU zwischen Gemeinden unterscheidet. Entsprechend lauten die beiden ersten Forschungsfragen:

1. **Wie hoch fällt die Zustimmung zur Europäischen Union in Gemeinden aus?**
2. **In welchem Ausmaß unterscheidet sich die Zustimmung zur Europäischen Union zwischen Gemeinden?**

Bei diesen ersten beiden Forschungsfragen geht es zunächst darum, das Niveau der Zustimmung zur EU und die Variation dieser Zustimmung zwischen Gemeinden zu beschreiben. Darauf aufbauend beschäftigen sich die folgenden Forschungsfragen dann mit der Erklärung dieser Unterschiede.

Die dritte Forschungsfrage legt dabei den Fokus auf individuelle Erklärungsansätze. Die Forschung zu europäischen Orientierungen konnte wiederholt systematische Zusammenhänge zwischen Individualmerkmalen und der Bewertung der Staatengemeinschaft feststellen (für eine Übersicht siehe z.B. Hix/Høyland 2011, 105-129; Tiemann et al. 2011, 33-57; McLaren 2010, 375-390; Trüdinger 2008; Ray 2006). Neben Geschlecht (z.B. Nelsen/Guth 2000) und Alter (z.B. Scheuer/van der Brug 2007) spielen religiöse Orientierungen (z.B. Nelsen et al. 2011), Werte (z.B. Inglehart 1977; Janssen 1991), Mediennutzung (z.B. Scharkow/Vogelgesang 2009) sowie lokale (z.B. Vetter 2011) und nationalstaatliche Orientierungen (z.B. Anderson 1998; Fuchs 2003) eine Rolle. Die Zustimmung zur EU steigt mit höherer kognitiver Mobilisierung (z.B. Inglehart 1970a), höheren beruflichen Fähigkeiten und Einkommen (z.B. Gabel 1998a) sowie höherem Sozialkapital (z.B. Nelsen/Guth 2003). Die Forschung zu den individuellen Bestimmungsfaktoren der Zustimmung der Bürger zur EU hat dabei auch widersprüchliche Ergebnisse produziert. Im Rahmen dieser Studie soll deshalb eine umfangreiche Bestandsaufnahme vorliegender Ergebnisse erfolgen. Es wird ein möglichst umfassendes Netz individueller Erklärungen aufgespannt, um die Widersprüche vorliegender Studien besser einordnen und auch erklären zu können. Die Identifikation relevanter Individualmerkmale ist aber auch notwendig, um prüfen zu können, ob mögliche Unterschiede zwischen Gemeinden nicht einfach auf kompositionelle Einflüsse – also auf die unterschiedliche Verteilung der jeweiligen sozialen Gruppen – zurückgeführt werden können. Schließlich liegt ein Einfluss des lokalen Umfelds auf die Zustimmung zur EU nur vor, wenn sich bei Berücksichtigung relevanter Individualmerkmale noch ein (statistisch signifikanter) Einfluss von (lokalen) Kontextmerkmalen auf die Zustimmung zur EU nachweisen lässt. Die dritte Forschungsfrage lautet:

3. **Welchen Einfluss haben Individualmerkmale auf die Zustimmung zur Europäischen Union?**

Die Ergebnisse bilden die Grundlage für die Bearbeitung der vierten Forschungsfrage, die sich unter Berücksichtigung relevanter Individualmerkmale mit einem möglichen Einfluss des lokalen Umfelds auf die Zustimmung zur EU beschäftigt. Sie lautet:

4. **Welche Rolle spielt das lokale Umfeld für die Zustimmung der Bürger zur Europäischen Union?**

Räumlich bezieht sich das lokale Umfeld auf das Gemeindegebiet, inhaltlich sind Merkmale dieser Umgebung gemeint – zum Beispiel die lokale Politisierung, der Ausländeranteil oder auch die Finanzsituation einer Gemeinde. Diese Beispiele deuten bereits eine große Bandbreite unterschiedlicher Merkmale des lokalen Umfelds an, die möglicherweise einen Einfluss auf die individuelle Bewertung der EU haben. Für eine strukturierte Vorgehensweise ist es sinnvoll, die verschiedenen Merkmale des lokalen Umfelds nach inhaltlichen Gesichtspunkten zu systematisieren. Die vorliegende Arbeit orientiert sich dabei an einem Vorschlag von Books und Prysby (1999, 1), die mit dem politischen, dem gesellschaftlichen und dem wirtschaftlichen Umfeld drei Bereiche des lokalen Kontexts unterscheiden. Entsprechend wird die vierte Forschungsfrage in drei Unterfragen aufgeteilt.

Die erste Teilfrage untersucht, inwieweit sich Zusammenhänge zwischen der lokalen Politik und der Zustimmung zur EU nachweisen lassen. In der Politikwissenschaft gilt die lokale Politik als „Schule der Demokratie" (z.B. Geißel 2010, 35; Bogumil/Holtkamp 2006, 9; Naßmacher 2006, 76; Vetter 2002b). Der Kommunalpolitik werden besondere Sozialisationseffekte auf die demokratischen Werte und Normen der Bürger zugeschrieben, weil die örtlichen Verhältnisse und Problemlagen als überschaubar gelten, die Entscheidungsprozesse transparent und beeinflussbar erscheinen, die Maßnahmen den Bürger persönlich betreffen und demokratische Entscheidungsfindungen vor Ort unmittelbar erlebt werden können (z.B. Naßmacher/Naßmacher 2007, 24; Stoker 1991, 1). Durch das vielfältige Partizipationsangebot auf kommunaler Ebene können die Bürger politische Fähigkeiten entwickeln. Zudem bieten sich mehr Möglichkeiten der direkten Interaktion zwischen den gewählten Politikern und den Bürgern, so dass sich auf lokaler Ebene stärkere Bindungen zwischen den Menschen und den Volksvertretern entwickeln können als auf nationaler oder supranationaler Ebene. Die im kommunalpolitischen Umfeld gesammelten Erfahrungen prägen das generelle Verhältnis der Bürger zur Politik (Putnam 1966) und können zur Stärkung demokratischer Werte und Normen beitragen, die auf übergeordnete Systemebenen übertragen werden (Vetter 2002c, 607). Die erste Teilfrage lautet:

4a. Welchen Einfluss hat das politische Umfeld auf die Zustimmung der Bürger zur Europäischen Union?

Die zweite Teilfrage widmet sich dem Einfluss des gesellschaftlichen Umfelds auf die EU-Zustimmung. Das gesellschaftliche Umfeld bezeichnet einen Bereich innerhalb der Gemeinde, der zwischen staatlicher, wirtschaftlicher und privater Sphäre liegt. Hinsichtlich der Zustimmung zur EU sind die Städtepartnerschaften von besonderem Interesse, da sie eine unmittelbare Verbindung zwischen der lokalen und europäischen Ebene darstellen. Städtepartnerschaften gelten als „Motor der Europäischen Integration" (Münch 2006, 203-205), die einen „wichtigen Beitrag zur europäischen Verständigung und Einigung" (Sabathil 2006, 10) leisten. Durch den europäischen Integrationsprozess kommen Menschen aus verschiedenen Ländern, Regionen und Kulturen zusammen. Als Orte des täglichen Zusammenlebens sind Gemeinden für die soziale Integration von Ausländern von zentraler Bedeutung (Gesemann/Roth 2009, 12). Der Anteil an Ausländern in einer Gemeinde kann sich dabei auf die Kontaktmöglichkeiten auswirken oder die Aufmerksamkeit für das Thema Immigration beeinflussen. Dabei sind strukturelle Effekte auf die Zustimmung zur EU denkbar, da die Staatengemeinschaft durch den europäischen Binnenmarkt für die Migrationsbewegungen mitverantwortlich ist. Die zweite Teilfrage lautet:

4b. Welchen Einfluss hat das gesellschaftliche Umfeld auf die Zustimmung der Bürger zur Europäischen Union?

Als dritter Aspekt des lokalen Umfelds werden die örtlichen Wirtschaftsbedingungen berücksichtigt, die das Lebensumfeld der Bürger in vielfältiger Weise beeinflussen können. Mit der Finanzsituation der Gemeinde und ihrer wirtschaftlichen Struktur lassen sich zwei Bereiche der lokalen Wirtschaft unterscheiden. Die Finanzsituation bezieht sich auf den Handlungsspielraum der Gemeinden, der ihnen ermöglicht, lokale Politik zu gestalten. Die wirtschaftliche Stärke einer Gemeinde hat Auswirkungen auf das kommunale Leistungsangebot und kann die Zufriedenheit der Bürger mit der Politik beeinflussen. Mit wirtschaftlicher Struktur einer Gemeinde ist zum Beispiel der Arbeitsmarkt gemeint. Ökonomisch schwächere Gemeinden erhalten zum Teil aber auch erhebliche Finanzzuweisungen aus den Strukturfonds der Europäischen Union und haben dadurch direkte Vorteile durch die EU-Mitgliedschaft. Studien, die die Variation der Haltung der Bürger zur EU zwischen Nationen erklären, belegen einen systematischen Zusammenhang zwischen ökonomischen Makroindikatoren und der Zustimmung zur Staatengemeinschaft (siehe z.b. Scheuer/Schmitt 2009; Scheuer/van der Brug 2007, 107; Eichenberg/Dalton 2007; 1993; Schmidberger 1997b, 114-115). Deshalb lautet die dritte Teilfrage:

4c. Welchen Einfluss hat das wirtschaftliche Umfeld auf die Zustimmung der Bürger zur Europäischen Union?

Die drei Teilfragen betrachten jeweils einen Aspekt des lokalen Umfelds auf die Zustimmung der Bürger zur EU. Zwischen den einzelnen Bereichen bestehen möglicherweise aber auch Wechselwirkungen. Dieser Frage widmet sich die fünfte Forschungsfrage. Sie lautet:

5. Bestehen hinsichtlich der Zustimmung der Bürger zur Europäischen Union Wechselwirkungen zwischen dem politischen, gesellschaftlichen und wirtschaftlichen Umfeld?

Die dritte Forschungsfrage untersucht den Einfluss individueller Merkmale auf die EU-Zustimmung. Die vierte Forschungsfrage richtet – unter Berücksichtigung relevanter Individualmerkmale – den Blick auf den Einfluss des lokalen Umfelds auf die EU-Bewertung. Die sechste Frage führt beide Ebenen zusammen und untersucht, ob das lokale Umfeld den Zusammenhang zwischen individuellen Merkmalen und der Zustimmung zur Staatengemeinschaft beeinflusst (so genannte Cross-Level-Interaktionen). Das heißt, es wird untersucht, ob der Effekt eines Individualmerkmals auf die EU-Bewertung in Abhängigkeit des lokalen Umfelds variiert.[8] Die sechste Forschungsfrage lautet:

6. Gibt es hinsichtlich der Zustimmung der Bürger zur Europäischen Union Wechselwirkungen zwischen der Individual- und der Kontextebene?

---

8 Für die Modellierung von so genannten Cross-Level-Interaktionen empfiehlt Hox (2002, 175) eine Fallzahl von mindestens 50 Kontexten (siehe auch Ditton 1998, 123-126). In dieser Arbeit stehen allerdings nur 28 Kontexte zur Verfügung. Im Mittelpunkt der Analysen stehen deshalb direkte Effekte des lokalen Umfelds auf die politische Unterstützung der EU (Forschungsfrage 4 und 5). Diese Betrachtung wird an einzelnen Stellen aber durch die Modellierung von Wechselwirkungen zwischen der Individual- und Kontextebene ergänzt.

Abbildung 1 fasst den Forschungsentwurf der vorliegenden Studie grafisch zusammen. Die ersten beiden Forschungsfragen beziehen sich auf das untere Rechteck mit der Ziffer 1. Dabei geht es zunächst um eine Bestandsaufnahme des Niveaus der Zustimmung zur EU und des Ausmaßes lokaler Unterschiede. Die dritte Forschungsfrage bezieht sich auf die unteren grafischen Elemente mit der Ziffer 2 und untersucht die Zusammenhänge zwischen relevanten Individualmerkmalen und der EU-Zustimmung. Schließlich wird der Einfluss des lokalen Umfelds auf die Zustimmung zur Staatengemeinschaft analysiert (Forschungsfragen 4-6). Mit dem politischen, dem gesellschaftlichen und dem wirtschaftlichen Umfeld werden drei Aspekte des lokalen Umfelds unterschieden (oberes Rechteck mit der Ziffer 3). Dabei lassen sich zwei Wirkungen des lokalen Umfelds auf individuelle Orientierungen unterscheiden: Der Pfeil mit der Ziffer 3a deutet direkte Effekte an (Forschungsfrage 4 und 5), der Pfeil mit der Ziffer 3b Wechselwirkungen zwischen der Individual- und der Kontextebene (Forschungsfrage 6).

Abbildung 1: Forschungsentwurf

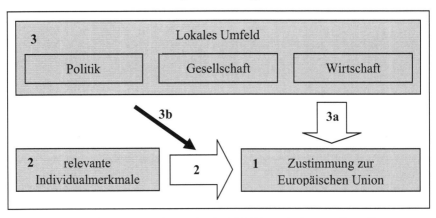

Für eine empirische Untersuchung der in Abbildung 1 dargestellten Zusammenhänge ist anspruchsvolles Datenmaterial notwendig. Erstens sind Informationen zu individuellen Merkmalen und politischen Orientierungen einzelner Bürger erforderlich. Um solche Angaben zu erhalten und allgemeine Aussagen zu überprüfen müssen repräsentative Befragungen durchgeführt werden. Die möglichen Einflüsse des lokalen Umfelds auf die Zustimmung zur EU können allerdings nur nachgewiesen werden, wenn zweitens solche Bürgerbefragungen in mehreren Gemeinden stattfinden. Mit anderen Worten: Es sind mehrere repräsentative Befragungen in verschiedenen Gemeinden erforderlich. Drittens sind für jede dieser Kommunen Informationen hinsichtlich des politischen, gesellschaftlichen und wirtschaftlichen Umfelds notwendig, um den Einfluss dieser Merkmale auf die Zustimmung der Bürger zur EU zu untersuchen. Das im Rahmen des Forschungsprojekts „Europa im Kontext" gesammelte Datenmaterial erfüllt die genannten Voraussetzungen. Die von der Deutschen Forschungsgemeinschaft (DFG) geförderte Studie ist daher optimal geeignet, die formulierten Forschungsfragen zu beantworten. Im zweiten Kapitel folgt zunächst eine Darstellung der Datengrundlage dieser Studie, ehe in den Kapiteln 3 bis 5 die formulierten Forschungfragen bearbeitet werden. Im sechsten Kapitel werden schließlich die zentralen Ergebnisse zusammengefasst.

2. Datengrundlage und Analysestrategie

2.1 Datengrundlage

Das Forschungsprojekt „Europa im Kontext" (EiK) untersucht den Einfluss individueller und kontextueller Merkmale auf politische Orientierungen (van Deth/ Tausendpfund 2013b).[9] Neben individuellen Merkmalen (z.B. Bildung oder Wertorientierungen) richtet sich der Blick auch auf lokale Unterschiede in der Wahrnehmung und Bewertung der Staatengemeinschaft. Im Rahmen der Studie fand eine Befragung von 12.064 Bürgern in 28 verschiedenen Kommunen statt.[10] Außerdem wurden die Kommunalpolitiker dieser Gemeinden befragt, und es fand eine Sammlung statistischer Informationen zu diesen Kommunen statt. Die zentralen Merkmale der Studie werden im Folgenden dargestellt.

Untersuchungsgebiet

Die Zustimmung zur EU unterscheidet sich von Mitgliedsland zu Mitgliedsland. Dieser Befund ist vielfach dokumentiert und gehört zu den „Klassikern" der Forschung zu den Einstellungen der Bürger zur Union (siehe z.b. Ray 2006; Brinegar/Jolly 2005; Díez Medrano 2003; Niedermayer 1995). Um den nationalstaatlichen Einfluss auf europäische Orientierungen konstant zu halten, fand die EiK-Studie in einem Land statt. Für die Wahl der Bundesrepublik Deutschland (BRD) sprachen im Wesentlichen zwei Gründe. Erstens nimmt die BRD mit Blick auf die Zustimmung zur EU eine Mittelposition ein – weder Zustimmung noch Ablehnung sind sehr ausgeprägt (siehe z.B. Europäische Kommission 2006a, 8). Die Determinanten der europäischen Orientierungen werden damit in einem gewöhnlichen und nicht etwa extremen Umfeld untersucht. Zweitens wird den Gemeinden in Deutschland ein hoher Grad an Autonomie bescheinigt (z.B. Vetter/Soós 2008, 583). Dadurch haben deutsche Kommunen relativ große Gestaltungsmöglichkeiten auf die lokale Lebenssituation. Dies sollte sich günstig auf einen Einfluss der Gemeinde auf politische Orientierungen auswirken.

---

9 Das Forschungsprojekt „Europa im Kontext" wurde mit einer Sachbeihilfe der Deutschen Forschungsgemeinschaft (DE 630/14-1) sowie der kontinuierlichen Unterstützung des Mannheimer Zentrums für Europäische Sozialforschung (MZES) der Universität Mannheim durchgeführt. Für weitere Informationen zur Studie siehe www.europa-im-kontext.de.
10 Nach einer Plausibilitätsprüfung stehen für die empirischen Analysen allerdings nur Angaben von 11.870 Befragten zur Verfügung (siehe Abschnitt 2.1.1).

Die Bewertung der EU variiert allerdings nicht nur zwischen Staaten, sondern auch innerhalb eines Landes (siehe z.B. Leconte 2010, 94-99; Lubbers/Scheepers 2010; 2007; 2005; Schmidberger 1997a). In der Literatur wird dabei insbesondere auf die Stellung von Grenzregionen aufmerksam gemacht (siehe z.B. Kuhn 2012; Rippl et al. 2007; Schmidt et al. 2003; Schmidberger 1998). Um einen Einfluss der Grenzregion auf europäische Orientierungen auszuschließen, wurde als Untersuchungsgebiet das Bundesland Hessen ausgewählt, da es als einziges (westdeutsches) Bundesland keine Grenzen zu einem EU-Staat und damit auch keine Grenzregion hat.[11] Die Fokussierung auf hessische Gemeinden bietet den zusätzlichen Vorteil, dass es innerhalb des Bundeslands erhebliche Disparitäten in der Bevölkerungsdichte und der wirtschaftlichen Struktur gibt (Bullmann 2009, 358). Die Gemeinden unterscheiden sich damit im Hinblick auf das lokale Umfeld, aber die überregionalen Einflussgrößen sind für alle Kommunen konstant. Damit entspricht der Forschungsentwurf einem most similar design (Jahn 2011, 76). Die Festlegungen des Untersuchungsgebiets gewährleisten, dass mögliche lokale Unterschiede der Orientierungen der Bürger zur EU nicht auf zwischenstaatliche oder auf grenzregionale Besonderheiten zurückzuführen sind (siehe zum Design der EiK-Studie auch van Deth/Tausendpfund 2013a).

Anzahl der Gemeinden

Im EiK-Projekt werden Individualdaten und Kontextmerkmale zusammengeführt. Aus methodischer Sicht stellt das Forschungsvorhaben eine Mehrebenenanalyse dar.[12] Deshalb ist es notwendig, die Anzahl der Gemeinden zu spezifizieren, um eine solche Analyse durchführen zu können. In der Fachliteratur gibt es allerdings keinen klaren Konsens zur notwendigen Fallzahl, sondern allenfalls Empfehlungen, die sich zwischen 20 und 30 bewegen (Snijders 2003, 676; Hox 2002, 174-175; Snijders/Bosker 1999, 141-154). Für das EiK-Projekt stehen Informationen für 28 Gemeinden zur Verfügung.

---

11 Mit Thüringen und Sachsen-Anhalt gibt es zwei ostdeutsche Bundesländer, die ebenfalls keine Grenzregionen haben. Die kürzere EU-Mitgliedschaft der neuen Bundesländer sowie die durch den Transformationsprozess verursachte besondere Situation der ostdeutschen Bundesländer sprachen allerdings gegen die Wahl von Thüringen oder Sachsen-Anhalt als Untersuchungsgebiet (siehe z.B. Geißler 2008, 359-374; van Deth 2004a, 11-14; zu den politischen Orientierungen der ostdeutschen Bundesbürger zur DDR siehe Neller 2006).

12 Bei der Mehrebenenanalyse handelt es sich um ein statistisches Verfahren, bei der die Gesamtstreuung der abhängigen Variablen auf unterschiedliche hierarchisch angeordnete Ebenen aufgeteilt wird. In dieser Arbeit werden zwei Ebenen unterschieden. Die Bürger stellen die erste, die Gemeinden die zweite Ebene dar. In Kapitel 5 wird das Analyseverfahren vorgestellt (siehe für eine knappe Darstellung z.B. Maas 2011; für eine umfassende Darstellung siehe die mehrbändige Reihe von Skrondal/Rabe-Hesketh 2010).

Auswahl der Gemeinden

Für die korrekte Durchführung einer Mehrebenenanalyse sind auf Individual- und Kontextebene Zufallsstichproben erforderlich.[13] Zum Zeitpunkt der Datenerhebung (Februar bis Mai 2009) gab es im Bundesland Hessen insgesamt 426 Gemeinden.[14] Eine reine Zufallsauswahl, das heißt, zufällig Kommunen aus einer Grundgesamtheit von 426 Gemeinden auszuwählen, war aus drei Gründen nicht sinnvoll:

1. Die Studie untersucht den Einfluss individueller und kontextueller Merkmale auf europäische Orientierungen. Allgemeingültige Aussagen über hessische Kommunen sind nicht angestrebt, weshalb eine repräsentative Auswahl nicht erforderlich ist.
2. Ein Einfluss der Gemeinde auf politische Orientierungen ist in erster Linie dann zu erwarten, wenn sie die Lebensverhältnisse der Bürger mitprägt – zum Beispiel durch die Übernahme von Versorgungs-, Leistungs-, Fürsorge-, Vollzugs- und Planungsfunktionen. Mit wachsender Gemeindegröße wird eine Kommune eher solche Aufgaben wahrnehmen.
3. In der Politikwissenschaft gilt die lokale Ebene als „Schule der Demokratie" (z.B. Bogumil/Holtkamp 2006, 9). Diese Funktion können nach Naßmacher/Naßmacher (2007, 25) insbesondere Gemeinden zwischen 5000 und 50.000 Einwohnern erfüllen. Schließlich werden mit zunehmender Einwohnerzahl die Einflussmöglichkeiten des Einzelnen geringer, während in einer zu kleinen Gemeinde nur geringe Gestaltungsmöglichkeiten bestehen.

Im ersten Schritt wurden daher alle hessischen Kommunen zwischen 5000 und 50.000 Einwohnern als Grundgesamtheit festgelegt. Zum 31. Dezember 2007 waren dies 303 Gemeinden.[15] Bei der Stichprobenziehung im November 2008 war absehbar, dass während der geplanten Feldphase (Februar bis Mai 2009) in

---

13 In der Praxis wird der Aspekt der Zufallsstichprobe häufig vernachlässigt. Zum Beispiel ist eine Mehrebenenanalyse mit den Daten des European Social Survey oder des World Value Survey insofern problematisch, da die Teilnehmerländer an diesen Erhebungen keine zufällige Auswahl einer Grundgesamtheit darstellen. Hinz (2009, 652-654) weist aber darauf hin, dass auch in diesen Fällen grundsätzlich eine Mehrebenenanalyse durchgeführt werden kann.

14 In den 1970er Jahren wurde in Hessen eine Gebietsreform durchgeführt. Die Zahl der Landkreise verringerte sich auf 21, die Zahl der Gemeinden auf 426 (Dreßler 2010, 166). Informative Erörterungen zum Bundesland Hessen finden sich auch bei Bullmann (2009), Heidenreich/Böhme (2003) und Schiller/von Winter (1997).

15 Die Stichprobenziehung fand im November 2008 statt. Für die Definition der Grundgesamtheit wurde die amtliche Gemeindestatistik 2008 herangezogen (Hessisches Statistisches Landesamt. Hessische Gemeindestatistik 2008. Ausgewählte Strukturdaten aus Bevölkerung und Wirtschaft 2007. Wiesbaden).

42 dieser Gemeinden eine Bürgermeister- bzw. Landratswahl oder ein Bürgerentscheid stattfindet. Eine lokale Wahl bzw. Abstimmung kann durch den Wahlkampf die Politisierung einer Gemeinde zeitweise beeinflussen. Um solche Effekte auszuschließen, wurden diese Kommunen bei der Stichprobenziehung nicht berücksichtigt. Aus der resultierenden Grundgesamtheit von 261 Gemeinden wurden zunächst folgende 24 Kommunen zufällig ausgewählt: Alsfeld, Bickenbach, Biedenkopf, Bruchköbel, Büttelborn, Eppstein, Erzhausen, Felsberg, Frankenberg, Frielendorf, Gelnhausen, Guxhagen, Helsa, Heuchelheim, Hüttenberg, Kelkheim, Limburg, Ranstadt, Reiskirchen, Rüdesheim, Selters, Viernheim, Witzenhausen und Wolfhagen. Im Mai 2009 wurde diese Stichprobe durch die Städte Petersberg und Reinheim erweitert.[16]

Im zweiten Schritt wurde die Stichprobe um zwei Großstädte ergänzt, um auch den Einfluss des großstädtischen Umfelds auf politische Orientierungen in der Untersuchung zu berücksichtigen. Zum 31. Dezember 2007 gab es in Hessen zwölf Städte mit mehr als 50.000 Einwohnern, fünf hatten mehr als 100.000 Einwohner.[17] Für die Berücksichtigung von Wiesbaden und Kassel sprachen unter anderem eine vergleichbare Bevölkerungszahl, die geographische Distanz und die Anzahl von 23 bzw. 26 Stadtteilen, die grundsätzlich eine Mehrebenenanalyse auf Stadtteilebene zulassen.[18]

Wie Tabelle 1 zeigt, liegt die Einwohnerzahl der 28 ausgewählten Gemeinden zum 31. Dezember 2008 zwischen 4933 (Ranstadt) und 276.742 (Wiesbaden). Mit 203,9 Quadratkilometern ist Wiesbaden auch die flächenmäßig größte Stadt, Erzhausen hat mit 7,4 Quadratkilometern das kleinste Gemeindegebiet. Die Anzahl der Bürger pro Quadratkilometer (Bevölkerungsdichte) liegt zwischen 92 (Frielendorf) und 1818 (Kassel). Mit den 28 Gemeinden werden 17 der 21 hessischen Landkreise abgedeckt; Wiesbaden und Kassel sind kreisfreie Städte. Zwölf Kommunen gehören zum Regierungsbezirk Darmstadt und liegen in Südhessen. Sieben Gemeinden befinden sich in Mittelhessen (Regierungsbezirk Gießen), neun Kommunen in Nord- und Osthessen (Regierungsbezirk Kassel). Abbildung 2 zeigt die geographische Lage der ausgewählten Kommunen.

---

16   In Bickenbach, Helsa, Heuchelheim und Ranstadt konnte die angestrebte Stichprobe von 400 Befragten nicht erreicht werden. Deshalb wurden die übrigen Interviews auf Reinheim und Petersberg verteilt. Diese wurden aus einer Grundgesamtheit aller Gemeinden mit einer Einwohnergröße zwischen 5000 und 50.000 gezogen, in denen zum Zeitpunkt der Feldphase (Mai) keine lokalen Wahlen stattfanden. Dies waren 303 Gemeinden.
17   In drei dieser zwölf Städte fand während der Feldphase eine lokale Wahl statt.
18   Zum 31. Dezember 2007 hatte Kassel 193.803 Einwohner und 23 Stadtteile, Wiesbaden hatte 275.849 Einwohner und 26 Stadtteile. Die nächstgrößere Stadt ist Frankfurt mit 659.021 Einwohnern (43 Stadtteile), die nächstkleinere Darmstadt mit 142.191 Einwohnern (neun Stadtteile).

Tabelle 1: Die 28 ausgewählten Gemeinden im Überblick

Name der Gemeinde	Landkreis[1]	Regierungs-bezirk[1]	Einwohnerzahl (absolute Zahlen)[2]
Alsfeld	Vogelsbergkreis	Gießen	17.002
Bickenbach	Darmstadt-Dieburg	Darmstadt	5.409
Biedenkopf	Marburg-Biedenkopf	Gießen	13.361
Bruchköbel	Main-Kinzig-Kreis	Darmstadt	20.621
Büttelborn	Groß-Gerau	Darmstadt	13.329
Eppstein	Main-Taunus-Kreis	Darmstadt	13.271
Erzhausen	Darmstadt-Dieburg	Darmstadt	7.370
Felsberg	Schwalm-Eder-Kreis	Kassel	10.792
Frankenberg	Waldeck-Frankenberg	Kassel	18.951
Frielendorf	Schwalm-Eder-Kreis	Kassel	7.868
Gelnhausen	Main-Kinzig-Kreis	Darmstadt	21.511
Guxhagen	Schwalm-Eder-Kreis	Kassel	5.307
Helsa	Kassel	Kassel	5.662
Heuchelheim	Gießen	Gießen	7.687
Hüttenberg	Lahn-Dill-Kreis	Gießen	10.673
Kassel	Kreisfreie Stadt	Kassel	194.168
Kelkheim	Main-Taunus-Kreis	Darmstadt	27.306
Limburg	Limburg-Weilburg	Gießen	33.504
Petersberg	Fulda	Kassel	14.697
Ranstadt	Wetteraukreis	Darmstadt	4.933
Reinheim	Darmstadt-Dieburg	Darmstadt	17.090
Reiskirchen	Gießen	Gießen	10.626
Rüdesheim	Rheingau-Taunus-Kreis	Darmstadt	9.671
Selters	Limburg-Weilburg	Gießen	8.212
Viernheim	Bergstraße	Darmstadt	32.502
Wiesbaden	Kreisfreie Stadt	Darmstadt	276.742
Witzenhausen	Werra-Meißner-Kreis	Kassel	15.549
Wolfhagen	Kassel	Kassel	12.937

Quellen: 1) Hessisches Gemeindelexikon unter www.hessen-gemeindelexikon.de, Zugriff am 7.6.2011. 2) Hessisches Statistisches Landesamt. Hessische Gemeindestatistik 2009. Ausgewählte Strukturdaten aus Bevölkerung und Wirtschaft 2008. Wiesbaden.

Abbildung 2: Geographische Lage der 28 ausgewählten Gemeinden in Hessen

Quelle: Eigene Darstellung mit dem PLZ-Diagramm 3.8.

Datenmaterial des EiK-Projekts

In den 28 Gemeinden wurden lokale Bevölkerungsumfragen durchgeführt, um die Einstellungen der Bürger zur EU und relevante Individualmerkmale zu erheben. Außerdem fand eine Befragung der Kommunalpolitiker statt und es wurden Daten aus amtlichen Statistiken zusammengetragen. Diese drei zentralen Bestandteile des Projekts werden in den folgenden Abschnitten erläutert.

2.1.1 Bürgerbefragung

Im Rahmen des Forschungsprojekts wurden in den 28 hessischen Gemeinden lokale Bevölkerungsumfragen durchgeführt. Die nachfolgenden Abschnitte informieren über Zielsetzung und Durchführung der Befragung.

Inhalte der Befragung

Die lokalen Befragungen zielten darauf ab, die Wahrnehmung und Bewertung der Bürger zur Europäischen Union sowie relevante individuelle Merkmale, die die Zustimmung zur EU erklären können, zu erheben. Der kurze Fragebogen bestand dafür zum größten Teil aus bereits erprobten, theoretisch relevanten Fragen nach verschiedenen individuellen Einstellungen und Verhaltensweisen. Ein Großteil der Erhebungsinstrumente wurde unter anderem aus dem European Social Survey (ESS), der European Election Study (EES) und der Allgemeinen Bevölkerungsumfrage der Sozialwissenschaften (ALLBUS) übernommen (für eine Übersicht zu diesen Erhebungen siehe z.B. Keil 2009; Kittilson 2007). Dazu gehören Fragen zur Wahrnehmung und Bewertung der Europäischen Union, zum politischen Interesse, zum sozialen und politischen Vertrauen, zum gesellschaftlichen Engagement, zur Identität, zur Wertorientierung, zur Religion, zur Mediennutzung sowie zur Demographie (Geschlecht, Alter, Beruf, Bildung, Einkommen). Vor der Bürgerbefragung wurde der Fragebogen mit dem Fragebewertungssystem überprüft (siehe Faulbaum et al. 2009) und in einem Pretest erprobt. Bei Schulungen wurden die Interviewer mit dem Fragebogen vertraut gemacht. Der Fragebogen der Bürgerbefragung steht auf der Projekthomepage unter www.europa-im-kontext.de zur Verfügung (Projektdokumentation).

Telefonische Befragung

Die Bürgerbefragung fand in den 28 Gemeinden als mündlich-telefonische Befragung statt (zum Verfahren siehe z.B. Engel et al. 2005). Die Erhebung hat im Auftrag der Universität Mannheim das sozialwissenschaftliche Umfragezentrum der Universität Duisburg (SUZ) unter Leitung von Prof. Dr. Frank Faulbaum durchgeführt.[19] Die zufällige Auswahl der Zielperson erforderte zwei Schritte. Auf der ersten Stufe erfolgte eine Auswahl der Privathaushalte mit Telefonanschluss (Festnetz).[20] Dazu wurde nach dem Gabler-Häder-Verfahren eine Zufallsauswahl von Festnetznummern gezogen. Dabei generiert ein Computer Zahlenkombinationen, die dann als Telefonnummern verwendet werden (siehe zum Verfahren Gabler/Häder 1997). Dadurch werden auch Rufnummern berücksichtigt, die in keinem Telefonbuch eingetragen sind (sogenannte Geheimnummern). Auf der zweiten Stufe erfolgte die (zufällige) Auswahl der Zielperson im Haushalt nach der sogenannten Last-Birthday-Methode. Dabei wird diejenige Zielperson befragt, die zuletzt Geburtstag hatte.

Grundgesamtheit und Stichprobengröße

Die Grundgesamtheit in den ausgewählten Gemeinden stellten alle in Privathaushalten lebenden Personen ab 15 Jahre (ohne Altersobergrenze) mit festem Telefonanschluss dar, unabhängig ihrer Nationalität und ihrer Staatsbürgerschaft. Damit bei einer Stichprobe der Anteil eines bestimmten Merkmals nicht mehr als fünf Prozentpunkte vom „wahren" Anteil in der Grundgesamtheit abweicht, ist eine Nettostichprobe von etwa 400 Befragten notwendig (Dillman et al. 2009, 55-60; Schaefer 1979, 47-48).[21] Für die Gemeinden bis 50.000 Einwohner wurde

19 An dieser Stelle möchte ich mich herzlich bei Marc Danullis sowie den zahlreichen Interviewern des SUZ für die Zusammenarbeit bedanken.
20 Bei der Bürgerbefragung wurden Personen, die nicht über einen Festnetzanschluss verfügten, nicht berücksichtigt. Nach Zahlen des Statistischen Bundesamts waren Anfang 2008 rund neun Prozent aller Haushalte ausschließlich über Mobiltelefone erreichbar, ohne zusätzlich über einen Festnetzanschluss zu verfügen (Statistisches Bundesamt 2009). Bisher konnten Handys vor allem bei jüngeren Menschen den festen Telefonanschluss verdrängen; der Anteil der ausschließlichen „Handy-Nutzer-Haushalte" nimmt mit steigendem Alter der Haupteinkommensbezieher ab. Forschungsergebnisse weisen allerdings darauf hin, dass Unterschiede bei politischen Einstellungen zwischen Personen, die ausschließlich über Mobiltelefone erreichbar sind, und Bürgern, die über einen Festanschluss verfügen, letztendlich moderat ausfallen (Hunsicker/Schroth 2007). Bei bundesweiten Bevölkerungsumfragen wird derzeit der sogenannte Dual-Frame-Ansatz, die Kombination von Festnetz- und Mobilfunkstichproben, im Hinblick auf seine Praxistauglichkeit getestet (Gabler/Häder 2009; Häder/Häder 2009). Bei lokal begrenzten Bevölkerungsumfragen ist eine Berücksichtigung von Mobilfunknummern allerdings nicht praktikabel, da sich Handynummern regional nicht verorten lassen.
21 Für die angestrebte Stichprobengröße von 400 Personen pro Gemeinde sprachen noch weitere Gründe: 1. Eine Reihe der bei der Mehrebenenanalyse zu berücksichtigenden Kontextmerkmale kann nur über die Aggregation individueller Variablen gebildet werden (z.B. Werteklima einer Gemeinde). Eine mit Stichprobenfehlern kontaminierte Messung dieser Merkmale führt zwangsläufig zu einer systematischen Unterschätzung ihres Einflusses. Die angestrebte Stichprobengröße von 400 Befragten pro Gemeinde stellt dabei einen Kompromiss zwischen Präzision der Erfassung der Kontextmerkmale und den Kosten dar. 2. Eine hinreichend große Stichprobe erlaubt, Heterogenität zwischen Gemeinden nicht nur über Varianzkomponenten, sondern auch durch den Vergleich einzelner Ge-

deshalb eine Stichprobe von 400 Befragten angestrebt.[22] In den beiden Großstädten Wiesbaden und Kassel sollten jeweils 1200 Personen befragt werden, um Analysen auch auf Stadtteilebene vornehmen zu können.

Feldphase

Die Befragungszeit dauerte vom 2. Februar bis 25. Mai 2009.[23] Die Kontaktaufnahme sowie die Durchführung der Interviews erfolgten montags bis freitags zwischen 15 und 21 Uhr sowie samstags zwischen 12 und 18 Uhr. Termine konnten zudem auch montags bis freitags in der Zeit zwischen 10 und 14 Uhr vereinbart werden. Im Rahmen der Erhebung wurden bis zu zehn Kontaktversuche unternommen. Im Schnitt waren etwa 2,5 Kontaktversuche erforderlich, ehe ein Interview realisiert werden konnte. Die durchschnittliche Interviewdauer betrug 26,6 Minuten. Das kürzeste Interview dauerte 14, das längste Interview 149 Minuten. Insgesamt liegen 12.064 komplette Interviews vor.

Maßnahmen zur Erhöhung der Teilnahmebereitschaft

Angesichts der allgemein sinkenden Teilnahmebereitschaft bei Befragungen (z.B. Schnell 2012, 164; Aust/Schröder 2009; Battaglia et al. 2008; Montaquila et al. 2008; für lokale Befragungen siehe z.b. Bretschneider 2005) wurden bei der Bürgerbefragung mehrere Maßnahmen ergriffen, um eine möglichst hohe Beteiligung sicherzustellen. Die Bürgermeister bzw. die Verwaltungen der 28 zufällig ausgewählten Kommunen wurden bereits einige Wochen vor der Feldphase über das Forschungsprojekt informiert und um wohlwollende Begleitung gebeten. Zum Start der Befragung haben die Gemeinde- bzw. Stadtverwaltungen eine Pressemitteilung mit der Bitte erhalten, diese auf der kommunalen Homepage zu veröffentlichen. Außerdem wurde den lokalen Zeitungen diese Pressemitteilung zur Verfügung gestellt. Erfreulicherweise haben viele Gemeinden und Tageszeitungen das Angebot aufgegriffen und über die Studie berichtet.[24] Um eine Identifikation zwischen Befragten und Studie zu ermöglichen, wurde der Befragungstitel für jede Gemeinde individuell angepasst und lautete zum Bei-

---

meinden zu untersuchen. 3. Die Stichprobengröße von 400 Befragten pro Gemeinde erlaubt grundsätzlich ein Mehrebenenmodell mit drei Ebenen (Individuen, Ortsteile/Stadtteile und Gemeinden).

22 Allerdings konnten nicht in allen Gemeinden die angestrebten 400 Interviews realisiert werden. Dies sind Bickenbach, Helsa, Heuchelheim, Petersberg und Ranstadt.

23 Damit begann die Befragung zwei Wochen nach der hessischen Landtagswahl (18. Januar 2009) und wurde spätestens zwei Wochen vor der Europawahl (7. Juni 2009) abgeschlossen. In vielen Gemeinden wurde die Erhebung deutlich vor dem 25. Mai 2009 beendet (siehe Tabelle 2). Durch die gewählte Feldphase sollten mögliche Verzerrungen durch eine stärkere Berichterstattung der Medien zu den Landtagswahlen bzw. insbesondere zu den Europawahlen vermieden werden.

24 Eine Pressemappe mit den Veröffentlichungen kann beim Autor angefordert werden.

spiel „Leben in Viernheim". Als flankierende Maßnahme wurden insbesondere zu Beginn des Interviews Fragen zur konkreten Lebenssituation in der Gemeinde gestellt. Auf einer eigens eingerichteten Projekthomepage unter www.europa-im-kontext.de standen neben einem Projektflyer auch weitere Informationen zum Forschungsprojekt zur Verfügung; dort gab es zudem spezielle Hinweise zur Auswahl der Befragten, zur Vertraulichkeit der Angaben oder zum Inhalt der Befragung. Natürlich konnten sich die Befragten auch telefonisch oder per E-Mail direkt an das SUZ oder an das Projektteam der Universität Mannheim wenden.

Datenqualität

In der Praxis gilt die Ausschöpfung als eines der wichtigsten Merkmale zur Beurteilung der Qualität von repräsentativen allgemeinen Bevölkerungsumfragen. Unter Ausschöpfung wird dabei das Verhältnis der realisierten Interviews zu den gültigen Bruttofällen verstanden. Bei einer telefonischen Befragung sind dies – vereinfacht formuliert – die realisierten Interviews zur Anzahl der gültigen Rufnummern (siehe z.B. Schnell et al. 2011, 301). Der daraus resultierende Quotient liegt bei der Bürgerbefragung bei 20,8 Prozent.[25] Für eine telefonische Befragung im Jahr 2009 in der Bundesrepublik Deutschland kann dies als guter Wert bezeichnet werden (Gabriel/Thaidigsmann 2009, 313).

Die Güte einer Erhebung sollte allerdings nicht ausschließlich an der Ausschöpfungsquote beurteilt werden (siehe zum Problem von Nonresponse z.B. Schnell 1997; Lynn 2009; Proner 2011). So ist die Beteiligung bei einer persönlichen Befragung in der Regel höher als bei einer telefonischen Umfrage. Die Deutsche Forschungsgemeinschaft weist in einer Denkschrift darauf hin, dass die Ausschöpfung nur misst, „wie groß der Spielraum für Selektivität durch *nonresponse* ist. Sie besagt nichts über die tatsächliche *Selektivität*" (Deutsche Forschungsgemeinschaft 1999, 104 Hervorhebung im Original; siehe auch Groves 2006). In der Tat weisen Forschungsergebnisse darauf hin, dass zufallsbasierte Stichproben mit einer geringen Ausschöpfung keine systematischen Verzerrungen aufweisen müssen (Schneekloth/Leven 2003; Krosnick 1999, 540; siehe auch Groves/Peytcheva 2008).

---

25   Insgesamt wurden für die Telefonbefragung 199.611 Rufnummern generiert (Brutto-Ausgangsstichprobe). Von diesen sind die stichprobenneutralen Ausfälle abzuziehen (z.B. kein Anschluss, Freizeichen, Geschäftsanschluss, Anschluss gehört nicht zur Gemeinde). Dies waren 141.472 Nummern. Die bereinigte Stichprobe umfasst damit 58.139 Nummern. Die Ausschöpfungsquote ergibt sich als Quotient zwischen der Zahl der vollständig realisierten Interviews (12.064) und dem Umfang der bereinigten Stichprobe (58.139). Ein ausführlicher Feldbericht zur Telefonumfrage „Europa im Kontext" mit einer detaillierten Aufgliederung aller Ausfallursachen und deren Häufigkeit kann beim Autor angefordert werden.

Datenbereinigung

Bei einer umfassenden Datenbereinigung wurde festgestellt, dass 194 Personen der insgesamt 12.064 Befragten (1,6 Prozent) vermutlich nicht in der jeweiligen Gemeinde lebten, da jeweils ein Stadtteil angegeben wurde, den es in der Gemeinde nicht gibt. Häufig wurde bei der Frage nach dem Stadtteil eine Gemeinde genannt, die unmittelbar an die Zielgemeinde grenzt (z.B. Vellmar bei Kassel). Diese Fälle wurden nachträglich aus dem Datensatz entfernt. Die Fallzahl verringerte sich dadurch auf 11.870 Befragte. Tabelle 2 bietet einen Überblick über die Anzahl der realisierten Interviews, die Ausschöpfungsquote sowie die Befragungszeit in den einzelnen Gemeinden.

Tabelle 2: Angaben zur Feldphase der Bürgerbefragung

Name der Gemeinde	Anzahl der Befragten	Ausschöpfung in Prozent	Zeitraum der Datenerhebung
Alsfeld	403	22,0	04.02. bis 08.05.09
Bickenbach	244	16,5	02.02. bis 11.05.09
Biedenkopf	397	24,5	02.02. bis 30.04.09
Bruchköbel	398	19,1	02.02. bis 10.05.09
Büttelborn	391	17,3	12.02. bis 23.05.09
Eppstein	400	25,0	02.02. bis 04.05.09
Erzhausen	401	20,6	03.02. bis 18.05.09
Felsberg	402	20,9	02.02. bis 11.05.09
Frankenberg	394	25,0	07.02. bis 06.05.09
Frielendorf	396	19,6	11.02. bis 19.05.09
Gelnhausen	390	24,0	04.02. bis 10.05.09
Guxhagen	385	17,4	05.02. bis 25.05.09
Helsa	286	18,0	11.02. bis 11.05.09
Heuchelheim	262	19,2	04.02. bis 11.05.09
Hüttenberg	396	18,3	09.02. bis 07.05.09
Kassel	1.171	24,8	02.02. bis 24.04.09
Kelkheim	402	24,6	11.02. bis 04.05.09
Limburg	390	18,2	04.02. bis 09.05.09
Petersberg	135	12,8	22.05. bis 25.05.09
Ranstadt	260	14,6	02.02. bis 12.05.09
Reinheim	393	24,5	18.05. bis 25.05.09
Reiskirchen	396	16,3	10.02. bis 25.05.09
Rüdesheim	382	19,6	04.02. bis 17.05.09
Selters	396	20,2	09.02. bis 16.05.09
Viernheim	401	23,6	03.02. bis 08.05.09
Wiesbaden	1.200	21,7	02.02. bis 30.04.09
Witzenhausen	398	24,2	04.02. bis 08.05.09
Wolfhagen	401	24,5	02.02. bis 04.05.09
Gesamt	11.870	20,8	02.02. bis 25.05.09

2.1.2 Kommunalpolitikerbefragung

Im Rahmen des Forschungsprojekts „Europa im Kontext" fand in den 28 ausgewählten Gemeinden eine Kommunalpolitikerbefragung statt. Die nachfolgenden Abschnitte informieren über Zielsetzung und Durchführung der Befragung.

Inhalte der Befragung

Die Erhebung zielte in erster Linie darauf ab, wertvolle Informationen zur kommunalpolitischen Situation in den Gemeinden zu erhalten, die bei den Analysen als Kontextmerkmale des politischen Umfelds berücksichtigt werden. Für den Fragebogen wurden einzelne Frageinstrumente aus der Bürgerbefragung übernommen und teilweise entsprechend modifiziert. Ergänzt wurde der Fragenkatalog insbesondere durch Erhebungsinstrumente des Projekts „Municipal Assemblies in European Local Governance" (MAELG).[26] Zusätzlich beinhaltet der Fragebogen auch Erhebungsinstrumente der Kandidatenumfrage zur Bundestagswahl 2005 und 2009.[27] Vor der Erhebung wurde der Fragebogen zwei Pretests unterzogen, an denen auch Kommunalpolitiker beteiligt waren. Der Fragebogen steht auf der Projekthompage unter www.europa-im-kontext.de zur Verfügung (Projektdokumentation).

Internet- bzw. postalische Befragung

Die Befragung war als Internet- bzw. als postalische Erhebung konzipiert.[28] Die Kommunalpolitiker haben in einem postalischen Anschreiben eine Internetadresse sowie ein persönliches Kennwort erhalten, mit dem sie an der Erhebung teilnehmen konnten. Personen, die den Fragebogen nicht online ausfüllen wollten bzw. nicht über einen Internetzugang verfügten, konnten mit der beiliegenden Postkarte eine schriftliche Version des Fragebogens anfordern. Selbstverständlich entstanden für die Kommunalpolitiker bei der Anforderung bzw. dem Zurücksenden des Fragebogens keine Kosten.

---

26 An dieser Stelle möchte ich mich bei Prof. Dr. Hubert Heinelt bedanken, der den MAELG-Fragebogen zur Verfügung gestellt hat. Wertvolle Anregungen und Hinweise zur Durchführung einer Kommunalpolitikerbefragung gab auch Dr. Björn Egner. Besonders möchte ich mich bei Dr. Marion Reiser bedanken, die den Prozess der Fragebogenentwicklung wohlwollend kritisch begleitet hat.
27 Ein herzliches Dankeschön gilt dabei Dr. Andreas Wüst, der die entsprechenden Fragebögen zur Verfügung gestellt hat und für weiterführende Informationen zur Verfügung stand.
28 Ohne die technische Unterstützung von Dr. Christian Melbeck bei der Durchführung der Onlinebefragung hätte die Erhebung nicht realisiert werden können. Dafür ein herzliches Dankeschön.

Grundgesamtheit

Alle Gemeinden in Hessen haben zwei gleichartige Organe: die Gemeindevertretung, in Städten Stadtverordnetenversammlung genannt, und den Gemeindevorstand, in Städten Magistrat genannt. Die Gemeindevertretung ist das oberste Organ einer Gemeinde, sie entscheidet über alle wichtigen Angelegenheiten. Dem Gemeindevorstand obliegt die laufende Verwaltung (Dreßler 2010, 171-177). Die Grundgesamtheit der Erhebung bildeten deshalb die gewählten Mitglieder der Gemeindevertretung bzw. Stadtverordnetenversammlung sowie die Mandatsträger im Gemeindevorstand bzw. Magistrat in den 28 Gemeinden. Mit diesen beiden Gremien wurden die wesentlichen politischen Organe einer Gemeinde berücksichtigt; insbesondere konnten auch die hauptamtlichen Kommunalpolitiker (Bürgermeister, Erster Stadtrat) an der Befragung teilnehmen, die zwar Mitglied des Gemeindevorstands sind, nicht aber der Gemeindevertretung angehören.

Feldphase

Vor der Erhebung standen die Recherche und die entsprechende Aufbereitung der Adressen der Kommunalpolitiker. Der Großteil der Adressen wurde von den Gemeinden zur Verfügung gestellt. In einer Gemeinde sowie bei einzelnen Kommunalpolitikern lagen keine persönlichen Adressen vor; hier wurden die Briefe an die entsprechenden Gemeinde- bzw. Stadtverwaltungen gesendet mit der Bitte, diese an die Mandatsträger weiterzuleiten. Am 2. Juni 2009 wurden das persönliche Anschreiben, ein Projektflyer sowie eine Postkarte versendet. Der Projektflyer, der bereits bei der Bürgerbefragung zum Einsatz kam, informierte in knapper Form über die wesentlichen Ziele des Forschungsprojekts. Mit der beigelegten Postkarte konnten die Personen bei Bedarf eine schriftliche Version des Fragebogens anfordern. Am 1. Juli 2009 erfolgte der Versand eines ersten Erinnerungsschreibens. Am 25. August 2009, etwa eine Woche nach dem Ende der hessischen Sommerferien, wurde ein zweites Erinnerungsschreiben versendet. Beide Erinnerungsschreiben enthielten wieder eine Postkarte, um die schriftliche Version des Fragebogens anzufordern. Die ersten (online) ausgefüllten Fragebögen lagen bereits am 4. Juni 2009 vor; Mitte September 2009 war die Feldphase weitgehend abgeschlossen. Der letzte (schriftlich) ausgefüllte Fragebogen erreichte das Projektteam am 7. Dezember 2009.

Datenqualität

Insgesamt 1346 Personen bildeten die Grundgesamtheit für die Kommunalpolitikerbefragung. Zum Abschluss der Feldphase lagen insgesamt 720 verwertbare Fragebögen vor. Dies entspricht einer Ausschöpfung von 53,5 Prozent. Von den 720 Fragebögen haben 558 Personen (77,5 Prozent) den Fragebogen im Internet ausgefüllt, 162 die Papierversion (22,5 Prozent). 685 Fragebögen wurden vollständig abgeschlossen (95,1 Prozent), bei 35 Fragebögen erfolgte nach der zehnten Frage ein Befragungsabbruch. Tabelle 3 gibt einen Überblick über die Erhebung.

Tabelle 3: Angaben zur Feldphase der Kommunalpolitikerbefragung

Name der Gemeinde	Grundgesamtheit	Teilnahme Gesamt	Ausschöpfung in Prozent	Zeitraum der Datenerhebung
Alsfeld	46	23	50,0	05.06. bis 15.10.09
Bickenbach	32	23	71,9	05.06. bis 19.10.09
Biedenkopf	47	27	57,4	05.06. bis 13.09.09
Bruchköbel	46	27	58,7	12.06. bis 15.09.09
Büttelborn	43	27	62,8	05.06. bis 31.08.09
Eppstein	47[a]	29	61,7	05.06. bis 02.09.09
Erzhausen	33	17	51,5	05.06. bis 02.09.09
Felsberg	52	18	34,6	05.06. bis 23.09.09
Frankenberg	38	20	52,6	05.06. bis 15.09.09
Frielendorf	44	25	56,8	05.06. bis 05.10.09
Gelnhausen	51	40	78,4	05.06. bis 04.10.09
Guxhagen	42	25	59,5	06.06. bis 18.09.09
Helsa	40	20	50,0	06.06. bis 03.09.09
Heuchelheim	41	28	68,3	05.06. bis 23.09.09
Hüttenberg	40	26	65,0	05.06. bis 10.09.09
Kassel	88[b]	30	34,1	05.06. bis 04.10.09
Kelkheim	58	31	53,4	05.06. bis 23.09.09
Limburg	58	33	56,9	05.06. bis 07.12.09
Petersberg	44	23	52,3	05.06. bis 11.10.09
Ranstadt	36	14	38,9	05.06. bis 29.09.09
Reinheim	45	23	51,1	05.06. bis 12.09.09
Reiskirchen	48	24	50,0	05.06. bis 16.09.09
Rüdesheim	44	15	34,1	08.06. bis 09.09.09
Selters	40	27	67,5	05.06. bis 08.09.09
Viernheim	58	36	62,1	04.06. bis 08.09.09
Wiesbaden	101	44	43,6	05.06. bis 25.09.09
Witzenhausen	46	23	50,0	05.06. bis 10.10.09
Wolfhagen	38	22	57,9	06.06. bis 21.09.09
Gesamt	1346	720	53,5	04.06. bis 07.12.09

Anmerkungen: a) Zum Zeitpunkt der Feldphase gab es in Eppstein keinen Bürgermeister, daher reduziert sich die Grundgesamtheit auf 47 Personen. b) Ein Kommunalpolitiker in Kassel hat während der Feldzeit das Mandat zurückgegeben. Dadurch verringert sich die Grundgesamtheit auf 88 Personen.

2.1.3 Kontextdaten

Um Informationen zum politischen, gesellschaftlichen und wirtschaftlichen Umfeld der Gemeinden zu erhalten, fand im EiK-Projekt eine umfangreiche Sammlung von Kontextmerkmalen statt. Die wesentlichen Datenquellen werden an dieser Stelle kurz vorgestellt. Eine Übersicht der in dieser Arbeit verwendeten Kontextmerkmale mit den Werten für die einzelnen Gemeinden findet sich im Anhang dieser Arbeit.[29]

Statistisches Landesamt Hessen

Mit der hessischen Gemeindestatistik lieferte das Hessische Statistische Landesamt wertvolle Daten zur Beschreibung der Gemeinden. Für das Projekt liegen für die Jahre 2000 bis 2008 unter anderem Daten aus den Bereichen Gebiet und Bevölkerung, Erwerbstätigkeit, Landwirtschaft sowie Finanzen und Steuern der Gemeinden vor. Ergänzt wird diese Sammlung durch die lokalen Wahlergebnisse der Kommunen von 1977 bis 2006 sowie Informationen zu den Sitzverhältnissen in den Gemeindevertretungen. Außerdem liegen die Ergebnisse möglicher Bürgerentscheide für die 28 Kommunen vor.

Bundesagentur für Arbeit

Wichtige Indikatoren zur Analyse der wirtschaftlichen Situation einer Gemeinde stellte die Bundesagentur für Arbeit zur Verfügung. Dazu zählen die Zahl der Arbeitslosen, die Arbeitslosenquoten und die Zahl der Personen in Bedarfsgemeinschaften als Grundlage für die Berechnung der Hilfequote, die jeweils für die Jahre 2007 und 2008 zur Verfügung stehen. Hinweise zur lokalen Wirtschaftsstruktur bietet ferner der Anteil der sozialversicherungspflichtig Beschäftigten am Arbeitsort in den einzelnen Wirtschaftssektoren.

GfK

Mit dem Kaufkraftindex sowie den Bevölkerungsstrukturdaten der GfK Geo-Marketing stehen für die Analyse auch kommerzielle Daten zur Verfügung. Der Kaufkraftindex bezeichnet das verfügbare Einkommen ohne Steuern und Sozialabgaben inklusive Transferleistungen und wird pro Kopf und Jahr in Euro ausgewiesen. Die Bevölkerungsstrukturdaten informieren über die durchschnittliche Haushaltsgröße, den Anteil der Single-Haushalte, den Anteil der Haushalte mit und ohne Kinder sowie der Ausländerhaushalte. Zudem geben die Bevölkerungsstrukturdaten Aufschluss über den Anteil der Haushaltsnettoeinkommen in

---

29 Eine Übersicht aller Kontextmerkmale mit den Werten für die einzelnen Gemeinden findet sich auf der Projekthomepage unter www.europa-im-kontext.de.

verschiedenen Einkommensklassen. Die kommerziellen GfK-Daten liegen für das Jahr 2008 vor.

Ministerien

Das Hessische Ministerium für Wirtschaft, Verkehr und Landesentwicklung hat die Zahlungen aus dem Europäischen Fonds für regionale Entwicklung (EFRE) für die Jahre 2000 bis 2008 je Gemeinde zur Verfügung gestellt. Daten des Internetportals www.agrar-fischerei-zahlungen.de geben detaillierte Auskunft zu den Zahlungen aus dem Europäischen Garantiefonds für die Landwirtschaft (EGFL) sowie dem Europäischen Landwirtschaftsfonds für die Entwicklung des ländlichen Raums (ELER).

Landeskriminalamt Hessen

Das Landeskriminalamt Hessen hat für die Jahre 2003 bis 2008 detaillierte Informationen aus der Polizeilichen Kriminalstatistik (PKS) zusammengestellt. Die Häufigkeitszahl informiert dabei über die bekannt gewordenen Delikte, errechnet auf 100.000 Einwohner. Die Aufklärungsquote gibt Aufschluss über den Anteil der aufgeklärten Delikte an den bekannt gewordenen Fällen.

Kirchen

Die 28 Gemeinden gehören mit den Bistümern Fulda, Limburg und Mainz sowie der Evangelischen Kirche von Kurhessen-Waldeck, Hessen und Nassau sowie Rheinland unterschiedlichen (katholischen) Diözesen bzw. (evangelischen) Landeskirchen an. Die Diözesen und Landeskirchen haben Informationen zum Anteil der Katholiken bzw. Protestanten sowie zur Kirchgangshäufigkeit bereitgestellt.

Gemeinden

Für das Forschungsprojekt relevante Informationen konnten auch durch eine schriftliche Befragung der kommunalen Verwaltungen gewonnen werden. Dieser schriftliche Fragebogen bestand unter anderem aus Fragen zur lokalen Vereinsstruktur und zur Anzahl der lokalen Tageszeitungen sowie zu den Städtepartnerschaften. Der Fragebogen steht auf der Projekthompage unter www.europa-im-kontext.de zur Verfügung (Projektdokumentation).

2.2 Analysestrategie

Die vorliegende Studie untersucht den Einfluss individueller Merkmale *und* des lokalen Umfelds auf die Zustimmung der Bürger zur Europäischen Union. Damit wird dem Bürger bzw. den Einstellungen der Bürger zur EU zumindest implizit eine wichtige Rolle im Integrationsprozess zugesprochen. In Zeiten des von der Staatengemeinschaft propagierten Bildes eines „Europas der Bürger" und verbesserten Beteiligungsmöglichkeiten (z.B. Europawahl, Europäische Bürgerinitiative, Konsultationen auf europäischer Ebene, Bürgerkonferenzen) mag diese Sichtweise auch selbstverständlich erscheinen. Allerdings war dies lange Zeit nicht der Fall. Deshalb stellt das dritte Kapitel zunächst die wesentlichen Gründe für diese veränderte Einschätzung dar (Kapitel 3.1). Daran anknüpfend werden konzeptionelle Grundlagen gelegt, um die Forschungsfragen bearbeiten zu können. Ein erster theoretischer Schwerpunkt der Studie widmet sich daher der Entwicklung eines geeigneten Analyserasters der Einstellungen der Bürger zur EU. Dazu wird das Konzept der politischen Unterstützung vorgestellt (Kapitel 3.2). Auf dieser Grundlage wird eine Konzeptualisierung europäischer Orientierungen entwickelt, die anschließend operationalisiert und empirisch überprüft wird (Kapitel 3.3). Das dritte Kapitel schließt mit der Beantwortung der ersten beiden Forschungsfragen: Wie hoch fällt die Zustimmung zur Europäischen Union in Gemeinden aus? In welchem Ausmaß unterscheidet sich diese Zustimmung zur Europäischen Union zwischen diesen Gemeinden?

Mit der Erklärung der lokalen Unterschiede beschäftigen sich anschließend das vierte und fünfte Kapitel. Das vierte Kapitel widmet sich dabei den individuellen Erklärungsansätzen. Für eine systematische Betrachtung werden die vorliegenden Forschungsergebnisse in vier Gruppen eingeteilt: Soziodemographische Faktoren, politische Faktoren, Sozialkapitalfaktoren sowie lokale und nationalstaatliche Faktoren. Die einzelnen Ansätze werden jeweils theoretisch verortet, ehe die vorliegenden empirischen Befunde dargestellt werden. Aus dem Forschungsstand werden schließlich Erwartungen abgeleitet. Es folgt die Operationalisierung der unabhängigen Variablen und die empirische Überprüfung der einzelnen Ansätze. Diese bivariat angelegten Betrachtungen werden durch eine gemeinsame Analyse der verschiedenen Erklärungsansätze abgerundet, um die Relevanz der einzelnen Erklärungsansätze zu ermitteln. Zum Abschluss des vierten Kapitels werden die relevanten Individualmerkmale für die Haltung zur EU identifiziert. Dies bildet die Grundlage für die weiterführenden Analysen im fünften Kapitel, das den Einfluss des lokalen Umfelds auf die individuellen Einstellungen gegenüber der Staatengemeinschaft untersucht. Zunächst werden die theoretischen und methodischen Überlegungen für einen entsprechenden Einfluss dargestellt, ehe die Relevanz des lokalen Umfelds für die Bewertung der Union mittels linearer Mehrebenenanalysen ermittelt wird. Daran schließt sich die empirische Untersuchung des Einflusses des lokalen Umfelds auf europäische Orientierungen an. Die drei Aspekte des lokalen Umfelds – Politik, Gesellschaft und Wirtschaft – werden zunächst einzeln betrachtet. Relevante Merkmale des lokalen Umfelds werden identifiziert und geeignete Messinstrumente entwickelt, um einen möglichen Einfluss empirisch zu untersuchen. Im Anschluss werden mögliche Wechselwirkungen zwischen den einzelnen Aspekten des lokalen Umfelds und der Bewertung der EU geprüft. Solche Wechselwirkungen sind auch zwischen der Individual- und der Kontextebene denkbar, die ebenfalls einer empirischen Prüfung unterzogen werden. Am Ende des fünften Kapitels können damit die vierte, fünfte und sechste Forschungsfrage beantwortet werden.

Im sechsten und letzten Kapitel werden die zentralen Befunde der vorliegenden Arbeit zusammengefasst. Außerdem werden die Implikationen der empirischen Ergebnisse dargestellt und Forschungsperspektiven aufgezeigt.

3. Bürger, Einstellungen und Europäische Union

Die Europäische Union kennt viele Rituale. Ein Ritual sind die halbjährlichen Meinungsumfragen des Eurobarometers, das Umfrageinstrument der Europäischen Kommission (siehe dazu auch Kapitel 3.1). Seit 1973 werden jeweils im Frühjahr und im Herbst die Bürger der Mitgliedsländer der EU mit den verschiedensten Fragen konfrontiert – diese reichen von Urlaubszielen über Umweltschutz bis hin zur Gesundheitsvorsorge. Die Europäische Kommission möchte von den Befragten aber auch wissen, wie sie über die EU denken. Deshalb sind Fragen zur Europäischen Union selbst ein fester Bestandteil dieser Erhebungen: Wie bewerten die Bürger die Staatengemeinschaft? Gibt sie den Menschen ein Gefühl von Begeisterung oder von Misstrauen? Wünschen sich die Europäer eine schnellere oder langsamere Integration? Die Antworten auf diese Fragen werden in bunten Grafiken aufbereitet, Berichte finden sich im Internet und in Pressekonferenzen werden die wesentlichen Ergebnisse an die Medien kommuniziert. Im Herbst 2008 – wenige Monate vor der EiK-Bürgerbefragung – sagten zum Beispiel rund 53 Prozent der Befragten aus allen EU-Ländern, dass Europa eine „gute Sache sei". 15 Prozent fanden die Mitgliedschaft ihres Landes in der EU schlecht. 56 Prozent sahen eher Vorteile, 13 Prozent eher Nachteile durch die Europäische Union. Und 47 Prozent vertrauten der Europäischen Kommission, 30 Prozent eher nicht (Europäische Kommission 2008, 32-39). Welche Bedeutung haben diese Ergebnisse aber überhaupt für die EU? Handelt es sich um nützliche Informationen oder um statistische Zahlenspiele?

Wer sich mit den Einstellungen der Bürger zur EU beschäftigt, sieht sich mit der Frage konfrontiert, ob diese überhaupt für den europäischen Integrationsprozess relevant sind (Ray 2006, 264). Schließlich ist die Europäische Integration ein Elitenprozess, der bisher weitgehend von politischen und bürokratischen Führungskräften vorangetrieben wurde (siehe z.B. Haller 2009a; 2009b; Vobruba 2010, 447). Welche Rolle sollen dabei die Einstellungen der Bürger spielen, die zum Beispiel über die klassischen Fragen des Eurobarometers abgefragt werden? In der Tat war insbesondere in den Anfangsjahren der Union die Bedeutung der Einstellungen der Bürger im und für den Integrationsprozess bestenfalls nebensächlich (z.B. Brettschneider et al. 2003b, 9). Dies hat sich zwischenzeitlich aber geändert. Der erste Abschnitt dieses Kapitels setzt sich deshalb zunächst mit den Ursachen des veränderten Stellenwerts der Einstellungen der Bürger für die Staatengemeinschaft auseinander (Kapitel 3.1). Aus einer historischen Perspektive werden die zentralen Argumente herausgearbeitet, die für diese Entwicklung verantwortlich waren. Heute gilt die Zustimmung der Bürger zur EU in Wissenschaft *und* Politik als Grundvoraussetzung für ihre Stabilität und ihre Entwicklungsperspektiven (z.B. Boomgaarden et al. 2011, 242; Niederhafner 2010, 169; Vetter 2010, 221; Kaina 2009, 30-32). Mittlerweile liegt eine große Anzahl an empirischen Analysen zu den Einstellungen der Bürger zur EU vor. Die erhebliche Variation an betrachteten europäischen Orientierungen erschwert allerdings erheblich den Vergleich der Ergebnisse. Zudem fehlt es häufig an einer theoretischen Begründung der untersuchten Einstellung. Für eine strukturierte und empirisch gehaltvolle Betrachtung europäischer Orientierungen ist eine theoretische Konzeptualisierung nötig, um die relevanten Einstellungen zu identifizieren und voneinander abgrenzen zu können. Ein erster theoretischer Schwerpunkt der vorliegenden Studie wird deshalb darin liegen, eine angemessene Konzeptualisierung für die Analyse der Einstellungen der Bürger zur Europäischen Union zu entwickeln (Kapitel 3.2). Das Konzept der politischen Unterstützung nach Easton (1965; 1975) dient dabei als Ausgangspunkt. In seiner erweiterten Fassung (Fuchs 1989) soll es eine Konzeptualisierung europäischer Orientierungen ermöglichen, die anschließend empirisch validiert wird (Kapitel 3.3). Das entwickelte Analyseraster wird in Abschnitt 3.4 genutzt, um die ersten beiden Forschungsfragen zu beantworten: Wie hoch fällt die Zustimmung zur Europäischen Union in Gemeinden aus? In welchem Ausmaß unterscheidet sich die Zustimmung zur Europäischen Union zwischen Gemeinden? Die am Ende des Kapitels vorgestellten Ergebnisse auf Basis der Daten der Studie „Europa im Kontext" belegen, dass zwischen Gemeinden Unterschiede in der Zustimmung zur Europäischen Union bestehen.

3.1 Die Rolle der Bürger im europäischen Integrationsprozess

Die Gründung der Europäischen Gemeinschaft für Kohle und Stahl (EGKS) sowie die Schaffung der Europäischen Wirtschaftsgemeinschaft (EWG) und der Europäischen Atomgemeinschaft (EAG) waren entscheidende Wegmarken im europäischen Integrationsprozess (zur Geschichte der Europäischen Integration siehe z.B. Wessels 2008; Mittag 2008; Pfetsch 2005). Die dafür notwendigen Entscheidungen stellten eine Angelegenheit der politischen Eliten der beteiligten Staaten dar; die Bürger waren in diesen Prozess nicht eingebunden. Dies unterstreicht eine Aussage von Jean Monnet, erster Präsident der Hohen Behörde der Montanunion (siehe zu Monnet z.B. Wessels 2001):

„Ich habe niemals angenommen, Europa könnte eines Tages aus einer großen politischen Mutation geboren werden, und ich glaubte auch nicht, daß man damit beginnen sollte, die Völker über die Formen einer Gemeinschaft zu befragen, mit der sie keine konkrete Erfahrung hatten." (Monnet 1988, 465)

Auch für das Funktionieren der neugeschaffenen Institutionen und der weiteren Integrationsschritte spielte die öffentliche Meinung zunächst keine Rolle (Brettschneider et al. 2003b, 9). In der Forschung stießen die Attitüden der Bürger zum Integrationsprozess ebenfalls nicht auf Interesse (Rattinger 1996, 45). Aus neofunktionalistischer Perspektive (für eine Einführung siehe z.B. Wolf 2006) standen die Probleme der elitengesteuerten Integrationsentwicklung im Mittelpunkt der wissenschaftlichen Analyse. Die Berücksichtigung der Einstellungen der Bürger zur EU wurde dabei als unnötig bezeichnet; Ernst B. Haas schreibt in seinem Hauptwerk „The Uniting of Europe" (1958):

> „It is as impracticable as it is unnecessary to have recourse to general public opinion and attitude surveys, or even to surveys of specific interested groups, such as business or labour. It suffices to single out and define the political elites in the participating countries, to study their reactions to integration and to assess changes in attitude on their part." (Haas 1958, 17)

Deshalb beschäftigten sich bis Anfang der 1970er Jahre nur wenige Forscher mit den Orientierungen der Bürger zur europäischen Integration (z.B. Inglehart 1967). Die erste umfangreiche Arbeit zu dieser Thematik legten Leon N. Lindberg und Stuart A. Scheingold (1970) vor. Um die Einstellung der Bürger zum europäischen Integrationsprozess zu beschreiben, haben sie das Schlagwort des „permissive consensus" (Lindberg/Scheingold 1970, 249) geprägt. Von Reif (1993, 25) als „nützlicher Interpretationsrahmen der Entwicklung der öffentlichen Meinung" zur Europäischen Integration bezeichnet, beschreibt der Begriff einen doppelten Sachverhalt: zum einen eine stillschweigende Zustimmung der Bürger zum Integrationsprojekt, zum anderen ein geringes Interesse und ein geringes Wissen der Bürger zu den einzelnen Integrationsschritten. Mit anderen Worten: Die Bevölkerung weiß zwar wenig über das Integrationsprojekt, fühlt sich jedoch auch kaum davon betroffen, und steht daher den Bemühungen der politischen Eliten um die Gestaltung gemeinschaftlicher europäischer Politik wohlwollend-desinteressiert gegenüber (Kohler-Koch et al. 2004, 207). Diese positive Grundhaltung und die aus den geringen Kenntnissen entstehende Passivität hat den nationalen Eliten erlaubt, den europäischen Integrationsprozess ohne größere Widerstände seitens der Bürger voranzutreiben (Brettschneider et al. 2003b, 12).

In den Folgejahren hat zunächst die Politik die Einstellung der Bürger zur EU als relevante Größe für die Stabilität und weitere Entwicklung der Staatengemeinschaft entdeckt. Dies dokumentieren unter anderem die Einrichtung der Eurobarometer-Umfragen 1973 und die Einführung der Direktwahl des Europäischen Parlaments 1979. Mit dem Eurobarometer hat die Europäische Kommission ein Instrument geschaffen, um die öffentliche Meinung zur Union zu beobachten „und – wohl auch eine Absicht – zu beeinflussen" (Immerfall/Sobisch 1997, 26; für einen Überblick zu den Eurobarometer-Umfragen siehe Keil 2009,

429-430; Aldrin 2011; Europäische Kommission 2009a; Schmitt 2003). Nach Pausch (2009, 541-542) diente die Etablierung einer europaweiten Meinungsumfrage dazu, „das elitengeleitete Projekt der europäischen Integration einer breiten Öffentlichkeit schmackhaft zu machen und die Entscheidungen der EG zu legitimieren" sowie eine proeuropäische Haltung in der Bevölkerung zu fördern (für eine kritische Bewertung des Eurobarometers siehe Höpner/Jurczyk 2012). Die Einführung der Direktwahl zum Europäischen Parlament zielte zum einen darauf ab, die Europäische Gemeinschaft den Bürgern näher zu bringen und damit das politische Gemeinschaftsgefühl zu stärken, zum anderen sollte sie die politische Unterstützung des gesamten Integrationsprozesses sichern (Weßels/Schmitt 2000, 298; Hix 2003, 169; zu den Europawahlen allgemein siehe z.B. Wüst/ Tausendpfund 2009; Mittag/Hülsken 2009; Mittag 2011).

In den 1970er Jahren zeichnete sich auch eine theoretische Umorientierung ab. Haas (1970, 30) hat in der revisionistischen Phase des Neofunktionalismus seine Position widerrufen und der öffentlichen Meinung eine wichtige Rolle im europäischen Integrationsprozess zugesprochen. Dies hatte aber zunächst keine forschungspraktischen Konsequenzen (Sinnott 1995); auch in den 1980er Jahren wurden nur einzelne empirische Arbeiten vorgelegt (siehe z.B. Handley 1981; Hewstone 1986; Inglehart et al. 1987). Erst in den 1990er Jahren trat die Forschung zu den Einstellungen der Bürger zur Europäischen Union in eine neue Phase ein, und in den vergangenen Jahren hat die Anzahl der empirischen Arbeiten zu diesem Themenkomplex rasant zugenommen (Ray 2006, 263; Hooghe/ Marks 2005, 420). Eine wesentliche Ursache für diese Entwicklung liegt im fortschreitenden Integrationsprozess selbst und der damit verbundenen Kompetenzerweiterung der Union (Brettschneider et al. 2003b, 9). Lindberg und Scheingold (1970, 42) haben den Einstellungen der Bürger in den Anfangsjahren der Europäischen Union zwar nur geringe Bedeutung beigemessen, sie haben allerdings bereits darauf hingewiesen, dass der „permissive consensus" in Gefahr geraten könnte, wenn die Integration künftig kritische Bereiche der nationalen Souveränität berühren würde und mehr Bürger direkt betroffen sein sollten.

> „Only if the Community were to broaden its scope or increase its institutional capacities markedly would there be reason to suspect that the level of support or its relationship to the political process would be significantly altered. Under such conditions, integration might become relevant to new groups and begin to effect old groups in ways which would test the depth of their commitment to the European idea." (Lindberg/Scheingold 1970, 277)

Mit der Verabschiedung der Einheitlichen Europäischen Akte (EEA) und dem Maastrichter Vertrag über die Europäische Union begann eine intensive Phase der Vertiefung der Europäischen Integration. Die damit verbundenen Konsequenzen – unter anderem freier Verkehr von Waren, Personen, Dienstleistungen und Kapital, weitreichende Marktliberalisierungen, restriktivere Geld- und Finanzpolitik, Diskussionen über eine gemeinsame europäische Währung und größere Zuständigkeiten der Union in einzelnen Politikfeldern – beeinflussen die Lebensbedingungen der Menschen in vielfacher Weise (z.B. Kielmansegg 2003, 50-51).[30] Dies hat – entsprechend den Erwartungen von Lindberg und Scheingold (1970) – auch dazu geführt, dass die Zustimmung der Bürger zum Fortgang des Integrationsprojekts nicht mehr einfach unterstellt werden konnte (z.b. Weßels 2009, 50; Schäfer 2006, 350).

Spätestens mit der Ablehnung des Vertrags von Maastricht durch die dänische Bevölkerung 1992 wurde den Akteuren der Europäischen Integration „schmerzhaft bewusst, dass die öffentliche Meinung großen, mithin entscheidenden Einfluss auf europäischer Ebene ausüben kann" (Laumen/Maurer 2006, 6). Dabei sind die Referenden nur die spürbare Spitze des Eisbergs. McLaren (2006) führt mehrere Beispiele an, die deutlich machen, dass „there is clear evidence that the opinions of the EU's citizens can have a direct effect on what happens at the EU level" (McLaren 2006, 10). Diskussionen um ein mögliches Ende des „permissive consensus" und die Rolle der Bürger im europäischen Integrationsprozess bestimmen seitdem die öffentliche und wissenschaftliche Debatte (Reif 1993, 23). In den 1990er Jahren räumte der damalige Präsident der Kommission der Europäischen Gemeinschaften, Jacques Delors, selbstkritisch ein:

> „Der Aufbau Europas wurde lange Zeit in nahezu geheimer Diplomatie vorangetrieben, abgeschottet von der öffentlichen Meinung in den Mitgliedstaaten. Es war die Methode der Gründerväter der Gemeinschaft, eine Art aufgeklärtes Despotentum. Kompetenz und geistige Unabhängigkeit wurden als ausreichende Legitimation zum Handeln, die Zustimmung der Bevölkerung im nachhinein als ausreichend betrachtet. Das Erfolgsgeheimnis bestand darin, eine nach innen gerichtete Dynamik zu erzeugen, Integrationswiderstände durch Bündelung verschiedener wirtschaftlicher Interessen auszuräumen und Entscheidungen über umfassende Verhandlungspakete herbeizuführen. Diese Methode ‚Jean Monnet' war in der Gründungsphase der Gemeinschaft durch die Kühnheit des Projekts vermutlich gerechtfertigt. Aber sie ist jetzt an ihre Grenzen gestoßen, und wir zahlen den Preis für das aufgestaute Defizit an Erklärungen und an tiefergehenden Debatten über Sinn und Zweck der Gemeinschaft." (Delors 1993, 3-4)

Dass die Bürger „Richtung, Geschwindigkeit und Ziel des europäischen Einigungsprozesses" (Immerfall/Sobisch 1997, 26) beeinflussen können, wurde nicht zuletzt auch bei den Referenden über eine Verfassung für Europa deutlich. Die Ablehnung des Vertragswerks durch die französische und niederländische Bevölkerung „sind in der öffentlichen Diskussion als Paukenschläge interpretiert

---

30 Nach McLaren (2006, 6) sowie Laumen und Maurer (2006, 8) lässt sich der Zeitpunkt, ab dem die Europäische Union das Alltagsleben der Bürger beeinflusst hat, nicht exakt bestimmen. Dieser Prozess habe möglicherweise bereits mit der gemeinsamen Agrarpolitik in den 1960er Jahren begonnen. Durch die gestiegenen Preise für Agrarprodukte haben die Bürger möglicherweise bereits zu diesem Zeitpunkt negative Konsequenzen des europäischen Integrationsprozesses wahrgenommen. Deutlichere Konsequenzen hatten aber sicher die Einheitliche Europäische Akte, der Maastrichter Vertrag über die Europäische Union sowie die Einführung einer gemeinsamen Währung.

worden, die die Europäische Union in die tiefste Vertrauenskrise ihrer Geschichte gestürzt und das Projekt der Europäischen Integration insgesamt in Gefahr gebracht hätten" (Petersen 2006, 293). Als Ursache für die Krise der EU sieht Haller (2009b, 11) die „zunehmende Kluft zwischen Eliten und Bürgern". Er skizziert die Europäische Integration als Elitenprozess und präsentiert eine umfangreiche Sammlung von Meinungsumfragen, Interviews und Dokumenten, die eine Diskrepanz zwischen den Akteuren des Integrationsprozesses und den Bürgern erkennen lassen (Haller 2009b). Deutliche Unterschiede in der Bewertung der Staatengemeinschaft zwischen Bürgern und Eliten belegen auch Hooghe (2003) und Weske (2011).

Die EU hat in den vergangenen Jahren ihre Bemühungen intensiviert, der Bevölkerung die Europäische Integration schmackhaft zu machen (z.b. Nissen 2010; siehe auch Altides 2009; Bijsmans/Altides 2007). Bunte Werbeflyer, ein umfangreicher Internetauftritt sowie eine kostenlose Telefon-Hotline (Europe Direct) sind Bestandteile einer Imagekampagne der Europäischen Union, um die Unterstützung für den europäischen Integrationsprozess zu gewährleisten. Der Plan D für Demokratie, Dialog und Diskussion sollte eine umfassende Diskussion zwischen den Organen der Europäischen Union und den Bürgern anregen. In Weißbüchern der Europäischen Kommission wird explizit die Rolle der Bürger im und für den europäischen Integrationsprozess gewürdigt (Europäische Kommission 2001a; 2001b; 2006d); im Haager Programm erklärt der Europäische Rat, dass das dargelegte Programm eine „Antwort auf die bestehende Herausforderung und auf die Erwartungen unserer Bürger" ist (Europäischer Rat 2005, 2). Europäisches Parlament und Europäischer Rat haben für den Zeitraum 2007 bis 2013 das Programm „Europa für Bürgerinnen und Bürger" aufgelegt, das darauf abzielt, die Bürger stärker am europäischen Einigungsprozess zu beteiligen (Europäischer Rat und Europäisches Parlament 2006).[31] Auch aus wissenschaftlicher Perspektive bestehen keine Zweifel an der Bedeutung der Einstellungen der Bürger gegenüber der Staatengemeinschaft. Diese werden dabei nicht nur als wichtiger Bestandteil des europäischen Einigungsprozesses bezeichnet, sondern ihre Rolle wird in diesem Prozess auch als immer bedeutsamer bewertet (z.B. Hooghe/Marks 2007; McLaren 2006; Laumen/Maurer 2006; Ray 2006; Brettschneider et al. 2003b; Kielmansegg 2003; Anderson 1998; Gabel

---

31 Die Bemühungen der EU, die Zustimmung der Bevölkerung zur Integration zu gewinnen, werden von Haller kritisiert. Die Kommunikationsstrategie der Europäischen Union sei stark elitär und stelle keinen Dialog, sondern eine Einbahnstraße dar (2009b, 354-363). Er plädiert unter anderem für europaweite Volksabstimmungen, um eine breite öffentliche Debatte zu den verschiedenen Themen zu ermöglichen (Haller 2009a, 23). Umfassende Darstellungen der europäischen Kommunikationspolitik bieten z.B. Nissen (2010), Altides (2009) und Bijsmans/Altides (2007).

1998b; 1998c; Immerfall/Sobisch 1997; Anderson/Kaltenthaler 1996; Rattinger 1996; Anderson/Reichert 1995; Gabel/Palmer 1995; Eichenberg/Dalton 1993). In Demokratien ist „Politik darauf angewiesen, Zustimmung bei denjenigen zu generieren und aufrecht zu erhalten, die von allgemeinverbindlichen politischen Entscheidungen betroffen sind. Ohne solch ein Einverständnis wird das europäische Einigungsprojekt zerbrechlich bleiben" (Kaina 2009, 31; siehe auch Thomassen 2009; Niedermayer 1991, 321-322). Die Zustimmung der Bürger zur Europäischen Union gilt daher heute in Wissenschaft *und* Politik als Grundvoraussetzung für die Stabilität und die Entwicklungsperspektiven der Staatengemeinschaft (z.B. Nissen 2004, 21; Kaina 2009, 30-38; Schmidberger 1997a, 7; Woyke 1998, 183). Diese Sichtweise entspricht auch den Grundannahmen der politischen Kulturforschung, wonach die Dauerhaftigkeit eines (demokratischen) politischen Systems auch von seiner Akzeptanz in der Bevölkerung abhängt (siehe z.B. Gabriel 2009, 21; Pickel/Pickel 2006, 51; Rattinger 2009, 247-265). Diese Gründe sprechen für eine Beschäftigung mit den Determinanten der Zustimmung der Bürger zur Europäischen Union. Zuvor gilt es aber ein geeignetes Analyseraster für die Einstellungen der Menschen zur Staatengemeinschaft zu entwickeln. Der folgende Abschnitt widmet sich dieser Aufgabe.

3.2 Konzept der politischen Unterstützung

Für die EU gibt es viele Bezeichnungen: sie ist eine Organisation „sui generis" (Weidenfeld 2010, 201), ein „Staatenverbund" (Bundesverfassungsgericht 1994, 448) oder auch das „Dach der europäischen Integration" (Schmidt 1995, 284). Trotz verschiedener Begriffe und Sichtweisen um die Staatengemeinschaft steht dabei außer Frage, dass die EU verbindliche Entscheidungen trifft, die sich in zunehmendem Maße auf die allgemeinen Lebensverhältnisse der Menschen auswirken (z.B. Tömmel 2008, 1; Kaina 2009, 9).[32] Die EU erfüllt damit das wesentliche Kriterium eines politischen Systems – sie ist an der Herstellung und Durchsetzung für die Bürger verbindlicher Entscheidungen beteiligt (z.B.

---

32 Umstritten ist allerdings, wie groß der Einfluss der EU auf die nationale Gesetzgebung ist. Die Debatte hat ihren Ursprung in der Prognose, die der damalige Kommissionspräsident Jacques Delors 1988 vor dem Europäischen Parlament formuliert hatte: „In zehn Jahren werden 80% der Wirtschaftsgesetzgebung, vielleicht auch der steuerlichen und sozialen, gemeinschaftlichen Ursprungs sein" (Delors 1988). Wissenschaftliche Untersuchungen widersprechen dieser These und kommen zu dem Schluss, dass der Einfluss der EU auf die nationale Gesetzgebung deutlich unter 80 Prozent liegt. Außerdem ist der Einfluss nicht in allen Politikfeldern gleich groß (siehe z.B. Brouard et al. 2012; Hölscheidt/Hoppe 2010; Joho 2009; König/Mäder 2008; Töller 2008).

Wessels 2008, 29-30; Fuchs 2003, 30-31; Kaina 2009, 31-32).[33] Die einflussreichste Konzeptualisierung von Orientierungen gegenüber politischen Systemen hat David Easton vorgelegt. Sein Konzept der politischen Unterstützung „stellt schon seit mehreren Dekaden eine zentrale Größe in der empirischen Demokratieforschung dar" (Fuchs 2002b, 366) und nahezu alle Forschungsarbeiten zur politischen Unterstützung beziehen sich auf seine Überlegungen (siehe allgemein z.B. Kornberg/Clarke 2011; Norris 2011; 1999; Dalton 2004; siehe zur EU z.B. Boomgaarden et al. 2011; Weßels 2007, 288-290; Niedermayer/Westle 1995, 323-327; Niedermayer 1991). Das Konzept der politischen Unterstützung von Easton dient daher als Ausgangspunkt für die Entwicklung einer Konzeptualisierung der Einstellungen der Bürger zur EU.

3.2.1 Grundannahmen des Konzepts der politischen Unterstützung

In dem systemtheoretischen Werk „A Systems Analysis of Political Life" beschäftigt sich Easton (1965) mit den Stabilitätsbedingungen politischer Systeme und entwickelt dabei das Konzept der politischen Unterstützung (für eine Würdigung siehe Westle 2007; Fuhse 2005).[34] Als Leitfrage für seine Überlegungen formuliert Easton:

> „How can any political system ever persist whether the world be one of stability or of change?" (Easton 1965, 15)

Die Antwort gibt er rund 200 Seiten später: Politische Systeme benötigen für ihre Stabilität Unterstützung:

> „Where the input of support falls below this minimum, the persistence of any kind of system will be endangered." (Easton 1965, 220)

Nach Easton sind politische Systeme anpassungsfähige Systeme, die in ihre Umwelt eingebettet sind. Er begreift dabei das politische System als das Subsystem einer Gesellschaft, dessen Aufgabe darin besteht, verbindliche Entscheidungen für die Gesellschaft zu treffen (Easton 1976, 432). In seiner Konzeption unterscheidet er zwischen *inputs* und *outputs*. Die Bürger liefern den Input in Form von Forderungen (*demands*) und Unterstützung (*support*). Das politische System reagiert auf diese Forderungen mit für die Gesellschaft verbindlichen Entschei-

---

33 Mit „Das politische System der Europäischen Union" drückt sich diese Sichtweise auch ganz plakativ in den Titeln zahlreicher Lehrbücher aus (z.B. Hix/Høyland 2011; Hartmann 2009; Wessels 2008; Tömmel 2008; Pollak/Slominski 2006). Zur Politisierung der EU siehe auch Zürn (2006).
34 Die wichtigsten Elemente hatte Easton (1957) bereits einige Jahre zuvor veröffentlicht. In „A Systems Analysis of Political Life" (1965) präzisiert er allerdings seine Überlegungen und nimmt einige inhaltliche Korrekturen vor.

dungen (*decisions*), die in einem Rückkopplungsprozess wieder Forderungen sowie Unterstützung beeinflussen (Easton 1965, 32).

Was ist politische Unterstützung?

Easton betrachtet politische Unterstützung als eine „Ressource, ohne die das politische System nicht dazu in der Lage wäre, seine Aufgaben innerhalb der gesellschaftlichen Arbeitsteilung effizient zu erfüllen und bei deren langfristigem Fehlen es zusammenbräche" (Gabriel 2002, 478). Er unterscheidet zwei Formen politischer Unterstützung:

> „I shall designate supportive *actions* as overt support and supportive *attitudes* or sentiments as covert support." (Easton 1965, 159; Hervorhebung im Original)

Als Beispiele für die manifeste politische Unterstützung (*overt support*) nennt Easton die Wahl eines politischen Kandidaten, das Zahlen von Steuern oder das Ableisten des Wehrdienstes. Diese sichtbaren Formen politischer Unterstützung sind allerdings nur der Ausdruck zugrundeliegender Einstellungen (Easton 1975, 436), die er als „covert support" bezeichnet (Easton 1965, 160). Folgt man diesen Überlegungen, dann ist politische Unterstützung „eine Einstellung von Individuen und damit ein sozialpsychologisches Konzept" (Fuchs 1989, 5). Easton beschreibt politische Unterstützung wie folgt:

> „We can describe support as an attitude by which a person orients himself to an object either favorably or unfavorably, positively or negatively." (Easton 1975, 436)

Diese Definition hat zwei wesentliche Bestandteile: ein Objekt und eine Bewertung. Das Objekt kann dabei alles sein, was eine Person wahrnehmen oder sich vorstellen kann, das heißt, es kann konkret oder abstrakt sein. Die Bewertung des Objekts ist hinsichtlich ihrer evaluativen Aussage offen – sie kann positiv, negativ oder auch neutral sein (Easton 1965, 162-164). Die Bewertungen der Bürger können sich auf eine Vielzahl von Objekten beziehen – konkrete Politiker, politische Institutionen oder auch die politische Ordnung. Nach Easton ist es deshalb „impossible to speak meaningfully of support for a system as a whole" (Easton 1965, 165). Schließlich ist es denkbar, dass Bürger konkrete Politiker anders bewerten als die Ordnung eines politischen Systems. Er schlägt in seinem Ansatz deshalb eine einflussreiche Systematisierung der Objekte politischer Unterstützung vor, die als Grundlage zahlreicher empirischer Arbeiten dient.

Objekte politischer Unterstützung

Wie Abbildung 3 zeigt, differenziert Easton (1965, 165) mit der politischen Gemeinschaft (*political community*), dem politischen Regime (*regime*) und den politischen Autoritäten (*authorities*) drei Objekte der politischen Unterstützung. Hinter dieser Systematisierung steckt die Idee, dass die abstrakten Objekte eine andere Art der politischen Unterstützung erfahren als die konkreten Objekte eines politischen Systems.

Die politische Gemeinschaft besteht aus Personen eines politischen Verbands. Die Mitglieder stehen über „politische Beziehungen miteinander in Verbindung und haben die Erreichung eines gemeinsamen politischen Ziels vor Augen – wie gering auch immer dieses politische Ziel sein mag" (Vetter 2002b, 34). Die Basisprinzipien dieses Objekts sind Gemeinschaftssinn und eine übergreifende Objektzuordnung, die sich durch ein Zugehörigkeitsgefühl zum Kollektiv und einer gegenseitigen Loyalität der Mitglieder dieser Gemeinschaft äußert (Pickel 2002, 44; Westle 1989, 52-55). Easton (1965, 177) definiert politische Gemeinschaft als „that aspect of a political system that consists of its members seen as a group of persons bound together by a political division of labor". Dabei setzt er politische Gemeinschaft nicht mit Nation gleich, sondern unterscheidet verschiedene Ebenen politischer Gemeinschaft.

> „For a person to say that he is a Parisian, a Frenchman, and a European indicates three different levels of political community to which he simultaneously adheres. Each of these communities stands at a different systems level, with each lower community nesting within its next higher supra-system. In every case, however, we find a different division of labor for the fulfillment of political processes at that level." (Easton 1965, 181)

Eine Person kann demnach einer oder mehreren politischen Gemeinschaften angehören und verbunden sein. Die Mitglieder einer politischen Gemeinschaft können sich hinsichtlich der Religion, des sozio-ökonomischen Status oder auch der Nationalität durchaus unterscheiden, sie zeichnen sich jedoch durch eine wechselseitige Sympathie und Loyalität sowie der Teilhabe an einer gemeinsamen politischen Einheit aus (Easton 1965, 185). Den gefühlsmäßigen Grad der Verbundenheit gegenüber einer politischen Gemeinschaft bezeichnet er als *„sense or feelings* of community" (Easton 1965, 183; Hervorhebung im Original). In diesem Zusammenhang diskutiert Easton auch die Entstehung einer europäischen politischen Gemeinschaft und verweist auf die Rolle der Eliten, die eine Identifikation fördern könnten (Easton 1965, 228-229).

Das politische Regime repräsentiert das zweite Objekt der politischen Unterstützung. Damit sind die Verfassungsordnung bzw. die grundlegenden Prinzipien eines politischen Systems gemeint. Nach Easton besteht das politische Regime aus drei Elementen, die hierarchisch verknüpft sind: Werte, Normen und Autoritätsstrukturen.

> „The values serve as broad limits with regard to what can be taken for granted in the guidance of day-to-day policy without violating deep feelings of important segments of the community. The norms specify the kinds of procedures that are expected and acceptable in the processing and implementation of demands. The structures of authority designate the formal and informal patterns in which power is distributed and organized with regard to the authoritative making and implementing of decisions – the roles and their relationships through which authority is distributed and exercised." (Easton 1965, 193)

Beispiele für Werte sind Freiheit und Gleichheit. Ein gesellschaftlicher Konsens über Grundwerte ist für das Funktionieren des politischen Regimes unerlässlich, „da sie den Rahmen für die politische Praxis, Normen und Strukturen abstecken" (Westle 1989, 56). Mit Normen bezeichnet Easton (1965, 200) die Spielregeln des politischen Systems, die bei der Lösung politischer Probleme anzuwenden sind. Dies können sowohl Normen sein, die in einer Verfassung oder in Gesetzen niedergeschrieben sind, als auch informelle Verhaltensnormen. Die Autoritätsstrukturen bilden den dritten Bestandteil des politischen Regimes. Damit sind aber nicht die Inhaber politischer Führungsämter gemeint, sondern die Positionen selbst. Diese Positionen sind zur Bewältigung der alltäglichen Aufgaben bzw. zur Erfüllung der gesellschaftlichen Forderungen mit besonderen Machtbefugnissen ausgestattet. Die Handlungen der Akteure, die diese Positionen besetzen, werden als verbindlich akzeptiert (Easton 1965, 205-211).

Das dritte Objekt politischer Unterstützung bilden die *politischen Autoritäten* (Easton 1965, 212-219). Damit sind die konkreten – und im Zeitverlauf wechselnden – Inhaber politischer Autoritätsrollen gemeint, zum Beispiel die Abgeordneten des Parlaments oder die Mitglieder der Regierung.[35] Die Inhaber dieser politischen Ämter sind mit dem politischen Tagesgeschäft beauftragt; sie müssen die anstehenden Forderungen der Bürger erfüllen.

> „It (sic) we use the concept ‚authorities' to identify these occupants, generically it can be said to include members of a system who conform to the following criteria. They must engage in the daily affairs of a political system; they must be recognized by most members of the system as having the responsibility for these matters; and their actions must be accepted as binding most of the time by most of the members as long as they act within the limits of their roles." (Easton 1965, 212)

Die von Easton vorgenommene Differenzierung der politischen Objekte in politische Gemeinschaft, politisches Regime und politische Autoritäten spielt in der empirischen Forschung eine große Rolle. Allerdings gibt es Diskussionen, inwieweit die Bürger überhaupt in der Lage sind, zwischen diesen drei Objekten zu unterscheiden (Gabriel 2002, 478; Braun/Schmitt 2009, 60). Spätere Arbeiten halten an der Systematisierung der politischen Unterstützung in verschiedene Objekte fest und beziehen sich im Wesentlichen auf eine inhaltliche Präzisierung (z.B. Fuchs 1989; Norris 1999; Westle 1989).

---

35 In diesem Zusammenhang hatte Easton in einer früheren Veröffentlichung noch von Regierung gesprochen (1957, 392-393). In „A Systems Analysis of Political Life" wählt er allerdings bewusst einen umfassenderen Begriff, weil das politische Tagesgeschäft nicht nur von den Mitgliedern der Regierung bewältigt wird.

Arten politischer Unterstützung

Im Konzept der politischen Unterstützung differenziert Easton nicht nur zwischen Objekten politischer Unterstützung, sondern auch zwischen der Art und Weise der Unterstützung (siehe Abbildung 3). Mit spezifischer (*specific support*) und diffuser Unterstützung (*diffuse support*) unterscheidet er zwei Arten der politischen Unterstützung (Easton 1965, 268; 1975, 436). Die spezifische Unterstützung bezieht sich dabei auf die Zufriedenheit der Bürger mit den Leistungen der politischen Autoritäten, die Probleme im politischen Tagesgeschäft zu lösen.

> „The uniqueness of specific support lies in its relationship to the satisfactions that members of a system feel they obtain from the perceived outputs and performance of the political authorities." (Easton 1975, 437)

Dabei handelt es sich um eine leistungsbezogene Form politischer Unterstützung. Sie richtet sich direkt auf die wahrgenommenen Entscheidungen, Handlungen und Äußerungen der politischen Autoritäten. Bezugspunkt sind die politischen Autoritäten, also die politischen Funktionsträger. Die Bürger gewähren ihnen Unterstützung, wenn sie mit ihren Leistungen zufrieden sind, andernfalls nicht (Easton 1975, 437). Die diffuse Unterstützung ist dagegen von konkreten Leistungen unabhängig (Pickel/Pickel 2006, 80). Das Objekt wird nicht unterstützt, weil es bestimmte Leistungen erbringt, sondern um „seiner selbst willen". Diese Art der Unterstützung beschreibt Easton wie folgt:

> „The briefest way of describing the primary meaning of diffuse support is to say that it refers to evaluations of what an object is or represents – to the general meaning it has for a person – not of what it does." (Easton 1975, 444)

Als wichtigste Eigenschaften diffuser Unterstützung differenziert Easton zwischen der Dauerhaftigkeit und der Objektbezogenheit. Die Dauerhaftigkeit bezieht sich auf die Stabilität diffuser Unterstützung. Während die spezifische Unterstützung mitunter großen Schwankungen unterliegen kann, ist die diffuse Unterstützung langfristiger und in ihrer Ausprägung auch stabiler. Easton bezeichnet diffuse Unterstützung deshalb als ein „reservoir of favorable attitudes" (1975, 444), die die Stabilität des politischen Systems auch gewährleistet, wenn die Bürger mit der aktuellen Leistung der politischen Autoritäten und deren Entscheidungen nicht zufrieden sind. Diese Differenzierung ermöglicht ein besseres Verständnis für die Stabilität politischer Systeme. Während für die Stabilität eines politischen Systems ein Minimum an politischer Unterstützung des politischen Regimes unerlässlich ist, räumt Easton bei den politischen Autoritäten ein, dass ein System auch beim Fehlen entsprechender Unterstützung – zumindest zeitweise – überlebensfähig ist (Easton 1965, 212). Als Quellen diffuser Unterstützung verweist Easton einerseits auf Sozialisationsprozesse und andererseits auf Erfahrungen. So kann sich spezifische Unterstützung durch Generalisierungsprozesse langfristig in diffuse Unterstützung umwandeln (Easton 1975, 445).

Abbildung 3: Konzept der politischen Unterstützung nach Easton

		politische Gemeinschaft	politisches Regime	politische Autoritäten
Unterstützungsarten	diffus	Identifikation mit der politischen Gemeinschaft	Legitimität des Regimes --- Vertrauen in das Regime	Legitimität der Autoritäten --- Vertrauen in die Autoritäten
	spezifisch			Zufriedenheit mit den alltäglichen Outputs

Die Objektbezogenheit bezeichnet die Zuordnung der Unterstützungsarten auf die verschiedenen Objekte der politischen Unterstützung. Wie Abbildung 3 zeigt, nimmt Easton eine asymmetrische Zuordnung der Unterstützungsarten und der Unterstützungsobjekte vor. Während sich die spezifische Unterstützung nur auf die politischen Autoritäten richtet, bezieht sich diffuse Unterstützung auf alle drei Objekte des politischen Systems.

> „Whereas specific support is extended only to incumbent authorities, diffuse support is directed towards offices themselves as well as towards their individual occupants. More than that, diffuse support is support that underlies the regime as a whole and the political community." (Easton 1975, 445)

Easton begreift zudem diffuse Unterstützung als mehrdimensionales Konzept (siehe Abbildung 3). Die Komponenten, die diffuse Unterstützung konstituieren, variieren mit dem Unterstützungsobjekt. Bei der politischen Gemeinschaft bezieht sich diffuse Unterstützung auf das Gemeinschaftsbewusstsein, die Gruppenidentifikation oder das Wir-Gefühl – kurz: auf die Verbundenheit mit der politischen Gemeinschaft. Mit Blick auf die politischen Autoritäten und das politische Regime zerfällt die diffuse Unterstützung in die Kategorien Vertrauen und Legitimitätsüberzeugungen (Easton 1975, 447-453; 1965, 278-340).

Die asymmetrische Zuordnung der Unterstützungsarten zu den Unterstützungsobjekten wird allgemein kritisch beurteilt (siehe z.B. Braun/Schmitt 2009, 60; Gabriel 2002, 479; siehe für eine Übersicht allgemeiner Kritikpunkte Fuhse 2005, 56-63). Dieter Fuchs (1989) hat eine überarbeitete Konzeption politischer Unterstützung vorgelegt, die einerseits diese asymmetrische Zuordnung überwindet und andererseits als „erheblich schlüssiger" beurteilt wird (Gabriel 2002,

480). Diese soll im Folgenden mit Blick auf die Gemeinsamkeiten und Unterschiede zu Easton vorgestellt werden.

3.2.2 Weiterentwicklung des Konzepts der politischen Unterstützung

Fuchs (1989, 21-28) hält in seiner Arbeit an den drei Unterstützungsobjekten fest: politische Gemeinschaft, politisches Regime und politische Autoritäten.[36] Bei den Unterstützungsarten orientiert er sich allerdings an der Handlungstheorie von Talcott Parsons und spezifiziert drei verschiedene Orientierungen: die instrumentelle, die moralische und die expressive. Die instrumentelle Orientierung bezieht sich auf die möglichst optimale Erreichung von Zielen. Das Objekt wird im Hinblick auf die Effektivität, mit der es seine Aufgaben erfüllt, oder nach dem Nutzen, den es der unterstützenden Person stiftet, bewertet (Gabriel 2002, 479). Die Person gewährt dem Objekt Unterstützung, wenn es mit seiner Leistung zufrieden ist, ansonsten nicht. Die Gemeinsamkeit der instrumentellen Orientierung mit der spezifischen Unterstützung in der klassischen Konzeption der politischen Unterstützung nach Easton ist dabei offensichtlich. Beide Unterstützungsarten stellen die Zufriedenheit mit der Performanz des Objekts in den Mittelpunkt. Die moralische Orientierung bezieht sich dagegen auf die Anwendung von Normen. Es geht dabei um die Übereinstimmung der moralischen Vorstellungen einer Person mit den Eigenschaften oder Handlungen des Objekts. Entspricht das Objekt den moralischen Standards der Person, dann wird Unterstützung bereitgestellt. Expressive Orientierungen betreffen die emotionalen Bedürfnisse, die durch ein Objekt erfüllt werden können. Sie zielen auf die affektive Bindung von Akteuren an Objekte, es geht dabei um eine „unmittelbare Gratifikation durch ein Objekt" (Fuchs 1989, 24). Die affektive Bindung an ein Objekt kann sich beispielsweise durch Stolz oder Verbundenheit mit dem Objekt ausdrücken (Braun/Schmitt 2009, 61).

Fuchs verknüpft in seiner Konzeption die drei Orientierungsarten nach Parsons mit den drei Objekten der politischen Unterstützung nach Easton. Wie Abbildung 4 zeigt, werden durch diese Kombination insgesamt neun unterschiedliche Formen der politischen Unterstützung definiert. In Anlehnung an Parsons ar-

---

36 Fuchs verwendet dabei allerdings einen modifizierten Regimebegriff. Bei Easton besteht das politische Regime aus drei Elementen, die hierarchisch miteinander verknüpft sind: Werte, Normen und Autoritätsstrukturen (siehe Abschnitt 3.2.1). Fuchs reduziert das politische Regime auf die Autoritätsstrukturen, die er als Institutionen bezeichnet. Nach seiner Argumentation gehören die Institutionen auf der einen Seite sowie die Werte und Normen auf der anderen Seite unterschiedlichen theoretischen Dimensionen an. Die Institutionen sind Bestandteile der Systemstruktur, die Normen und Werte Elemente der Systemkultur (Fuchs 1989, 25).

gumentiert Fuchs, dass es gegenüber allen Unterstützungsobjekten auch alle drei Unterstützungsarten gibt. In Übereinstimmung mit Easton geht Fuchs jedoch davon aus, dass „gegenüber jedem der drei Objekte des politischen Systems jeweils eine Unterstützungsform die dominierende ist: bei der politischen Gemeinschaft die Identifikation, bei dem Regime die Legitimität und bei den Autoritäten die Effektivität" (Fuchs 1989, 27). Die jeweilige dominierende Unterstützungsart ist in Abbildung 4 optisch hervorgehoben.

Abbildung 4: Konzept der politischen Unterstützung nach Fuchs (1989, 26)

		politische Gemeinschaft	politisches Regime	politische Autoritäten
Unterstützungsarten	expressiv	Identifikation mit der politischen Gemeinschaft	Identifikation mit dem Regime	Identifikation mit den Autoritäten
	moralisch	Legitimität der politischen Gemeinschaft	Legitimität des Regimes	Legitimität der Autoritäten
	instrumentell	Effektivität der politischen Gemeinschaft	Effektivität des Regimes	Effektivität der Autoritäten

Folgt man Fuchs (1989, 27), ergibt sich die primäre instrumentelle Orientierung bei den politischen Autoritäten durch ihre spezifischen Aufgaben: Sie sollen die Forderungen der Bürger erfüllen. Die Fähigkeit, diese Forderungen zu erfüllen, ist dabei für ihre Bewertung durch die Bürger entscheidend. Die Unterstützung der politischen Autoritäten durch die Bürger erfolgt daher auf der Basis nutzenspezifischer Überlegungen. Dagegen beruht die Rechtfertigung bzw. Begründung von Strukturen eines politischen Systems in der Regel auf moralischen Normen und Werten. Bei der Bewertung des politischen Regimes dominieren entsprechend moralische Normen. Danach unterstützt eine Person das Regime, wenn die grundlegende Struktur des politischen Systems mit den eigenen Normen übereinstimmt. Die Leistungsfähigkeit des Regimes spielt dagegen eine untergeordnete Rolle. Bei der politischen Gemeinschaft rückt schließlich die Verbundenheit mit der politischen Einheit in den Mittelpunkt der Aufmerksamkeit. Das politische Objekt wird unterstützt, wenn es die emotionalen Bedürfnisse erfüllt und sich eine Person dieser Einheit verbunden fühlt bzw. stolz ist, diesem politischen Verband anzugehören.

3.2.3 Vergleich und Schlussfolgerungen

Die Arbeiten von Easton und Fuchs zeichnen sich mehr durch Gemeinsamkeiten als durch Unterschiede aus. Beide Autoren bezeichnen politische Unterstützung als eine Einstellung gegenüber (politischen) Objekten, die auf einem positiv-negativ-Kontinuum bewertet werden. Sowohl Easton als auch Fuchs unterscheiden mit der Gemeinschaft, dem Regime und den Autoritäten drei Objekte des politischen Systems. Dadurch wird eine Klassifikation der Einstellungen möglich; politische Orientierungen können einem der drei Objekte zugeordnet werden. Neben den drei Objekten der politischen Unterstützung unterscheiden beide Autoren auch verschiedene Unterstützungsformen. Easton nutzt hierfür die Begriffe diffus und spezifisch, Fuchs die Bezeichnungen instrumentell, moralisch und expressiv. Die unterschiedlichen Begriffe zielen dabei größtenteils auf ähnliche Sachverhalte ab; so entspricht die spezifische Unterstützung bei Easton der instrumentellen Orientierung bei Fuchs. Der Vorschlag von Fuchs ist den Überlegungen von Easton allerdings insoweit überlegen, da er zum einen seine drei Unterstützungsarten widerspruchsfreier aus einem allgemeinen theoretischen Modell ableiten kann und zum anderen die bei Easton vorgesehene asymmetrische Zuordnung der Objekte und der Unterstützungsarten überwindet.

Die erweiterte Fassung des Konzepts der politischen Unterstützung nach Fuchs (1989) soll in der vorliegenden Studie als theoretische Grundlage für die Konzeptualisierung der politischen Unterstützung der Europäischen Union dienen. Einer der Vorzüge des Konzepts besteht darin, dass es sich schlüssig in die sozialpsychologische Einstellungsforschung integrieren lässt.[37] Wie Abbildung 5 verdeutlicht, lässt sich eine Einstellung zunächst einmal ganz allgemein als Orientierung gegenüber Objekten bezeichnen. In der sozialpsychologischen Grundlagenliteratur werden drei Bestandteile einer Einstellung unterschieden: eine kognitive, eine affektive und eine konative Komponente. Die kognitive bezieht sich auf das Wissen gegenüber Objekten, die affektive auf Bewertungen, und die konative auf Handlungen und Verhaltensabsichten (siehe z.B. Brehm et al. 1999, 173; Bohner 2003; Aronson et al. 2004, 230-235).[38] Die Gültigkeit dieses Drei-

---

[37] Dies gilt sowohl für Easton als auch für Fuchs.
[38] Die vorliegende Arbeit untersucht die individuellen und kontextuellen Bestimmungsfaktoren der politischen Unterstützung der Europäischen Union. Sie bezieht sich damit auf die affektive Komponente einer Einstellung. Im Rahmen der Studie „Europa im Kontext" wurde auch die kognitive (z.B. Wissen/Interesse) und konative (z.B. Wahlteilnahme)

komponentenmodells hat Breckler (1984) bestätigt. Die drei Dimensionen einer Einstellung finden sich auch in der politikwissenschaftlichen Literatur. Niedermayer (2005, 16-17) unterscheidet zwischen der kognitiven Orientierung, die sich auf die Wahrnehmung der politischen Wirklichkeit bezieht, zum Beispiel das Interesse und das Wissen der Bürger; der affektiven Orientierung, die sich auf die Bewertung politischer Objekte auf einem positiv-negativ-Kontinuum bezieht, und der konativen Orientierung, die sich auf Verhaltensabsichten bezieht.[39] Da die einzelnen Komponenten einer Einstellung aber nicht immer in Beziehung zueinander stehen und einzelne Einstellungen in ihrem Aufbau bzw. der Zusammensetzung der Komponenten variieren, nutzen einzelne Autoren den Begriff Einstellung auch nur für die affektive Komponente. Entsprechend definieren Eagly und Chaiken (1993, 1) Einstellung als „psychological tendency that is expressed by evaluating a particular entity with some degree of favor or disfavor." In dieser „*single-component* definition, an attitude is a positive, negative, or mixed evaluation of an object, expressed at some level of intensity – nothing more, nothing less" (Brehm et al. 1999, 174; Hervorhebung im Original).

Wie in Kapitel 3.2 dargelegt, bezieht sich das Konzept der politischen Unterstützung auf die affektive Komponente einer Einstellung. Dies kommt in der Definition von politischer Unterstützung nach Easton (1975, 436) und bei Fuchs (1989, 5) klar zum Ausdruck. Daher lässt sich – wie in Abbildung 5 dargestellt – das Konzept der politischen Unterstützung an die affektive Dimension der Einstellung anfügen. Durch die Kombination von Unterstützungsobjekten und Unterstützungsarten lassen sich in der Konzeption von Fuchs (1987) drei verschiedene Formen politischer Unterstützung unterscheiden: Effektivität der politischen Autoritäten, Legitimität des politischen Regimes und Identifikation mit der politischen Gemeinschaft.

Die zentralen Konstrukte des Konzepts der politischen Unterstützung ermöglichen eine strukturierte und theoretisch gehaltvolle Betrachtung der politischen Einstellungen, die sich hinsichtlich der Europäischen Union auch inhaltlich sinnvoll interpretieren lassen. Die Gemeinschaft umfasst die Bürger der EU. Das Regime bezieht sich auf das zugrunde liegende Ordnungsmodell. Die Autoritäten sind die Inhaber der politischen Führungspositionen. Die Autoritäten werden primär auf Basis instrumenteller Überlegungen bewertet, das Regime auf Grundlage moralischer Orientierungen und bei der politischen Gemeinschaft spielen expressive Orientierungen die zentrale Rolle. Die schlüssige Integration des

---

Dimension einer Einstellung gegenüber der Europäischen Union erhoben. Diese werden in dieser Arbeit aber nicht als abhängige Variable betrachtet.
39 In der (deutschsprachigen) politikwissenschaftlichen Fachliteratur wird häufig der Begriff Orientierungen anstelle von Einstellungen verwendet. Zur synonymen Verwendung der beiden Begriffe siehe Berg-Schlosser (1995, 25).

Konzepts der politischen Unterstützung in die sozialpsychologische Einstellungsforschung ermöglicht zudem die Einordnung in einen größeren theoretischen Rahmen. Diese Gründe sprechen für die Konzeptualisierung der Zustimmung zur EU auf Grundlage des Konzepts der politischen Unterstützung nach Fuchs (1989).

Abbildung 5: Konzept der politischen Unterstützung integriert in die sozialpsychologische Einstellungsforschung

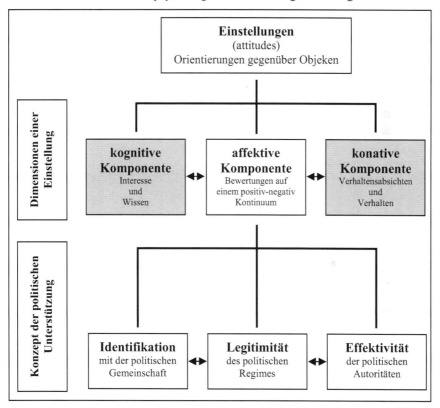

3.3 Operationalisierung

Effektivität, Legitimität und Identifikation sind theoretische Konstrukte, die nicht direkt beobachtbar sind. Für eine empirische Analyse müssen diese erst mit beobachtbaren Sachverhalten verknüpft werden. In diesem Abschnitt werden zunächst die verwendeten Erhebungsinstrumente der EiK-Studie vorgestellt und deskriptive Ergebnisse präsentiert. Anschließend wird geprüft, ob die Items geeignet sind, die theoretischen Konstrukte zu messen.[40]

3.3.1 Effektivität

Effektivität bezieht sich in dieser Arbeit auf die Zufriedenheit der Bürger mit den Leistungen politischer Autoritäten. Bei den politischen Autoritäten kann es sich um individuelle oder kollektive Akteure handeln (Weßels 2009, 54). Die unterstützende Person bewertet die Handlungen der Autoritäten hinsichtlich des Nutzens, den sie ihr stiftet. Je höher der Nutzen, desto höher die Effektivität. In der EiK-Studie stehen drei Indikatoren zur Messung der Effektivität der EU zur Verfügung. Mit den Fragen nach der Zufriedenheit mit der Arbeit der Europäischen Kommission und des Europäischen Parlaments zielen zwei Items unmittelbar auf europäische Institutionen. Der dritte Indikator ist allgemeiner formuliert und bezieht sich auf die Zufriedenheit mit der Funktionsweise der Demokratie in der Europäischen Union.

Der Vertrag von Lissabon nennt das Europäische Parlament, den Europäischen Rat, den Rat, die Europäische Kommission, den Gerichtshof der Europäischen Union, die Europäische Zentralbank und den Rechnungshof als Organe der Staatengemeinschaft (Artikel 13). Für eine effiziente Messung der Effektivität ist es zielführend, sich auf bekannte und wichtige (kollektive) Akteure der Staatengemeinschaft zu konzentrieren: die Europäische Kommission und das Europäische Parlament.[41] Die Kommission gilt in der institutionellen Architektur der Eu-

---

40 Die Gesamtstichprobe der EiK-Studie setzt sich aus 28 Einzelstichproben unterschiedlicher Größe zusammen. Diese variiert dabei zwischen 135 (Petersberg) und 1200 Befragten (Wiesbaden). Bei Analysen der Gesamtstichprobe werden die Ergebnisse daher eher von den „großen" Stichproben beeinflusst. Durch eine Standardisierung der Stichproben wird den unterschiedlichen Stichprobengrößen Rechnung getragen. Die Ergebnisse der gewichteten und ungewichteten Stichproben sind allerdings vergleichbar. Die dargestellten Resultate basieren deshalb auf der ungewichteten Gesamtstichprobe (N=11.870).
41 Nach den Daten des Eurobarometers sind das Europäische Parlament und die Europäische Kommission die bekanntesten europäischen Institutionen. Etwa neun von zehn EU-Bürgern haben schon einmal etwas vom Parlament gehört, bei der Kommission sind es acht von zehn Personen. Die Bekanntheit ist dabei auch im Zeitverlauf (Frühjahr 2006 bis Frühjahr 2011) recht stabil (Europäische Kommission 2011a, 45). Dagegen gelingt es nur

ropäischen Union als „zentraler Mitgestalter" (Wessels 2008, 225), als „Motor der europäischen Integration" (Sturm 2010, 22) und als „genuin europäische Instanz" (Diedrichs 2006, 150). Das Gremium übernimmt wesentliche Aufgaben bei der Vorbereitung, Verabschiedung, Durchführung und Kontrolle von verbindlichen Entscheidungen (für einen Überblick siehe z.b. Wessels 2008, 225-256). An der dominierenden Rolle der Kommission im institutionellen Gefüge der EU hält auch der Vertrag von Lissabon fest, der die beiden Kernverträge der Staatengemeinschaft (Vertrag über die Europäische Union und Vertrag zur Gründung der Europäischen Gemeinschaft) ändert. So darf weiterhin ein Gesetzgebungsakt der Union nur auf Vorschlag der Kommission erlassen werden (Artikel 17 des Vertrags über die Europäische Union). Neben der Kommission stellt mittlerweile auch das Europäische Parlament eine zentrale Gestaltungsmacht in der europäischen Politik dar. Zunächst als Kontrollorgan an die institutionelle Architektur der Europäischen Gemeinschaft für Kohle und Stahl angefügt, hat es durch die Direktwahl und im Zuge von Vertragsveränderungen erheblich an Beteiligungsrechten gewonnen (für einen Überblick siehe z.B. Corbett et al. 2011). Immer häufiger machen die Abgeordneten von ihren Rechten als „Veto-Spieler" gegenüber anderen Organen Gebrauch (z.B. Tsebelis 2002, 248-282). Mit dem Vertrag von Lissabon wurden die Rechte des Parlaments erheblich gestärkt. Es ist zusammen mit dem Rat als Gesetzgeber tätig und übt gemeinsam mit diesem auch Haushaltsbefugnisse aus (Artikel 14 des Vertrags über die Europäische Union). Bei den Bürgern ist das Europäische Parlament zudem die bekannteste und im Vergleich zur Europäischen Kommission und dem Rat der Europäischen Union die wichtigste europäische Institution (Niedermayer 2009b, 244).

Als dritter Indikator für die Effektivität steht in der EiK-Studie auch die Frage nach der Zufriedenheit mit dem Funktionieren der Demokratie in der Europäischen Union zur Verfügung. In der Literatur ist durchaus umstritten, inwieweit diese Formulierung Zufriedenheit mit den politischen Autoritäten erfasst (z.B. Canache et al. 2001). Mit Schmitt (1983, 356) lässt sich argumentieren, dass der Indikator die individuelle Zufriedenheit mit der demokratischen Arbeitsweise der politischen Autoritäten erhebt. Dabei bezieht sich die Formulierung nicht auf einen spezifischen Politiker oder eine Institution, sondern zielt auf die Bewertung des gesamten demokratischen Prozesses in der EU (siehe auch Dalton 1999, 68).

wenigen Politikern auf europäischer Ebene, in der Öffentlichkeit wahrgenommen zu werden (Wettig 2008). Dies gilt auch für europäische Spitzenpolitiker. So wussten bei der allgemeinen Bevölkerungsumfrage der Sozialwissenschaften (ALLBUS) 2008 nur knapp 30 Prozent der Befragten, dass José Manuel Barroso amtierender Präsident der Europäischen Kommission ist. 15 Prozent votierten für Günther Verheugen, drei Prozent für Jacques Delors und fünf Prozent für Romano Prodi. Knapp jeder Zweite antwortete mit „weiß nicht" (eigene Berechnungen).

Indikatoren der Effektivität

Die Frageformulierungen der Indikatoren für die Effektivität lauten:

- Wie zufrieden sind Sie mit der Arbeit des Europäischen Parlaments?
- Wie zufrieden sind Sie mit der Arbeit der Europäischen Kommission?
- Und wie zufrieden sind Sie alles in allem mit der Art und Weise, wie Demokratie in der Europäischen Union funktioniert?

Als Antwort konnten die Befragten jeweils eine Zahl zwischen 0 und 10 wählen, bei der 0 „überhaupt nicht zufrieden" und 10 „sehr zufrieden" bedeutet. Mit den Zahlen dazwischen konnte die Meinung abgestuft werden; bei der Befragung konnten die Bürger auch mit „weiß nicht" und „keine Angabe" antworten.

Deskriptive Ergebnisse

Wie Abbildung 6 dokumentiert, ist bei allen drei Fragen die Mittelkategorie (Skalenwert: 5) die am häufigsten genutzte Antwortmöglichkeit. Bei der Zufriedenheit mit der Arbeit der Europäischen Kommission bzw. des Parlaments liegt der Anteil bei über 21 Prozent, bei der Zufriedenheit mit dem Funktionieren der Demokratie bei 19 Prozent. Auf drei Antwortmöglichkeiten – 5, 6 und 7 – entfallen über 50 Prozent der Angaben der Befragten. Dadurch liegt der Mittelwert der drei Items jeweils im zustimmenden Bereich der Skala. Bei der Zufriedenheit mit der Arbeit des Europäischen Parlaments liegt dieser bei 5,33 (SD=2,02), die durchschnittliche Zufriedenheit mit der Arbeit der Europäischen Kommission liegt bei 5,26 (SD=2,02) und der Mittelwert der Zufriedenheit mit dem Funktionieren der Demokratie bei 5,77 (SD=2,00). Die Befragten sind mit der Art und Weise, wie Demokratie in der Europäischen Union insgesamt funktioniert, etwas zufriedener als mit der Arbeit des Europäischen Parlaments und der Europäischen Kommission. Die Unterschiede sind dabei jeweils hochsignifikant (p<0,001).

Auf den ersten Blick ist in Abbildung 6 bei allen drei Items der hohe Anteil an „weiß nicht"-Antworten auffällig, der bei der Frage nach der Zufriedenheit mit der Arbeit der Europäischen Kommission mit 13,5 Prozent am höchsten liegt. Danach sehen sich viele Bürger nicht in der Lage, die Arbeit der wichtigsten Institutionen der Europäischen Union zu bewerten. Offensichtlich handelt es sich bei den europäischen Institutionen um wenig vertraute Objekte (z.B. Westle/Johann 2010; Fuchs 2003, 36), so dass die Bürger Schwierigkeiten haben, die Leistung zu bewerten (siehe auch Fußnote 41).

Abbildung 6: Zufriedenheit mit der Arbeit des Europäischen Parlaments, der Europäischen Kommission sowie der Demokratie in der EU (in Prozent; Fallzahl: 11.870)

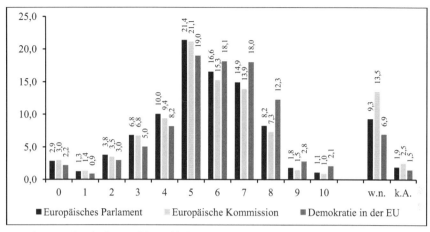

Anmerkungen: 0=„überhaupt nicht zufrieden", 10=„sehr zufrieden". Mit den Zahlen dazwischen konnten die Befragten ihre Antwort abstufen. w.n.=weiß nicht, k.A.=keine Angabe.

Struktur der verwendeten Indikatoren

Die bei den drei Items durchaus vergleichbaren deskriptiven Ergebnisse ermutigen im nächsten Schritt zu prüfen, ob den Indikatoren eine gemeinsame Struktur zugrundeliegt. Eine geeignete Methode zum Aufdecken einer latenten Struktur ist die Hauptkomponentenanalyse, ein Verfahren, das zur Faktorenanalyse gehört (siehe z.B. Bortz 2005, 511-563; Acock 2008, 283-314). Die Ergebnisse einer solchen Analyse belegen die Eindimensionalität der drei Items. Wie die in Tabelle 4 zusammengefassten Resultate zeigen, erklären die drei Indikatoren knapp 85 Prozent der Varianz; Cronbach's Alpha lässt auf eine ausgezeichnete Reliabilität der Items schließen. Trotz geringerer Faktorladung fügt sich auch das Item, das die Zufriedenheit mit dem Funktionieren der Demokratie abbildet, harmonisch in das Gesamtbild ein.[42]

---

[42] Nach Gemeinden durchgeführte Hauptkomponentenanalysen belegen auch für jede der 28 Stichproben eine klar eindimensionale Lösung der drei Indikatoren für die Effektivität. Die stärksten Unterschiede lassen sich dabei für Petersberg und Frielendorf belegen. Die Eigenwerte für die 28 Berechnungen liegen zwischen 2,41 und 2,63, die Varianzaufklärung reicht von 80 bis 88 Prozent, Cronbach's Alpha liegt zwischen 0,88 und 0,93.

Tabelle 4: Hauptkomponentenanalyse der Indikatoren der Effektivität

	Faktorladungen
Zufriedenheit mit der Arbeit des Europäischen Parlaments	0,95
Zufriedenheit mit der Arbeit der Europäischen Kommission	0,95
Zufriedenheit mit dem Funktionieren der Demokratie in der EU	0,85
Eigenwert	2,53
Anteil erklärter Varianz (in Prozent)	84,46
Kaiser-Meyer-Olkin-Kriterium	0,69
Cronbach's Alpha	0,91
Fallzahl	9662

3.3.2 Legitimität

Bei der Legitimität handelt es sich um eine grundlegende Akzeptanz der politischen Ordnung. Die individuelle Unterstützung ist dabei weitgehend unabhängig von konkreten Leistungen, sondern basiert auf der Übereinstimmung der eigenen Werte mit dem Charakter des Regimes. Als klassische Indikatoren für die Legitimität eines politischen Systems gelten Fragen, die sich nach der Unterstützung demokratischer Werte erkundigen – Demokratie als beste Staatsform, Idee der Demokratie oder auch Einstellungen zum Grundgesetz (siehe z.B. Dalton 1999; Niedermayer 2009a; Klingemann 1999). Für die Messung der Legitimität des politischen Systems der Europäischen Union sind solche Indikatoren allerdings weniger geeignet, da sich entsprechende Formulierungen – und damit die Antworten – meist implizit auf die nationalstaatliche Ebene beziehen. Bei den für die EiK-Studie ausgewählten Indikatoren kommt deshalb das Referenzobjekt „Europäische Union" explizit zum Ausdruck. Bei der inhaltlichen Formulierung der Erhebungsinstrumente sprachen mehrere Gründe dafür, sich an der Political-Action- bzw. Politische-Ideologie-Studie zu orientieren.[43] So sind die entspre-

---

43 Bei der Political-Action-Studie handelt es sich um eine internationale vergleichende Studie, die 1973 bis 1976 sowie 1979 bis 1981 durchgeführt wurde (Barnes/Kaase et al. 1979). Die Politische-Ideologie-Studie ist die Fortsetzung des deutschen Teils der Political-Action-Studie.

chenden Items einerseits empirisch erprobt, andererseits hat Fuchs (1987, 32-49) die (nationalstaatlichen) Formulierungen empirisch validieren können.[44]

In der EiK-Studie stehen insgesamt drei Indikatoren für die Legitimität zur Verfügung. Dabei beziehen sich zwei Items auf konkrete Werte der Union („Freiheit" und „Fairness"), die im Vertrag über die Europäische Union (in der Fassung von Lissabon) dokumentiert sind. In Artikel 1a heißt es: „Die Werte, auf die sich die Union gründet, sind die Achtung der Menschenwürde, Freiheit, Demokratie, Gleichheit, Rechtsstaatlichkeit und die Wahrung der Menschenrechte einschließlich der Rechte der Personen, die Minderheiten angehören." Aus dem Bekenntnis zur sozialen Marktwirtschaft, der Förderung sozialer Gerechtigkeit sowie der Bekämpfung sozialer Ausgrenzung und Diskriminierung lässt sich das übergeordnete Ziel „Fairness" ableiten (Artikel 2 des Vertrags von Lissabon). Der dritte Indikator der Legitimität ist allgemeiner formuliert und fragt nach der Sympathie gegenüber dem politischen System. Nach Habermas (1976, 39) verdient eine legitime Ordnung Anerkennung: „Legitimität bedeutet die Anerkennungswürdigkeit einer politischen Ordnung." Eine solche Anerkennung kann sich in Sympathie gegenüber dem Regime ausdrücken. Schließlich stellen Sympathiebekundungen eine aus gefühlsmäßiger Übereinstimmung kommende Zuneigung dar. Je stärker die eigenen Werte mit den Werten des Systems übereinstimmen, desto größer sollten entsprechende Sympathiebekundungen sein. Daher scheint die Frage nach der Sympathie gegenüber der Europäischen Union gut geeignet, um die grundlegende Akzeptanz der Europäischen Union zu erheben.

Indikatoren der Legitimität

Die drei in der EiK-Studie verwendeten Indikatoren zur Erhebung der Legitimität lauten:

- Die Europäische Union ist gerecht und fair.
- Die Europäische Union schützt die grundlegenden Freiheiten der Bürger.
- Die Europäische Union ist mir sympathisch.

Die Bürger konnten den einzelnen Aussagen jeweils voll zustimmen, eher zustimmen, eher nicht zustimmen oder überhaupt nicht zustimmen. Alternativ bestand auch die Möglichkeit mit „weiß nicht" oder „keine Angabe" zu antworten.

---

44 Die Indikatoren der Politischen-Ideologie-Studie lauten: „Das politische System der Bundesrepublik ist gerecht und fair", „Unser politisches System schützt die grundlegenden Freiheiten der Bürger" und „Wie sympathisch oder unsympathisch ist Ihnen die Art des politischen Systems, das wir in Deutschland haben?"

Deskriptive Ergebnisse

Wie aus Abbildung 7 hervorgeht, steht die Mehrheit der Befragten der Ordnung des politischen Systems der Europäischen Union durchaus positiv gegenüber. Über 65 Prozent der Bürger stimmen der Aussage „Die Europäische Union schützt die grundlegenden Freiheiten der Bürger" voll und eher zu. Über 60 Prozent halten die EU für sympathisch, knapp 43 Prozent bewerten die Staatengemeinschaft als „gerecht und fair". Mehr als sieben Prozent der Befragten haben die Aussagen „gerecht und fair" sowie „schützt die Freiheiten der Bürger" mit „weiß nicht" beantwortet; bei der Sympathie-Aussage liegt der Anteil bei knapp vier Prozent. Damit liegt der Anteil der „weiß nicht"-Angaben im Vergleich zu den Items zur Zufriedenheit mit der Arbeit des Europäischen Parlaments und der Europäischen Kommission deutlich niedriger. Dennoch lassen auch diese Ergebnisse den Schluss zu, dass es sich für viele Bürger bei der Europäischen Union um ein wenig vertrautes Objekt handelt. Die Anteile bei den Antwortverweigerungen sind gering.

Abbildung 7: Akzeptanz des politischen Systems der EU
(in Prozent; Fallzahl: 11.870)

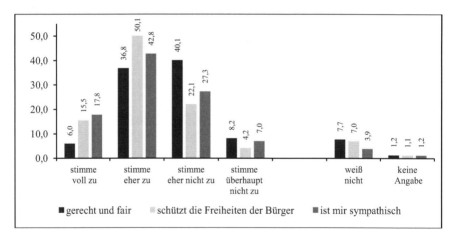

Struktur der verwendeten Indikatoren

Auf Basis einer Hauptkomponentenanalyse wird geprüft, ob den drei Indikatoren eine gemeinsame Struktur zugrunde liegt. Die Ergebnisse belegen die Eindimensionalität der drei Items. Wie aus Tabelle 5 hervorgeht, liegen die Faktorladungen der drei Items bei über 0,80. Auch Cronbach's Alpha lässt auf eine ausreichende Reliabilität der Variablen schließen.[45]

Tabelle 5: Hauptkomponentenanalyse der Indikatoren der Legitimität

	Faktorladungen
Die Europäische Union ist gerecht und fair	0,83
Die Europäische Union schützt die grundlegenden Freiheiten der Bürger	0,83
Die Europäische Union ist mir sympathisch	0,85
Eigenwert	2,10
Anteil erklärter Varianz (in Prozent)	69,96
Kaiser-Meyer-Olkin-Kriterium	0,70
Cronbach's Alpha	0,79
Fallzahl	10.215

3.3.3 Identifikation

Identifikation meint ein individuelles Zugehörigkeitsgefühl zu einer politischen Gemeinschaft. Die emotionale Bindung an eine politische Gemeinschaft gilt als äußerst wichtige Form der politischen Unterstützung. Sie wirkt sich günstig auf die Akzeptanz von Entscheidungen aus, die im Sinne der Gemeinschaft getroffen werden (Vetter 2002b, 35). Ein weit verbreitetes Gefühl der Zugehörigkeit zu einer politischen Gemeinschaft kann nach den Überlegungen von Easton in Krisenzeiten die Stabilität eines politischen Systems sichern. In der empirischen Praxis werden zur Erhebung der gefühlsmäßigen Bindung an eine politische Gemeinschaft verschiedene Indikatoren verwendet (siehe für eine Übersicht Kaina 2009; Neller 2009, 63; Braun 2007). Mit Fragen nach dem Stolz und der Verbundenheit stehen in der EiK-Studie zwei klassische Messinstrumente zur Verfügung.

---

45 Nach Gemeinden durchgeführte Hauptkomponentenanalysen belegen auch für jede der 28 Stichproben eine klar eindimensionale Lösung der drei Indikatoren für die Legitimität. Die stärksten Unterschiede lassen sich dabei für Heuchelheim und Reinheim belegen. Die Eigenwerte für die 28 Berechnungen liegen zwischen 1,89 und 2,38, die Varianzaufklärung reicht von 63 bis 79 Prozent, Cronbach's Alpha liegt zwischen 0,71 und 0,87.

Der erstgenannte Indikator erfasst, ob durch die Zugehörigkeit zu einer politischen Einheit das emotionale Bedürfnis nach Stolz gestillt wird. Das Item stellt die in der empirischen Sozialforschung am häufigsten genutzte Erhebungsvariante zur gefühlsmäßigen Bindung an eine politische Gemeinschaft dar. Mit der Frage nach Stolz sind allerdings auch zwei Probleme verbunden: Erstens ist unklar, worauf sich dieser Stolz begründet: auf das politische System, auf die Erfolge der Fußball-Nationalmannschaft oder auf wissenschaftliche Leistungen. Antworten auf diese Frage können sich daher auch auf nicht-politische Elemente des Systems beziehen (Vetter 2002b, 36). Zweitens ist der Begriff Stolz im Zusammenhang mit politischen Einheiten im deutschen Kontext mit negativen Assoziationen behaftet, die ihre Ursache im Nationalismus des Dritten Reichs haben (Neller 2009, 61). Daher stehen in Deutschland viele Bürger dem Begriff „Stolz" in Verbindung mit einer politischen Gemeinschaft zurückhaltend gegenüber (Westle 2009a, 252).

Mit der Frage nach der gefühlsmäßigen Verbundenheit steht in der Untersuchung ein zweiter Indikator zur Verfügung, der die genannten Probleme nicht aufweist. Dabei erkundet sich das Item nach der Intensität der individuellen Bindung an eine geographische Einheit. Solche Bindungen müssen allerdings nicht explizit politisch sein, sondern können sich auf unterschiedliche Aspekte beziehen. Der Indikator impliziert allerdings eine emotionale Verbundenheit zu dem Objekt und kann daher auch politische Konsequenzen haben. Wer sich einer geographischen Einheit nicht verbunden fühlt, der wird vermutlich auch keine – positiven oder negativen – Emotionen gegenüber der politischen Gemeinschaft empfinden. Mit anderen Worten: Die Bindung an einen politischen Verband stellt die Voraussetzung für weitergehende Emotionen dar (siehe auch Westle 2009a, 260).

Indikatoren der Identifikation

Die in der EiK-Studie eingesetzten Erhebungsinstrumente lauten:

- Wie stark fühlen Sie sich mit Europa verbunden?
- Wie stolz sind Sie, ein/eine Bürger/Bürgerin der Europäischen Union zu sein?

Beide Fragen konnten die Personen mit Zahlen von 0 bis 10 beantworten, bei der 0 „überhaupt nicht verbunden" bzw. „überhaupt nicht stolz" und 10 „sehr verbunden" bzw. „sehr stolz" bedeutet. Mit den Zahlen dazwischen konnten die Befragten ihre Meinung abstufen. Außerdem bestand die Möglichkeit, mit „weiß nicht" und „keine Angabe" zu antworten. Bei den gewählten Formulierungen ist allerdings problematisch, dass der Bezugspunkt für die Befragten möglicherweise nicht identisch war. Die Stolz-Frage bezieht sich explizit auf die Europäische Union, die Frage nach der Verbundenheit allgemein auf Europa.

Deskriptive Ergebnisse

Abbildung 8 ist die Verteilung der Angaben der Befragten in den einzelnen Antwortkategorien zu entnehmen. Danach fühlen sich die meisten Bürger mit Europa verbunden bzw. sind stolz, ein Bürger der Staatengemeinschaft zu sein. Über 45 Prozent der Befragten haben sich jeweils für eine der drei höchsten Antwortkategorien entschieden, mehr als 20 Prozent der Nennungen entfallen allein auf die Zahl 8. Die Antwortkategorien 0 bis 2 sind deutlich schwächer besetzt; bei beiden Fragen votieren deutlich weniger als zehn Prozent der Befragten für diese Ziffern. Die mittlere Verbundenheit liegt mit einem Wert von 6,90 (SD=2,28) deutlich in der oberen Hälfte der Skala und lässt sich als starke Verbundenheit zur EU interpretieren. Dies gilt ebenso für den Stolz, ein Bürger der EU zu sein. Bei dieser Frage lässt sich ein Mittelwert von 6,75 (SD=2,64) feststellen. Der Unterschied liegt bei 0,15 und ist statistisch hochsignifikant (p<0,001). Die Anteile an „weiß nicht"- bzw. „keine Angabe"-Antworten sind bei der Stolz-Frage höher als bei der „Verbundenheit"-Frage. Dies ist vermutlich auf die Verwendung des Begriffs „Stolz" und die damit diskutierten Probleme zurückzuführen. Insgesamt ist der Anteil an fehlenden Werten aber unauffällig und lässt sich dahingehend interpretieren, dass die Personen mit den verwendeten Frageinstrumenten keine Probleme hatten. Offensichtlich hatten auch die unterschiedlichen Bezugspunkte in den Frageformulierungen – Europa bzw. Europäische Union – keine ungünstigen Auswirkungen.

Abbildung 8: Verbundenheit mit Europa und Stolz, ein Bürger der EU zu sein (in Prozent; Fallzahl: 11.870)

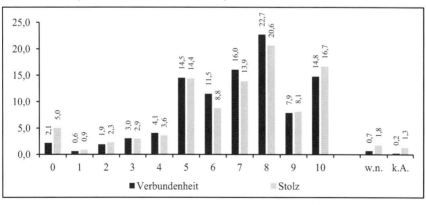

Anmerkungen: 0=„überhaupt nicht verbunden bzw. überhaupt nicht stolz", 10=„sehr verbunden bzw. sehr stolz". Mit den Zahlen dazwischen konnten die Befragten ihre Antwort abstufen. w.n.=weiß nicht, k.A.=keine Angabe.

Struktur der verwendeten Indikatoren

Abschließend wird geprüft, ob den verwendeten Indikatoren eine gemeinsame Struktur zugrundeliegt, die als Identifikation interpretiert werden kann. Anstelle einer Hauptkomponentenanalyse, die bei nur zwei vorliegenden Indikatoren nicht das geeignete Verfahren für das Aufdecken einer latenten Struktur darstellt (Bühner 2004, 157), wird die Korrelation beider Items berechnet (Pearson's r). Diese beträgt 0,59; Cronbach's Alpha liegt bei 0,74 (N=11.448). Diese Werte sprechen für eine hohe Homogenität der Indikatoren.[46]

3.3.4 Effektivität, Legitimität und Identifikation

Durch die systematische Verknüpfung der politischen Objekte und der Unterstützungsarten werden im Konzept der politischen Unterstützung nach Fuchs (1989, 33) drei zentrale Formen der politischen Unterstützung unterschieden: Effektivität, Legitimität und Identifikation. Dabei handelt es sich aber um theoretische Konstrukte, die nicht direkt beobachtet werden können. Deshalb wurden den einzelnen Unterstützungsformen beobachtbare Indikatoren zugeordnet. Bei den durchgeführten Analysen konnten die einzelnen Konstrukte empirisch validiert werden. Allerdings ist unklar, ob die analytische Differenzierung zwischen Effektivität, Legitimität und Identifikation überhaupt von den Bürgern so vorgenommen wird bzw. sich die einzelnen latenten Konstrukte voneinander abgrenzen lassen. Diese Frage soll eine weitere Hauptkomponentenanalyse klären, bei der alle acht Indikatoren berücksichtigt werden (siehe für die gleiche Vorgehensweise Klingemann 1999, 37; Fuchs 1987, 30).

Mit einem KMO-Wert von 0,85 erfüllen die Items die Voraussetzung für eine Hauptkomponentenanalyse. Bei einer entsprechenden Berechnung werden allerdings nur zwei Komponenten mit einem Eigenwert größer als ‚1' extrahiert, die 68 Prozent der Varianz aufklären. Der Blick auf die grafische Darstellung der Größe der Eigenwerte der einzelnen Komponenten (nicht dargestellt) empfiehlt allerdings die Auswahl von drei Komponenten, da erst danach eine deutliche Verflachung der Kurve eintritt. Mit einem Eigenwert von 0,81 unterscheidet sich die dritte Komponente auch deutlich von der nächstniedrigen Komponente, die lediglich einen Eigenwert von 0,47 aufweist. Zudem kann die dritte Komponente weitere zehn Prozent der Varianz aufklären. Aus diesen Gründen wird erneut eine Hauptkomponentenanalyse durchgeführt, bei der drei Komponenten extrahiert

---

46   Nach Gemeinden berechnete Korrelationen der beiden Indikatoren für die Identifikation belegen ein konsistentes Bild in den 28 Stichproben. Die stärksten Unterschiede lassen sich für Bickenbach und Frielendorf belegen. Pearson's r liegt zwischen 0,50 und 0,69; Cronbach's Alpha zwischen 0,66 und 0,82.

werden (Varianzaufklärung: 78 Prozent). Durch die Rotation der Komponenten wird die inhaltliche Interpretation der Ergebnisse erheblich erleichtert. Dabei lassen sich zwei Rotationsverfahren unterscheiden: orthogonal (rechtwinklig) und oblique (schiefwinklig). Bei der orthogonalen Rotation bleiben die Komponenten unkorreliert, bei der obliquen Rotation werden Korrelationen zwischen den Komponenten zugelassen (z.B. Bühner 2004, 164-166). Aus theoretischer Sicht stellt bei dieser Analyse eine oblique Rotation die angemessenere Variante dar, da zwischen Effektivität, Legitimität und Identifikation vermutlich Zusammenhänge bestehen.[47]

Die in Tabelle 6 dargestellten Ergebnisse der Hauptkomponentenanalyse mit schiefwinkliger Rotation lassen eine deutliche und gut interpretierbare Struktur erkennen. Die Indikatoren der Effektivität laden auf der ersten Komponente, die Items der Legitimität auf der zweiten Komponente und die Indikatoren der Identifikation konstituieren die dritte Komponente.[48] Insgesamt belegen die Resultate, dass sich die einzelnen Formen der politischen Unterstützung durchaus voneinander abgrenzen lassen.[49] Die Faktorladungen der acht Items liegen jeweils über 0,75. Die Korrelationen der auf Basis der schiefwinklig rotierten Komponenten nach der Regressions-Methode berechneten Faktorscores belegen deutliche Zusammenhänge zwischen den drei Formen der politischen Unterstützung. Pearson's r beträgt für Effektivität und Legitimität 0,54 sowie für Effektivität und Identifikation 0,51. Der Zusammenhang zwischen Legitimität und Identifikation ist mir r=0,38 etwas schwächer ausgeprägt.

---

47 In Anlehnung an Parsons argumentiert Fuchs (1989, 27), dass es gegenüber allen Unterstützungsobjekten auch alle drei Unterstützungsarten gibt. Dies spricht für Zusammenhänge zwischen den drei Unterstützungsformen (siehe dazu auch Kapitel 3.2). Easton unterscheidet in seiner Konzeption zwischen spezifischer und diffuser Unterstützung. Dabei kann sich spezifische Unterstützung durch Generalisierungsprozesse in diffuse Unterstützung umwandeln (Easton 1975, 445). Auch diese Betrachtung spricht für Zusammenhänge zwischen den Unterstützungsformen.
48 Eine orthogonale Rotation der Komponenten hat allerdings keinen Einfluss auf die Interpretation der Ergebnisse. Lediglich die Faktorladungen unterscheiden sich geringfügig.
49 Nach Gemeinden durchgeführte Hauptkomponentenanalysen liefern dabei vergleichbare Ergebnisse. Bei einem Mittelwert von 4,43 liegen die Eigenwerte der ersten Komponente zwischen 4,95 (Biedenkopf) und 3,98 (Bickenbach). Bei einem Mittelwert von 1,08 liegen die Eigenwerte der zweiten Komponente zwischen 1,31 (Bickenbach) und 0,88 (Heuchelheim). Bei einem Mittelwert von 0,80 liegen die Eigenwerte der dritten Komponente zwischen 0,95 (Gelnhausen) und 0,67 (Wolfhagen).

Tabelle 6: Hauptkomponentenanalyse der Indikatoren
der Effektivität, Legitimität und Identifikation

	Faktor 1 Ladungen	Faktor 2 Ladungen	Faktor 3 Ladungen
Zufriedenheit mit der Arbeit des Europäischen Parlaments	**0,93**	0,02	0,02
Zufriedenheit mit der Arbeit der Europäischen Kommission	**0,96**	-0,01	-0,00
Zufriedenheit mit dem Funktionieren der Demokratie in der EU	**0,79**	0,05	0,05
Europäische Union ist gerecht und fair	0,17	**0,77**	-0,10
Europäische Union schützt die grundlegenden Freiheiten der Bürger	0,01	**0,86**	-0,05
Europäische Union ist mir sympathisch	-0,06	**0,79**	0,21
Verbundenheit mit der EU	-0,05	0,09	**0,89**
Stolz, ein Bürger der EU zu sein	0,16	-0,08	**0,82**
Eigenwert	4,42	1,04	0,81
Anteil erklärter Varianz (in Prozent)	55,29	12,98	10,13

Anmerkungen: Hauptkomponentenanalyse mit Obliquerotation ($\gamma=0$), Fallzahl: 8852. Die Items, die eine Komponente konstituieren, sind jeweils fettgedruckt.

3.3.5 Indexbildung

Auf Basis der Ergebnisse werden die zentralen abhängigen Variablen dieser Studie gebildet: die Indikatoren für Effektivität, Legitimität und Identifikation mit der Europäischen Union. Gegen die Verwendung der eben berechneten Faktorscores sprechen allerdings zwei Gründe. Erstens sind die Möglichkeiten, mit fehlenden Angaben der Befragten umzugehen, begrenzt. Zweitens gehören Faktorscores nicht unbedingt zu den anschaulichsten Größen der empirischen Sozialforschung. Anstelle solcher Faktorscores werden deshalb additive Indizes gebildet (siehe z.B. Schnell et al. 2011, 158-163; Miller 2007, 137-141; Häder 2006, 91-97; Diekmann 2001, 208). Die hohen positiven und statistisch hoch signifikanten Korrelationen zwischen den additiven Indizes und den Faktorscores ($r>0,99$) zeigen, dass beide Maße fast identische Informationen widerspiegeln.

Eine Möglichkeit der Indexbildung besteht darin, die gültigen Werte der Einzelindikatoren zu addieren und durch die Anzahl der Indikatoren zu dividieren. Durch die Division entspricht der Wertebereich des Index wieder dem Wertebereich der einzelnen Indikatoren und erlaubt eine anschauliche Interpretation. Diese Art der Indexbildung wird in dieser Arbeit als *Grundmodell* bezeichnet. Diese Vorgehensweise erlaubt eine möglichst präzise Messung des theoretischen Konstrukts – allerdings nur für die Personen, die auf allen relevanten Indikatoren des Konstrukts gültige Werte vorliegen haben. Befragte, die bei einer Frage mit „weiß nicht" oder „keine Angabe" geantwortet haben, werden bei der Indexbildung nicht berücksichtigt. Dies führt bei einer Stichprobe von 11.870 Personen zu einer erheblichen Reduktion des verfügbaren Datenmaterials. Bei der Effektivität werden 19 Prozent der Befragten aus der empirischen Analyse ausgeschlossen, bei der Legitimität 14 Prozent und bei der Identifikation vier Prozent. Eine solch starke Verringerung der Fallzahl ist allerdings problematisch, weil damit eine steigende Ungenauigkeit der Schlussfolgerungen verbunden ist (Maier et al. 2000, 33).

Eine alternative Möglichkeit der Indexbildung besteht darin, dass nicht für alle Indikatoren, die für die Berechnung des Index herangezogen werden, ein gültiger Wert vorliegen muss. Im Extremfall genügt ein gültiger Wert auf einem Indikator, um den Indexwert zu ermitteln. Der Wert des Einzelindikators entspricht dann dem Indexwert. Diese Möglichkeit der Indexbildung wird im Folgenden als *erweitertes Grundmodell* bezeichnet. Die gültigen Werte der einzelnen Fragen werden dabei addiert und durch die Anzahl der Fragen dividiert, für die gültige Werte vorliegen. Der Vorteil dieser Variante besteht in einer deutlichen Erhöhung der Fallzahl, da für die Indexbildung ein gültiger Wert auf den zur Indexbildung relevanten Indikatoren ausreichend ist. Lediglich Personen, die auf allen Einzelindikatoren keinen gültigen Wert vorliegen haben, werden bei der Indexbildung nicht berücksichtigt. Mit dieser Vorgehensweise lässt sich für 95 Prozent der Befragten ein Wert für das Konstrukt Effektivität ermitteln, bei der Legitimität sind es 98 Prozent und bei der Identifikation 99 Prozent. Die Messung des Konstrukts ist dabei für die Befragten, die nicht alle Fragen beantwortet haben, allerdings ungenauer als für die Personen, die auf allen Indikatoren des Konstrukts gültige Werte vorliegen haben. Zudem wird vermutlich das Niveau der politischen Unterstützung tendenziell überschätzt.

Beide bisher diskutierten Vorschläge behandeln die Antwortoptionen „weiß nicht" und „keine Angabe" als unzulässig und berücksichtigen diese nicht bei der Indexbildung. In der Praxis ist dieser Umgang mit fehlenden Werten – das sogenannte zeilenweise Löschen von Daten – noch weit verbreitet (King et al. 2001, 49), allerdings wird ein solcher Umgang mit fehlenden Daten mittlerweile problematisch beurteilt (siehe z.B. Acock 2005).[50] Als dritte Variante der Indexbildung – im Folgenden *Extremmodell* genannt – wird deshalb vorgeschlagen, die fehlenden Werte der einzelnen Indikatoren durch die jeweils niedrigste Kategorie zu ersetzen.[51] Der Vorteil dieser Variante liegt auf der Hand: Für alle Befragten lässt sich ein Indexwert für die theoretischen Konstrukte bestimmen. Bei der Substitution der fehlenden Werte durch die jeweils niedrigste Kategorie handelt es sich zudem um eine konservative Vorgehensweise, weil das Zustimmungsniveau der Bürger nicht überschätzt wird. Gegenüber diesem *Extremmodell* lässt sich allerdings kritisch anmerken, dass die Ersetzung fehlender Werte durch die jeweils niedrigste Kategorie eine unzulässige Vermischung der beiden Antwortoptionen „weiß nicht" und „keine Angabe" darstellt (siehe z.B. Gabriel/ Thaidigsmann 2009, 292). Während sich der Befragte bei einer „weiß nicht"-Antwort aus kognitiven Gründen nicht in der Lage sieht, die gestellte Frage zu beantworten, lässt eine „keine Angabe"-Antwort auf eine explizite Verweigerung schließen. Empirisch liegen die Anteile der „weiß nicht"-Antworten deutlich über den Anteilen der „keine Angabe"-Antworten, weshalb die starke Reduktion des verfügbaren Datenmaterials bei der Nicht-Berücksichtigung der fehlenden Werte in erster Linie auf die „weiß nicht"-Angaben zurückzuführen ist.[52] Mit Blick auf die einzelnen Fragen wird der jeweilige Anteil an „weiß nicht"-Antworten allerdings verständlich. So finden sich bei Fragen zur Verbundenheit zur EU oder dem Stolz, ein Bürger der EU zu sein, relativ geringe „weiß nicht"-Anteile. Dagegen lassen sich mit 13,5 Prozent (Europäische Kommission) und 9,3 Prozent (Europäisches Parlament) die höchsten Anteile an „weiß nicht"-Angaben bei Items nachweisen, die europäische Institutionen zum Frageinhalt haben. Bei der Europäischen Union handelt es sich aber um ein komplexes Institutionengefüge, mit dem viele Bürger nur wenig vertraut sind (Fuchs 2003, 36). Nach Borg und Treder (2003, 92) geben Befragte vor allem zu solchen Bereichen keine Auskunft, in denen sie sich weniger gut auskennen (siehe auch Reuband 1990). Für diese Argumentation spricht, dass die Anteile an „weiß nicht"-Antworten bei Fragen zum nationalen politischen System, mit dem die Bürger vermutlich eher vertraut sind als mit der Europäischen Union, deutlich niedriger ausfallen als bei entsprechenden Items zu europäischen Institutionen.[53]

---

50 Mittlerweile existieren zahlreiche Verfahren zum Umgang mit fehlenden Daten. Für eine Übersicht sei auf Göthlich (2006) und Bergmann (2008) verwiesen.
51 Alle Indikatoren sind so kodiert, dass der Skalenwert 0 jeweils die niedrigste Kategorie darstellt. Befragte, die auf einem Indikator mit „weiß nicht" oder „keine Angabe" geantwortet haben, erhalten den Skalenwert 0 zugewiesen.
52 Bei den acht verwendeten Indikatoren liegen die Anteile von „weiß nicht" zwischen 0,7 und 13,5 Prozent, bei „keine Angabe" zwischen 0,2 und 2,5 Prozent.
53 Bei den Indikatoren, die nationale politische Institutionen zum Frageinhalt haben, liegen die „weiß nicht"-Anteile zwischen 0,2 und 3,3 Prozent.

Der Ersetzung fehlender Werte durch die niedrigste Kategorie (z.B. „sehr unzufrieden" bei der Frage nach der Zufriedenheit mit der Arbeit der Europäischen Kommission) liegt darüber hinaus die implizite Annahme zugrunde, dass die negative Bewertung politischer Objekte das Verschweigen dieser Einstellungen fördert. Allerdings ist es genauso plausibel, dass – zumindest in Demokratien – negative Bewertungen gerade dazu motivieren, die eigene Überzeugung in einer Befragung mitzuteilen. Die empirischen Befunde sind widersprüchlich. Stocké und Stark (2005) finden bei einer Analyse von Eurobarometer-Umfragen in zehn neuen Mitgliedstaaten, dass Befragte tendenziell weniger zu „weiß nicht"-Antworten neigen, wenn sie mit der Demokratie im eigenen Land zufrieden sind. Dagegen können Gabriel und Thaidigsmann (2009, 312) auf Basis von drei Befragungen zu Bundestagswahlen zeigen, dass negative politische Orientierungen keinen Einfluss auf die Bereitschaft des Befragten haben, eine Frage mit „weiß nicht" zu beantworten. Da es sich bei den EiK-Daten um eine Befragung im deutschen Kontext handelt, muss die Substitution einer „weiß nicht"-Antwort durch die jeweils niedrigste Kategorie problematisch beurteilt werden. Deshalb wird an dieser Stelle von dieser Indexvariante Abstand genommen.[54]

Als alternative Variante der Indexbildung – im Folgenden *Standardmodell* genannt – wird deshalb vorgeschlagen, die „weiß nicht"-Angaben durch den jeweiligen Skalenmittelwert zu ersetzen. Nach dem Konzept der politischen Unterstützung werden politische Objekte auf einem positiv-negativ-Kontinuum bewertet. In der Mitte dieses Kontinuums lassen sich Antworten von Personen verorten, die hinsichtlich einer Bewertung des politischen Objekts indifferent sind (Easton 1965, 163). Die Substitution der „weiß nicht"-Antworten durch den jeweiligen Skalenmittelwert basiert demnach auf der plausiblen Annahme, dass Personen, die keine auskristallisierte Einstellung zu einem politischen Objekt haben, auf entsprechende Fragen mit „weiß nicht" antworten. Für Personen, die mit „keine Angabe" antworten, kann dies allerdings nicht unterstellt werden. Bei dieser Form des Antwortverhaltens handelt es sich um ein Nichtwollen, nicht um ein Nichtkönnen. Da der Anteil der „keine Angaben"-Antworten in der Stichprobe aber eine vernachlässigbare Rolle spielt, werden diese bei der Indexbildung nicht berücksichtigt.[55] Die Indexbildung des *Standardmodells* erfolgt in Anleh-

---

54 Für diese Entscheidung sprechen auch die Ergebnisse der Hauptkomponentenanalysen, bei denen die fehlenden Werte durch den niedrigsten Skalenwert ersetzt wurden. Zwar lassen sich die Konstrukte empirisch validieren, allerdings sind die erklärten Varianzanteile der einzelnen Hauptkomponentenanalysen deutlich niedriger und auch die Werte für Cronbach's Alpha sind deutlich schlechter.
55 Auf Basis von Simulationen kann Bergmann (2008, 68-69) zeigen, dass bei einer Ausfallquote von bis zu fünf Prozent nur minimale Verzerrungen zu erwarten sind. Bei einem bedingt zufälligen Fehlendmechanismus sind Punktschätzer sogar bis zu einer Ausfall-

nung an das *erweiterte Grundmodell*. Die gültigen Werte der einzelnen Indikatoren werden addiert und durch die Anzahl der Fragen dividiert, für die gültige Werte vorliegen. In Abweichung zum *erweiterten Grundmodell* werden beim *Standardmodell* jedoch vor der Indexbildung alle „weiß nicht"-Antworten durch den jeweiligen Skalenmittelwert ersetzt.[56] Bei dieser Variante der Indexbildung liegt für mehr als 99 Prozent der Befragten ein Indexwert für die theoretischen Konstrukte vor.[57]

Eine Übersicht mit Angaben zur Fallzahl, den Mittelwerten und Standardabweichungen sowie Cronbach's Alpha der verschiedenen Varianten der Indexbildung bietet Tabelle 7. Die Mittelwerte und Standardabweichungen sind bei der Standardvariante durchweg geringer als beim Grundmodell bzw. dem erweiterten Grundmodell. Dies spricht dafür, dass durch die Nicht-Berücksichtigung der „weiß nicht"-Angaben die politische Unterstützung tendenziell überschätzt wird. Insgesamt sind die Abweichungen aber nur gering. Die Werte für Cronbach's Alpha sprechen auch bei der Standardvariante für eine gute Reliabilität der Variablen. Bei den empirischen Analysen dient das *Standardmodell* der Indexbildung als Grundlage, weil es sich zum einen durch eine hohe Fallzahl und zum anderen durch eine begründete Substitution der „weiß nicht"-Angaben auszeichnet. Zur Validierung der auf Basis des *Standardmodells* ermittelten Ergebnisse werden alle Analysen zusätzlich mit den anderen Indexvarianten durchgeführt. Abweichungen zu den Ergebnissen des *Standardmodells*, die eine andere Ergebnisinterpretation nahelegen, werden entsprechend berichtet.

Vor den empirischen Analysen werden noch die unterschiedlichen Wertebereiche der abhängigen Variablen vereinheitlicht. Bei der Effektivität und Identifikation liegen die Angaben der Befragten im Zahlenbereich von 0 bis 10, bei der Legitimität von 0 bis 3 vor. Daher signalisieren bei den ersten beiden Indizes Werte größer als ‚5' Zustimmung, beim letztgenannten Index liegt der Schwellenwert bei 1,5. Durch eine Standardisierung der abhängigen Variablen auf den Wertebereich 0 bis 1 können die Ergebnisse einfacher interpretiert werden, z.B. würde ein Wert über 0,5 bei allen drei Indikatoren für proeuropäische Orientierungen sprechen. Für die Standardisierung werden die abhängigen Variablen durch zehn (Effektivität und Identifikation) bzw. durch drei (Legitimität) dividiert.

---

quote von zehn Prozent unverzerrt. Erst ab einem Anteil fehlender Wert von 20 Prozent zeigen sich signifikante Abweichungen.

56 Bei den Indikatoren der Effektivität und Identifikation ist der Skalenmittelwert 5, bei den Indikatoren der Legitimität liegt der Skalenmittelwert bei 1,5.

57 Die Substitution der „weiß nicht"-Angaben durch den jeweiligen Skalenmittelwert hat nur geringe Einflüsse auf die empirische Validierung der einzelnen Konstrukte. Entsprechende Hauptkomponentenanalysen bzw. Korrelationen führen zu vergleichbaren Ergebnissen.

Tabelle 7: Fallzahlen, Mittelwerte und Standardabweichungen sowie Cronbach's Alphas der einzelnen Varianten der Indexbildung

	Standardmodell				**erweitertes Grundmodell**				**Grundmodell**			
	N	MW	SD	α	N	MW	SD	α	N	MW	SD	α
E	11.777	5,41	1,74	0,89	11.222	5,46	1,87	0,91	9.662	5,47	1,84	0,91
L	11.835	1,67	0,63	0,77	11.595	1,68	0,66	0,79	10.215	1,68	0,66	0,79
I	11.859	6,80	2,18	0,73	11.822	6,83	2,20	0,74	11.448	6,82	2,19	0,74

Anmerkungen: E=Effektivität, L=Legitimität, I=Identifikation.

3.4 Unterschiede der politischen Unterstützung zwischen Gemeinden

Die vorherigen Abschnitte haben die konzeptuellen Grundlagen für eine empirische Analyse der politischen Unterstützung der Europäischen Union gelegt. Auf dieser Basis können im letzten Teil dieses Kapitels die ersten beiden Forschungsfragen dieser Studie bearbeitet werden, in denen es darum geht, das Niveau der Zustimmung zur EU und die Variation dieser Zustimmung zwischen Gemeinden zu beschreiben: 1. Wie hoch fällt die Zustimmung zur Europäischen Union in Gemeinden aus? 2. In welchem Ausmaß unterscheidet sich die Zustimmung zur Europäischen Union zwischen diesen Gemeinden?

In Abbildung 9 ist die mittlere Unterstützung für die Effektivität, Legitimität und Identifikation abgebildet. Die Standardisierung der Wertebereiche der drei Indizes von 0 bis 1 erlaubt eine einfache und anschauliche Interpretation der Ergebnisse. Werte größer als 0,5 weisen auf eine unterstützende, Werte kleiner als 0,5 auf eine ablehnende Haltung hin. Die Zahl 0,5 entspricht einer neutralen Einstellung. Wie aus den Angaben in Abbildung 9 hervorgeht, liegen die Durchschnittswerte für alle drei Unterstützungsformen über dem Skalenmittelwert von 0,5 und belegen damit grundsätzlich eine unterstützende Haltung zur Union. Offensichtlich unterscheidet sich aber das Niveau der Unterstützung der EU in Abhängigkeit von der betrachteten Unterstützungsform. Bei der Effektivität ist die Unterstützung am geringsten, bei der Identifikation am höchsten. Dazwischen rangiert die Legitimität. Die Unterschiede sind dabei jeweils hochsignifikant (p<0,001). Die empirischen Ergebnisse bestätigen damit die Annahme Eastons, wonach es nicht möglich ist, bedeutungsvoll über die politische Unterstützung eines Systems als Ganzes zu sprechen (Easton 1965, 165). Dafür sind insbesondere die Unterschiede zwischen der Effektivität und Legitimität auf der einen Seite und der Identifikation auf der anderen Seite zu ausgeprägt.

Abbildung 9: Durchschnittliche Bewertung
der Effektivität, Legitimität und Identifikation

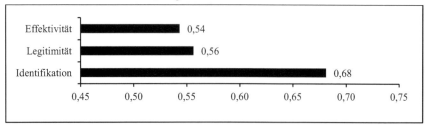

Anmerkungen: Der Gesamtdurchschnitt basiert auf einer Standardisierung der 28 Einzelstichproben auf 400 Befragte. Fallzahlen: Effektivität 11.777, Legitimität 11.835, Identifikation 11.859.

Nach der Betrachtung der mittleren Werte für die drei Unterstützungsformen wird im Folgenden der Blick auf die Unterschiede in der Bewertung der Effektivität, Legitimität und Identifikation zwischen den Gemeinden geworfen. Dafür wird für jede Gemeinde die mittlere Unterstützung auf den einzelnen Unterstützungsdimensionen berechnet. Anschließend wird mit einem t-Test geprüft, ob der jeweilige gemeindespezifische Mittelwert mit einer Irrtumswahrscheinlichkeit von fünf Prozent signifikant vom Gesamtmittelwert aller 28 Gemeinden abweicht.

In Abbildung 10 sind die durchschnittlichen Unterstützungswerte der Effektivität für die 28 Kommunen abgetragen. Der Wert liegt dabei jeweils über dem Skalenmittelwert von 0,5. Entsprechend überwiegt in allen 28 Kommunen die Zufriedenheit mit der Arbeit der europäischen Institutionen – allerdings auf einem recht niedrigen Niveau. Mit einer maximalen Differenz von 0,07 sind die Unterschiede zwischen den Gemeinden bei der Bewertung der Effektivität gering. Allerdings lassen sich für sechs Kommunen signifikante Unterschiede vom Gesamtmittelwert nachweisen (schwarze Balken). In Petersberg, Kelkheim und Rüdesheim werden die politischen Autoritäten überdurchschnittlich positiv bewertet, in Kassel, Selters und Frielendorf dagegen unterdurchschnittlich.

Abbildung 10: Durchschnittliche Bewertung
der Effektivität in 28 hessischen Gemeinden

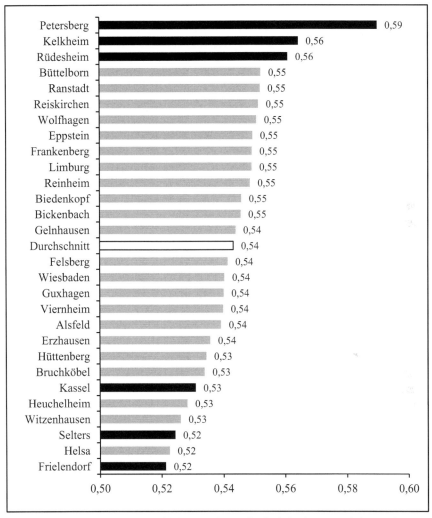

Anmerkungen: Signifikante Unterschiede zum Gesamtdurchschnitt (p<0,05) sind optisch durch schwarze Balken dargestellt. Der Gesamtdurchschnitt (weißer Balken mit schwarzer Umrandung) basiert auf einer Standardisierung der 28 Einzelstichproben auf 400 Befragte

Die in Abbildung 11 dargestellten Ergebnisse belegen auch signifikante Unterschiede in der Unterstützung der Legitimität zwischen den 28 Kommunen. Der Gesamtmittelwert liegt bei 0,56. Die Werte der einzelnen Kommunen reichen von 0,51 bis 0,61. Damit überwiegt in allen Kommunen eine positive Haltung gegenüber dem politischen Regime der Europäischen Union.

Abbildung 11: Durchschnittliche Bewertung der Legitimität in 28 hessischen Gemeinden

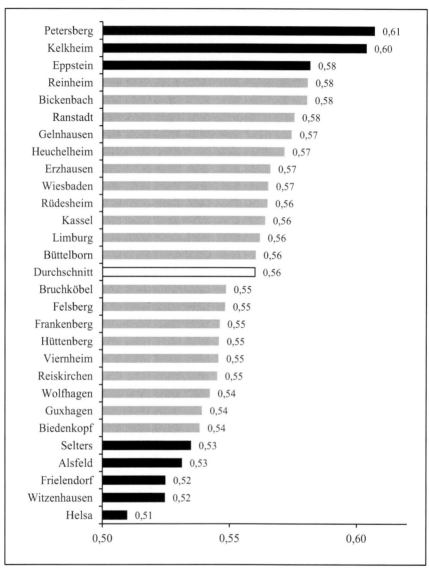

Anmerkungen: Signifikante Unterschiede zum Gesamtdurchschnitt (p<0,05) sind optisch durch schwarze Balken dargestellt. Der Gesamtdurchschnitt (weißer Balken mit schwarzer Umrandung) basiert auf einer Standardisierung der 28 Einzelstichproben auf 400 Befragte.

Allerdings wird in Helsa, Witzenhausen, Frielendorf, Alsfeld und Selters die Legitimität eindeutig unterdurchschnittlich bewertet. Die Bürger in diesen Gemeinden zeigen zwar grundsätzlich eine eher positive Haltung, diese liegt aber auf einem niedrigen Niveau. Deutlich positiver wird das Regime in Eppstein, Kelkheim und Petersberg bewertet. Diese drei Gemeinden weichen bei der Legitimität überdurchschnittlich vom Gesamtmittelwert ab. Die Unterschiede sind bei der Legitimität etwas stärker ausgeprägt als bei der Effektivität.

Die Werte für die Effektivität und Legitimität liegen in den einzelnen Gemeinden insgesamt nur knapp über dem neutralen Skalenmittelpunkt von 0,5. Die Ergebnisse belegen damit zwar grundsätzlich eine unterstützende Haltung gegenüber der Staatengemeinschaft, allerdings auf einem niedrigen Niveau. Bei den in Abbildung 12 dargestellten mittleren Unterstützungswerten für die Identifikation zeigen sich für alle Gemeinden dagegen deutlich höhere Unterstützungswerte. Die mittlere Unterstützung reicht dabei von 0,65 bis 0,71. Damit lassen sich bei der Identifikation geringere Disparitäten zwischen den Kommunen nachweisen als bei der Effektivität und Legitimität. Für Kelkheim belegen die Daten eine überdurchschnittliche Identifikation mit der politischen Gemeinschaft, während in Hüttenberg, Witzenhausen, Frielendorf und Selters die Werte unterdurchschnittlich ausfallen. Allerdings liegt die mittlere Identifikation in diesen Gemeinden immer noch deutlich im zustimmenden Bereich der Skala.

Zusammenfassend lässt sich feststellen, dass in allen 28 Gemeinden die Unterstützung der Europäischen Union überwiegt. Während die Ergebnisse für die Effektivität und Legitimität aber nur für eine geringe bis mäßige Unterstützung sprechen, liegt das Unterstützungsniveau für die Identifikation deutlich im zustimmenden Bereich der Skala. Mit anderen Worten: Die Bürger identifizieren sich mit der politischen Gemeinschaft, zeigen aber eine zurückhaltende Bewertung der politischen Autoritäten und des politischen Regimes. Die Resultate belegen aber auch eindeutig, dass sich das Niveau der politischen Unterstützung zwischen den 28 Gemeinden unterscheidet. Insgesamt sind die Disparitäten zwar gering, allerdings lassen sich bei allen drei Unterstützungsformen statistisch signifikante Unterschiede zwischen den Gemeinden nachweisen. Bei der Effektivität sind es sechs, bei der Legitimität acht und bei der Identifikation fünf Kommunen.

Abbildung 12: Durchschnittliche Bewertung
der Identifikation in 28 hessischen Gemeinden

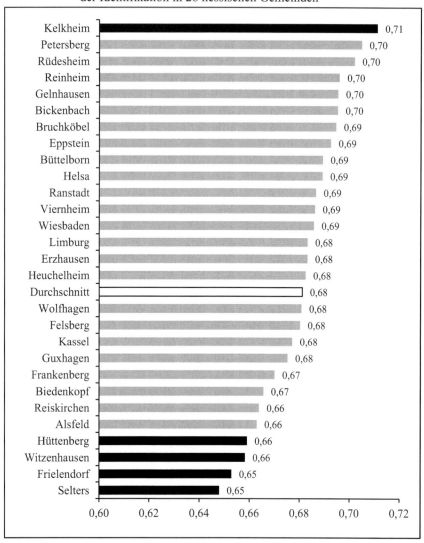

Anmerkungen: Signifikante Unterschiede zum Gesamtdurchschnitt (p<0,05) sind optisch durch schwarze Balken dargestellt. Der Gesamtdurchschnitt (weißer Balken mit schwarzer Umrandung) basiert auf einer Standardisierung der 28 Einzelstichproben auf 400 Befragte.

In Tabelle 8 sind die elf Gemeinden aufgeführt, bei denen die politische Unterstützung mindestens auf einer Dimension signifikant vom Gesamtmittelwert abweicht. Bei vier Gemeinden ist die politische Unterstützung dabei mindestens auf einer Dimension überdurchschnittlich ausgeprägt, während bei sieben Gemeinden mindestens eine der drei Unterstützungsformen unterdurchschnittlich bewertet wird. Dabei ist auffällig, dass es in den Gemeinden entweder eine überdurchschnittliche *oder* eine unterdurchschnittliche Unterstützung der Staatengemeinschaft gibt. In keiner der 28 Gemeinden wird eine Unterstützungsform überdurchschnittlich und dafür eine andere Unterstützungsform unterdurchschnittlich bewertet. In fünf Kommunen werden mindestens zwei der drei Unterstützungsdimensionen über- bzw. unterdurchschnittlich beurteilt. In Kelkheim werden alle drei Unterstützungsformen überdurchschnittlich bewertet, dagegen fällt die Unterstützung für die Effektivität, Legitimität und Identifikation in Frielendorf und Selters durchweg unterdurchschnittlich aus. Insbesondere die Unterschiede zwischen Kelkheim und Selters sind auffällig – beide Gemeinden sind gerade einmal 40 Kilometer voneinander entfernt.

Tabelle 8: Übersicht der Gemeinden, die mindestens auf einer Dimension politischer Unterstützung signifikant vom jeweiligen Gesamtdurchschnitt abweichen

	Eine Dimension	**Zwei Dimensionen**	**Drei Dimensionen**
überdurchschnittlich	Eppstein (L) Rüdesheim (E)	Petersberg (E/L)	Kelkheim (E/L/I)
unterdurchschnittlich	Alsfeld (L) Helsa (L) Hüttenberg (I) Kassel (E)	Witzenhausen (L/I)	Frielendorf (E/L/I) Selters (E/L/I)

Anmerkungen: E=Effektivität, L=Legitimität, I=Identifikation.

Zum Abschluss dieses Kapitels sind damit die ersten beiden Forschungsfragen beantwortet. In allen Gemeinden lässt sich grundsätzlich eine unterstützende Haltung gegenüber der Europäischen Union nachweisen. Das Niveau der Unterstützung unterscheidet sich allerdings in Abhängigkeit der betrachteten Unterstützungsart. Bei der Effektivität und Legitimität kann die politische Unterstützung als mäßig bezeichnet werden, bei der Identifikation fällt sie durchweg höher aus. Die Zustimmung zur Europäischen Union unterscheidet sich aber nicht nur hinsichtlich der Unterstützungsform, sondern auch zwischen den Gemeinden. Die Disparitäten sind zwar eher gering, aber es lassen sich sowohl für die Effektivität als auch für die Legitimität und Identifikation Gemeinden identifizieren, deren durchschnittliche Unterstützung vom jeweiligen Gesamtmittelwert abweicht. Bei drei der insgesamt 28 Kommunen bestehen Unterschiede bei allen drei Unterstützungsformen. Wie lassen sich diese lokalen Unterschiede erklären? Welche Faktoren beeinflussen das Niveau der Effektivität, Legitimität und Identifikation? Mit diesen Fragen beschäftigen sich die nächsten beiden Kapitel dieser Arbeit.

4. Einfluss individueller Faktoren auf die politische Unterstützung

Auf Grundlage der im dritten Kapitel entwickelten Konzeptualisierung der politischen Unterstützung der EU und der präsentierten Variation der Effektivität, Legitimität und Identifikation zwischen den 28 hessischen Gemeinden, wird in den folgenden Kapiteln untersucht, wie diese Unterschiede erklärt werden können. Dabei lassen sich drei mögliche Erklärungen unterscheiden: Erstens kann die Variation in den europäischen Einstellungen zwischen Gemeinden eine Konsequenz der unterschiedlichen Verteilung sozialer Gruppen sein. Wenn zum Beispiel die Zustimmung zur EU vom individuellen Bildungsniveau abhängen sollte, die Gemeinden sich aber in dieser Hinsicht unterscheiden, dann können die Differenzen zwischen den Kommunen unter anderem darauf zurückgeführt werden. In der Sprache der empirischen Sozialforschung läge damit ein Kompositionseffekt vor. Um solche Kompositionseffekte zu erkennen, ist es notwendig, die relevanten Individualmerkmale zu identifizieren, die einen Einfluss auf die Bewertung der EU haben. Bei Berücksichtigung solcher Merkmale sollten sich die Unterschiede zwischen den Gemeinden verringern bzw. eventuell sogar ganz verschwinden. Zweitens könnten die Unterschiede zwischen den Kommunen auch eine Folge des jeweiligen lokalen Umfelds sein. Die 28 ausgewählten Gemeinden liegen zwar alle innerhalb eines Bundeslands, unterscheiden sich aber hinsichtlich der politischen, gesellschaftlichen und wirtschaftlichen Rahmenbedingungen. Ein Einfluss des Umfelds – bei Berücksichtigung relevanter Individualmerkmale – auf Einstellungen wird als Kontexteffekt bezeichnet. Drittens sind zwischen Individual- und Kontextebene auch Wechselwirkungen denkbar. Der Einfluss der individuellen Wertorientierung auf die Unterstützung der EU könnte beispielsweise in Abhängigkeit des gesellschaftlichen Umfelds variieren. Dies wird Cross-Level-Interaktionseffekt genannt. In Abbildung 13 sind die unterschiedlichen Effekte grafisch dargestellt. Pfeil 1 kennzeichnet den Einfluss individueller Merkmale auf die Effektivität, Legitimität und Identifikation. Pfeil 2 verdeutlicht einen möglichen Effekt des lokalen Umfelds auf individuelle Orientierungen zur EU, während Pfeil 3 mögliche Wechselwirkungen der Individual- und Kontextebene darstellt.

In diesem vierten Kapitel wird der Einfluss individueller Merkmale auf die politische Unterstützung der EU untersucht (Pfeil 1 in Abbildung 13). Die Effekte des lokalen Umfelds auf europäische Orientierungen stehen im fünften Kapitel im Mittelpunkt (Pfeile 2 und 3 in Abbildung 13). Das vorliegende vierte Kapitel möchte damit die dritte Forschungsfrage beantworten: Welchen Einfluss haben Individualmerkmale auf die Zustimmung zur Europäischen Union? Die Haltung der Bürger zur Staatengemeinschaft wird von einer Vielzahl von Individualmerkmalen beeinflusst (für allgemeine Übersichten siehe z.B. Hix/Høyland 2011, 105-124; Tiemann et al. 2011, 33-84; McLaren 2010; Trüdinger 2008). Deshalb kommt der Individualebene bei der Erklärung der Variation europäischer Einstellungen auch eine besondere Bedeutung zu (Hix/Høyland 2011, 115). In der Forschungsliteratur ist dabei allerdings eine erhebliche Variation an betrachteten europäischen Orientierungen festzustellen, die häufig theoretisch nicht verortet werden. Dies ist nicht nur konzeptionell problematisch (siehe z.B. Boomgaarden et al. 2011; Krouwel/Abts 2007), sondern erschwert auch den Vergleich der Ergebnisse. Das Konzept der politischen Unterstützung bietet eine geeignete theoretische Grundlage für eine empirisch gehaltvolle Betrachtung europäischer Einstellungen. Durch eine umfangreiche Analyse der Zusammenhänge zwischen individuellen Merkmalen und der Effektivität, Legitimität sowie Identifikation kann daher auch untersucht werden, inwieweit sich die Relationen zwischen Individualmerkmal und politischer Unterstützung in Abhängigkeit der jeweiligen Unterstützungsform unterscheidet. Deshalb wird die Auswahl der betrachteten Individualmerkmale nicht vornherein mit Blick auf die zentrale Forschungsfrage dieser Arbeit eingeschränkt, sondern ein umfassendes Netz möglicher (individueller) Einflussfaktoren auf die politische Unterstützung der EU aufgespannt. Durch diese Vorgehensweise sollen insbesondere unterschiedliche Effekte einzelner Erklärungsfaktoren auf die politische Unterstützung sichtbar werden. Dadurch können widersprüchliche Forschungsbefunde neu bewertet werden.

Abbildung 13: Mögliche Effekte individueller und kontextueller Faktoren auf die politische Unterstützung der EU

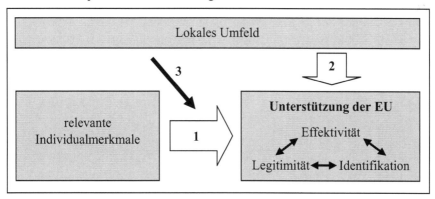

Für eine strukturierte Betrachtung werden die vorliegenden umfangreichen Forschungsergebnisse in vier Gruppen eingeteilt: Soziodemographische Faktoren, politische Faktoren, Sozialkapitalfaktoren sowie lokale und nationalstaatliche

Faktoren. Zwischen den Erklärungsansätzen der einzelnen Gruppen bestehen teilweise enge Verbindungen und Wechselwirkungen. Eine gemeinsame Betrachtung der verschiedenen Ansätze rundet dieses Kapitel daher ab, um die Relevanz der einzelnen Bestimmungsfaktoren unter Kontrolle der anderen Einflussfaktoren bewerten zu können.

Die einzelnen Abschnitte sind jeweils gleich aufgebaut: Zunächst wird das betrachtete Individualmerkmal theoretisch verortet und die zentralen Argumente, die für einen Zusammenhang zwischen Merkmal und politischer Unterstützung der EU sprechen, herausgearbeitet. Dabei werden empirische Studien diskutiert, die häufig widersprüchliche Ergebnisse produziert haben. Im Anschluss folgt die Formulierung von Erwartungen, die – soweit möglich – der Differenzierung der politischen Unterstützung in Effektivität, Legitimität und Identifikation Rechnung tragen. Diese werden mit dem Buchstaben „I" gekennzeichnet, um deutlich zu machen, dass es sich um individuelle Zusammenhänge handelt. Daran schließt sich die Vorstellung der Operationalisierung der unabhängigen Variablen an. Die Indikatoren der theoretischen Konstrukte werden dargestellt und die Bildung möglicher Indizes erläutert, ehe die Erwartungen empirisch überprüft werden. Eine Diskussion der Befunde schließt die einzelnen Abschnitte ab.

4.1 Soziodemographische Faktoren

Der erste Abschnitt beschäftigt sich mit den Zusammenhängen zwischen soziodemographischen Merkmalen und europäischen Orientierungen. Neben Geschlecht sowie Alter- und Kohortenzugehörigkeit als klassische demographische Merkmale werden auch Eigenschaften behandelt, die unterschiedliche Kompetenzen und Ressourcen der Bürger zum Ausdruck bringen: Bildung, soziale Schicht und Einkommen. Außerdem wird die Konfessionszugehörigkeit berücksichtigt, da in der jüngeren Forschung auf einen Einfluss religiöser Orientierung auf die Unterstützung der EU aufmerksam gemacht wird.

4.1.1 Geschlecht

Das biologische Geschlecht ist die bedeutsamste und in jeder Kultur vorkommende Kategorie (siehe z.B. Misra/King 2005, 526; Esser 1999b, 262; Lewontin et al. 1988). Es ist nicht nur äußerlich gut wahrnehmbar und unterscheidbar, sondern es ist auch eine zentrale Kategorie in der Selbst- und Fremdwahrnehmung (Alfermann 1996, 7). Die omnipräsente Differenzierung zwischen „Mann" und „Frau" hat nicht nur die Entstehung vielfältiger Mythen und Spekulationen über die Andersartigkeit der beiden Geschlechter angeregt, sondern auch zu einer

Vielzahl an wissenschaftlichen Arbeiten geführt, die geschlechtsspezifische Unterschiede in den verschiedensten Bereichen untersucht haben.[58] Der Tenor dieser Studien ist eindeutig: Bei Persönlichkeitsmerkmalen, Einstellungen und Verhaltensweisen überwiegen bei Männern und Frauen eindeutig die Ähnlichkeiten und nicht die Unterschiede (für eine allgemeine Übersicht siehe z.B. Asendorpf 2007, 385-425; Lautenbacher et al. 2007; Bischof-Köhler 2006; Hyde 2005; Friedman/Schustack 2004, 486-526). Mit Blick auf politische Orientierungen gehört es allerdings zu den Standardbefunden, dass Frauen ein distanzierteres Verhältnis zur Politik haben als Männer (Meyer 2002, 150). Sie zeigen ein geringeres politisches Interesse (z.B. Bieber 2011, 259; Westle 2009b; van Deth 2004b; 2000b; 1990, 305-307), ein niedrigeres Wissensniveau (z.B. Dow 2009; Lizotte/Sidman 2009; Westle 2009c, 379; 2005, 495; McGlone et al. 2006) und eine geringere politische Beteiligung (z.B. Fuchs 2006; Westle 2000; Verba et al. 1995, 251-263). Diskutiert werden immer wieder auch Unterschiede in den politischen Einstellungen (z.B. Bieber 2011; Diekman/Schneider 2010) sowie im Wahlverhalten (z.B. Hatemi et al. 2012; Kaspar/Falter 2007; Norris 2003; Inglehart/Norris 2000; Molitor/Neu 1999; Falter 1991, 136-146). Als Erklärungen für geschlechtsspezifische Unterschiede in den politischen Orientierungen lassen sich in der Literatur sozialisationstheoretische, situative, strukturelle und politische Ansätze ausmachen (für einen Überblick mit weiteren Literaturhinweisen siehe Westle/Schoen 2002). Diskutiert werden aber auch genetische Ursachen (z.B. Hatemi et al. 2009; Alford et al. 2005; siehe aber: Joseph 2010). In den vergangenen Jahrzehnten haben sich die geschlechtsspezifischen Unterschiede in den politischen Orientierungen aber deutlich abgeschwächt. „Statt gravierender Unterschiede überwiegen eher Gemeinsamkeiten", betonen Kaspar und Falter (2007, 134); Bieber (2011, 271) attestiert Frauen nur ein „geringfügig anderes Verhältnis zur Politik".

Der Eurobarometer der Europäischen Kommission dokumentiert in regelmäßigen Abständen aber durchaus geschlechtsspezifische Unterschiede in der Wahrnehmung und Bewertung der Staatengemeinschaft. So zeigen Frauen ein geringeres Interesse an europäischen Fragen, ein niedrigeres Wissen und eine kritischere Haltung zur EU (exemplarisch Europäische Kommission 2006c, 13-27; siehe auch Nelsen/Guth 2000; Liebert 1999; Knigge-McKenna/Niedermayer 1990; für das Wissen zur EU siehe z.B. Westle/Johann 2010). Nach Liebert

---

58 Die große gesellschaftliche Aufmerksamkeit für mögliche Unterschiede zwischen Männern und Frauen drückt sich auch in der Veröffentlichung zahlreicher populärwissenschaftlicher Bücher zu diesem Thema aus (siehe z.B. Gray 2004; Baron-Cohen 2004; Eliot 2010), die es teilweise auf nationale Bestseller-Listen schaffen. Auch Fachmagazine, die sich an einen größeren Leserkreis richten, beschäftigen sich immer wieder mit dieser Frage (z.B. Ausgabe 1-2 der Zeitschrift Gehirn & Geist 2011 oder die Juniausgabe 2011 der Zeitschrift Psychologie heute).

(1998, 180) verweigern überproportional viele Frauen den nationalen und supranationalen Eliten ihren „permissiven Konsens". Die Betrachtung über alle EU-Mitgliedstaaten weist auf eine proeuropäischere Haltung bei Männern hin. Diese Perspektive versperrt allerdings den Blick auf die erhebliche Variation der geschlechtsspezifischen Unterschiede zwischen den Ländern. In Abbildung 14 sind die Unterschiede der Bewertung der Mitgliedschaft des eigenen Landes in der Europäischen Union als „gute Sache" zwischen Männern und Frauen nach Ländern abgebildet. Die entsprechende Befragung wurde im Herbst 2008 und damit wenige Monate vor der EiK-Erhebung durchgeführt. Die Ergebnisse bieten daher einen guten Anhaltspunkt, um die EiK-Daten einzuordnen. Positive Werte bedeuten, dass Männer die Europäische Union im jeweiligen Land positiver bewerten als Frauen (also häufiger die EU als „gute Sache" bewerten). Dagegen weisen negative Werte auf eine günstigere Bewertung der EU durch Frauen hin. Auf den ersten Blick ist offensichtlich, dass der geschlechtsspezifische Unterschied sehr stark zwischen den Mitgliedstaaten variiert. In Zypern und Finnland liegt die Differenz bei über 15 Prozentpunkten, in Ungarn und Luxemburg bewerten dagegen Frauen die EU positiver als Männer. Im EU-Durchschnitt liegt der geschlechtsspezifische Unterschied bei knapp acht Prozentpunkten. 57 Prozent der Männer bewerten die Mitgliedschaft ihres Lands in der EU als „gute Sache", bei den Frauen liegt der Anteil bei 49 Prozent (Europäische Kommission 2008, 35).

Die große Variation, die bei der geschlechtsspezifischen Bewertung der EU zwischen den Ländern besteht, kann zunächst einmal als Hinweis gewertet werden, dass die Unterschiede zwischen Männern und Frauen nicht unabdingbar sind und deshalb auch nicht durch biologische Faktoren erklärt werden können. In der Regel wird in der politikwissenschaftlichen Forschung der *gender gap* bei den europäischen Einstellungen auf die strukturellen Disparitäten zwischen Männern und Frauen zurückgeführt (eine Übersicht verschiedener Ansätze bieten z.B. Nelsen/Guth 2000; Liebert 1999). Da eine höhere Bildung, ein höheres Einkommen und eine höhere gesellschaftliche Position eine proeuropäische Haltung begünstigen soll, Frauen aber durchschnittlich ein geringeres Bildungsniveau haben, weniger verdienen und ein niedrigere gesellschaftliche Position innehaben, sind die geschlechtsspezifischen Unterschiede in der Bewertung der Staatengemeinschaft eine Folge des unterschiedlichen Bildungsniveaus, der Einkommensverteilung und der gesellschaftlichen Stellung. Als weitere Erklärung für die geschlechtsspezifischen Muster werden in der Literatur auch unterschiedliche Sozialisationserfahrungen angeführt. Danach werden Mädchen und Jungen in der primären Sozialisation unterschiedliche Geschlechtsrollenorientierungen vermittelt, die sich negativ auf die politische Kompetenz des weiblichen Geschlechts auswirken. Jungen würden auf ein Leben in Beruf und Öffentlichkeit, Mädchen auf eine Rolle als Hausfrau und Mutter vorbereitet. Dadurch fehlten Frauen später die Voraussetzungen, sich für öffentliche Belange zu interessieren und notwendige politische Kompetenzen zu entwickeln (siehe z.B. Vollmar 2012, 48-50; Westle/Schoen 2002, 216).

Abbildung 14: Bewertung der Mitgliedschaft des eigenen Landes in der EU als „gute Sache" in Abhängigkeit des Geschlechts (Differenzen von Durchschnittswerten in Prozentpunkten)

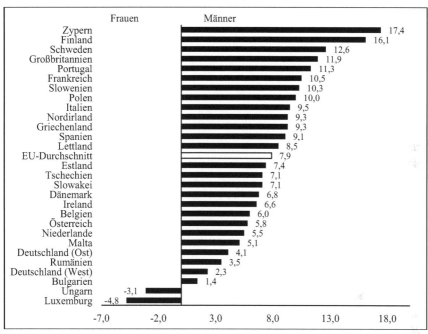

Anmerkungen: Die Werte geben die Prozentpunktdifferenzen zwischen Männern und Frauen an, die bei der Frage „Ist die Mitgliedschaft (Landname) in der Europäischen Union Ihrer Meinung nach" mit „eine gute Sache" geantwortet haben. Positive Werte verweisen auf eine bessere Bewertung durch Männer, negative Zahlen entsprechend auf eine günstigere Haltung bei Frauen. Datenquelle: Eurobarometer 70.1 (ZA: 4819). Eigene Berechnungen.

Bei empirischen Arbeiten zeigt sich regelmäßig, dass sich der geschlechtsspezifische Effekt erheblich abschwächt, wenn alternative Erklärungsansätze (z.B. politisches Interesse) in der Analyse berücksichtigt werden (siehe z.B. Scheuer/van der Brug 2007, 98; 2005, 101; Anderson/Reichert 1995, 241; Weßels 1995a; Niedermayer 1991, 345; Inglehart 1970a). Differenzierte Analysen zum Einfluss des Geschlechts auf proeuropäische Orientierungen haben Knigge-McKenna und Niedermayer (1990), Liebert (1999), Nelsen und Guth (2000) sowie Kentmen (2010) vorgelegt. Dabei können Knigge-McKenna und Niedermayer (1990, 28) belegen, dass die Unterschiede zwischen Männern und Frauen weitgehend auf das unterschiedliche Bildungsniveau und das Ausmaß der politischen

Involvierung zurückzuführen sind. Damit kompatibel sind auch die Resultate von Nelsen und Guth (2000). Sie belegen bei Frauen ein niedrigeres Wissen über die EU, das zu einer skeptischeren Einschätzung gegenüber der Staatengemeinschaft führt. Nelsen und Guth (2000, 286) betonen: „They distrust things they do not know." Bildung und die ökonomische Situation beeinflussen darüber hinaus die Bewertung der Europäischen Union bei Frauen stärker als bei Männern; Ideologie und weibliche Werte haben dagegen nur geringe Effekte auf proeuropäische Orientierungen. Die Bewertung der Staatengemeinschaft variiert auch nicht in Abhängigkeit des Wohlfahrtsstaattyps. Die Studie von Kentmen (2010) legt den Fokus auf geschlechtsspezifische Unterschiede in der Bewertung der Außen- und Sicherheitspolitik der EU. Dabei kann er entgegen den eigenen Erwartungen keinen Unterschied zwischen Männern und Frauen feststellen (Kentmen 2010, 295).

Erwartungen

Die in Abbildung 14 präsentierten geschlechtsspezifischen Unterschiede in der Bewertung der EU sind in Deutschland nicht sehr ausgeprägt. Da alle Befragten der EiK-Studie in Hessen leben, sind nur geringe Differenzen in den europäischen Einstellungen zwischen Männern und Frauen zu erwarten. Solche geschlechtsspezifischen Disparitäten können unterschiedliche Sozialisationsbedingungen widerspiegeln. Nach dem sozialisationstheoretischen Erklärungsansatz werden Jungen und Mädchen nach unterschiedlichen Geschlechterrollen sozialisiert, die Beschäftigung mit der Politik wird dabei dem männlichen Geschlecht zugeordnet (z.B. Bieber 2011, 254-256; Westle/Schoen 2002, 216). Entsprechend entwickeln Jungen und Mädchen ein unterschiedliches Verhältnis zur politischen Sphäre: Das männliche Geschlecht zeigt eine größere Nähe, das weibliche Geschlecht eine stärkere Distanz zur Politik. Da es sich dabei um Prozesse der primären Sozialisation handelt, bleiben diese Unterschiede auch im weiteren Lebenslauf relativ stabil. Welche Konsequenzen kann eine solche geschlechtsspezifische Sozialisation auf die Zufriedenheit mit der Arbeit der politischen Autoritäten (Effektivität), die Haltung gegenüber dem politischen Regime (Legitimität) und die Verbundenheit mit der politischen Gemeinschaft (Identifikation) haben? Mit Blick auf die Effektivität lässt sich argumentieren, dass die politiknahe Sozialisation der Männer vermutlich eine stärkere Auseinandersetzung mit politischen Sachfragen zur Folge hat. Dies fördert die politische Kompetenz und das Verständnis für den politischen Prozess. Dadurch können getroffene Entscheidungen besser eingeordnet und beurteilt werden. Dies kann sich in einer höheren Zufriedenheit mit der Arbeit der politischen Autoritäten niederschlagen. Daher wird folgende Erwartung formuliert:

I1. Männer bewerten die Effektivität der EU positiver als Frauen.

Eine politiknahe Sozialisation begünstigt die Akzeptanz der Werte und Normen eines politischen Systems. Schließlich werden solche Werte und Normen schon in der Phase der primären Sozialisation verinnerlicht (z.B. Abendschön 2010; Hurrelmann et al. 2008; Esser 2001, 371-394). Zudem sollte eine stärkere Auseinandersetzung mit dem eher abstrakten und weit entfernten politischen System der Europäischen Union mögliche Bedrohungsgefühle verringern. Folgende Erwartung wird formuliert:

I2. Männer bewerten die Legitimität der EU positiver als Frauen.

Die sozialisationsbedingt stärkere Nähe von Männern zur Politik fördert die Vertrautheit mit politischen Objekten und wirkt sich daher günstig auf die Identifikation mit der politischen Gemeinschaft aus. Deshalb wird erwartet:

I3. Männer zeigen eine positivere Identifikation mit der EU als Frauen.

Operationalisierung

Bei der mündlich-telefonischen Bürgerbefragung des EiK-Projekts haben die Interviewer das Geschlecht des Befragten während des Interviews direkt erfasst; nur in Zweifelsfällen wurde beim Gesprächspartner nachgefragt. Von insgesamt 11.870 Befragten sind 43,4 Prozent Männer, 56,6 Prozent Frauen.

Empirische Analysen

Die Zusammenhänge zwischen dem biologischen Geschlecht und der Unterstützung der Europäischen Union werden mit Mittelwertvergleichen untersucht. Die in Tabelle 9 dargestellten Ergebnisse belegen zunächst einmal für Männer *und* für Frauen eine durchweg unterstützende Haltung zur EU. Die Mittelwerte für die Bewertung der Effektivität, Legitimität und Identifikation liegen jeweils über dem Skalenmittelwert von 0,5 und weisen entsprechend auf eine positive Bewertung der drei Unterstützungsformen hin.

Die empirischen Befunde stehen allerdings nicht im Einklang mit den formulierten Erwartungen I1 bis I3. Bei der Effektivität und Identifikation zeigen Frauen eine größere Unterstützung als Männer, bei der Legitimität sind keine geschlechtsspezifischen Unterschiede nachzuweisen. Dieser überraschende Befund kann mehrere Gründe haben. So setzen sich die politischen Institutionen auf europäischer Ebene für eine Gleichstellung der beiden Geschlechter ein. Dies könnte eine positive Haltung der Frauen gegenüber den europäischen Autoritäten begünstigen. Die nach dem sozialisationstheoretischen Erklärungsansatz postulierte größere Auseinandersetzung der Männer mit der Politik muss zudem nicht zwangsläufig eine höhere Unterstützung zur Folge haben. Die höhere politische Kompetenz und das Verständnis für den politischen Prozess fördert möglicherweise eine kritischere Bewertung der politischen Sachverhalte und geht mit einer geringen Unterstützung einher. Man könnte das Argument sogar einfach umdrehen und argumentieren, dass eine größere Distanziertheit zu einer unkritischeren Haltung führt. Diese „Distanz" zur politischen Sphäre führt zu einer positiveren Bewertung, während die „Nähe" eine stärkere Auseinandersetzung begünstigt und eine kritischere Haltung zur Folge hat.

Tabelle 9: Geschlecht und politische Unterstützung der EU

	Effektivität		Legitimität		Identifikation	
	Männer	Frauen	Männer	Frauen	Männer	Frauen
Mittelwerte	0,52	0,55	0,55	0,56	0,66	0,70
Differenz	0,03***		0,01		0,04***	
Fallzahl	11.777		11.835		11.859	

Anmerkungen: *=p<0,05; **=p<0,01; ***=p<0,001. Zur Kodierung der abhängigen Variablen siehe Kapitel 3.3.

Die bivariaten Befunde belegen eine stärkere Unterstützung der Frauen bei der Effektivität und der Identifikation, während sich bei der Bewertung der Legitimität keine geschlechtsspezifischen Unterschiede nachweisen lassen. Möglicherweise lässt sich der *gender gap* bei der Unterstützung der EU auch auf die unterschiedliche Differenziertheit der Antwortskalen zurückführen. Während Effektivität und Identifikation auf einer 11-Punkte-Skala erfasst werden, steht für Legitimität eine Vier-Punkte-Skala zur Verfügung. Demnach wäre der *gender gap* umso größer, je differenzierter die Antwortvorgaben sind. Das unterschiedliche Ausmaß wäre dann eine Folge der unterschiedlichen Erhebungsinstrumente. Bei der Analyse geschlechtsspezifischer Unterschiede können Westle und Schoen (2002, 237) in Bezug auf das politische Interesse zeigen, dass das Ausmaß des *gender gap* auch vom Grad der Differenziertheit abhängt, mit dem politisches Interesse gemessen wird.

Die isolierte Betrachtung des biologischen Geschlechts als Ursache für Unterschiede bei den europäischen Orientierungen versperrt darüber hinaus den Blick auf andere Erklärungsansätze. Schließlich bestehen, wie weiter oben bereits berichtet, zwischen dem Geschlecht und anderen Bestimmungsfaktoren Zusammenhänge, so dass sich bei Berücksichtigung entsprechender Variablen (z.B. Bildung, politisches Interesse) der „reine" Geschlechtseffekt abschwächen sollte. Entsprechend hat Inglehart (1991, 198-199) bereits vor über 20 Jahren die Analyse geschlechtsspezifischer Differenzen als Thema ohne Zukunft bezeichnet, sofern sich die sozioökonomischen und sozialisationsbedingten Unterschiede zwischen den Geschlechtern weiter angleichen würden. Bei den multivariaten Analysen ist deshalb zu prüfen, inwieweit sich die Relationen zwischen Geschlecht und den einzelnen Unterstützungsformen bei Berücksichtigung alternativer Ansätze verändern.

4.1.2 Alter und Kohortenzugehörigkeit

Neben dem Geschlecht stellt auch das Alter ein klassisches demographisches Merkmal dar. Für einen Einfluss des Alters auf (politische) Einstellungen und Verhaltensweisen können zwei theoretische Zugänge unterschieden werden: Zum einen lassen sich unterschiedliche Orientierungen von jungen und alten Menschen darauf zurückführen, dass sie in Abhängigkeit des Lebensalters mit unterschiedlichen Herausforderungen konfrontiert sind. Jüngere Menschen müssen sich auf Schule und Ausbildung konzentrieren, Senioren mit der Sicherung der Lebensverhältnisse im Alter. Diese altersspezifischen Probleme können sich natürlich auch auf die politischen Orientierungen und Verhaltensweisen auswirken. Jüngere Personen werden dem Bildungsangebot, der Vereinbarkeit von Familie und Beruf sowie geographischer Mobilität eine stärkere Bedeutung einräumen als ältere Bürger, die sich eher für Rentenstabilität, eine wohnortnahe Lebensmittelversorgung und seniorengerechte Wohnkonzepte interessieren dürften. Die unterschiedlichen politischen Einstellungen und Verhaltensweisen zwischen Jung und Alt sind damit eine Konsequenz der aktuellen Lebensumstände. Übersetzt in die Sprache der modernen Sozialforschung läge ein sogenannter Lebenszykluseffekt vor. Zum anderen könnten die heute älteren Menschen in ihrer Jugend auch anders sozialisiert worden sein und sich diese Sozialisationserfahrungen bis ins hohe Alter erhalten haben. Die von Karl Mannheim (1928) formulierte Grundidee besagt, dass „Individuen, die in einer bestimmten Epoche aufgewachsen sind und unter Bedingungen sozialisiert wurden, die sich eindeutig von den Sozialisationsbedingungen ihrer Vorgänger- und Nachfolgerkohorten unterscheiden, Generationsprofile besitzen" (Roßteutscher 2004, 189). Diese Sozialisationserfahrungen bleiben auch im weiteren Lebenslauf stabil und haben einen prägenden Einfluss auf politische Orientierungen. Dies wäre ein Kohorteneffekt (siehe zur allgemeinen Unterscheidung von Lebenszyklus- und Kohorteneffekt z.B. Rattinger 2009, 135-140; Engelhardt 2000, 541-543; Esser 1999b, 262-273; Klein 1991, 138-139). Zu diesen beiden theoretischen Zugängen gesellt sich in der empirischen Praxis ein dritter Ansatz: die Berücksichtigung des Alters als „Kontrollvariable". Esser (1987, 238) spricht dabei kritisch von einer gewissen Beliebtheit des Alters in der Umfrageforschung, da in den meisten Arbeiten unklar bleibt, was mit der Variable „Alter" gemessen werden soll – zunehmende geistige Inflexibilität, Änderung von Handlungsopportunitäten im Lebenslauf oder Kohorteneffekte.

Die Studien, die den Einfluss des Alters auf europäische Orientierungen untersuchen, lassen sich grob in diese drei Kategorien einteilen: Erstens Alter als „Kontrollvariable", zweitens als Lebensalter bzw. als Indikator für eine bestimmte Lebenssituation (Lebenszykluseffekt) und drittens als Zugehörigkeit zu einer bestimmten Geburtskohorte (Koborteneffekt). Die Mehrheit der vorliegenden empirischen Arbeiten zu den Einstellungen zur EU kann dabei der ersten Kategorie zugeordnet werden. Das Lebensalter wird in den Analysen berücksichtigt, um für – in der Regel nicht näher spezifizierte – Unterschiede in der Beschäftigungssituation, den Wertorientierungen, dem Bildungsniveau oder auch der Religiosität zu „kontrollieren". Erwartungen werden nur selten explizit ausgeführt, entsprechend spielt das Alter bei der Diskussion der Befunde auch nur eine nachrangige Rolle. So weist der Standard-Eurobarometer – bei bivariater Betrachtung – regelmäßig eine negative Beziehung zwischen Lebensalter bzw. Altersgruppen und proeuropäischen Orientierungen aus: Je älter der Befragte, desto negativer wird die Staatengemeinschaft bewertet (siehe exemplarisch Europäische Kommission 2006a; 2006c; siehe auch Scheuer/van der Brug 2007, 104). Bei Berücksichtigung relevanter Drittvariablen (z.B. Bildung, berufliche Position) zeigen sich nur noch schwache beziehungsweise inkonsistente Beziehungen zwischen dem Lebensalter und europäischen Orientierungen (siehe z.B. Gabel 1998b, 347; Inglehart et al. 1987, 150; Anderson/Reichert 1995, 241; McLaren 2002, 561; Berezin/Díez Medrano 2008, 19; Niedermayer 1991, 350).

Arbeiten, die zur zweiten Kategorie gezählt werden, unterscheiden sich von den Studien der ersten Gruppe dadurch, dass ein Lebenszykluseffekt explizit postuliert wird. Danach verändert sich die Einstellung zur Staatengemeinschaft im Lebensverlauf. Dabei wird meist eine negative Beziehung zwischen Alter und proeuropäischen Einstellungen angenommen. Jüngere Menschen sind mental flexibler (z.B. Genna 2009, 223), kosmopolitischer (Carey 2002, 396) und profitieren auch stärker durch die Europäische Union als ältere Bürger (Down/Wilson 2012, 4), weshalb mit steigendem Lebensalter die Zustimmung zur Staatengemeinschaft sinken sollte. Wie bereits oben ausgeführt, sind die Befunde zwischen Lebensalter und proeuropäischen Einstellungen uneinheitlich. Insbesondere bei Berücksichtigung alternativer Erklärungsansätze schwächt sich der Alterseffekt auf europäische Orientierungen meist erheblich ab. So belegen Down und Wilson (2012, 12) einen schwachen negativen Alterseffekt, bei Genna (2009, 225) und Carey (2002, 398) finden sich keine signifikanten Zusammenhänge.

Studien, die der dritten Kategorie zugeordnet werden, erklären Unterschiede in der Unterstützung der EU nicht durch das Lebensalter, sondern durch unterschiedliche Sozialisationsbedingungen in der Jugendzeit dieser Menschen. Inglehart (1967; 1970a, 56) fand bereits in frühen Analysen einen Zusammenhang zwischen Geburtsjahr und proeuropäischen Orientierungen. Dies deutet er allerdings nicht im Sinne eines Lebenszyklus-, sondern eines Generationeneffekts (Inglehart 1970b, 786). Die Menschen waren in ihrer Jugend unterschiedlichen Sozialisationsbedingungen ausgesetzt, die die politischen Orientierungen nachhaltig geprägt haben. Durch den Generationenaustausch rechnete Inglehart (1967) mit einer wachsenden Zustimmung für die Union.[59] Als besonders relevante Epochen werden dabei die Zeiten vor und nach dem Zweiten Weltkrieg angesehen, da sich die entsprechenden Sozialisationsbedingungen erheblich voneinander unterscheiden. Die Menschen, die vor 1945 aufgewachsen sind, haben Nationalsozialismus, Krieg und Zerstörung am eigenen Leib erfahren. Dagegen sind die Geburtskohorten nach 1945 in einem Umfeld groß geworden, in dem es keine gewaltsamen Feindseligkeiten mehr gab, die europäischen Völker immer enger zusammenfanden und die grundlegenden Bedürfnisse gesichert waren. Diese Bedingungen haben grundsätzliche Auswirkungen auf das Bild der Staatengemeinschaft. Janssen (1991) findet zwar zwischen der Vorkriegs- und Nachkriegskohorte keine Unterschiede in der allgemeinen Zustimmung zur EU, allerdings wird die EU von der Nachkriegskohorte tendenziell positiver bewertet als von der Vorkriegskohorte (Janssen 1991, 460). Scheuer (2005, 107) argumentiert, „that younger cohorts socialised into the already-existing EU have more favourable attitudes than older generations socialized during the world wars". Die Wahrnehmung und Bewertung der Europäischen Union variiert zwar tatsächlich in Abhängigkeit der Geburtskohorte, aber die Unterschiede zwischen den einzelnen Kohorten sind gering und variieren erheblich zwischen den Ländern. Eine differenzierte Kohorteneinteilung haben Down und Wilson (2012, 10) vorgelegt, die insgesamt sechs Generationen unterscheiden. Dabei zeigen jüngere Generationen eine größere Unterstützung für die Staatengemeinschaft als ältere. Allerdings handelt es sich dabei nicht um einen linearen Trend, da die Zustimmung zur EU in der ersten Geburtskohorte etwas ausgeprägter war als in der zweiten und dritten Kohorte. Diesen Befund führen die Autoren darauf zurück, dass die Angehörigen der ersten Kohorte extremen Sozialisationsbedingungen ausgesetzt waren. Der daraus resultierende Wunsch nach Frieden und Sicherheit habe die Ausbildung proeuropäischer Einstellungen nachhaltig geprägt.

---

59 Die Wertewandeltheorie von Ronald Inglehart, die einen Wandel von materialistischen zu postmaterialisten Werten prognostiziert, ist sicherlich der bekannteste politikwissenschaftliche Ansatz, der auf solchen Kohorteneffekten basiert. Da sich aus diesem Ansatz direkte Implikationen für die Bewertung der EU ableiten lassen, folgt eine ausführlichere Darstellung der Theorie in Kapitel 4.2.2.

Erwartungen

Bei der Formulierung von Erwartungen muss zwischen Lebenszyklus- und Kohorteneffekt unterschieden werden.[60] Bei Lebenszykluseffekten verändern sich die politischen Orientierungen im Verlauf des Lebensalters. Bei Kohorteneffekten geht man davon aus, dass „die jetzt älteren Menschen in ihrer Kindheit und Jugend anders sozialisiert wurden und sich diese Sozialisationserfahrungen bis in hohe Alter erhalten haben" (Rattinger 2009, 136).

Die politischen Orientierungen und Verhaltensweisen eines Menschen können sich im Verlauf des Lebens sicherlich verändern. Entsprechende Lebenszykluseffekte lassen sich beispielsweise für die Wahlbeteiligung (siehe z.b. Abendschön/Roßteutscher 2011, 63-65; Eilfort 2006, 62; Becker 2002, 259), die Parteiidentifikation (z.b. Falter et al. 2000, 246; eine Übersicht widersprüchlicher Befunde bietet Becker/Mays 2003, 23-24) oder auch das politische Interesse belegen (z.B. Kroh 2006; Mays 2008, 53-57). Im Hinblick auf mögliche Effekte des Lebensalters auf europäische Orientierungen wird in der Literatur auf eine mit dem Alter zunehmende geistige Inflexibilität (Genna 2009, 223) und eine geringere kosmopolitische Orientierung (Carey 2002, 396) verwiesen. Zudem profitieren durch die Staatengemeinschaft eher jüngere als ältere Menschen (Down/Wilson 2012, 4; aber: Sigalas 2010b). Nach Falter und Gehring (1998, 477) sind ältere Menschen grundsätzlich konservativer, etatistischer und materialistischer eingestellt, auch lässt sich ein positiver Alterseffekt auf die Religiosität belegen (Lois 2011). Welche Erwartungen lassen sich aus diesen unterschiedlichen Argumenten für europäische Orientierungen ableiten? Die Europäische Union ist ein relativ junges politisches System; die institutionelle Architektur befindet sich in einem ständigen Wandel. Dazu gehören Debatten um eine Erweiterung und Vertiefung der Europäischen Integration. Diese Veränderungen und Neuerungen setzen ein hohes Maß an Flexibilität und Offenheit voraus. Daher ist es denkbar, dass ältere Bürger diese von Politikern initiierten Veränderungen grundsätzlich zurückhaltender bewerten als jüngere Menschen. Wenn jüngere Menschen zudem stärker als ältere Personen von der EU profitieren, sollte sich dies in einer höheren Zufriedenheit mit der Arbeit der politischen Autoritäten niederschlagen. Für die Effektivitätsbewertung lässt sich daher folgende Erwartung formulieren:

---

60 In den Sozialwissenschaften werden neben Lebenszyklus- und Kohorteneffekten als dritte zeitliche Effektgröße noch Periodeneffekte unterschieden (Esser 1999b, 262-266). Bei Periodeneffekten handelt es sich um direkte Auswirkungen besonderer Ereignisse zu einem bestimmten Zeitpunkt. Hinsichtlich der Bewertung der Europäischen Union könnte beispielsweise die Einführung des Euros einen Periodeneffekt verursacht haben. Periodeneffekte sind unmittelbare Anpassungen an aktuelle Ereignisse und Vorkommnisse, die alle Menschen unabhängig von Alter und Generationenzugehörigkeit in gleicher Weise erfasst.

I4. Je älter eine Person,
desto negativer wird die Effektivität der EU bewertet.

Während sich für den Einfluss des Lebensalters auf die Effektivität der Staatengemeinschaft eine plausible Erwartung benennen lässt, können Zusammenhänge zwischen Lebensalter und Legitimität nur spekulativ formuliert werden. Einerseits sind ältere Menschen mit dem politischen System auf europäischer Ebene grundsätzlich vertrauter. Diese Erfahrungen könnten sich positiv auf die Legitimität auswirken, weil Vertrautheit die Akzeptanz des Regimes fördert. Andererseits könnten auch jüngere Menschen eine positivere Haltung gegenüber dem Regime aufweisen, weil sie grundsätzlich kosmopolitischer orientiert und weniger auf den Nationalstaat fixiert sind. Es werden daher zwei unterschiedliche Erwartungen formuliert:

I5. Je älter eine Person,
desto negativer wird die Legitimität der EU bewertet.

I6. Je älter eine Person,
desto positiver wird die Legitimität der EU bewertet.

Der Europäische Integrationsprozess bringt Menschen aus verschiedenen Ländern, Regionen und Kulturen zusammen. Jüngere Menschen sind tendenziell weltoffener und profitieren eher durch den europäischen Binnenmarkt (z.B. durch Arbeitsplatz, Reisen, Auslandsstudium) als ältere Menschen. Dies erleichtert den Austausch mit Bürgern und begünstigt die Zusammenarbeit über die Landesgrenzen hinweg. Nach der sozialpsychologischen Kontakthypothese (siehe z.B. Allport 1971; Aronson et al. 2004, 516-523; Jonas 1998) reduziert dies Vorurteile und fördert Vertrauen. Dies könnte auch die Entwicklung einer Verbundenheit mit der Staatengemeinschaft stärken (aber: Sigalas 2010a). Allerdings sind ältere Menschen in der Regel ungebundener und verfügen über die nötigen finanziellen Ressourcen für Fahrten ins Ausland. Carey (2002, 396) attestiert älteren Bürgern aber eine geringere kosmopolitische Orientierung und ältere Menschen sind tendenziell nationalistischer eingestellt (Falter/Gehring 1998, 473). Deshalb wird eine negative Relation zwischen Alter und Verbundenheit mit der politischen Gemeinschaft erwartet.

I7. Je älter eine Person,
desto positiver ist die Identifikation mit der EU.

Die bisherigen Erwartungen postulieren einen linearen Zusammenhang zwischen Alter und politischer Unterstützung. Denkbar ist allerdings auch eine kurvilineare Beziehung zwischen Alter und politischen Orientierungen. In jungen Jahren wird der Politik vermutlich nur eine geringe Bedeutung beigemessen. Die Schule, der Freundeskreis und die Ausbildung fordern große Aufmerksamkeit, die Auswirkungen politischer Entscheidungen auf das eigene Leben werden vermutlich nur am Rande wahrgenommen. Mit beruflicher Tätigkeit, eigener Familie und stärkerer gesellschaftlicher Integration wird die Relevanz politischer Entscheidungen dagegen spürbarer. Mit steigendem Alter nimmt daher die Aufmerksamkeit für die Politik zu. Im höheren Alter sollte die Aufmerksamkeit für Politik tendenziell wieder abnehmen, weil politische Entscheidungen sich in der Regel nicht mehr nachhaltig auf den Lebensabend auswirken (z.B. Diskussion um späteren Rentenbeginn in Deutschland). Aber auch eine stärkere gesellschaftliche und soziale Isolation sowie gesundheitliche Gründe könnten dabei eine Rolle spielen. Nach dieser Argumentation wird die wahrgenommene Bedeutung der Politik im Lebensverlauf zunächst langsam steigen, im mittleren Alter das Maximum erreichen und dann wieder sinken. Bei der Wahlbeteiligung lässt sich solch eine kurvilineare Beziehung belegen. Die Beteiligung nimmt mit dem Alter stetig zu, erreicht ihren Gipfel bei 60 Jahren und fällt dann wieder ab (z.B. Caballero 2005, 357). Überträgt man diese Überlegungen auf die Bewertung der Europäischen Union, bedeutet das, dass Personen im mittleren Alter die Staatengemeinschaft zu einem gewissen Grad anders bewerten als jüngere oder ältere Menschen, da die Auswirkungen der politischen Entscheidungen für diese Personen am spürbarsten sind. Folgende Erwartung wird formuliert.

I8. Zwischen dem Alter und der politischen Unterstützung der EU besteht ein kurvilinearer Zusammenhang.

Im Gegensatz zu Effekten des Lebensalters beruhen Kohorten- bzw. Generationeneffekte darauf, dass „eine ganze Gruppe von Geburtskohorten bestimmten typischen, prägenden historischen Einflüssen ausgesetzt und dadurch in ihrem Verhalten in homogenisierender Weise beeinflußt ist" (Esser 1999b, 268). Für Kohorteneffekte müssen folglich zwei Bedingungen erfüllt sein: *Erstens* muss es eine Phase im Leben eines Menschen geben, in „der die für das spätere Leben zentralen, weitgehend stabilen Grundorientierungen erworben werden" (Arzheimer 2006, 321). Man spricht dabei von der formativen Phase (Esser 1999b, 268). Dieser Punkt wird bei der Operationalisierung behandelt. *Zweitens* muss es möglich sein, abgrenzbare Zeiträume zu definieren, in denen die (politischen) Einstellungen der Menschen nachhaltig geprägt wurden. Solche Epochen müssen zunächst identifiziert werden, ehe Erwartungen über mögliche Kohorteneffekte formuliert werden können.

In der Literatur finden sich verschiedene Konzepte politischer Generationen (z.B. Fogt 1982; Roßteutscher 2004, 189-191; für die Europäische Union siehe z.B. Down/Wilson 2012), deren Abgrenzungen nicht einheitlich sind. Nach Kaspar und Falter (2007, 118) ist eine Abgrenzung relevanter Epochen immer mit Blick auf die jeweilige Fragestellung zu entwickeln. Da in dieser Arbeit der Einfluss der Kohortenzugehörigkeit auf europäische Orientierungen untersucht wird, ist es naheliegend, historische Wegmarken der Staatengemeinschaft zu nutzen, um solche prägenden Zeiträume festzulegen. Dazu werden vier Epochen unterschieden: die Zeit vor der Staatengemeinschaft, die Gründungsphase, die (erste) Erweiterung und die Transformation von einem intergouvernementalen Regime zu einem supranationalen Regime mit weitreichenden Kompetenzen („Maastrichter Vertrag").

Die Epoche vor der Staatengemeinschaft umfasst die Zeit bis einschließlich 1949 und damit die beiden Weltkriege. In dieser Ära waren Tod, Zerstörung und materielle Entbehrungen ständige Begleiter der Menschen sowie der Wunsch nach Frieden und Sicherheit allgegenwärtig. Die Vision eines geeinten Europas, das Frieden sichert und wirtschaftlichen Wohlstand gewährleistet, kann die europäischen Orientierungen nachhaltig geprägt haben. Die zweite Epoche umfasst den Zeitraum von 1950 bis 1972. In dieser Phase wurden wesentliche Weichen der Europäischen Integration gestellt: Die Gründung der Europäischen Gemeinschaft für Kohle und Stahl, der Europäischen Wirtschaftsgemeinschaft und der Europäischen Atomgemeinschaft. Mit dem Scheitern der Europäischen Verteidigungsgemeinschaft und der Europäischen Politischen Gemeinschaft sind allerdings auch Rückschläge zu verzeichnen. Die sechziger Jahre waren zudem von der „Politik des leeren Stuhls" durch Frankreich geprägt (Bajon 2012). Dieser Zeitraum könnte grundsätzlich ein differenziertes, kritischeres Bild der Staatengemeinschaft begünstigt haben, weil der Weg zu einem vereinten Europa mit Hindernissen und Rückschlägen gezeichnet war. Die erste Erweiterung der Staatengemeinschaft mit dem Beitritt des Vereinigten Königreichs, Irlands und Dänemarks 1973 markiert den Beginn der dritten Epoche. In diesem Zeitraum sind die Gründung des Europäischen Rats und die Direktwahlen des Europäischen Parlaments hervorzuheben. Die Einführung der Direktwahl zum Europäischen Parlament sollte das politische Gemeinschaftsgefühl stärken und die politische Unterstützung des gesamten Integrationsprozesses sichern (z.B. Weßels/Schmitt 2000, 298; Hix 2003, 169; Wessels 2008, 81). Aufgrund geringer Kompetenzen stellte das Parlament allerdings lange Zeit keinen ernsthaften Gegenspieler zur Europäischen Kommission bzw. zum Europäischen Rat dar. Mit der britischen Premierministerin Thatcher, dem französischen Staatspräsidenten Mitterrand und dem griechischen Sozialisten Papandreou betraten zudem politische Akteure die europäische Bühne, „die jeweils ihre eigenen politischen und ökonomischen Vorstellungen sowie europapolitischen Leitbilder hartnäckig vertraten" (Wessels 2008, 83). Mit der Einheitlichen Europäischen Akte gab es in der Phase aber auch zentrale Weichenstellungen für eine verstärkte Europäische Integration, die das Bild der Staatengemeinschaft dauerhaft beeinflusst haben könnten. Die vierte Epoche beginnt mit dem Maastrichter Vertrag, der eine umfassende Neuordnung der institutionellen Architektur des politischen Systems der Europäischen Union bedeutete. In dieser Phase der Vertiefung und Erweiterung der Staatengemeinschaft fällt auch die Realisierung des Europäischen Binnenmarkts, der die Freiheit des Personen-, Waren-, Dienstleistungs- sowie Kapitalverkehrs in den Mitgliedstaaten der Union gewährleistet. Aber auch die Beitritte Schwedens, Finnlands und Österreichs, das Schengener Abkommen und die Diskussion um die Einführung einer gemeinsamen Währung könnten die Einstellungen der Bürger nachhaltig geprägt haben. Eine Übersicht der vier Epochen bietet Tabelle 10.

Wie oben bereits angedeutet, sieht sich eine Kohortenanalyse immer mit dem Problem konfrontiert, inwieweit prägende historische Epochen in sinnvoller Art und Weise unterschieden und abgegrenzt werden können (Esser 1999b, 269). Dies gilt für die Europäische Union in besonderer Weise. Schließlich können auch nationale Ereignisse einen prägenden Einfluss auf politische Orientierungen haben, die mögliche Effekte, die von der europäischen Ebene ausgehen, abschwächen oder verstärken. In die Gründungsphase der europäischen Gemeinschaft fällt beispielsweise der Bau der Berliner Mauer, die Epoche „Erweiterung" war durch die terroristischen Aktivitäten der Roten Armee Fraktion begleitet, und der Fall der Berliner Mauer 1989 markierte das Ende des Ost-West-Gegensatzes in der internationalen Politik. Die Beispiele zeigen, dass die vorgeschlagene Abgrenzung durchaus schwierig und mit Problemen behaftet ist. Zudem beziehen sich Kohorteneffekte immer auf alle Mitglieder der betreffenden Kohorte, obwohl die Bewertung einzelner Ereignisse auch von anderen individuellen Merkmalen (z.B. Bildung) abhängt.

Tabelle 10: Historische Epochen der EU

Epoche	Zeitraum	Ereignisse
vor der Staatengemeinschaft	bis 1949	Erster und Zweiter Weltkrieg
Gründungsphase	1950-1972	Gründung der EGKS, EWG und EAG Scheitern von EVG und EPG „Politik des leeren Stuhls" durch Frankreich
Erste Erweiterung	1973-1992	Beitritt Irlands, Großbritanniens und Dänemarks Gründung des Europäischen Rats Erste Direktwahlen des Europäischen Parlaments Inkrafttreten der Einheitlichen Europäischen Akte
Maastrichter Vertrag	ab 1993	Europäischer Binnenmarkt (1993) Inkrafttreten des Vertrags von Maastricht (1993) Inkrafttreten des Schengener Abkommens

Für Angehörige der ersten Generation lässt sich annehmen, dass sie die Leistungen der politischen Autoritäten möglicherweise günstiger bewerten als die späteren Generationen. Schließlich haben Politiker eine Staatengemeinschaft geschaffen, die den Frieden in Europa gesichert und den Wohlstand gefördert hat. Vor dem Hintergrund der historischen Erfahrungen könnte dies die Haltungen gegenüber den politischen Autoritäten nachhaltig geprägt haben. Zudem wäre es möglich, dass spätere Generationen eine geringere Zufriedenheit mit der Arbeit der politischen Institutionen zeigen, da es in der Geschichte der Europäischen Union auch Krisen und Rückschläge gab. Aus dieser Argumentation resultiert folgende Erwartung:

> I9. Personen, deren formative Phase in die erste Epoche fällt, bewerten die Effektivität der EU positiver als Angehörige späterer Kohorten.

Insbesondere in den ersten Jahren war die Staatengemeinschaft ein Projekt von Eliten (siehe dazu Kapitel 3.1). Diese Sichtweise wird auch heute noch vertreten (z.B. Haller 2009b). Mit der Einführung der Direktwahlen zum Europäischen Parlament hat sich allerdings die Legitimationsgrundlage der Staatengemeinschaft grundsätzlich verändert. Das Parlament stellt die unmittelbare Vertretung der Bürger auf europäischer Ebene dar, die seit den ersten Wahlen stetig ihre Kompetenzen und Entscheidungsbefugnisse erweitert hat. Deshalb lässt sich annehmen, dass seit der Einführung der Direktwahlen die Legitimität des politischen Regimes höher bewertet wird. Dies betrifft die dritte und vierte Epoche.

> I10. Personen, die ihre formative Phase in der dritten und vierten Epoche hatten, bewerten die Legitimität der EU positiver als Angehörige früherer Kohorten.

Bei der Gründung der Staatengemeinschaft stand zunächst die Aussöhnung Frankreichs und Deutschlands im Mittelpunkt. Inwieweit sich in dieser Phase bereits Gefühle von Verbundenheit und Identifikation entwickeln konnten, muss skeptisch beurteilt werden. Erst die Verwirklichung des Europäischen Binnenmarkts hat die Mobilitätsgrenzen zwischen den EU-Staaten reduziert, so dass Austausch und Kontakt zwischen den Menschen erleichtert wurden. Dies kann die Entwicklung einer Identifikation mit der Staatengemeinschaft begünstigt haben, weshalb folgende Erwartung formuliert wird.

> I11. Personen, deren formative Phase in die vierten Epoche fällt, zeigen eine positivere Identifikation mit der EU als Angehörige früherer Kohorten.

Operationalisierung

Die Erhebung des Alters bzw. des Geburtsjahrgangs ist unproblematisch. In der mündlich-telefonischen Befragung des EiK-Projekts wurden die Personen direkt nach ihrem Geburtsjahr befragt:

In welchem Jahr wurden Sie geboren?

98,9 Prozent der Befragten haben eine konkrete Jahreszahl angegeben; der Anteil der „weiß nicht"- bzw. „kein Angabe"-Antworten ist mit 0,2 bzw. 1,0 Prozent gering. Der älteste Befragte war zum Zeitpunkt des Interviews 106 Jahre, die jüngsten Befragten 15 Jahre alt.[61] Das Durchschnittsalter liegt bei 47,9 Jahren (SD=17,9). Wie aus Abbildung 15 ersichtlich, sind 70 Prozent der Befragten 1950 oder später geboren. Die Mehrheit der Befragten wurde demnach zu einem Zeitpunkt geboren, in der die Europäische Union bzw. ihre Vorläuferinstitutionen bereits existiert haben.

Abbildung 15: Befragte in einzelnen Geburtsjahrgängen
(in Prozent; Fallzahl: 11.870)

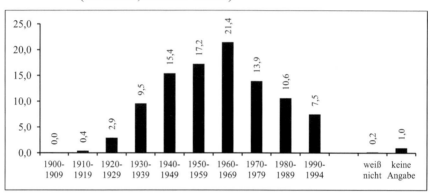

Wie bei den Erwartungen bereits angemerkt, wird bei der Analyse von Kohorteneffekten unterstellt, dass bestimmte Lebensphasen für die Ausbildung von (politischen) Einstellungen wichtiger sind als andere. Es wird also eine weitgehende intraindividuelle Persistenz dieser Orientierungen postuliert. Diese sogenannte formative Phase wird zeitlich in der Kindheit bzw. Jugend verortet. Für eine genaue zeitliche Abgrenzung dieser formativen Phase finden sich in der Literatur allerdings sehr unterschiedliche Auffassungen. Pickel und Pickel (2006, 136) siedeln die formativen Jahre einer Person – ohne weitere Begründung – in der Zeit zwischen 16 und 24 Jahren an, Becker (2002, 249) bezeichnet das Alter zwischen 14 und 18 Jahren als sensible Phase politischer Sozialisation. Dagegen verweisen die Arbeiten von Easton und Dennis (1969), Greenstein (1965) sowie

---

61 Die Grundgesamtheit der EiK-Erhebung stellten alle in Privathaushalten lebenden Personen ab 15 Jahre (ohne Altersobergrenze) mit festem Telefonanschluss dar, unabhängig ihrer Nationalität und ihrer Staatsbürgerschaft. Die telefonische Befragung wurde im Zeitraum vom 2. Februar bis 25. Mai 2009 durchgeführt; der Befragte musste daher spätestens im Jahr 1994 geboren sein, um bei der Befragung teilzunehmen (siehe auch Kapitel 2.1.1).

Hess und Torney (2007) auf die Relevanz früher politischer Erfahrungen. Vor allem in der Kindheit und frühen Jugend werden demnach stabile politische Orientierungen ausgebildet.[62]

„The truly formative years of the maturing member of a political system would seem to be the years between the ages of three and thirteen." (Easton/Hess 1962, 236)

Auch die Ergebnisse des Forschungsprojekts „Demokratie Leben Lernen" (DLL) belegen, dass bereits Grundschulkinder über konsistente politische Orientierungen verfügen (siehe z.B. Vollmar 2012; van Deth et al. 2011; Abendschön 2010; Tausendpfund 2008; van Deth et al. 2007). Umstritten ist aber, wie nachhaltig die in der Kindheit gemachten Erfahrungen im weiteren Lebensverlauf wirken (Rippl 2008, 445; aber: Mays 2008). Sowohl die Kristallisationsthese als auch die Persistenzthese betonen allerdings die Relevanz der frühen politischen Sozialisation. Nach der Kristallisationsthese prägen früh erworbene Einstellungen und Kompetenzen stärker die politischen Orientierungen als später erworbene Kenntnisse, Fähigkeiten und Attitüden. Die Persistenzthese besagt, dass Kenntnisse, Fähigkeiten und Einstellungen in der Kindheit für die politischen Orientierungen im Erwachsenenalter bestimmend seien (van Deth 2005, 4; siehe für einen Überblick Rattinger 2009, 133-135).

Eine eindeutige zeitliche Festlegung der formativen Phase gestaltet sich damit schwierig. Analog zum Vorgehen der Abgrenzung relevanter Epochen wird auch hier eine Strategie verfolgt, die sich an der konkreten Fragestellung – der Erklärung europäischer Einstellungen – orientiert. Dabei soll der Zeitpunkt im Leben eines Menschen als relevant festgelegt werden, ab dem Europa bzw. die Europäische Union mehr oder weniger als politisches Objekt wahrgenommen wird.[63] Vollmar (2007, 127-128) weist mit Daten der DLL-Studie ein geringes Europawissen bei Erstklässlern nach. Weniger als 20 Prozent der Kinder wissen, dass Europa aus mehreren Ländern besteht. Bei Viertklässlern steigt dieser Anteil bereits auf knapp 80 Prozent, wie Tausendpfund (2008, 29-30) auf Basis einer Befragung von 765 Grundschulkindern belegt. Zudem wissen zu diesem Zeitpunkt immerhin 50 Prozent der befragten Kinder, dass der Euro in vielen Ländern Europas, aber nicht in allen Ländern, ein Zahlungsmittel ist. Dies lässt durchaus auf eine gewisse reflektierte Betrachtung schließen. Das Durchschnittsalter der befragten Viertklässler lag bei 10,4 Jahren; zur Kohortenbildung wird deshalb ein

---

62 Einen ausgezeichneten Überblick zur politischen Sozialisationsforschung bietet Abendschön (2010, 74-106).
63 Dies unterstellt natürlich, dass sich dieser Zeitpunkt in den vergangenen Jahrzehnten nicht wesentlich geändert hat. Für diese Interpretation sprechen Befunde von Targ (1970, 94): „When asked to respond to forced choice items, children at age nine and beyond seemed to have some awareness of national and international institutions and processes and were often able to evaluate them, make predictions derived from them, and prescribe foreign policies for their nations."

Lebensalter von zehn Jahren zugrunde gelegt (für eine analoge Einteilung siehe Roßteutscher 2004, 191). Wie aus Tabelle 11 ersichtlich, werden Befragte, die das Jahr 1950 im Alter von über zehn Jahren erlebt haben, also spätestens 1940 geboren wurden, der ersten Generation zugeordnet. Befragte dagegen, die erst nach 1950 das Alter von zehn Jahren erreicht haben, werden der zweiten Generation zugerechnet. Äquivalent wird auch für die anderen Epochen verfahren; die entsprechende Kohorteneinteilung ist in Tabelle 11 dokumentiert.

Tabelle 11: Epochen und die Formierung politischer Generationen

Epoche	Geburtsjahr	Wer	Anteil der Befragten
Vor der Staatengemeinschaft	bis 1940	Menschen, die ihre formativen Jahre vor 1950 erlebten, also 1950 bereits zehn Jahre alt oder älter waren.	14,6 Prozent
Gründungsphase	1941-1963	Personen, die ihre formativen Jahre zwischen 1950 und 1972 erlebten, also 1950 jünger als zehn Jahre und 1973 bereits zehn Jahre oder älter waren.	39,6 Prozent
Erste Erweiterung	1964-1983	Personen, die ihre formativen Jahre zwischen 1972 und 1992 erlebten, also 1973 jünger als zehn Jahre und 1993 bereits zehn Jahre oder älter waren.	31,8 Prozent
Maastrichter Vertrag	ab 1984	Personen, die ihre formativen Jahre nach 1993 erlebten, also 1993 jünger als zehn Jahre waren.	13,9 Prozent

Empirische Analysen

Der Einfluss des Lebensalters und der Kohortenzugehörigkeit auf europäische Orientierungen wird getrennt analysiert. In Tabelle 12 sind zunächst die Korrelation zwischen Lebensalter und den drei Unterstützungsformen dargestellt. Dabei lassen sich negative Beziehungen zwischen dem Lebensalter und der Effektivität sowie Legitimität nachweisen. Die negativen Korrelationen deuten auf eine zunehmend kritischere Haltung gegenüber den Autoritäten und dem Regime im Lebensverlauf hin. Dagegen zeigen ältere Menschen eine höhere Verbundenheit mit der Staatengemeinschaft. Mit anderen Worten: Die Zusammenhänge zwischen Lebensalter und der politischen Unterstützung unterscheiden sich in Abhängigkeit der betrachteten Unterstützungsform. Die Erwartungen I4 und I5 sind damit bestätigt, die Erwartungen I6 und I7 widerlegt.

Die negative Beziehung zwischen Alter und Effektivität könnte auf eine im Alter abnehmende mentale Flexibilität zurückzuführen sein. Mit steigendem Alter haben die Menschen mehr Schwierigkeiten, sich Neuerungen und Veränderungen anzupassen. Deshalb bewerten sie die Arbeit der Autoritäten tendenziell kritischer, da diese für die Veränderungen in der institutionellen Ausgestaltung der Europäischen Union verantwortlich gemacht werden. Die negative Relation bei der Legitimität ist möglicherweise eine Konsequenz einer zunehmenden nationalistischen Sichtweise bzw. einer geringeren kosmopolitischen Orientierung im Alter. Entgegen den Erwartungen lässt sich eine positive Relation zwischen Alter und Identifikation nachweisen. Dies könnte auf eine größere Erfahrung und Vertrautheit mit der EU zurückzuführen sein.

Tabelle 12: Alter und politische Unterstützung der EU (lineare Beziehung)

	Effektivität	Legitimität	Identifikation
Korrelation (Pearson's r)	-0,09***	-0,05***	0,08***
Fallzahl	11.649	11.702	11.729

Anmerkungen: *=p<0,05; **=p<0,01; ***=p<0,001. Zur Kodierung der abhängigen Variablen siehe Kapitel 3.3.

Insgesamt dürfen die geringen Zusammenhänge aber nicht überinterpretiert werden, zumal die Ergebnisse in Tabelle 13 eine andere Schlussfolgerung nahelegen. Die dort präsentierten Korrelationskoeffizienten sprechen für eine kurvilineare Beziehung zwischen Alter und politischer Unterstützung (Erwartung I8). Ein mittleres Alter (47,9 Jahre) geht mit einer geringeren Zustimmung einher als ein niedriges und hohes Alter. Mit anderen Worten: Insbesondere Menschen, die vermutlich aufgrund beruflicher Tätigkeit und familiärer Situation am ehesten durch politische Entscheidungen konfrontiert sind bzw. solche wahrnehmen, zeigen eine geringere Zufriedenheit mit der Arbeit der politischen Autoritäten, eine geringere Akzeptanz des politischen Systems und eine geringere Verbundenheit mit der politischen Gemeinschaft als junge und ältere Menschen.

Tabelle 13: Alter und politische Unterstützung der EU (kurvilineare Beziehung)

	Effektivität	Legitimität	Identifikation
Korrelation (Pearson's r)	0,16***	0,15***	0,09***
Fallzahl	11.649	11.702	11.729

Anmerkungen: *=p<0,05; **=p<0,01; ***=p<0,001. Zur Kodierung der abhängigen Variablen siehe Kapitel 3.3.

Die präsentierten Befunde müssen allerdings nicht zwingend im Sinne von Lebenszykluseffekten interpretiert werden. Möglicherweise handelt es sich auch um einen Kohorteneffekt. In Tabelle 14 sind die mittleren Unterstützungswerte für die Effektivität, Legitimität und Identifikation in Abhängigkeit der Geburtskohorte dargestellt. Dieser Tabelle lässt sich zunächst einmal für alle vier Kohorten und für alle drei Unterstützungsformen eine zustimmende Haltung zur EU entnehmen. Darauf weist die durchschnittliche Unterstützung hin, die jeweils über dem Skalenmittelpunkt von 0,5 liegt. In allen Kohorten ist die durchschnittliche Unterstützung für die Identifikation größer als für die Effektivität und die Legitimität.

Tabelle 14: Kohortenzugehörigkeit und politische Unterstützung der EU

	Effektivität	Legitimität	Identifikation
Geburtsjahr: bis 1940	0,55	0,58	0,73
Geburtsjahr: 1941-1963	0,52	0,53	0,68
Geburtsjahr: 1964-1983	0,53	0,54	0,65
Geburtsjahr: ab 1984	0,62	0,62	0,69
F-Tests	129,89***	87,39***	59,80***
Fallzahl	11.649	11.702	11.729

Anmerkungen: Mittelwerte. *=p<0,05; **=p<0,01; ***=p<0,001. Zur Kodierung der abhängigen Variablen siehe Kapitel 3.3.

Die mit der Kohortenbildung verbundenen Erwartungen bestätigen sich allerdings nur eingeschränkt. Erwartung I9 postuliert, dass Personen, deren formative Phase in die erste Epoche fällt, die Effektivität der EU positiver bewerten als Angehörige späterer Kohorten. Die Ergebnisse belegen zwar eine positivere Bewertung der Effektivität der ersten Kohorte im Vergleich zur zweiten ($|t|=4,52$, df=6309, p<0,00) und dritten Kohorte ($|t|=3,49$, df=5398, p<0,00), aber die Angehörigen der vierten Kohorte zeigen eine größere Zufriedenheit mit der Arbeit der europäischen Autoritäten als die Personen der ersten Kohorte ($|t|=12,17$, df=3318, p<0,00). Daher ist Erwartung I9 widerlegt. Offensichtlich hat die Phase vor der Staatengemeinschaft – geprägt durch Krieg und Entbehrungen – sowie die verstärkte Europäische Integration seit dem Maastrichter Vertrag die Haltung der Bürger der ersten bzw. vierten Kohorte positiver geprägt als die Angehörigen der zweiten und dritten Kohorte. Bei der Legitimität (Erwartung I10) wurde argumentiert, dass sich die Einführung der Direktwahl des Europäischen Parlaments günstig auf die Akzeptanz des Regimes auswirkt. Dies trifft auf die vierte Kohorte zu, nicht aber auf die dritte Kohorte. Auffällig ist in diesem Zusammenhang die hohe mittlere Unterstützung der Legitimität durch die Angehörigen der ersten Kohorte. Für die Überprüfung von Erwartung I10 wird die mittlere Unterstützung der Legitimität der ersten beiden Kohorten (0,55) mit dem mittleren Wert der dritten und vierten Kohorte verglichen (0,57). Diese Differenz ist statistisch signifikant und bestätigt damit Erwartung I10 ($|t|=5,54$, $df=11.700$, $p<0,00$). Die Betrachtung der Mittelwerte aller vier Gruppen deutet aber auf die Notwendigkeit einer differenzierten Bewertung hin. Die durchschnittliche Identifikation der jüngsten Gruppe (0,69) mit der EU ist zwar positiver als die mittlere Identifikation der dritten Gruppe ($|t|=7,13$, $df=5367$, $p<0,00$), aber bereits die durchschnittliche Verbundenheit der zweiten Gruppe unterscheidet sich nicht signfikant von der jüngsten Gruppe ($|t|=1,94$, $df=6280$, $p>0,05$). Entgegen der Erwartung I11 zeigen zudem die Angehörigen der ersten Kohorte eine positivere Identifikation mit der EU als die Personen der jüngsten Gruppe ($|t|=5,22$, $df=3344$, $p<0,05$). Erwartung I11 ist damit widerlegt.

Die Ergebnisse legen die Schlussfolgerung nahe, dass die erste und vierte Kohorte proeuropäischere Orientierungen haben als die zweite und dritte Kohorte. Die erste Kohorte bewertet die Staatengemeinschaft positiver, weil sie – geprägt durch die Erfahrungen mit den beiden Weltkriegen – den Frieden in Europa gesichert und den Wohlstand gefördert hat. Mit der Verabschiedung der Einheitlichen Europäischen Akte und der Verwirklichung des Europäischen Binnenmarkts begann eine Phase der Vertiefung der Europäischen Integration. Die damit verbundenen Möglichkeiten haben möglicherweise die europäischen Einstellungen der vierten Kohorte nachhaltig geprägt. Dazwischen rangieren die zweite und dritte Kohorte, die weder direkte Erfahrungen mit dem Zweiten Weltkrieg haben noch in einer Zeit aufgewachsen sind, in der die Integration solch rasante Fortschritte gemacht hat. Die empirischen Befunde sind dabei mit den Resultaten von Down und Wilson (2012) vergleichbar:

> „The generation of Europeans that lived through the Great Depression and the Second World War are more supportive of the EU than immediately subsequent generations. Indeed, across the first three cohorts we observe a small but significant decline in support from one cohort to the next. In other words, the EU receives progressively less support the further removed a generation is from the experience of the Depression and the War. Yet, when the EU begins to acquire a visible identity, cohorts begin to evince progressively higher levels of support than their predecessors. Each new generation that comes of age from the mid-1980s onwards is significantly more supportive of the EU than its immediate predecessor." (Down/Wilson 2012, 19)

Insgesamt sprechen die Ergebnisse für komplexere Beziehungen zwischen Alter bzw. Kohorte und europäischen Orientierungen als es auf dem ersten Blick zu vermuten ist. So scheint ein kurvilinearer Zusammenhang zwischen Alter und politischer Unterstützung die Realität besser abzubilden als eine lineare Relation. Darauf weisen die stärkeren Korrelationen hin. Allerdings können die präsentierten Ergebnisse zumindest teilweise auch im Sinne eines Kohorteneffekts gedeutet werden.

4.1.3 Bildung

Bildung stellt eine zentrale individuelle Ressource dar. Eine höhere Bildung bedeutet „höhere individuelle Fähigkeiten der Informationsverarbeitung, im Umgang mit Problemstellungen bzw. stärkere Handlungskompetenzen" (Hadjar/ Becker 2006c, 14) und damit „verbesserte Teilhabe- und Gestaltungsmöglichkeiten in vielen Bereichen des privaten und öffentlichen Lebens" (Baumert 1991, 347). Mit dem Qualifikationsniveau verbessern sich die Chancen auf dem Arbeitsmarkt und die Wahrscheinlichkeit auf ein Einkommen, das einen hohen Lebensstandard ermöglicht. Daher ist Bildung auch mit einem Leben in Freiheit und Selbstbestimmung verbunden (Geißler 2008, 280-282). Bildung ist aber „nicht nur eine zentrale Ressource für individuelle Lebenschancen, sondern zugleich auch ein Schlüssel-Faktor für die Entwicklung von demokratischen Einstellungen und Verhaltensweisen" (Greiffenhagen 2002, 56). In der empirischen Politikforschung gehört daher ein starker Zusammenhang zwischen Bildung und politischen Orientierungen zu den Standardbefunden (z.B. Bovens/Wille 2010; Verba et al. 2003; Brady et al. 1995; Verba et al. 1995; van Deth 1990; Verba/ Nie 1972). Für einen Zusammenhang zwischen Bildung und europäischen Orientierungen lassen sich zwei Betrachtungsweisen unterscheiden: Zum einen Bildung als Indikator für kognitive Kompetenzen, zum anderen Bildung als Indikator für individuelle Vorteile durch die EU.

Der erste Ansatz betrachtet Bildung als Indikator für allgemeine kognitive Fähigkeiten, der die Auseinandersetzung mit dem politischen System fördert. Menschen mit höheren kognitiven Fähigkeiten sind mit höheren Kompetenzen zur Wahrnehmung, Verarbeitung und Reflexion von Informationen aus der politischen Sphäre ausgestattet (Hadjar/Becker 2006c, 181; 2007, 414), die eine Auseinandersetzung mit politischen Themen erleichtern, eine bessere Reflexion der politischen Einstellungen ermöglichen und ein tieferes Verständnis der politischen Prozesse erlauben (Armingeon 2007, 362). Menschen mit höheren kognitiven Fähigkeiten haben daher einen „einfacheren Zugang zur Politik" (Krimmel 2000, 628). Deshalb forderte Dahrendorf (1965) Bildung als Bürgerrecht, um allen Menschen die Beteiligung an der Demokratie zu ermöglichen (siehe auch Schmid/Watermann 2010, 881). Nach diesen Überlegungen können Bürger mit einem höheren Bildungsniveau eher politische Nachrichten verarbeiten und bewerten. Die Auseinandersetzung mit der EU kann dann einerseits Bedrohungsgefühle verringern und die grundlegende Zustimmung zur EU erhöhen (z.B. Niedermayer 1991, 349; Inglehart et al. 1987), weil politische Prozesse besser beurteilt werden können. Andererseits kann eine verstärkte Auseinandersetzung aber auch dazu beitragen, eher die Defizite wahrzunehmen. Dies könnte eine skeptische Haltung gegenüber der Staatengemeinschaft begünstigen. Der zweite – in den letzten Jahren dominierende – Ansatz betont insbesondere die individuellen Vorteile durch die EU für Menschen mit einer höheren Bildung. Nach Gabel und Palmer (1995, 4) variiert die Zustimmung zur EU in Abhängigkeit der wahrgenommen Kosten und Nutzen der EU-Mitgliedschaft (eher kritisch: Sigalas 2010b). Diese individuelle Kosten-Nutzen-Bilanz variiert auch in Abhängigkeit des Bildungsniveaus: Je höher die Bildung, desto größer die Vorteile (Gabel/Palmer 1995). Bei der Argumentation von Gabel und Palmer spielt der europäische Binnenmarkt eine zentrale Rolle, der die Freiheit des Personen-, Waren-, Dienstleistungs- sowie Kapitalverkehrs in den Staaten der europäischen Gemeinschaft gewährleistet. Personen, die durch diese Marktliberalisierung Vorteile haben, sollten entsprechend ihrer Überlegungen die EU stärker unterstützen. Zum Beispiel können sich EU-Bürger in jedem Mitgliedsland niederlassen und arbeiten. Von diesen neuen beruflichen Möglichkeiten profitieren insbesondere Personen mit höherer Bildung (Gabel/Palmer 1995, 7). Diese verfügen eher über die notwendigen Qualifikationen (z.b. Sprachkenntnisse, besondere Fertigkeiten), die die Arbeitsaufnahme im europäischen Ausland erleichtert bzw. fördert. Dagegen übt ein liberalisierter Arbeitsmarkt Druck auf die Löhne von gering qualifizierten Bürgern in relativen Hochlohnregionen aus, die sich einer größeren Konkurrenz gegenüber sehen. Personen mit geringerem „Humankapital" sollten die EU daher kritischer beurteilen (Gabel 1998c, 43-44).

Empirische Analysen belegen weitgehend eine positive Beziehung zwischen dem Bildungsgrad und proeuropäischen Orientierungen (siehe z.B. Gabel 1998b, 346; Braun et al. 2010, 41; Carey 2002, 398; Gabel/Palmer 1995, 10; Hobolt et al. 2011, 12; McLaren 2002, 561; Scheuer/van der Brug 2007, 107; Hooghe/ Marks 2004, 416; Anderson/Reichert 1995, 241). Allerdings finden sich auch Arbeiten die keine Relation (z.B. Anderson 1998, 586; McLaren 2007a, 242) oder einen negativen Zusammenhang nachweisen können (z.B. McLaren 2004, 906; Brinegar/Jolly 2005, 173). Diese widersprüchlichen Ergebnisse sind möglicherweise auf die unterschiedliche Operationalisierung der europäischen Orientierungen zurückzuführen. Deshalb wird bei den empirischen Analysen geprüft, welchen Effekt Bildung auf die Zustimmung der EU in Abhängigkeit der Unterstützungsform hat.

Erwartungen

Bürger gewähren politischen Autoritäten Unterstützung, wenn sie mit den Leistungen zufrieden sind, sie also Vorteile bzw. Nutzen dadurch haben – andernfalls nicht. Aus dem nutzenbezogenen Ansatz von Gabel und Palmer (1995) lässt sich ein positiver Zusammenhang zwischen Bildung und Effektivität ableiten. Danach zeigen Menschen mit einer höheren Bildung eine größere Zufriedenheit mit den politischen Autoritäten, weil sie direkte Vorteile durch die EU haben. Gegen diese Argumentation lässt sich allerdings einwenden, dass Bildung mehr als nur die Chancen auf dem Arbeitsmarkt erhöht. Höhere kognitive Fähigkeiten fördern insbesondere die Auseinandersetzung mit dem politischen System und verbessern das Verständnis für den politischen Prozess. Dies kann die Zufriedenheit mit der Arbeit der politischen Autoritäten erhöhen, muss es aber nicht. Schließlich sind hochgebildete Menschen durch ihre kognitiven Fähigkeiten auch eher in der Lage die Defizite wahrzunehmen und kommen möglicherweise zu einem kritischeren Urteil als weniger gebildete Bürger. Aus dieser Argumentation lassen sich zwei widersprechende Erwartungen ableiten:

I12. Je höher die Bildung,
desto positiver wird die Effektivität der EU bewertet.

I13. Je höher die Bildung,
desto negativer wird die Effektivität der EU bewertet.

Eine höhere Bildung fördert das Verständnis für demokratische Prinzipien und die Unterstützung demokratischer Ordnung (z.B. Nie et al. 1996; Weakliem 2002; Greiffenhagen 2002). Bei der EU handelt es sich um ein politisches System, das auf demokratischen Prinzipien basiert. Die Bewertung des Regimes ist dabei weitgehend unabhängig von konkreten Leistungen, sondern basiert auf der Übereinstimmung der eigenen Werte mit dem Charakter des politischen Systems. Daraus leitet sich folgende Erwartung ab:

I14. Je höher die Bildung,
desto positiver wird die Legitimität der EU bewertet.

Bildung fördert die Auseinandersetzung mit dem politischen System. Dies kann Bedrohungsgefühle verringern und die Vertrautheit mit der politischen Gemeinschaft fördern. Daher scheint ein positiver Zusammenhang zwischen Bildung und Identifikation plausibel.

I15. Je höher die Bildung,
desto positiver ist die Identifikation mit der EU.

Operationalisierung

Bei der EiK-Erhebung wurden die Befragten nach dem höchsten Bildungsabschluss gefragt. Das entsprechende Item in der Individualerhebung lautet:

Welchen höchsten Bildungsabschluss haben Sie?

Abbildung 16 informiert über die dabei verwendete Liste der Bildungsabschlüsse und fasst die Anteile nach den einzelnen Antwortkategorien zusammen. Mit insgesamt 0,7 Prozent fällt der Anteil an nicht verwertbaren Angaben („weiß nicht" und „keine Angabe") gering aus.

Abbildung 16: Bildungsabschlüsse der Befragten (in Prozent; Fallzahl: 11.870)

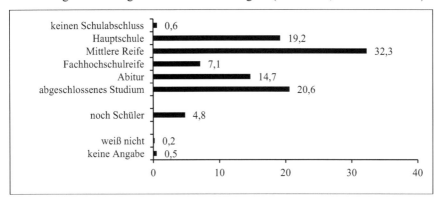

Zum Zeitpunkt der Erhebung waren 4,8 Prozent der Befragten noch Schüler. Für eine differenzierte Eingruppierung wurden diese nach ihrem wahrscheinlichen Schulabschluss gefragt.

Welchen Schulabschluss streben Sie an?

Mit 68,1 Prozent strebt die Mehrheit die allgemeine Hochschulreife an. 20,1 Prozent die mittlere Reife, 6,9 Prozent die Fachhochschulreife und 4,1 Prozent einen Hauptschulabschluss. 0,4 Prozent der Schüler antworteten mit „keinen Schulabschluss" und 0,5 Prozent mit „weiß nicht". Die letztgenannte Gruppe wird bei den Analysen nicht berücksichtigt. Auf Grundlage der Antworten auf beide Fragen wird eine Bildungsvariable erstellt. Die Schüler werden entsprechend des angestrebten Bildungsabschlusses der jeweiligen Gruppe zugeordnet. Da es sich bei der Kategorie „keinen Schulabschluss" um eine sehr kleine Gruppe handelt (0,6 Prozent), wird diese mit der Gruppe Hauptschule zusammengefasst. Insgesamt liegen Angaben für 11.780 Personen vor. Abbildung 17 zeigt die Anteile der Befragten in den einzelnen Gruppen.

Abbildung 17: Befragte in Bildungsgruppen (in Prozent; Fallzahl: 11.780)

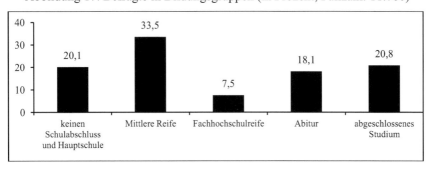

Empirische Analysen

Zur Analyse des Zusammenhangs zwischen Bildung und europäischen Orientierungen werden Mittelwerte der politischen Unterstützung für die einzelnen Bildungsgruppen berechnet. Die in Tabelle 15 dokumentierten Ergebnisse widersprechen einem monotonen Zusammenhang zwischen Bildung und Effektivität. Damit sind Erwartungen I12 und I13 widerlegt. Zwar sind Personen mit Abitur mit den Leistungen des Europäischen Parlaments und der Europäischen Kommission sowie dem Funktionieren der Demokratie in der EU zufriedener als Befragte mit einem geringeren Schulabschluss, allerdings zeigen Hochschulabsolventen eine geringere Bewertung als Abiturienten. Dieser Befund steht im Widerspruch zu den Annahmen von Gabel und Palmer (1995), die gerade für die Gruppe der Hochgebildeten eine positivere Bewertung prognostizieren. Die Beziehung zwischen Bildung und Effektivität entspricht damit am ehesten einem umgekehrt U-förmigen Zusammenhang. Offensichtlich ist ein gewisses Bildungsniveau nötig, um die politischen Prozesse besser zu verstehen. Dies hat einen positiven Effekt auf die Effektivität. Hochgebildete Menschen nehmen dagegen die Defizite des politischen Prozesses eher wahr und zeigen eine geringere Zufriedenheit mit den politischen Autoritäten. Dagegen besteht zwischen kognitiven Fähigkeiten und Legitimität eine positive Beziehung – je höher die Bildung, desto stärker wird die Ordnung des politischen Systems unterstützt.

Tabelle 15: Bildung und politische Unterstützung der EU

	Effektivität	Legitimität	Identifikation
Hauptschulabschluss	0,53	0,52	0,69
Mittlere Reife	0,54	0,54	0,68
Fachhochschulreife	0,54	0,55	0,67
Abitur	0,56	0,59	0,68
Abgeschlossenes Studium	0,54	0,60	0,67
F-Tests	9,27***	73,09***	2,66*
Fallzahl	11.691	11.747	11.772

Anmerkungen: Mittelwerte. *=p<0,05; **=p<0,01; ***=p<0,001. Zur Kodierung der abhängigen Variablen siehe Kapitel 3.3.

Es lassen sich in Abhängigkeit der betrachteten Unterstützungsform also unterschiedliche Beziehungen zwischen Bildung und proeuropäischen Einstellungen nachweisen. Wie lässt sich dieser Befund erklären? Bildung ist sicherlich ein Indikator für Humankapital (siehe z.B. Esser 2000, 215). Die ausschließliche Zuspitzung auf die Arbeitsmarktchancen wird diesem Indikator allerdings nicht gerecht. Bildung erhöht die Chancen auf dem Arbeitsmarkt, fördert aber – durch erweiterte Reflexionsmöglichkeiten und Kompetenzen – auch die Auseinandersetzung mit dem politischen System. Mit Niedermayer (2005, 107) lässt sich argumentieren, dass das angemessene Muster von Orientierungen gegenüber einem (demokratischen) politischen System aus einer Verbindung von Loyalität und Kritikbereitschaft besteht. Bildung begünstigt eine solche Kombination. Die empirischen Befunde erlauben die Interpretation, dass Bürger mit höheren kognitiven Fähigkeiten ihre grundsätzlich positive Haltung gegenüber dem politischen System der Europäischen Union mit der Kritik an ihrem realen Zustand verknüpfen. Die in Tabelle 15 dargestellten Ergebnisse können einen Zusammenhang zwischen Bildung und Identifikation nicht belegen (Erwartung I15). Ein höheres Bildungsniveau bzw. höhere kognitive Fähigkeiten fördern nicht die Identifikation mit der EU. Offensichtlich ist ein besseres Verständnis für den politischen Prozess nicht ausreichend, um eine emotionale Bindung zur politischen Gemeinschaft zu begünstigen.

4.1.4 Soziale Schicht

Schichten sind soziale Kategorisierungen von Menschen, die sich durch eine gleiche oder ähnliche sozioökonomische Lage auszeichnen. Die Mitglieder einer Schicht leben unter ähnlichen Bedingungen und sind daher mit vergleichbaren Problemen und Herausforderungen konfrontiert. Die relativ homogenen Lebensverhältnisse bedingen ähnliche Bedürfnisse und Interessen und es bilden sich schichttypische Einstellungen heraus (siehe z.B. Geißler 2008, 93-103; Bürklin/Klein 1998, 81-82). Auf einen Zusammenhang zwischen Schichtzugehörigkeit und politischen Orientierungen hat die Wahlforschung bereits früh aufmerksam gemacht. In der klassischen Untersuchung „The People's Choice" belegten Lazarsfeld et al. (1968) eine starke Relation zwischen der gesellschaftlichen Position einer Person und der Wahlabsicht: Menschen in höheren Schichten wählten eher die Republikaner als die Demokraten. Als Fazit dieser Pionierstudie gilt häufig das folgende Zitat:

> „A person thinks, politically, as he is, socially. Social characteristics determine political preference." (Lazarsfeld et al. 1968, 27)

Die allgemeinen Befunde zu den Unterschieden in den politischen Orientierungen in Abhängigkeit der sozialen Schicht lassen sich knapp zusammenfassen. Angehörige der Mittel- und besonders der Oberschicht beteiligen sich intensiver am politischen Leben, außerdem finden sich deutliche Unterschiede im Wahlverhalten (für eine Übersicht siehe z.B. Geißler 1994; Hradil 2001, 460-475). Bei den Ursachen dieser politischen Ungleichheit unterscheidet Geißler (1994, 98-101) zwischen „Politikferne der Unterschichten" und „Unterschichtenferne der Politik". Ersteres bezieht sich auf die unterschiedlichen Einstellungen dieser

Gruppen zur Politik. Angehörige der oberen Schichten fühlen sich einerseits politisch einflussreicher und spüren eher, dass politische Entscheidungen die eigene Lebenssituation verbessern oder verschlechtern können. Menschen in den höheren Schichten verfügen auch eher über die nötigen Ressourcen, um den politischen Prozess zu beeinflussen. In den unteren Schichten wird die politische Sphäre dagegen als eine fremde Welt wahrgenommen, der man mehr oder weniger ohnmächtig ausgeliefert ist. Die „Unterschichtenferne der Politik" bezieht sich auf die Komplexität der politischen Welt. Durch die zunehmende Verflechtung der politischen Ebenen und die steigende Komplexität der gesellschaftlichen und wirtschaftlichen Zusammenhänge entfernt sich die Politik immer weiter von den unteren Schichten. Die Anforderungen an den Bürger, den politischen Prozess zu durchschauen, steigen.

Im Kontext der Modernisierungs- und Individualisierungsdebatte wurde in den 1980er- und 1990er-Jahren der Sozialstruktur eine abnehmende Bedeutung für politische Orientierungen zugesprochen (z.B. Beck 1986; Schnell/Kohler 1995). Seit Ende der 1990er Jahre wird diese Diagnose allerdings verstärkt in Frage gestellt und es wurden Analysen mit gegenteiligen Befunden vorgelegt (siehe z.B. Müller 1998b; 2000; für eine Übersicht z.B. Brettschneider et al. 2002b). Der wesentliche Unterschied zwischen den älteren und neueren Analysen besteht in einer adäquateren Erfassung der Klassen- bzw. Schichtzugehörigkeit. Anstelle einer einfachen Kategorisierung der Befragten in z.B. Arbeiter, Angestellte, Beamte und Selbstständige werden heute differenzierte Klassifikationen verwendet, die die komplexere Erwerbs- und Sozialstruktur besser erfassen (Müller 1998b, 6-10; Brettschneider et al. 2002b, 9). Neuere Studien belegen weiterhin einen Zusammenhang zwischen Klassen- bzw. Schichtzugehörigkeit und politischen Orientierungen. Insbesondere für die Wahlbeteiligung (z.B. Gattig 2006) und die Wahlentscheidung liegen mittlerweile eine Vielzahl an differenzierten Analysen vor (z.B. Müller/Klein 2012; Debus 2012; 2010; Pappi/Brandenburg 2010; 2008; Mays/Leibold 2009).

Vor dem Hintergrund der allgemeinen Befunde stellt sich die Frage, inwieweit die Bewertung der Europäischen Union in Abhängigkeit der Schichtzugehörigkeit variiert. Die vorliegenden empirischen Ergebnisse sprechen weitgehend für einen positiven Zusammenhang zwischen sozialer Schicht und Unterstützung der Staatengemeinschaft (siehe z.B. Gabel/Palmer 1995, 10; Gabel 1998c, 53; Gabel 1998b, 346; Scheuer/van der Brug 2007, 107; Hooghe/Marks 2004, 416). Allerdings variieren die Befunde auch zwischen Ländern und Zeitpunkten (z.B. McLaren 2006, 33; Bosch/Newton 1995, 95-96). Die in den meisten Studien für die Erfassung der gesellschaftlichen Position verwendeten einfachen Kategorisierungen sind dabei kritisch zu bewerten und erklären möglicherweise die Unterschiede in den empirischen Ergebnissen. Für die Erklärung einer schichtabhängigen Bewertung der Staatengemeinschaft bieten sich zwei Ansätze an. Erstens argumentieren Gabel und Palmer (1995) auf Basis von Kosten-Nutzen-Erwägungen, dass Personen aus höheren Schichten eher durch die EU profitieren und diese deshalb auch eher unterstützen. Als Begründung verweisen sie auf den europäischen Binnenmarkt, der die Freiheit des Personen-, Waren-, Dienstleistungs- sowie Kapitalverkehrs in den Staaten der europäischen Gemeinschaft gewährleistet. Durch die Zuwanderung aus wirtschaftlich schwächeren Nationen verschärft sich dagegen die Situation auf dem heimischen Arbeitsmarkt für Arbeitnehmer aus den unteren Schichten, die daher die Europäische Union eher kritisch sehen. Zweitens lässt sich die These der „Unterschichtenferne der Politik" (Geißler 1994, 100) auf die EU übertragen. Die Europäische Integration impliziert eine Verlagerung der nationalstaatlichen Politik auf die europäische Ebene. Dadurch wird die Politik für die Bürger allerdings noch weniger verständlich und transparent als dies ohnehin schon der Fall ist (z.B. Vetter 2002c, 606). Dies dürfte sich insbesondere auf das Politikverständnis der Bürger aus den unteren Schichten ungünstig auswirken, was zu einer geringeren politischen Unterstützung führen könnte.

Erwartungen

Nach Gabel und Palmer (1995) profitieren eher Personen der höheren Schichten durch die Europäische Union als Personen der unteren Schichten. Dies sollte sich günstig auf die Zufriedenheit mit der Leistung der politischen Autoritäten auswirken. Folgende Erwartung wird formuliert:

I16. Je höher die gesellschaftliche Position,
desto positiver wird die Effektivität der EU bewertet.

Geißler (1994, 98-101) attestiert den unteren Schichten eine stärkere Politikferne und der Politik eine stärkere Unterschichtenferne. Seine Argumentation bezieht sich dabei zwar auf den Nationalstaat, lässt sich aber auf die EU übertragen. Die mit der Europäischen Integration eher zunehmende Abstraktheit und Komplexität des politischen Prozesses wird diese Entwicklungen sicherlich eher verstärken. Zudem scheint es plausibel, dass Personen, denen es gut geht, diesen Umstand zumindest auch teilweise den institutionellen Strukturen zurechnen, unter denen sie leben (Niedermayer 1991, 349). Daraus leitet sich folgende Erwartung ab:

I17. Je höher die gesellschaftliche Position,
desto positiver wird die Legitimität der EU bewertet.

Personen, die der politischen Sphäre distanziert und ohnmächtig gegenüber stehen, werden sich mit einem solchen politischen System auch kaum verbunden fühlen. Deshalb wird folgende Erwartung formuliert:

118. Je höher die gesellschaftliche Position,
desto positiver ist die Identifikation mit der EU.

Operationalisierung

Es gibt eine Vielzahl an Möglichkeiten, um die gesellschaftliche Position einer Person zu erheben. Häufig werden Messinstrumente herangezogen, bei denen die Schichtzugehörigkeit bzw. die soziale Position des Befragten auf Basis der beruflichen Tätigkeit oder der beruflichen Stellung erfolgt (für eine Übersicht siehe z.B. Wolf 1995). Die EiK-Daten enthalten zwar Informationen zur beruflichen Tätigkeit, erlauben aber nur eine grobe Kategorisierung. So wird bei den Berufstätigen lediglich zwischen Arbeiter, Angestellter, Beamter (auch Richter und Soldaten), Selbstständige (auch Freiberufler) und Auszubildende unterschieden (siehe dazu die Fragen 47 und 50 des Fragebogens der Individualdatenerhebung). Die im Prozess des sozialen und ökonomischen Wandels differenzierter gewordene Erwerbs- und Sozialstruktur lässt sich damit nicht angemessen erfassen (Müller 1998b, 6-10). Anstelle der Abfrage der beruflichen Tätigkeit hat sich zur Erhebung der Schichtzugehörigkeit die subjektive Schichteinstufung bewährt (z.B. Noll 1999, 147; Habich/Noll 2008; Kleining/Moore 1968). Dadurch kann die wahrgenommene Einordnung des Befragten in eine Bevölkerungsschicht ermittelt werden. Insbesondere zur Differenzierung zwischen Ober- und Unterschicht bietet diese Variante Vorteile, da aufgrund der Angaben zur beruflichen Stellung nicht immer eine korrekte Zuordnung möglich ist. Außerdem werden nicht abgefragte Einflussfaktoren besser berücksichtigt (Mays/Leibold 2009, 454). In der EiK-Erhebung stehen zwei Erhebungsinstrumente für die Erfassung der subjektiven gesellschaftlichen Position zur Verfügung. Die erste Frage lautet:

Welcher Bevölkerungsschicht ordnen Sie sich selbst zu? Der Oberschicht, der Mittelschicht oder der Unterschicht?

6,3 Prozent der Bürger haben sich der Unterschicht, 3,2 Prozent der Oberschicht zugeordnet. 0,8 Prozent mit „weiß nicht" und 1,0 Prozent mit „keiner Angabe" geantwortet. Für 88,8 Prozent der Befragten, die sich als Angehörige der Mittelschicht sehen, folgte für eine differenzierte Einteilung eine zweite Frage.

Rechnen Sie sich eher zum oberen Teil der Mittelschicht, zum mittleren Teil der Mittelschicht oder zum unteren Teil der Mittelschicht?

Personen, die diese zweite Frage mit „weiß nicht" (1,5 Prozent) oder „keine Angabe" (0,5 Prozent) beantwortet haben, werden der mittleren Mittelschicht zugeteilt. Abbildung 18 informiert über die Schichtzugehörigkeit auf Basis der beiden Fragen.

Abbildung 18: Schichtzugehörigkeit der Befragten (in Prozent; Fallzahl: 11.870)

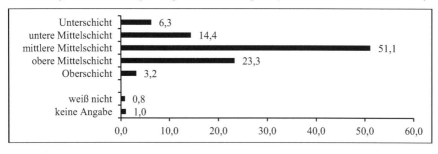

Empirische Analysen

Die mittlere Unterstützung der Effektivität, Legitimität und Identifikation wird in Abhängigkeit der Schichtzugehörigkeit berechnet. Die in Tabelle 16 präsentierten Ergebnisse belegen positive Zusammenhänge zwischen der subjektiven Schichtzugehörigkeit und der politischen Unterstützung. Je höher die Schicht, desto zufriedener sind die Bürger mit den Leistungen der politischen Autoritäten (Effektivität), desto stärker unterstützen sie das politische Regime (Legitimität) und desto eher fühlen sie sich mit der Staatengemeinschaft verbunden (Identifikation). Die formulierten Erwartungen I16 bis I18 werden damit eindeutig bestätigt. Mit einer höheren subjektiven Schichtzugehörigkeit steigen die Zufriedenheit mit der Arbeit der politischen Autoritäten, die Akzeptanz des politischen Regimes und die Identifikation mit der politischen Gemeinschaft. Insbesondere die mittlere Unterstützung der Unterschicht liegt unterhalb des neutralen Schwellenwerts 0,5. Diese Personengruppe zeigt – mit Blick auf die Effektivität und Legitimität – eine ablehnende Haltung zur EU.

Tabelle 16: Schichtzugehörigkeit und politische Unterstützung der EU

	Effektivität	**Legitimität**	**Identifikation**
Unterschicht	0,47	0,48	0,61
untere Mittelschicht	0,51	0,52	0,65
mittlere Mittelschicht	0,55	0,56	0,69
obere Mittelschicht	0,56	0,59	0,70
Oberschicht	0,58	0,62	0,74
F-Tests	55,92***	62,12***	43,96***
Fallzahl	11.581	11.634	11.657

Anmerkungen: Mittelwerte. *=$p<0,05$; **=$p<0,01$; ***=$p<0,001$. Zur Kodierung der abhängigen Variablen siehe Kapitel 3.3.

4.1.5 Einkommen

Das Einkommen beeinflusst die individuellen Lebensbedingungen in vielfältiger Weise. Ein höheres Einkommen verbessert die Konsummöglichkeiten, fördert die Teilhabe am gesellschaftlichen Leben und wirkt sich günstig auf die Lebenszufriedenheit aus (Neller 2004b, 46). Daher gilt Einkommen als relativ guter Indikator für den Lebensstandard (Geißler 2008, 79). Für den Zusammenhang zwischen Einkommen und politischen Orientierungen lassen sich allerdings unterschiedliche Annahmen formulieren. Einerseits könnte ein höheres Einkommen mit einem distanzierteren Verhältnis zur Politik einhergehen, da Personen mit ausreichend finanziellen Ressourcen bei der Lösung ihrer Probleme weniger auf die Politik angewiesen sind (van Deth 2004b, 283). Andererseits verfügen gerade Menschen mit einem höheren Einkommen über entsprechende materielle Ressourcen, das ihnen die Möglichkeit bietet, Einfluss auf den politischen Prozess zu nehmen (siehe z.B. Verba et al. 1995; Verba/Nie 1972). Für Menschen mit geringem Einkommen lassen sich ähnliche widersprechende Erwartungen formulieren. Sie könnten sich zum einen von der Politik abwenden, da sie ihre Interessen nicht ausreichend berücksichtigt sehen. Zum anderen könnte gerade das geringe Einkommen Anlass sein, gegen die bestehenden Verhältnisse zu protestieren. Hinsichtlich der politischen Beteiligung sind die empirischen Ergebnisse eindeutig: es sind insbesondere Personen der höheren Einkommensgruppen die überdurchschnittlich partizipieren (siehe z.B. van Deth 2003b; Verba et al. 1995).

Mit Blick auf die Bewertung der Europäischen Union vertreten Gabel und Palmer (1995, 7) die These, dass sich ein höheres Einkommen günstig auf die Unterstützung der Staatengemeinschaft auswirkt. Basierend auf einer Kosten-Nutzen-Argumentation verweisen sie auf den europäischen Binnenmarkt, der insbesondere für Personen mit einem höheren Einkommen Vorteile bietet.

> „EC citizens with higher income levels are also more likely to benefit from EC policies since they prefer low inflation, less public sector spending, and a larger and more open financial market." (Gabel/Palmer 1995, 7)

Während Bürger mit einem höheren Einkommen eher durch die EU profitieren, stellt sich die Situation für Geringverdiener entgegengesetzt dar. Im europäischen Wirtschafts- und Finanzraum – insbesondere in der Euro-Zone – sind die Staaten zu einer dauerhaft soliden Haushaltspolitik verpflichtet. Im Rahmen der weltweiten Finanzkrise hat die Europäische Kommission zum Beispiel Griechenland einen strikten Sparkurs verordnet, der unter anderem zu Gehalts- und Rentenkürzungen sowie zu Steuererhöhungen geführt hat. Die EU-Finanzpolitik zielt zudem auf eine Begrenzung staatlicher Unterstützungszahlungen, die insbesondere zu Lasten der Bürger mit geringem Einkommen geht. Bürger mit geringe-

rem Einkommen sollten den Staatenverbund daher kritischer beurteilen als Personen mit höherem Einkommen (Gabel 1998c, 46-47).
Die empirischen Befunde zum Zusammenhang zwischen Einkommen und europäischen Orientierungen sind allerdings widersprüchlich. Einen positiven Zusammenhang zwischen Einkommen und europäischen Orientierungen können Anderson und Reichert (1995, 241), Gabel (1998b, 346; 1998c, 69), McLaren (2002, 561; 2004, 906; 2006, 31-48), Carey (2002, 398) sowie Gabel und Palmer (1995, 10) belegen. Dagegen können die Arbeiten von Anderson (1998, 586), McLaren (2007a, 242), Boomgaarden et al. (2011, 254) sowie Brinegar und Jolly (2005, 173) eine entsprechende Relation nicht nachweisen. Damit sind auch die Resultate von Bosch und Newton (1995, 95) kompatibel, die weitgehend auch keine entsprechende Beziehung finden können. Sie können bei einzelnen Zeitpunkten und in wenigen Ländern (unter anderem Deutschland) allerdings auch eine negative Beziehung zwischen Einkommen und Unterstützung der Europäischen Union belegen. Diese uneinheitlichen Resultate können einerseits das Resultat unterschiedlicher Operationalisierungen der politischen Unterstützung der EU sein, andererseits wird auch das Einkommen von Studie zu Studie unterschiedlich erhoben. Schließlich können auch relevante Drittvariablen die Beziehungen zwischen Einkommen und europäischen Orientierungen überdecken. Um das Kernargument von Gabel und Palmer (1995, 7) einem kritischen Test zu unterziehen, wird der Zusammenhang zwischen Einkommen und der politischen Unterstützung bivariat untersucht.

Erwartungen

Nach den Überlegungen von Gabel und Palmer (1995, 7) profitieren Personen mit einem höheren Einkommen von der Europäischen Union, während Geringverdiener eher Nachteile haben. Dies sollte sich in der Zufriedenheit mit der Arbeit politischer Autoritäten widerspiegeln. Daher wird folgende Erwartung formuliert:

> I19. Je höher das Einkommen,
> desto positiver wird die Effektivität der EU bewertet.

Ein höheres Einkommen kann sich zudem auf die Akzeptanz der politischen Ordnung auswirken. Menschen, denen es ökonomisch gut geht, könnten schließlich dazu tendieren, ihren Wohlstand zumindest bis zu einem gewissen Teil auf das politische System zurückzuführen. Dagegen werden Personen mit niedrigem Einkommen vermutlich kritisch hinterfragen, inwieweit das politische System „gerecht und fair" ist. Deshalb scheint ein positiver Zusammenhang zwischen Einkommen und Legitimität plausibel.

> I20. Je höher das Einkommen,
> desto positiver wird die Legitimität der EU bewertet.

Ein höheres Einkommen fördert die Teilhabe am gesellschaftlichen Leben. Menschen mit einem höheren Einkommen können häufiger ins Ausland reisen, haben vermutlich – privat und beruflich – eher Kontakt mit anderen Bürgern in den europäischen Staaten. Dies könnte Vorbehalte reduzieren und die Verbundenheit fördern. Folgende Erwartung wird formuliert:

> **I21.** Je höher das Einkommen,
> desto positiver ist die Identifikation mit der EU.

Operationalisierung

Für die Erhebung des Haushaltsnettoeinkommens stehen in der EiK-Studie zwei Fragen zur Verfügung. Die erste Frage bezieht sich auf das konkrete Haushaltsnettoeinkommen:

> *Bitte nennen Sie mir das monatliche Netto-Einkommen Ihres Haushalts, das heißt nach dem Abzug von Steuern und Sozialabgaben. Rechnen Sie bitte dafür alle Einkommen aus Lohn, Gehalt und Selbstständigkeit zusammen; alle Einkommen aus Renten, Pensionen und Versicherungen; alle öffentlichen Zuwendungen wie Kindergeld und Wohngeld und eventuelle Einkünfte aus Vermietung und Verpachtung.*

53 Prozent der Befragten haben das monatliche Haushaltsnettoeinkommen genannt, das im Durchschnitt bei 2925,30 Euro liegt (SD=3630,56). An die Befragten, die mit „weiß nicht" (19,8 Prozent) oder mit „keine Angabe" (27,3 Prozent) geantwortet haben, richtete sich eine zweite Frage zum monatlichen Haushaltsnettoeinkommen.

> *Ich kann Ihnen versichern, dass Ihre Angaben absolut anonym und vertraulich behandelt werden. Vielleicht könnten Sie mir zumindest sagen, in welcher Größenordnung sich das Nettoeinkommen Ihres Haushalts bewegt. Liegt Ihr Haushaltseinkommen...*

Sieben verschiedene Einkommensgruppen werden unterschieden (siehe Abbildung 19). 23 Prozent aller Befragten haben sich einer dieser Gruppen zugeordnet, 16,9 Prozent die Eingruppierung verweigert und 6,8 Prozent mit „weiß nicht" geantwortet. Insgesamt liegt für rund 76 Prozent der Befragten eine verwertbare Angabe zum Haushaltsnettoeinkommen vor.[64] Abbildung 19 informiert über die Verteilung in den einzelnen Einkommensgruppen. Personen, die das ge-

---

64 53 Prozent der Befragten haben das konkrete Einkommen mitgeteilt; 23 Prozent haben sich in eine Gruppe eingeteilt.

naue Haushaltsnettoeinkommen mitgeteilt haben, werden auf Basis ihrer Angabe der jeweiligen Kategorie zugeordnet.

Die direkte Verwendung des monatlichen Haushaltsnettoeinkommens ist problematisch, da sich die Haushalte in Größe und Zusammensetzung unterscheiden. Größere Haushalte haben gegenüber kleineren Haushalten Einsparmöglichkeiten, weil zum Beispiel bestimmte Ausstattungsgegenstände im Haushalt von allen Personen genutzt werden können und nicht für jedes Haushaltsmitglied separat angeschafft werden müssen. Mit Äquivalenzskalen wird die Einkommenssituation von unterschiedlichen Haushalten vergleichbar gemacht. Dazu werden den einzelnen Haushaltsmitgliedern – in Abhängigkeit des Alters – Gewichte zugewiesen; das Haushaltsnettoeinkommen wird dann durch die Summe der Gewichte geteilt.

Abbildung 19: Befragte in Einkommensgruppen (in Prozent; Fallzahl: 11.870)

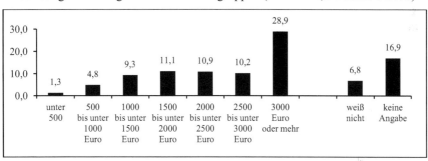

Nach der neuen bzw. modifizierten OECD-Skala wird der ersten erwachsenen Person im Haushalt das Bedarfsgewicht ‚1' zugeordnet, alle anderen Mitglieder des Haushalts ab 15 Jahren erhalten den Wert 0,5 und Haushaltsmitglieder unter 15 Jahren den Wert 0,3 (Bundesministerium für Arbeit und Sozialordnung 2001, 20).[65] Auf dieser Basis kann für 98,3 Prozent der Befragten ein entsprechendes

---

65 In der Literatur finden sich unterschiedliche Angaben, ab welchem Alter das Bedarfsgewicht 0,5 zugeordnet wird. In dieser Arbeit dient der erste Armuts- und Reichtumsbericht der Bundesregierung (Bundesministerium für Arbeit und Sozialordnung 2001, 20) als Referenz, der erst Haushaltsmitgliedern ab 15 Jahren den Wert 0,5 zuweist (siehe auch Geißler 2008, 79). Im dritten Armuts- und Reichtumsbericht der Bundesregierung (Bundesministerium für Arbeit und Sozialordnung 2008, 17) erhalten bereits Personen ab 14 Jahren ein Haushaltsgewicht von 0,5. Die letztgenannte Vorgehensweise ist dabei kompatibel mit Veröffentlichungen des Statistischen Bundesamts (z.B. Lenuweit 2007, 32). Die vorliegende Arbeit muss sich allerdings aus praktischen Gründen an dem ersten Armuts- und Reichtumsbericht der Bundesregierung orientieren, da neben der Gesamtpersonenanzahl im Haushalt nur Informationen darüber vorliegen, wie viele Haushaltsmitglieder 15 Jahre und älter sind.

Haushaltsgewicht ermittelt werden (MW=1,74; SD=0,60).[66] Informationen zum Haushaltsnettoeinkommen liegen für 76,3 Prozent der Stichprobe vor. Das Äquivalenz-Einkommen kann für 75,6 Prozent der Befragten angegeben werden (MW=1662,11; SD=1540,31). Für die Analyse werden wieder Kategorien gebildet; Abbildung 20 ist die Verteilung zu entnehmen. Für knapp ein Viertel der Befragten kann ein entsprechendes Äquivalenz-Einkommen allerdings nicht bestimmt werden.

Abbildung 20: Äquivalenz-Einkommen der Befragten in Gruppen (in Prozent; Fallzahl: 11.870)

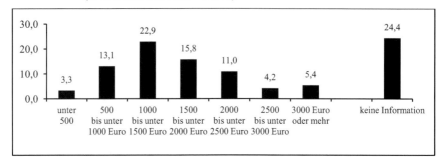

Empirische Analysen

In Tabelle 17 sind die mittleren Unterstützungswerte für Effektivität, Legitimität und Identifikation in Abhängigkeit der Einkommensgruppe dargestellt. Offensichtlich besteht zwischen Einkommen und Zufriedenheit mit der Arbeit des Europäischen Parlaments, der Europäischen Kommission und der Funktionsweise der Demokratie kein Zusammenhang. Dies widerspricht der Erwartung I19 und damit der Argumentation von Gabel und Palmer. Dagegen lassen sich positive Beziehungen für die Legitimität und Identifikation belegen. Die durchschnittliche Unterstützung der Legitimität und der Identifikation nimmt mit dem Einkommen zu; bei der Identifikation beschränkt sich diese Beziehung allerdings auf die unteren Einkommensgruppen. Die Resultate bieten damit empirische Evidenz für Erwartung I20 und bestätigen eingeschränkt Erwartung I21.

---

66 Für Personen, die die Fragen „Wie viele Personen leben ständig in ihrem Haushalt, Sie selbst eingeschlossen? Denken Sie bitte auch an alle im Haushalt lebenden Kinder" und „Und wie viele Personen, Sie selbst eingeschlossen, sind in Ihrem Haushalt 15 Jahre und älter?" mit „weiß nicht" oder „keine Angabe" beantwortet haben, konnte kein Haushaltsgewicht berechnet werden.

Tabelle 17: Einkommen und politische Unterstützung der EU

	Effektivität	Legitimität	Identifikation
unter 500 Euro	0,54	0,53	0,66
500 bis unter 1000 Euro	0,54	0,53	0,67
1000 bis unter 1500 Euro	0,54	0,55	0,69
1500 bis unter 2000 Euro	0,55	0,56	0,68
2000 bis unter 2500 Euro	0,54	0,57	0,69
2500 bis unter 3000 Euro	0,53	0,58	0,68
3000 Euro oder mehr	0,54	0,60	0,69
F-Tests	0,39	12,48***	2,16*
Fallzahl	8930	8962	8973

Anmerkungen: Mittelwerte. *=p<0,05; **=p<0,01; ***=p<0,001. Zur Kodierung der abhängigen Variablen siehe Kapitel 3.3.

4.1.6 Religion

Politik und Religion stehen in einer engen wechselseitigen Beziehung (Bizeul 2009, 29; Pickel 2011b, 419-434; Seresse 2011, 283-299). Lipset und Rokkan (1967) bezeichnen den (nationalstaatlichen) Konflikt zwischen Staat und Kirche als eine gesellschaftliche Konfliktlinie, die die Entstehung der Parteiensysteme in westlichen Demokratien nachhaltig geprägt hat. Eine Konfliktlinie trennt die Mitglieder einer Gesellschaft in verschiedene Gruppen, die sich hinsichtlich politischer Einstellungen und Verhaltensweisen voneinander unterscheiden (siehe z.B. Dalton 2008a, 152-160; Schoen 2005a, 173-181). Säkularisierungs- und Individualisierungsprozesse lassen allerdings einen rückläufigen Einfluss von Religion auf politische Orientierungen erwarten (siehe z.B. Bürklin/Klein 1998, 82; Schnell/Kohler 1995; 1997). Neuere Studien widersprechen diesen Erwartungen: Religion spielt für die Erklärung politischer Einstellungen sowie Verhalten weiterhin eine Rolle (siehe z.B. Roßteutscher 2012; 2007; Botterman/Hooghe 2012; Elff/Roßteutscher 2009; Elff 2007; Arzheimer/Schoen 2007; Esmer/Pettersson 2007). Empirische Befunde widersprechen zudem der Annahme einer anhaltenden Säkularisierung breiter Bevölkerungsschichten (z.B. Bertelsmann-Stiftung 2009; Pollack 2011; siehe aber Meulemann 2012; Norris/Inglehart 2004, 85-89).

Mit Blick auf die EU lassen emotional geführte Diskussionen um die Aufnahme eines Gottesbezugs in der Europäischen Verfassung sowie Auseinandersetzungen um einen möglichen EU-Mitgliedsbeitritt der Türkei ein vielfältiges Spektrum aktueller Problemlagen zwischen Politik und Religion auf europäischer Ebene erkennen (siehe z.B. Gerhards 2006, 57-100; Pickel 2011a, 275;

McCrea 2010; Jansen 2000).[67] Entsprechend wurden in den vergangenen Jahren verstärkt Arbeiten vorgelegt, die die Rolle der Religion für die Bewertung des europäischen Integrationsprozess untersuchen (z.B. Hobolt et al. 2011; Nelsen et al. 2011; De Vreese et al. 2009). Dabei werden mehrere Argumente genannt, die für einen Zusammenhang von Religion und Konfession auf die politische Unterstützung der EU sprechen. Nach Boomgaarden und Freire (2009, 1243) ist die EU eine Gemeinschaft, die auf christlichen Werten basiert (siehe auch Thomas 2005, 166-171; Gabriel 2008, 181; eher kritisch Adam 2006).[68] Nelsen et al. (2001, 193) verweisen dabei auf das transnationale Element, das in der christlichen Konfession verankert ist. Beide Argumente lassen den Schluss zu, dass Angehörige christlicher Konfessionen die EU stärker unterstützen als Konfessionslose. Zudem sollte die Zustimmung zur Staatengemeinschaft auch in Abhängigkeit der christlichen Konfession variieren.

> „It has been argued that the EU is a predominantly Catholic project that is in line with and reflects Catholic universalism and its adherence to a supranational power. To *Catholicism* and Catholic social theory European unification reflects the traditional idea of a unified moral leadership transcending national boundaries and safeguarding Christian values under the power of a central authority, the Pope." (Boomgaarden/Freire 2009, 1243; Hervorhebung im Original)

Nelsen et al. (2001, 193) verweisen zudem auf die Initiierung des europäischen Integrationsprozesses durch katholische Politiker und die Unterstützung desselben durch den Vatikan (siehe auch Haller 2009b, 101; Chelini-Pont 2009; Chenaux 1994). Auch deshalb sollten Angehörige der römisch-katholischen Kirche die EU stärker unterstützen als Protestanten. Der Einfluss der Konfessionszugehörigkeit auf europäische Orientierungen sollte allerdings nicht überbewertet werden. Die Mitgliedschaft in einer Religionsgemeinschaft erlaubt keine abschließende Bewertung, welche Bedeutung eine Person der Konfession für das eigene Leben beimisst. Religiosität setzt zwar in der Regel die kirchliche Zugehörigkeit voraus, aber umgekehrt gilt dies natürlich nicht.[69] Der Einfluss der

---

67 Insbesondere zu einem möglichen EU-Beitritt der Türkei wurden in jüngerer Zeit mehrere Analysen veröffentlicht (siehe z.B. De Vreese et al. 2012; Boomgaarden/Wüst 2012; Gerhards/Hans 2011; De Vreese et al. 2008; Schoen 2008; McLaren 2007b; Wuermeling 2007; 2008; Arzheimer 2008).

68 Wie Gerhards (2006, 59-63) aber zu Recht betont, versteht sich die EU als Wertegemeinschaft, „die selbst keine spezifische religiöse Orientierung präferiert und entsprechend religiös unterbestimmt, ja ungebunden ist". Die Mitgliedsländer der Staatengemeinschaft stehen zwar in einer christlichen Tradition, aber die Vertragstexte selbst enthalten keinen Verweis auf das Christentum oder auf Gott (siehe auch Robbers 1995; 2003).

69 Nach Meulemann (2004, 59) ist Religiosität ohne kirchliche Zugehörigkeit eine Ausnahme: „Eine mehr oder minder große Minderheit sieht sich als religiös, aber nicht kirchlich an; umgekehrt sieht sich jedoch so gut wie jeder, der sich einer Kirche zuordnet, ihre Lehren glaubt und ihre Riten praktiziert, als religiös an."

Konfession auf proeuropäische Orientierungen sollte daher insbesondere von der Kirchentreue der Person abhängen (Nelsen et al. 2001, 193).

Die empirischen Befunde zu einem Einfluss der Religion auf europäische Orientierungen sind allerdings uneinheitlich. Weßels (1995a), Nelsen et al. (2001), Nelsen und Guth (2003), Nelsen et al. (2011) sowie Scheuer und van der Brug (2007) finden auf Individualebene einen Zusammenhang zwischen Konfession und politischer Unterstützung; Boomgaarden und Freire (2009) sowie Scherer (2009) allerdings nicht. Hagevi (2002) kann zudem zeigen, dass in Schweden Angehörige nicht-christlicher Konfessionen die EU stärker unterstützen als Protestanten. Die widersprüchlichen Ergebnisse sind vermutlich in erster Linie auf eine unterschiedliche Operationalisierung der politischen Unterstützung zurückzuführen. Boomgaarden und Freire (2009) sowie Scherer (2009) verwenden in ihrer Analyse eine Frage als abhängige Variable, die die Zustimmung zu weiteren Integrationsschritten abfragt, während in den anderen Arbeiten die aktuelle politische Unterstützung erfasst wird. Keine der Arbeiten unterscheidet explizit zwischen verschiedenen Objekten der politischen Unterstützung. Hagevi (2002) betrachtet zudem den Sonderfall „Schweden", wobei in seinen Analysen nicht der Zusammenhang zwischen katholischer Konfession und EU-Zustimmung untersucht wird.

Erwartungen

Für einen Zusammenhang zwischen Konfession und Effektivität lassen sich unterschiedliche Erwartungen formulieren. Auf der einen Seite handelt es sich bei der EU um eine christliche Wertegemeinschaft. Daher könnten Christen die politischen Autoritäten grundsätzlich positiver bewerten als Konfessionslose. Auf der anderen Seite zeigen Diskussionen um einen Gottesbezug in der Europäischen Verfassung, ein vom Vatikan abgelehnter möglicher EU-Beitritt der Türkei oder die Kritik am Kruzifix-Urteil des Europäischen Gerichtshofs für Menschenrechte allerdings, dass die Beziehung zwischen der Staatengemeinschaft und Kirche nicht immer spannungsfrei ist. Dies könnte sich in einer schlechteren Bewertung der politischen Autoritäten ausdrücken. Deshalb lässt sich eine entsprechende Erwartung über den Zusammenhang zwischen Religion und Effektivität nur spekulativ formulieren. Trotz der gelegentlich kritischen Diskussionen scheint die Annahme vertretbar, dass Mitglieder einer christlichen Konfession eine größere Zufriedenheit mit den Leistungen der politischen Autoritäten zeigen als Konfessionslose.

I22. Mitglieder einer christlichen Konfession bewerten die Effektivität der EU positiver als Konfessionslose.

Die Akzeptanz des politischen Systems beruht auf Normen. Die Legitimität der Europäischen Union dürfte damit in erster Linie von der Übereinstimmung der durch das System verkörperten Normen und den für den Bürger als wichtig erachteten Normen abhängig sein. Als Staatengemeinschaft, die auf christlichen Werten basiert, ist ein positiver Zusammenhang zwischen der christlichen Konfessionszugehörigkeit und der Bewertung der Legitimität plausibel. Zudem sind Normen ein wesentliches Element von Religion. Es ist daher anzunehmen, dass Angehörige einer (christlichen) Konfession eher Normen unterstützen als Konfessionslose.

> I23. Mitglieder einer christlichen Konfession bewerten die Legitimität der EU positiver als Konfessionslose.

Die Europäische Union ist nicht nur eine geographische Einheit, sondern auch ein durch die Werte des Christentums geprägter Kulturraum (Gabriel 2008, 181). Daher sollten sich Angehörige einer christlichen Religion eher mit der politischen Gemeinschaft verbunden fühlen als Konfessionslose.

> I24. Mitglieder einer christlichen Konfession zeigen eine positivere Identifikation mit der EU als Konfessionslose.

Der Europäische Integrationsprozess wurde von katholischen Politikern initiiert und vom Vatikan unterstützt. Daher ist denkbar, dass Katholiken die EU stärker unterstützen als Protestanten. Folgende Erwartungen werden formuliert:

> I25. Katholiken bewerten die Effektivität der EU positiver als Protestanten.
>
> I26. Katholiken bewerten die Legitimität der EU positiver als Protestanten.
>
> I27. Katholiken zeigen eine positivere Identifikation mit der EU als Protestanten.

Neben der Konfessionszugehörigkeit könnte auch die Kirchentreue eine Rolle bei der Bewertung der Europäischen Union spielen. Je stärker sich eine Person mit der Kirche verbunden fühlt, desto stärker ihre politische Unterstützung. Es werden drei Erwartungen formuliert, die den Zusammenhang zwischen Kirchentreue und politischer Unterstützung untersuchen.

> I28. Je größer die Kirchentreue, desto positiver wird die Effektivität der EU bewertet.
>
> I29. Je größer die Kirchentreue, desto positiver wird die Legitimität der EU bewertet.
>
> I30. Je größer die Kirchentreue, desto positiver ist die Identifikation mit der EU.

Operationalisierung

Der Fragebogen der Bürgerbefragung beinhaltet zwei Items zu Religion. Zunächst wurde die Konfession erfasst. Die entsprechende Frage lautet:

Welcher Religionsgemeinschaft gehören Sie an?

Wie Abbildung 21 zeigt, lassen sich knapp 95 Prozent der Befragten einer von drei Gruppen zuordnen: der protestantisch-evangelischen Kirche, der römisch-katholischen Kirche oder keiner Religionsgemeinschaft. Die restlichen fünf Prozent verteilen sich auf eine Vielzahl von Religionsgruppen; insbesondere die Kategorie „andere Religionsgemeinschaft" verdeutlicht diese Heterogenität. Diese Gruppe umfasst unter anderem Buddhisten, Hindus, Anhänger von Naturreligionen und Zeugen Jehovas sowie Mormonen. Die Häufigkeit der „weiß nicht"- und „keine Angaben"-Antworten ist unauffällig.

Abbildung 21: Religionsgemeinschaft der Befragten
(in Prozent; Fallzahl: 11.870)

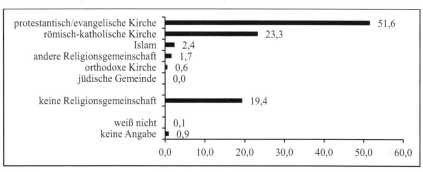

Für die Analysen werden die Befragten in Abhängigkeit ihrer Konfession in vier Gruppen eingeteilt: protestantisch/evangelisch (51,6 Prozent), römisch-katholisch (23,3 Prozent), keine (19,4 Prozent) und sonstige Konfession (5,7 Prozent). Die Gruppe „Sonstige" umfasst neben den Angehörigen des Islams, der jüdischen Gemeinde und der orthodoxen Kirche auch alle Personen, die eine andere Religionsgemeinschaft genannt oder die entsprechende Frage mit „weiß nicht" und „keine Angabe" beantwortet haben. Diese Gruppe zeichnet sich daher durch eine sehr heterogene Zusammensetzung aus und die Befunde können inhaltlich kaum interpretiert werden. Durch diese Vorgehensweise werden allerdings alle Befragten bei der Analyse berücksichtigt.

Direkt nach der Frage zur Religionsgemeinschaft wurden die Personen gebeten, anzugeben, wie häufig sie den Gottesdienst besuchen. Der Gottesdienstbesuch ist ein Indikator der Kirchentreue bzw. der kirchlichen Praxis (Meulemann 2004, 58-59) und wurde mit folgender Frage erfasst:

Abgesehen von besonderen Anlässen wie Hochzeiten und Beerdigungen, wie oft gehen Sie derzeit zum Gottesdienst? Ist das mehr als einmal in der Woche, einmal in der Woche, ein- bis dreimal im Monat, mehrmals im Jahr, seltener oder nie?

Wie Abbildung 22 zeigt, besuchen rund 20 Prozent der Befragten mindestens ein- bis dreimal im Monat einen Gottesdienst. Etwa die gleiche Anzahl der Personen zählt zur Gruppe, die mehrmals im Jahr einen Gottesdienst besucht. Mit über 55 Prozent der Befragten besucht allerdings die Mehrheit der Bürger seltener oder nie einen Gottesdienst. Mit 0,7 Prozent ist der Anteil der fehlenden Werte – „weiß nicht" und „keine Angabe" – unauffällig. Um keine Personen aus der Analyse auszuschließen und das Niveau der Kirchgangshäufigkeit nicht zu überschätzen, werden diese Befragten der Antwortkategorie „nie" zugeordnet.

Abbildung 22: Kirchgangshäufigkeit der Befragten (in Prozent; Fallzahl: 11.870)

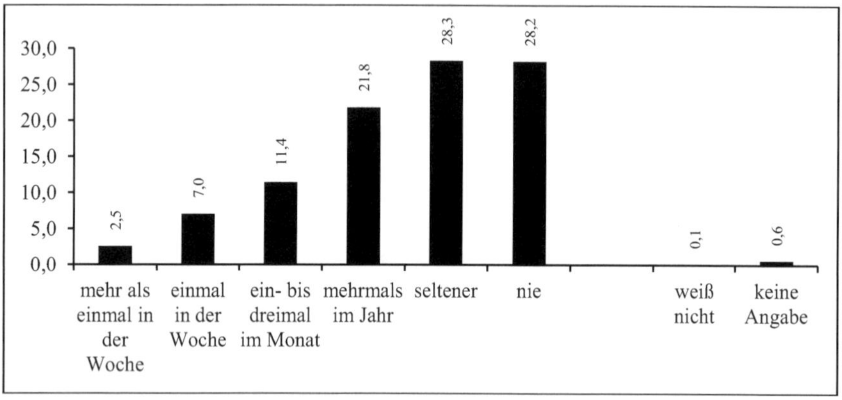

Kategorie	Prozent
mehr als einmal in der Woche	2,5
einmal in der Woche	7,0
ein- bis dreimal im Monat	11,4
mehrmals im Jahr	21,8
seltener	28,3
nie	28,2
weiß nicht	0,1
keine Angabe	0,6

Empirische Analysen

Zunächst werden die Zusammenhänge zwischen Konfession und europäischen Orientierungen untersucht. Dazu wird die durchschnittliche Unterstützung der Effektivität, Legitimität und Identifikation in Abhängigkeit der Konfession berechnet. Die Ergebnisse dieser Berechnungen sind Tabelle 18 zu entnehmen. Dabei zeigen Konfessionslose auf allen drei Unterstützungsformen ein niedrigeres Niveau als Protestanten und Katholiken. Die Mitglieder einer christlichen Konfession sind mit der Arbeit der europäischen Institutionen zufriedener, zeigen eine größere Akzeptanz des Regimes und fühlen sich mit der politischen Gemeinschaft verbundener als Personen, die keiner Konfession angehören. Die Erwartungen I22, I23 und I24 sind damit bestätigt. Interessanterweise zeigen Personen der Kategorie „Sonstige" die größte Zufriedenheit, bei der Legitimität liegt das durchschnittliche Unterstützungsniveau zwischen den Angehörigen einer christlichen Konfession und den Konfessionslosen. Die Ergebnisse sind aufgrund der inhaltlichen Heterogenität dieser Gruppe allerdings schwierig zu bewerten.

Tabelle 18: Religionsgemeinschaft und politische Unterstützung der EU

	Effektivität	Legitimität	Identifikation
Protestant	0,55	0,56	0,69
Katholik	0,55	0,57	0,70
Konfessionslos	0,51	0,54	0,64
Sonstige	0,57	0,55	0,66
F-Tests	41,96***	5,97***	35,21***
Fallzahl	11.777	11.835	11.859

Anmerkungen: Mittelwerte. *=p<0,05; **=p<0,01; ***=p<0,001. Zur Kodierung der abhängigen Variablen siehe Kapitel 3.3.

Bei den Erwartungen wurde formuliert, dass Katholiken die EU möglicherweise stärker unterstützen als Protestanten (I25 bis I27). Als Begründung wurde auf die Initiierung des europäischen Integrationsprozess durch katholische Politiker und die Unterstützung durch den Vatikan verwiesen. Für eine Überprüfung dieser Zusammenhänge werden t-Tests der durchschnittlichen Unterstützung der Katholiken und Protestanten berechnet. Weder bei der Effektivität ($|t|$=1,44, df=8814, p>0,05) noch bei der Legitimität ($|t|$=1,79, df=8858, p>0,05) lassen sich entsprechende Unterschiede belegen, dagegen zeigen Katholiken eine stärkere Identifikation ($|t|$=2,91, df=8880, p<0,05) mit der politischen Gemeinschaft als Protestanten. Die Erwartungen I25 und I26 sind damit widerlegt, I27 bestätigt. Die Befunde lassen insgesamt den Schluss zu, dass trotz Säkularisierungs- und Individualisierungsprozessen die Konfessionszugehörigkeit weiterhin einen Einfluss auf politische Orientierungen hat (siehe dazu auch die Beiträge in Brettschneider et al. 2002a).

Abschließend werden noch die Zusammenhänge zwischen dem Gottesdienstbesuch und der politischen Unterstützung untersucht. In Tabelle 19 sind die entsprechenden Korrelationen dargestellt. Dabei zeigen sich durchweg positive und signifikante Korrelationen zwischen der Kirchgangshäufigkeit und der politischen Unterstützung. Je häufiger eine Person den Gottesdienst besucht, desto höher ist die Effektivität, Legitimität und Identifikation. Die empirischen Ergebnisse bestätigen damit die Erwartungen I28 bis I30.

Tabelle 19: Kirchgangshäufigkeit und politische Unterstützung der EU

	Effektivität	Legitimität	Identifikation
Korrelation (Pearson's r)	0,09***	0,05***	0,09***
Fallzahl	11.777	11.835	11.859

Anmerkungen: *=p<0,05; **=p<0,01; ***=p<0,001. Zur Kodierung der abhängigen Variablen siehe Kapitel 3.3.

4.1.7. Multivariate Analysen

Eine Übersicht der Erwartungen und Befunde zu den Zusammenhängen zwischen den soziodemographischen Merkmalen und den drei Unterstützungsformen bietet Tabelle 20. Von den formulierten Erwartungen konnten etwa zwei Drittel ganz oder zumindest eingeschränkt bestätigt werden. Eine hohe Übereinstimmung zwischen den Erwartungen und den empirischen Ergebnissen lässt sich für die Schichtzugehörigkeit und die Konfession belegen. Je höher die subjektive Schichtzugehörigkeit, desto positiver bewerten die Bürger Effektivität, Legitimität und Identifikation. Angehörige christlicher Konfessionen zeigen eine höhere Unterstützung als Konfessionslose. Die höhere Unterstützung der Katholiken im Vergleich zu den Protestanten konnte allerdings nur bei der Identifikation bestätigt werden.

Beim Geschlecht trifft dagegen keine Erwartung zu. Frauen bewerten die Effektivität positiver als Männer und zeigen eine höhere Identifikation mit der EU. Bei der Legitimität konnte bei der bivariaten Betrachtung kein Unterschied ausgemacht werden. Die Ergebnisse zum Zusammenhang zwischen Alter/Kohortenzugehörigkeit und europäischen Orientierungen sind schwierig zu interpretieren. Es lassen sich sowohl lineare als auch kurvilineare Zusammenhänge zwischen Alter und europäischen Orientierungen nachweisen. Die Befunde sprechen damit eindeutig für mögliche Lebenszykluseffekte. Die Erwartungen zur Kohortenzugehörigkeit lassen sich nur eingeschränkt bestätigen. Insbesondere die älteste und die jüngste Geburtskohorte zeigen eine höhere Effektivität, Legitimität und Identifikation als die beiden mittleren Kohorten. Die Zusammenhänge entsprechen allerdings nur teilweise den Erwartungen. Bei Bildung und Einkommen zeigen sich in Abhängigkeit der betrachteten Unterstützungsform unterschiedliche Beziehungen. Eine höhere Bildung geht mit einer positiveren Bewertung der Legitimität einher, nicht aber mit einer höheren Bewertung der Effektivität und Identifikation. Ein ähnliches Muster lässt sich auch beim Einkommen nachweisen.

Tabelle 20: Erwartungen und Befunde zu den soziodemographischen Faktoren

	Effektivität		Legitimität		Identifikation	
	E	B	E	B	E	B
Erwartungen I1 bis I3						
Männer>Frauen	+	-	+	0	+	-
Erwartungen I4 bis I11						
Alter (linear)	+	+	+/-	+	-	+
Alter (kurvilinear)	+	+	+	+	+	+
Kohorte: bis 1940	+	(+)	-	+	-	+
Kohorte: 1941-1963	-	-	-	-	-	+
Kohorte: 1964-1983	-	-	+	-	-	+
Kohorte: ab 1984	-	+	+	+	+	(+)
Erwartungen I12 bis I15						
Bildung	+/-	?	+	+	+	?
Erwartungen I16 bis I18						
Soziale Schicht	+	+	+	+	+	+
Erwartungen I19 bis I21						
Einkommen	+	0	+	+	+	(+)
Erwartungen I22 bis I30						
Protestant	+	+	+	+	+	+
Katholik	+	+	+	+	+	+
Konfessionslos	-	-	-	-	-	-
Kirchgangshäufigkeit	+	+	+	+	+	+

Anmerkungen: E=Erwartung, B=Befund; +=positive Beziehung; -=negative Beziehung; ?=unklare Erwartung/Beziehung; 0=kein Effekt beobachtet; ()=Effekt eingeschränkt beobachtet.

Die Ergebnisse der bivariaten Analysen dürfen allerdings nicht überinterpretiert werden. Die einzelnen soziodemographischen Merkmale hängen teilweise miteinander zusammen, zum Beispiel wirkt sich Bildung sowohl auf das Einkommen als auch auf die Schichtzugehörigkeit aus. Um die einzelnen Determinanten der Effektivität, Legitimität und Identifikation getrennt bzw. unter Kontrolle der anderen Einflussfaktoren untersuchen zu können, wird abschließend eine multiple Regression durchgeführt, bei der alle Einflussfaktoren enthalten sind. Dabei werden auch nicht-signifikante bivariate Beziehungen berücksichtigt, um für mögliche Suppressionseffekte zu kontrollieren (Bortz 2005, 457-461). Die Ergebnisse der multiplen Regressionsanalyse können Tabelle 21 entnommen werden.

Tabelle 21: Soziodemographische Faktoren und politische Unterstützung der EU

	Effektivität		Legitimität		Identifikation	
	B	Beta	B	Beta	B	Beta
Geschlecht: Frauen	0,03***	0,09	0,01**	0,03	0,04***	0,09
Alter						
linear	-0,00*	-0,07	-0,00	-0,06	0,00	0,05
kurvilinear	0,00***	0,14	0,00***	0,13	0,00**	0,05
Geburtskohorte (Referenz: 1964-1983)						
bis 1940	-0,01	-0,02	0,02	0,03	0,03*	0,05
1941-1963	0,01	0,03	0,01	0,02	0,02*	0,05
ab 1984	0,04***	0,07	0,03*	0,05	0,04**	0,06
Bildung (Referenz: Abitur)						
Hauptschule	0,01	0,02	-0,05***	-0,09	0,02**	0,03
Mittlere Reife	-0,00	-0,01	-0,03***	-0,07	0,01	0,02
Fachhochschulreife	-0,00	-0,01	-0,02*	-0,02	0,00	0,00
Studium	0,01	0,02	0,03***	0,06	-0,00	-0,00
Soziale Schicht	0,02***	0,11	0,02***	0,08	0,03***	0,12
Einkommen (Referenz 1500 bis unter 2000 Euro)						
unter 500 Euro	-0,02*	-0,02	-0,03**	-0,03	-0,02	-0,02
500 bis < 1000 Euro	-0,01	-0,02	-0,02*	-0,03	-0,01	-0,01
1000 bis < 1500 Euro	-0,00	-0,01	-0,00	-0,00	0,01	0,01
2000 bis < 2500 Euro	-0,00	-0,01	0,01	0,01	0,01	0,01
2500 bis < 3000 Euro	-0,01	-0,01	0,01	0,00	0,00	0,00
3000 und mehr Euro	-0,01	-0,01	0,02*	0,02	0,00	0,00
fehlende Information	-0,02***	-0,06	-0,01	-0,02	-0,01	-0,01
Konfession (Referenz: keine)						
Protestant	0,02***	0,07	0,01*	0,03	0,02***	0,06
Katholik	0,03***	0,06	0,02**	0,04	0,04***	0,07
Sonstige	0,03***	0,03	-0,01	-0,01	0,00	0,00
Kirchgangshäufigkeit	0,01***	0,07	0,01***	0,04	0,01***	0,04
Korrigiertes R^2 in Prozent	7,22		6,36		4,73	
Fallzahl	11.442		11.492		11.515	

Anmerkungen: OLS-Regression. B=unstandardisierter Regressionskoeffizient; Beta=standardisierter Regressionskoeffizient. *=p<0,05; **=p< 0,01; ***=p<0,001. Zur Kodierung der abhängigen Variablen siehe Kapitel 3.3.

Dabei wird deutlich, dass auch bei der multivariaten Betrachtung die subjektive Schichtzugehörigkeit ein relevanter Faktor für alle drei Unterstützungsformen darstellt. Eine hohe gesellschaftliche Position geht mit einer stärkeren Zufriedenheit mit der Arbeit der politischen Autoritäten, einer größeren Akzeptanz des politischen Regimes und einer stärkeren Verbundenheit mit der politischen Gemeinschaft einher. Diese Schlussfolgerung lässt sich ebenfalls auf die Konfessionszugehörigkeit übertragen. Katholiken und Protestanten zeigen gegenüber Konfessionslosen eine höhere Effektivität, Legitimität und Identifikation. Auch unter Berücksichtigung von Bildung, Einkommen und Schichtzugehörigkeit ist in Tabelle 21 eindeutig die Relevanz des Geschlechts für europäische Orientierungen erkennbar. Dieser Befund ist überraschend, da bei Berücksichtigung von Schicht, Bildung und Einkommen eher mit geringeren Geschlechterdifferenzen zu rechnen war. Schließlich wird der *gender gap* in den europäischen Einstellungen häufig auf die strukturellen Disparitäten zwischen Männern und Frauen zurückgeführt (siehe Kapitel 4.1.1). Das Ausmaß der geschlechtsspezifischen Unterschiede variiert zwar zwischen den Unterstützungsarten, doch das Muster ist eindeutig: Frauen zeigen im Durchschnitt eine höhere politische Unterstützung als Männer. Bei der bivariaten Analyse war dieser Befund noch auf die Effektivität und Legitimität beschränkt, in der multivariaten Betrachtung zeigt sich bei allen drei Unterstützungsformen ein geschlechtsspezifischer Effekt. Dagegen variiert – wie bereits bei der bivariaten Betrachtung – die Relevanz der Bildung für europäische Einstellungen in Abhängigkeit der betrachteten Unterstützungsform. Bei der Effektivität zeigen sich keine Effekte, allerdings belegen die Resultate in Tabelle 21 eine interessante Konstellation für die Legitimität. Im Vergleich zu Abiturienten bewerten Personen mit einem geringeren Bildungsniveau die Legitimität der EU schlechter, Befragte mit einer höheren Bildung zeigen dagegen eine stärkere Unterstützung des politischen Regimes. Die Ergebnisse in Tabelle 21 sprechen zudem für die Existenz von Lebenszyklus- als auch Kohorteneffekten. Insbesondere die jüngste Kohorte steht der Europäischen Union positiv gegenüber.

Die bisher präsentierten Befunde weisen eindeutig darauf hin, dass soziodemographische Merkmale in Zusammenhang mit der Unterstützung der EU stehen. Insbesondere für die Schichtzugehörigkeit und die Konfession lassen sich konsistente Beziehungen belegen. Die erklärte Varianz der Modelle ist allerdings sehr bescheiden. Maximal sieben Prozent der Varianz können mit den berücksichtigten soziodemographischen Merkmalen erklärt werden. Um den Einfluss der verschiedenen Determinanten zu bewerten, werden einzelne lineare Regressionen berechnet. In Tabelle 22 ist der Anteil der erklärten Varianz für die einzelnen Bestimmungsfaktoren dargestellt. Kein Merkmal kann mehr als fünf Prozent der Varianz aufklären, den stärksten Beitrag leistet das Alter und die

Kohortenzugehörigkeit. Geschlecht und Einkommen leisten mit maximal einem Prozent Varianzaufklärung den geringsten Anteil.

Tabelle 22: Erklärte Varianz der soziodemographischen Faktoren

	Effektivität	**Legitimität**	**Identifikation**
Geschlecht	0,70	-0,00	0,92
Alter und Kohorte	3,83	2,51	1,68
Bildung	0,29	2,45	0,07
Soziale Schicht	1,77	2,02	1,38
Einkommen	-0,04	0,61	0,06
Religion	1,41	0,27	1,23
Gesamt	7,22	6,36	4,73
Fallzahl	11.442	11.492	11.515

Anmerkung: Dargestellt ist jeweils das korrigierte R^2 in Prozent.

4.2 Politische Faktoren

Zur zweiten Gruppe individueller Erklärungsansätze gehören Merkmale der Bürger, die unmittelbar als politischer Faktor bezeichnet werden können: kognitive Mobilisierung, das politische Interesse, die Parteipräferenz, die ideologische Positionierung auf der Links-Rechts-Skala sowie die politische Informationsnutzung. Außerdem werden mit Wertorientierungen und Kosten-Nutzen-Überlegungen Motive der Bürger berücksichtigt, die – wie in den folgenden Abschnitten gezeigt wird – in enger Nähe zu den politischen Faktoren zu verorten sind.

4.2.1 Kognitive Mobilisierung

Die Ausbreitung der Medien und der Massenkommunikation sowie insbesondere die Bildungsexpansion (siehe z.B. Müller 1998a; Beiträge in Hadjar/Becker 2006b) haben seit den 1960er Jahren zu einer kognitiven Mobilisierung der Bevölkerung geführt. Kognitive Mobilisierung umfasst zwei unterschiedliche Entwicklungen, die Russell Dalton prägnant zusammenfasst:

„First, the public's ability to process political information has increased, as a function of higher levels of education and political sophistication among the electorate. Second, the cost of acquiring political information has decreased, such as through the expansion of the mass media and other information sources. Cognitive mobilization thus means that more citizens now possess the political resources and skills that better prepare them to deal with the complexities of politics and reach their own political decisions without reliance of affective, habitual party cues or other external cues." (Dalton 2007, 276)

Nach dieser Beschreibung bedeutet kognitive Mobilisierung eine Erweiterung der Fähigkeiten, mit Politik umzugehen. Bürger mit einer stärkeren kognitiven Mobilisierung sind mit höheren kognitiven Kompetenzen zur Wahrnehmung, Verarbeitung und Reflexion von Informationen aus der politischen Sphäre ausgestattet (Hadjar/Becker 2006a, 14; 2006c, 181) und verfügen daher über einen „einfacheren Zugang zur Politik" (Krimmel 2000, 628). Eine höhere kognitive Mobilisierung reduziert die Kosten der Informationsbeschaffung und Auseinandersetzung mit politischen Themen und fördert dadurch eine stärkere politische Involvierung (Dalton 1984, 267; 2007, 276).

Inglehart (1970a; 1970b; 1977) hat bereits in den 1970er Jahren auf einen Zusammenhang zwischen kognitiver Mobilisierung und Einstellungen zur EU aufmerksam gemacht.[70] Er bezeichnet kognitive Mobilisierung als „Fähigkeiten, die notwendig sind, um sich in einer ausgedehnten politischen Gemeinde zurechtzufinden" (Inglehart 1995, 419). Mit Blick auf die EU betont Inglehart, dass Personen mit einer höheren kognitiven Mobilisierung eine größere Chance haben „to receive and absorb messages relating to a remote political community" (Inglehart 1970a, 48) und „Cognitive Mobilization should encourage support for European institutions insofar as it helps make them more familiar, less threatening" (1977, 338). Danach reduziert kognitive Mobilisierung das Unbehagen vor weit entfernten und komplexen Gebilden wie zum Beispiel dem politischen System der Europäischen Union, verringert Bedrohungsgefühle und fördert die Einsicht für die Sinnhaftigkeit internationaler Zusammenarbeit (siehe auch Niedermayer 1991, 345). Inglehart erwartet daher eine positive Beziehung zwischen dem Grad der kognitiven Mobilisierung und proeuropäischen Einstellungen. Diese Relation kann er empirisch belegen (Inglehart 1970a), seine Ergebnisse werden auch von weiteren Studien bestätigt (Inglehart 1970b; 1977;

---

[70] Inglehart (1970a, 47) bezeichnet in seiner Pionierarbeit zu diesem Thema kognitive Mobilisierung zwar als notwendige, nicht aber als hinreichende Bedingung für die Unterstützung der EU. Er formuliert eine Interaktion zwischen dem Niveau der kognitiven Mobilisierung und der vorherrschenden Bewertung der EU durch Medien oder gesellschaftliche Eliten. Bei einer überwiegend positiven Bewertung der EU erwartet er eine positive Relation zwischen dem Grad der kognitiven Mobilisierung und der Zustimmung zur EU. Dominiert dagegen ein negatives Meinungsbild sollten Personen mit einer höheren kognitiven Mobilisierung die EU mit größerer Zurückhaltung bewerten als nicht kognitiv mobilisierte Personen (Inglehart 1970a, 47). Diese theoretisch postulierte Wechselbeziehung hat Inglehart – und auch andere Autoren – allerdings keiner empirischen Überprüfung unterzogen (siehe dazu auch Gabel 1998b, 335). In späteren Arbeiten wird diese Erwartung auch nicht mehr formuliert und Inglehart unterstellt eine positive Beziehung zwischen dem Niveau kognitiver Mobilisierung und der Zustimmung zur EU.

Inglehart/Rabier 1978). Diese Beziehung schwächte sich in den 1980er Jahren allerdings merklich ab. Für diese Entwicklung führen Inglehart et al. (1987, 147-148) zwei Erklärungen an. Einerseits unterstützen zunehmend auch Bevölkerungsgruppen mit geringeren kognitiven Kompetenzen die Europäische Integration. Andererseits werde die EU gerade bei höher gebildeten Personen kritischer wahrgenommen, weil nationale Auseinandersetzungen und bürokratische Machtkämpfe den europäischen Integrationsprozess lähmen.

Neuere Arbeiten bestätigen eine schwache positive Beziehung zwischen kognitiver Mobilisierung und proeuropäischen Orientierungen (siehe z.B. Janssen 1991, 458; Gabel 1998b, 348; Gabel 1998c, 95-97; Anderson/Kaltenthaler 1996, 241; Scheuer 2005, 120; Scheuer/van der Brug 2007, 103).[71] Mit dem Grad der kognitiven Mobilisierung scheint grundsätzlich die Zustimmung zur EU zu steigen. Die unterschiedliche Operationalisierung der unabhängigen und abhängigen Variablen erschwert allerdings erheblich den Vergleich der einzelnen Studien. Einzelne Autoren unterscheiden in Anlehnung an Easton (1965; 1975; siehe auch Kapitel 3.2) zwar theoretisch zwischen spezifischer und diffuser Unterstützung der EU (z.B. Inglehart et al. 1987; Gabel 1998c), diese Differenzierung führt allerdings nicht zu unterschiedlichen Erwartungen hinsichtlich der betrachteten Unterstützungsart. Dagegen unterscheiden Karp et al. (2003, 275-276) nicht zwischen verschiedenen Formen politischer Unterstützung, formulieren aber dennoch unterschiedliche Erwartungen zwischen dem Grad der kognitiven Mobilisierung und der Zustimmung zur EU. Einerseits sollen Bürger mit höheren politischen Fähigkeiten die EU stärker unterstützen, weil diese die kognitiven Kompetenzen besitzen, die für ein besseres Verständnis der Arbeits- und Funktionsweise der europäischen Institutionen notwendig sind. Dies fördere das Verständnis für den politischen Prozess und erhöhe die grundsätzliche Akzeptanz des Regimes. Andererseits sei aber auch denkbar, dass kognitiv höher mobilisierte Bürger die Europäische Union schlechter bewerten, weil diese Personengruppe Defizite im politischen Prozess – insbesondere mit Blick auf ein mögliches Demokratiedefizit – eher wahrnimmt als Bürger mit geringeren politischen Fähigkeiten (siehe auch Mößner 2009). Diese Annahme ist durchaus plausibel – allerdings nur, wenn zwischen verschiedenen Formen politischer Unterstützung unterschieden wird. Mit anderen Worten: Die Beziehung zwischen kognitiver Mobilisierung und Zustimmung zur Europäischen Union sollte in Abhängigkeit der betrachteten Unterstützungsart variieren. Diese Argumentation fordert differenzierte Erwartungen über mögliche Zusammenhänge zwischen kognitiver Mobilisierung und Zustimmung zur EU, bei denen zwischen verschiedenen Formen politischer Unterstützung unterschieden wird.

---

71   Gabel (1998b, 348) kann diesen Zusammenhang allerdings nur bei den Gründungsmitgliedern der EU feststellen.

Erwartungen

Kognitiv mobilisierte Bürger sind eher in der Lage, die Defizite des politischen Prozesses wahrzunehmen und kritisch zu bewerten. Sie sind durch ihre Fähigkeiten geradezu prädestiniert, eine mögliche Diskrepanz zwischen Realität und Ideal des politischen Systems zu erkennen. Dies kann dann zu einer kritischen Haltung gegenüber den verantwortlichen Autoritäten führen, die für die Lücke zwischen Anspruch und Wirklichkeit verantwortlich sind. Daraus leitet sich folgende Erwartung ab:

> **I31.** Je höher die kognitive Mobilisierung,
> desto negativer wird die Effektivität der EU bewertet.

Kognitiv mobilisierte Menschen haben größere Fähigkeiten politische Informationen wahrzunehmen, zu verarbeiten und entsprechend zu bewerten. Dies fördert das Verstehen von politischen Zusammenhängen, schafft Vertrauen in die zugrunde liegende Ordnung und bildet die Grundlage für eine loyale Haltung gegenüber dem politischen System. Hinsichtlich der Unterstützung der Legitimität wird folgende Erwartung formuliert:

> **I32.** Je höher die kognitive Mobilisierung,
> desto positiver wird die Legitimität der EU bewertet.

Nach Inglehart/Rabier (1978, 86) fördert kognitive Mobilisierung eine kosmopolitische Anschauung. Kosmopolitische Menschen sind weltoffener, internationaler ausgerichtet und überwinden eher das klassische „Kirchturmsdenken", das die örtliche, regionale oder auch nationalstaatliche Tradition engstirnig als Maß aller Dinge sieht. Dies sollte sich auch in einer stärkeren Verbundenheit mit einer abstrakteren politischen Gemeinschaft niederschlagen – zum Beispiel der Europäischen Union. Daraus resultiert folgende Erwartung:

> **I33.** Je höher die kognitive Mobilisierung,
> desto positiver ist die Identifikation mit der EU.

Operationalisierung

Für die Operationalisierung von kognitiver Mobilisierung findet sich in der Literatur keine einheitliche Vorgehensweise. Nach Inglehart ist Schulbildung zwar keineswegs dasselbe wie kognitive Mobilisierung, aber „wahrscheinlich doch der beste und am besten zugängliche Indikator" (Inglehart 1995, 419). In frühen Arbeiten nutzt er auch das formale Bildungsniveau als Indikator für kognitive Mobilisierung (siehe z.B. Inglehart 1970a; 1970b, 785), in späteren Arbeiten verwendet Inglehart allerdings die Häufigkeit politische Diskussionen zu führen sowie die Intensität, Freunde von der eigenen politischen Meinung zu überzeugen, als Indikatoren (siehe z.B. Inglehart 1977, 339-340; Inglehart/Rabier 1978, 88; Inglehart et al. 1987, 147). Teilweise ergänzt er beide Indikatoren mit Wissensitems, die den kognitiven Aspekt des Konzepts abdecken sollen. In seinem Buch „Silent Revolution" beurteilt Inglehart (1977, 340) die Verwendung der Schulbildung als Indikator für kognitive Mobilisierung zurückhaltend, da zwischen Bildung und Einkommen bzw. Berufsstatus enge Beziehungen bestehen. Die Arbeiten von Gabel (1998b; 1998c) sind insofern kritisch zu sehen, da er das Konzept auf einen Indikator – die Häufigkeit politische Diskussionen zu führen – reduziert. Dagegen beschränken Anderson/Reichert (1995) die Operationalisierung von kognitiver Mobilisierung auf die formale Schulbildung, während Karp et al. (2003) lediglich Wissensitems nutzen. Für die eigenen Analysen wird eine Operationalisierung von kognitiver Mobilisierung angestrebt, die beiden Aspekten des Konzepts – „Kognition" und „Mobilisierung" – Rechnung trägt.

Für kognitive Fähigkeiten wäre sicherlich die Schulbildung ein möglicher Indikator. Aus zwei Gründen stellt die formale Bildung an dieser Stelle allerdings nicht die optimale Lösung dar. Erstens wurden die Zusammenhänge zwischen formaler Bildung und europäischen Orientierungen bereits in Kapitel 4.1.3 untersucht. Zweitens ist formale Bildung eher ein Indikator für allgemeine kognitive Fähigkeiten; in diesem Abschnitt stehen aber die politischen Kompetenzen – insbesondere hinsichtlich der EU – im Vordergrund. Anstelle der Schulbildung soll das Wissen über die EU als Indikator für kognitive Fähigkeiten verwendet werden. Dies ist deshalb sinnvoll, weil die Antworten auf entsprechende Items Informationen zum kognitiven Leistungsstand des Befragten hinsichtlich der EU liefern. Ein größeres Wissen fördert die Vertrautheit mit den eher abstrakten Institutionen der Union und erleichtert das Verständnis für die komplexen Prozesse auf europäischer Ebene (siehe für eine ähnliche Vorgehensweise Inglehart 1977, 339-340; Karp et al. 2003, 278). Im EiK-Datensatz sind insgesamt sieben Wissensitems enthalten. Der Block wird mit einer offenen Frage eingeleitet:

Können Sie mir bitte sagen, wie viele Länder zurzeit Mitglied der Europäischen Union sind? (korrekte Antwort: 27)

Anschließend folgen sechs Aussagen über die Europäische Union. Dabei sollen die Befragten angeben, ob die einzelnen Statements jeweils richtig oder falsch sind. Die Aussagen lauten:

a) Die Mitglieder des Europäischen Parlaments werden von den nationalen Parlamenten gewählt. (korrekte Antwort: falsch)
b) Auf der Europäischen Flagge gibt es einen Stern für jedes Mitgliedsland. (korrekte Antwort: falsch)
c) Deutschland stellt ein Mitglied der Europäischen Kommission. (korrekte Antwort: richtig)

d) *Der Präsident der Europäischen Kommission wird direkt von den Bürgern der Europäischen Union gewählt. (korrekte Antwort: falsch)*
e) *Alle sechs Monate übernimmt ein anderes EU-Mitglied die Präsidentschaft in der Europäischen Union. (korrekte Antwort: richtig)*
f) *Die Europäische Union wurde kurz nach dem Ersten Weltkrieg gegründet. (korrekte Antwort: falsch)*

In Abbildung 23 sind die Anteile der Antworten der Befragten in den einzelnen Antwortkategorien dargestellt. Die einzelnen Fragen sind dabei nach dem Anteil korrekter Antworten sortiert. Auf den ersten Blick ist ersichtlich, dass der Anteil der korrekten Antworten erheblich zwischen den einzelnen Fragen variiert. Vier der sieben Fragen konnten über 50 Prozent der Befragten korrekt beantworten. Dagegen wusste nur jeder zehnte Befragte, dass zum Zeitpunkt der Erhebung die EU aus 27 Mitgliedstaaten bestand.

Abbildung 23: EU-Wissen der Befragten (in Prozent; Fallzahl: 11.870)

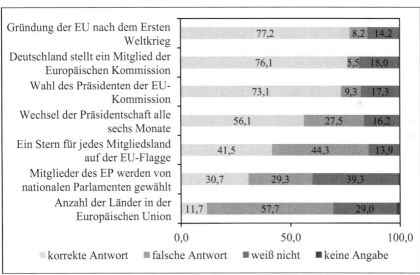

In der Literatur zu politischem Wissen wird häufig zwischen verschiedenen Wissensbereichen unterschieden (siehe z.B. Vollmar 2007, 120-123). Deshalb ist es notwendig zu prüfen, inwieweit die Items unterschiedliche Wissensbereiche abdecken. Mit Hilfe einer Hauptkomponentenanalyse kann untersucht werden, welche Antworten zusammen mit anderen Antworten auftreten. Vor der Durchführung werden falsche Antworten sowie „weiß nicht"-Angaben und Verweigerungen als nicht korrekte Antworten gewertet und erhalten den Wert 0. Korrekte Antworten den Wert 1.[72] Die Ergebnisse einer Hauptkomponentenanalyse auf Basis tetrachorischer Korrelationen belegen eine eindimensionale Struktur der sieben Items, die rund 44 Prozent der Gesamtvarianz aufklärt. Die Faktorladungen liegen dabei zwischen 0,5 und 0,8 (Ergebnisse nicht dargestellt), Cronbach's Alpha liegt bei 0,62.[73] Die Addition der einzelnen Items ergibt eine Wissensskala, die von 0 (keine Antwort korrekt) bis 7 reicht (alle Antworten korrekt). 3,4 Prozent der Befragten haben alle sieben Fragen zur Europäischen Union korrekt beantwortet, 4,2 Prozent kein Item. Der Mittelwert liegt bei 3,7 richtigen Antworten (SD=1,7).

Als Indikator für die Mobilisierung dient eine Frage nach der Häufigkeit, politische Themen mit anderen Bürgern zu diskutieren. Sie lautet:

> *Was würden Sie sagen, wie häufig diskutieren Sie politische Themen mit anderen Leuten? Oft, manchmal, selten oder nie.*

Abbildung 24 sind die relativen Häufigkeiten der Angaben der Befragten in den einzelnen Antwortkategorien zu entnehmen. Dabei gibt nur eine Minderheit der Bürger an, nie mit anderen Bürgern über politische Themen zu sprechen. Knapp 65 Prozent der Befragten diskutiert manchmal bzw. oft über Politik – vor dem Hintergrund der gesellschaftlichen Debatte um eine zunehmende apolitische Haltung der Bürger ein beachtlicher Wert.[74]

Abbildung 24: Häufigkeit der Befragten politische Gespräche zu führen (in Prozent; Fallzahl: 11.870)

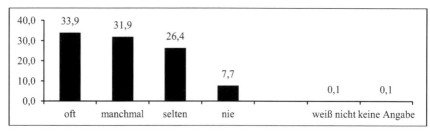

72 Die Behandlung von „weiß nicht"-Antworten als falsche Antworten stellt bei der Messung von Faktenwissen die konventionelle Kodierung dar (z.B. Luskin/Bullock 2011, 547). Diese Vorgehensweise wird allerdings kontrovers diskutiert (siehe z.B. Vollmar 2012, 101-103; Johann 2008).
73 Eine Mokken-Analyse führt zu vergleichbaren Ergebnissen.
74 19 Befragte haben bei der Frage mit „weiß nicht" oder „keine Angabe" geantwortet (jeweils 0,1 Prozent). Bei den empirischen Analysen werden diese Personen auf die niedrigste Antwortkategorie (nie) gesetzt. Dadurch werden zum einen keine Befragten aufgrund fehlender Werte aus der Analyse ausgeschlossen, zum anderen verhindert diese Vorgehensweise eine Überschätzung der Häufigkeit politischer Gespräche.

Zur Operationalisierung der kognitiven Mobilisierung wird ein additiver Index gebildet, der sich aus der Wissensskala sowie der Bereitschaft, politische Gespräche zu führen, zusammensetzt.[75] Dabei sollen beide Indikatoren gleichgewichtig in diesen Index eingehen. Der unterschiedliche Wertebereich der beiden Variablen bereitet dabei allerdings Schwierigkeiten – der Wertebereich der Wissensskala reicht von 0 bis 7, die Bereitschaft, politische Gespräche zu führen, wird auf einer Vier-Punkte-Skala erfasst (Wertebereich 0 bis 3). Zur Vereinheitlichung wird der Wertebereich der Wissensskala entsprechend angepasst. Dazu werden die Befragten in vier Wissensgruppen eingeteilt. Personen, die keine oder eine Frage richtig beantwortet haben, bilden die erste Gruppe. Befragte, die dagegen sechs oder sieben Items korrekt beantwortet haben, bilden die vierte Gruppe. Mit den anderen Personen wird analog verfahren. Tabelle 23 dokumentiert die Anteile der Befragten in den einzelnen Wissensgruppen.

Tabelle 23: Befragte nach Wissensgruppen (Fallzahl: 11.870)

Gruppe	Anzahl korrekter Antworten	Prozent
1	0 und 1	11,5
2	2 und 3	33,2
3	4 und 5	40,4
4	6 und 7	14,9

Kognitive Mobilisierung wird in dieser Arbeit als additiver Index der Häufigkeit, politische Gespräche zu führen, und der vier Wissensgruppen gebildet (Pearson's r=0,26). Der Wertebereich dieser neuen Skala reicht von 0 bis 6, der Mittelwert liegt bei 3,5 (SD=1,46). Befragte, die nie politisch diskutieren und maximal ein Wissensitem korrekt beantwortet haben, erhalten auf dieser Skala den Wert 0. Personen, die oft politisch diskutieren und mindestens sechs Items korrekt gelöst haben, den Wert 6. Höhere Werte auf dieser Skala entsprechen folglich einer höheren kognitiven Mobilisierung; Abbildung 25 informiert über die Anteile der Befragten in den einzelnen Kategorien.

---

75 Bei einer additiven Indexbildung kann ein niedriges Niveau auf einem Indikator durch einen hohen Punktwert auf dem anderen Indikator ausgeglichen werden. Wenn aber eine Person überhaupt nicht mit anderen Personen über Politik spricht bzw. kein Wissen über die EU hat, dann scheint eine kognitive Mobilisierung fraglich. Eine multiplikative Verknüpfung der beiden Indikatoren ist daher eine alternative Operationalisierungsstrategie. Wenn einer der Indikatoren den Wert 0 annimmt, wird das Produkt ebenfalls 0. Die hohe positive und statistisch hoch signifikante Korrelation der beiden Indexvarianten (Pearson's r=0,94) weist allerdings darauf hin, dass die Art der Verknüpfung empirisch unkritisch ist. Bei der Analyse des Zusammenhangs zwischen der kognitiven Mobilisierung und der politischen Unterstützung führen beide Indexvarianten zudem zu vergleichbaren Ergebnissen.

Abbildung 25: Befragte nach Grad der kognitiven Mobilisierung (in Prozent; Fallzahl: 11.870)

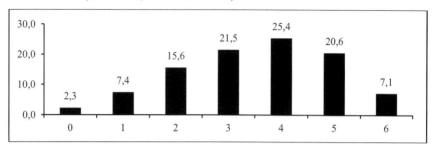

Empirische Analysen

Für die Überprüfung der Erwartungen werden Korrelationen zwischen der kognitiven Mobilisierung und den drei Unterstützungsformen berechnet. Die in Tabelle 24 ausgewiesenen Ergebnisse belegen, dass sich die Relationen in Abhängigkeit der betrachteten Unterstützungsform unterscheiden. Zwischen kognitiver Mobilisierung und Effektivität besteht eine negative Beziehung. Mit höherer kognitiver Mobilisierung geht eine geringere Zufriedenheit mit der Arbeit des Europäischen Parlaments, der Europäischen Kommission und der Funktionsweise der Demokratie in der EU einher. Dagegen findet sich eine positive Beziehung zwischen kognitiver Mobilisierung und Legitimität. Personen mit einer höheren kognitiven Mobilisierung zeigen eine stärkere Akzeptanz des politischen Systems. Auch für die Verbundenheit mit der politischen Gemeinschaft lässt sich eine positive Relation belegen.

Tabelle 24: Kognitive Mobilisierung und politische Unterstützung der EU

	Effektivität	Legitimität	Identifikation
Korrelation (Pearson's r)	-0,03***	0,08***	0,02*
Fallzahl	11.777	11.835	11.859

Anmerkungen: *=p<0,05; **=p<0,01; ***=p<0,001. Zur Kodierung der abhängigen Variablen siehe Kapitel 3.3.

Die Ergebnisse bestätigen damit die Erwartungen I31 bis I33. Vor dem Hintergrund der intensiven gesellschaftlichen Debatte um eine zunehmende Europamüdigkeit oder gar einer Europaskepsis in der Bevölkerung sind die gegensätzlichen Beziehungen außerordentlich interessant. Eine höhere kognitive Mobilisierung geht mit einer höheren Identifikation und einer höheren Legitimität einher, aber auch mit einer geringeren Effektivität. Kognitiv mobilisierte Menschen sind gewissermaßen „kritische Europäer", die zwar die EU unterstützen, aber eine

Distanz zu den aktuellen Verhältnissen haben. Als „kritische Europäer" zeichnen sich kognitiv mobilisierte Menschen durch eine hohe Systemloyalität aus, bewerten die bestehenden Verhältnisse allerdings zurückhaltend.

4.2.2 Werte

Nach der von Inglehart (1971b; 1977) formulierten These einer „stillen Revolution" hat in den westlichen Industrienationen seit den 1960er Jahren ein intergenerationaler Wandel von materialistischen zu postmaterialistischen Werten stattgefunden.[76] Materialistische Bedürfnisse wie physisches Wohlergehen und ökonomische Sicherheit verlieren an Bedeutung, während postmaterialistische Anliegen wie Selbstverwirklichung und Lebensqualität wichtiger werden. Als Ursache für diesen Prozess verweist Inglehart auf die wirtschaftliche Entwicklung in der Nachkriegszeit, in der die Menschen in einem bisher nicht gekannten Ausmaß ökonomische und physische Sicherheit erlebt hätten.

Die Theorie des Wertewandels basiert dabei auf zwei wesentlichen Annahmen: der Mangel- und der Sozialisationshypothese. Die Mangelhypothese besagt, dass eine Person denjenigen Dingen den meisten Wert zumisst, die relativ knapp sind. Bei seiner Argumentation greift Inglehart auf Arbeiten von Maslow (1954) zurück, der die menschlichen Bedürfnisse hierarchisch anordnet.[77] Nach dieser Konzeption müssen zunächst die auf den niedrigeren Ebenen rangierenden Bedürfnisse (z.B. Sicherheit) erfüllt sein, ehe ranghöhere Bedürfnisse (z.B. Selbstverwirklichung) an Bedeutung gewinnen. Die lange Phase des wirtschaftlichen Erfolgs und der Sicherheit nach dem Zweiten Weltkrieg bildet gewissermaßen den Nährboden für die Ausbreitung postmaterialistischer Werte. Allerdings besteht zwischen der wirtschaftlichen Situation und dem Vordringen postmaterialistischer Werte keine direkte Verknüpfung, vielmehr kommt es zu einer zeitlichen Verzögerung. Die Sozialisationshypothese besagt nämlich, dass die grundlegenden Wertvorstellungen eines Menschen die Bedingungen wiederspiegeln, die in seiner Jugendzeit vorherrschend waren. Mit anderen Worten: Wächst eine Person in einer Phase des wirtschaftlichen Wohlstands heran, dann wird sie wahrscheinlich postmaterialistische Wertorientierungen herausbilden, die auch gegen ökonomische Krisen im Erwachsenenalter resistent sind. Der Wertewan-

---

76 In neueren Arbeiten interpretiert Inglehart den Wandel von materialistischen zu postmaterialistischen Werten als Teilaspekt eines umfassenderen intergenerationellen Kulturwandels (siehe z.B. Inglehart 1995, 90).
77 In späteren Veröffentlichungen greift Inglehart (siehe z.B. Inglehart 1984, 281; 1995, 92) – auch als Reaktion auf Kritik – zur Begründung der Mangelhypothese auf das „ökonomische Grenznutzenprinzip" zurück.

del einer Gesellschaft vollzieht sich folglich – anhaltende wirtschaftliche Prosperität vorausgesetzt – in dem Maße, wie die jüngere Generation die ältere Generation ersetzt.[78]

Auf einen Zusammenhang zwischen Wertorientierungen und proeuropäischen Einstellungen hat Inglehart (1971a) bereits früh aufmerksam gemacht. Er betrachtet dabei die Europäische Integration als postmaterialistisches Projekt. Die Integration habe die Spaltung auf dem Kontinent überwunden, wodurch die nationalstaatlichen Grenzen an Bedeutung verloren hätten. Zudem stehe die europäische Gemeinschaft für mehr soziale Gerechtigkeit, kulturelle Vielfalt, Solidarität und Toleranz – alles postmaterialistische Ziele, weshalb Inglehart einen positiven Zusammenhang zwischen postmaterialistischen Werten und pro-europäischen Einstellungen erwartet. Schließlich erleichtere der Wertewandel „the emergence of a cosmopolitan political identity" (Inglehart 1977, 334) und „Post-Materialists are more likely to take an interest in remote and abstract causes – European integration being one of many possibilities" (Inglehart/Rabier 1978, 87).

Diese Erwartung wurde anfangs auch empirisch bestätigt (Inglehart 1971a; 1977; Inglehart/Rabier 1978), die Relation schwächte sich jedoch spätestens ab Mitte der 1980er Jahre deutlich ab (Inglehart et al. 1987, 150-155; siehe auch Inglehart/Reif 1991). Diese Entwicklung erklären Inglehart et al. (1987) durch einen veränderten Integrationsprozess bzw. eine veränderte Wahrnehmung desselben. Die Staatengemeinschaft werde als riesige, hierarchische und entfernte Bürokratie wahrgenommen. Wirtschaftliche und damit materialistische Ziele dominierten den Integrationsprozess, die postmaterialistischen Werte seien in den Hintergrund getreten. In einzelnen Ländern – zum Beispiel Dänemark und Griechenland – habe die Union ein „image of a bastion of conservatism" (Inglehart et al. 1987, 155). Diese Argumentation bietet auch eine Erklärung für die Befunde von Dobratz (1993), die für Griechenland eine positive Beziehung zwischen materialistischen Werten und pro-europäischen Einstellungen nachweisen kann. Anderson/Reichert (1995) vertreten eine ähnliche Sichtweise. Sie bezeichnen die Europäische Union als ökonomischen Zweckverband, der für Marktöffnung und freien Wettbewerb steht (siehe auch Castles 1998). Entsprechend erwarten sie eine positive Beziehung zwischen materialistischen Werten

---

78 Für eine ausführlichere Darstellung der Theorie des Wertewandels siehe Inglehart (1971b; 1977; 1984; 1995; 2007). Scarbrough (1995) bietet eine knappe Zusammenfassung. An dieser Stelle sei darauf hingewiesen, dass viele Aspekte der Theorie durchaus umstritten sind. Wesentliche Kritikpunkte beziehen sich auf die theoretischen Grundannahmen (z.B. Lehner 1984; van Deth 1983; Kroh 2009), die methodische Vorgehensweise bzw. das Erhebungsinstrument (z.B. Klein/Arzheimer 1999; Davis/Davenport 1999; Clarke et al. 1999; Marcus 2009) oder auch die empirischen Prognosen (z.B. Klein/Pötschke 2000a).

und proeuropäischen Orientierungen, die sie in einer gepoolten Regression für alle Staaten auch nachweisen können. Differenzierte Analysen nach Ländergruppen zeigen allerdings, dass sich in den Gründungsstaaten der EU eine positive Beziehung zwischen postmaterialistischen Wertorientierungen und proeuropäischen Einstellungen belegen lässt, in der Gruppe der späteren Beitrittsstaaten dagegen eine negative Relation (siehe für ähnliche Resultate Gabel 1998b; Weßels 1995a). Anderson/Reichert (1995, 244) werten ihren Befund als Widerlegung der Annahmen von Inglehart. Allerdings sind ihre Ergebnisse durchaus mit dessen Erwartungen kompatibel, sofern man die unterschiedlichen Ausgangssituationen dieser Ländergruppen berücksichtigt. Für die Bürger der Gründungsstaaten stellte die Europäische Integration sicherlich einen beispiellosen Prozess dar, der das gesellschaftliche und politische Zusammenwachsen ehemals verfeindeter Staaten weit vorangetrieben hat. Die ideellen – postmaterialistischen – Ziele rückten im Verlauf des Integrationsprozesses allerdings in den Hintergrund und wurden durch wirtschaftliche Interessen überlagert. Folglich spielten bei späteren Beitritten ökonomische Motive eine deutlich größere Rolle. Schließlich ist die EU „first and foremost, an economic union and trade organization" (Anderson/ Reichert 1995, 232).

Erwartungen

Der europäische Integrationsprozess dürfte weder eindeutig postmaterialistischen noch materialistischen Zielen entsprechen. Vorliegende empirische Arbeiten haben bei der Analyse des Zusammenhangs zwischen Wertorientierungen und proeuropäischen Einstellungen allerdings nur unsystematisch zwischen verschiedenen Formen der politischen Unterstützung unterschieden. Dies ist erstaunlich, da Inglehart selbst mit dem Wertewandel Auswirkungen auf das Verhältnis der Bürger zur Politik formuliert hat (für eine Übersicht siehe Inglehart 1977, 12-18; 1984; 1995; siehe auch die Beiträge in van Deth/Scarbrough 1995). Bürger mit einer postmaterialistischen Weltanschauung zeigen ein höheres Politikinteresse, ein höheres Niveau vor allem unkonventioneller politischer Partizipation und schwächere Parteibindungen. Postmaterialisten sind mit den Leistungen der politischen Autoritäten unzufriedener, zeigen aber eine größere Unterstützung für demokratische Ideale (siehe z.B. Dalton 2004, 97-109; 2008a, 254). Bei einer Übertragung dieser allgemeinen Befunde auf die Bewertung der EU lässt sich argumentieren, dass Postmaterialisten im Vergleich zu Materialisten zwar die Arbeit der politischen Institutionen kritischer bewerten, aber die dem System zugrunde liegende politische Ordnung stärker unterstützen. Warum? Postmaterialisten sind stärker politisch involviert, setzen sich intensiver mit dem politischen Prozess auseinander und vergleichen die reale politische Situation mit dem Idealzustand. Dabei zeigt sich eine Diskrepanz zwischen Anspruch des Integrationsprozesses und der aktuellen Ausgestaltung, die zu einer eher kritischen Bewertung der Arbeit der politischen Institutionen führt. Da aber das politische System der EU grundsätzlich auf demokratischen Prinzipien beruht, zeigen Postmaterialisten eine höhere Zustimmung für das Regime. Für die empirischen Analysen werden folgende Erwartungen formuliert:

> I34. Postmaterialisten bewerten die Effektivität der EU negativer als Materialisten.
>
> I35. Postmaterialisten bewerten die Legitimität der EU positiver als Materialisten.

Welche Erwartungen lassen sich für den Zusammenhang zwischen postmaterialistischen Wertorientierungen und der Unterstützung der politischen Gemeinschaft formulieren? Nach Inglehart fördert der Wertewandel die Ausbildung einer kosmopolitischen Identität (Inglehart 1977, 334). Dies sollte mit einer stärkeren Verbundenheit mit der EU einhergehen.

> I36. Postmaterialisten zeigen eine positivere Identifikation mit der EU als Materialisten.

Operationalisierung

Die Erhebung materialistischer und postmaterialistischer Werte basiert auf dem klassischen Vier-Item-Katalog nach Inglehart (siehe z.B. Inglehart 1971b, 994; 1977, 28; 1984, 285), der zwei materialistische und zwei postmaterialistische Ziele enthält.[79] Diese werden vorgelesen und der Befragte soll ein Ziel erster und eines zweiter Priorität auswählen. Die exakte Frageformulierung lautet:

> *Auch in der Politik kann man nicht alles auf einmal haben. Ich lese Ihnen nun verschiedene Ziele vor, die man in der Politik verfolgen kann.*
>
> *A) Aufrechterhaltung von Ruhe und Ordnung in diesem Land.*
> *B) Mehr Einfluss der Bürger auf die Entscheidungen der Regierung.*
> *C) Kampf gegen die steigenden Preise.*
> *D) Schutz des Rechts auf freie Meinungsäußerung.*
>
> *Wenn Sie zwischen diesen Zielen wählen müssten, welches Ziel erschiene Ihnen persönlich am wichtigsten? Und welches erschiene Ihnen am zweitwichtigsten?*

---

79 In späteren Arbeiten hat Inglehart auch eine erweiterte Version des Index verwendet, doch in der Forschung wird fast ausschließlich auf die Kurzversion zurückgegriffen (Schmitt-Beck 1992, 528). Eine Übersicht, in welchen Erhebungen diese Kurzversion verwendet wurde, bietet Marcus (2009, 163-165). Für eine ausführliche Diskussion des Erhebungsinstruments siehe die Beiträge von Inglehart (1971a; 1971b; 1998, 158-188), Inglehart/Abramson (1999) und Inglehart/Klingemann (1996).

Entsprechend der gewählten Prioritäten – unabhängig von der Reihenfolge der Nennung – erfolgt die Klassifikation als Materialist, Postmaterialist oder als Mischtyp. Die Wahl der Items A („Ruhe und Ordnung") und C („steigende Preise") hat die Einordnung als Materialist zur Folge. Die Nennung der Items B („mehr Einfluss") und D („freie Meinung") die Klassifikation als Postmaterialist. Befragte, die ein materialistisches (Item A oder C) und ein postmaterialistisches Ziel (Item B oder D) genannt haben, werden als Mischtyp identifiziert. Bei der Erhebung haben 10,5 Prozent der Befragten nach der ersten Nennung keine weitere Nennung angegeben. Um diese Personen nicht aus der Analyse auszuschließen, werden sie als Mischtyp kodiert. Bei Personen, die sowohl bei der ersten als auch bei der zweiten Nennung keinen gültigen Wert aufweisen (also jeweils mit „weiß nicht" oder „keine Angabe" geantwortet haben), wird auf eine Einteilung verzichtet. Bei einer derartigen Klassifikation ist festzustellen, dass die deutliche Mehrheit der Befragten eine Kombination von Werten beider Pole bevorzugt. Der Anteil dieser Mischtypen beträgt 60,9 Prozent. Die Materialisten stellen mit einem Anteil von 9,9 Prozent eine Minderheit dar, als Postmaterialisten lassen sich 27,7 Prozent der Befragten identifizieren. Aufgrund fehlender Angaben lassen sich 1,5 Prozent der Befragten keiner Gruppe zuordnen.

Empirische Analysen

Die in Tabelle 25 dargestellten Mittelwerte für die Effektivität, Legitimität und Identifikation belegen, dass die politische Unterstützung der EU in Abhängigkeit der Wertorientierung variiert. Materialisten bewerten die Effektivität der EU positiver als Postmaterialisten ($|t|=3{,}55$, $df=4437$, $p<0{,}00$). Postmaterialisten sind also mit der Arbeit des Europäischen Parlaments, der Europäischen Kommission sowie dem Funktionieren der Demokratie in der EU unzufriedener als Materialisten. Dieser Befund steht mit den Erwartungen im Einklang, wonach Personen mit postmaterialistischen Wertorientierungen die Leistungen der politischen Autoritäten kritischer beurteilen als Bürger mit materialistischen Wertorientierungen (Erwartung I34). Interessanterweise unterscheidet sich die durchschnittliche Bewertung der Effektivität nicht zwischen Materialisten und Personen, die eine Kombination beider Werte bevorzugen (Mischtyp).

Trotz einer geringeren Zufriedenheit mit den Leistungen der politischen Autoritäten bewerten Postmaterialisten aber das politische Regime positiver als Materialisten. Dieser Befund entspricht zwar den Erwartungen, lässt sich statistisch aber nicht absichern ($|t|=1{,}04$, $df=4458$, $p>0{,}05$). Erwartung I35 kann damit nicht bestätigt werden. Wie aus den Resultaten in Tabelle 25 ebenfalls hervorgeht, zeigen Materialisten zudem eine positivere Identifikation mit der EU als Postmaterialisten. Der Unterschied von 0,02 Punkten ist zudem statistisch signifikant ($|t|=2{,}26$, $df=4462$, $p<0{,}05$). Dieses Resultat steht im Widerspruch zu Erwartung I36, wonach Postmaterialisten eine positivere Identifikation mit der EU zeigen sollten als Materialisten. Möglicherweise ist das Ergebnis ein Resultat der Indexkonstruktion. Zur Erinnerung: Die abhängige Variable Identifikation basiert auf einem additiven Index, der sich aus zwei Items zusammensetzt – „Verbundenheit mit Europa" und „Stolz, ein Bürger der Europäischen Union zu sein". Das Stolz-Item ist – insbesondere mit Blick auf den Nationalstolz – vor dem Hintergrund der deutschen Geschichte und seiner Instrumentalisierung durch rechtsextreme Gruppen problemgeladen, da das Item sowohl in Richtung einer nationalistischen Orientierung als auch in Form eines demokratischen Patriotismus interpretiert werden kann (Blank et al. 2000; siehe auch Kapitel 3.3.3). Hinsichtlich des Stolzes, ein Bürger der EU zu sein, sollte die Interpretation zwar weniger zweideutig sein, aber gerade Postmaterialisten, die sich nach Inglehart durch eine kosmopolitische Identität auszeichnen, lehnen den „Stolz" auf eine politische Gemeinschaft möglicherweise eher ab, da dies mit Abgrenzungen von Fremdgruppen verbunden ist. Um diesen Sachverhalt aufzuklären, wird der Index wieder in seine zwei Bestandteile aufgeteilt – die Verbundenheit mit der EU und der Stolz, ein Bürger der EU zu sein.

Tabelle 25: Wertorientierung und politische Unterstützung der EU

	Effektivität	**Legitimität**	**Identifikation**
Postmaterialisten	0,53	0,56	0,67
Mischtyp	0,55	0,55	0,68
Materialisten	0,55	0,55	0,69
F-Tests	10,87***	2,10	4,52*
Fallzahl	11.612	11.666	11.688

Anmerkungen: Mittelwerte. *=p<0,05; **=p<0,01; ***=p<0,001. Zur Kodierung der abhängigen Variablen siehe Kapitel 2.3.

In Tabelle 26 sind die entsprechenden Mittelwerte in Abhängigkeit der Wertorientierung dargestellt. Entsprechend der Erwartung I36 zeigen Postmaterialisten eine deutlich höhere Verbundenheit mit Europa als Materialisten ($|t|=4,39$, $df=4457$, $p<0,00$). Dieses Ergebnis stimmt mit den Überlegungen Ingleharts (1977, 334) überein, wonach eine postmaterialistische Wertorientierung mit einer stärkeren Verbundenheit mit der EU einhergeht. Dagegen sind Materialisten deutlich stolzer ein Bürger der Staatengemeinschaft zu sein als Postmaterialisten ($|t|=7,43$, $df=4403$, $p<0,00$). In Abhängigkeit der betrachteten Items lassen sich damit gegenläufige Beziehungen nachweisen, die bei einer Analyse des Index, der auf beiden Items beruht, zu einem – auf den ersten Blick – überraschenden Ergebnis führen.

Tabelle 26: Wertorientierung und Verbundenheit mit Europa sowie Stolz, ein Bürger Europas zu sein

	Verbundenheit	Stolz
Postmaterialisten	0,70	0,64
Mischtyp	0,68	0,68
Materialisten	0,67	0,70
F-Tests	12,82***	47,19***
Fallzahl	11.675	11.550

Anmerkungen: Mittelwerte. *=p<0,05; **=p<0,01; ***=p<0,001. Zur Kodierung der abhängigen Variablen siehe Kapitel 3.3.

Zusammenfassend konnten die Analysen erneut belegen, dass eine Differenzierung unterschiedlicher Formen politischer Unterstützung sinnvoll und notwendig ist. Materialisten bewerten die Effektivität der EU positiver als Postmaterialisten. Dagegen zeigen Postmaterialisten – zumindest tendenziell – positivere Unterstützungswerte für die Legitimität der EU als Materialisten. Der überraschende Befund bei der Identifikation ist auf den Inhalt des Index zurückzuführen.

4.2.3 Politisches Interesse

Van Deth (1990, 278) definiert politisches Interesse als *„the degree to which politics arouses a citizen's curiosity"* (Hervorhebung im Original), das sich auf Gegenstände bzw. Personen, Prozesse und Vorgänge in der Sphäre der Politik bezieht (Hadjar/Becker 2006c, 12). Die Neugierde an der Politik „gilt als eine notwendige Voraussetzung funktionsfähiger Demokratien" (van Deth 2000a, 115), da nur politisch interessierte Menschen politische Prozesse verstehen, sich ihrer Rechte und Möglichkeiten bewusst sind und das System mit ihren Forderungen nicht überfrachten (siehe z.B. Gabriel et al. 2002, 151; van Deth 2004b, 275-276; Niedermayer 2005, 20; Ladner/Bühlmann 2007, 96-97). Van Deth (2000a, 115) betont: „Ohne Interesse gibt es kein politisches Engagement und ohne Beteiligung *per definitionem* keine Mitbestimmung der Bürger" (Hervorhebung im Original).

Allgemein beeinflusst das Interesse als Motor für Lernprozesse die Auswahl von Gegenständen, die Intensität der Auseinandersetzung mit diesen und die Kompetenzentwicklung (siehe z.B. die Beiträge in Renninger et al. 1992; siehe für den Zusammenhang von Interesse und Fähigkeit z.B. Schiefele et al. 1993). Interesse fördert das Ausmaß, in dem das Individuum Informationen sucht und ihnen Aufmerksamkeit schenkt. Es begünstigt damit den Wissenserwerb und die Vertrautheit mit einem Objekt (siehe für die EU z.B. Westle/Johann 2010, 362).

Entsprechend sind Bürger mit einem höheren politischen Interesse besser informiert, eher in der Lage politische Zusammenhänge zu verstehen und politische Entscheidungen angemessener zu beurteilen. Die Bereitschaft eines Individuums, sich mit politischen Fragen auseinanderzusetzen, ist zudem eine der wichtigsten psychologischen Grundlagen für seine tatsächliche politische Beteiligung (siehe z.B. Vetter/Maier 2005, 52). Politisches Interesse wirkt sich auch auf politische Einstellungen aus (van Deth 1990, 289-297) und politisch interessierten Menschen wird ein konsistentes System politischer Orientierungen zugeschrieben (Neller 2002b, 490).

Für das Verständnis der europäischen Politik ist das politische Interesse an europäischen Fragen vermutlich besonders relevant. Zum einen handelt es sich um ein besonders komplexes politisches System, mit dem die Bürger im Alltag nur selten konfrontiert sind. Ohne ein Interesse an europäischen Fragen können Entscheidungsprozesse schwierig nachvollzogen, Verantwortlichkeiten nicht zugeordnet und Konsequenzen nicht beurteilt werden. Zum anderen werden durch den europäischen Integrationsprozess immer mehr politische Entscheidungen auf europäischer Ebene getroffen. Ausschließliches Politikinteresse an lokalen oder nationalen Vorgängen ist daher nicht mehr ausreichend, um die Verflechtung der politischen Ebenen zu durchschauen. Bürger, die der europäischen Politik eine größere Aufmerksamkeit entgegenbringen, sind daher besser über die Vor- und Nachteile der Europäischen Integration informiert (Scheuer/van der Brug 2007, 99). Das Interesse an der europäischen Politik kann einerseits die Auseinandersetzung mit der europäischen Ebene begünstigen, die Vertrautheit mit diesem politischen System fördern und Bedrohungsgefühle verringern. Dies sollte die Unterstützung der EU grundsätzlich begünstigen, da politische Prozesse und Entscheidungen besser beurteilt werden können. Andererseits könnten aber auch gerade Personen mit einem höheren politischen Interesse eine ablehnende Haltung zur EU entwickeln, da ihnen Defizite deutlicher bewusst werden als Personen mit einem geringen politischen Interesse.

Vor dem Hintergrund dieser Argumentation ist es erstaunlich, dass in empirischen Arbeiten zu den Einstellungen zur EU das politische Interesse nur selten als explizite Einflussgröße genannt wird, die die europäischen Orientierungen mitprägt. Die vorliegenden Befunde belegen dabei eine positive Beziehung zwischen politischem Interesse und Unterstützung der Staatengemeinschaft: Mit höherem politischem Interesse steigt generell die Zustimmung zur Europäischen Union (siehe z.B. Braun et al. 2010, 136; Scheuer/van der Brug 2007, 107; Scheuer 2005, 120; De Vreese/Semetko 2004, 711; Rohrschneider 2002, 468). Die Arbeiten unterscheiden sich allerdings erheblich in der Operationalisierung der Unterstützung der EU, weshalb es schwierig ist, die Ergebnisse direkt zu vergleichen. Braun et al. (2010) untersuchen die Zustimmung zur weiteren Europäischen Integration. Scheuer und van der Brug (2007) nutzen einen ähnlichen

Indikator, kombinieren diesen allerdings mit der Bewertung der Staatengemeinschaft als „gute Sache" bzw. als „schlechte Sache". De Vreese und Semetko (2004, 711) identifizieren die Determinanten der Abstimmung beim dänischen Referendum zur Euro-Einführung. Mit höherem politischem Interesse verringert sich zwar die Wahrscheinlichkeit diese abzulehnen, der Effekt ist allerdings statistisch nicht signifikant. Bei Rohrschneider (2002, 471) hat das politische Interesse einen stärkeren positiven Effekt auf die Zustimmung für eine europäische Regierung als auf die Zufriedenheit mit dem Funktionieren der Demokratie in der Staatengemeinschaft. Die Ergebnisse deuten damit darauf hin, dass der Einfluss des politischen Interesses auf die Zustimmung zur Europäischen Union in Abhängigkeit der betrachteten Unterstützungsform variiert (z.B. Boomgaarden et al. 2011, 254).

Erwartungen

Das Interesse an europäischer Politik begünstigt das Verständnis für den politischen Prozess und fördert eine Vertrautheit mit den institutionellen Abläufen. Diese Vertrautheit kann die Zufriedenheit mit der Arbeit der politischen Autoritäten fördern, da Handlungen und Entscheidungen der Akteure leichter bewertet und eher nachvollzogen werden können. Daher sollte ein höheres Politikinteresse mit einer höheren Effektivität einhergehen. Dagegen lässt sich allerdings einwenden, dass mit höherem Politikinteresse vermutlich auch eher die Defizite des politischen Prozesses durchschaut werden. Dies könnte sich nachteilig auf die Zufriedenheit mit den politischen Autoritäten auswirken. Allerdings begünstigt politisches Interesse die Nutzung politischer Medieninhalte und fördert damit wiederum politische Informiertheit. Dies führt zu einer stärkeren Immunität gegenüber negativer Berichterstattung bzw. insgesamt zu einem positiveren Bild von Politik (Neller 2002b, 492). Zudem werden auch nur einigermaßen politisch interessierte Bürger das politische System mit ihren Forderungen nicht überfrachten (van Deth 1996, 384). Insgesamt sprechen die Argumente daher eher für eine positive Beziehung zwischen Politikinteresse und Effektivität, weshalb folgende Erwartung formuliert wird.

I37. Je höher das politische Interesse,
desto positiver wird die Effektivität der EU bewertet.

Zwischen dem Grad des politischen Interesses und der Legitimität postuliert van Deth (1996, 384) einen positiven Zusammenhang. Nach seiner Argumentation ist die Legitimität demokratischer Verfahren in erster Linie vom Niveau des politischen Interesses der Bürger abhängig. Schließlich fördert politisches Interesse auch die Akzeptanz demokratischer Werte und Normen (van Deth 2012, 378). Dadurch sollte sich das politische Interesse positiv auf die Bewertung der Legitimität des Regimes auswirken. Ein höheres Politikinteresse beeinflusst zudem die Vertrautheit mit dem politischen System. Aus dieser Vertrautheit erwächst Sympathie, da „Vertrautheit unbewusst Zuneigung hervorruft" (Cialdini 2004, 226; siehe auch Zajonc 1968). Auch aus der Theorie der kognitiven Dissonanz lässt sich eine positive Relation zwischen Interesse und Legitimität ableiten, da das Interesse gegenüber einem affektiv abgelehnten politischen System langfristig zu einem psychologischen Spannungszustand führen dürfte, der auf Dauer eher vermieden wird (Frey/Gaska 1993; siehe auch Westle/Johann 2010, 363). Die Theorie der kognitiven Dissonanz unterstellt dabei allerdings eine umgekehrte Kausalitätsrichtung: Weil jemand einen Gegenstand ablehnt, vermeidet er die Auseinandersetzung damit. Die verschiedenen Argumente sprechen für eine positive Relation zwischen Interesse und Legitimität.

I38. Je höher das politische Interesse,
desto positiver wird die Legitimität der EU bewertet.

Das Interesse an europäischen Fragen begünstigt sicherlich auch eine stärkere Auseinandersetzung mit politischen, wirtschaftlichen und sozialen Entwicklungen in anderen Mitgliedstaaten der EU. Dadurch können Vorbehalte abgebaut und Gemeinsamkeiten entdeckt werden. Dies weicht die Kategorisierung zwischen „uns" und „den Anderen" auf bzw. schwächt sie ab. Personen, die sich als Deutsche im Verhältnis zu Franzosen oder Italienern sehen, können ihre Sichtweise umstrukturieren und sich gemeinsam als Europäer sehen (Mummendey/Otten 2002, 110). Dies fördert die Verbundenheit mit der politischen Gemeinschaft, weshalb eine positive Relation erwartet wird.

I39. Je höher das politische Interesse,
desto positiver die Identifikation mit der EU.

Operationalisierung

In der empirischen Sozialforschung wird in der Regel eine direkte Frage zur Einschätzung des politischen Interesses des Befragten verwendet.[80] Dabei werden die Bürger gebeten, eine Variante der Frage „Wie stark interessieren Sie sich für Politik?" zu beantworten. Das Instrument überlässt dabei dem Befragten die Definition des Begriffs Interesse und ermöglicht eine subjektive Selbsteinschätzung. In der EiK-Erhebung ist eine Frage enthalten, die unmittelbar auf das poli-

---

80 Die Operationalisierung von politischem Interesse durch eine einzige Frage wird in der Literatur kritisch beurteilt, da es sich beim Interesse um ein mehrdimensionales Konstrukt handelt. Otto und Bacherle (2011) haben eine Kurzskala zum politischen Interesse entwickelt und validiert, die allerdings zum Zeitpunkt der EiK-Erhebung noch nicht zur Verfügung stand.

tische Interesse gegenüber der Europäischen Union abzielt.[81] Das eingesetzte Instrument lautet:

> *Wie stark sind Sie an der europäischen Politik interessiert? Sind Sie daran sehr interessiert, ziemlich interessiert, wenig interessiert oder überhaupt nicht interessiert?*

Wie Abbildung 26 zeigt, können die Befragten grob in zwei gleich große Gruppen eingeteilt werden. Die Hälfte der Befragten äußert „sehr" bzw. „ziemliches" Interesse an der Europapolitik, die andere Gruppe – immerhin 48 Prozent – bringt der europäischen Politik nur geringe bzw. überhaupt keine Aufmerksamkeit entgegen. Die Anteile der „weiß nicht"- und „keine Angaben"-Antworten sind mit 0,2 bzw. 0,1 Prozent unauffällig. Für die Analysen erhalten diese Personen den Wert der niedrigsten Antwortkategorie (überhaupt nicht interessiert), um sie einerseits nicht aus der Analyse auszuschließen und andererseits das Niveau des politischen Interesses nicht zu überschätzen.

Abbildung 26: Interesse der Befragten an Europapolitik (in Prozent; Fallzahl: 11.870)

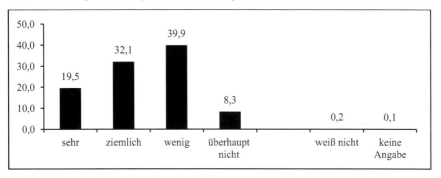

Empirische Analysen

Die in Tabelle 27 dargestellten Mittelwerte der politischen Unterstützung in Abhängigkeit des politischen Interesses bestätigen alle drei Erwartungen. Je höher das politische Interesse, desto höher die Effektivität, Legitimität und Identifikation (I37 bis I39).

---

81 Bei der Bürgerbefragung wurde auch nach dem allgemeinen Politikinteresse gefragt (siehe Frage 9a der Bürgerbefragung). Die Korrelation zwischen dem allgemeinen Politikinteresse und dem Interesse an europäischer Politik liegt bei r=0,48. Bei der Analyse des Zusammenhangs zwischen dem politischen Interesse und der politischen Unterstützung führen beide Fragevarianten zu vergleichbaren Ergebnissen.

Tabelle 27: Politisches Interesse und politische Unterstützung der EU

	Effektivität	Legitimität	Identifikation
überhaupt nicht interessiert	0,42	0,41	0,53
wenig interessiert	0,52	0,52	0,65
ziemlich interessiert	0,57	0,59	0,71
sehr interessiert	0,58	0,62	0,76
F-Tests	261,94***	351,12***	357,06***
Fallzahl	11.777	11.835	11.859

Anmerkungen: Mittelwerte. *=p<0,05; **=p<0,01; ***=p<0,001. Zur Kodierung der abhängigen Variablen siehe Kapitel 3.3.

Personen, die sich überhaupt nicht für europäische Politik interessieren, zeigen bei der Effektivität und Legitimität ein Unterstützungsniveau, das unterhalb der Skalenmitte (0,5) liegt. Diese Personen stehen dem politischen System und ihren Repräsentanten mit einer ablehnenden Haltung gegenüber. Dagegen zeigen Personen mit Politikinteresse durchweg eine unterstützende Haltung zur Staatengemeinschaft. Die Ergebnisse belegen eine positive Beziehung zwischen dem politischen Interesse und den Unterstützungsformen.

4.2.4 Parteiorientierung

In politischen Systemen haben Parteien eine große Bedeutung, da sie wichtige Funktionen der Willensbildung und Interessensvermittlung übernehmen (Holtmann 2012). In Artikel 21 des Grundgesetzes heißt es deshalb auch: „Die Parteien wirken bei der politischen Willensbildung des Volkes mit." Dies gilt insbesondere für die Haltung zur EU, da es sich bei der Staatengemeinschaft für die meisten Menschen um ein weit entferntes politisches System mit nur geringer Bedeutung für die eigene Lebenswelt handelt (z.B. Wagner 2010). Die europäischen Parteienverbünde, die sogenannten Europarteien, spielen bei der Willensbildung und Interessensvermittlung allerdings nur eine untergeordnete Rolle (z.B. Poguntke/Pütz 2006). Insbesondere die nationalen Parteien übernehmen wichtige Aufgaben im politischen Prozess auf europäischer Ebene: Kandidatenaufstellung bei den Europawahlen, Artikulation und Aggregation von Interessen sowie die Formulierung von politischen Zielen (z.B. Mittag/Steuwer 2010, 62-63). Nach Binder und Wüst (2004, 38) sind die nationalen Parteien „richtungsweisend an der Politikformulierung und -vermittlung beteiligt". Daher scheint es denkbar, dass die Einstellungen der Bürger zur EU auch davon abhängen, welche

Position die bevorzugte Partei vermittelt. Eine solche Sichtweise wird im sogenannten „Class-Partisanship"-Ansatz vertreten:

> „A general contention is that citizens adopt attitudes toward integration that reflect the position of the party they support. That is, the party shapes its supporters' attitudes toward integration independent of their personal characteristics (e.g., occupation, income, and values) that might influence both their choice of party and support for integration." (Gabel 1998b, 338)

Den Einfluss der Parteineigung auf die Unterstützung der EU haben zahlreiche Arbeiten untersucht. Inglehart (1970a) weist einen Zusammenhang zwischen Parteiorientierung und europäischen Orientierungen nach, der in weiteren Analysen bestätigt wird (Inglehart/Rabier 1978; Inglehart et al. 1987). Evidenz für eine entsprechende Relation bieten auch die Arbeiten von Anderson (1998), Franklin et al. (1994), Wildgen und Feld (1976), Weßels (1995b), Gabel (1998b; 1998c) und Rattinger (1996); Hooghe und Marks (2005) sowie Steenbergen und Jones (2002) können den Einfluss der Parteiorientierung auf die EU-Bewertung mit Mehrebenenanalysen belegen.

Hinsichtlich der kausalen Richtung dieser Zusammenhänge lassen sich zwei konkurrierende Annahmen ausmachen (Trüdinger 2008, 227). Mit „cue-taking" (Carrubba 2001, 144) und „top-down" (Steenbergen et al. 2007, 16-17) werden Überlegungen bezeichnet, nach denen die politischen Eliten die Haltungen der Bürger beeinflussen. Die Begriffe „policy mood" (Carrubba 2001, 144) und „bottom-up" (Steenbergen et al. 2007, 16) beziehen sich dagegen auf einen entgegengesetzten Kausalitätsmechanismus. Danach orientieren sich die nationalen Eliten an den Haltungen der Bürger, um die Chancen auf eine Wiederwahl zu erhöhen. Die Befunde sind widersprüchlich. Die Resultate von Carrubba (2001) sprechen für einen Bottom-up-Prozess, die Ergebnisse von Steenbergen et al. (2007) für Wechselwirkungen in beide Richtungen. Es finden sich allerdings auch empirische Hinweise, dass die „Bürger in einem Top-Down-Prozess die von den Eliten und Medien gesetzten Frames übernehmen" (Trüdinger 2008, 227; siehe auch Tiemann et al. 2011, 51-54).

Erwartungen

In der Politik sind Parteien dominante Akteure. Deshalb ist es plausibel, dass sich die Bürger bei der Bewertung der Union an der Haltung der bevorzugten Partei orientieren. Daher sollte die Unterstützung der EU in Abhängigkeit der Parteiorientierung variieren. Über die Zusammenhänge zwischen der Parteiorientierung und den einzelnen Unterstützungsarten lassen sich allerdings nur schwierig konkrete Erwartungen formulieren. Vermutlich wird die Parteiorientierung alle drei Unterstützungsformen positiv bzw. negativ beeinflussen. Deshalb wird auf Erwartungen in Abhängigkeit der Unterstützungsform verzichtet und nur eine allgemeine These formuliert.

I40. Die politische Unterstützung der EU variiert in Abhängigkeit der Parteiorientierung.

Die Präferenz für eine bestimmte Partei führt dazu, dass sich eine Person bei der Bewertung der Staatengemeinschaft an der Position der Partei zur EU orientiert. Personen, die sich einer europaskeptischen Partei verbunden fühlen, sollten ein geringeres Niveau der EU-Unterstützung zeigen als Bürger, die Anhänger einer europafreundlichen Partei sind. Für differenzierte Erwartungen hinsichtlich des Niveaus der politischen Unterstützung in Abhängigkeit der Parteiorientierung sind allerdings Informationen zur Haltung der Parteien gegenüber der EU erforderlich. Die EiK-Studie wurde im deutschen (genauer: hessischen) Kontext durchgeführt. Daher stellt sich die Frage, welche Haltung die deutschen Parteien gegenüber der Union einnehmen.

Eine Möglichkeit der Ermittlung der europapolitischen Position der Parteien ist die Analyse von Wahlprogrammen, in denen die Parteien ihre politischen Ziele formulieren und zu politischen Themen Stellung beziehen. Zwar werden diese von den Bürgern vermutlich kaum gelesen (Rölle 2002, 265), aber durch Politiker und Medien werden die Inhalte zu den Menschen transportiert (Binder/Wüst 2004, 38). Für die vorliegende Fragestellung dürften die Wahlprogramme der Europawahlen von besonderer Bedeutung sein. Im Rahmen des Euromanifesto-Projekts werden diese gesammelt, kodiert und inhaltsanalytisch ausgewertet.[82] Der Datensatz des Euromanifesto-Projekts zu den Europawahlen 2009 enthält auch Informationen zur allgemeinen Haltung der Parteien zur EU, die auf einer Skala von -100 (antieuropäisch) bis +100 (proeuropäisch) dargestellt werden. In Abbildung 27 sind die Angaben für die im Deutschen Bundestag vertretenen Parteien dargestellt, die durchweg positive Werte auf dieser Skala erzielen. Danach zeigen die Parteien zwar eine durchweg zustimmende Haltung zur EU, aber bei einem Maximalwert von 14,8 (CDU) auf einer Skala von -100 bis +100 kann wohl keine der Parteien als besonders proeuropäisch bezeichnet werden. Es zeigen sich aber Unterschiede zwischen den Parteien, die möglicherweise von den Bürgern wahrgenommen werden.

---

82 Für weitere Informationen zur „European Election Study 2009: Manifesto Study" siehe die Projekthomepage unter www.piredeu.eu/public/Manifesto.asp oder www.ees-homepage.net. Unter www.piredeu.eu/DC/index2.asp steht der Datensatz zur Verfügung (Zugriff jeweils am 24.11.2012).

Abbildung 27: Haltung der Parteien zur EU auf Basis der Europawahlprogramme 2009

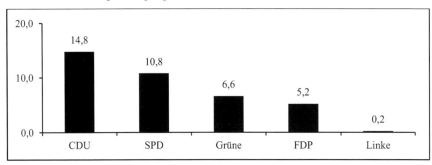

Datenquelle: ees_2009_manifestos_20100722. Anmerkungen: Die Zahl drückt die allgemeine Haltung der Partei auf einer Pro-Anti-EU-Skala (-100 bis +100) aus. Positive Werte weisen auf eine proeuropäische Haltung hin (Variable: pro_anti_eupro_anti_eu).

Eine alternative Variante, um die Haltung der Parteien gegenüber der EU zu erfassen, stellt die Befragung von Experten dar. Der „Chapel Hill"-Datensatz 2006 ermittelt die Parteienpositionen auf Basis solcher Bewertungen (Hooghe et al. 2010).[83] Auf einer Skala von 1 („strongly opposed") bis 7 („strongly in favor") haben elf Experten die allgemeine Einstellung der Parteiführung deutscher Parteien gegenüber der Europäischen Integration bewertet. In Abbildung 28 sind die Mittelwerte dieser Bewertungen dargestellt. Mit Ausnahme der Linken stehen die Parteien einer weiteren Europäischen Integration positiv gegenüber.

Abbildung 28: Haltung der Parteien zur EU auf Basis von Expertenbewertungen

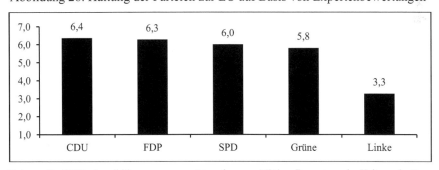

Datenquelle: 2006_chapelhillsurvey_means. Anmerkungen: Mittlere Bewertung der Haltung der Parteiführung auf einer Skala von 1 („strongly opposed") bis 7 („strongly in favor").

---

83 Der Datensatz steht unter http://www.unc.edu/~hooghe/data_pp.php zur Verfügung (Zugriff am 24.11.2012). Dort finden sich auch weitere Informationen.

Beide Methoden führen auf den ersten Blick zu vergleichbaren Ergebnissen (siehe auch Schmitt/Pütz 2009, 101), allerdings sind auch Unterschiede festzustellen. Die Experten bewerten FDP proeuropäischer als SPD und Grüne, bei den Wahlprogrammen sind SPD und Grüne proeuropäischer als FDP. Diese Unterschiede sind möglicherweise auf den zeitlichen Abstand der Erhebungen zurückzuführen. Der Euromanifesto-Datensatz basiert auf den Wahlprogrammen zur Europawahl 2009, die Expertenbefragung des „Chapel Hill"-Datensatzes 2006 fand im Sommer 2007 statt. Auf Basis beider Datenquellen lassen sich dennoch differenzierte Erwartungen über den möglichen Zusammenhang zwischen Parteiorientierung und europäischen Einstellungen formulieren.

I41. Anhänger der CDU zeigen die positivste Unterstützung der EU.

I42. Anhänger der Linken zeigen die negativste Unterstützung der EU.

Operationalisierung

Um den Zusammenhang zwischen Parteiorientierung und Unterstützung der EU zu untersuchen sind Informationen zur individuellen Parteiorientierung nötig. Als Indikator für die Parteiorientierung wird die Sonntagsfrage verwendet.[84] Die entsprechende Formulierung lautet:

> *Welche Partei würden Sie wählen, wenn am nächsten Sonntag Bundestagswahl wäre?*

Abbildung 29 zeigt, dass für 37,8 Prozent der Befragten – trotz umfassender Kodierungsarbeiten bei den offenen Antwortangaben – eine inhaltliche Eingruppierung nicht sinnvoll bzw. nicht möglich ist.[85] 40 Prozent der Angaben entfallen auf CDU und SPD, FDP; Bündnis 90/Grüne sowie Linke kommen zusammen auf 20 Prozent.

---

84 Zur Erfassung der Parteiorientierung könnte alternativ die Frage nach der Parteiidentifikation herangezogen werden, die ebenfalls bei der Individualbefragung erhoben wurde (Frage 32 und 33). Allerdings liegt lediglich für 53 Prozent der Stichprobe eine verwertbare Angabe vor, bei der Sonntagsfrage kann für 62 Prozent der Befragten eine inhaltliche Angabe ermittelt werden. Deshalb wird die Sonntagsfrage als Indikator für die Parteiorientierung verwendet.
85 13,4 Prozent der Befragten gaben an, sich nicht an der Bundestagswahl zu beteiligen (8,6 Prozent), nicht wahlberechtigt zu sein (4,0 Prozent) oder antworteten mit „weiß nicht" (0,7 Prozent) oder „keine Angabe" (0,1 Prozent). Bei der Frage nach der Wahlabsicht gaben 10,7 Prozent der Bürger „weiß nicht" an; 12,6 Prozent der Befragten verweigerte die Angabe. Aufgrund der geringen Fallzahl (0,2 Prozent) war eine Kodierung der Anhänger der rechten Parteien (DVU, Republikaner oder NPD) nicht sinnvoll. 1,0 Prozent der Bürger nannten eine andere Partei.

Abbildung 29: Parteiorientierung der Befragten auf Basis der Sonntagsfrage (in Prozent; Fallzahl: 11.870)

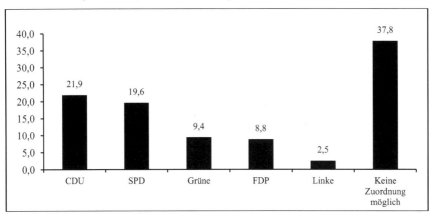

Empirische Analysen

Wie die Ergebnisse in Tabelle 28 zeigen, variiert die Unterstützung für Effektivität, Legitimität und Identifikation in Abhängigkeit der Parteiorientierung. Die Ergebnisse bestätigen damit Erwartung I40. Dabei lassen sich grob drei Gruppen unterscheiden. Anhänger der Linken zeigen über alle drei Unterstützungsformen die niedrigste Unterstützung. Dies steht im Einklang mit Erwartung I42. Wähler der Grünen und FDP zeigen eine höhere Unterstützung als die Linken, aber weitgehend eine geringere Zustimmung als SPD und CDU. Die stärkste Unterstützung lässt sich für die Anhänger der Sozialdemokraten und Union belegen, die sich nur geringfügig unterscheiden. Bei der Effektivität ($|t|=1,80$, df=4902, p>0,05) und der Legitimität ($|t|=0,61$, df=4912, p>0,05) lassen sich keine signifikanten Unterschiede belegen. CDU-Wähler zeigen allerdings eine höhere Identifikation mit der EU als SPD-Anhänger ($|t|=3,14$, df=4921, p<0,00). Erwartung I41 kann damit nur eingeschränkt bestätigt werden. Alles in allem stehen die Ergebnisse der Analysen im Einklang mit dem „Class-Partisanship"-Ansatz, wonach sich die Bürger bei ihrer Bewertung der EU an der Haltung ihrer bevorzugten Partei orientieren.

Tabelle 28: Parteiorientierung und politische Unterstützung der EU

	Effektivität	Legitimität	Identifikation
CDU	0,57	0,58	0,72
SPD	0,57	0,58	0,71
Grüne	0,54	0,58	0,66
FDP	0,52	0,54	0,68
Linke	0,46	0,50	0,59
F-Tests	52,00***	16,48***	42,90***
Fallzahl	7346	7365	7375

Anmerkungen: Mittelwerte. *=p<0,05; **=p<0,01; ***=p<0,001. Zur Kodierung der abhängigen Variablen siehe Kapitel 3.3.

4.2.5 Politische Ideologie

Als ideologische Orientierungsdimension ist das Links-Rechts-Schema von besonderer Bedeutung (z.B. Klingemann/Welzel 2002, 202; Trüdinger/Bollow 2011, 398). Die Bezeichnungen „links" und „rechts" übersetzen politische Sachfragen in ein relativ einfaches räumliches Muster. Dadurch kommt es zu einer erheblichen Komplexitätsreduktion, die es dem Bürger erleichtert, sich politisch zu orientieren und politische Streitfragen einzuordnen (siehe z.B. Rattinger 2009, 214; Arzheimer 2009; Fuchs/Klingemann 1989a; 1989b). Nach Warwick (2002) lässt sich die Mehrzahl der relevanten politischen Streitfragen durch die Links-Rechts-Skala abbilden, Niedermayer (2008) plädiert dagegen für eine zweidimensionale Lösung. Trotz dieser unterschiedlichen Auffassungen stellt die individuelle Verortung auf der Links-Rechts-Skala eine Heuristik dar, die es erlaubt, auch bei unvollständiger Information Entscheidungen zu treffen bzw. Bewertungen abzugeben (Rudi 2010, 169; zur Relevanz der Links-Rechts-Dimension für das Wahlverhalten siehe z.B. Neundorf 2012).

Für die Beschreibung des politischen Raums auf europäischer Ebene hat sich in der Literatur eine zweidimensionale Lösung durchgesetzt (siehe z.B. Schmitt/ Pütz 2009, 100-101; McElroy/Benoit 2007). Die Links-Rechts-Skala bündelt dabei nationale politische Streitfragen, während die Position zur EU auf einer weiteren Konfliktachse erfasst wird. Für einen möglichen Zusammenhang zwischen individueller Verortung auf der Links-Rechts-Dimension und europäischen Einstellungen lassen sich zwei Modelle unterscheiden: das „lineare Modell" und die „umgedrehte U-Kurve" (Tiemann et al. 2011, 48-51). Bei beiden werden die Links-Rechts-Achse und die Pro-Anti-EU-Dimension miteinander verknüpft (siehe auch Hooghe/Marks 2008, 165-168). Beim linearen Modell wird auf dem

Links-Rechts-Schema die nationale Streitfrage Regulierung abgebildet. Während Personen im linken Spektrum der Skala mehr (staatliche) Regulierung befürworten, lehnen Personen im rechten Spektrum der Skala dies ab. Europäische Integration wird dabei mit „mehr Regulierung" assoziiert. Personen mit rechten Politikpräferenzen lehnen die EU daher ab, da sie mit mehr Regulierung verbunden ist. Dagegen befürworten Bürger mit linken politischen Präferenzen weitere Integrationsschritte, die zu mehr Regulierung führen. Deshalb sollten Personen, die sich im „linken" politischen Raum verorten, die EU positiver bewerten. Beim Modell der umgekehrten U-Kurve erscheint die Europäische Integration als Projekt der Mitte, das insbesondere von Personen, die eine mittlere Position auf der Links-Rechts-Skala einnehmen, unterstützt wird. Je weiter sich eine Person von der zentralen Position entfernt, desto geringer wird die Zustimmung zur Union. Die Gründe einer ablehnenden Haltung variieren dabei in Abhängigkeit der ideologischen Positionierung. Für eine Ablehnung der EU durch Personen, die eine rechte Position auf der Skala einnehmen, sprechen der zunehmende Verlust der nationalen Souveränität und die zunehmende Migrationsbewegung durch die Europäische Integration. Bei Personen, die sich im linken Spektrum der ideologischen Skala verorten, stößt das liberale Konzept des europäischen Binnenmarktes und der Wirtschafts- und Währungspolitik mit den Prioritäten Wettbewerbsfähigkeit und Preisstabilität auf Ablehnung und führt zu einer kritischeren Bewertung der Staatengemeinschaft.

Die empirischen Befunde für einen Zusammenhang zwischen der ideologischen Verortung auf dem Links-Rechts-Schema und europäischen Orientierungen sind widersprüchlich. Ray (2003a, 269; 2003b, 984) belegt eine negative Beziehung für Personen, die sich am Rand der Links-Rechts-Skala einordnen. Sowohl eine extrem „linke" als auch eine extrem „rechte" Position sind danach mit einer europakritischen Haltung verbunden. Diese Befunde entsprechen dem Muster einer umgedrehten U-Kurve (siehe auch Brinegar et al. 2004). Dagegen sind die Resultate von McLaren (2007a, 242) sowie Nelsen et al. (2001, 208) mit dem „linearen" Modell vereinbar. Mit einer „linken" Selbsteinstufung geht eine eher proeuropäische Einstellung einher, während eine „rechte" Verortung auf der Links-Rechts-Skala eine europakritischere Bewertung zur Folge hat (siehe auch Rohrschneider 2002, 471). Steenbergen und Jones (2002, 233) können keinen Zusammenhang zwischen ideologischer Orientierung auf der Links-Rechts-Achse belegen, während Brinegar und Jolly (2005, 176) einen positiven Zusammenhang zwischen der Einstufung auf der Links-Rechts-Skala und proeuropäischen Orientierungen nachweisen können. Je weiter „rechts" sich eine Person verortet, desto stärker unterstützt sie die EU. Die Vergleichbarkeit der Studien wird durch die unterschiedliche Operationalisierung europäischer Orientierungen sowie der Berücksichtigung verschiedener anderer Merkmale allerdings erheblich erschwert.

Erwartungen

Das Modell der „umgedrehten U-Kurve" liefert plausible Argumente, warum insbesondere Personen, die sich an den Polen der Links-Rechts-Skala einordnen, die EU kritischer bewerten als Bürger, die eine mittlere Position einnehmen. Daher wird folgende Erwartung formuliert:

> 143. Je extremer die Position auf der Links-Rechts-Skala, desto negativer ist die Unterstützung der EU.

Allerdings finden sich auch Hinweise, dass mit einer „rechten" oder „linken" Einstufung auf der Links-Rechts-Skala eine europakritische bzw. europafreundliche Haltung verbunden ist. Die empirischen Ergebnisse sind widersprüchlich, weshalb zwei alternative Erwartungen formuliert werden:

> 144. Je stärker sich eine Person links auf der Links-Rechts-Skala verortet, desto positiver ist die Unterstützung für die EU.

> 145. Je stärker sich eine Person rechts auf der Links-Rechts-Skala verortet, desto positiver ist die Unterstützung für EU.

Operationalisierung

Für die Selbsteinstufung auf der Links-Rechts-Skala steht in der EiK-Erhebung folgende Frage zur Verfügung:

> *Wenn es um Politik geht, sprechen viele Leute von „links" und „rechts". Wir hätten gerne von Ihnen gewusst, wo Sie sich einstufen. Stellen Sie sich dazu wieder ein Thermometer vor, das von 0 bis 10 geht. 0 bedeutet sehr links, 10 bedeutet sehr rechts. Wo würden Sie sich einstufen?*

Abbildung 30 ist zu entnehmen, dass sich über 90 Prozent der Befragten in der Lage sehen, ihre eigene ideologische Position auf der Links-Rechts-Skala anzugeben. Dieser hohe Wert lässt den Schluss zu, dass die Bürger mit den Termini „rechts" und „links" vertraut sind.

Abbildung 30: Links-Rechts-Selbsteinstufung der Befragten
(in Prozent; Fallzahl: 11.870)

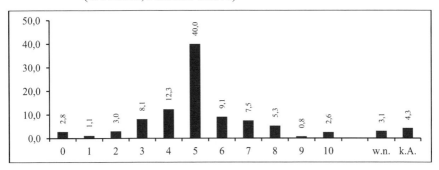

Anmerkungen: 0=„sehr links", 10=„sehr rechts". Mit den Zahlen dazwischen konnten die Befragten ihre Antwort abstufen.

Die deutliche Mehrheit der Befragten verortet sich auf der Skalenmitte (Wert=5); die beiden Extrempole (0 und 10) sind nur schwach besetzt. Für die Analyse werden „weiß nicht"-Angaben der Skalenmitte zugeordnet; „keine Angabe"-Antworten werden nicht berücksichtigt.

Empirische Analysen

Um den Zusammenhang zwischen extremer Position auf der Links-Rechts-Skala und europäischen Orientierungen zu untersuchen, werden die Angaben der Befragten so kodiert, dass ein höherer Wert einer stärkeren Distanz zur Skalenmitte entspricht.[86] Der Wert ‚0' bedeutet kein Abstand von der Skalenmitte, der Wert ‚5' maximaler Abstand. Entsprechend der Erwartung, müsste ein höherer Wert mit einer geringeren Unterstützung einhergehen. Wie die in Tabelle 29 dargestellten Korrelationen allerdings zeigen, ist dies offensichtlich nicht der Fall. Eine extremere Position auf der Links-Rechts-Skala führt nicht zu einer geringeren Unterstützung der EU. Erwartung I43 ist damit widerlegt.[87]

---

86 Personen, die sich auf der Skalenmitte verorten, erhalten den Wert ‚0'. Befragte, die eine ‚0' oder ‚10' angegeben haben, den Wert ‚5'. Mit den übrigen Personen wird analog verfahren.
87 Ray (2003a, 269; 2003b, 984) hat in seinen Analysen den quadrierten Abstand von der Skalenmitte als unabhängige Variable verwendet und konnte dabei einen negativen Zusammenhang zwischen extremer Position auf der Links-Rechts-Skala und europäischen Orientierungen feststellen. Zur Validierung der Ergebnisse wurden ebenfalls Analysen durchgeführt, bei denen der Abstand quadriert wurde. Allerdings zeigten sich auch in diesem Fall nur insignifikante Korrelationen.

Tabelle 29: Extreme Links-Rechts-Selbsteinstufung und politische Unterstützung der EU

	Effektivität	Legitimität	Identifikation
Korrelation (Pearson's r)	0,01	0,01	0,00
Fallzahl	11.293	11.835	11.351

Anmerkungen: *=p<0,05; **=p<0,01; ***=p<0,001. Zur Kodierung der abhängigen Variablen siehe Kapitel 3.3.

Die beiden anderen Erwartungen lassen sich ebenfalls mit einfachen Korrelationen untersuchen. Ein positiver Zusammenhang würde darauf hindeuten, dass mit höheren Werten auf der Links-Rechts-Skala, das heißt eine „rechtere" Position, eine stärkere Unterstützung der EU einhergeht. Bei einem negativen Zusammenhang würden Personen mit niedrigeren Werten, das heißt eine „linkere" Position auf der Links-Rechts-Skala, die EU stärker unterstützen. Wie die Resultate in Tabelle 30 belegen, zeigt sich bei der Effektivität und Identifikation eine positive Korrelation. Eine rechte Position geht mit einer höheren Zufriedenheit mit der Arbeit der politischen Autoritäten sowie einer stärkeren Verbundenheit mit der Staatengemeinschaft einher. Dagegen besteht zwischen der Verortung auf der Links-Rechts-Skala und der Legitimität kein Zusammenhang. Dies spricht für eine teilweise Bestätigung von Erwartung I45, während Erwartung I44 zurückgewiesen werden muss. Die Ergebnisse lassen damit den Schluss zu, dass die Zusammenhänge zwischen der Position auf der Links-Rechts-Skala und europäischen Orientierungen von der betrachteten Unterstützungsform abhängen. Die berichteten widersprüchlichen Befunde sind daher vermutlich zu einem Teil auf Unterschiede in der Operationalisierung der politischen Unterstützung der EU zurückzuführen.

Tabelle 30: Links-Rechts-Selbsteinstufung und politische Unterstützung der EU

	Effektivität	Legitimität	Identifikation
Korrelation (Pearson's r)	0,05***	-0,01	0,08***
Fallzahl	11.293	11.835	11.351

Anmerkungen: *=p<0,05; **=p<0,01; ***=p<0,001. Zur Kodierung der abhängigen Variablen siehe Kapitel 3.3.

4.2.6 Kosten-Nutzen-Überlegungen

Mitte der 1990er Jahre haben Matthew Gabel und Harvey D. Palmer einen der einflussreichsten Ansätze vorgelegt, um europäische Einstellungen der Bürger zu erklären. In ihrem wegweisenden Aufsatz (Gabel/Palmer 1995) argumentieren sie, dass die Bewertung der Union auf den individuell wahrgenommenen Kosten und Nutzen der EU-Mitgliedschaft basiert.

> „We posit that public attitudes toward integration reflect the perceived costs and benefits of EC memberships." (Gabel/Palmer 1995, 4)

Diesem nutzenbezogenen Ansatz liegt die Annahme zugrunde, dass die politischen Entscheidungen der Staatengemeinschaft Gewinner und Verlierer generieren. Personen, die von der EU profitieren, bewerten die Union positiver als Bürger, die sich als Verlierer des europäischen Integrationsprozesses sehen. Gabel und Palmer (1995) verknüpfen diese individuelle Kosten-Nutzen-Kalkulation mit der sozioökonomischen Position der Bürger. Je höher Bildung, berufliche Fähigkeiten und Einkommen, desto größer die Zustimmung zur Europäischen Union. Empirisch können Gabel und Palmer (1995) den positiven Zusammenhang zwischen Bildung bzw. beruflichen Fähigkeiten und Zustimmung zur Europäischen Union sowie Einkommen und proeuropäischen Orientierungen belegen (siehe dazu insbesondere die Kapitel 4.1.3 bis 4.1.5). Die Befunde werden von zahlreichen Arbeiten gestützt (siehe z.b. Anderson/Reichert 1995; Gabel 1998c; Scheuer/van der Brug 2007; McLaren 2002; 2006; Marks/Hooghe 2003; 2005). Gabel (1998b) bezeichnet nutzenbezogene Orientierungen als stärkste und vergleichsweise robuste Determinanten der Bewertung der Union.[88]

Bei den vorgelegten Arbeiten handelt es sich aber um indirekte Überprüfungen des Zusammenhangs zwischen nutzenbezogenen Orientierungen und der Unterstützung der Europäischen Union. Der Überlegung von Gabel und Palmer liegt die Annahme zugrunde, dass Personen mit höherem Bildungsniveau oder Einkommen auch eher durch die Union Vorteile haben. Einen direkten Test des nutzenbezogenen Ansatzes hat McLaren (2007a) vorgelegt. Neben Bildung und Einkommen hat sie in ihren Analysen auch einen Indikator aufgenommen, der die individuell wahrgenommenen Vorteile durch die Staatengemeinschaft direkt erfasst. Dabei kann sie einen starken Zusammenhang zwischen den persönlich wahrgenommenen Vorteilen und der politischen Unterstützung belegen: „That is, the more that Europeans think they have benefited from EU membership, the

---

88   Sigalas (2010b) bewertet den Zusammenhang zwischen persönlichen Vorteilen und politischer Unterstützung der EU deutlich zurückhaltender. Mit Studierenden, die an *Erasmus*-Austauschprogrammen teilnehmen, betrachtet er allerdings eine höchst selektive Personengruppe. Deshalb können seine Schlussfolgerungen nicht einfach auf die allgemeine Bevölkerung übertragen werden.

more policy areas they believe ought to be integrated at the EU level" (McLaren 2007a, 244). Bei Berücksichtigung der individuell wahrgenommenen Vorteile spielen Einkommen und Bildung keine Rolle mehr für die Erklärung proeuropäischer Orientierungen.

McLaren beschränkt sich in ihrer Analyse auf die Wahrnehmung persönlicher Vorteile durch die EU. Die ausschließliche Betrachtung persönlicher Vorteile greift für die Bewertung der Europäischen Union vermutlich aber zu kurz. In der Wahlforschung hat die Unterscheidung zwischen „pocketbook voting" und „sociotropic voting" eine lange Tradition (z.B. Kinder/Kiewiet 1981, 132). Nach dem „pocketbook"-Ansatz orientiert sich der Bürger bei der Wahlentscheidung vor allem an der persönlichen Situation. Mit anderen Worten: Individuelle Kalküle beeinflussen die politische Präferenzbildung. Die Bewertung der EU auf Basis individueller Vorteile durch die Staatengemeinschaft entspricht der „pocketbook"-Variante. Nach der Logik des soziotropischen Wählens (sociotropic voting) orientiert sich der Bürger bei der Wahlentscheidung an den gesamtgesellschaftlichen Rahmenbedingungen. Danach berücksichtigen die Bürger bei ihrer Präferenzbildung auch die landesweite Situation. Übertragen auf den EU-Kontext heißt das, dass die individuelle Bewertung der EU auch davon abhängt, ob das eigene Land durch die EU eher Vorteile oder Nachteile hat. In der Wahlforschung hat sich der „sociotropic"-Ansatz" gegenüber dem „pocketbook"-Ansatz als erklärungskräftiger erwiesen (zusammenfassend siehe z.B. Arzheimer/Schmitt 2005, 282). Daher scheint die Annahme plausibel, dass die Bewertung der Union nicht nur von den individuell wahrgenommenen Vorteilen durch die EU abhängt, sondern auch von den wahrgenommenen Vorteilen für das eigene Land (siehe dazu auch McLaren 2004, 899-902; 2006, 38-47).

Erwartungen

Bei der Effektivität handelt es sich um eine leistungsbezogene Form politischer Unterstützung. Sie richtet sich auf die wahrgenommenen Entscheidungen der politischen Autoritäten. Wenn die Bürger mit den Leistungen zufrieden sind, dann gewähren sie politische Unterstützung. Je stärker die wahrgenommenen Vorteile, desto zufriedener sollten die Bürger mit der Arbeit der politischen Autoritäten sein. Dies gilt sowohl für soziotropische als auch für die persönliche Wahrnehmung der Vorteile. Deshalb werden folgende Erwartungen formuliert.

> I46. Je größer die wahrgenommenen Vorteile für Deutschland durch die EU, desto positiver wird die Effektivität der EU bewertet.
>
> I47. Je größer die individuell wahrgenommenen Vorteile durch die EU, desto positiver wird die Effektivität der EU bewertet.

Die Bewertung der Legitimität beruht nach den Überlegungen von Fuchs (1989, 27) weitgehend auf moralischen Orientierungen. In Anlehnung an Parsons argumentiert Fuchs, dass es gegenüber allen drei Unterstützungsobjekten auch alle drei Unterstützungsarten gibt. Dies spricht für einen positiven Zusammenhang zwischen wahrgenommenen Vorteilen und der Bewertung der Legitimität. Auch in der Konzeption von Easton (1975, 445) kann sich spezifische Unterstützung durch Generalisierungsprozesse in diffuse Unterstützung umwandeln. Die – individuell und landesweit – wahrgenommenen Vorteile durch die Europäische Union sollten daher mit einer höheren Legitimität des Regimes einhergehen. Folgende Erwartungen werden formuliert.

I48. Je größer die wahrgenommenen Vorteile für Deutschland durch die EU, desto positiver wird die Legitimität der EU bewertet.

I49. Je größer die individuell wahrgenommenen Vorteile durch die EU, desto positiver wird die Legitimität der EU bewertet.

Wahrgenommene Vorteile wirken sich sicherlich auch günstig auf die Verbundenheit mit dem politischen System aus. Anders formuliert: Personen, die nur Nachteile durch das System wahrnehmen, werden sich wohl kaum mit der politischen Gemeinschaft verbunden fühlen. Daher scheint ein positiver Zusammenhang zwischen wahrgenommenen Vorteilen und Identifikation plausibel.

I50. Je größer die wahrgenommenen Vorteile für Deutschland durch die EU, desto positiver ist die Identifikation mit der EU.

I51. Je größer die individuell wahrgenommenen Vorteile durch die EU, desto positiver ist die Identifikation mit der EU.

Operationalisierung

Die Daten der EiK-Studie erlauben bei der Wahrnehmung der Vor- und Nachteile durch die EU eine Differenzierung zwischen der soziotropischen und egozentrischen Perspektive. Die entsprechenden Fragen lauten:

Deutschland ist Mitglied in der Europäischen Union. Hat Ihrer Meinung nach Deutschland durch die Mitgliedschaft in der Europäischen Union nur Vorteile, mehr Vorteile als Nachteile, weder Vorteile noch Nachteile, mehr Nachteile als Vorteile oder nur Nachteile?

Und haben Sie persönlich durch die Mitgliedschaft Deutschlands in der Europäischen Union nur Vorteile, mehr Vorteile als Nachteile, weder Vorteile noch Nachteile, mehr Nachteile als Vorteile oder nur Nachteile?[89]

---

89 Bei den Antwortvorgaben ist die Option „weder Vor- noch Nachteile" kritisch zu sehen, da sich wahrgenommene Vor- und Nachteile auch ausgleichen können. Bei der Befra-

In Abbildung 31 sind die Angaben der Befragten in den einzelnen Antwortkategorien dargestellt. Insbesondere bei den Nachteilen und der Betroffenheit unterscheiden die Personen zwischen der persönlichen und soziotropischen Perspektive. Während lediglich knapp elf Prozent der Bürger persönlich „nur Nachteile" bzw. „mehr Nachteile als Vorteile" durch die EU sehen, steigt dieser Anteil bei der Bewertung der landesweiten Konsequenzen auf über 25 Prozent. Fast jeder zweite Bürger sieht persönlich „weder Vor- noch Nachteile" durch die Mitgliedschaft Deutschlands in der EU. Dagegen sehen drei von vier Bürgern für das Land positive oder negative Konsequenzen. Bei der Wahrnehmung der Vorteile durch die Union finden sich nur geringe Unterschiede zwischen der soziotropischen und egozentrischen Perspektive. Jeweils 40 Prozent der Bürger sehen „nur Vorteile" bzw. „mehr Vorteile als Nachteile". Zum Zeitpunkt der Erhebung – Frühjahr 2009 – überwiegt bei der persönlichen Bewertung eindeutig eine positiv-neutrale Sichtweise (über 80 Prozent der Befragten sehen entweder „Vorteile" oder „weder Vorteile noch Nachteile"), während die Auswirkungen für Deutschland durchaus differenziert wahrgenommen werden. Vor den Analysen werden „weiß nicht"-Angaben als „weder Vor- noch Nachteile"-Antworten kodiert, um nicht zu viele Befragte aus den Analysen auszuschließen. Personen „ohne Angabe" werden nicht berücksichtigt.

Abbildung 31: Vor- und Nachteile durch die EU aus Sicht der Befragten
(in Prozent; Fallzahl: 11.870)

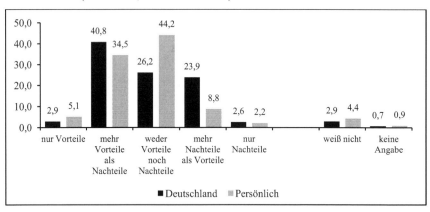

gung der Kommunalpolitiker wurde diese unglückliche Formulierung entsprechend geändert. Dort heißt es: „Vor- und Nachteile gleichermaßen."

Empirische Analysen

Um den Zusammenhang zwischen wahrgenommenen Vorteilen und Bewertung der EU zu untersuchen, wird die durchschnittliche Unterstützung für Effektivität, Legitimität und Identifikation in Abhängigkeit der einzelnen Antwortkategorien berechnet. Wie die in Tabelle 31 dargestellten Ergebnisse dokumentieren, besteht zwischen den wahrgenommenen Vorteilen und der politischen Unterstützung eine positive Beziehung. Je stärker eine Person Vorteile wahrnimmt, desto zufriedener ist sie mit der Arbeit der politischen Institutionen (Effektivität), desto eher unterstützt sie das politische Regime (Legitimität) und desto eher fühlt sie sich der Gemeinschaft verbunden. Diese Relationen gelten grundsätzlich für die persönlich wahrgenommenen Vorteile durch die EU als auch für die wahrgenommenen Vorteile für das Land. Die präsentierten Ergebnisse bestätigen damit eindeutig die postulierten Erwartungen I46 bis I51. Mit den wahrgenommenen Vorteilen ist eine höhere Unterstützung der EU verbunden. Dabei ist der persönliche bzw. soziotropisch bewertete Nutzen nicht nur auf die Effektivität beschränkt, sondern hat auch Konsequenzen für die Bewertung der Legitimität des Regimes und der Identifikation mit der politischen Gemeinschaft.

Tabelle 31: Vor- und Nachteile durch die EU und politische Unterstützung der EU

	Effektivität		Legitimität		Identifikation	
	BRD	per.	BRD	per.	BRD	per.
nur Nachteile	0,36	0,35	0,34	0,34	0,49	0,48
mehr Nachteile als Vorteile	0,47	0,45	0,44	0,43	0,61	0,58
weder Vorteile noch Nachteile	0,54	0,53	0,55	0,53	0,69	0,67
mehr Vorteile als Nachteile	0,59	0,59	0,63	0,63	0,72	0,73
nur Vorteile	0,62	0,62	0,69	0,69	0,77	0,77
F-Tests	377,41***	281,05***	576,42***	430,54***	218,48***	204,81***
Fallzahl	11.712	11.698	11.760	11.734	11.781	11.755

Anmerkungen: Mittelwerte. *=$p<0,05$; **=$p<0,01$; ***=$p<0,001$. Zur Kodierung der abhängigen Variablen siehe Kapitel 3.3.

4.2.7 Politische Informationsnutzung

Medien berichten über politische Ereignisse, vermitteln politikrelevante Informationen und setzen politische Themen (siehe für eine Übersicht Marcinkowski/ Marr 2010, 486-493). Sie sind für den Bürger die „wichtigste Quelle der Information über Politik" (Neller 2004a, 339) und gewährleisten den „Brückenschlag zwischen Individuum und Politik" (Klingemann/Voltmer 1989, 21; siehe auch Schmitt-Beck 2000, 67). Für die Mehrheit der Bürger sind die Massenmedien daher die einzige Brücke zur Politik, weshalb Wolling (1999, 43) von einem politischen „Informationsmonopol der Medien" spricht (siehe auch Brettschneider 1997, 287). Viele Menschen erfahren aktuelle Ereignisse und Problemlagen ausschließlich über die Berichterstattung in Zeitung, Fernsehen und/oder Radio.

> „By the same token, however, for whatever they do learn about politics, most people must rely heavily upon the cheapest and most accessible sources: news-papers, radio, and television, especially network TV news." (Page et al. 1987, 24)

Über ihre Gate-Keeper-, Agenda-Setting- und Priming-Funktion treffen die Medien aber auch eine Vorauswahl, was die Bürger überhaupt über Politik erfahren und beeinflussen die Bedeutung politischer Themen (z.B. Neller 2004a, 339; 2002a, 365; siehe für eine Übersicht Bonfadelli et al. 2010). Deshalb wird die politische Realität in überwiegendem Maß erst durch die Medienrealität konstruiert (Sarcinelli 1992, 37). Massenmedien prägen damit sehr stark das Bild, das „sich die Bürger vom politischen Geschehen machen" (Niedermayer 2005, 161). Entsprechend sind politische Einstellungen der Menschen in hohem Maße durch die Medien beeinflusst (z.B. Tenscher 2009, 496; Neller 2004a, 339). Insbesondere mit Blick auf die Wahrnehmung und Bewertung der EU liegt es nahe, in der Medienberichterstattung über die Staatengemeinschaft eine Ursache für das Europabild der Bürger zu sehen (Brettschneider/Rettich 2005, 138). Schließlich handelt es sich bei der EU um ein weit entferntes und abstraktes Objekt, mit dem die meisten Bürger keine direkten Erfahrungen haben (siehe z.B. Adam 2009, 193; Dalton/Duval 1986, 127).

> „European integration is such an issue that, whereas increasingly affecting people's daily lives, remains abstract, and distant in the subjective perception of most citizens. Much of what citizens know about the European Union (EU) stems from the mass media, and EU citizens consistently identify newspapers and television news as their most important sources of information about the EU." (Vliegenthart et al. 2008, 415)

Ohne die Medien bleibt die EU für viele Menschen ein Leben lang außer Sicht- und Reichweite. Tenscher und Schmidt (2004, 218) argumentieren, dass die „Bürger umso mehr auf die politischen Vermittlungs- und Darstellungsleistungen der Massenmedien angewiesen sind, je mehr sich die politischen Entscheidungszentren und Handlungsarenen ihrer direkten Erfahrung entziehen". Sie gehen von einer Art Kontinuum zunehmender Abstraktion und Distanz aus, das von der lokalen über die nationale bis zur supranationalen Politik reicht, die in der Regel nur massenmedial beobachtet werden kann (Tenscher/Schmidt 2004, 218). Dabei ist anzunehmen, dass der Einfluss der Berichterstattung der Medien auf die Wahrnehmung und Bewertung der EU größer ist als auf die Orientierungen gegenüber lokalen und nationalen Institutionen, da die Bürger mit diesen politischen Objekten noch eher direkte Erfahrungen haben können (Tenscher 2009, 498).

Trotz dieser angenommenen Bedeutung der Medien für die Einstellungen der Bürger zur EU wurden erst in jüngerer Zeit verstärkt Arbeiten vorgelegt, die den Einfluss der politischen Informationsnutzung auf die Unterstützung der Staatengemeinschaft untersuchen (siehe für eine Übersicht Ray 2006). Dabei lassen sich im Wesentlichen drei unterschiedliche Herangehensweisen unterscheiden: Aggregatdatenanalyse, experimentelle bzw. quasi-experimentelle Designs sowie regressionsanalytische Verfahren mit Individualdaten. Als Beispiele für Aggregatdatenanalysen lassen sich die Untersuchungen von Dalton und Duval (1986) sowie Vliegenthart et al. (2008) anführen. Erstgenannte belegen für den Zeitraum von 1972 bis 1979 eine Beziehung zwischen der Bewertung der Europäischen Integration durch die Presse und der öffentlichen Meinung. Allerdings haben Dalton und Duval (1986) den Zusammenhang ausschließlich in Großbritannien untersucht und nur die eher europafreundliche Tageszeitung *The Guardian* in der Analyse berücksichtigt. Vliegenthart et al. (2008) haben eine neuere Analyse für den Zeitraum von 1990 bis 2006 vorgelegt, die sieben Länder und insgesamt 329.746 Artikel berücksichtigt. Dabei findet sich kein Zusammenhang zwischen dem Ausmaß der Berichterstattung und der Unterstützung der EU. Allerdings belegen die Autoren eine Relation zwischen dem Framing der Nachrichten und der Bewertung der Staatengemeinschaft auf Aggregatebene:

> „The more often EU news was framed in terms of benefits of EU membership, the higher the share of people who perceived their country's EU membership as beneficial." (Vliegenthart et al. 2008, 433)

Experimentelle bzw. quasi-experimentelle Studien zum Einfluss der politischen Informationsnutzung auf europäische Orientierungen haben unter anderem Semetko et al. (2003), de Vreese (2005a; 2005b; 2007), Schuck und de Vreese (2006), De Vreese und Boomgaarden (2006) sowie Maier und Rittberger (2008) vorgelegt. Dabei handelt es sich zum einen um Untersuchungen rund um europäische Gipfeltreffen (Vor- und Nachherbefragungen; teilweise kombiniert mit Medieninhaltsanalysen) und zum anderen um Studien, bei denen fiktive Medientexte experimentell variiert wurden. Semetko et al. (2003) präsentieren Ergebnisse einer Zwei-Wellen-Panelstudie, bei der die Einstellungen der Bürger zur EU vor und nach dem EU-Gipfeltreffen in Amsterdam 1997 erhoben wurden. In der zweiten Befragung war die Zustimmung, die Entscheidungen in einzelnen Politikbereichen auf die europäische Ebene zu verlagern, größer als in der ersten

Welle (Semetko et al. 2003, 629-630). Dies führen die Autoren auf die verstärkte Berichterstattung der Medien zurück, die allerdings nicht mit empirischen Daten belegt wird. De Vreese (2005b) belegt mit Daten einer Zwei-Wellen-Panelbefragung, die vor und nach einem Treffen des Europäischen Rats 2002 in Kopenhagen durchgeführt wurde, in Dänemark eine negative Beziehung zwischen Mediennutzung und Euroskeptizismus und in den Niederlanden eine positive Beziehung. Der Anstieg der negativen Haltung zur EU in den Niederlanden führt de Vreese (2005b, 293) auf die Medienberichterstattung in Holland zurück, die die Europäische Integration aus einer strategischen Perspektive betrachtet hat.

Solche Framing-Effekte werden auch durch eine weitere experimentelle Untersuchung von Schuck und de Vreese (2006) belegt. In der Untersuchung haben Studierende Medienberichte gelesen, die die Erweiterung der Staatengemeinschaft entweder als „Gelegenheit" oder als „Risiko" dargestellt haben. In der „Gelegenheit"-Gruppe zeigte sich eine größere Zustimmung für die Osterweiterung als in der „Risiko"-Gruppe. Die Übertragbarkeit der Befunde auf das tatsächliche Leben wird in der gleichen Studie aber implizit eingeschränkt. Im Hinblick auf die EU-Osterweiterung bescheinigen die Autoren den deutschen Tageszeitungen eine ausgewogene Berichterstattung, die Chancen und Risiken gleichermaßen darstellt (Schuck/De Vreese 2006, 21). De Vreese und Boomgaarden (2006) haben eine Medieninhaltsanalyse (Fernsehnachrichten und Tageszeitungen) mit einer Zwei-Wellen-Befragung kombiniert, bei denen Bürger aus Dänemark und den Niederlanden vor und nach dem Treffen des Europäischen Rats 2002 in Kopenhagen befragt wurden. Die Berichterstattung in Dänemark war deutlich intensiver als in den Niederlanden; zudem wurde konsistent positiv berichtet. Sie belegen einen Einfluss der Medien auf die Bewertung der EU, allerdings „only in a situation in which citizens were exposed to a considerable level of news media coverage with a consistent evaluative direction" (De Vreese/ Boomgaarden 2006, 430).

Maier und Rittberger (2008) haben einen fiktiven Nachrichtentext über das Beitrittsland Mazedonien auf den Dimensionen Wirtschaft, Demokratie und Kultur variiert (jeweils positiv versus negativ). Studierende, die den positiven Text gelesen haben, begrüßen eher die Aufnahme von Mazedonien in die EU als Personen, die in der anderen Gruppe waren. Die Zustimmung zu einem EU-Beitritt wird dabei insbesondere durch die positive Bewertung der Demokratie beeinflusst (Maier/Rittberger 2008, 253-259).

Als Pionierarbeit für eine (klassische) regressionsanalytische Untersuchung des Einflusses der politischen Informationsnutzung auf europäische Einstellungen mit Individualdaten kann die Arbeit von Norris (2000) angeführt werden. Unter Berücksichtigung von Bildung, Einkommen, Alter und Geschlecht belegt sie sowohl eine positive Beziehung zwischen politischer Informationsnutzung und Wissen über die EU als auch zwischen Nachrichtenkonsum und politischer Unterstützung der Staatengemeinschaft. Wer häufig Nachrichten im Fernsehen sieht, im Radio hört, in der Tageszeitung oder im Internet liest, der zeigt ein größeres Vertrauen in europäische Institutionen und eine größere Zustimmung zur Europäischen Integration (Norris 2000, 242-246). Zudem kann Norris einen starken Effekt der Bewertung des Euros durch die Medien auf die allgemeine Unterstützung der EU und der Zustimmung zur Gemeinschaftswährung im Besonderen belegen. Positive Berichterstattung führt zur Zustimmung, negative Medienbeiträge zur Ablehnung (Norris 2000, 206).

Maier et al. (2003, 225) können hinsichtlich der Bewertung des Euros allerdings nur für die ostdeutschen Bundesländer einen Einfluss der Berichterstattung auf die Akzeptanz der Währung belegen. Dieser Befund wird zum einen auf das Datenmaterial zurückgeführt, zum anderen aber auch auf die Medien, die insgesamt nur wenig über den Euro berichtet hätten (siehe auch Brettschneider et al. 2003a). Gegen das letztgenannte Argument spricht allerdings die Einschätzung von Semetko et al. (2000, 135), wonach „the national news media played an active role in providing a national spin on this major event". Entsprechend können de Vreese und Semetko (2004, 711-712) beim Referendum über die Einführung der Gemeinschaftswährung in Dänemark im Jahr 2000 zeigen, dass eine hohe Aufmerksamkeit für öffentlich-rechtliche Fernsehnachrichten und das Lesen von Zeitschriften, die die Einführung des Euros unterstützten, die Wahrscheinlichkeit beim Referendum mit „Nein" zu stimmen, verringert haben.

Tenscher und Schmidt (2004) haben den Einfluss der politischen Informationsnutzung auf die Zustimmung zur EU in einer Regionalstudie (Südpfalz) untersucht. Dabei belegen sie regressionsanalytisch einen positiven Effekt der Mediennutzung auf die Zustimmung zur Union und sprechen den Medien für die Unterstützung der Union eine zentrale Rolle zu (Tenscher/Schmidt 2004, 234). Carey und Burton (2004) sind in der Bewertung der Relevanz der Medien für europäische Orientierungen dagegen etwas zurückhaltender. Mit Daten der *British Election Study 2001* untersuchen sie den Einfluss der Zeitungsnutzung auf europäische Orientierungen. Dabei unterscheiden sie insgesamt zehn verschiedene Publikationen – fünf eher proeuropäische und fünf eher europakritische Medien. Hinsichtlich der allgemeinen Zustimmung zur EU können die Autoren jeweils nur für zwei Zeitungen signifikante Beziehungen belegen. Ihr Fazit: „We find that newspapers do have an impact on attitudes to Europe, but that these effects are relatively small" (Carey/Burton 2004, 624). Scharkow (2006; 2008) hat den Zusammenhang zwischen der Mediennutzung und der Zustimmung zur Europäischen Integration mit Daten des Eurobarometers untersucht. Dabei kann er in 21 von 25 EU-Mitgliedsländern einen eigenständigen Einfluss der Mediennutzung auf proeuropäische Orientierungen nachweisen. Mit Blick auf die Identifikation mit der politischen Gemeinschaft zeigt sich, dass Personen, die viele Medien nutzen, um sich über die EU zu informieren, sich stärker mit der Staatengemeinschaft identifizieren als Personen, die wenige Medien nutzen (siehe auch Scharkow/Vogelgesang 2009). Seine Schlussfolgerung: „Identifikation mit Europa basiert offenbar zu einem großen Teil auf Information über Europa, und diese werden von den nationalen Medien transportiert" (Scharkow 2006, 72). Mit den Resultaten von Scharkow (2006; 2008) sind auch neuere Befunde von Tenscher (2009) kompatibel. Mit Daten des Eurobarometers 2006 belegt er auf der Individualebene eine positive Beziehung zwischen der Anzahl der zur EU-Information genutzten Massenmedien und der Zustimmung zur Europäischen Union. Er bewertet seine Ergebnisse als Beleg für die „*eigenständige* Bedeutung der politischen Informationsnutzung für die Ausbildung politischer Orientierungen" (Tenscher 2009, 521; Hervorhebung im Original). Allerdings spielen die Medieneinflüsse im Vergleich zu etablierten Erklärungsansätzen, wie zum Beispiel Kosten-Nutzen-Überlegungen, nur eine nachrangige Rolle.

Insgesamt vermitteln die empirischen Befunde ein unklares Bild. Experimentelle Designs können zweifellos einen kausalen Einfluss der politischen Informationsnutzung auf europäische Orientierungen nachweisen. Gegenüber diesen Untersuchungen kann allerdings kritisch eingewendet werden, dass diese Forschung unter künstlichen Bedingungen und mit selektiven Stichproben (Studierenden) stattfindet. Entsprechend können diese Ergebnisse nicht einfach generalisiert werden. Zudem weisen solche Experimente lediglich kurzfristige Medieneinflüsse nach; es ist unklar, inwieweit manipulierte Medienbeiträge die individuelle Einstellung dauerhaft verändern. Denkbar sind auch Kontrasteffekte. Die Testpersonen suchen nach Auflösung der Coverstory bewusst Informationen, die den Inhalt der fiktiven Medienberichte widerlegen. Quasi-experimentelle Designs versuchen die Kritik hinsichtlich selektiver Stichproben und künstlicher Testbedingungen zwar zu überwinden, erlauben im Gegenzug aber keine eindeutigen Schlussfolgerungen, inwieweit die Einstellungsveränderung auf die mediale Berichterstattung zurückgeführt werden kann. Auch ermöglichen sie keine Aussage, ob es sich um eine stabile Veränderung handelt. Bei regressionsanalytischen Untersuchungen liegen uneinheitliche Resultate vor. Einmal wird den Medien eine zentrale Rolle für die Akzeptanz der Staatengemeinschaft zugesprochen (Tenscher/Schmidt 2004, 234), ein anderes Mal wird die nachrangige Bedeutung der politischen Mediennutzung für europäische Orientierungen betont (Tenscher 2009, 521). Der gleiche Autor kommt an verschiedenen Zeitpunkten und mit nicht vergleichbaren Datensätzen zu unterschiedlichen Schlussfolgerungen. Wie lässt sich dies erklären? Für einen substanziellen Medieneinfluss auf Einstellungen müssen zwei Voraussetzungen erfüllt sein. Erstens muss das betreffende Objekt in Fernsehen, Radio und Tageszeitung sichtbar sein. Wenn über die EU kaum berichtet wird, dann ist auch kein Einfluss der Mediennutzung auf europäische Orientierungen zu erwarten. Zweitens sind Medieneffekte insbesondere dann wahrscheinlich, wenn die Bewertung durch die Medien einheitlich ist, weil „konsonante Berichterstattung individuelle Selektionsbarrieren umgehen kann" (Peter 2003, 191; siehe auch Noelle-Neumann 1973). Beide Voraussetzungen sind mit Blick auf die EU eher nicht erfüllt. Im Hinblick auf die Sichtbarkeit der Union stellen Brettschneider und Rettich (2005) in einer bemerkenswerten Analyse fest, dass – zumindest in den deutschen Massenmedien – im Zeitraum von 1998 bis 2004 vergleichsweise selten über die Staatengemeinschaft berichtet wurde:

> „Zu keinem Zeitpunkt seit 1998 betrug die Berichterstattung über die Europäische Union mehr als neun Prozent der gesamten Berichterstattung in den untersuchten Hauptnachrichtensendungen und den überregionalen Tageszeitungen. Über den gesamten Untersuchungszeitraum hinweg waren es durchschnittlich sogar nur 5,5 Prozent." (Brettschneider/Rettich 2005, 140-141)

Die Autoren liefern auch interessante Vergleichszahlen mit: Über den Bundeshaushalt oder die Steuerpolitik der Bundesregierung entfielen im gleichen Zeitraum jeweils vier bis fünf Prozent der Berichterstattung, über das Thema Arbeitslosigkeit etwa fünf bis sieben Prozent. Das Fazit von Brettschneider und Rettich ist eindeutig: „Eine erhöhte Aufmerksamkeit für europäische Themen fand sich lediglich punktuell und für kurze Dauer im Umfeld herausragender Ereignisse" (Brettschneider/Rettich 2005, 141; siehe auch Maier et al. 2003 zur Berichterstattung über den Euro). Mit diesen Resultaten sind auch Ergebnisse anderer Studien vergleichbar. Wilke und Reinemann (2005) haben die Berichterstattung deutscher Tageszeitungen zu den Europawahlen 1979 bis 2004 untersucht. Im Gegensatz zur gestiegenen Bedeutung des Europäischen Parlaments gab es seit 1979 keinen konstanten Anstieg des Umfangs der Europawahlberichterstattung (Wilke/Reinemann 2005, 172). De Vreese et al. (2006, 487) belegen erhebliche Unterschiede im Umfang der Berichterstattung zur Europawahl 1999 und 2004 zwischen den Ländern – in Deutschland lag der Anteil jeweils unter fünf Prozent der Gesamtberichterstattung (für die Europawahlen 2009 siehe z.B. Maier et al. 2011; Holtz-Bacha/Leidenberger 2010). Auch in den alltäglichen Fernsehnachrichten sind EU-Beiträge kaum vorhanden (Peter 2004, 157). Der geringe Anteil der Berichterstattung über die Union an den gesamten politischen Nachrichten spricht eher gegen starke Zusammenhänge zwischen der politischen Informationsnutzung und europäischen Orientierungen. Darüber hinaus belegen Studien eine relativ ausgewogene Berichterstattung der deutschen Medien über die Europäische Union, die sowohl positiv als auch negativ über die Staatengemeinschaft berichten (siehe z.B. Schuck/De Vreese 2006, 18; Peter 2004, 156; Vliegenthart et al. 2008, 426). Dies spricht ebenfalls für einen begrenzten Einfluss der politischen Informationsnutzung auf Einstellungen zur EU.

Erwartungen

Mit Tenscher (2009, 497) lässt sich argumentieren, dass politische Informationsnutzung in der Regel funktional für politische Unterstützung ist.[90] Wer sich regelmäßig über politische Ereignisse informiert, der sollte grundsätzlich eine höhere politische Unterstützung zeigen als Personen, die dies nicht tun. Die politische Informationsnutzung fördert die Kenntnis über Themen, das Verständnis für Zusammenhänge und die Nachvollziehbarkeit von Entscheidungen. Allerdings muss eine höhere Informationsnutzung nicht per se zu einer höheren Zufriedenheit mit den politischen Autoritäten führen. Eine höhere Informationsnutzung könnte auch zu einer kritischeren Einschätzung der Leistungen der politischen Autoritäten führen, weil Argumente besser beurteilt werden können. Für die Effektivität werden deshalb zwei verschiedene Erwartungen formuliert:

I52. Je größer die politische Informationsnutzung,
desto positiver wird die Effektivität der EU bewertet.

I53. Je größer die politische Informationsnutzung,
desto negativer wird die Effektivität der EU bewertet.

Eine höhere politische Informationsnutzung fördert sicherlich das Verständnis für die institutionellen Abläufe. Dies sollte sich günstig auf die Vertrautheit mit dem politischen System auswirken. Folgende Erwartung wird formuliert:

I54. Je größer die politische Informationsnutzung,
desto positiver wird die Legitimität der EU bewertet.

Nach Scharkow (2006, 72) sowie Scharkow und Vogelgesang (2009) basiert die Identifikation mit der EU zu einem großen Teil auf Informationen über die Union, die von den Medien transportiert werden. Solche Informationen können dazu beitragen, Gemeinsamkeiten zu erkennen und Vorurteile zu verringern. Je höher die politische Informationsnutzung, desto eher können entsprechende Informationen über die EU aufgenommen werden. Deshalb wird folgende Erwartung formuliert:

I55. Je größer die politische Informationsnutzung,
desto positiver ist die Identifikation mit der EU.

---

90 Wie Tenscher (2009, 497) zu Recht betont, gilt diese Annahme nur für die politische Informationsnutzung. Der Einfluss unterhaltungsorientierter Medien auf politische Orientierungen fällt weniger eindeutig aus (siehe z.B. Holtz-Bacha 1990; Wolling 1999, 226). Die vorliegende Betrachtung beschränkt sich jedoch ausschließlich auf die politische Informationsnutzung.

Operationalisierung

Für die Erhebung der politischen Informationsnutzung stehen in den EiK-Daten keine besonders ausdifferenzierten Messinstrumente zur Verfügung. Die Items erlauben lediglich grobe Einblicke in die Nutzung verschiedener Informationsquellen. Zudem beziehen sich die Fragen auf die Häufigkeit politische Informationen im Allgemeinen zu lesen, zu sehen oder zu hören und nicht auf die spezifische Berichterstattung über die EU.[91] Dies gilt es bei den Analysen zu berücksichtigen. Folgende Fragen wurden zur Erhebung der politischen Mediennutzung verwendet.

> *An wie vielen Tagen in der Woche lesen Sie im Allgemeinen Nachrichten über das politische Geschehen in einer Tageszeitung?*
>
> *Und an wie vielen Tagen in der Woche hören Sie im Allgemeinen Nachrichten über das politische Geschehen im Radio?*
>
> *Und an wie vielen Tagen in der Woche sehen Sie im Allgemeinen Nachrichten über das politische Geschehen im Fernsehen?*
>
> *Und an wie vielen Tagen in der Woche lesen Sie im Allgemeinen Nachrichten über das politische Geschehen im Internet?*

Bei der Antwort konnten die Befragten zwischen neun inhaltlichen Angaben wählen (von „sieben Tage" bis „nie"). Außerdem standen die Antwortmöglichkeiten „weiß nicht" und „keine Angabe" zur Verfügung. Wie Abbildung 32 zeigt, stellt das Fernsehen das meist genutzte Medium für politische Informationen dar. Über 60 Prozent der Befragten nutzen jeden Tag den Fernseher, um sich über das politische Geschehen zu informieren. Knapp dahinter rangiert das Radio, gefolgt von der Tageszeitung. Beim Radio ist allerdings zu berücksichtigen, dass dieses Medium häufig parallel mit anderen Tätigkeiten genutzt wird, so dass die Aufmerksamkeit beim Lesen der Zeitung höher sein sollte als beim Hören von Radiosendungen (Niedermayer 2005, 162). Zudem ist die Tageszeitung bei der reinen Häufigkeitsabfrage strukturell benachteiligt, weil viele Zeitungen – insbesondere lokale Ausgaben – nur an sechs Tagen in der Woche erscheinen. Für diese Argumentation spricht der geringere Unterschied in der Nutzungshäufigkeit zwischen Radio und Tageszeitung, wenn die Mediennutzung an mindestens sechs Tagen in der Woche betrachtet wird. Die Differenz verringert sich dann von 24 auf zwölf Prozentpunkte.

---

91 Analysen von Tenscher (2009, 506) belegen einen Zusammenhang zwischen politischer Informationsnutzung im nationalen Rahmen und EU-spezifischer Mediennutzung. Wer häufig nach politischen Nachrichten im Allgemeinen sucht, der informiert sich auch mehr über politische Ereignisse auf europäischer Ebene.

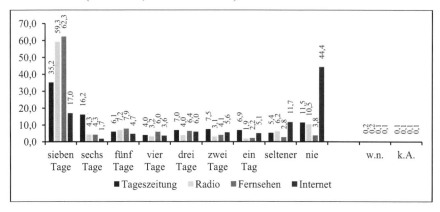

Abbildung 32: Politische Informationsnutzung der Befragten
(in Prozent; Fallzahl: 11.870)

Eine eindeutig untergeordnete Rolle für politische Nachrichten spielt das Internet. Immerhin 44 Prozent der Befragten nutzt die weltweite Datenautobahn für diesen Zweck überhaupt nicht. Die Ergebnisse der EiK-Erhebung zur Mediennutzung sind dabei mit den Resultaten der ARD/ZDF-Onlinebefragung 2009 kompatibel, wonach das Fernsehen das Medium ist, mit dem sich die Deutschen am häufigsten über aktuelle Nachrichten informieren.[92] 71 Prozent der Onliner sehen täglich Nachrichten im Fernsehen, dagegen rufen nur 33 Prozent der Onliner im Internet tagesaktuelle Informationen ab (van Eimeren/Frees 2009, 342).

Möglicherweise liegt der Nutzung der verschiedenen Medien eine allgemeinere Form zugrunde, die als politische Informationsnutzung bezeichnet werden kann. Für diesen Zweck wird eine Hauptkomponentenanalyse mit den vier Items berechnet. Zuvor werden die „weiß nicht"- und die „keine Angabe"-Antworten auf die niedrigste Kategorie („nie") gesetzt, um einerseits die Befragten nicht auszuschließen und andererseits das Niveau der Informationsnutzung nicht zu überschätzen. Die Ergebnisse zeigen zwei Komponenten mit einem Eigenwert größer als ‚1' (1,4 und 1,0), die etwa 60 Prozent der Varianz aufklären. Mit Eigenwerten von 0,84 und 0,74 unterscheiden sich die dritte und vierte Komponente allerdings nicht wesentlich von der zweiten Komponente. Eine schiefwinklige Rotation trennt das Internet-Item von den anderen Items. Allerdings liegt Cronbach's Alpha für die Fernseh-, Radio- und Zeitungsnutzung lediglich bei

---

92 Die ARD/ZDF-Onlinestudie 2009 ist für einen Vergleich mit den EiK-Daten deshalb gut geeignet, weil die Erhebungszeiträume und die Stichproben beider Studien sehr ähnlich sind. Bei der EiK-Erhebung wurden Personen ab 15 Jahre im Zeitraum vom 2. Februar bis 25. Mai 2009 befragt, bei der ARD/ZDF-Onlinestudie wurden vom 2. März bis 29. April 2009 Personen ab 14 Jahren interviewt (für weitere Informationen zur ARD/ZDF-Onlinestudie 2009 siehe van Eimeren/Frees 2009, 334).

0,43. Bei Berücksichtigung des Internet-Items verringert sich der Wert auf 0,32. Insgesamt weisen die Ergebnisse auf erhebliche Schwierigkeiten hin, einen Index für politische Informationsnutzung zu bilden. Deshalb wird an dieser Stelle darauf verzichtet. Neben den empirischen Ergebnissen sprechen auch inhaltliche Überlegungen für diese Entscheidung. So wird den verschiedenen Medien ein unterschiedliches Maß an Informationsgehalt und Glaubwürdigkeit zugeschrieben (Neller 2004a, 344; siehe für eine Übersicht zur differenziellen Medienwirkung z.B. Maurer 2003, 65-96). Das Fernsehen gilt als das „kritischste, kompetenteste, informativste und glaubwürdigste Medium" (Niedermayer 2005, 164), das Radio hingegen als Begleit- und Hintergrundmedium (Neller 2004a, 344). Eine besondere „Wirkkraft" auf politische Orientierungen wird der Tageszeitung zugesprochen (Tenscher 2009, 507), das Internet wird hingegen ambivalent beurteilt. Es erlaubt zwar die Informationssuche rund um die Uhr, doch das weltweite Datennetz könnte möglicherweise auch einen negativen Effekt auf politische Orientierungen haben, weil radikalere Ansichten und systemkritische Haltungen online vermutlich weiter verbreitet und vor allem wesentlich einfacher zugänglich sind als in den klassischen Medien (Wolling 2009, 450-451). Bei der empirischen Analyse wird folglich zwischen der Nutzung von Fernsehen, Radio, Zeitung und Internet unterschieden.

Empirische Analysen

In Tabelle 32 sind die Korrelationen zwischen der individuellen Informationsnutzung und der politischen Unterstützung dargestellt. Mit Ausnahme des Fernsehens besteht kein nachweisbarer Zusammenhang zwischen der politischen Informationsnutzung und der Zufriedenheit mit den Leistungen der europäischen Institutionen. Wer häufiger politische Nachrichten im Internet liest, im Radio hört oder in der Zeitung liest, der zeigt weder eine größere noch niedrigere Effektivität. Bei der Legitimität lässt sich für drei der vier Medienarten eine positive Beziehung zwischen der Häufigkeit der Nutzung und der politischen Unterstützung belegen. Für die Nutzung des Fernsehens lässt sich dieser Zusammenhang allerdings nicht statistisch absichern. Bei der Identifikation zeigen sich gegenläufige Beziehungen. Eine häufige Nutzung der Zeitung, dem Radio oder dem Fernsehen für politische Informationen geht mit einer höheren Identifikation einher, bei der Internetnutzung zeigt sich dagegen eine negative Relation. Zusammenfassend werden die Erwartungen I52, I54 und I55 eingeschränkt bestätigt, Erwartung I53 widerlegt.

Tabelle 32: Politische Informationsnutzung und politische Unterstützung der EU

Korrelation (Pearson's r)	Effektivität	Legitimität	Identifikation
Zeitung	0,00	0,02*	0,09***
Radio	-0,00	0,02*	0,07***
Fernsehen	0,02*	0,02	0,10***
Internet	-0,00	0,05**	-0,03**
Fallzahl	11.777	11.835	11.859

Anmerkungen: *=p<0,05; **=p<0,01; ***=p<0,001. Zur Kodierung der abhängigen Variablen siehe Kapitel 3.3.

Offensichtlich variiert die Beziehung zwischen der politischen Informationsnutzung und der politischen Unterstützung in Abhängigkeit der Unterstützungsart und der betrachteten Medienart. Für die klassischen Medien – Zeitung, Radio und Fernsehen – lassen sich weitgehend positive Korrelationen belegen, die aber teilweise nicht signifikant sind. Eine stärkere Nutzung des Internets für politische Informationsnutzung führt dagegen nicht per se zu einer höheren politischen Unterstützung. Für diese nicht einheitlichen Ergebnisse gibt es mehrere Erklärungen. So erlauben die verwendeten Frageinstrumente keine Rückschlüsse auf die Dauer der täglichen Mediennutzung. Zudem können mögliche unterschiedliche Einflüsse, die sich zum Beispiel durch den Konsum von Qualitäts- oder Boulevardmedien bzw. von privaten oder öffentlich-rechtlichen Fernseh- und Radiosender ergeben, nicht überprüft werden. Schließlich wurde die politische Informationsnutzung nur allgemein abgefragt, so dass die verwendeten Indikatoren auch keine optimale Erfassung der EU-spezifischen Mediennutzung ermöglichen.

4.2.8 Multivariate Analysen

Die Erwartungen und Befunde der bivariaten Analysen zu den politischen Erklärungsansätzen sind in Tabelle 33 zusammenfassend dargestellt. Insgesamt 33 der 42 Erwartungen konnten komplett oder zumindest eingeschränkt bestätigt werden. Höheres politisches Interesse und wahrgenommene Vorteile durch die EU fördern die Zufriedenheit mit der Arbeit der politischen Autoritäten, die Akzeptanz des politischen Regimes und die Verbundenheit mit der politischen Gemeinschaft. Bei der kognitiven Mobilisierung und bei den Wertorientierungen variieren – entsprechend den Erwartungen – die Relationen in Abhängigkeit der betrachteten Unterstützungsform. Postmaterialistische Wertorientierungen und eine höhere kognitive Mobilisierung gehen mit einer geringeren Effektivität, aber mit einer höheren Legitimität und Identifikation einher.

Tabelle 33: Erwartungen und Befunde zu den politischen Faktoren

	Effektivität		Legitimität		Identifikation	
	E	B	E	B	E	B
Erwartungen I31 bis I33						
Kognitive Mobilisierung	−	−	+	+	+	+
Erwartungen I34 bis I36						
Postmaterialisten	−	−	+	(+)	+	(+)
Erwartungen I37 bis I39						
Politisches Interesse	+	+	+	+	+	+
Erwartungen I40 bis I42						
Parteiorientierung	+	+	+	+	+	+
Linke-Wähler	−	−	−	−	−	−
CDU-Wähler	+	(+)	+	(+)	+	+
Erwartungen I43 bis I45						
Links-Rechts: Extrem	−	0	−	0	−	0
Links-Rechts: rechts	+	+	+	0	+	+
Erwartungen I46 bis I51						
Vorteile: persönlich	+	+	+	+	+	+
Vorteile: Land	+	+	+	+	+	+
Erwartungen I52 bis I55						
Zeitung	+/−	0	+	+	+	+
Radio	+/−	0	+	+	+	+
Fernsehen	+/−	+	+	0	+	+
Internet	+/−	0	+	+	+	−

Anmerkungen: +=positive Beziehung; −=negative Beziehung; ?=unklare Erwartung/Beziehung; 0=kein Effekt beobachtet; ()=Effekt eingeschränkt beobachtet.

Individuelle Zusammenhänge konnten zudem für die Parteiorientierung und europäische Einstellungen belegt werden. Anhänger der Linken zeigen eine deutlich geringere Unterstützung der Europäischen Union als Wähler von CDU, SPD, Grüne und FDP. Die Ergebnisse stehen damit im Einklang mit dem „Class-Partisanship"-Ansatz, wonach sich die Bürger bei der Bewertung der EU an der Haltung ihrer bevorzugten Partei orientieren. Entgegen den Erwartungen lassen sich keine Relationen zwischen einer extremen ideologischen Position auf der Links-Rechts-Skala und europäischen Orientierungen belegen. Dagegen besteht eine positive Beziehung zwischen der Selbsteinstufung auf der Links-Rechts-

Skala und der Effektivität und Identifikation. Keine konsistenten Beziehungen bestehen zwischen der politischen Informationsnutzung und der politischen Unterstützung.

Die Analyse der bivariaten Zusammenhänge wird mit einer multivariaten Betrachtung erweitert. Dadurch können die einzelnen Bestimmungsfaktoren der politischen Unterstützung unter Kontrolle der anderen Determinanten untersucht werden. Dabei werden alle Determinanten in die Regressionsgleichung zur Schätzung der Effektivität, Legitimität und Identifikation einbezogen. Tabelle 34 zeigt die standardisierten und unstandardisierten Regressionskoeffizienten für die drei Unterstützungsformen. Im multivariaten Modell werden die Zusammenhänge für das politische Interesse und die wahrgenommenen Vorteile durch die EU bestätigt: Je größer das Interesse an Europapolitik und die wahrgenommenen persönlichen und landesbezogenen Vorteile durch die EU, desto höher wird die Effektivität, Legitimität und Identifikation bewertet. Alle anderen Determinanten konstant gehalten, zeigen sich für postmaterialistische Wertorientierungen und eine höhere kognitive Mobilisierung eindeutig negative Effekte auf die politische Unterstützung. Dieser Befund ist durchaus überraschend, da sich im Vergleich zur bivariaten Betrachtung die positiven Effekte auf die Legitimität und Identifikation umdrehen. Bei Berücksichtigung von politischem Interesse und wahrgenommenen Vorteilen wirken sich eine höhere kognitive Mobilisierung und postmaterialistische Wertorientierung eindeutig negativ auf die politische Unterstützung aus.

Auch in den multivariaten Analysen zeigen sich keine signifikanten Zusammenhänge zwischen einer extremen Position auf der Links-Rechts-Skala und europäischen Orientierungen. Eine eher „rechte" Position geht dabei allerdings weiterhin mit einer höheren Effektivität und Identifikation einher. Unter Berücksichtigung der anderen Bestimmungsfaktoren zeigen Anhänger der Linken im Vergleich zu den anderen Parteien weiterhin das geringste Niveau der politischen Unterstützung. CDU- und mit Abstrichen auch SPD-Wähler zeigen dagegen weiterhin das höchste Niveau der politischen Unterstützung. Der Einfluss der politischen Informationsnutzung auf europäische Orientierungen ist unsystematisch. Die Relationen zwischen der politischen Informationsnutzung und politischer Unterstützung variieren sowohl in Abhängigkeit der betrachteten Medienart als auch in Abhängigkeit der betrachteten Unterstützungsform. Ein hoher Nachrichtenkonsum mit den klassischen Medien Zeitung, Radio und Fernsehen fördert die Verbundenheit mit der europäischen Gemeinschaft, während eine entsprechende Internetnutzung eine geringere Identifikation begünstigt. Dies ist möglicherweise auf die Spezifität dieser Medienart zurückzuführen. Bei der Legitimität hat einzig die Tageszeitung einen (negativen) Effekt. Ein hoher Nachrichtenkonsum im Fernsehen fördert dagegen die Effektivität, während sich für die Tageszeitung und das Internet negative Beziehungen belegen lassen. Im Vergleich zu den anderen Einflussfaktoren hat die politische Informationsnutzung nur geringen Einfluss auf die politische Unterstützung.

Tabelle 34: Politische Faktoren und politische Unterstützung der EU

	Effektivität		Legitimität		Identifikation	
	B	Beta	B	Beta	B	Beta
Kognitive Mobilisierung	-0,01***	-0,12	-0,00**	-0,03	-0,01***	-0,10
Wertorientierung (Ref: Mischtypen)						
Postmaterialisten	-0,02***	-0,05	-0,01**	-0,03	-0,02***	-0,04
Materialisten	0,01	0,02	0,02**	0,02	0,01*	0,02
Politisches Interesse EU (Ref: wenig interessiert)						
überhaupt nicht	-0,09***	-0,14	-0,08***	-0,11	-0,10***	-0,13
ziemlich interessiert	0,04***	0,10	0,05***	0,11	0,06***	0,12
sehr interessiert	0,05***	0,11	0,08***	0,14	0,10***	0,19
Parteianhänger (Referenz: FDP)						
SPD	0,04***	0,09	0,03***	0,06	0,02*	0,04
CDU	0,05***	0,11	0,03***	0,06	0,03***	0,05
Linke	-0,04***	-0,03	-0,03*	-0,02	-0,06***	-0,05
Grüne	0,01	0,01	0,01	0,02	-0,02**	-0,03
Andere	0,01	0,02	0,01	0,03	-0,01	-0,02
Links-Rechts-Orientierung						
extreme Position	-0,00	-0,01	-0,00	-0,01	-0,01	-0,01
Links-Rechts-Position	0,00***	0,04	0,00	0,01	0,01***	0,05
Kosten-Nutzen-Überlegungen						
Vorteile: Land	0,04***	0,23	0,06***	0,27	0,03***	0,14
Vorteile: persönlich	0,04***	0,16	0,05***	0,19	0,04***	0,16
Politische Informationsnutzung						
Zeitung	-0,00**	-0,03	-0,00***	-0,04	0,00***	0,03
Radio	-0,00	-0,01	0,00	0,01	0,00***	0,04
Fernsehen	0,00**	0,03	0,00	0,01	0,01***	0,07
Internet	-0,00*	0,02	-0,00	-0,01	-0,00***	-0,05
Korrigiertes R^2 in Prozent	20,34		23,65		17,82	
Fallzahl	11.045		11.075		11.086	

Anmerkungen: OLS-Regression. B=unstandardisierter Regressionskoeffizient; Beta=standardisierter Regressionskoeffizient. *=p<0,05; **=p< 0,01; ***=p<0,001. Zur Kodierung der abhängigen Variablen siehe Kapitel 3.3.

Mit Ausnahme der postmaterialistischen Wertorientierung und der kognitiven Mobilisierung bestätigen die im multivariaten Modell gefundenen Effekte weitgehend die bivariaten Zusammenhänge. Mit Werten zwischen 17,8 und 23,7 Prozent ist auch die Erklärungsleistung der drei Modelle (gemessen am korrigierten R^2) durchaus akzeptabel. Die berücksichtigten Individualmerkmale können bis zu 23,7 Prozent der Varianz des Unterstützungsniveaus erklären. In Tabelle 35 ist der Anteil der erklärten Varianz der einzelnen Bestimmungsfaktoren dargestellt. Offensichtlich tragen die einzelnen Erklärungsansätze sehr unterschiedlich zur Varianzaufklärung bei. Lediglich drei der sieben Ansätze können überhaupt mehr als ein Prozent der Variation bei der Effektivität, Legitimität und Identifikation erklären. Die wahrgenommenen Vorteile durch die EU (Kosten-Nutzen-Überlegungen), das politische Interesse und die Parteiorientierungen tragen eindeutig am stärksten zur Varianzaufklärung bei.

Tabelle 35: Erklärte Varianz der politischen Faktoren

	Effektivität	Legitimität	Identifikation
Kognitive Mobilisierung	0,13	0,62	-0,00
Postmaterialismus	0,19	0,00	0,08
Politisches Interesse EU	6,26	8,14	8,29
Parteiorientierung	2,23	1,12	2,14
Links-Rechts-Schema	0,20	0,00	0,56
Kosten-Nutzen-Überlegungen	13,07	19,36	8,36
Politische Informationsnutzung	0,04	0,29	1,63
Gesamt	20,34	23,65	17,82
Fallzahl	11.045	11.075	11.086

Anmerkung: Dargestellt ist jeweils das korrigierte R^2 in Prozent.

4.3 Sozialkapitalfaktoren

Der Begriff Sozialkapital zeichnet sich durch ein breites Spektrum an unterschiedlichen Definitionen aus und wird von verschiedenen Autoren in vielfältigen theoretischen Zusammenhängen verwendet (für eine Übersicht siehe Haug 1997; für verschiedene Definitionen siehe Franzen/Freitag 2007b, 10; Freitag 2001, 93; zur Operationalisierung siehe van Deth 2003a; 2008b). Deshalb gilt Sozialkapital als „verwickeltes Thema mit vielen schillernden Facetten" (Esser

2000, 235), das weit über die Sozialwissenschaften hinaus eine enorme Popularität erlangt hat (Kriesi 2007, 23).[93] Das liegt vor allem an der Vielzahl positiver Wirkungen, die dem Sozialkapital zugeschrieben werden: „… social capital makes us smarter, healthier, safer, richer, and better able to govern a just and stable democracy" (Putnam 2000, 290). Als „key to making democracy work" (Putnam 1993, 185) interessiert aus politikwissenschaftlicher Perspektive die Bedeutung des Sozialkapitals für eine leistungsfähige und stabile Demokratie (für eine Übersicht siehe z.B. Putnam 2000, 336-349; van Deth 2008a; Halpern 2005, 170-195).[94]

Nach Putnam (1993, 167) ist Sozialkapital eine Kombination aus Netzwerken, sozialem Vertrauen und Normen. Nach dieser Definition besteht Sozialkapital aus *strukturellen* und *kulturellen* Elementen. Netzwerke sind der strukturellen Seite des Sozialkapitals zuzuordnen, Vertrauen und Normen gehören der kulturellen Seite an (z.B. Roßteutscher et al. 2008, 21; Kunz 2010, 376). In früheren Arbeiten hat Putnam die drei Elemente des Sozialkapitals zunächst noch gleichrangig behandelt – „networks, norms, and trust" (Putnam 1995b, 664) – in „Bowling Alone" unterstellt er explizit einen kausalen Wirkungsmechanismus:

„… social capital refers to connections among individuals – social networks and the norms of reciprocity and trustworthiness that arise from them." (Putnam 2000, 19)

Demnach entsteht Sozialkapital in sozialen Netzwerken. In und durch soziale Interaktionen entwickeln sich soziales Vertrauen sowie Normen der Reziprozität. Dieses im konkreten Umfeld entstandene Vertrauen wird generalisiert und – mehr oder weniger – auf unbekannte Gesellschaftsmitglieder übertragen. Da-

---

93 Die Darstellung beschränkt sich an dieser Stelle weitgehend auf Putnams Konzeptualisierung von Sozialkapital (Putnam 2000; 1999; 1995a; 1995b; 1993). Ausführlichere Diskussionen bieten die Sammelbände von Castiglione et al. (2008) sowie Franzen/Freitag (2007b). Außerdem sei auf die Veröffentlichungen von Esser (2000, 235-268), Fine (2010) Halpern (2005), Norris (2002, 137-167), Seubert (2009), Westle/Gabriel (2008) und Zimmer (2007, 194-203) verwiesen.

94 Zur Bekanntheit des Konzepts haben insbesondere die Arbeiten von Robert Putnam (1993; 2000) beigetragen. In der Studie „Making Democracy Work" untersucht er die Leistungsfähigkeit von Regionalregierungen nach einer institutionellen Reform in Italien (Putnam 1993). Dabei zeigt sich, dass diese in Norditalien erheblich effizienter und erfolgreicher arbeiten als in Süditalien (Putnam 1993, 81). Diese Unterschiede führt Putnam auf das Ausmaß und die Qualität der „civic community" zurück, die in den nördlichen Regionen deutlich stärker ausgeprägt ist. Danach sind die erfolgreichen Regionalregierungen in Norditalien ein Resultat der zahlreichen freiwilligen Vereinigungen, des hohen sozialen Vertrauens sowie der gesellschaftlichen Akzeptanz gemeinschaftsbezogener Werte und Normen (für eine Würdigung der Arbeit siehe Roller 2007). In seinen anschließenden Arbeiten diagnostiziert Putnam einen massiven Rückgang von sozialer Beteiligung in den Vereinigten Staaten, der zu einer Erosion von sozialem Vertrauen geführt habe (Putnam 1995a; 1995b; 1999). Dieser Schwund an Sozialkapital sei für die Krise der amerikanischen Demokratie verantwortlich (Putnam 2000).

durch erleichtert Sozialkapital die Zusammenarbeit und das Erreichen von Zielen. Diese Erwartung lässt sich in zweifacher Hinsicht begründen: Erstens kann eine Person ihre Kontakte zu anderen Bürgern und das in sie gesteckte Vertrauen nutzen, um ein Ziel zu erreichen. Zweitens sind die Anstrengungen, um dieses Ziel zu erreichen, in einem Umfeld, in dem die Menschen einander vertrauen und in dem viele Kontakte existieren, durchweg niedriger als in einer Umgebung, in denen diese Voraussetzungen nicht erfüllt sind (Gabriel et al. 2002, 25; siehe auch Putnam/Goss 2001, 19-20). Im Verständnis von Putnam (2000, 20) ist Sozialkapital damit eine *individuelle Ressource* und ein *Kollektivgut*, das Esser (2000, 241) einerseits *Beziehungskapital* und andererseits *Systemkapital* nennt. Die Unterscheidung zwischen strukturellen und kulturellen Bestandteilen des Sozialkapitals auf der einen Seite und die Differenzierung zwischen individueller Ressource und Kollektivgut auf der anderen Seite bezeichnen Gabriel et al. (2002, 29) als „doppelten Doppelcharakter des Sozialkapitalkonzepts".

Hinsichtlich der Unterstützung der EU findet sich in der Literatur die Auffassung, dass „social capital may not only be important for the quality of civic life in an established polity, but for 'system support' in a new polity" (Nelsen/Guth 2003, 100). Deshalb behandelt dieses Kapitel den Zusammenhang zwischen den Sozialkapitalfaktoren und der politischen Unterstützung der EU auf Individualebene. Da bisherige Befunde darauf hinweisen, dass von den einzelnen Sozialkapitalfaktoren – „networks, norms, and trust" (Putnam 1995b, 664) – ein unterschiedlicher Einfluss auf die politischen Orientierungen ausgeht (z.B. Gabriel et al. 2002), werden die Beziehungen zwischen den einzelnen Bestandteilen des Sozialkapitals und den drei Unterstützungsformen zunächst einzeln betrachtet, ehe der Einfluss der Netzwerke, des sozialen Vertrauens und der Normen auf die Effektivität, Legitimität und Identifikation simultan geschätzt wird.[95]

4.3.1 Netzwerke

Netzwerke bilden das strukturelle Element des Sozialkapitals. Diese können formell oder informell organisiert sein. Informelle Netzwerke sind beispielsweise Kontakte zu Freunden, Verwandten, Arbeitskollegen oder auch Nachbarn. Mit formellen Netzwerken sind Vereine und Verbände gemeint, in denen es offizielle Versammlungen gibt und Mitglieder einen Vorstand wählen. Sowohl in formel-

---

[95] Für diese Vorgehensweise sprechen auch messtheoretische Gründe. So sind nach Kunz et al. (2008, 42) „alle Versuche, die darauf zielen, das Konzept des sozialen Kapitals über mehrere Indikatoren zu messen, gegenüber Ansätzen, die nur eine Messvariable verwenden, vorzuziehen, da sich mit multiplen Indikatorenmodellen mögliche Messfehler der Einzelkomponenten ausgleichen können".

len als auch in informellen Netzwerken können sich gegenseitige Beziehungen entwickeln, „aus denen wiederum sowohl privater als auch öffentlicher Nutzen entstehen kann" (Putnam/Goss 2001, 25).[96]

Bereits in „Making Democracy Work" hat Putnam explizit die Rolle von freiwilligen Vereinigungen für die Demokratie betont: „Good government in Italy is a by-product of singing groups and soccer clubs, not prayer" (Putnam 1993, 176). Er begreift Vereine und Verbände als wichtige Orte zur Ausbildung von Vertrauen (Putnam 1999, 60; 2000, 136-137) und bezieht sich in seiner Argumentation auf Alexis de Tocqueville (1985). Nach Tocqueville, den Putnam (2000, 292) als „patron saint of contemporary social capitalists" bezeichnet, bildet die Vielzahl freiwilliger Organisationen das Herzstück einer Demokratie (Tocqueville 1985), weil ein lebendiges Vereinsleben die Verbundenheit und Solidarität der Bürger fördert, die Keimzelle für die Entwicklung von Vertrauen in sich trägt und ein zunehmendes Gefühl von Eigenverantwortlichkeit begünstigt. Seit Tocqueville gelten Vereine als „wichtiger Baustein wahrhaft demokratischer Systeme" (Roßteutscher 2002, 614-615; siehe auch Almond/Verba 1963, 320) und als „Schule der Demokratie" (van Deth 2004c, 295; siehe auch Roßteutscher 2009b; 2005; van Deth/Maloney 2008; Maloney/Roßteutscher 2007; Zimmer 2007; Braun 2004; Hallmann 2005; Warren 2001; Simon 1983). Fung (2003) schreibt Vereinen sechs Beiträge zur Förderung der Demokratie zu: als intrinsischer Wert an sich, als Hort bürgerlicher Werte, als Vermittler politischer Fähigkeiten, als Ort des Widerstands und der Regierungskontrolle, als Interessensvertretung und als Möglichkeit politischer Einflussnahme.

Diese für eine Demokratie so förderlichen Beiträge sind allerdings in den wenigsten Satzungen und Statuten als Vereinsziele formuliert, sondern entstehen vielmehr als „Nebenprodukte" des Vereinslebens (Roßteutscher 2008, 64). In Vereinen diskutieren Mitglieder, tauschen unterschiedliche Ansichten aus, leiten Arbeitsgruppen, bereiten Grillfeste vor, organisieren Vereinsausflüge oder schreiben Pressemitteilungen für die örtlichen Zeitungen. Mit anderen Worten: Als Nebenprodukt solcher freiwilligen Aktivitäten werden soziale Kompetenzen geschult und zivile Tugenden gefördert. Diese im konkreten Vereinskontext erworbenen Qualifikationen lassen sich aber „jederzeit in politisches Kapital umwidmen" (Roßteutscher 2009b, 165; siehe auch Roßteutscher 2008, 60-64; Verba et al. 1995, 331; Warren 2001, 70-77), da der Bürger durch das Vereinsengage-

---

96 Bisherige Forschung hat insbesondere den formellen Netzwerken Aufmerksamkeit geschenkt. Dies hat im Wesentlichen zwei Gründe: Zum einen bieten gerade Vereine und Verbände eine Umgebung, in der dauerhafte Kontakte entstehen. In solchen Beziehungen wird eher Vertrauen gebildet als in kurzfristigen Beziehungen, bei denen es sich nicht lohnt, „viel zu investieren" (Gabriel et al. 2002, 39). Zum anderen sind Vereine und Verbände „methodisch besser erfassbar" (Putnam/Goss 2001, 25) und es liegen umfangreiche Datenbestände vor (Kunz et al. 2008, 44).

ment gewissermaßen die Grundregeln demokratischen Verhaltens lernt (Bühlmann/Freitag 2004, 326-327; Franzen/Freitag 2007a, 12). Engagierte Vereinsmitglieder sind in der Regel in politischen Fragen besser informiert, zeigen größeres politisches Interesse und sind politisch aktiver als Nichtmitglieder. Dabei muss allerdings hinterfragt werden, inwieweit alle Vereinstypen in gleicher Weise in der Lage sind, diese förderlichen Wirkungen für die Demokratie zu leisten. Naturschutzorganisationen oder karitative Gruppen scheinen eher geeignet als der Kleingärtnerverein oder der Skatclub (Braun/Hansen 2004, 64-65; Kriesi 2007, 29; siehe Levi 1996 für anti-demokratische Vereinigungen). In der Tat variiert der Einfluss der sozialen Beteiligung auf politische Orientierungen in Abhängigkeit des Vereinstyps (z.B. Maloney et al. 2008; van Deth 2010), und bereits Weber (1924, 445) wies auf negative Konsequenzen sozialer Beteiligung hin, die zu einer Entpolitisierung der Mitglieder führen können. In der jüngeren Sozialkapitaldebatte unterscheidet Putnam (2000, 21-24) mit den Begriffen *bridging* und *bonding* deshalb zwei Grundtypen von Vereinen. Mit *bridging* sind offene Netzwerke gemeint, die unterschiedliche Menschen zusammenbringen. Die Auswirkungen dieser brückenbildenden Gruppen bezeichnet Putnam eher als positiv. *Bonding* bezieht sich dagegen auf geschlossene Netzwerke, denen ähnliche Menschen angehören und in denen demokratie-indifferentes oder gar demokratie-schädliches Sozialkapital gebildet wird (Putnam/Goss 2001, 28-30; siehe auch Geys/Murdoch 2010). Anstelle der Begriffe *bridging* und *bonding* verwendet Zmerli (2008) die Bezeichnungen *inklusives* und *exklusives* Sozialkapital. Inklusives Sozialkapital bezeichnet dabei Vereinstypen, die die Bildung von generalisiertem Vertrauen und Normen der generalisierten Reziprozität begünstigen. Exklusives Sozialkapital meint dagegen Vereinsarten, die personalisiertes Vertrauen sowie spezifische Normen der Gegenseitigkeit fördern.

Die empirischen Ergebnisse zwischen der Beteiligung in sozialen Netzwerken und europäischen Orientierungen sind uneinheitlich. Nelsen und Guth (2003, 98) belegen eine positive Beziehung zwischen der Mitgliedschaft in Sportvereinen und der Zustimmung zur Staatengemeinschaft. Maloney und van Deth (2008) haben den Einfluss der sozialen Beteiligung in Mannheim und Aberdeen auf europäische Orientierungen untersucht. Dabei können sie zeigen, dass das Interesse an europäischer Politik und die Verbundenheit mit Europa in Abhängigkeit des Vereinstyps variieren. Zu ähnlichen Ergebnissen kommen auch Caiani und Ferrer-Fons (2010) mit Daten der „Citizenship, Involvement, Democracy"-Studie. Dagegen kann Keil (2010, 224), die den Zusammenhang mit Daten des European Social Survey untersucht, mit Ausnahme der Niederlande keinen Zusammenhang zwischen der Beteiligung in Vereinen und Verbänden und dem Vertrauen zur EU feststellen.

Erwartungen

Die Formulierung einer Erwartung hinsichtlich des Zusammenhangs zwischen der aktiven Beteiligung in Netzwerken und der Effektivität ist schwierig. Die Beteiligung in Netzwerken bietet sicherlich die Möglichkeit, mit anderen Menschen über Politik ins Gespräch zu kommen. Allerdings werden auf lokaler Ebene vermutlich eher kommunalpolitische Themen diskutiert als politische Entscheidungen auf europäischer Ebene. Zudem müssen solche Unterhaltungen nicht per se zu einer positiveren Bewertung der Arbeit der politischen Autoritäten führen. In solchen Gesprächen können einerseits Vorurteile ausgeräumt und Missverständnisse beseitigt werden, andererseits können auch Stammtischparolen und verkürzte Darstellungen der politischen Realität eine wichtige Rolle spielen. Deshalb werden zwei unterschiedliche Erwartungen formuliert.

> I56. Personen, die sich in Netzwerken beteiligen, bewerten die Effektivität der EU positiver als Personen, die dies nicht tun.
>
> I57. Personen, die sich in Netzwerken beteiligen, bewerten die Effektivität der EU negativer als Personen, die dies nicht tun.

Netzwerke binden die Bürger in die Gesellschaft ein und verringern die Gefahr von Isolierung und Entfremdung. Durch die regelmäßigen Kontakte lernen die Bürger einander zu vertrauen, entwickeln Gefühle von Verbundenheit und Solidarität (zusammenfassend van Deth 2004c, 295). Dies fördert die Entwicklung prosozialer Normen und kann sich günstig auf die Bewertung der Legitimität auswirken (siehe auch Warren 2001, 91). Deshalb wird folgende Erwartung formuliert.

> I58. Personen, die sich in Netzwerken beteiligen, bewerten die Legitimität der EU positiver als Personen, die dies nicht tun.

Lokale Netzwerke binden – wie oben beschrieben – die Menschen in die lokale Gemeinschaft ein. Dadurch wird Vertrautheit und Solidarität gefördert sowie das Knüpfen von Freundschaften erleichtert. Die Einbindung in lokale Netzwerke begünstigt daher die Identifikation mit der Gemeinschaft (Bühlmann 2010). Die Forschung zur europäischen Identifikation hat zudem gezeigt, dass sich lokale und europäische Verbundenheitsgefühle nicht gegenseitig ausschließen müssen (Westle 2003a). Daher scheint ein positiver Zusammenhang zwischen der aktiven Beteiligung und der Identifikation mit der politischen Gemeinschaft auf europäischer Ebene plausibel. Folgende Erwartung wird formuliert.

> I59. Personen, die sich aktiv in Netzwerken beteiligen, zeigen eine positivere Identifikation mit der EU als Personen, die dies nicht tun.

Operationalisierung

In der Sozialkapitalforschung wird zwischen formellen und informellen Netzwerken unterschieden. In der EiK-Erhebung stehen Indikatoren für beide Netzwerkarten zur Verfügung. Für die Erfassung sozialer Beteiligung in formellen Netzwerken wird eine Liste unterschiedlicher Vereine und Verbände genutzt. Da die positiven Effekte der sozialen Beteiligung nach den Überlegungen von Putnam (2000, 58) eine aktive Beteiligung voraussetzen, wird nicht nach der formellen Mitgliedschaft, sondern nach der aktiven Beteiligung gefragt.

> *Viele Bürger sind in ihrer Freizeit in ganz unterschiedlichen Bereichen aktiv. Ich nenne Ihnen jetzt verschiedene Organisationen. Antworten Sie bitte bei jeder dieser Organisation mit „ja", wenn Sie in den vergangenen zwölf Monaten an einer Veranstaltung oder Aktivität dieser Organisation teilgenommen haben.[97]*

Erfasst werden 13 verschiedene Organisationen und Gruppen – angefangen bei Sportvereinen/Sportgruppen über Hilfsorganisationen und Hobbyzüchtervereine bis hin zu der Möglichkeit, andere Vereine und Organisationen zu nennen. Wie der erste Balken in Abbildung 33 zeigt, ist die große Mehrheit der Befragten in mindestens einem Verein aktiv. Zwischen den verschiedenen Vereinstypen finden sich beachtliche Unterschiede im Niveau sozialer Beteiligung. Das aktive Engagement in Sportvereinen und kulturellen Vereinigungen ist deutlich weiter verbreitet als die Beteiligung in Menschenrechtsorganisationen oder Hobbyzüchtervereinen. Durchschnittlich ist jeder Befragte in 3,1 Gruppen aktiv (SD=2,3).

Für die Analyse des Zusammenhangs der Beteiligung in formellen Netzwerken und europäischen Orientierungen wäre eine Reduzierung der verschiedenen Formen sozialer Partizipation wünschenswert. Eine einfache Addition ist allerdings nicht angemessen. Schließlich ist die Liste der Vereine und Organisationen sehr heterogen und es ist nicht plausibel, jedem Vereinstyp den gleichen Einfluss auf politische Orientierungen zu unterstellen. Möglicherweise liegen den Organisationen latente, allgemeinere Beteiligungsformen zugrunde, zum Beispiel „Freizeitaktivitäten" (statt Sportgruppe oder kulturelle Vereinigungen) oder „Interessengruppen" (statt Naturschutz- und Menschenrechtsorganisationen). Mit den 13 Items wird auf Basis von tetrachorischen Korrelationen eine Hauptkomponentenanalyse durchgeführt. Trotz verschiedener Rotationen erlauben die Ergebnisse allerdings keine klare Interpretation (nicht dargestellt), die damit die Befunde früherer Analysen bestätigen (Gabriel et al. 2002, 43-46; Roßteutscher/van Deth 2002; van Deth 2001; van Deth/Kreuter 1998). Eine andere Strategie der Daten-

---

97 Für die verwendete Liste der Vereine und Organisationen siehe Abbildung 33 bzw. den Fragebogen der Bürgerbefragung (Frage 25).

reduktion besteht darin, die verschiedenen Vereinstypen danach zu gruppieren, inwieweit sie eher einen *bridging-* oder *bonding*-Charakter haben. Eine entsprechende Gruppierung auf Basis der Vereinstypologie nach Zmerli (2008, 182-193) führt allerdings zu einer sehr ungleichen Verteilung. Mit Ausnahme der Selbsthilfegruppen haben alle anderen Vereinstypen eher einen *bridging-*Charakter. Offensichtlich ist eine Datenreduktion bzw. Gruppierung der verschiedenen Vereinstypen mit erheblichen Schwierigkeiten verbunden. Deshalb werden für die Analysen die 13 Einzelindikatoren sozialer Beteiligung verwendet (siehe für die gleiche Vorgehensweise van Deth 2001; 2010). Dies bietet auch die Möglichkeit, die Zusammenhänge zwischen der Beteiligung in formellen Netzwerken und europäischen Orientierungen in Abhängigkeit der Vereinsart zu betrachten.

Abbildung 33: Beteiligung der Befragten in Organisationen
(in Prozent; Fallzahl: 11.870)

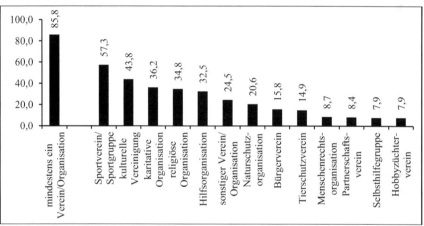

Anmerkungen: Anteil der Personen, die bei dem entsprechenden Verein/Organisation mit „Ja" geantwortet hat; „weiß nicht" und „keine Angabe" wurden als keine Beteiligung gewertet.

Unmittelbar nach der Frage zur aktiven Beteiligung in formellen Netzwerken wurden die Personen auch gefragt, ob sie informellen Gruppen (z.B. Jahrgänge, Stammtische) angehören. Die entsprechende Frage lautet:

> *Abgesehen von den Organisationen und Vereinen, von denen wir gerade gesprochen haben, gehören Sie einer Gruppe von Freunden oder Bekannten in <Stadtname> an, die regelmäßig Kontakt hat und nicht als Verein oder Organisation organisiert ist?*

Mehr als die Hälfte der Personen – 53 Prozent – hat diese Frage bejaht.[98] Offensichtlich sind viele Menschen in lokalen Freizeitgruppen aktiv, die mit der oben verwendeten Liste von Vereinen und Verbänden nicht erfasst werden. Die hohe Zahl drückt damit das breite Spektrum an gesellschaftlichen Gruppierungen aus und liefert auch eine Erklärung, warum das Niveau der sozialen Partizipation von Studie zu Studie variiert. Die Unterschiede sind vermutlich eine Konsequenz der jeweils verwendeten Liste von Vereinen und Verbänden.

Als zweiter Indikator für informelle Gruppen werden die Kontakte zu Nachbarn berücksichtigt (z.B. Coleman 1991, 413; Franzen/Pointner 2007, 72). Insbesondere die räumliche Nähe ermöglicht die Entwicklung von dauerhaften Kontakten. Für die Erfassung dieser Kontakte werden die Personen gefragt, wie häufig sie bestimmte Dinge mit ihren Nachbarn unternehmen. Die Fragen lauten:

a) sich gegenseitig besuchen?
b) sich gegenseitig helfen?
c) über Probleme in <Stadtname> sprechen?

Als gültige Antwortmöglichkeiten standen oft, manchmal, selten oder nie zur Verfügung. Wie Abbildung 34 zeigt, lässt sich auch bei den nachbarschaftlichen Beziehungen ein hohes Maß informeller Kontakte nachweisen. Jeweils mehr als 50 Prozent der Befragten geben an, sich oft bzw. zumindest manchmal gegenseitig zu besuchen, einander zu helfen und über Probleme in der Gemeinde zu sprechen. Die Anteile der „weiß nicht"- und „keine Angabe"-Antworten sind unauffällig.

Abbildung 34: Kontakte der Befragten mit Nachbarn
(in Prozent; Fallzahl: 11.870)

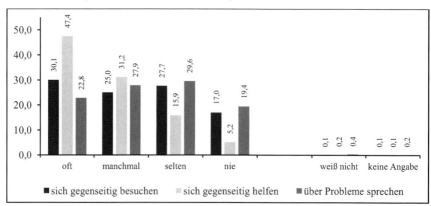

---

98 Die Anteile der „weiß nicht"- und „keine Angabe"-Antworten liegen in der Summe bei 0,5 Prozent und sind damit unauffällig.

Für die empirischen Analysen wird geprüft, ob den drei Items eine gemeinsame Struktur zugrundeliegt, die als „nachbarschaftliche Beziehungen" interpretiert werden kann.[99] Eine Hauptkomponentenanalyse der drei Items ergibt eine Komponente mit einem Eigenwert deutlich größer als ‚1' (1,94), die 64,9 Prozent der Gesamtvarianz erklärt. Die Faktorladungen der drei Items liegen zwischen 0,74 („über Probleme sprechen") und 0,85 („gegenseitig besuchen"); Cronbach's Alpha lässt mit einem Wert von 0,72 auf eine ausreichende Reliabilität dieser Skala schließen. Auf Basis dieser Ergebnisse wird eine additive Skala dieser drei Items gebildet, die durch die Anzahl der berücksichtigten Items dividiert wird. Der Mittelwert dieser Skala liegt bei 1,81 (SD=0,81).

Empirische Analysen

Bei den Analysen wird zwischen der Beteiligung in formellen und informellen Netzwerken unterschieden. Bei den formellen Netzwerken wird zunächst geprüft, inwieweit sich die durchschnittliche politische Unterstützung zwischen den Personen unterscheidet, die sich in Vereinen und Verbänden engagieren bzw. dies nicht tun. Die Art des Netzwerkes wird dabei nicht berücksichtigt. Die in Tabelle 36 dargestellten Mittelwerte zeigen, dass Personen, die sich in mindestens einem Verein/Verband aktiv beteiligen, die Effektivität und Legitimität der EU positiver bewerten und eine höhere Identifikation mit der EU zeigen als Bürger, die sich in keinem Netzwerk beteiligen. Dieses Ergebnis stimmt mit den Erwartungen I56, I58 und I59 überein. Im nächsten Schritt werden Korrelationen berechnet, ob ein höheres Niveau an Beteiligung in formellen Netzwerken (=Anzahl der aktiven Beteiligung) mit einer höheren politischen Unterstützung einhergeht. Die Korrelationen für die Effektivität ($r=0,03$; $p<0,05$), Legitimität ($r=0,02$; $p>0,05$) und Identifikation ($r=0,08$; $p<0,05$) sind alle positiv, allerdings ist die Beziehung bei der Legitimität nicht statistisch abgesichert. Entsprechend ist bei der Effektivität und Identifikation ein positiver Zusammenhang zwischen dem Niveau der Beteiligung und der politischen Unterstützung festzustellen, bei der Legitimität allerdings nicht.

---

99 Vor der Hauptkomponentenanalyse werden die fehlenden Angaben („weiß nicht" und „keine Angabe") durch die niedrigste Antwortkategorie ersetzt („nie"). Dadurch können einerseits alle Befragten in der Analyse berücksichtigt werden und andererseits wird das Niveau der nachbarschaftlichen Beziehungen nicht überschätzt.

Tabelle 36: Beteiligung in Organisationen und politische Unterstützung der EU

	Effektivität		**Legitimität**		**Identifikation**	
	Ja	Nein	Ja	Nein	Ja	Nein
Mittelwerte	0,54	0,53	0,56	0,54	0,68	0,66
Differenz	0,01***		0,02***		0,02***	
Fallzahl	11.777		11.835		11.859	

Anmerkungen: *=p<0,05; **=p<0,01; ***=p<0,001. Zur Kodierung der abhängigen Variablen siehe Kapitel 3.3.

Bei den bisherigen Analysen wurde der Zusammenhang zwischen der aktiven Beteiligung in formellen Netzwerken und der politischen Unterstützung unabhängig von der Vereinsart untersucht. Frühere Studien (z.b. Maloney/van Deth 2008; Caiani/Ferrer-Fons 2010) konnten zeigen, dass europäische Orientierungen in Abhängigkeit des Vereinstyps variieren. Deshalb wird die durchschnittliche politische Unterstützung in Abhängigkeit des Vereinstyps berechnet. In Tabelle 37 ist die Differenz der mittleren politischen Unterstützung zwischen Personen dargestellt, die sich in keinem formellen Netzwerk beteiligen, und den Befragten, die sich in den einzelnen Vereinen/Verbänden beteiligen.

Die Ergebnisse bestätigen die Resultate früherer Studien, dass sich die politischen Orientierungen (zumindest in begrenztem Ausmaß) in Abhängigkeit der Vereinsart unterscheiden. Für alle Vereinstypen lässt sich ein positiver Zusammenhang zwischen der Beteiligung und der Identifikation mit der politischen Gemeinschaft belegen. Personen, die sich in einem Sportverein oder Tierschutzverein engagieren, zeigen eine höhere Verbundenheit mit der Staatengemeinschaft als Bürger, die sich in keinem formellen Netzwerk beteiligen. Dieser Befund bestätigt damit ebenfalls Erwartung I58. Für die Legitimität und Effektivität trifft dies allerdings nicht zu. Hier finden sich auch Beziehungen, die sich statistisch nicht absichern lassen. Ein Beispiel: Aktive Mitglieder in Naturschutzorganisationen bewerten die Legitimität der EU nicht positiver als Personen, die sich in keinem Verein engagieren. In zwei Fällen lässt sich tendenziell sogar eine negative Beziehung zwischen Engagement und Legitimität belegen (allerdings statistisch nicht signifikant). Die Erwartungen I56 und I58 lassen sich damit nur eingeschränkt bestätigen.

Tabelle 37: Beteiligung in ausgewählten Organisationen
und politische Unterstützung der EU

Vereinsart	Effektivität	Legitimität	Identifikation
Sportverein	0,02***	0,02***	0,02***
kulturelle Vereinigung	0,02***	0,03***	0,03***
karitative Organisation	0,02***	0,02***	0,03***
religiöse Organisation	0,03***	0,03***	0,03***
Hilfsorganisation	0,01**	0,01*	0,03***
sonstiger Verein	0,01*	0,02***	0,03***
Naturschutzorganisation	0,01	0,01	0,02**
Bürgerverein	0,01	0,01	0,02**
Tierschutzverein	0,00	-0,01	0,02**
Menschenrechtsorganisation	0,02*	0,02**	0,03***
Partnerschaftsverein	0,04***	0,05***	0,06***
Selbsthilfegruppe	0,00	0,01	0,03***
Hobbyzüchterverein	0,01	-0,01	0,04***

Anmerkungen: Dargestellt sind die Differenzen der durchschnittlichen Unterstützung zwischen Aktiven und Personen, die sich in keinem formellen Netzwerk beteiligen. Positive Werte weisen auf eine höhere Unterstützung der in Netzwerken aktiven Personen hin. *=p<0,05; **=p<0,01; ***=p<0,001. Zur Kodierung der abhängigen Variablen siehe Kapitel 3.3.

Nach der Prüfung der Zusammenhänge zwischen der Beteiligung in formellen Netzwerken und politischer Unterstützung wird nun ein Blick auf die entsprechenden Relationen bei den informellen Netzwerken geworfen. In Tabelle 38 ist die durchschnittliche Unterstützung in Abhängigkeit der Beteiligung in informellen Netzwerken dargestellt. Diese belegen eine größere Zufriedenheit mit der Arbeit der politischen Autoritäten, eine höhere Akzeptanz des politischen Regimes und eine stärkere Verbundenheit mit der politischen Gemeinschaft für Personen, die sich informell beteiligen. Die Resultate bestätigen damit die Erwartungen I56 sowie I58 und I59.

Tabelle 38: Beteiligung in informellen Netzwerken
und politische Unterstützung der EU

	Effektivität		Legitimität		Identifikation	
	Ja	Nein	Ja	Nein	Ja	Nein
Mittelwerte	0,55	0,53	0,56	0,55	0,69	0,67
Differenz	0,02***		0,01***		0,02***	
Fallzahl	11.777		11.835		11.859	

Anmerkungen: *=p<0,05; **=p<0,01; ***=p<0,001. Zur Kodierung der abhängigen Variablen siehe Kapitel 3.3.

Um die Zusammenhänge zwischen den nachbarschaftlichen Beziehungen – als zweiter Indikator der Beteiligung in informellen Netzwerken – und der politischen Unterstützung zu untersuchen, werden Korrelationen berechnet. Die Beziehungen für die Effektivität (r=0,09; p<0,05), Legitimität (r=0,06; p<0,05) und Identifikation (r=0,11; p<0,05) sind durchweg positiv. Personen, die sich oft mit ihren Nachbarn treffen, sich gegenseitig helfen und über die Probleme der Heimatstadt sprechen, zeigen eine höhere Effektivität, eine stärkere Legitimität und eine intensivere Identifikation.

Im Großen und Ganzen bestätigen die Analysen die Erwartungen I56, I58 und I59. Die Beteiligung in formellen und informellen Netzwerken geht mit einer höheren Effektivität, Legitimität und Identifikation einher. Bei den formellen Netzwerken bestätigen sich die formulierten Erwartungen hinsichtlich der Effektivität und Legitimität aber nur eingeschränkt. Die Erwartung I57, die eine negative Beziehung zwischen der Beteiligung in Netzwerken und der Effektivität postuliert, wird zurückgewiesen. Ein entsprechender (statistisch signifikanter) Zusammenhang wird nicht belegt.

4.3.2 Soziales Vertrauen

Soziales Vertrauen[100] ist das zweite Element im Sozialkapitalkonzept, das den kulturellen Komponenten zugeordnet wird (z.B. Kunz 2010, 376). Putnam selbst bezeichnet Vertrauen als „an essential component of social capital" (Putnam

---

100 Zum Vertrauensbegriff existiert mittlerweile eine umfangreiche Forschungsliteratur. Die Ausführungen in diesem Kapitel beziehen sich weitgehend auf Putnam. Für eine ausführlichere Darstellung sei auf Braun (2011), Kaina (2011; 2009, 182-193), Gabriel et al. (2002, 52-56) oder auch die Sammelbände von Zmerli/Hooghe (2011) und Warren (1999) verwiesen, die verschiedene Beiträge zum (politischen) Vertrauen enthalten.

1993, 170) und als „the touchstone of social capital" (Putnam 2000, 134). Er charakterisiert es wie folgt:

> „I'll do this for you now, without expecting anything immediately in return and perhaps without even knowing you, confident that down the road you or someone else will return the favor." (Putnam 2000, 134)

Mit *thick trust* und *thin trust* unterscheidet Putnam zwei Arten des sozialen Vertrauens. Das *thick trust* ist das interpersonale Vertrauen, das konkreten Personen entgegengebracht wird, mit denen enge Beziehungen bestehen, zum Beispiel Freunden oder Familienangehörigen. Dagegen bezeichnet *thin trust* das soziale Vertrauen, das unbekannten Menschen entgegengebracht wird (Putnam 2000, 136-137). Das *thin trust* ist dabei meist nützlicher als das *thick trust*, „because it extends the radius of trust beyond the roster of people whom we can know personally" (Putnam 2000, 136). Nach Putnam (1999, 60; 2000, 136) entsteht das soziale Vertrauen durch aktive Beteiligung in Netzwerken[101] und spielt eine wichtige Rolle bei der Lösung der Dilemmata des kollektiven Handelns.

> „The greater the level of trust within a community, the greater the likelihood of cooperation. And cooperation itself breeds trust. The steady accumulation of social capital is a crucial part of the story behind the virtuous circles of civic Italy." (Putnam 1993, 171)

In der Literatur findet sich die Auffassung, dass soziales Vertrauen durch Generalisierungsprozesse in politisches Vertrauen umgewandelt wird[102] (siehe z.B. Almond/Verba 1963, 285; Putnam 2000, 137; Gabriel/Kunz 2002; Fuchs et al. 2002, 433; Gabriel et al. 2002, 175; Gabriel/Walter-Rogg 2008; Keil 2010, 208-209) und demokratische Einstellungen und Verhaltensweisen fördert (Kunz 2004, 202). Fuchs et al. (2002, 433) argumentieren, dass dieses Vertrauen auch auf politische Institutionen und das politische Regime übertragen werden kann. Empirisch belegen Zmerli et al. (2007) sowie Zmerli und Newton (2008) positive Effekte des sozialen Vertrauens auf das politische Vertrauen und die Zufriedenheit mit der Demokratie. Nach Gabriel et al. (2002, 214) wirkt das soziale Vertrauen zwar nicht konsistent auf (nationale) politische Unterstützung, es sei

---

101 Dieser von Putnam postulierte Zusammenhang ist in der Literatur umstritten (für eine Übersicht alternativer Erklärungsansätze siehe Uslaner 2008; Kunz 2004, 210-217). Nach Stolle (1998) haben Vereinsmitglieder bereits vor dem Vereinseintritt ein höheres soziales Vertrauen als Nicht-Mitglieder. Freitag/Bühlmann (2005; 2009) verweisen auf den Einfluss politischer Institutionen auf das soziale Vertrauen (siehe auch Stolle/Rothstein 2007).

102 Der Transfer von sozialem in politisches Vertrauen ist ebenfalls umstritten (für eine Übersicht alternativer Erklärungsansätze siehe Braun 2010, 6-10; Zmerli 2004, 243-253). Nach Newton (1999, 179) besteht zwischen sozialem und politischem Vertrauen nicht notwendigerweise ein Zusammenhang. Offe (1999) unterstellt einen umgekehrten Transfermechanismus, Hardin (1999) äußert grundsätzliche Zweifel an einer entsprechenden Umwandlung von sozialem in politisches Vertrauen. Zum politischen Vertrauen allgemein siehe Levi/Stoker (2000) und die Beiträge in Schmalz-Bruns/Zintl (2002).

jedoch „der wichtigste in der Sozialkapitaltheorie enthaltene Erklärungsfaktor politischer Unterstützung" (siehe auch Campbell 2011).

Mit Blick auf die Unterstützung der EU belegen Nelsen und Guth (2003) einen positiven Zusammenhang zwischen sozialem Vertrauen und proeuropäischen Orientierungen. Allerdings sind ihre Ergebnisse mit zwei Einschränkungen verbunden: Zum einen haben sie die Relation nur bei Jugendlichen untersucht, zum anderen muss der verwendete Indikator des sozialen Vertrauens kritisch beurteilt werden. Da keine direkte Frage zum sozialem Vertrauen vorlag, nutzten die Autoren die Kooperationsbereitschaft des Befragten beim Interview als Indikator für soziales Vertrauen (Nelsen/Guth 2003, 97). Dies ist angesichts der Datenlage zwar sicherlich eine kreative Lösung, allerdings ist die Validität dieser Messung anzuzweifeln.[103] Schließlich wurden die Befragten nicht direkt gefragt, sondern es handelt sich um Interviewereinschätzungen. Außerdem muss die Kooperationsbereitschaft in einem Interview nicht zwangsläufig etwas damit zu tun haben, wie stark der Befragte anderen Menschen vertraut. Vermutlich wäre die Antwortverweigerung bei sensiblen Fragen ein besserer Proxy für soziales Vertrauen gewesen.

Die Arbeiten von Zmerli (2010a), Keil (2010) und Braun et al. (2010) sind dagegen nicht mit den Problemen fehlender Indikatoren und selektiver Stichproben behaftet. Zmerli (2010a, 163-164) unterscheidet in ihrer Analyse sogar zwischen drei Vertrauensarten: persönliches Vertrauen, soziales Vertrauen und Vertrauen in bestimmte Gruppen (z.B. Menschen in der Gemeinde). Sie kann dabei zwar einen positiven Effekt des sozialen Vertrauens auf das Vertrauen zur EU belegen, allerdings verschwindet dieser Zusammenhang bei Berücksichtigung des persönlichen und des gruppenspezifischen Vertrauens. Dann lässt sich nur noch ein positiver Einfluss des gruppenspezifischen Vertrauens auf das Vertrauen zur EU feststellen, während die anderen beiden Vertrauensarten für die Erklärung der individuellen Variation der europäischen Orientierungen keine Rolle mehr spielen (Zmerli 2010a, 177). Mit Daten des European Social Survey arbeitet Keil (2010), die das Vertrauen der Bürger zum Europäischen Parlament analysiert. Dabei berücksichtigt sie alle Bestandteile des Sozialkapitals und kommt zu dem Schluss, dass „the variables of social capital theory all play an important role, wheras social trust normally exerts the strongest influence" (Keil 2010, 224). Den positiven Einfluss des sozialen Vertrauens auf die Unterstützung der Europäischen Union belegen auch Braun et al. (2010) mit einer Mehrebenenanalyse. Dabei korrespondiert ein höheres generalisiertes Vertrauen mit einer stärkeren Zustimmung zur weiteren Europäischen Integration.

---

103 Bei Analysen auf Basis des „Europa im Kontext"-Datensatzes beträgt die Korrelation zwischen sozialem Vertrauen und der Interviewerbewertung der Kooperation gerade einmal r=0,07.

Erwartungen

Vor dem Hintergrund der theoretischen Argumente und empirischen Befunde lässt sich annehmen, dass Menschen mit einem höheren sozialen Vertrauen vermutlich auch Politikern ein höheres soziales Vertrauen entgegen bringen. Schließlich bezieht sich soziales Vertrauen (thin trust) nicht auf eine konkrete Person, sondern es handelt sich um Vertrauen gegenüber Fremden, die einem persönlich nicht bekannt sind. Solche Fremde können natürlich auch Politiker sein, die in der Regel nicht auf Basis persönlicher Erfahrungen bewertet werden können. Dies trifft insbesondere auf europäische Politiker zu, zu denen die Bürger aufgrund der räumlich größeren Distanz noch schwieriger persönliche Kontakte unterhalten können als zu lokalen oder regionalen Mandatsträgern. Wenn „fremden" Politikern eher vertraut wird, dann hat dies vermutlich auch positive Konsequenzen für die Bewertung ihrer Arbeit. Daher ist es plausibel, dass mit einem höheren Grad an sozialem Vertrauen auch eine größere Zufriedenheit mit der Arbeit der politischen Autoritäten verknüpft ist. Folgende Erwartung wird formuliert:

    I60. Je größer das soziale Vertrauen,
        desto positiver wird die Effektivität der EU bewertet.

Vertrauensvolle Menschen stehen vermutlich nicht nur den politischen Autoritäten positiver gegenüber, sondern der gesamten (politischen) Umwelt. In der Literatur findet sich dazu die Überlegung, dass sich das soziale Vertrauen – durch nicht näher spezifizierte Generalisierungsprozesse – in politisches Vertrauen umwandeln kann. Dieses Vertrauen kann sich nach den Überlegungen von Fuchs et al. (2002, 433) auch auf politische Institutionen und das politische Regime übertragen. Deshalb scheint die Annahme eines positiven Einflusses des sozialen Vertrauens auf die Akzeptanz des politischen Systems plausibel.

    I61. Je größer das soziale Vertrauen,
        desto positiver wird die Legitimität der EU bewertet.

Nach Kunz (2004, 203) beinhaltet Vertrauen „Merkmale einer kulturell festgelegten Reziprozität, die ein starkes Gefühl sozialer Übereinstimmung mit anderen Menschen reflektiert". Anders formuliert: Wer anderen Menschen vertraut, der sollte sich diesen auch eher verbunden fühlen. Dieser Argumentation folgend, sollte ein höheres soziales Vertrauen mit einer stärkeren Identifikation mit der politischen Gemeinschaft einhergehen.

    I62. Je größer das soziale Vertrauen,
        desto positiver ist die Identifikation mit der EU.

Operationalisierung

In der Literatur existieren vielfältige Begriffsbestimmungen des sozialen Vertrauens. In Übereinstimmung mit Gabriel et al. (2002, 55) und Kunz (2004, 203) lässt sich festhalten, dass es sich bei sozialem Vertrauen um eine generelle und situationsübergreifende Orientierung handelt. In den meisten nationalen und internationalen Erhebungen wird dabei folgender Indikator zur Erhebung des sozialen Vertrauens verwendet: „Glauben Sie, dass man den meisten Menschen vertrauen kann, oder dass man im Umgang mit anderen Menschen nicht vorsichtig genug sein kann? Bitte sagen Sie es mir anhand dieser Skala von 0 bis 10. 0 bedeutet, dass man nicht vorsichtig genug sein kann, und 10 bedeutet, dass man den meisten Menschen vertrauen kann."[104] Die Begriffe „Vertrauen" und „Vorsicht" sind dabei doppeldeutig und werden kritisch bewertet (siehe z.B. Kunz 2004, 205; Gabriel et al. 2002, 57), da sich beide Alternativen nicht per se ausschließen müssen. Deshalb enthält die EiK-Erhebung eine modifizierte Formulierung, die sich ausschließlich auf das soziale Vertrauen bezieht.

Denken Sie jetzt wieder an das Thermometer, das von 0 bis 10 geht. Sagen Sie mir bitte mit diesem Thermometer, wie sehr sie anderen Menschen vertrauen. 0 bedeutet, dass Sie den meisten Menschen überhaupt nicht vertrauen. 10 bedeutet, dass Sie den meisten Menschen sehr vertrauen. Mit den Zahlen dazwischen können Sie Ihre Meinung wieder abstufen.

Wie Abbildung 35 zeigt, haben knapp 60 Prozent der Befragten eine Zahl größer 5 als Antwort gegeben. Entsprechend begegnet die Mehrheit der Befragten den Mitmenschen durchaus vertrauensvoll. 15,9 Prozent haben eine Zahl kleiner als fünf gewählt. Der Mittelwert der gültigen Antworten liegt bei 6,0 (SD=1,98) und damit deutlich über dem Skalenmittelpunkt. Der Anteil der „weiß nicht"- und „keine Angabe"-Antworten ist mit 0,6 Prozent und 0,4 Prozent unauffällig. Für die Analysen werden Personen mit einer „weiß nicht"-Antwort dem Skalenmittelwert (5) zugeordnet; Befragte, die die Antwort verweigert haben, werden nicht berücksichtigt.

---

104 Das Beispiel ist der ersten Welle des deutschen Fragebogens des European Social Survey entnommen (Seite 6), der unter www.europeansocialsurvey.de/dokumentation/erste.fragebogen.pdf zur Verfügung steht (Zugriff am 23.08.2011).

Abbildung 35: Soziales Vertrauen der Befragten (in Prozent; Fallzahl: 11.870)

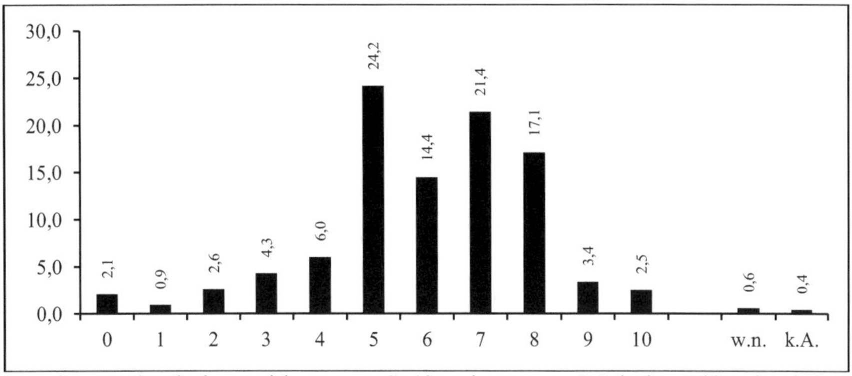

[Bar chart showing: 0: 2,1; 1: 0,9; 2: 2,6; 3: 4,3; 4: 6,0; 5: 24,2; 6: 14,4; 7: 21,4; 8: 17,1; 9: 3,4; 10: 2,5; w.n.: 0,6; k.A.: 0,4]

Anmerkungen: 0=„überhaupt nicht vertrauen", 10=„sehr vertrauen". Mit den Zahlen dazwischen konnten die Befragten ihre Antwort abstufen.

Empirische Analysen

Der Zusammenhang zwischen sozialem Vertrauen und politischer Unterstützung wird mit Korrelationen untersucht. Die in Tabelle 39 präsentierten Ergebnisse belegen durchweg positive Beziehungen zwischen dem sozialen Vertrauen und den drei Unterstützungsformen. Menschen mit einem höheren Vertrauen zeigen eine größere Zufriedenheit mit der Arbeit der politischen Autoritäten, eine höhere Akzeptanz des politischen Regimes und eine stärkere Verbundenheit mit der politischen Gemeinschaft. Die Resultate bestätigen die Erwartungen I60, I61 und I62 und stehen damit im Einklang mit den Befunden früherer Analysen, die ebenfalls eine positive Beziehung zwischen sozialem Vertrauen und Unterstützung der EU belegen konnten (z.B. Braun et al. 2010; Keil 2010).

Tabelle 39: Soziales Vertrauen und politische Unterstützung der EU

	Effektivität	Legitimität	Identifikation
Korrelation (Pearson's r)	0,26***	0,18***	0,18***
Fallzahl	11.729	11.788	11.809

Anmerkungen: *=p<0,05; **=p<0,01; ***=p<0,001. Zur Kodierung der abhängigen Variablen siehe Kapitel 3.3.

4.3.3 Normen

Normen bilden den dritten Aspekt des Sozialkapitals und gehören – wie das Vertrauen – zu den kulturellen Komponenten des Sozialkapitals. Putnam (2000, 20)

bezieht sich dabei auf „norms of reciprocity" und unterscheidet zwischen Normen spezifischer Reziprozität und Normen generalisierter Reziprozität.

„Sometimes, as in these cases, reciprocity is *specific*: I'll do this for you if you do that for me. Even more valuable, however, is a norm of *generalized* reciprocity: I'll do this for you without expecting anything specific back from you, in the confident expectation that someone else will do something for me down the road." (Putnam 2000, 20-21; Hervorhebung im Original)

Es sind die Normen generalisierter Reziprozität, die opportunistisches Verhalten verringern und zur Lösung der Dilemmata kollektiven Handelns beitragen (Putnam 1993, 171-172; 2000, 20-21, 134-136). Sie fördern regelkonformes Verhalten, auch wenn kurzfristige Nutzenkalkulationen dagegen sprechen würden.

Putnam hat die Normen generalisierter Reziprozität nicht weiter konkretisiert. Im Mittelpunkt der Sozialkapitaldebatte stehen „Norms of Citizenships" (Denters et al. 2007; Zmerli 2010b; allgemein van Deth 2007). Damit sind Verhaltensweisen gemeint, die einen „guten" Bürger auszeichnen. Roßteutscher (2004, 180) nennt Gesetzestreue, Solidarität, Autonomie und Partizipation (siehe auch Dalton 2008b, 78-79). Nach van Deth (2005, 3) „beteiligt sich ein guter Bürger am sozialen und politischen Leben. Er bevorzugt nachhaltige Entwicklungen und verhält sich gegenüber den Mitbürgern, der Gemeinschaft und der Umwelt verantwortungsvoll. Der gute Bürger unterstützt die Menschenrechte uneingeschränkt und steht anderen Kulturen und Bräuchen offen und tolerant gegenüber." Für die Stabilität und Entwicklung einer Demokratie wird der Akzeptanz solcher Bürgertugenden oder Normen eine große Rolle zugesprochen. Diese Sichtweise ist verständlich: Für eine freiheitliche Gesellschaft sind Toleranz und Solidarität unverzichtbar. Auch kann es sich kein politisches System auf Dauer leisten, wenn sich die Bürger nicht an die Gesetze halten. Damit Demokratie funktionieren kann, ist zudem ein Mindestmaß an (politischer) Beteiligung notwendig (siehe z.B. Seubert 2000; Gabriel et al. 2002; Egle 2002; Forst 2010). Mit anderen Worten: Zur Lösung klassischer Kollektivgutprobleme ist die Unterstützung sozialer Normen erforderlich.

Empirische Studien belegen eine große Akzeptanz solcher Tugenden durch die Bürger. Gabriel et al. (2002, 74-85) zeigen dies mit den Daten des World Value Survey, Roßteutscher (2004) und van Deth (2012) auf Basis des European Social Survey. Für die Haltung gegenüber dem politischen System scheint die Unterstützung solcher Bürgertugenden allerdings nur eine untergeordnete Rolle zu spielen. Nach Gabriel et al. (2002, 213) ist die Anerkennung von Kooperationsnormen für die Unterstützung des nationalen politischen Systems zwar erheblich wichtiger als die Mitgliedschaft in Vereinen und Verbänden, allerdings sind die Effekte schwach und inkonsistent. In einzelnen Ländern lassen sich die erwarteten positiven Einflüsse der Normen auf die Bewertung des politischen Systems zwar nachweisen, bei Berücksichtigung alternativer Bestimmungsgrößen verschwinden allerdings die Relationen. Die Autoren sprechen deshalb auch von einem „Puzzle, in dem viele Teile fehlen" (Gabriel et al. 2002, 213). Die Befunde von Keil (2010) weisen dagegen durchaus auf einen positiven Einfluss der Akzeptanz von Normen auf das Vertrauen der Bürger in das Europäische Parlament hin. Allerdings variieren Effektstärke und Signifikanz der Prädiktoren erheblich in Abhängigkeit des betrachteten Landes, so dass nicht von einem einheitlichen Einfluss der Normakzeptanz auf die politische Unterstützung gesprochen werden kann.

Erwartungen

Für den Zusammenhang zwischen der Akzeptanz prosozialer Normen und der Effektivität lassen sich unterschiedliche Erwartungen formulieren. Menschen mit stärkerem Akzeptanz- und Pflichtgefühl stellen die Arbeit der politischen Autoritäten möglicherweise weniger in Frage und zeigen deshalb eine größere Zufriedenheit mit den Leistungen selbiger als Personen, die dies nicht tun. Dementsprechend hätte die Unterstützung demokratischer Bürgertugenden einen positiven Effekt auf die Effektivität. Andererseits könnte die Akzeptanz demokratischer Bürgertugenden auch zu einer kritischeren Haltung gegenüber den Autoritäten führen, weil zwischen normativem Anspruch und politischer Realität eine Diskrepanz wahrgenommen wird. Für diese These spricht, dass bei Bewertungsrankings verschiedener Berufsgruppen Politiker in der Regel auf den hinteren Plätzen rangieren (z.B. Allensbacher Berichte 2011, 4; Bundesleitung des dbb beamtenbund und tarifunion 2011, 19). Öffentliche Diskussionen um Diätenerhöhungen, Kostenpauschalen und Pensionen vermitteln häufig das Bild von egoistischen Politikern, die in erster Linie ihre eigenen Interessen im Blick haben. Möglicherweise bewerten deshalb Personen mit einer hohen Unterstützung für prosoziale Normen die Arbeit der politischen Autoritäten kritischer und zeigen eine geringere Zufriedenheit mit den Leistungen selbiger. Folgende Erwartungen werden formuliert:

I63. Je größer die Unterstützung prosozialer Normen,
desto positiver wird die Effektivität der EU bewertet.

I64. Je größer die Unterstützung prosozialer Normen,
desto negativer wird die Effektivität der EU bewertet.

Gesetze befolgen, Wählen gehen oder auch Steuern zahlen – ohne die grundsätzliche Akzeptanz solcher demokratischer Bürgertugenden ist die Stabilität jedes politischen Systems gefährdet (siehe z.B. Seubert 2000; Egle 2002; Forst 2010). Solche Normen sind allgemeine, dauerhaft und tief verankerte Handlungsanweisungen. Die Annahme eines positiven Effekts demokratischer Bürgertugenden auf die Legitimität basiert auf zwei Überlegungen: Erstens beruht nach den

Überlegungen von Fuchs (1989, 27) die Bewertung der Legitimität auf moralischen Vorstellungen. Entspricht das Objekt – hier: das politische System der Europäischen Union – den moralischen Vorstellungen einer Person, dann wird Unterstützung bereitgestellt. Zweitens besteht zwischen den Werten der Staatengemeinschaft – z.B. Toleranz, Gerechtigkeit, Solidarität – und demokratischen Bürgertugenden eine hohe inhaltliche Übereinstimmung. Dies spricht für einen positiven Effekt der Akzeptanz demokratischer Bürgertugenden auf die Legitimität.

> I65. Je größer die Unterstützung prosozialer Normen,
> desto positiver wird die Legitimität der EU bewertet.

Wer die Wichtigkeit von Solidarität und sozialer Partizipation betont, wird sich wohl auch eher seinen Mitmenschen verbunden fühlen. Schließlich stellt Gemeinsinn eine zentrale Bürgertugend dar (Forst 2010, 32). Deshalb scheint die Annahme plausibel, dass die Unterstützung demokratischer Bürgertugenden auch mit einer höheren Identifikation mit der politischen Gemeinschaft einhergeht.

> I66. Je größer die Unterstützung prosozialer Normen,
> desto positiver ist die Identifikation mit der EU.

Operationalisierung

Die EiK-Erhebung enthält eine Fragebatterie zu demokratischen Bürgertugenden, die Bestandteil des European Social Survey ist (Roßteutscher 2004, 182; van Deth 2012, 367). Folgende Aussage ist den Items vorangestellt:

> *Wie Sie wissen, gibt es verschiedene Meinungen darüber, was einen „guten Bürger" auszeichnet. Ich möchte Sie deshalb bitten, die folgenden Eigenschaften zu bewerten. Nutzen Sie dazu wieder das Thermometer, das von 0 bis 10 geht. 0 bedeutet überhaupt nicht wichtig; 10 bedeutet sehr wichtig. Mit den Zahlen dazwischen können Sie ihre Meinung wieder abstufen. Für Sie persönlich, wie wichtig ist es...*

Erfasst werden sechs verschiedene Eigenschaften eines guten Bürgers – von der Beteiligung an Wahlen über die Bereitschaft, Gesetze und Verordnungen zu befolgen, bis hin zur sozialen Partizipation. Sie lauten:

a) *Menschen zu unterstützen, denen es schlechter geht als einem selbst?*
b) *an Wahlen teilzunehmen?*
c) *immer die Gesetze und Verordnungen zu befolgen?*
d) *sich unabhängig von anderen eine eigene Meinung zu bilden?*
e) *in Vereinen und Organisationen aktiv zu sein?*
f) *politisch aktiv zu sein?*

Die Verteilung der Antworten ist äußerst linksschief; die Werte der Schiefe liegen dabei zwischen -0,5 (Item f) und -3,3 (d).[105] Beim Item „selbstständige Meinungsbildung" (d) haben insgesamt 70 Prozent der Befragten den Skalenhöchstwert 10 genannt, bei der Frage „an Wahlen teilnehmen" (b) waren es 52 Prozent. Die linksschiefe Verteilung ist ein deutlicher Hinweis für die große Akzeptanz demokratischer Bürgertugenden bei den Bürgern und widerspricht damit eindeutig der immer wieder geäußerten These eines allgemeinen Normenverfalls – zumindest für die 28 hessischen Gemeinden der EiK-Stichprobe trifft dies eindeutig nicht zu. Diese Schlussfolgerung bestätigt auch Abbildung 36, der die Anteile der Befragten mit einem Skalenwert von acht und höher für die einzelnen Items zu entnehmen sind.[106]

Abbildung 36: Unterstützung der Eigenschaften eines guten Bürgers durch die Befragten (Werte 8 oder höher in Prozent; Fallzahl: 11.870)

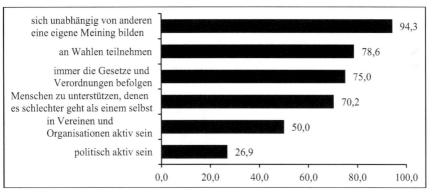

105 Ohne Berücksichtigung der fehlenden Angaben. Die Anteile der „weiß nicht"- und „keine Angaben"-Antworten liegen aber jeweils deutlich unter einem Prozent.
106 Roßteutscher (2004, 183) bezeichnet Skalenwerte von sieben und höher als „eindeutige Zustimmung", van Deth (2012, 367) wertet im Hinblick auf die sehr schiefe Verteilung Skalenwerte von acht, neun und zehn als „deutliche Akzeptanz". Da die Verteilung in den EiK-Daten ebenfalls sehr linksschief ist, werden in Übereinstimmung mit van Deth ebenfalls erst Skalenwerte ab acht als „deutliche Akzeptanz" gewertet.

Bei über 90 Prozent der Befragten stellt die autonome Meinungsbildung eine zentrale Bürgertugend dar; mehr als zwei Drittel der Befragten zeigen eine große Unterstützung für die Wahlbeteiligung, Gesetzestreue und Solidarität. Die Hälfte der Bürger bewertet auch soziale Beteiligung als demokratische Bürgertugend. Mit Perikles, der in seiner Grabrede für die gefallenen Soldaten im Peloponnesischen Krieg die politische Beteiligung der Bürger als zentrale Tugend betont (Thukydides 1964, 78), stimmt allerdings nur eine Minderheit der Befragten überein. Rund 25 Prozent sind der Ansicht, dass ein guter Bürger auch politisch aktiv sein sollte. Die präsentierten Befunde stehen damit im Einklang mit den Ergebnissen des European Social Survey, wonach in (fast) allen europäischen Gesellschaften die Unterstützung der Bürgertugenden sehr stark verbreitet ist und weitgehend von den Bürgern geteilt wird (Roßteutscher 2004, 186).

Die sechs Items decken verschiedene Bereiche eines guten Bürgers ab. Mit Hilfe einer Hauptkomponentenanalyse wird versucht, die Daten für die weiteren Analysen auf sinnvolle Weise zu verdichten. Dazu werden zunächst tetrachorische Korrelationskoeffizienten berechnet, die anschließend für die Datenreduktion verwendet werden. Diese ergibt zwei Komponenten mit einem Eigenwert größer als ‚1' und einer Varianzaufklärung von 60 Prozent.[107] Die Faktorladungen in Tabelle 40 lassen zwei unterschiedliche Dimensionen eines „guten Bürgers" erkennen.

Auf der ersten Komponente laden Items, die eine staatsbürgerliche Dimension des guten Bürgers abbilden. Der gute Staatsbürger befolgt immer die Gesetze, hilft den Schwachen, nimmt an Wahlen teil und bildet sich autonom eine eigene Meinung. Es ist der „Idealbürger der repräsentativen Demokratie" (Roßteutscher 2004, 187). Diese Komponente wird im Folgenden „Staatsbürger" genannt. Auf der anderen Komponente laden Items, die nach sozialer und politischer Beteiligung fragen. Diese Items spiegeln eher die partizipatorische Dimension eines guten Bürgers wider. Diese Komponente wird im Folgenden „Engagierte" genannt.

Auf Basis der Ergebnisse der Hauptkomponentenanalyse werden zwei Skalen des guten Bürgers gebildet. Dazu werden die Werte der einzelnen Items, die eine Komponente konstituieren, addiert und durch die Anzahl der berücksichtigten Items dividiert. Personen, die bei allen Items, die die Komponente Staatsbürger konstituieren, einen Skalenwert von 8 und höher aufweisen, erhalten folglich den Wert 1 zugewiesen. Befragte, die nur bei zwei der vier Items einen Skalenwert von 8 oder höher haben, erhalten den Wert 0,5. Der Mittelwert des Index „Staatsbürger" liegt bei 0,80 (SD=0,24), der Mittelwert des Index „Engagierte" bei 0,38 (SD=0,39).

---

[107] Weder das Rotationsverfahren noch die Festlegung, ab welchem Skalenwert von einer deutlichen Unterstützung gesprochen werden kann (7 oder 8), legen eine andere Interpretation der Ergebnisse nahe.

Tabelle 40: Hauptkomponentenanalyse der Eigenschaften eines guten Bürgers

	Staatsbürger Faktorladungen	**Engagierte** Faktorladungen
Menschen zu unterstützen, denen es schlechter geht als einem selbst?	**0,44**	0,35
an Wahlen teilnehmen?	**0,66**	0,34
immer die Gesetze und Verordnungen zu befolgen?	**0,77**	0,07
sich unabhängig von anderen eine eigene Meinung zu bilden?	**0,77**	0,15
in Vereinen und Organisationen aktiv zu sein?	0,11	**0,84**
politisch aktiv zu sein?	0,16	**0,88**
Eigenwert	2,59	1,01
Anteil erklärter Varianz (in Prozent)	43,13	16,78

Anmerkungen: Varimaxrotation, Fallzahl: 11.870. Fettgedruckte Faktorladungen konstituieren eine Komponente.

Empirische Analysen

In Tabelle 41 sind die Korrelationen zwischen der Normunterstützung und den einzelnen Unterstützungsformen dargestellt. Die Ergebnisse bestätigen die Erwartungen I63, I65 und I66, wonach eine stärkere Normakzeptanz mit einer höheren Effektivität, Legitimität und Identifikation einhergeht. Je stärker prosoziale Normen verinnerlicht sind, desto größer die Zufriedenheit mit den Leistungen politischer Autoritäten, die Akzeptanz des politischen Regimes und die Verbundenheit mit der politischen Gemeinschaft. Bei den Erwartungen (I64) wurde über einen möglichen negativen Zusammenhang zwischen der Akzeptanz prosozialer Normen und der Effektivität spekuliert. Die empirischen Befunde widersprechen eindeutig dieser Annahme. Die Beziehungen zwischen den staatsbürgerschaftlichen Normen und der politischen Unterstützung sind allerdings durchweg höher als die Relationen zwischen der Normunterstützung „Engagierte" und den drei Unterstützungsformen. Dies deutet darauf hin, dass die Unterstützung der staatsbürgerschaftlichen Normen für die Bewertung der politischen Objekte auf europäischer Ebene wichtiger ist.

Tabelle 41: Eigenschaften eines guten Bürgers und politische Unterstützung der EU

Korrelation (Pearson's r)	Effektivität	Legitimität	Identifikation
Normen: Staatsbürger	0,25***	0,16***	0,28***
Normen: Engagierte	0,17***	0,07***	0,19***
Fallzahl	11.777	11.853	11.859

Anmerkungen: *=p<0,05; **=p<0,01; ***=p<0,001. Zur Kodierung der abhängigen Variablen siehe Kapitel 3.3.

4.3.4 Multivariate Analysen

In Tabelle 42 sind die Erwartungen und Befunde zu den bivariaten Analysen zusammengefasst. Personen, die sich in Netzwerken engagieren, anderen Menschen vertrauen und prosoziale Normen unterstützen, zeigen eine größere Zufriedenheit mit den politischen Autoritäten, eine höhere Akzeptanz des politischen Regimes und eine stärkere Identifikation mit der politischen Gemeinschaft als Menschen, auf die diese Beschreibung nicht zutrifft. Beim Vertrauen und den prosozialen Normen stimmen die Erwartungen mit den empirischen Ergebnissen überein. Bei der Beteiligung in Netzwerken bestätigen sich die Erwartungen bei der Effektivität und Legitimität nur eingeschränkt. Soziale Beteiligung in Netzwerken geht aber mit einer stärkeren Identifikation mit der politischen Gemeinschaft einher.

Tabelle 42: Erwartungen und Befunde zu den Sozialkapitalfaktoren

	Effektivität		Legitimität		Identifikation	
	E	B	E	B	E	B
Erwartungen I56 bis I59						
Netzwerke	+/-	(+)	+	(+)	+	+
Erwartungen I60 bis I62						
Vertrauen	+	+	+	+	+	+
Erwartungen I63 bis I66						
Normen	+	+	+	+	+	+

Anmerkungen: +=positive Beziehung; -=negative Beziehung; ?=unklare Erwartung/Beziehung; 0=kein Effekt beobachtet; ()=Effekt eingeschränkt beobachtet.

Bei den bisherigen Analysen wurden die Zusammenhänge der einzelnen Komponenten des Sozialkapitals auf die Legitimität, Effektivität und Identifikation der EU analysiert. Um den Einfluss der einzelnen Bestandteile unter Kontrolle der anderen Komponenten zu untersuchen, wird abschließend eine multivariate Analyse mit allen drei Bestandteilen durchgeführt. In Tabelle 43 sind die standardisierten und unstandardisierten Koeffizienten dieser Berechnungen dargestellt. Zunächst wird deutlich, dass auch hier das soziale Vertrauen und die Unterstützung prosozialer Normen einen positiven Einfluss auf alle drei Formen der politischen Unterstützung haben. Je stärker die Bürger ihren Mitmenschen vertrauen und je höher das Ausmaß der Normakzeptanz, desto zufriedener sind sie mit den Leistungen der politischen Autoritäten, desto positiver ist ihre Haltung gegenüber dem politischen Regime und desto stärker identifizieren sie sich mit der politischen Gemeinschaft. Bei den Normen ist allerdings zwischen „Staatsbürger" und „Engagierte" zu differenzieren. Insbesondere für den guten Staatsbürger, der immer Gesetze befolgt, den Schwachen hilft, an Wahlen teilnimmt und sich autonom seine Meinung bildet, lässt sich eine positive Beziehung für alle drei Unterstützungsformen belegen. Dagegen sind die Relationen für die Unterstützung der Normen, die nach sozialer und politischer Beteiligung fragen, und der politischen Unterstützung deutlich schwächer und bei der Legitimität auch nicht signifikant. Die Ergebnisse der multivariaten Analyse bestätigten damit die Beobachtung der bivariaten Analyse, bei der die Relationen zwischen der Normunterstützung „Staatsbürger" und politischer Unterstützung stärker war als die Zusammenhänge der Normunterstützung „Engagierte" und den einzelnen Unterstützungsformen.

Der Sozialkapitalansatz schreibt der aktiven Beteiligung in Netzwerken eine wichtige Bedeutung zu, weil als Nebenprodukt solcher sozialen Aktivitäten die zivilen Tugenden eines Bürgers gefördert werden. Bei den bivariaten Analysen hat sich gezeigt, dass Menschen, die sich in Netzwerken beteiligen, tendenziell mit der Arbeit der politischen Autoritäten zufriedener sind, dem politischen System positiver gegenüberstehen und sich stärker mit der Gemeinschaft identifizieren. Die politische Unterstützung variierte allerdings zwischen den einzelnen Vereinstypen. Die Ergebnisse der multivariaten Analyse in Tabelle 43 bestätigen zunächst einmal, dass sich die politische Unterstützung in Abhängigkeit des Netzwerks unterscheidet.[108] Es finden sich außerdem nicht nur mehr ausschließlich (signifikante) positive, sondern auch negative Relationen. Zum Beispiel zeigen Personen, die sich aktiv in kulturellen Vereinigungen engagieren, unter Berücksichtigung des sozialen Vertrauens und der Normakzeptanz eine geringere Effektivität als Nicht-Mitglieder. Diese Ergebnisse stehen im Widerspruch zu den Annahmen des Sozialkapitalansatzes. Zudem lassen sich – trotz der großen

---

108 Es wurden auch Modelle geschätzt, bei denen die Anzahl der aktiven Beteiligung als Bestimmungsfaktor für die politische Unterstützung aufgenommen wurde. Die Effekte waren jedoch allesamt nicht signifikant.

Fallzahl – lediglich 19 von 45 Effekten überhaupt statistisch absichern. Die Relationen der Beziehungen zwischen der Beteiligung in Netzwerken und der politischen Unterstützung legen die Schlussfolgerung nahe, dass die strukturelle Komponente des Sozialkapitals für die Erklärung der individuellen Variation der europäischen Orientierungen nicht relevant ist. Die Ergebnisse stehen damit im Einklang mit den Befunden von Keil (2010), die bei ihren Analysen des Vertrauens der Bürger zum Europäischen Parlament ein ähnliches Muster nachweisen kann:

„In other words, contrary to Putnam's assumptions, the cultural aspect – and not the structural component of social capital – exclusively influences trust in the EU. Participation in voluntary associations does not exert a significant influence." (Keil 2010, 224)

Tabelle 43: Sozialkapitalfaktoren und politische Unterstützung der EU

	Effektivität		Legitimität		Identifikation	
	B	Beta	B	Beta	B	Beta
Formelle Netzwerke (Ref: keine)						
Sportverein	0,02***	0,05	0,01*	0,02	-0,00	-0,01
kulturelle Vereinigung	-0,01*	-0,02	0,01	0,02	0,00	0,01
karitative Vereinigung	-0,01*	-0,02	-0,00	-0,01	-0,00	-0,00
religiöse Organisation	0,00	0,01	0,01	0,01	-0,01	-0,02
Hilfsorganisation	-0,01*	-0,02	-0,02***	-0,03	-0,00	-0,01
sonstiger Verein	-0,01**	-0,03	-0,00	-0,00	-0,00	-0,00
Naturschutzorganisation	-0,01**	-0,03	-0,01	-0,02	-0,01**	-0,03
Bürgerverein	-0,02***	-0,04	-0,01*	-0,02	-0,02**	-0,03
Tierschutzverein	-0,00	-0,01	-0,02**	-0,03	0,01	0,01
Menschenrechtsorga.	0,01	0,02	0,01	0,01	0,00	0,01
Partnerschaftsverein	0,02**	0,03	0,02*	0,03	0,03***	0,03
Selbsthilfegruppe	-0,01	-0,01	-0,00	-0,00	0,01	0,01
Hobbyzüchterverein	0,00	0,00	-0,02**	-0,02	0,02**	0,02
Informelle Netzwerke						
Gruppen (Ja)	0,00	0,01	0,00	0,01	0,01	0,01
Nachbarn	0,00	0,02	0,00	0,01	0,01***	0,05
Soziales Vertrauen	0,02***	0,21	0,02***	0,15	0,01***	0,12
Normen						
Staatsbürger	0,14***	0,19	0,11***	0,13	0,20***	0,22
Engagierte	0,04***	0,09	0,01	0,02	0,06***	0,11
Korrigiertes R^2 in Prozent	12,35		5,60		10,98	
Fallzahl	11.729		11.788		11.809	

Anmerkungen: OLS-Regression. B=unstandardisierter Regressionskoeffizient; Beta=standardisierter Regressionskoeffizient. *=p<0,05; **=p<0,01; ***=p<0,001. Zur Kodierung der abhängigen Variablen siehe Kapitel 3.3.

Der Blick auf die erklärte Varianz der Regressionsmodelle zeigt zudem, dass sich die Erklärungskraft des Sozialkapitals für europäische Orientierungen in Abhängigkeit der betrachteten Unterstützungsform unterscheidet. Die Sozialkapitalkomponenten können die individuelle Variation bei der Effektivität und Identifikation deutlich besser erklären als die Unterschiede bei der Legitimität. Tabelle 44 sind zusätzlich die Angaben der erklärten Varianz für die einzelnen Regressionsmodelle und der Gesamtmodelle zu entnehmen. Diese bestätigen die bisherigen Schlussfolgerungen. Das soziale Vertrauen und die Normakzeptanz können deutlich stärker zur Erklärung der individuellen Variation der politischen Unterstützung beitragen als die Beteiligung in Netzwerken.

Tabelle 44: Erklärte Varianz der Sozialkapitalfaktoren

	Effektivität	Legitimität	Identifikation
Netzwerke	1,80	1,20	1,84
Soziales Vertrauen	6,62	3,41	3,20
Normen	7,33	2,70	9,16
Gesamt	12,35	5,60	10,98
Fallzahl	11.729	11.780	10.809

Anmerkung: Dargestellt ist jeweils das korrigierte R^2 in Prozent.

Angesichts der vorliegenden Ergebnisse ist es angemessen, die Bestandteile des Sozialkapitals einzeln zu betrachten und den Einfluss der Beteiligung in Netzwerken, des sozialen Vertrauens und der Normakzeptanz auf die drei Unterstützungsformen getrennt voneinander zu analysieren. Schließlich haben die Sozialkapitalkomponenten unterschiedliche Effekte auf die Effektivität, Legitimität und Identifikation. In Anlehnung an Gabriel et al. (2002, 92-94) lässt sich diese Analyse durch eine andere Sichtweise ergänzen, bei der Personengruppen betrachtet werden, die über viel bzw. wenig Sozialkapital verfügen. Dadurch kann untersucht werden, ob sich die Personen mit viel Sozialkapital von den Bürgern mit wenig Sozialkapital hinsichtlich der Einstellungen zur EU unterscheiden. Als Personen mit viel Sozialkapital werden Befragte betrachtet, die sich mindestens in einem formellen Netzwerk aktiv beteiligen, ihren Mitmenschen vertrauen (Wert von acht oder höher auf der Vertrauensskala) und alle sechs Bürgertugenden umfassend unterstützen (Werte von acht oder höher auf den jeweiligen Skalen). Dagegen werden Befragte als Personen mit einer geringen Sozialkapitalausstattung klassifiziert, wenn sie angeben, sich in keinem formellen Netzwerk zu beteiligen, ihr soziales Vertrauen nicht stark ausgeprägt ist (Wert von maximal sieben auf der Vertrauensskala) und maximal drei der sechs Bürgertugenden unterstützen. Auf Basis einer solchen Kategorisierung zeigt sich, dass der Anteil der Bürger mit wenig bzw. viel Sozialkapital an allen Befragten nur gering ist. Lediglich 4,8 Prozent der Bürger verfügen über viel Sozialkapital, 6,2 Prozent über wenig Sozialkapital. Die große Mehrheit der Personen gehört nicht in eine dieser Extremgruppen. Tabelle 45 ist die durchschnittliche Unterstützung der Effektivität, Legitimität und Identifikation dieser drei Personengruppen zu entnehmen. Menschen mit wenig Sozialkapital zeigen durchweg das geringste Niveau der politischen Unterstützung, während sich für Personen mit viel Sozialkapital eine hohe Unterstützung nachweisen lässt. Bürger mit einer mittleren Sozialkapitalausstattung liegen zwischen diesen beiden Extremgruppen. Diese Befunde können sicherlich als die stärksten Belege für einen Einfluss des Sozialkapitals auf europäische Orientierungen interpretiert werden.

Tabelle 45: Befragte mit wenig, mittel und viel Sozialkapital und politische Unterstützung der EU

Besitz von Sozialkapital	Effektivität	Legitimität	Identifikation
wenig	0,48	0,50	0,60
mittel	0,54	0,56	0,68
viel	0,65	0,64	0,81
F-Tests	167,87***	66,90***	153,68***
Fallzahl	11.777	11.835	11.859

Anmerkungen: Mittelwerte. *=p<0,05; **=p<0,01; ***=p<0,001. Zur Kodierung der abhängigen Variablen siehe Kapitel 3.3.

4.4 Lokale und nationalstaatliche Faktoren

Bei der Erklärung europäischer Orientierungen standen bisher allgemeine Bestimmungsfaktoren politischer Unterstützung im Vordergrund. Die Bürger gehören aber nicht nur dem europäischen politischen System an, sondern sind auch mit dem politischen System auf lokaler, regionaler (Kreis und Bundesland) und nationalstaatlicher Ebene verbunden. Europäische Einstellungen werden daher nicht allein mit Blick auf die EU gebildet, sondern auch durch die anderen politischen Ebenen beeinflusst. Dabei dürften die lokale und die nationalstaatliche Ebene besonders relevant für die Haltung zur EU sein. Für die Bedeutung der lokalen Ebene nennt Geißel (2010, 35-36) drei Argumente: Erstens ist die lokale Ebene als „Schule der Demokratie" ein zentraler Ort der demokratischen Sozialisation. Städte und Gemeinden sind Orte, in denen Bürger Politik und Demokratie unmittelbar erfahren und auch praktizieren können. Zweitens wird Gemeinden im Zeitalter von Europäisierung und Globalisierung ein beträchtliches Legitimationspotenzial zugeschrieben, das auf übergeordnete politische Ebenen übertragen werden kann. Drittens kommt der lokalen Ebene bei der Policy-Implementation eine zentrale Funktion zu. In Städten und Gemeinden wird nicht nur ein Großteil der öffentlichen Investitionen getätigt, sondern sie setzen auch Gesetze und Verordnungen der übergeordneten politischen Ebenen um. Die Rolle der nationalstaatlichen Ebene für politische Orientierungen ist unumstritten (van Deth 1995). Während die meisten Bürger mit dem nationalen politischen System vertraut sind, handelt es sich bei der EU eher um ein nachrangiges politisches System. In der Literatur wird dabei die These vertreten, dass die Bürger auf Basis ihrer nationalen Orientierungen die EU bewerten (für eine Übersicht siehe z.B. Tiemann et al. 2011, 54-55).

4.4.1 Lokale Orientierungen

Durch die Europäische Integration kommt es zu einer Verlagerung nationalstaatlicher Kompetenzen nach Brüssel. Dadurch werden verbindliche Entscheidungen in verschiedenen Politikbereichen verstärkt auf europäischer Ebene getroffen.

> „Den europäischen Institutionen und Akteuren wurden Entscheidungsrechte mit bindender Wirkung für alle Mitgliedsstaaten und deren Bevölkerung übertragen, welche die vorherigen Kompetenzen der Nationalstaaten ersetzen. Die Entscheidungen der europäischen Institutionen greifen tief in die Souveränitätsrechte der Mitgliedsstaaten ein und treten zunehmend an die Stelle nationaler Regelungen und Programme." (Gabriel 2010, 95)

Die Verschiebung der Machtverhältnisse ist in der Literatur unstrittig, einzig das Ausmaß der Kompetenzverlagerung wird kontrovers diskutiert (siehe z.B. Hölscheidt/Hoppe 2010; König/Mäder 2008; Töller 2008). Mit der Verlagerung der Entscheidungen von der nationalen auf die europäische Ebene entfernt sich die Politik aber auch von den Bürgern. Die zunehmende Komplexität der Entscheidungsprozesse verringert die Transparenz selbiger, dadurch wird die Zuweisung von Verantwortung schwieriger, die Kontrolle der Amtsträger erschwert, die Wahrscheinlichkeit, politische Entscheidungen zu beeinflussen, nimmt ab. Damit provoziert die Europäische Integration „eine zunehmende Entkopplung der Bürger von der Politik und einen weiteren Legitimitätsverlust für die Demokratien in Europa" (Vetter 2002c, 606).

In dieser Situation kommt den Städten und Gemeinden in mehrfacher Hinsicht besondere Aufmerksamkeit zuteil. Aus verwaltungswissenschaftlicher Perspektive spielen die Kommunen eine wichtige Rolle bei der Implementierung europäischer Vorgaben und Richtlinien. Nach Angaben von Vetter und Soós (2008, 596) werden mittlerweile 70 Prozent aller Rechtsakte der EU auf lokaler oder regionaler Ebene umgesetzt. Sabathil (2006, 12) beziffert den Anteil aller kommunalrelevanten Gesetze und Verordnungen, die auf EU-Ebene entstehen, auf 60 Prozent (siehe auch Fußnote 4). Diese betreffen alle Bereiche einer Gemeinde – die Vergabe öffentlicher Aufträge, Wirtschaftsförderung, Emissionsvorgaben (z.B. Feinstaubrichtlinie, Lärmschutz), die Ausweisung natürlicher Lebensräume (z.B. Fauna-Flora-Habitat-Richtlinie) und mit der Einführung des Kommunalwahlrechts für EU-Bürger auch lokale Wahlen.[109] Kommunen sind aber nicht nur die unterste Ebene im Verwaltungsaufbau, sondern sie gelten auch als „Schule der Demokratie" (Bogumil/Holtkamp 2006, 9), die dazu beitragen können, einer möglichen Entfremdung der Politik von den Bürgern entgegenzuwirken (Vetter/Holtkamp 2008, 19).[110] Entsprechende Überlegungen finden sich nicht nur bei Klassikern wie Alexis de Tocqueville (1985, 52), sondern auch in der kommunitaristischen Debatte (z.B. Etzioni 1998) und bei Vertretern moderner partizipatorischer Demokratietheorien (z.B. Barber 1994). Gerade im europäischen Integrationsprozess kommt nach Dahl (1994, 33) den Gemeinden eine wichtige Rolle zu, da sie die Substanz demokratischer Willensbildungs- und Entscheidungsprozesse trotz der Verlagerung von der nationalen auf die europäische Ebene gewährleisten können (siehe auch Gabriel 2010, 96-97). Für diese Argumentation sprechen mehrere Gründe: Die lokale Ebene zeichnet sich durch die Nähe der Bürger zur Politik aus. Die geringe Distanz schafft die geeigneten Voraussetzungen für eine besonders starke Einbindung der Bürger in demokratische Willensbildungs- und Entscheidungsprozesse, zumal die örtlichen Verhältnisse in der Regel überschaubarer, die Problemlagen durchschaubarer und die beteiligten Akteure erkennbarer sind. Zudem bestehen auf lokaler Ebene mehr Kontaktmöglichkeiten zwischen Bürgern und Politikern, die Mitwirkungs- und Beteiligungsformen an politischen Prozessen sind vielfältiger. So werden seit den 1990er Jahren auf lokaler Ebene verstärkt neue Beteiligungsformen getestet (z.B. Bürgerhaushalt, Bürgerforen), die den Bürger zum Partner der Politik machen (für eine Übersicht neuerer Beteiligungsformen auf lokaler Ebene siehe z.B. Kersting 2008, 123-221; Beck/Ziekow 2011; Beiträge zu den Erfolgsbedingungen lokaler Bürgerbeteiligung finden sich bei Vetter 2008a). Dadurch bieten sich mehr Möglichkeiten, politische Fähigkeiten zu lernen und demokrati-

---

109 Die verwaltungswissenschaftliche Perspektive wird nicht weiter behandelt. Für nähere Informationen sei auf Münch (2006), Alemann und Münch (2006) sowie die Beiträge in der Zeitschrift für Kommunalwissenschaften (Articus 2005; Collomb 2005; Esser 2005; Gornig 2005; Häupl 2005; Hobe 2005) verwiesen.
110 Diese Sichtweise wird auch in der Europäischen Charta der kommunalen Selbstverwaltung des Europarats vertreten. In der Präambel der Charta werden die kommunalen Gebietskörperschaften als eine wesentliche Grundlage jeder demokratischen Staatsform bezeichnet, die eine wirkungsvolle und bürgernahe Verwaltung ermöglichen (siehe im Internet unter http://conventions.coe.int/Treaty/ger/Treaties/Html/122.htm; Zugriff am 24.08.2011).

sche Verhaltensweisen auszubilden, unter anderem das Erlernen von Zusammenarbeit, die Suche nach Kompromissen oder auch die Beteiligung an Entscheidungsprozessen (siehe z.B. Bogumil/Holtkamp 2006, 9; Naßmacher/Naßmacher 2007, 24-25; Pähle 2008, 248-249; Pähle/Reiser 2007, 7-8; Vetter 2011, 25-26).

Von der Gemeinde als „Schule der Demokratie" werden deshalb besondere Sozialisationseffekte auf die politischen Orientierungen erwartet (z.B. Naßmacher/Naßmacher 2007, 24), die das generelle Verhältnis der Bürger zur Politik prägen. Damit besitzt die lokale Ebene Relevanz für höhere Ebenen der Politik (Pähle 2008, 249) und fungiert „als Legitimationsquelle der Demokratie in einer zunehmend entgrenzten Welt" (Vetter 2002c, 607). Vetter (2002c, 608-609) präsentiert in ihrer Arbeit zwei theoretische Modelle, nach denen ein solcher Einstellungstransfer von der lokalen auf die nationale und supranationale Ebene stattfinden könnte. Beim ersten Modell postuliert sie eine umfassende Gesamtbewertung, die sich aus der Wahrnehmung und Bewertung von Politik auf den verschiedenen politischen Ebenen speist. Die Bedeutung der lokalen Ebene zeigt sich dabei durch einen vergleichsweise großen Einfluss auf die Gesamtbewertung. Das heißt, die Bewertung der lokalen Politik beeinflusst die Gesamtbewertung stärker als die Bewertung der nationalen und supranationalen Politik. Beim zweiten Modell argumentiert sie, dass „lokale Einstellungen eng mit strukturell ähnlichen Einstellungen gegenüber höheren Systemebenen zusammenhängen und diese sich je nach Stärke des Zusammenhangs, Ausmaß der Einstellungen und Wirkungsrichtung wechselseitig beeinflussen" (Vetter 2002c, 609). Eine Gesamtbewertung sieht dieses Modell nicht vor. Beide Überlegungen bezeichnet Vetter als theoretisch plausibel. Aus statistischen Gründen prüft sie jedoch nur das zweite Modell, das mit Blick auf das politische Kompetenzgefühl mit empirischen Befunden von Almond und Verba kompatibel ist:

> „Local competence and national competence are, as one would expect, fairly closely related. The man who believes he can influence the national government is more likely to think he can influence the local government than is the man who does not feel competent on the national level. Conversely, the man who feels competent locally is also more likely to believe he can influence the national government than is the man who does not have a sense of local competence." (Almond/Verba 1963, 188)

Für einen (positiven) Einstellungstransfer von der lokalen auf die nationale bzw. europäische Ebene formuliert Vetter (2002a, 4; 2002b, 47-66; 2002c, 609-610; 2011, 27) drei Bedingungen. Erstens müssen die lokalen und nationalen bzw. supranationalen Orientierungen auf der Individualebene verknüpft sein. Je schwächer die Zusammenhänge sind, desto eigenständiger bzw. autonomer sind die entsprechenden Orientierungen. Entsprechend ist ein Einstellungstransfer nur begrenzt plausibel. Fallen die Relationen jedoch stark aus, können lokale Haltungen die Einstellungen auf übergeordneten Ebenen prägen. Zweitens muss die Bewertung der lokalen Institutionen und Prozesse durch die Bürger vergleichsweise positiv ausfallen. Eine „Erneuerung der Demokratie von unten" (Vetter

2011, 27) nach oben ist nur plausibel, wenn die Institutionen und Prozesse auf lokaler Ebene besser bewertet werden als auf europäischer Ebene. Drittens beeinflusst der Grad der lokalen Autonomie das Legitimationspotenzial der lokalen Politik. Städte und Gemeinden müssen über einen gewissen Handlungsspielraum verfügen, damit demokratische Willensbildungs- und Entscheidungsprozesse vor Ort stattfinden können. Mit steigendem Handlungsspielraum schwächt sich aber möglicherweise die Relation zwischen lokalen und europäischen Orientierungen ab, da die lokale Ebene umso eigenständiger und damit unabhängiger von anderen politischen Ebenen bewertet wird, je autonomer sie ist. Nach Vetter (2002c, 617) hat deshalb ein hoher Grad an lokaler Autonomie ambivalente Konsequenzen für das Legitimationspotenzial der Gemeinde als Schule der Demokratie. Einerseits kann lokale Autonomie positive Einstellungen zur lokalen Politik fördern, andererseits kann diese auch die Beziehung zwischen lokalen und nationalen bzw. europäischen Haltungen abschwächen. Ein mittlerer Handlungsspielraum einer Gemeinde scheint für einen Einstellungstransfer von der lokalen auf die europäische Ebene daher optimal zu sein. Im internationalen Vergleich wird den deutschen Kommunen ein relativ hoher Grad an Autonomie und Handlungsspielraum zugesprochen (Vetter 2002b, 113-164; Vetter 2011, 27; eher relativierend Vetter/Soós 2008, 585-590). Durch Privatisierung und Haushaltskrise hat sich dieser in den vergangenen Jahren allerdings verringert (Bogumil/ Holtkamp 2006, 125; Vetter/Holtkamp 2008). Nach Naßmacher und Naßmacher (2007, 24-25) können insbesondere Gemeinden zwischen 5000 und 50.000 Einwohnern als Schule der Demokratie wirken, da solche mittelgroßen Kommunen in der Regel Aufgaben wahrnehmen, die entscheidend in das Leben des einzelnen Bürgers eingreifen. Das politische Geschehen ist zudem überschaubarer und durchschaubarer und die Entscheidungsprozesse beeinflussbarer als in Großstädten.

In früheren Arbeiten hat Vetter (2002a; 2002b; 2002c; 2007) den Einstellungstransfer von der lokalen auf die nationale Ebene im europäischen Vergleich untersucht. Dabei berücksichtigt sie drei demokratierelevante Einstellungen: die Zufriedenheit mit der Demokratie, die Verbundenheit mit der Gemeinschaft und das politische Kompetenzgefühl. Die Zusammenhänge zwischen den lokalen und nationalen Orientierungen variieren dabei zwar von Land zu Land, doch bestehen ausnahmslos positive Relationen zwischen diesen Haltungen. Allerdings sind kaum positive Einstellungstransfers von lokalen auf nationale Zugehörigkeitsgefühle zu erwarten, da die nationale Verbundenheit stärker ausgeprägt ist als die lokale Identifikation. Dafür lassen sich Generalisierungen vom lokalen auf das nationale Kompetenzgefühl sowie von der lokalen Demokratie- auf die nationale Demokratiezufriedenheit nachweisen. Nach Vetter (2002c, 619) bestätigen die Ergebnisse „ein beträchtliches lokales Legitimationspotenzial, das der Entfremdung der Bürger von der Politik im Zuge der zunehmenden Europäisierung entgegenwirken kann". In einer jüngeren Analyse untersucht Vetter auch den Einstellungstransfer von der lokalen auf die europäische Ebene. Dabei belegt sie, dass „die lokale Politik von den Bürgern in vielen Bereichen positiver bewertet wird als die Politik auf höheren Systemebenen" (Vetter 2011, 29). Die Bürger sind mit dem Funktionieren der lokalen Demokratie zufriedener als mit dem Funktionieren der Demokratie in Deutschland oder Europa. Zudem fällt das Vertrauen der Menschen gegenüber den politischen Institutionen auf lokaler Ebene deutlich positiver aus als gegenüber Akteuren und Institutionen auf nationaler und europäischer Ebene. Mit diesen Resultaten sind auch die Ergebnisse des Spezial-Eurobarometers 307 vereinbar, wonach die Bürger die Demokratie auf regionaler und lokaler Ebene als ein stabiles Element der politischen Legitimität der EU bewerten (Europäische Kommission 2009c, 28).

Die berichteten Befunde legen den Schluss nahe, dass „lokale Politik das Potenzial besitzt, über ihre Grenzen hinaus die Einstellungen der Bürger gegenüber der Politik, aber auch gegenüber der Demokratie insgesamt zu stärken" (Vetter 2011, 31). Die Autorin weist aber selbst auf einige Einschränkungen der empirischen Ergebnisse hin (z.B. Vetter 2011, 31-32). So ist mit Querschnittsdaten die Richtung des Einstellungstransfers nicht überprüfbar. Die Übertragung lokaler Orientierungen auf nationale bzw. supranationale Orientierungen ist zwar unter dem Gesichtspunkt „Gemeinde als Schule der Demokratie" plausibel, sie könnte jedoch ebenso in die entgegengesetzte Richtung verlaufen. Für eine solche Argumentation spricht die Medienberichterstattung, die primär nationale und internationale Politik darstellt. Mit Blick auf die unterschiedlich hohe Beteiligung bei Wahlen auf lokaler, nationaler und europäischer Ebene scheinen die Bürger auch eher in das nationale als in das lokale oder europäische politische System eingebunden zu sein (Vetter 2008b; 2009). Daher könnte insbesondere von nationalen politischen Orientierungen ein Einfluss auf lokale und europäische Einstellungen ausgehen. Die Konzeptualisierung der Gemeinde als „Schule der Demokratie", die sich durch eine besondere Nähe der Bürger auszeichnet, rechtfertigt allerdings die empirische Untersuchung des Einflusses lokaler Orientierungen auf europäische Einstellungen (siehe dazu auch Vetter 2002c, 610).

Erwartungen

Ein möglicher positiver Einfluss lokaler Orientierungen auf europäische Einstellungen ist an zwei Voraussetzungen gebunden. Erstens muss es sich bei den lokalen und europäischen Einstellungen um analytisch verwandte Orientierungen handeln. Zweitens müssen die lokalen Orientierungen positiver sein als die entsprechenden europäischen Haltungen. Nur wenn beide Voraussetzungen erfüllt sind, ist ein Einstellungstransfer von der lokalen auf die europäische Ebene plausibel.

Auf lokaler Ebene erlaubt die räumliche Nähe in der Regel bessere Kontaktmöglichkeiten zwischen den Bürgern und den politischen Autoritäten. In direkten Gesprächen können Wünsche und Anliegen kommuniziert, Kompromisse vereinbart und Verantwortlichkeiten klar zugeordnet werden. Dadurch wirken bzw. sind Entscheidungsprozesse eher beeinflussbar und die eigenen Präferenzen können nachdrucksvoller vertreten werden. Auch sind die örtlichen Problemlagen vermutlich überschaubarer und Entscheidungen können eher nachvollzogen werden. Schließlich kann die räumliche Nähe die Vertrautheit mit den politischen Autoritäten vor Ort erhöhen. Die Argumente sprechen insgesamt für intensivere Beziehungen zwischen Bürgern und Politikern auf lokaler Ebene. Dies kann sich günstig auf die Zufriedenheit mit der Arbeit lokaler politischer Autoritäten auswirken. Die im lokalen Umfeld gebildete politische Orientierung könnte dann eine Grundlage für die Bewertung der politischen Autoritäten auf europäischer Ebene sein. Folgende Erwartung wird formuliert:

> I67. Je zufriedener die Bürger mit den politischen Autoritäten auf lokaler Ebene sind, desto positiver wird die Effektivität der EU bewertet.

In Demokratien ist Politik auf die Zustimmung der Bürger angewiesen. Die Politiker müssen ihre Entscheidungen begründen und in der Bevölkerung um Unterstützung werben. Die zunehmende Verflechtung von nationaler und europäischer Ebene macht es für den Bürger jedoch schwieriger, das gesamte Politiksystem zu überblicken. Durch die räumliche Nähe bestehen auf lokaler Ebene mehr Möglichkeiten der Einbindung der Bürger in den politischen Willensbildungs- und Entscheidungsprozess. Wer informiert und beteiligt wird, der wird Entscheidungen vermutlich eher als rechtmäßig und verbindlich anerkennen als Personen, die nicht informiert und beteiligt wurden. Die in der lokalen Politik gemachten Erfahrungen können dann die grundlegende Akzeptanz des politischen Systems mitprägen. Die Kommunalpolitik würde damit zu einer Legitimationsquelle der Europäischen Union. Daraus leitet sich folgende Erwartung ab:

> I68. Je zufriedener die Bürger mit der Einbindung in den lokalen Willensbildungs- und Entscheidungsprozess sind, desto positiver wird die Legitimität der EU bewertet.

Die räumliche Nähe auf lokaler Ebene begünstigt die Häufigkeit sozialer Interaktionen und die Entwicklung eines Heimatsgefühls (Greiffenhagen/Greiffenhagen 1993, 39). Durch persönliche Kontakte und Eingebundenheit in lokale Netzwerke entwickelt sich eine lokale Verbundenheit. Die Verbundenheit mit der lokalen politischen Gemeinschaft kann dann eine Grundlage für die Identifikation mit Gemeinschaften auf übergeordneten politischen Ebenen sein. Deshalb wird folgende Erwartung formuliert:

I69. Je stärker die lokale Verbundenheit,
desto positiver ist die Identifikation mit der EU.

Operationalisierung

Auf lokaler Ebene lassen sich verschiedene politische Institutionen unterscheiden. Das wichtigste Organ stellt die Gemeindevertretung dar, die über alle wichtigen Angelegenheiten einer Kommune entscheidet. Die Zufriedenheit der Bürger mit der Arbeit dieser politischen Institution ist ein guter Indikator für die Bewertung der politischen Autoritäten vor Ort. Eine herausragende Stellung in der Kommunalpolitik hat der Bürgermeister, der Vorsitzender des Gemeindevorstands ist. Nach der Hessischen Gemeindeordnung (§70) leitet und beaufsichtigt das Stadtoberhaupt den Geschäftsvorgang der gesamten Verwaltung und sorgt für einen geregelten Ablauf der Verwaltungsgeschäfte. Zu den zentralen Akteuren in der Kommunalpolitik zählen zudem die lokalen Parteien, die Interessen der Bürger aggregieren und artikulieren (z.B. Holtmann 1999). Den meisten Kontakt werden die Menschen in einer Gemeinde vermutlich aber nicht mit den Gemeindevertretern, dem Bürgermeister oder den Parteien haben, sondern mit den Mitarbeitern der Stadtverwaltung. Diese stellt zwar kein politisches Organ dar, allerdings handeln die politischen Institutionen über die Verwaltung. Die Verwaltung setzt die Beschlüsse der Gremien um, bereitet entsprechende Vorlagen vor und ist bei vielen Fragen der erste Ansprechpartner für die Bürger. In der EiK-Erhebung sind Items zu diesen zentralen Institutionen auf lokaler Ebene enthalten. Dabei werden die Bürger jeweils nach der Zufriedenheit mit der Arbeit dieser Institutionen gefragt. Sie lauten:

A) Wie zufrieden sind Sie mit der Arbeit der Stadt- oder Gemeindeverwaltung?
B) Und mit der Arbeit der Parteien in Ihrer Gemeinde?
C) Und mit der Arbeit der Gemeindevertretung?
D) Und mit der Arbeit des Bürgermeisters?[111]

Alle Fragen konnten die Bürger jeweils auf einer Skala von 0 bis 10 beantworten, bei der 0 „überhaupt nicht zufrieden" und 10 „sehr zufrieden" bedeutet. Mit den Zahlen dazwischen konnte die Meinung abgestuft werden. Die in Abbildung 37 dargestellten relativen Häufigkeiten für die vier Items zeigen, dass die Mehrheit der Befragten mit der Arbeit der lokalen Institutionen im Großen und Ganzen zufrieden ist. Knapp 70 Prozent der Bürger haben bei der Stadtverwaltung eine Ziffer von sechs oder größer gewählt. Der Anteil der zufriedenen Bürger mit

---

111 In Wiesbaden und Kassel wurde nach der Zufriedenheit mit der Arbeit des Oberbürgermeisters gefragt.

der Arbeit des Bürgermeisters (62 Prozent), der Gemeindevertretung (58 Prozent) und den lokalen Parteien (53 Prozent) fällt dagegen geringer aus. Bei den drei letztgenannten Institutionen liegt der Anteil der „weiß nicht"-Angaben jeweils bei über fünf Prozent. Trotz der räumlichen Nähe zur Gemeindevertretung, dem Bürgermeister oder den lokalen Parteien, sehen sich diese Personen nicht in der Lage, die Arbeit dieser Institutionen zu bewerten. Diese „weiß nicht"-Anteile stehen damit im Widerspruch zur Argumentation der Gemeinde als Schule der Demokratie. Ähnliche Fragen, die auf die Zufriedenheit mit nationalen politischen Institutionen abzielen, weisen deutlich geringere „weiß nicht"-Anteile auf.[112]

Abbildung 37: Zufriedenheit der Befragten mit lokalen Institutionen
(in Prozent; Fallzahl: 11.870)

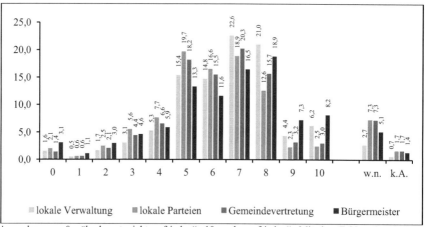

Anmerkungen: 0=„überhaupt nicht zufrieden", 10=„sehr zufrieden". Mit den Zahlen dazwischen konnten die Befragten ihre Antwort abstufen. w.n.=weiß nicht, k.A.=keine Angabe.

Im Anschluss an diese deskriptive Betrachtung stellt sich die Frage, ob dem Antwortverhalten der Bürger eine gemeinsame Struktur zugrundeliegt, die als allgemeine Zufriedenheit mit der Arbeit lokaler Institutionen interpretiert werden kann. Dies würde einer Effektivität auf lokaler Ebene entsprechen (siehe Kapitel 3.3.1). Um diese Frage zu beantworten, wird eine Hauptkomponentenanalyse der vier Items durchgeführt. Um möglichst viele Befragte bei der Analyse zu berücksichtigen, werden „weiß nicht"-Antworten dem Skalenmittelwert zugeordnet (5); „keine Angabe"-Antworten werden nicht berücksichtigt. Die Ergebnisse der

---

112 Der Anteil der „weiß nicht"-Antworten bei der Frage nach der Zufriedenheit mit nationalen Parteien liegt bei 2,5 Prozent, dem Bundestag bei 3,3 Prozent, der Bundesregierung bei 2,0 Prozent sowie der nationalen Demokratiezufriedenheit bei 1,1 Prozent.

Hauptkomponentenanalyse zeigen eine Komponente mit einem Eigenwert größer als ‚1' (3,1) und eine Varianzaufklärung von 77 Prozent. Die Faktorladungen liegen zwischen 0,84 (Zufriedenheit Bürgermeister) und 0,92 (Gemeindevertretung); Cronbach's Alpha weist mit einem Wert von 0,89 auf eine ausgezeichnete Reliabilität dieser Komponente hin. Deshalb wird ein additiver Index dieser vier Items erstellt, der einen Wertebereich von 0 bis 1 abbildet. Höhere Werte deuten auf eine größere Zufriedenheit mit den lokalen Institutionen hin. Der Mittelwert liegt bei 0,61 (SD=0,18).

Durch die räumliche Nähe bestehen auf lokaler Ebene mehr Möglichkeiten der Information und Beteiligung der Bürger an kommunalen Planungen. Seit den 1990er Jahren werden zudem verstärkt neue Beteiligungsformen getestet (z.B. Bürgerhaushalt, Bürgerforen), die den Bürger zum Partner der Politik machen. Die Information und die Beteiligung kann die Akzeptanz politischer Entscheidungen auf lokaler Ebene erhöhen, die auf übergeordnete politische Ebenen übertragen wird. In der EiK-Studie stehen zwei Aussagen zur Verfügung, die sich nach der Zufriedenheit der Bürger mit der Information und Beteiligung an kommunalen Planungen erkundigen. Diese lauten:

Die Gemeinde informiert die Bürger über kommunale Planungen.
Die Gemeinde beteiligt die Bürger an kommunalen Planungen.

Den beiden Aussagen konnten die Bürger jeweils voll zustimmen, eher zustimmen, eher nicht zustimmen oder überhaupt nicht zustimmen. Wie aus Abbildung 38 hervorgeht, sind die Bürger deutlich zufriedener mit den Informationen über kommunale Planungen als mit der Beteiligung an kommunalen Planungen. Fasst man die Antwortmöglichkeiten „stimme voll zu" und „stimme eher zu" zusammen, dann liegt die Differenz bei über 20 Prozentpunkten. Überraschend hoch ist der Anteil der „weiß nicht"-Antworten zur Aussage, inwieweit die Bürger an kommunalen Planungen beteiligt werden. Trotz der Nähe scheinen diese Bürger das Angebot bzw. das Nicht-Angebot an Beteiligungsmöglichkeiten auf lokaler Ebene nicht wahrzunehmen. Dieser Befund lässt zumindest Zweifel an der Argumentation der Gemeinde als Schule der Demokratie aufkommen. Trotz der starken Unterschiede in der Bewertung der „Information" und „Beteiligung" korrelieren beide Items mit r=0,50. Cronbach's Alpha lässt mit einem Wert von 0,66 zwar auf eine mäßige, aber ausreichende Reliabilität schließen. Daher werden beide Items in einen Index gebündelt, der die Zufriedenheit der Bürger mit der Information und Beteiligung an lokalen Planungen darstellt. Vor der Indexbildung werden „weiß nicht"-Angaben als neutrale Antworten kodiert, „keine Angaben"-Antworten werden ausgeschlossen. Der Index wird so konstruiert, dass er einen Wertebereich von 0 bis 1 abbildet. Der Mittelwert von 0,58 (SD=0,23) weist auf eine eher zufriedene Haltung mit der örtlichen Informationspolitik und den Beteiligungsmöglichkeiten hin.

Abbildung 38: Zufriedenheit der Befragten mit der Information und Beteiligung an lokalen Planungen (in Prozent; Fallzahl: 11.870)

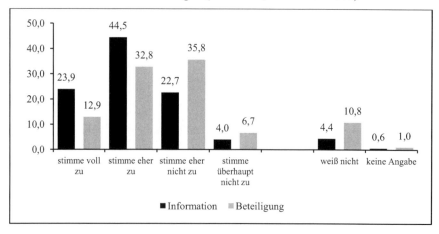

Zur Erhebung der lokalen Identifikation stehen in der EiK-Befragung zwei Indikatoren zur Verfügung. Ein Item fragt nach der Verbundenheit mit der Kommune, ein anderes Item nach dem Stolz, ein Bürger der Gemeinde zu sein (zur Begründung dieser Indikatoren siehe Kapitel 3.3.3). Sie lauten:

> *Wie stark fühlen Sie sich der Gemeinde, in der Sie leben, verbunden?*
> *Und wie stolz sind Sie, ein/eine Bürger/in von <Stadtname> zu sein?*

Beide Fragen konnten die Personen mit Ziffern von 0 bis 10 beantworten, bei denen 0 „überhaupt nicht verbunden" bzw. „überhaupt nicht stolz" und 10 „sehr verbunden" bzw. „sehr stolz" bedeutet. Mit den Zahlen von 1 bis 9 konnte die Antwort abgestuft werden. Bereits auf den ersten Blick ist in Abbildung 39 zu erkennen, dass sich die Mehrheit der Befragten mit der Gemeinde, in der sie leben, verbunden fühlt bzw. stolz ist, ein Bürger der Gemeinde zu sein. Über zwei Drittel der Befragten hat auf der Verbundenheitsskala Werte von sechs oder größer angegeben, bei der Stolz-Skala sind es knapp 64 Prozent. Der geringe Anteil der „weiß nicht"-Antworten zeigt zudem, dass die Personen keine Probleme hatten, die Frage zu beantworten. Verbundenheit und Stolz lassen sich als Indikatoren des latenten Konstrukts „Identifikation" interpretieren; die Korrelation der beiden Items nach Pearson liegt bei r=0,50; Cronbach's Alpha lässt mit einem Wert von 0,67 zwar auf eine mäßige, aber dennoch ausreichende Reliabilität schließen. Es wird ein additiver Index der beiden Items gebildet, der einen Wertebereich von 0 bis 10 aufweist. Vor der Indexbildung werden „weiß nicht"-Angaben dem Skalenmittelwert zugeordnet; „keine Angabe"-Antworten werden ausgeschlossen. Höhere Werte weisen auf eine größere Identifikation hin. Der Mittelwert liegt bei 0,65 (SD=0,24).

Abbildung 39: Verbundenheit der Befragten mit der Gemeinde und Stolz, ein Bürger der Gemeinde zu sein (in Prozent; Fallzahl: 11.870)

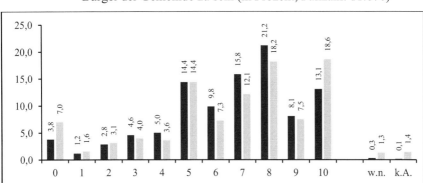

Anmerkungen: 0="überhaupt nicht verbunden" bzw. "überhaupt nicht stolz"; 10="sehr verbunden" bzw. "sehr stolz". Mit den Zahlen dazwischen konnten die Befragten ihre Antwort abstufen. w.n.= weiß nicht, k.A.=keine Angabe.

Empirische Analysen

Für einen positiven Einstellungstransfer von der lokalen auf die europäische Ebene müssen zwei Voraussetzungen erfüllt sein: Erstens müssen die Bewertungen auf der Individualebene zusammenhängen. Diese Voraussetzung wird mit Korrelationen (Pearson's r) überprüft. Zusammenhänge zwischen lokalen und europäischen Orientierungen müssen sich in positiven Korrelationen ausdrücken. Je größer diese Relationen sind, desto stärker hängen die Bewertungen zusammen. Damit zweitens ein positiver Effekt von „unten" nach „oben" möglich ist, müssen die lokalen Objekte bzw. Prozesse besser bewertet werden als die entsprechenden Objekte bzw. Prozesse auf europäischer Ebene. Diese Voraussetzung wird mit Mittelwertvergleichen geprüft. Je besser die lokale Ebene gegenüber der europäischen Ebene abschneidet, desto stärker ist ein möglicher positiver Einstellungstransfer.

In Tabelle 46 sind die Zusammenhänge und die Mittelwertdifferenzen der lokalen und europäischen Orientierungen dargestellt. Für alle drei Relationen lassen sich positive Zusammenhänge belegen. Die Ergebnisse bestätigen damit, dass die lokalen und europäischen Orientierungen zusammenhängen. Besonders ausgeprägt ist die Relation bei der Zufriedenheit mit den lokalen Autoritäten und der europäischen Effektivität, bei der Legitimität und Identifikation sind die Zusammenhänge schwächer. Die erste Voraussetzung ist für alle drei Orientierungen erfüllt. Hinsichtlich der zweiten Voraussetzung belegen die Resultate, dass die lokalen Autoritäten besser bewertet werden als die europäischen Autoritäten. Der Unterschied liegt bei 0,07-Punkten und ist statistisch hochsignifikant. Die Bürger bewerten die Einbindung in lokale Willensbildungs- und Entscheidungsprozesse ebenfalls positiver als die europäische Legitimität. Für die Effektivität und Legitimität sind damit beide Voraussetzungen erfüllt und ein Einstellungstransfer von der lokalen auf die europäische Ebene grundsätzlich möglich. Dies trifft allerdings nicht für die Identifikation zu. Die Bürger identifizieren sich stärker mit der EU als mit der Gemeinde. Entsprechend ist ein Einstellungstransfer von der lokalen auf die europäische Ebene nicht plausibel. Dieser Befund ist vermutlich auf die hohe Mobilität der Bürger zurückzuführen. Wanderungen bzw. Umzüge in andere Gemeinden könnten der Entwicklung eines lokalen Zugehörigkeitsgefühls entgegenstehen. 2006 lag die Mobilitätsziffer bei 43, das heißt fast jeder 20. Einwohner ist von einer Gemeinde in eine andere Gemeinde umgezogen (Grobecker/Krack-Rohberg 2008, 15). Eine solche Mobilität verringert sicherlich die lokale Verbundenheit, hat aber vermutlich nur geringe Auswirkungen auf die europäische Identifikation. Schließlich kann diese bei einem Umzug von einer Gemeinde in eine andere Gemeinde aufrecht erhalten bleiben.

Tabelle 46: Zusammenhänge und Mittelwertvergleiche lokaler und europäischer Orientierungen

	Lokale und europäische Effektivität (Erwartung I67)	Lokale und europäische Legitimität (Erwartung I68)	Lokale und europäische Identifikation (Erwartung I69)
Korrelation (Pearson's r)	0,50***	0,19***	0,39***
Mittelwertdifferenz	0,07***	0,03***	-0,03***
Fallzahl	11.750	11.808	11.859

Anmerkungen: *=p<0,05; **=p<0,01; ***=p<0,001. Die Mittelwerte wurden so verglichen, dass positive Werte auf einen höheren Mittelwert bei den lokalen Orientierungen verweisen. Zur Kodierung der abhängigen Variablen siehe Kapitel 3.3.

Die präsentierten Befunde stehen im Einklang mit den Erwartungen I67 und I68, aber im Widerspruch zur Erwartung I69. Ein möglicher Einstellungstransfer von der lokalen auf die europäische Ebene scheint daher zumindest für die Effektivität und Legitimität möglich. Die Resultate stehen damit grundsätzlich im Einklang der Analysen von Vetter, die folgendes Fazit zieht:

> „Die skizzierten Befunde legen den Schluss nahe, dass lokale Politik das Potenzial besitzt, über ihre Grenzen hinaus die Einstellungen der Bürger gegenüber Politik, aber auch gegenüber der Demokratie insgesamt zu stärken. Weil die Einstellungen der Bürger gegenüber der lokalen Politik in vielen Fällen positiver sind als die politischen Orientierungen gegenüber anderen Systemebenen, sollte die Rolle der Städte und Gemeinden innerhalb unseres demokratischen Mehrebenensystems ernst genommen werden." (Vetter 2011, 31)

Als „Schule der Demokratie" leistet die Gemeinde damit einen wichtigen Beitrag zur Stärkung der Demokratie auf übergeordneten Ebenen. Auf zwei Einschränkungen dieser Schlussfolgerung, die bereits weiter oben angesprochen wurden, sei an dieser Stelle allerdings ausdrücklich hingewiesen. Erstens ist ein Einstellungstransfer von „unten" nach „oben" zwar theoretisch plausibel, die kausale Richtung kann mit den vorliegenden Querschnittdaten aber nicht empirisch geprüft werden. Zweitens basiert die theoretische Argumentation auf einem sehr idealisierten Bild der Kommune. Gemeinde als „Schule der Demokratie" bedeutet, dass sich die Bürger für die Kommunalpolitik interessieren, persönliche Erfahrungen machen und in die kommunalen Willensbildungs- und Entscheidungsprozesse involviert sind. Schon die deskriptiven Ergebnisse der lokalen Orientierungen haben deutlich gemacht, dass sich zumindest ein Teil der Bürger nicht in der Lage sieht, die lokalen Institutionen und Prozesse zu bewerten. Im Vergleich zur Bundespolitik zeigen die Bürger auch ein geringeres Interesse an der Lokalpolitik und eine geringere Beteiligung an lokalen Wahlen.[113] Diese empirischen Befunde lenken den Blick auf den Nationalstaat und seine Rolle für europäische Orientierungen.

4.4.2 Nationalstaatliche Orientierungen

Die Europäische Union ist eine komplexe Institution, die sich schwierig in bekannte Muster einordnen lässt. Wessels (2008, 20) bezeichnet die EU deshalb auch als ein seltsam anmutendes Gebilde, das nach Pfetsch (1997, 118) „einem komplizierten mechanischen" Netzwerk gleicht. Andere Autoren sprechen von der Staatengemeinschaft als einem politischen System „sui generis", um auszudrücken, dass die EU mit keinem anderen Staatsgebilde vergleichbar ist (siehe z.B. Poguntke/Pütz 2006, 337; Pollak/Slominski 2006, 118; Woyke 1998, 113; kritisch Knelangen 2005). Dazu gehören insbesondere die Entscheidungsstrukturen der Union. Beim Gesetzgebungsverfahren sind viele Institutionen eingebunden (z.B. Kommission, Parlament, Ministerrat), die sich mit einem Vorschlag auseinander setzen und Einfluss auf die inhaltliche Ausgestaltung nehmen. Die Kompetenzen der einzelnen Mitgestalter reichen dabei von einfachen Anhörungs- bis hin zu Vetorechten und variieren erheblich in Abhängigkeit der einzelnen Politikfelder. Dadurch ist der politische Prozess wenig transparent und für die Bürger sind politische Verantwortlichkeiten nur vage erkennbar. Dazu trägt auch die Konstruktion der Europäischen Union als Mehrebenensystem bei, das

---

113 Bei der EiK-Bürgerbefragung geben 75 Prozent der Personen an, sich sehr oder ziemlich für die Bundespolitik zu interessieren. Für die Kommunalpolitik interessieren sich nur 56 Prozent der Bürger. An den Bundestagswahlen würden sich 86 Prozent der Befragten beteiligen, aber nur 84 Prozent würden ihre Stimme bei der Bürgermeisterwahl bzw. bei der Wahl der Gemeindevertretung abgeben.

sich durch ein Zusammenspiel der europäischen und nationalstaatlichen Ebene ausdrückt. Führende nationale Politiker erscheinen als dominante Akteure auf der europäischen Ebene und prägen erheblich die Geschicke der Staatengemeinschaft. Dies macht es nahezu unmöglich zwischen beiden politischen Ebenen klar zu unterscheiden. Durch die ständige Veränderung der Staatengemeinschaft, sei es durch neue Vertragstexte, Erweiterungsrunden oder auch eine Vertiefung der Integration, können sich die Bürger zudem nur schwierig an die komplizierten Entscheidungsmechanismen gewöhnen und Erfahrungen sammeln.

Aus diesen Überlegungen lässt sich eine intensive und regelmäßige Auseinandersetzung mit dem politischen System der Europäischen Union als notwendige Voraussetzung für ein Verständnis der Abläufe auf europäischer Ebene ableiten. Dies kann die Lektüre von Fachliteratur sein, die Beschäftigung mit Medienbeiträgen oder auch der Besuch eines europäischen Dokumentationszentrums – das Informationsangebot ist nahezu unbegrenzt. Die Auseinandersetzung mit der EU ist aber aufwändig und erfordert – neben den notwendigen kognitiven Kompetenzen – Motivation und Interesse (Fuchs 2003, 36; 2002a, 8). Da es sich bei der EU aber um ein „fernes politisches Objekt" (Wagner 2010, 219) mit geringer Bedeutung für die eigene Lebenswirklichkeit handelt, dürften diese Voraussetzungen für die meisten Bürger eher nicht erfüllt sein (siehe z.B. Kritzinger 2003, 223; Janssen 1991, 467; Anderson 1998, 573). Dies gilt insbesondere unter der Annahme, dass Politik für viele Bürger keinen zentralen Lebensbereich darstellt (van Deth 2000a).[114]

Die Motivation der Bürger sich mit den institutionellen Arrangements der EU zu beschäftigen ist nur gering ausgeprägt, das Wissen zur Funktionsweise des politischen Systems basiert auf einem niedrigen Niveau. Damit drängt sich die Frage auf, wie die Bürger eine Einstellung zu einem wenig vertrauten Objekt entwickeln. Auf welcher Grundlage wird die Arbeit des Europäischen Parlaments bewertet, wenn elementare Grundkenntnisse zur Arbeitsweise der Institu-

---

[114] Empirische Befunde zum politischen Wissen der Bevölkerung stehen im Einklang mit dieser skeptischen Einschätzung. Seit Jahrzehnten werden die Kenntnisse der Bevölkerung zu außen- und europapolitischen Themen als „dark areas of ignorance" bezeichnet (Kriesberg 1949, 49; siehe auch Almond 1950). Diese Feststellung kann auch heute noch als gesichert gelten. Hinsichtlich institutioneller Basiskenntnisse der EU belegen Westle und Johann (2010, 368) nicht nur ein niedriges Wissensniveau der Europäer, sondern auch eine weite Verbreitung fehlerhafter Informationen. Die in dieser Arbeit präsentierten eigenen Analysen stützen diese Argumentation. Lediglich zwölf Prozent der Befragten nannte die korrekte Zahl der Mitgliedsländer der Staatengemeinschaft, nur 30 Prozent beantwortete die Frage zur Wahl des Europäischen Parlaments richtig. Insgesamt haben die Befragten von sieben – relativ einfachen – Wissensitems zur EU durchschnittlich 3,6 Fragen korrekt beantwortet (siehe dazu Kapitel 4.2.1). Ein realistisches Urteil der Europakenntnisse der Bevölkerung zieht Anderson (1998, 573): „The fact that Europe's citizens are not particularly well-informed about the EU."

tion fehlen? Welche Informationen werden genutzt, um die Rechtmäßigkeit des politischen Systems zu beurteilen? Wie kann sich eine Person einer politischen Gemeinschaft verbunden fühlen, wenn sie diese nur unscharf wahrnimmt? Die Antworten auf diese Fragen sind „proxies" (Anderson 1998, 569), „cues" (Hooghe/Marks 2005, 424) oder „Generalisierung" (Fuchs 2003, 36). Verschiedene Autoren nutzen für ihre Antworten zwar unterschiedliche Begriffe, stützen sich in ihrer Argumentation aber auf sozialpsychologische Erkenntnisse zu Urteilsheuristiken (z.B. Tversky/Kahneman 1973; 1974). Solche Urteilsheuristiken sind einfache „Faustregeln", um Bewertungen zu treffen, ohne umfassend informiert zu sein. Ein in Anlehnung an Strack und Deutsch (2002, 353) abgewandeltes Beispiel soll die wesentlichen Elemente und Merkmale heuristischer Urteilsbildung mit Blick auf die EU verdeutlichen: Eine Person möchte die Arbeit des Europäischen Parlaments beurteilen. Um dies zu erreichen, stehen unterschiedliche Urteilsstrategien zur Verfügung. Einerseits solche, die mit großer Wahrscheinlichkeit zu einem elaborierten Urteil führen, aber sehr kostenreich sind (z.B. intensive Beschäftigung mit dem politischen System). Andererseits können Personen Strategien anwenden, die auf leicht zu erhaltenden Informationen basieren und dadurch nur geringe Kosten verursachen. Solche Informationen, die in befriedigendem Maß mit der Urteilsdimension in Beziehung stehen, werden in der sozialpsychologischen Literatur *heuristische Hinweisreize*, *cues* oder auch *short-cuts* bezeichnet. Mit Strack und Deutsch (2002) lassen sich in der sozialpsychologischen Grundlagenliteratur drei wesentliche Arten von Heuristiken unterscheiden: Verfügbarkeitsheuristik, Repräsentativitätsheuristik sowie Verankerung und Adjustierung. Verfügbarkeit bezieht sich auf die Leichtigkeit, Informationen zu einem Objekt aus dem Gedächtnis abzurufen. Repräsentativität meint, wie typisch ein Element zu einer Kategorie passt. Bei der Verankerung bzw. Adjustierung dient das bekannte Objekt als Ausgangspunkt für die Bewertung des unbekannten Objekts. Diese unterschiedlichen Heuristikarten bieten eine gute Erklärung, warum und welche Einstellungen für eine Bewertung der Europäischen Union herangezogen werden.

Aus der Verfügbarkeitsheuristik lässt sich unmittelbar die besondere Bedeutung des nationalen politischen Systems für die Bewertung der EU ableiten. Die Einstellungen zum Nationalstaat sind verfügbarer und leichter abzurufen als Orientierungen zur EU, weil die meisten Bürger mit diesem politischen System vermutlich eher vertraut sind (siehe z.B. Anderson 1998, 576; Fuchs 2003, 36-37; Kritzinger 2003, 221-224; Wagner 2010, 219-222). Fuchs (2003, 36) bezeichnet den Nationalstaat daher auch als primären Bezugspunkt der Herausbildung politischer Einstellungen zur EU. Die Repräsentativitätsheuristik bietet Hinweise, welche nationalstaatlichen Orientierungen für welche europäischen Einstellungen herangezogen werden. Danach wird für die Bewertung eines Objekts auf europäischer Ebene auf ein äquivalentes nationalstaatliches Einstellungsobjekt zurückgegriffen. Konkret: Für die Bewertung der (eher unbekannten) Europäischen Kommission nutzen die Bürger die (eher vertraute) Bundesregierung. Allgemeiner formuliert ist die Bewertung der nationalen Effektivität ein möglicher *proxy* für die europäische Effektivität, kann die Akzeptanz des nationalen Regimes als *shortcut* für die Legitimität des politischen Systems der EU dienen, und bildet die Identifikation mit der nationalen politischen Gemeinschaft einen möglicher *cue* für die Verbundenheit mit der europäischen Gemeinschaft (Wagner 2010, 220). Hinsichtlich der Verankerung bzw. Adjustierung ist es plausibel anzunehmen, dass die Bewertung nationaler Objekte (Zufriedenheit mit der Arbeit des Bundestags) als Heuristik für die Beurteilung europäischer Objekte (Zufriedenheit mit der Arbeit des Europäischen Parlaments) dient. Schließlich dient bei der Verankerung bzw. Adjustierung das bekanntere Objekt als Ausgangspunkt für die Bewertung des unbekannten Objekts. Die nationalstaatlichen Objekte sind gewissermaßen Referenzpunkte für die Bewertung der Europäischen Union.

Für die These der Nutzung heuristischer Hinweisreize für die Bewertung der Europäischen Union findet sich in der Literatur empirische Evidenz. Anderson (1998), Rohrschneider (2002), Fuchs (2002a; 2003) und Braun et al. (2010) belegen einen positiven Zusammenhang zwischen nationaler Demokratiezufriedenheit und pro-europäischen Einstellungen. Wagner (2010) zeigt den Einfluss nationalstaatlicher Einstellungen auf die Unterstützung der Europäischen Union in Mittel- und Osteuropa auf Grundlage von Strukturgleichungsmodellen (siehe auch Wagner 2012).

Erwartungen

Menschen nutzen Heuristiken, wenn sie schnell und ohne großen Aufwand zu einer Bewertung kommen möchten. Als Grundlage für die Bewertung dienen leicht zu erhaltende und leicht zu verarbeitende Informationen, die zwar nicht unmittelbar mit dem Urteilsobjekt in Beziehung stehen, aber eine grobe Einschätzung desselben erlauben. Dabei werden die Einstellungen des bekannten Objekts auf das unbekannte bzw. unscharfe Einstellungsobjekt übertragen. Diese allgemeinen Erkenntnisse der Sozialpsychologie lassen sich hinsichtlich der Einstellungen zur EU präzisieren. Die Bürger nutzen die nationalstaatlichen Orientierungen als heuristische Hinweisreize für die Bewertung der Union.

Für die Bewertung der europäischen Effektivität orientieren sich die Bürger an den politischen Autoritäten auf nationalstaatlicher Ebene. Je zufriedener die Bürger mit diesen sind, desto positiver bewerten sie die Effektivität auf europäischer Ebene. Folgende Erwartung wird formuliert:

> I70. Je positiver die nationalstaatliche Effektivität bewertet wird, desto positiver wird die Effektivität der EU bewertet.

Auch bei der Bewertung der europäischen Legitimität sollten sich die Bürger an der nationalstaatlichen Legitimität orientieren. Beide politische Systeme basieren schließlich auf vergleichbaren Werten und Normen. Daher ist die nationalstaatliche Legitimität ein plausibler *proxy* für die Beurteilung der europäischen Legitimität. Deshalb wird folgende Erwartung formuliert.

> I71. Je positiver die nationalstaatliche Legitimität bewertet wird, desto positiver wird die Legitimität der EU bewertet.

Das Verhältnis nationaler und europäischer Identität wird in der Literatur kontrovers diskutiert. Mit dem Modell „konfligierender Bindungen" und dem Modell „konkordanter Bindungen" unterscheidet Westle (2003a, 455) zwei Sichtweisen. Das erstgenannte postuliert einen Gegensatz zwischen der nationalen und europäischen Ebene. Danach hat jeder Mensch eine primäre Bindung an eine politische Gemeinschaft, die mit Bindungen zu anderen politischen Einheiten nicht kompatibel ist. Das zweitgenannte Modell beruht dagegen auf der Annahme multipler Identifikationen. Dabei kann ein Mensch „ohne psychologischen Stress durchaus Bindungen an mehrere politische Einheiten empfinden, wobei diese Bindungen entweder unabhängig voneinander sein oder sich sogar gegenseitig stützen könnten" (Westle 2003a, 455). In jüngeren Arbeiten wird verstärkt die Auffassung vertreten, dass sich eine Person mit mehreren politischen Einheiten identifizieren kann und demnach die nationale und europäische Identifikation nicht in einem inkompatiblen Verhältnis zueinander stehen (Ray 2006, 271; Westle 2003a; Westle 2003b, 120). Diese Sichtweise vertritt auch Easton (1965, 181) im Konzept der politischen Unterstützung (siehe dazu Kapitel 3.2.1). Deshalb wird folgende Erwartung formuliert:

> I72. Je stärker die nationalstaatliche Identifikation, desto positiver ist die Identifikation mit der EU.

Operationalisierung

Zur Überprüfung der Erwartungen müssen Indikatoren für nationalstaatliche Orientierungen entwickelt werden, die ähnliche Konstrukte wie auf europäischer Ebene abbilden. Es werden die nationalstaatlichen Äquivalente für Effektivität, Legitimität und Identifikation gesucht. Der EiK-Fragebogen enthält mehrere Items zum nationalen politischen System, die den Fragen zum politischen System der Europäischen Union sehr ähnlich sind. Diese erfassen zum Beispiel die Zufriedenheit mit dem Bundestag und der Bundesregierung, die Akzeptanz des politischen Systems oder auch die Verbundenheit mit Deutschland.

Die nationalstaatliche Effektivität wird mit Fragen nach der Zufriedenheit mit den Leistungen nationaler Institutionen und der Zufriedenheit mit dem Funktionieren der Demokratie im Nationalstaat abgebildet. Bei den nationalen Institutionen haben Bundestag und Bundesregierung zweifellos eine herausragende Bedeutung, weshalb die Bürger gebeten wurden, die Zufriedenheit mit diesen Institutionen mitzuteilen. Ergänzend wurde auch nach der Zufriedenheit mit der Funktionsweise der Demokratie in Deutschland gefragt. Die Frageformulierungen der Indikatoren lauten:

> *Wie zufrieden sind Sie mit der Arbeit des Bundestags?*
> *Wie zufrieden sind Sie mit der Arbeit der Bundesregierung?*
> *Und wie zufrieden sind Sie alles in allem mit der Art und Weise, wie Demokratie in Deutschland funktioniert?*

Als Antwort konnten die Befragten jeweils eine Zahl zwischen 0 und 10 wählen, bei der 0 „überhaupt nicht zufrieden" und 10 „sehr zufrieden" bedeutet. Mit den Zahlen dazwischen konnte die Meinung abgestuft werden; bei der Befragung konnten die Bürger auch mit „weiß nicht" und „keine Angabe" antworten. Abbildung 40 zeigt, dass die Ziffern im Zahlenbereich von fünf bis acht am häufigsten genannt wurden – entsprechend überwiegt bei den Befragten ein positives Urteil zur Arbeit der nationalstaatlichen Institutionen.

Abbildung 40: Zufriedenheit mit der Arbeit des Bundestags, der Bundesregierung sowie mit der Demokratie in Deutschland (in Prozent; Fallzahl: 11.870)

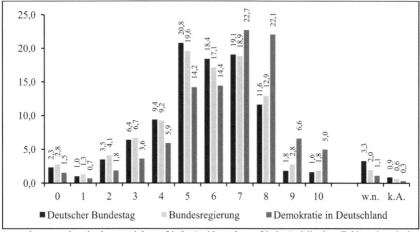

Anmerkungen: 0=„überhaupt nicht zufrieden", 10=„sehr zufrieden". Mit den Zahlen dazwischen konnten die Befragten ihre Antwort abstufen. w.n.=weiß nicht, k.A.=keine Angabe.

Dies spiegelt sich auch im Mittelwert der einzelnen Indikatoren wieder. Der Mittelwert bei der Zufriedenheit mit der Arbeit des Bundestags und der Bundesregierung liegt jeweils bei 5,6 (SD für Bundestag=2,0; SD für Bundesregierung=2,1). Die durchschnittliche Zufriedenheit mit dem Funktionieren der Demokratie beträgt 6,5 (SD=2,0). Mit der Funktionsweise der Demokratie in Deutschland sind die Bürger deutlich zufriedener als mit der Arbeit der beiden Institutionen. Unauffällig sind die Anteile der „weiß nicht"- und „keine Angabe"-Antworten, die jeweils deutlich unter fünf Prozent liegen. Die im Vergleich zu den europäischen Institutionen deutlich geringeren Anteile fehlender Werte (insbesondere „weiß nicht") sind ein klares Indiz für die These, dass die Bürger mit den nationalstaatlichen Institutionen deutlich besser vertraut sind und sich daher eher in der Lage sehen, diese auch zu bewerten.[115]

Eine Hauptkomponentenanalyse mit diesen drei Items[116] ergibt eine Komponente mit einem Eigenwert deutlich größer als ‚1' (2,4), die 80 Prozent der Varianz erklärt. Die Faktorladungen liegen dabei zwischen 0,81 (Zufriedenheit mit der Demokratie) und 0,93 (Zufriedenheit mit Bundestag bzw. Bundesregierung). Die Ergebnisse lassen den Schluss zu, dass den Items eine gemeinsame Dimension zugrunde liegt, die als nationalstaatliche Effektivität bezeichnet wird. Cronbach's Alpha lässt mit einem Wert von 0,87 auf eine hervorragende Reliabilität des Index schließen. Für die Analysen wird deshalb ein additiver Index der drei Items gebildet, der das Niveau der nationalstaatlichen Effektivität misst.[117] Der Wertebereich des Index wird so transformiert, das er von 0 bis 1 reicht (MW=0,59; SD=0,18)

Um das Konstrukt „nationale Legitimität" zu messen, werden drei Aussagen zum nationalen politischen System verwendet. Diese lauten:

Das politische System Deutschlands ist gerecht und fair.
Das politische System Deutschlands schützt die grundlegenden Freiheiten der Bürger.
Das politische System Deutschland ist mir sympathisch.

Den einzelnen Aussagen konnten die Befragten jeweils voll zustimmen, eher zustimmen, eher nicht zustimmen oder überhaupt nicht zustimmen. Alternativ bestand auch die Möglichkeit mit „weiß nicht" oder „keine Angabe" zu antworten. Abbildung 41 stellt die Anteile in den einzelnen Antwortkategorien dar.

---

115 Der Anteil der „weiß nicht"-Antworten lag bei der Zufriedenheit mit dem Europäischen Parlament bei 9,3 Prozent, bei der Zufriedenheit mit der Europäischen Kommission bei 13,5 Prozent und bei der Zufriedenheit mit der Funktionsweise der Demokratie in der EU bei 6,9 Prozent. Auch die Anteile der „keine Angabe"-Antworten lag deutlich höher: 1,9 Prozent (Parlament), 2,5 Prozent (Kommission) und 1,5 Prozent (Demokratie).
116 Vor der Hauptkomponentenanalyse wurden „weiß nicht"-Antworten dem Skalenmittelwert (5) zugeordnet. Damit wird angenommen, dass der Befragte eine indifferente Einstellung gegenüber dem politischen Objekt hat (siehe dazu Easton 1965, 163; siehe auch Kapitel 3.3.5 dieser Arbeit). Personen, die die Angabe verweigert haben, werden aus der Analyse ausgeschlossen.
117 Die Werte der individuellen Items werden dazu addiert und anschließend durch die Anzahl der berücksichtigten Items dividiert.

Abbildung 41: Akzeptanz des politischen Systems der BRD durch die Befragten (in Prozent; Fallzahl 11.870)

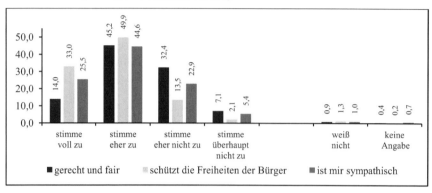

Daraus ist unmittelbar ersichtlich, dass die Mehrheit der Befragten eine positive Haltung zum politischen System der Bundesrepublik Deutschland hat. Fasst man die Antwortkategorie „stimme voll zu" und „stimme eher zu" zusammen, dann bewerten knapp 60 Prozent der Bürger das nationale System als „gerecht und fair", 70 Prozent der Befragten ist das politische System sympathisch und 80 Prozent der Teilnehmer sehen ihre grundlegenden Freiheiten als geschützt an. Die Werte lassen auf eine hohe Akzeptanz des politischen Systems schließen. Die Frage, ob den drei Items eine gemeinsame Struktur zugrundeliegt, beantwortet eine Hauptkomponentenanalyse.[118] Mit einem Eigenwert von 2,1 lässt sich eine Komponente mit einem Wert größer als ‚1' extrahieren, die 69 Prozent der Varianz aufklärt. Die einzelnen Faktorladungen liegen zwischen 0,81 (Freiheit) und 0,84 (Sympathie); Cronbach's Alpha der drei Items liegt bei 0,78. Die Ergebnisse erlauben die Schlussfolgerung, dass den drei Items eine gemeinsame Dimension zugrundeliegt, die als nationale Legitimität bezeichnet wird. Es wird ein additiver Index der drei Items gebildet, der so standardisiert wird, dass er einen Zahlenbereich von 0 bis 1 abdeckt (MW=0,64; SD=0,22).

Zur Messung der nationalen Identifikation stehen im EiK-Datensatz zwei Indikatoren zur Verfügung. Sie lauten:

Wie stark fühlen Sie sich mit Deutschland verbunden?
Wie stolz sind Sie, ein/eine Bürger/Bürgerin Deutschlands zu sein?

Beide Fragen konnten die Personen mit Zahlen zwischen 0 und 10 beantworten, bei der 0 „überhaupt nicht verbunden" bzw. „überhaupt nicht stolz" und 10 „sehr

---

[118] Analog zur Hauptkomponentenanalyse der Indikatoren der nationalen Effektivität werden auch hier „weiß nicht"-Angaben als Skalenmittelwert kodiert (Wert=1,5) und Antwortverweigerungen aus der Analyse ausgeschlossen.

verbunden" bzw. „sehr stolz" bedeutet. Mit den Zahlen dazwischen konnten die Befragten ihre Meinung abstufen. Außerdem bestand die Möglichkeit, mit „weiß nicht" und „keine Angabe" zu antworten. Abbildung 42 zeigt eine starke Verbundenheit bzw. einen hohen Stolz, ein Bürger Deutschlands zu sein. Über 90 Prozent der Befragten haben jeweils Werte von 5 oder höher angegeben. Die durchschnittliche Verbundenheit liegt bei 7,9 (SD=2,0), der Stolz ist mit einem Wert von 7,5 (SD=2,6) etwas schwächer ausgeprägt.

Abbildung 42: Verbundenheit der Befragten mit Deutschland und Stolz, ein Bürger Deutschlands zu sein (in Prozent; Fallzahl: 11.870)

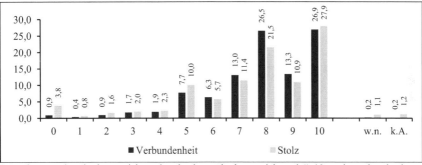

Anmerkungen: 0=„überhaupt nicht verbunden bzw. überhaupt nicht stolz", 10=„sehr verbunden bzw. sehr stolz". Mit den Zahlen dazwischen konnten die Befragten ihre Antwort abstufen. w.n.=weiß nicht, k.A.=keine Angabe.

Die Korrelation der beiden Items liegt bei Pearson's r=0,59 und lässt sich dahingehend interpretieren, dass beide Indikatoren eine Dimension wiederspiegeln. Cronbach's Alpha lässt mit einem Wert von 0,73 ebenfalls auf eine ausreichende Reliabilität dieser Skala schließen. Deshalb wird ein additiver Index gebildet.[119] Dafür werden die Werte der beiden Items addiert und durch die Anzahl der gültigen Indikatoren dividiert. Anschließend wird der Wertebereich so standardisiert, dass die Skala von 0 bis 1 reicht. Der Mittelwert liegt bei 0,77 (SD=0,21).

Empirische Analysen

Zur Überprüfung der Erwartungen werden Korrelationen (Pearson's r) zwischen den betreffenden nationalen und europäischen Einstellungen berechnet. Bei der Effektivität liegt diese bei 0,75 (p<0,00), bei der Legitimität bei 0,48 (p<0,00) und bei der Identifikation bei 0,58 (p<0,00). Diese Ergebnisse bestätigen eindrucksvoll die formulierten Erwartungen I70 bis I72. Je höher die Zufriedenheit

---

119 Für diese Indexbildung haben Befragte, die mit „weiß nicht" geantwortet haben, den Wert der Skalenmitte erhalten (5). Befragte, die beide Fragen mit „keine Angabe" beantwortet haben, wurden bei der Indexbildung nicht berücksichtigt.

mit der nationalen Effektivität, Legitimität und Identifikation, desto positiver wird die europäische Effektivität, Legitimität und Identifikation bewertet. Die Ergebnisse lassen den Schluss zu, dass die Bewertung des politischen Systems der EU in erheblichem Maß von den nationalstaatlichen Orientierungen abhängt. Der Nationalstaat fungiert gewissermaßen als Filter für die europäischen Einstellungen. Der Bürger orientiert sich bei der Bewertung der Europäischen Union an seiner Haltung gegenüber dem Nationalstaat. Eine positive Haltung gegenüber den nationalstaatlichen Objekten begünstigt eine höhere Unterstützung der europäischen Objekte.

4.4.3 Multivariate Analysen

Die Erwartungen und empirischen Befunde der bivariaten Analysen sind in Tabelle 47 dargestellt. Die formulierten Erwartungen konnten mit Ausnahme der lokalen und europäischen Identifikation bestätigt werden. Bei der lokalen und europäischen Identifikation lässt sich zwar eine positive Korrelation nachweisen, allerdings fühlen sich die Bürger stärker mit der EU als mit der Gemeinde verbunden. Deshalb ist ein Einstellungstransfer von der lokalen auf die europäische Ebene nicht sehr plausibel.

Tabelle 47: Erwartungen und Befunde zu den lokalen
und nationalstaatlichen Faktoren

	Effektivität		Legitimität		Identifikation	
	E	B	E	B	E	B
Erwartungen I67 bis I69						
lokale Orientierungen	+	+	+	+	+	(+)
Erwartungen I70 bis I72						
Nationalstaatliche Orientierungen	+	+	+	+	+	+

Anmerkungen: +=positive Beziehung; -=negative Beziehung; ?=unklare Erwartung/Beziehung; 0=kein Effekt beobachtet; ()=Effekt eingeschränkt beobachtet.

Die bisherigen Analysen haben bivariate Zusammenhänge zwischen den lokalen bzw. nationalstaatlichen Orientierungen und der politischen Unterstützung der EU belegt. Abschließend werden lokale und nationalstaatliche Orientierungen in einem gemeinsamen multivariaten Modell berücksichtigt, um die Determinanten in ihrem Einfluss unter Kontrolle der anderen Einflussfaktoren zu untersuchen. Die Ergebnisse in Tabelle 48 zeigen deutlich, dass die bivariaten Zusammenhänge auf eigenständigen Beiträgen der beiden Ebenen basieren. Sowohl eine höhere Zufriedenheit mit den politischen Institutionen auf lokaler Ebene als auch eine höhere Zufriedenheit mit den politischen Autoritäten auf nationalstaatlicher Ebene tragen zu einer besseren Bewertung der Effektivität auf europäischer Ebene bei. Mit anderen Worten: Eine positive Leistungsbewertung der lokalen und nationalen Ebene führt zu einer positiveren Leistungsbewertung der europäischen Ebene. Auch die Bewertung der europäischen Legitimität hängt in gewissem Ausmaß von den lokalen und nationalstaatlichen Orientierungen ab. Personen, die mit der Einbindung in den lokalen Willens- und Beteiligungsprozess zufriedener sind, zeigen – auch unter Kontrolle der nationalstaatlichen Legitimität – eine größere Akzeptanz des Regimes auf europäischer Ebene. Starke Zusammenhänge bestehen auch zwischen der lokalen, nationalen und europäischen Identifikation. Die positiven Effekte weisen darauf hin, dass die Identifikation mit einer politischen Gemeinschaft nicht im Widerspruch zu der Verbundenheit mit einer anderen Gemeinschaft steht. Die Ergebnisse stützen damit die These, dass sich die Bindungen an verschiedene politische Einheiten gegenseitig stützen können (Westle 2003a, 455).

Tabelle 48: Lokale und nationalstaatliche Faktoren und politische Unterstützung der EU

	Effektivität		Legitimität		Identifikation	
	B	Beta	B	Beta	B	Beta
Lokale Orientierungen	0,11***	0,11	0,09***	0,10	0,09***	0,10
Nationalstaatliche Orientierungen	0,67***	0,69	0,44***	0,46	0,56***	0,52
Korrigiertes R^2 in Prozent	57,78		24,21		33,92	
Fallzahl	11.748		11.806		11.858	

Anmerkungen: OLS-Regression. B=unstandardisierter Regressionskoeffizient; Beta=standardisierter Regressionskoeffizient. *=p<0,05; **=p<0,01; ***=p<0,001. Zur Kodierung der abhängigen Variablen siehe Kapitel 3.3.

Die Ergebnisse in Tabelle 49 unterstreichen eindrucksvoll die Relevanz der lokalen und nationalstaatlichen Ebene für europäische Orientierungen: Die Bewertung der Europäischen Union wird von lokalen und nationalstaatlichen Einstellungen beeinflusst bzw. hängt eng mit ihnen zusammen. Für diese Argumentation spricht auch die Erklärungsgüte der drei Modelle. Allerdings bestehen dabei Unterschiede zwischen den drei betrachteten Unterstützungsformen. Bei der Effektivität können knapp 60 Prozent der Variation erklärt werden, bei der Legitimität und Identifikation liegt der Anteil erklärter Varianz deutlich niedriger. Das heißt, bei der Bewertung der Effektivität der Europäischen Union orientieren sich die Bürger sehr viel stärker an der lokalen und nationalstaatlichen Ebene als bei der Legitimität und Identifikation. Darüber hinaus unterscheidet sich der Anteil der erklärten Varianz auch im Hinblick auf die politische Ebene. Insbesondere die nationalstaatlichen Orientierungen tragen erheblich zur Erklärung der individuellen Variation bei den europäischen Einstellungen bei (siehe Tabelle 49).

Tabelle 49: Erklärte Varianz der lokalen und nationalstaatlichen Faktoren

	Effektivität	Legitimität	Identifikation
Lokale Orientierungen	24,84	3,62	14,94
Nationalstaatliche Orientierungen	56,87	23,21	33,29
Gesamt	57,78	24,21	33,92
Fallzahl	11.748	11.806	11.858

Anmerkung: Dargestellt ist jeweils das korrigierte R^2 in Prozent.

4.5 Zusammenfassende Analysen

Die Berücksichtigung aller bisher betrachteten Bestimmungsfaktoren der politischen Unterstützung der EU in einem gemeinsamen Regressionsmodell soll abschließend klare Aussagen über die tatsächliche Relevanz und Effektstärke der einzelnen Einflussfaktoren ermöglichen. Schließlich hängen die einzelnen Bestimmungsfaktoren trotz unterschiedlicher „Gruppenzugehörigkeit" teilweise eng zusammen. Zum Beispiel wird Bildung sowohl das politische Interesse als auch nationalstaatliche Orientierungen beeinflussen. Durch die Aufnahme aller Determinanten in ein gemeinsames Modell kann der relative Einfluss der einzelnen Bestimmungsfaktoren auf die Effektivität, Legitimität und Identifikation beurteilt werden. Eine solche Analyse bietet damit die Möglichkeit, die relevanten Erklärungsansätze der politischen Unterstützung zu identifizieren, die bei den weiterführenden Analysen in Kapitel 5 zu berücksichtigen sind.

Aus diesen Gründen wird für jede Unterstützungsform eine Regression geschätzt, bei der alle bisher betrachteten individuellen Merkmale aufgenommen werden. Für eine bessere Darstellung werden die Ergebnisse dieser drei Berechnungen blockweise präsentiert. In Tabelle 50 sind die Regressionskoeffizienten für die soziodemographischen Bestimmungsfaktoren unter Kontrolle der politischen Faktoren, der Sozialkapitalfaktoren sowie der lokalen und nationalen Faktoren dargestellt. In Tabelle 51 die Resultate für die politischen Faktoren unter Berücksichtigung der soziodemographischen Faktoren, der Sozialkapitalfaktoren sowie der lokalen und nationalen Faktoren. Tabelle 52 informiert über den relativen Einfluss der Sozialkapitalfaktoren, während in Tabelle 53 die Effekte für die lokalen und nationalstaatlichen Faktoren dargestellt sind (jeweils unter Kontrolle der Bestimmungsfaktoren der soziodemographischen und politischen Faktoren sowie der Sozialkapitalfaktoren bzw. der lokalen und nationalstaatlichen Faktoren). Neben der Fallzahl ist in jeder Tabelle der Anteil der erklärten Varianz (korrigiertes R^2) angegeben, die das integrierte Gesamtmodell bzw. die jeweiligen Bestimmungsfaktoren einer Gruppe aufklären kann. Dadurch kann die Relevanz der vier Erklärungsgruppen beurteilt werden.

Auf den ersten Blick ist in Tabelle 50 zu erkennen, dass die soziodemographischen Merkmale im Gesamtmodell erheblich an Bedeutung verlieren. Besonders deutlich zeigt sich dies an der Schichtzugehörigkeit; lediglich für die Identifikation kann die Relation zwischen Schicht und politischer Unterstützung noch statistisch abgesichert werden. Vergleichbares gilt auch für die Konfession und die Kirchgangshäufigkeit. Waren bei der ausschließlichen Betrachtung der soziodemographischen Faktoren noch zehn von zwölf Bestimmungsfaktoren signifikant, so sind es jetzt nur noch zwei Prädiktoren. An Bedeutung für die Erklärung der individuellen Variation der politischen Unterstützung der EU haben auch die Bildung und die Kohortenzugehörigkeit verloren. Entweder haben sich die Effektstärken der Koeffizienten abgeschwächt oder sie haben überhaupt keinen (signifikanten) Effekt mehr auf die politische Unterstützung. Die Ergebnisse in Tabelle 50 deuten ebenso auf die Bedeutungslosigkeit des Einkommens für europäische Orientierungen hin, während das Geschlecht nach wie vor einen Einfluss auf die Bewertung der Effektivität, Legitimität und Identifikation ausübt. Frauen sind unter Kontrolle der anderen Faktoren weiterhin mit der Arbeit der politischen Autoritäten zufriedener, zeigen eine größere Akzeptanz des politischen Regimes und fühlen sich mit der politischen Gemeinschaft stärker verbunden. Dieses Ergebnis ist erstaunlich, da bei Berücksichtigung weiterer Merkmale eigentlich mit einer Nivellierung geschlechtsspezifischer Unterschiede zu rechnen war. Die erklärte Varianz für das Gesamtmodell liegt zwischen 38 und 64 Prozent; die soziodemographischen Faktoren können zwischen fünf und sieben Prozent an Varianz aufklären. Der Beitrag der soziodemographischen Faktoren für die Erklärung der individuellen Variation bei den europäischen Orientierungen ist gering.

Tabelle 50: Soziodemographische Faktoren und politische Unterstützung der EU (erweiterte Analysen)

	Effektivität		Legitimität		Identifikation	
	B	Beta	B	Beta	B	Beta
Geschlecht: Frauen	0,02***	0,06	0,02***	0,04	0,04***	0,09
Alter						
linear	-0,00***	-0,08	-0,00***	-0,09	-0,00	-0,04
kurvilinear	0,00	0,01	0,00*	0,04	-0,00**	-0,05
Geburtskohorte (Referenz: 1964-1983)						
bis 1940	-0,00	-0,01	0,01	0,02	0,03**	0,05
1941-1963	0,00	0,01	0,00	0,01	0,01	0,02
ab 1984	0,01	0,01	0,01	0,01	0,03**	0,04
Bildung (Referenz: Abitur)						
Hauptschule	0,02***	0,04	0,01*	0,03	0,02**	0,03
Mittlere Reife	0,01**	0,02	0,01	0,01	0,01	0,01
Fachhochschule	0,00	0,01	0,00	0,01	0,00	0,00
Studium	-0,00	-0,01	0,01**	0,03	0,00	0,00
Soziale Schicht	0,00	0,00	0,00	0,00	0,00*	0,02
Einkommen (Referenz 1500 bis unter 2000 Euro)						
unter 500 Euro	0,00	0,00	-0,01	-0,01	0,00	0,00
500 bis < 1000 €	-0,00	-0,00	-0,00	-0,01	-0,00	-0,00
1000 bis < 1500 €	0,00	0,01	0,01	0,01	0,01	0,01
2000 bis < 2500 €	-0,01	-0,01	-0,00	-0,00	0,01	0,01
2500 bis < 3000 €	-0,01	-0,01	-0,00	-0,00	0,01	0,01
3000 und mehr €	-0,01	-0,01	0,01	0,01	0,00	0,00
fehlende Information	-0,01*	-0,02	0,00	0,00	0,00	0,01
Konfession (Referenz: keine)						
Protestantisch	0,00	0,01	0,00	0,01	-0,01	-0,01
Katholisch	0,01	0,02	0,01*	0,02	0,01	0,01
Andere	0,00	0,00	-0,00	-0,01	-0,01	-0,01
Kirchgangshäufigkeit	-0,00*	-0,02	-0,00	-0,01	-0,00	-0,01
Korr. R² für die soziodemographischen Faktoren	7,39		6,52		4,84	
Korr. R² für das Gesamtmodell	63,64		38,20		47,22	
Fallzahl	10.755		10.786		10.815	

Anmerkungen: OLS-Regression unter Kontrolle der politischen Faktoren, Sozialkapitalfaktoren sowie der lokalen und nationalstaatlichen Faktoren. B=unstandardisierter Regressionskoeffizient; Beta=standardisierter Regressionskoeffizient. *=p<0,05; **=p<0,01; ***=p<0,001. Zur Kodierung der abhängigen Variablen siehe Kapitel 3.3.

Wie die Ergebnisse in Tabelle 51 zeigen, bleiben im integrierten Gesamtmodell die Effekte der kognitiven Mobilisierung, des politischen Interesses sowie der Wahrnehmung persönlicher und landesweiter Vorteile durch die EU auf die politische Unterstützung erhalten. Allerdings schwächen sich die Effekte zum Teil leicht ab. Je höher das politische Interesse und die wahrgenommenen Vorteile durch die EU, desto positiver die Bewertung der Effektivität, Legitimität und Identifikation. Dagegen übt eine stärkere kognitive Mobilisierung – häufigere Gespräche mit anderen Bürgern über Politik und ein höheres EU-Wissen – einen negativen Einfluss auf die politische Unterstützung aus. Die Zusammenhänge zwischen Parteiorientierung und politischer Unterstützung sind auf die Effektivität und Legitimität beschränkt. CDU-Anhänger unterscheiden sich in der Bewertung der EU nicht von FDP-Wählern. SPD- und Grüne-Anhänger stehen den politischen Autoritäten und dem politischen Regime positiver gegenüber. Bei Berücksichtigung der anderen Bestimmungsfaktoren zeigen Wähler der Linken eine positivere Bewertung der Effektivität. Dieser Befund ist überraschend, da bei den bivariaten Analysen sowie der ausschließlichen Betrachtung der politischen Faktoren Linke-Anhänger eindeutig eine unterdurchschnittliche Unterstützung zeigten. Gegenüber diesen Analysen hat sich der Effekt der Parteiorientierung auf europäische Einstellungen allerdings deutlich abgeschwächt. Dies gilt auch für die politische Informationsnutzung. Im integrierten Gesamtmodell lässt sich lediglich eine schwache (negative) Beziehung für die Tageszeitung nachweisen. Zu vernachlässigen sind ferner die individuelle Wertorientierung und die Links-Rechts-Selbsteinstufung. Bei den Wertorientierungen lässt sich unter Kontrolle der anderen Faktoren lediglich für eine materialistische Wertorientierung ein positiver Effekt auf die Legitimität belegen. Für die Links-Rechts-Selbsteinstufung ist weder eine lineare noch eine kurvilineare Beziehung nachweisbar. Die Bestimmungsfaktoren der politischen Erklärungsansätze können zwischen 18 und 24 Prozent der individuellen Variation erklären. Mit Blick auf die Erklärungsgüte des Gesamtmodells sind dies durchaus akzeptable Beträge.

Tabelle 51: Politische Faktoren und politische Unterstützung der EU (erweiterte Analysen)

	Effektivität		Legitimität		Identifikation	
	B	Beta	B	Beta	B	Beta
Kognitive Mobilisierung	-0,01***	-0,09	-0,01***	-0,06	-0,01***	-0,05
Wertorientierung (Ref: Mischtypen)						
Postmaterialisten	-0,00	-0,01	-0,01	-0,01	0,00	0,01
Materialisten	0,00	0,01	0,02**	0,02	0,00	0,00
Politisches Interesse EU (Ref: wenig interessiert)						
überhaupt nicht	-0,04***	-0,06	-0,06***	-0,07	-0,07***	-0,09
ziemlich	0,03***	0,08	0,04***	0,10	0,05***	0,11
sehr	0,04***	0,10	0,07***	0,13	0,08***	0,15
Parteianhänger (Referenz: FDP)						
SPD	0,01**	0,03	0,03***	0,05	0,00	0,01
CDU	0,00	0,01	0,01	0,02	0,00	0,00
Linke	0,03***	0,03	0,02	0,01	-0,02	-0,01
Grüne	0,01**	0,02	0,02*	0,02	0,01	0,01
Andere	0,02***	0,04	0,02***	0,06	0,01	0,01
Links-Rechts-Orientierung						
extreme Position	0,00	0,00	-0,00	-0,00	-0,00	-0,01
Links-Rechts-Pos.	-0,00	-0,00	0,00	0,00	-0,00	-0,01
Kosten-Nutzen-Überlegungen						
Vorteile: Land	0,02***	0,10	0,05***	0,20	0,03***	0,14
Vorteile: persönlich	0,01***	0,05	0,03***	0,11	0,04***	0,14
Politische Informationsnutzung						
Zeitung	-0,00***	-0,02	-0,00***	-0,05	-0,00**	-0,03
Radio	-0,00	-0,00	0,00	0,01	0,00	0,01
Fernsehen	0,00	0,00	0,00	0,00	-0,00	-0,01
Internet	-0,00	-0,01	-0,00	-0,01	-0,00	-0,00
Korr. R^2 für die politischen Faktoren	20,49		23,81		17,96	
Korr. R^2 für das Gesamtmodell	63,64		38,20		47,22	
Fallzahl	10.755		10.786		10.815	

Anmerkungen: OLS-Regression unter Kontrolle der soziodemographischen Faktoren, Sozialkapitalfaktoren sowie der lokalen und nationalstaatlichen Faktoren. B=unstandardisierter Regressionskoeffizient; Beta=standardisierter Regressionskoeffizient. *=p<0,05; **=p<0,01; ***=p<0,001. Zur Kodierung der abhängigen Variablen siehe Kapitel 3.3.

In Tabelle 52 sind die Zusammenhänge der Sozialkapitalfaktoren und der politischen Unterstützung unter Kontrolle der soziodemographischen und politischen Faktoren sowie der lokalen und nationalstaatlichen Faktoren dargestellt. Auf den ersten Blick ist offensichtlich, dass die Beteiligung in formellen und informellen Netzwerken für die Effektivität, Legitimität und Identifikation irrelevant ist.[120] Die aktive Beteiligung in Vereinen hat unter Berücksichtigung der anderen Faktoren keinen Einfluss auf die Zufriedenheit mit den politischen Autoritäten, die Akzeptanz des politischen Regimes und die Verbundenheit mit der politischen Gemeinschaft. Im integrierten Gesamtmodell bewahren jedoch die kulturellen Komponenten des Sozialkapitals – soziales Vertrauen und Normakzeptanz – ihre Bedeutung. Allerdings büßen die entsprechenden Prädiktoren an Erklärungskraft ein. Im Vergleich zu den politischen Faktoren können die Sozialkapitalfaktoren zwar einen nicht annähernd so großen Beitrag zur Erklärung der individuellen Variation der politischen Unterstützung leisten, aber die Ergebnisse unterstreichen die Relevanz von sozialem Vertrauen und Normakzeptanz für die Erklärung der individuellen Variation der Effektivität, Legitimität und Identifikation.

---

120 Es wurden auch Modelle geschätzt, bei denen neben den einzelnen Vereinsarten auch die Anzahl der aktiven Beteiligungen als Prädiktor europäischer Orientierungen berücksichtigt wurde. Diese Relationen waren jedoch durchgängig nicht signifikant.

Tabelle 52: Sozialkapitalfaktoren und politische Unterstützung der EU (erweiterte Analysen)

	Effektivität		Legitimität		Identifikation	
	B	Beta	B	Beta	B	Beta
Formelle Netzwerke (Ref: keine)						
Sportverein	0,00	0,01	-0,00	-0,01	-0,01*	-0,02
kulturelle Vereinigung	-0,00	-0,00	-0,00	-0,00	0,00	0,01
karitative Vereinigung	0,00	0,01	-0,01	-0,02	-0,00	-0,01
religiöse Organisation	-0,01*	-0,02	-0,00	-0,01	-0,01*	-0,02
Hilfsorganisation	-0,00	-0,01	-0,00	-0,00	-0,00	0,01
sonstiger Verein	-0,00	-0,00	0,00	0,00	0,00	0,00
Naturschutzorg.	-0,00	-0,00	-0,01	-0,01	-0,00	-0,00
Bürgerverein	-0,00	-0,01	-0,00	-0,01	-0,01	-0,09
Tierschutzverein	0,00	0,01	-0,00	-0,00	0,00	0,01
Menschenrechtsorga.	0,01	0,02	0,00	0,00	0,01	0,02
Partnerschaftsverein	0,00	0,00	-0,00	-0,00	0,01	0,01
Selbsthilfegruppe	0,01	0,01	0,01*	0,02	0,02	0,02
Hobbyzüchterverein	-0,00	-0,01	-0,01	-0,01	0,00	-0,00
Informelle Netzwerke						
Gruppen (Ja)	-0,00	-0,01	-0,00	-0,01	-0,01	-0,01
Nachbarn	0,00	0,00	0,00	0,01	-0,00	-0,01
Soziales Vertrauen	0,00***	0,03	0,00***	0,04	0,01***	0,05
Normen						
Staatsbürger	0,01*	0,01	0,03***	0,03	0,04***	0,04
Engagierte	0,01**	0,02	0,00	0,01	0,02***	0,03
Korr. R^2 für die Sozialkapitalfaktoren	12,22		5,53		10,73	
Korr. R^2 für das Gesamtmodell	63,64		38,20		47,22	
Fallzahl	10.755		10.786		10.815	

Anmerkungen: OLS-Regression unter Kontrolle der soziodemographischen Faktoren, politischen Faktoren sowie der lokalen und nationalstaatlichen Faktoren. B=unstandardisierter Regressionskoeffizient; Beta=standardisierter Regressionskoeffizient. *=p<0,05; **=p<0,01; ***=p<0,001. Zur Kodierung der abhängigen Variablen siehe Kapitel 3.3.

Wie aus Tabelle 53 eindeutig hervorgeht, haben die lokalen und nationalstaatlichen Orientierungen eine herausgehobene Bedeutung für die Erklärung der individuellen Variation der politischen Unterstützung. Die Effekte sind im integrierten Gesamtmodell zwar etwas schwächer ausgeprägt als im isolierten Regressionsmodell (siehe Kapitel 4.4.3), aber die nationalstaatlichen Orientierungen bleiben mit weitem Abstand die bedeutendste Determinante im Gesamterklärungsmodell. Je höher die nationalstaatliche Effektivität, Legitimität und Identifikation, desto größer die Zufriedenheit mit den europäischen Autoritäten, desto höher die Akzeptanz des europäischen Regimes und desto stärker die Verbundenheit mit der europäischen Gemeinschaft. Aber auch lokale Orientierungen spielen bei der Erklärung der individuellen Variation der politischen Unterstützung der EU weiterhin eine Rolle. Eine höhere Zufriedenheit mit den lokalen Autoritäten geht mit einer stärkeren Effektivität auf europäischer Ebene einher, und eine positivere Bewertung der Einbindung in lokale Willensbildungs- und Entscheidungsprozesse begünstigt die Akzeptanz des politischen Systems auf europäischer Ebene. Positive Relationen lassen sich auch für die lokale und europäische Identifikation belegen. Der Anteil der erklärten Varianz der lokalen und nationalstaatlichen Faktoren an der Gesamtvarianz ist beachtlich. Bei der Effektivität sind es fast 90 Prozent, bei der Legitimität und Identifikation tragen lokale und nationalstaatliche Orientierungen jeweils mehr als 50 Prozent zu der erklärten Gesamtvarianz bei.

Tabelle 53: Lokale und nationalstaatliche Faktoren und politische Unterstützung der EU (erweiterte Analysen)

	Effektivität		Legitimität		Identifikation	
	B	Beta	B	Beta	B	Beta
Lokale Orientierungen	0,09***	0,10	0,06***	0,07	0,09***	0,09
Nationalstaatliche Orientierungen	0,62***	0,64	0,37***	0,38	0,53***	0,49
Korr. R² für lokale u. nationalstaatliche Faktoren	57,25		23,91		33,10	
Korr. R² für das Gesamtmodell	63,64		38,20		47,22	
Fallzahl	10.755		10.786		10.815	

Anmerkungen: OLS-Regression unter Kontrolle der soziodemographischen Faktoren, politischen Faktoren sowie der Sozialkapitalfaktoren. B=unstandardisierter Regressionskoeffizient; Beta=standardisierter Regressionskoeffizient. *=p<0,05; **=p<0,01; ***=p<0,001. Zur Kodierung der abhängigen Variablen siehe Kapitel 3.3.

Die vorliegenden Ergebnisse werden abschließend für die Modellierung eines sparsameren Gesamtmodells genutzt. Dabei werden diejenigen Erklärungsansätze berücksichtigt, die im integrierten Gesamtmodell einen Beitrag für die Erklärung der individuellen Variation der Effektivität, Legitimität und Identifikation leisten. Als Entscheidungskriterium für die Aufnahme in das sparsamere Gesamtmodell dient die statistische Signifikanz des Erklärungsansatzes. Entsprechend beinhaltet das Gesamtmodell die lokalen und nationalstaatlichen Orientierungen. Bei den Sozialkapitalfaktoren werden das soziale Vertrauen und die Normunterstützung berücksichtigt. Aus dem Bereich der politischen Faktoren werden die kognitive Mobilisierung, das politische Interesse sowie die wahrgenommenen persönlichen und landesweiten Vorteile durch die EU aufgenommen. Die hohe Anzahl an nichtsignifikanten Bestimmungsfaktoren bei der politischen Informationsnutzung und der Parteiorientierung sprechen gegen eine Berücksichtigung dieser Ansätze in einem möglichst sparsamen Gesamtmodell.[121] Ergänzt wird das Modell schließlich noch um das Geschlecht und das Alter (linear und kurvilinear). Die Ergebnisse dieses sparsameren Gesamtmodells sind Tabelle 54 zu entnehmen.

Bei der Bewertung dieses Modells sind mehrere Schlussfolgerungen zu ziehen. Zunächst einmal ist die erklärte Varianz nur geringfügig geringer als bei der Berücksichtigung aller Bestimmungsfaktoren. Da bei dieser Modellierung deutlich mehr Befragte berücksichtigt werden können, ist das sparsamere Modell dem integrierten Gesamtmodell eindeutig vorzuziehen. Nahezu alle aufgenommenen Bestimmungsfaktoren bewahren ihre bereits zuvor ermittelten Effekte auf die politische Unterstützung. Die Effektstärke der einzelnen Bestimmungsfaktoren variiert zwar in Abhängigkeit der betrachteten Unterstützungsart, Unterschiede in der Effektrichtung sind allerdings nicht festzustellen. Die nationalstaatlichen Orientierungen entfalten für alle drei Unterstützungsarten die stärksten Effekte. Die Bewertung der Effektivität, Legitimität und Identifikation des politischen Systems der EU ist damit eng mit den nationalstaatlichen Orientierungen verknüpft. Die übrigen Bestimmungsfaktoren haben bei der Erklärung der individuellen Variation der politischen Unterstützung der EU zwar nur eine nachgeordnete Bedeutung, die Ergebnisse belegen allerdings eindeutig eigenständige Effekte dieser Merkmale. Drei Determinanten sind im sparsameren Gesamtmodell nicht mehr signifikant: Bei der Effektivität ist dies die Normakzeptanz „Staatsbürger", bei der Legitimität die Normakzeptanz „Engagierte" und bei der Identifikation die kurvilineare Beziehung beim Alter. Die in Tabelle 54 aufgeführten individuellen Bestimmungsfaktoren bilden – mit Ausnahme der nicht-

---

121 Gegen die Berücksichtigung der Parteiorientierung im sparsameren Gesamtmodell spricht auch, dass lediglich 62 Prozent der Befragten über eine Parteiorientierung verfügen (siehe Kapitel 4.2.4).

signifikanten Determinanten – deshalb den Ausgangspunkt für die weiterführenden Analysen in Kapitel 5, bei denen der Einfluss des lokalen Umfelds auf die politische Unterstützung der EU untersucht wird.

Tabelle 54: Individualmerkmale und politische Unterstützung der EU (Gesamtmodell)

	Effektivität		Legitimität		Identifikation	
	B	Beta	B	Beta	B	Beta
Geschlecht: Frauen	0,02***	0,07	0,02***	0,04	0,04***	0,09
Alter						
linear	-0,00***	-0,10	-0,00***	-0,09	-0,00***	-0,03
kurvilinear	0,00**	0,02	0,00***	0,05	-0,00	-0,01
kognitive Mobilisierung	-0,01***	-0,11	-0,01***	-0,08	-0,01***	-0,06
Politisches Interesse EU (Ref.: wenig interessiert)						
überhaupt nicht	-0,03***	-0,05	-0,06***	-0,07	-0,07***	-0,09
ziemlich interessiert	0,03***	0,07	0,04***	0,09	0,05***	0,11
sehr interessiert	0,04***	0,09	0,07***	0,13	0,08***	0,15
Kosten-Nutzen-Überlegungen						
Vorteile: Land	0,02***	0,10	0,05***	0,20	0,03***	0,14
Vorteile: persönlich	0,01***	0,04	0,03***	0,11	0,04***	0,13
Soziales Vertrauen	0,00***	0,02	0,00***	0,03	0,00***	0,04
Normen						
Staatsbürger	0,01	0,01	0,03***	0,03	0,04***	0,04
Engagierte	0,01**	0,02	-0,00	-0,00	0,01**	0,02
Lokale Orientierungen	0,10***	0,10	0,07***	0,08	0,07***	0,08
Nationalstaatliche Orientierungen	0,61***	0,63	0,36***	0,38	0,53***	0,50
Korrigiertes R^2	63,33		37,89		46,99	
Fallzahl	11.467		11.498		11.539	

Anmerkungen: OLS-Regression. B=unstandardisierter Regressionskoeffizient; Beta=standardisierter Regressionskoeffizient. *=p<0,05; **=p<0,01; ***=p<0,001. Zur Kodierung der abhängigen Variablen siehe Kapitel 3.3.

5. Einfluss kontextueller Merkmale auf die politische Unterstützung

Bei den bisherigen Analysen standen die individuellen Merkmale der Bürger im Mittelpunkt. Individuelle Einstellungen und Verhaltensweisen sind aber nicht nur auf individuelle Merkmale zurückzuführen, sondern auch ein Resultat des Umfelds, in dem ein Mensch lebt. Diese Annahme ist breit akzeptiert (siehe z.B. Dalton/Anderson 2011, 3; Rattinger 2009, 73-96; Ladner/Bühlmann 2007; Bühlmann 2006; Books/Prysby 1999, 1). Der amerikanische Politikwissenschaftler Robert Huckfeldt beschreibt die Relevanz des Umfelds für politische Orientierungen sehr anschaulich:

> „The political opinions and behavior of individuals cannot be explained apart from the environments within which they occur. Individual characteristics alone do not determine political actions and opinions. Rather, political behavior must be understood in terms of the actor's relationship to the environment, and the environmental factors that impinge on individual choice." (Huckfeldt 1986, 1)

Deshalb wird in diesem Kapitel die bisher auf Individualmerkmale fokussierte Erklärungsperspektive durch die Berücksichtigung des lokalen Umfelds bzw. lokalen Kontexts erweitert.[122] Die 28 Gemeinden stellen dabei die lokalen Kontexte dar, deren Einfluss auf die politische Unterstützung der EU untersucht wird. Für die Festlegung von Gemeinden als lokaler Kontext sprechen mehrere Gründe. Die Menschen leben und wohnen in Gemeinden, weshalb sich die meisten Bürger täglich in diesem Umfeld aufhalten. Die Gemeinde stellt damit einen Lebensraum dar, in dem sich das „unmittelbar-konkrete Alltagsleben vollzieht" (Oehmichen/Schröter 2011, 182). „Vor Ort" pflegen die Bürger mehr oder weniger gute Beziehungen zu ihren Nachbarn, treffen sich mit Freunden und engagieren sich in Vereinen oder Institutionen. Die Gemeinde fungiert damit als „Ort der sozialen Integration" (Ladner/Bühlmann 2007, 67). Ereignisse, Einrichtungen und Gegebenheiten im lokalen Umfeld – z.B. Freizeit- und Erholungsangebote, aber auch Einkaufsmöglichkeiten, der Bau einer Umgehungsstraße und die öffentliche Infrastruktur – haben deshalb eine hohe Relevanz und unmittelbare Bedeutung für die alltägliche Lebenspraxis. Entsprechend zeigen die Menschen ein ausgeprägtes Interesse an Ereignissen auf lokaler Ebene (siehe z.B. Oehmichen/Schröter 2011, 183; Chmielewski 2011, 13; Blödorn et al. 2006, 636). Die geringe räumliche Distanz begünstigt zudem eine hohe Interaktions-

---

122 In der Literatur findet sich keine übereinstimmende Verwendung des Kontextkonzepts. Für eine Übersicht verschiedener Definitionen siehe Alpheis (1988, 31), der auch eine umfassende Literaturübersicht klassischer Kontextanalysen bietet.

dichte zwischen den Menschen, fördert soziale Kontakte und emotionale Beziehungen. Da soziale Interaktionen eine mögliche Ursache von Kontexteffekten sind, sollten insbesondere auf lokaler Ebene kontextuelle Effekte nachweisbar sein (siehe zur Begründung der Gemeinde als Kontext auch Ladner/Bühlmann 2007, 20-25; Bühlmann 2006, 43-45).[123]

Erklärungsansätze für Kontexteffekte

Ein Einfluss des Kontexts auf Einstellungen und Verhaltensweisen liegt vor, wenn sich bei Berücksichtigung individueller Merkmale noch ein statistischer Effekt der Kontextmerkmale nachweisen lässt (Esser 1999a, 429). Zur Erklärung solcher strukturellen Effekte wurden verschiedene theoretische Ansätze entwickelt (siehe z.B. Putnam 1966; Huckfeldt/Sprague 1995, 10-22; Hummell 1972, 122-148; Pappi 1977, 202-248; Alpheis 1988, 51-93; Books/Prysby 1991, 47-81; Burbank 1995; Hank 2003, 81-83; Sodeur/Hoffmeyer-Zlotnik 2005, 14-19). Esser (1988, 46-49; 1999a, 452-455) fasst die vielfältigen Überlegungen in drei Gruppen zusammen: Kontexte fungieren als Opportunitäten, Kontexte sind Räume der sozialen Beeinflussung und Kontexte können Objekte von Wahrnehmungen, Orientierungen und Identifikationen sein. Für die Erklärung eines möglichen Einflusses des lokalen Umfelds auf europäische Orientierungen dürften Opportunitäten und Beeinflussung am ertragreichsten sein. Erstgenannte bezeichnet Schmidberger (1997a, 14-15) als „strukturbedingten", letztgenanntes als „interaktionsbedingten" Kontexteinfluss (für eine gelungene Übersicht beider Ansätze siehe z.B. Bühlmann 2006, 14-16 und 119-228).

Die Betrachtung von Kontexten als Gelegenheitsstrukturen („Opportunitäten") macht auf den Sachverhalt aufmerksam, dass die Möglichkeiten sozialen Handelns in Abhängigkeit des Kontexts variieren können. So werden Personen in einer Gemeinde – trotz gleicher Individualmerkmale – mehr politische Informationen erhalten, wenn sie in einem politisierten Umfeld leben. Auch die Wahrscheinlichkeit mit (europäischen) Städtepartnerschaften in Berührung zu kommen und dadurch Informationen über die EU zu erhalten, sollte in einer Gemeinde, die solche Städtepartnerschaften pflegt und in der regelmäßige Treffen stattfinden, größer sein als in einer Kommune, die solche Kontakte nicht besitzt. Allgemeiner formuliert: Der Kontext beeinflusst die Rahmenbedingungen für die Wahrnehmung und Bewertung bestimmter Sachverhalte und damit die Chance,

---

123 Häufig werden auch Stadtteile und Nachbarschaften als lokaler Kontext festgelegt (z.B. Blasius et al. 2008; Nonnenmacher 2007; Huckfeldt 1986). Im Gegensatz zu Gemeinden sind Nachbarschaften und Stadtteile allerdings nicht politisch autonom. Zudem gibt es in kleineren Gemeinden keine Stadtteile. Schließlich stehen für Gemeinden viele Kontextdaten zur Verfügung, was bei Stadtteilen nicht der Fall ist.

entsprechende Erfahrungen zu machen bzw. mit relevanten Informationen versorgt zu werden.

Ein Einfluss des lokalen Umfelds auf individuelle Orientierungen und Verhaltensweisen kann aber auch über die Eingebundenheit der Person in kontextspezifische soziale Interaktionen vermittelt sein. In Anlehnung an die Überlegungen von Orbell (1970) haben insbesondere Books und Prysby (1991, 50) sowie Burbank (1995, 169) auf die Bedeutung kontextspezifischer Informationsvermittlung für die Erklärung von Kontexteffekten hingewiesen. Die meisten Menschen erhalten ihre politischen Informationen zwar nicht aus dem persönlichen Umfeld, sondern beziehen diese aus den Medien. Nach dem „information flow"-Ansatz nutzen die Bürger allerdings ihr Umfeld, um diese Nachrichten einzuordnen und zu bewerten („soziale Beeinflussung"). Deshalb: „Contextual influences are not simply a function of access to information, but a product of the processes by which people supply meaning to the on-going stream of available political information" (Burbank 1995, 169). Die Interpretation der politischen Nachrichten kann dabei sowohl über persönliche Beobachtung als auch über soziale Interaktionen erfolgen. Die persönliche Beobachtung reicht von der Wahrnehmung der Zeichen und Signale, durch die Mitbürger ihre Ansichten zum Ausdruck bringen, über die Begegnung mit politischen Aktivitäten vor Ort bis hin zur Wahrnehmung wirtschaftlicher Prosperität. Auch die Berichterstattung der lokalen Medien kann bei der Einordnung und Bewertung der politischen Nachrichten eine Rolle spielen. Soziale Interaktionen umfassen dabei informelle Gespräche mit Nachbarn, Freunden oder anderen Bürgern in der Gemeinde sowie Diskussionen in eher organisierten Zusammenkünften. Dies können Debatten bei Veranstaltungen oder Konversationen in Vereinen und Netzwerken sein (siehe ausführlich z.B. Books/Prysby 1991, 55-60).

Kontextmerkmale

Europäische Städtepartnerschaften, Ausländerquote oder auch Finanzzuweisungen durch die EU – die Liste möglicher lokaler Kontextmerkmale für die Bewertung der Staatengemeinschaft ist lang. Eine allgemeine Klassifikation kontextueller Merkmale haben Paul F. Lazarsfeld und Herbert Menzel (1962, 425-429) vorgelegt. Sie unterscheiden mit *analytisch*, *strukturell* und *global* drei Eigenschaften von Kontexten (siehe auch Hummell 1972, 21-24; Esser 1999a, 443-445; Books/Prysby 1991, 51). Analytische Eigenschaften werden durch die Aggregation von Individualmerkmalen gebildet. Die Ausgangswerte liegen stets auf der Individualebene vor, die verdichtete statistische Maßzahl (z.B. Mittel- oder Prozentwert) ist ein Merkmal des Kontexts (siehe z.B. Faas 2010, 443). In dieser Arbeit sind die Arbeitslosenquote oder die durchschnittliche Zufriedenheit mit den politischen Institutionen einer Gemeinde Beispiele für analytische Eigenschaften. Davon zu unterscheiden sind strukturelle Eigenschaften, die über die

Beziehungen und Interaktionen der Mitglieder in einem Kontext gebildet werden. Books und Prysby (1991, 6) führen das Ausmaß von Parteiaktivitäten in einer Gemeinde als Beispiel an, aber auch städtepartnerschaftliche Begegnungen oder die Häufigkeit mit anderen Bürgern in einer Gemeinde politische Gespräche zu führen sind solche strukturellen Merkmale. Bei globalen Eigenschaften handelt es sich dagegen um Merkmale des Kontexts, die ohne Informationen über die Eigenschaften der Individuen gebildet werden. Dazu gehören das Klima und die geographische Lage, aber auch die kommunale Verschuldung und die lokalen Finanzzuweisungen aus Brüssel.

Mehrebenenanalyse

Ein geeignetes Instrument für die Analyse des Einflusses individueller *und* kontextueller Merkmale auf individuelle Einstellungen und Verhaltensweisen stellt die Mehrebenenanalyse dar (z.B. Hank 2003, 80; Esser 1999a, 435-442).[124] Dabei handelt es sich um ein statistisches Verfahren, das die Gesamtstreuung der abhängigen Variablen auf unterschiedliche hierarchisch angeordnete Ebenen aufteilt.[125] In dieser Arbeit stellen die Bürger die Elemente der ersten Ebene, die Gemeinden die Elemente der zweiten Ebene dar. Die Mehrebenenanalyse berücksichtigt diese hierarchische Datenstruktur und vermeidet dadurch die Verletzung statistischer Anwendungsvoraussetzungen, die inhaltliche Fehlinterpretationen zur Folge haben können. Bei einer Aggregatdatenanalyse besteht die Gefahr eines ökologischen Fehlschlusses, bei einer reinen Individualanalyse werden durch die Disaggregation der Kontextmerkmale die Standardfehler und damit die Signifikanz der Kontextmerkmale falsch berechnet (siehe z.B. Braun et al. 2010, 16-18; Ladner/Bühlmann 2007, 270). Die Mehrebenenanalyse wird deshalb häufig auch als „Königsweg" für die Analyse einer hierarchischen Datenstruktur bezeichnet.[126]

---

124 Eine praktisch orientierte Einführung in die Mehrebenenanalyse bieten Braun et al. (2010) und Hans (2006). Für umfassendere Darstellungen siehe Hox/Roberts (2011), Langer (2010; 2009), Rabe-Hesketh/Skrondal (2008), Gelmann/Hill (2007), Bickel (2007), Bühlmann (2006, 259-289), Blien (2005) Raudenbush/Bryk (2002), Snijders/Bosker (1999), Engel (1998), Ditton (1998) sowie Hox (2002; 1995).
125 Unter hierarchisch angeordneten Ebenen ist zu verstehen, dass „die Elemente der unteren Ebene jeweils genau einem Element der höheren Ebene zugeordnet sind – und, dass die höhere Ebene sich ausschließlich aus Elementen der niedrigen Ebene zusammensetzt" (Braun et al. 2010, 16). Hummel (1972, 13) bezeichnet es als „Charakteristikum der Mehrebenenanalyse, daß Objekte verschiedener Ordnung gleichzeitig zum Gegenstand der Untersuchung werden".
126 In dieser Arbeit werden alle Mehrebenenanalysen mit dem Statistikprogramm Stata (Version 11.2) und der implementierten Prozedur xtmixed durchgeführt. Für Informationen zu Stata siehe www.stata.com (Zugriff am 19.11.2012).

Analysestrategie

Für die Durchführung einer Mehrebenenanalyse wird eine schrittweise Modellentwicklung empfohlen (siehe z.B. Langer 2010, 73; Braun et al. 2010, 22-28). Deshalb werden in Kapitel 5.1 zunächst Random Intercept-Only-Modelle geschätzt, die die Varianz der Effektivität, Legitimität und Identifikation auf die Individual- und Kontextebene aufteilen. Um die Relevanz des lokalen Kontexts für die drei Unterstützungsformen zu ermitteln, wird jeweils die Intraklassenkorrelation (ICC) berechnet. Diese ergibt sich durch Division der Varianz der Kontextebene an der Gesamtvarianz (Individual- und Kontextebene). Die ICC gibt Aufschluss darüber, welchen Anteil die Varianz der Kontextebene an der Gesamtvarianz hat. Außerdem wird ein Likelihood-Ratio-Test durchgeführt, der die Devianz des hierarchischen linearen Modells mit der Devianz einer linearen Regression (OLS) vergleicht. Eine signifikante Differenz dieser Werte deutet darauf hin, dass die Modellierung eines hierarchischen Modells eine bessere Anpassung an die Daten ermöglicht als eine lineare OLS-Regression. Im nächsten Schritt werden die Random Intercept-Only-Modelle mit den Individualmerkmalen erweitert, die sich bei den bisherigen Analysen am erklärungskräftigsten erwiesen haben (siehe Kapitel 4.5). Schließlich können die in Kapitel 3.4 nachgewiesenen Unterschiede zwischen den Gemeinden auch ein Resultat der unterschiedlichen Verteilung der jeweiligen sozialen Gruppen sein. Ein Einfluss des lokalen Umfelds auf europäische Orientierungen liegt nur vor, wenn sich bei Berücksichtigung relevanter Individualmerkmale noch Unterschiede zwischen den Gemeinden nachweisen lassen. Sollte auch nach Berücksichtigung der Individualmerkmale eine hierarchische Modellierung eine bessere Anpassung an die Daten ermöglichen als eine OLS-Regression, dann werden Merkmale des lokalen Kontexts in der Analyse berücksichtigt und hinsichtlich ihres Einflusses auf die politische Unterstützung der EU untersucht (Kapitel 5.2).

5.1 Relevanz des lokalen Umfelds für die politische Unterstützung der EU

Kontextuelle Effekte des nationalstaatlichen und regionalen Umfelds auf europäische Orientierungen sind in der Literatur bereits dokumentiert (siehe für die nationalstaatliche Ebene z.B. Brinegar/Jolly 2005; Hooghe/Marks 2004; Steenbergen/Jones 2002; für die regionale Ebene z.B. Lubbers/Scheepers 2010; 2007; 2005; Schmidberger 1997a). Für einen möglichen Einfluss des lokalen Umfelds auf europäische Orientierungen liegen allerdings noch keine empirischen Ergebnisse vor. Dies ist überraschend, da lokale und europäische Ebene eng miteinander verbunden sind. Wie in der Einführung dieser Arbeit bereits dargelegt, werden europäische Verordnungen zwar in Brüssel und Straßburg diskutiert und entschieden, umgesetzt wird europäische Politik aber weitgehend in den Gemeinden (z.B. Vetter/Soós 2008; Münch 2006; Sabathil 2006).[127] Viele Förderprogramme der Staatengemeinschaft haben eine lokale Komponente, das heißt, insbesondere Unternehmen und öffentliche Institutionen vor Ort profitieren von EU-Geldern. Durch Begegnungen und Projekte im Rahmen von (europäischen) Städtepartnerschaften wird die EU auf lokaler Ebene konkret erfahrbar. Die lokale Ebene fungiert zudem immer stärker als Vermittlungsinstanz für europäische Entscheidungen (z.B. Vetter 2010). Insbesondere der „information flow"-Ansatz betont die Relevanz kontextspezifischer Informationsvermittlung für einen Einfluss des Umfelds auf individuelle Einstellungen und Verhaltensweisen. In dieser Sichtweise stellt das Umfeld eine Umgebung dar, die kostengünstige Informationen bereitstellt. Wenn alltägliche Erfahrungen und persönliche Gespräche die politischen Orientierungen der Bürger prägen, dann kann das lokale Umfeld besser als die regionale oder nationalstaatliche Ebene als Kontext fungieren, da diese Ebene dem Bürger näher ist (Dülmer/Ohr 2008, 492).

Erwartungen

Das Niveau der politischen Unterstützung der EU unterscheidet sich zwischen Gemeinden (siehe Kapitel 3.4). Diese Variation kann ein Resultat des lokalen Umfelds sein. Für die drei Unterstützungsformen werden zunächst allgemeine Erwartungen formuliert.[128]

> **K1.** Die individuelle Bewertung der Effektivität der EU ist nicht nur auf individuelle Merkmale der Bürger zurückzuführen, sondern ist auch ein Resultat des lokalen Umfelds.
>
> **K2.** Die individuelle Bewertung der Legitimität der EU ist nicht nur auf individuelle Merkmale der Bürger zurückzuführen, sondern ist auch ein Resultat des lokalen Umfelds.
>
> **K3.** Die individuelle Identifikation mit der EU ist nicht nur auf individuelle Merkmale der Bürger zurückzuführen, sondern ist auch ein Resultat des lokalen Umfelds.

Die Erwartungen gelten für alle Bürger einer Gemeinde. Der „information flow"-Ansatz betont die Bedeutung der Eingebundenheit des Individuums in das Umfeld für einen Einfluss des Kontexts auf individuelle Einstellungen und Verhaltensweisen. Durch soziale Interaktionen oder durch Beobachtung erhält der Bürger Informationen, die er zur Einstellungsbildung bzw. Einstellungsänderung

---

127 Verschiedene Informationsangebote versuchen die lokale Komponente der EU zu verdeutlichen. Siehe zum Beispiel www.europavorort.de oder http://presseportal.eukommission.de (Zugriff jeweils am 3.12.2011).

128 Die Erwartungen in diesem Kapitel werden mit dem Buchstaben „K" gekennzeichnet, um deutlich zu machen, dass es sich um Kontexterwartungen handelt.

nutzen kann. Solche Informationen können dabei als Anker oder auch als Verstärker für die eigenen Präferenzen dienen (Bühlmann 2006, 112). Die Menge der verfügbaren Informationen sollte dabei mit der Eingebundenheit in das lokale Umfeld zunehmen. Bei stärkerer Eingebundenheit bestehen mehr Möglichkeiten, kontextspezifische Informationen zu erhalten. Je stärker ein Individuum in das lokale Umfeld eingebunden ist, desto eher sollten individuelle Einstellungen und Verhaltensweisen vom Kontext abhängen. Mit anderen Worten: Mit der Eingebundenheit in das lokale Umfeld sollte der Einfluss des Kontexts zunehmen. Daraus leiten sich folgende Erwartungen ab:

K4. Je stärker ein Individuum in ein lokales Umfeld eingebunden ist, desto größer ist der Einfluss des Kontexts auf die individuelle Bewertung der Effektivität der EU.

K5. Je stärker ein Individuum in ein lokales Umfeld eingebunden ist, desto größer ist der Einfluss des Kontexts auf die individuelle Bewertung der Legitimität der EU.

K6. Je stärker ein Individuum in ein lokales Umfeld eingebunden ist, desto größer ist der Einfluss des Kontexts auf die individuelle Identifikation mit der EU.

Operationalisierung

Während sich die Erwartungen K1 bis K3 auf alle Personen beziehen, muss für die Überprüfung der Erwartungen K4 bis K6 die Eingebundenheit einer Person in das lokale Umfeld erfasst werden. Dazu werden vier Indikatoren ausgewählt: Die Wohndauer in einer Gemeinde, der Anteil der Wohndauer in einer Gemeinde am Lebensalter, die Übereinstimmung von Wohn- und Arbeitsort sowie die aktive Beteiligung in lokalen Vereinen.

Eine längere Wohndauer fördert Vertrautheit, begünstigt den Aufbau sozialer Netzwerke und erhöht die Wahrscheinlichkeit von sozialen Interaktionen (z.B. Bühlmann 2010, 208; Fischer et al. 1977; Kasarda/Janowitz 1974). Dadurch hat eine Person mehr Gelegenheiten, Informationen aus dem lokalen Umfeld zu erhalten. Mit einer längeren Wohndauer sollte daher auch der Einfluss des Kontexts auf europäische Orientierungen zunehmen. Bei der Bürgerbefragung erfasst ein Item die Dauer des Aufenthalts des Befragten in der Gemeinde. Die Frage lautet:

Seit wann wohnen Sie in <Stadtname>?

Über 99 Prozent der Befragten haben eine konkrete Jahreszahl angegeben; der Anteil der „weiß nicht"- und „keine Angaben"-Antworten ist mit 0,2 sowie 0,1 Prozent sehr gering. Die mittlere Wohndauer liegt bei 27,8 Jahren (SD=19,8). Der Anteil der Befragten in Abhängigkeit der Wohndauer ist in Abbildung 43 dargestellt. Über 50 Prozent der Befragten leben mehr als 20 Jahre in der Gemeinde, während rund 23 Prozent der Befragten auf eine Wohndauer bis zu zehn Jahren kommen.

Abbildung 43: Wohndauer der Befragten in einzelnen Gruppen
(in Prozent; Fallzahl: 11.870)

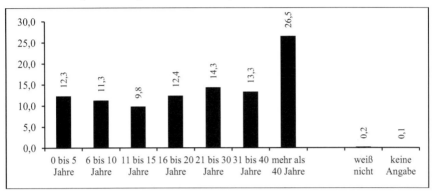

Bei der eben beschriebenen Messung der Eingebundenheit einer Person in das lokale Umfeld wird das Lebensalter der Person nicht berücksichtigt. Dadurch werden jüngere Menschen im Vergleich zu älteren Bürgern systematisch „benachteiligt". Ein Einfluss des lokalen Umfelds auf europäische Orientierungen ist aber insbesondere für die Personen zu erwarten, die einen großen Anteil ihres Lebens in der Gemeinde verbracht haben. Diese Personengruppe sollte stärker in die lokale Gemeinschaft integriert sein als Befragte, die nur einen geringen Anteil ihres Lebens im lokalen Umfeld zugebracht haben. Deshalb wird als zweiter Indikator der Eingebundenheit einer Person in das lokale Umfeld das Lebensalter in Beziehung zur Wohndauer gesetzt. Für über 98,6 Prozent der Befragten liegen sowohl für das Alter als auch für die Wohndauer Angaben vor.[129] Im Durchschnitt haben die Befragten 58,5 Prozent ihres Lebens in der jeweiligen Gemeinde verbracht (SD=34,4). In Abbildung 44 ist der Anteil der Befragten für verschiedene Gruppen der Wohndauer in Abhängigkeit des Lebensalters dargestellt. 36 Prozent der Befragten haben maximal 40 Prozent ihres Lebens in der Gemeinde verbracht, 45 Prozent haben mehr als 60 Prozent ihres Lebens in der Gemeinde gewohnt.

---

129 Bei der Berechnung des Anteils der Wohndauer am Lebensalter ergeben sich für knapp 0,6 Prozent der Bürger nicht plausible Werte, d.h. die Personen leben schon länger in der Gemeinde als das altersmäßig möglich ist. Die Angaben für diese Personen werden auf ‚1' gesetzt, um sie nicht aus der Analyse auszuschließen (Lebensalter entspricht Wohndauer in einer Gemeinde).

Abbildung 44: Anteil des Lebensalters an der Wohndauer in Gruppen (in Prozent; Fallzahl: 11.870)

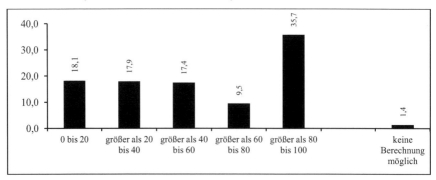

Ein weiterer Indikator der Eingebundenheit in das lokale Umfeld stellt die berufliche Situation dar. Insbesondere Personen, die ihrer beruflichen Tätigkeit in einer anderen Kommune nachgehen, verbringen weniger Zeit in der Wohngemeinde. Während der lokale Kontext bei diesen Personen einen geringeren Einfluss auf politische Orientierungen entfalten sollte, sollte das lokale Umfeld einen stärkeren Effekt auf die Personen haben, die sich tagtäglich in der Gemeinde aufhalten. Auf Basis der in Abbildung 45 dargestellten Informationen werden vier Gruppen unterschieden.

Abbildung 45: Berufliche Situation der Befragten (in Prozent; Fallzahl: 11.870)

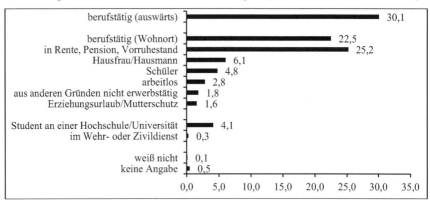

Die erste Gruppe setzt sich aus den Befragten zusammen, die ihre berufliche Tätigkeit nicht in der Wohngemeinde ausüben. Die zweite Gruppe bilden die Personen, die sich vermutlich weitgehend in der Gemeinde aufhalten (65 Prozent). Dies sind Bürger, die ihrer Berufstätigkeit am Wohnort nachgehen, Rentner, Hausfrauen/Hausmänner, Schüler, Arbeitslose, Personen, die aus anderen Gründen nicht erwerbsstätig sind, sowie Befragte in Erziehungsurlaub und/oder Mutterschutz.[130] Die dritte Gruppe konstituiert sich aus Studierenden sowie Wehrdienst- bzw. Zivildienstleistenden (4,4 Prozent). Bei diesen Personen lässt sich auf Basis der vorliegenden Informationen die Übereinstimmung von Wohn- und Arbeitsort nur schwierig ableiten, weshalb sie bei der Analyse nicht berücksichtigt werden. Dies gilt auch für die Personen der vierten Gruppe, die auf entsprechende Fragen mit „weiß nicht" oder „keine Angabe" geantwortet haben (0,6 Prozent).

Da in lokalen Vereinen kontextuelle Informationen transportiert und weitergegeben werden (z.B. Books/Prysby 1991, 55-60), erhöht sich für Personen, die in solche Netzwerke eingebunden sind, die Wahrscheinlichkeit lokale Informationen zu erhalten. Deshalb wird als vierter Indikator für die Eingebundenheit in das lokale Umfeld die Anzahl der aktiven Beteiligung in Vereinen am Wohnort herangezogen.[131] Für die Analyse werden vier Gruppen unterschieden. Erstens Personen, die in keinem lokalen Verein aktiv sind (25,2 Prozent). Zweitens Bürger, die in einem Verein aktiv sind (19,9 Prozent). Drittens Menschen, die sich in zwei Vereinen aktiv beteiligen (17,7 Prozent). Und viertens Befragte, die mindestens in drei Vereinen aktiv sind (37,3 Prozent).

Empirische Analysen

Zur Überprüfung der formulierten Erwartungen werden Random Intercept-Only-Modelle für die Effektivität, Legitimität und Identifikation geschätzt und die entsprechenden Intraklassenkorrelationen berechnet.[132] Die in Tabelle 55 präsentier-

---

130 Bei Schülern ist diese Zuordnung insofern problematisch, da es in sieben der 28 Gemeinden keine weiterführenden Bildungsangebote gibt. Dies betrifft 103 der insgesamt 568 Schüler. Durch das tägliche Pendeln und die Ferien dürfte sich allerdings auch diese Personengruppe weitgehend in der Wohngemeinde aufhalten, zumal sie für die Mobilität vermutlich auf den öffentlichen Nahverkehr angewiesen ist. Die Ergebnisse der Modelle mit und ohne Schüler sind zudem vergleichbar.
131 Bei der Bürgerbefragung wurde zunächst die Beteiligung in verschiedenen Vereinen und Gruppen allgemein erfasst (für die verwendete Liste der Vereine und Organisationen siehe Abschnitt 4.3.1 bzw. Frage 25 des Fragebogens). Bei allen Organisationen, bei denen der Befragte mit „Ja' geantwortet hat, folgte anschließend die Frage, ob sich die betreffende Organisation in der Wohngemeinde befindet (Frage 26).
132 Die Gemeindestichprobe setzt sich aus 26 kleineren Gemeinden sowie den beiden Großstädten Wiesbaden und Kassel zusammen (zur Auswahl der Gemeinden siehe Kapitel 2.1). Die beiden Großstädte unterscheiden sich schon hinsichtlich der Einwohnerzahl erheblich von den übrigen Gemeinden. Deshalb wurden auch Random Intercept-Only-Modelle geschätzt, bei denen Wiesbaden und Kassel nicht berücksichtigt wurden. Die Ergebnisse der Schätzungen mit und ohne Großstädte sind vergleichbar. Bei beiden Großstädten wurde auch geprüft, ob sich die Effektivität, Legitimität und Identifikation zwischen den Stadtteilen unterscheiden. Dabei konnten keine statistisch signifikanten Unterschiede festgestellt werden.

ten Ergebnisse belegen zunächst einmal für alle Befragten einen statistisch signifikanten Einfluss des lokalen Umfelds auf die politische Unterstützung der EU. Die lokalen Unterschiede in der Effektivität, Legitimität und Identifikation sind daher nicht nur auf individuelle Merkmale zurückzuführen, sondern auch auf Eigenschaften der Gemeinden. Die empirischen Befunde bestätigen damit die Erwartungen K1 bis K3. Die Bedeutung des lokalen Umfelds für die Unterstützung der Union ist allerdings äußerst gering. Bei der Effektivität entfallen 0,2 Prozent, bei der Legitimität 0,8 Prozent und bei der Identifikation 0,3 Prozent der Gesamtvarianz auf die Kontextebene. Die Berücksichtigung des lokalen Kontexts stellt zwar eine bessere Abbildung der Realität dar, das lokale Umfeld beeinflusst europäische Orientierungen allerdings nur in sehr geringem Ausmaß.

Aus den Überlegungen des „information flow"-Ansatzes leitet sich bei stärkerer Eingebundenheit in das lokale Umfeld ein größerer Einfluss des Kontexts auf europäische Orientierungen ab. Mit der Wohndauer, dem Anteil der Wohndauer am Lebensalter, der Übereinstimmung von Wohn- und Arbeitsort sowie der Beteiligung in lokalen Vereinen stehen vier Indikatoren der Eingebundenheit in das lokale Umfeld zur Verfügung. Wenn die Überlegungen des „information flow"-Ansatzes zutreffend sind, dann müsste mit zunehmender Eingebundenheit der Anteil der Kontextvarianz an der Gesamtvarianz steigen. Empirisch würde sich dies in höheren Werten für die ICC ausdrücken. Deshalb werden für die einzelnen Indikatoren entsprechende Random Intercept-Only-Modelle geschätzt und die ICC berechnet. Die in Tabelle 55 dargestellten Ergebnisse können die Erwartungen K4 bis K6 allerdings nicht bestätigen. Bei keinem der vier Indikatoren und bei keiner Unterstützungsform steigen die ICC-Werte bei stärkerer Eingebundenheit in das lokale Umfeld an.

Tabelle 55: Intraklassenkorrelation der
Effektivität, Legitimität und Identifikation

	Effektivität		Legitimität		Identifikation	
	ICC	Fallzahl	ICC	Fallzahl	ICC	Fallzahl
alle Befragte	0,002***	11.777	0,008***	11.835	0,003**	11.859
Wohndauer						
bis 5 Jahre	0,005	1.452	0,006	1.453	0,004	1.456
6 bis 10 Jahre	0,010	1.324	0,006	1.332	0,004	1.334
11 bis 15 Jahre	0,015	1.152	0,000	1.159	0,001	1.162
16 bis 20 Jahre	0,000	1.456	0,000	1.460	0,000	1.464
21 bis 30 Jahre	0,000	1.689	0,010	1.693	0,005	1.696
31 bis 40 Jahre	0,016**	1.560	0,011*	1.568	0,012*	1.571
ab 41 Jahre	0,002	3.114	0,010***	3.141	0,008**	3.145
Anteil Wohndauer am Lebensalter						
bis 20 Prozent	0,003	2.142	0,002	2.148	0,004	2.153
20 bis 40 Prozent	0,004	2.111	0,007	2.118	0,000	2.123
40 bis 60 Prozent	0,006	2.044	0,009*	2.056	0,012**	2.062
60 bis 80 Prozent	0,000	1.117	0,002	1.127	0,000	1.127
mehr als 80 Prozent	0,002	4.206	0,003	4.225	0,001	4.234
Wohnort ist Lebensmittelpunkt						
Nein	0,007**	3.541	0,013***	3.557	0,004	3.568
Ja	0,001	7.718	0,006***	7.760	0,003*	7.771
Soziale Integration						
in keinem Verein aktiv	0,005*	2.960	0,004	2.974	0,000	2.984
in einem Verein aktiv	0,001	2.339	0,011**	2.352	0,000	2.356
in zwei Vereinen aktiv	0,008*	2.083	0,006*	2.094	0,000	2.098
mindestens in drei Vereinen aktiv	0,000	4.395	0,007**	4.415	0,003	4.421

Anmerkungen: Mehrebenenanalyse mit einer Restricted-Maximum-Likelihood-Schätzung (Random Intercept-Only-Modelle). ICC=Intraklassenkorrelation. Die Angaben der Signifikanz beziehen sich jeweils auf einen Likelihood-Ratio-Test, bei dem die Devianz des hierarchischen linearen Modells mit der Devianz einer linearen Regression (OLS) verglichen wird. Ein signifikanter Wert deutet darauf hin, dass die Modellierung eines hierarchischen Modells eine bessere Anpassung an die Daten ermöglicht als eine OLS-Regression. *=p<0,05; **=p<0,01; ***=p<0,001. Zur Kodierung der abhängigen Variablen siehe Kapitel 3.3.

Bei der Wohndauer belegen lediglich fünf von 21 Likelihood-Ratio-Tests, dass die Modellierung eines hierarchischen linearen Modells eine bessere Anpassung an die Daten ermöglicht als eine lineare Regression. Für alle drei Unterstützungsformen lässt sich zwar bei den Befragten mit einer Wohndauer von 31 bis 40 Jahren ein signifikanter Likelihood-Ratio-Test nachweisen, bei den Befragten mit einer Wohndauer ab 41 Jahren sind allerdings geringere ICC-Werte zu verzeichnen. Bei der Effektivität ist der Likelihood-Ratio-Test zudem nicht signifikant. Ein monoton steigender Zusammenhang zwischen Wohndauer und ICC ist nicht festzustellen. Nach den Überlegungen des „information flow"-Ansatzes müsste die ICC mit einem steigendem Anteil der Wohndauer am Lebensalter zunehmen. Offensichtlich ist dies nicht der Fall. Nur zwei der 15 Likelihood-Ratio-Tests sind überhaupt signifikant. Dabei zeigen sich die einzigen signifikanten Ergebnisse bei einem mittleren Anteil der Wohndauer am Lebensalter (40 bis 60 Prozent). Ein höherer Anteil der Wohndauer am Lebensalter führt folglich nicht zu einem stärkeren Einfluss des lokalen Kontexts auf europäische Orientierungen. Auch die Übereinstimmung von Wohn- und Arbeitsort als drittem Indikator für die Eingebundenheit in ein lokales Umfeld führt nicht zu einem stärkeren Einfluss des lokalen Kontexts auf die Unterstützung der EU. Im Gegenteil: Der Anteil der Kontextvarianz an der Gesamtvarianz ist bei der Effektivität und Legitimität bei den Personen höher, die ihre Berufstätigkeit nicht in der Wohngemeinde ausüben. Offensichtlich führt auch eine stärkere Beteiligung in lokalen Vereinen nicht zu einer stärkeren Kontextabhängigkeit europäischer Orientierungen. Die vorliegenden empirischen Ergebnisse widerlegen damit eindeutig die Erwartungen K4 bis K6. Die Befunde stehen dabei im Einklang mit den Resultaten von Bühlmann (2006, 131) und Burbank (1997, 123), die bei stärkerer Integration auch keine größere Wirkung des Kontexts auf individuelle Einstellungen und Verhaltensweisen nachweisen konnten. Bei den weiterführenden Analysen wird deshalb die Eingebundenheit der Personen in das lokale Umfeld nicht berücksichtigt.

Die Intraklassenkorrelationen und die signifikanten Likelihood-Ratio-Tests bei der Effektivität, Legitimität und Identifikation für alle Befragten (siehe Tabelle 55) deuten auf einen Einfluss des lokalen Umfelds auf die politische Unterstützung der EU hin. Der Anteil der Kontextvarianz an der Gesamtvarianz variiert in Abhängigkeit der betrachteten Unterstützungsform und liegt zwischen 0,2 und 0,8 Prozent. Eine häufig geäußerte Kritik an der Mehrebenenanalyse richtet sich gegen die nicht ausreichende Berücksichtigung von Individualmerkmalen (z.B. Hauser 1974, 371-372; siehe zusammenfassend Bühlmann 2006, 45-46). Ein Einfluss des Kontexts auf individuelle Einstellungen und Verhaltensweisen liegt nur vor, wenn sich bei Berücksichtigung relevanter Individualmerkmale noch ein statistisch signifikanter Effekt der Kontextmerkmale nachweisen lässt. Deshalb werden im nächsten Schritt die Individualmerkmale in der Analyse berücksichtigt, die sich bei den Individualanalysen am erklärungskräftigsten erwiesen haben (siehe Kapitel 4.5). Neben den Indikatoren für die lokalen und nationalstaatlichen Orientierungen werden auch das politische Interesse, die kognitive Mobilisierung, die wahrgenommenen egozentrischen und soziotropischen Vorteile durch die EU, soziales Vertrauen, Normakzeptanz sowie demographische Merkmale berücksichtigt. In Tabelle 56 sind die Ergebnisse der Schätzungen der Random-Intercept-Modelle mit den relevanten Individualmerkmalen dokumentiert. Die Effekte der Merkmale der Individualebene ändern sich im Vergleich zu den OLS-Regressionen nicht (siehe Tabelle 54). Während sich allerdings auch nach Berücksichtigung der relevanten Individualmerkmale noch (geringe) Unterschiede zwischen den Gemeinden in der Bewertung der Effektivität und Identifikation nachweisen lassen, trifft dies auf die Legitimität nicht mehr zu. Die ICC verringert sich bei der Legitimität gegenüber dem Random Intercept-Only-Modell von 0,008 auf 0,001. Das Ergebnis eines Likelihood Ratio-Tests zeigt, dass eine hierarchische Modellierung keine bessere Anpassung an die Daten ermöglicht als eine OLS-Regression. Deshalb wird auf die Modellierung von Kontexteffekten verzichtet. Bei der Effektivität und Identifikation bietet eine hierarchische Modellierung allerdings auch nach der Berücksichtigung der Individualmerkmale noch eine bessere Anpassung an die Daten. Mit anderen Worten: Das lokale Umfeld beeinflusst die Zufriedenheit mit den politischen Autoritäten und die Verbundenheit mit der Staatengemeinschaft, nicht aber die Akzeptanz des politischen Regimes. Entsprechend muss die Bewertung für die Erwartungen K1 bis K3 angepasst werden. Die empirischen Ergebnisse bestätigen Erwartung K1 und K3, Erwartung K2 ist widerlegt.

Tabelle 56: Individualmerkmale und politische Unterstützung der EU

	Effektivität	Legitimität	Identifikation
Geschlecht: Frauen	0,025***	0,018***	0,041***
Alter			
linear	-0,001***	-0,001***	-0,000***
kurvilinear	0,000**	0,000***	–
kognitive Mobilisierung	-0,013***	-0,012***	-0,009***
Politisches Interesse EU (Ref.: wenig interessiert)			
überhaupt nicht	-0,033***	-0,056***	-0,067***
ziemlich interessiert	0,027***	0,043***	0,049***
sehr interessiert	0,040***	0,067***	0,084***
Kosten-Nutzen-Überlegungen			
Vorteile: Land	0,019***	0,046***	0,033***
Vorteile: persönlich	0,008***	0,028***	0,036***
Soziales Vertrauen	0,002***	0,003***	0,004***
Normen			
Staatsbürger	–	0,026***	0,037***
Engagierte	0,009**	–	0,014**
Lokale Orientierungen	0,105***	0,073***	0,073***
Nationalstaatliche Orientierungen	0,612***	0,360***	0,530***
Modellkennwerte			
Individualvarianz	0,011	0,027	0,025
Kontextvarianz	0,000	0,000	0,000
Intraklassenkorrelation	0,002**	0,001	0,001*
Fallzahl Befragte (Anzahl Gemeinden)	11.467 (28)	11.498 (28)	11.539 (28)

Anmerkungen: Mehrebenenanalyse mit einer Restricted-Maximum-Likelihood-Schätzung (Random-Intercept-Modelle mit Variablen der Individualebene). In der Tabelle sind unstandardisierte Koeffizienten ausgewiesen. – = Merkmal nicht in der Analyse berücksichtigt (zur Begründung siehe Kapitel 4.5). *=p<0,05; **=p<0,01; ***=p<0,001. Zur Kodierung der abhängigen Variablen siehe Kapitel 3.3; zur Auswahl der Individualmerkmale siehe Kapitel 4.5.

Die bisher präsentierten Ergebnisse erlauben eine Einschätzung, inwieweit der lokale Kontext einen direkten Einfluss auf europäische Orientierungen hat. Das lokale Umfeld kann aber auch die individuellen Bestimmungsfaktoren der Effektivität, Legitimität und Identifikation mitprägen (z.B. politisches Interesse).[133] In einem solchen Fall würde sich der lokale Kontext indirekt auf europäische Einstellungen auswirken. Um die Bedeutung solcher indirekter Effekte ermitteln zu können, werden Random Intercept-Only-Modelle der relevanten Individualmerkmale geschätzt und die dazugehörige ICC berechnet. Die Ergebnisse dieser Berechnungen in Tabelle 57 zeigen, dass zwölf der 13 Likelihood-Ratio-Tests signifikant sind. Die Intraklassenkorrelationen sind insgesamt aber gering. Bei acht individuellen Determinanten der politischen Unterstützung liegt der Anteil der Kontextvarianz an der Gesamtvariation unter einem Prozent, bei drei Berechnungen zwischen 1,0 und 1,5 Prozent. Lediglich bei der lokalen Effektivität und Legitimität entfällt mit 5,8 bzw. 6,2 Prozent ein nennenswerter Anteil der Gesamtvariation auf die Kontextebene. Insbesondere die Zufriedenheit mit der Arbeit lokaler Institutionen sowie die Bewertung der Information und Einbindung in kommunale Planungen variiert zwischen den Gemeinden.[134]

Zusammenfassend belegen die Analysen damit zwar einen Einfluss des lokalen Kontexts auf politische Orientierungen, allerdings spielt das lokale Umfeld weder für die Effektivität, Legitimität und Identifikation noch für relevante individuelle Bestimmungsfaktoren der Unterstützung der EU eine sonderlich relevante Rolle (mit Ausnahme der lokalen Effektivität und Legitimität). Der lokale Kontext prägt die politischen Orientierungen der Bürger offensichtlich in deutlich geringerem Ausmaß als es die Überlegungen von Huckfeldt (1986, 1) nahelegen. Die in der Einführung dieser Arbeit diskutierten Modernisierungs- und Individualisierungsprozesse bieten allerdings eine plausible Erklärung für diesen Befund. Die damit verbundenen gesellschaftlichen Veränderungen (z.B. Mobilität, Bildungsexpansion, Massenmedien) schwächen den Einfluss des lokalen Umfelds auf politische Orientierungen nachhaltig ab (zusammenfassend z.B. Klein/Pötschke 2000b, 188-190; Esser 1999a, 457-461; van Deth/Tausendpfund 2013c). Mit 0,2 und 0,1 Prozent entfällt nur ein sehr geringer Anteil der Gesamtvariation der Effektivität und Identifikation auf die Kontextebene und lässt sich maximal mit Merkmalen der Gemeinden erklären. Trotz des geringen Anteils an der Gesamtvariation bleibt der Befund aber erklärungsbedürftig. Die nächsten Abschnitte beschäftigen sich daher mit dem Einfluss kontextueller Merkmale auf die Effektivität und Identifikation.

---

133 Für eine allgemeine Betrachtung des Einflusses des lokalen Umfelds auf politische Orientierungen siehe die Beiträge in van Deth/Tausendpfund (2013b).
134 Die Kontextabhängigkeit dieser beiden individuellen Bestimmungsfaktoren spricht bei den folgenden Analysen für eine Berücksichtigung als „random part". Für verlässliche Schätzungen sind allerdings 100 Gruppen – im vorliegenden Fall also 100 Gemeinden – notwendig (Hox 2002, 175). Auf eine entsprechende Modellierung wird deshalb verzichtet.

Tabelle 57: Intraklassenkorrelation der individuellen Determinanten der politischen Unterstützung der EU

	ICC	Fallzahl
kognitive Mobilisierung	0,008***	11.870
Politisches Interesse EU	0,007***	11.870
Vorteile: Land	0,004***	11.787
Vorteile: persönlich	0,010***	11.759
Soziales Vertrauen	0,001	11.819
Normen: Staatsbürger	0,002**	11.870
Normen: Engagierte	0,006***	11.870
Lokal: Effektivität	0,058***	11.832
Lokal: Legitimität	0,062***	11.842
Lokal: Identifikation	0,014***	11.867
BRD: Effektivität	0,006***	11.852
BRD: Legitimität	0,015***	11.861
BRD: Identifikation	0,003***	11.861

Anmerkungen: Mehrebenenanalyse mit einer Restricted-Maximum-Likelihood-Schätzung (Random Intercept-Only-Modelle). ICC=Intraklassenkorrelation. Die Angaben der Signifikanz beziehen sich jeweils auf einen Likelihood-Ratio-Test, bei dem die Devianz des hierarchischen linearen Modells mit der Devianz einer linearen Regression (OLS) verglichen wird. Ein signifikanter Wert deutet darauf hin, dass die Modellierung eines hierarchischen Modells eine bessere Anpassung an die Daten ermöglicht als eine OLS-Regression.*=p<0,05; **=p<0,01; ***=p<0,001.

5.2 Einfluss des lokalen Umfelds auf die politische Unterstützung der EU

Die bisherigen Analysen konnten auch nach Berücksichtigung relevanter Individualmerkmale noch einen Einfluss des lokalen Umfelds auf die Zufriedenheit der Bürger mit den politischen Autoritäten (Effektivität) und der Verbundenheit mit der Staatengemeinschaft (Identifikation) belegen. Damit stellt sich die Frage, welche Merkmale des lokalen Kontexts einen Einfluss auf die Effektivität und Identifikation entfalten. Für eine strukturierte Vorgehensweise orientiert sich diese Arbeit an einem Vorschlag von Books und Prysby (1999, 1), die mit dem politischen, dem gesellschaftlichen und dem wirtschaftlichen Umfeld drei Aspekte des lokalen Kontexts unterscheiden (siehe auch Kapitel 1.2). Dies ermöglicht eine inhaltliche Gruppierung der Merkmale des lokalen Umfelds. Die drei Bereiche werden zunächst getrennt betrachtet. Kapitel 5.2.1 beschäftigt sich mit dem politischen Umfeld, Kapitel 5.2.2 untersucht den Einfluss des gesellschaftlichen Umfelds auf die politische Unterstützung und Kapitel 5.2.3 analysiert den Effekt des wirtschaftlichen Umfelds auf die Effektivität und Identifikation. Zwischen den drei Bereichen des lokalen Kontexts bestehen möglicherweise Verbindungen und Wechselwirkungen. Eine gemeinsame Betrachtung der relevanten Kontextmerkmale rundet diesen Abschnitt daher ab (Kapitel 5.2.4).

Die einzelnen Abschnitte sind – analog zum vierten Kapitel – jeweils gleich aufgebaut. Zunächst wird das zu untersuchende Merkmal des Kontexts vorgestellt und Argumente herausgearbeitet, warum es einen Einfluss auf die individuelle Unterstützung der EU entfalten könnte. Daran schließt sich die Formulierung von Erwartungen an, ehe die Operationalisierung vorgestellt wird. Bei den Analysen wird jeder Indikator des Kontextmerkmals zunächst einzeln dem Mehrebenenmodell hinzugefügt, um den einzelnen Erwartungen die größtmögliche Chance zu geben, sich zu bestätigen. Für eine anschauliche Interpretation werden die Indikatoren jeweils auf einen Wertebereich von 0 bis 1 standardisiert. Die dargestellten Regressionskoeffizienten geben damit den Effekt vom niedrigsten auf den höchsten Wert eines Indikators an. Angesichts der geringen Fallzahl auf Kontextebene (28) wird bei der Überprüfung der einzelnen Erwartungen eine Irrtumswahrscheinlichkeit von zehn Prozent akzeptiert. Bei allen Analysen werden jeweils die relevanten Individualmerkmale berücksichtigt, die ebenfalls auf einen Wertebereich von 0 bis 1 standardisiert werden. Aus Gründen der Übersicht werden die Effekte der Individualebene aber nur dargestellt, wenn sich im Vergleich zur Modellierung ohne Kontextmerkmale die Interpretation der individuellen Bestimmungsfaktoren (Tabelle 56) ändert.

Die einzelnen Analyseschritte fasst Abbildung 46 grafisch zusammen. Sowohl bei der Effektivität als auch bei der Identifikation waren nach Berücksichtigung relevanter Individualmerkmale noch signifikante Unterschiede zwischen den Gemeinden nachweisbar. Deshalb stellen diese beiden Unterstützungsformen die zentralen abhängigen Variablen in diesem Abschnitt dar, die im unteren rechten Rechteck mit der Ziffer 1 fettgedruckt sind. Bei allen Mehrebenenanalysen werden jeweils die relevanten Individualmerkmale (Ziffer 2) berücksichtigt. Mit dem politischen, gesellschaftlichen und wirtschaftlichen Umfeld werden drei Aspekte des lokalen Kontexts unterschieden (oberes Rechteck mit der Ziffer 3). Zwei Wirkungen des Umfelds auf die Effektivität und Identifikation lassen sich unterscheiden: Pfeil 3a deutet direkte Effekte an, Pfeil 3b Wechselwirkungen zwischen der Individual- und Kontextebene.[135]

---

135 Für die Überprüfung direkter Kontexteffekte (Pfeil 3a in Abbildung 46) sind 28 Gemeinden ausreichend (siehe z.B. Snijders 2003; siehe auch Abschnitt 2.1 dieser Arbeit). Für die verlässliche Schätzung von so genannten Cross-Level-Interaktionen (Pfeil 3b in Abbildung 46) wird allerdings eine Fallzahl von mindestens 50 Kontexten empfohlen (siehe

Abbildung 46: Analyseplan der Mehrebenenmodelle

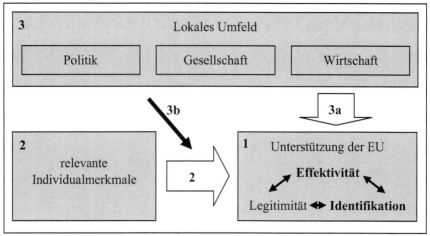

5.2.1 Politik

In Deutschland bilden die Gemeinden die „unterste, dezentrale Ebene des politischen Systems" (Naßmacher/Naßmacher 2007, 19; siehe auch Marschall 2005, 201-206; Gabriel/Holtmann 1993). Das Grundgesetz garantiert den Gemeinden in Artikel 28, Absatz 2, „alle Angelegenheiten der örtlichen Gemeinschaft im Rahmen der Gesetze in eigener Verantwortung zu regeln" (siehe auch Gerlach 2010, 164-173; Schäfers 2006, 188-189). Auf lokaler Ebene finden die ersten allgemeinen, unmittelbaren, freien, gleichen und geheimen Wahlen und Abstimmungen statt. Die Bürger wählen ihre lokale Vertretung, die alle wichtigen Entscheidungen für die Gemeinde trifft. Mit der Direktwahl des Bürgermeisters sowie der Einführung von Bürgerbegehren und Bürgerentscheid verfügen die hessischen Bürger zudem über weitere weitreichende Beteiligungsmöglichkeiten auf lokaler Ebene. Als „Grundlage des demokratischen Staats" (Hessische Gemeindeordnung, Paragraph 1) sind die Gemeinden aber nicht nur eine eigene Ebene im Verwaltungsaufbau, sondern gelten auch als „Schulen der Demokratie" (Bogumil/Holtkamp 2006, 9; siehe ausführlich Kapitel 4.4.1). Gemeindeverwaltung, lokale Politiker und Bürgermeister sind vermutlich die einzigen politischen Institutionen, mit denen die meisten Bürger in ihrem Leben unmittelbar

z.B. Hox 2002, 175; Ditton 1998, 123-126). Im Mittelpunkt der Analysen stehen deshalb direkte Effekte des lokalen Umfelds auf die politische Unterstützung der EU. Diese Betrachtung wird an einzelnen Stellen durch die Modellierung von Wechselwirkungen zwischen der Individual- und Kontextebene ergänzt.

in Berührung kommen (zur Gemeinde als Ort der politischen Integration siehe z.B. Häußermann/Wurtzbacher 2005). Mit der Politisierung (Kapitel 5.2.1.1), der Zufriedenheit mit der Arbeit lokaler Institutionen (Kapitel 5.2.1.2) und der Haltung der Kommunalpolitiker zur EU (Kapitel 5.2.1.3) wird der Einfluss von drei Aspekten des politischen Umfelds auf die Effektivität und Identifikation der EU untersucht. Die wesentlichen Befunde werden in Kapitel 5.2.1.4 zusammengefasst.

5.2.1.1 Politisierung

Lokale Politik ist kein konfliktfreier Raum. Schließlich treffen die politischen Gremien verbindliche Entscheidungen über die Verteilung von knappen Gütern. So legen die Mandatsträger zum Beispiel fest, ob Haushaltsmittel für die Straßensanierung oder den städtischen Jugendtreff ausgegeben werden. Die Kommunalpolitiker müssen aber auch Entscheidungen bei Streitfragen treffen. Maßnahmen zur innerstädtischen Verkehrsberuhigung erfreuen zwar die Anwohner, verärgern aber den Einzelhandel. Die Beispiele zeigen: Viele kommunalpolitische Entscheidungen können zu Kontroversen und Konflikten zwischen Mandatsträgern, Parteien und Bürgern führen.

Der Konfliktcharakter lokaler Politik wird in dieser Arbeit als Politisierung bezeichnet.[136] Ist der kommunalpolitische Alltag durch eine Vielzahl von Konflikten geprägt, dann entspricht dies einer hohen Politisierung. Wenige Auseinandersetzungen deuten entsprechend auf eine geringe Politisierung hin (zur Politisierung der Kommunalpolitik allgemein siehe z.B. Holtmann 1992). Die lokale Politisierung kann politische Orientierungen der Bürger auf verschiedene Weise beeinflussen. Einerseits verringern sich in einem politisierten Umfeld die Kosten der Informationsbeschaffung, Nachrichten aus der politischen Sphäre sind verfügbarer. Dadurch erhalten auch Bürger, die sich selbst weniger mit Politik auseinandersetzen, einen „einfacheren" Zugang zur Politik. Andererseits haben Bürger bei politischen Entscheidungen auf lokaler Ebene eine starke Präferenz für Harmonie und Sachlichkeit (z.B. Gabriel/Holtmann 1993, 483-486; Güllner 1986, 33-35). Eine starke Konfliktorientierung der lokalen Politik steht damit im Widerspruch zum Harmoniebedürfnis der Bürger.

---

136 Für eine Übersicht verschiedener Perspektiven des Begriffs Politisierung siehe z.B. Claußen (1996, 24-25). Mit Blick auf Nationalstaaten haben van Deth und Elff (2001; 2004, 486-488) eine Konzeptualisierung vorgelegt.

Erwartungen

Zu einem Einfluss der lokalen Politisierung auf die politische Unterstützung lassen sich unterschiedliche Erwartungen formulieren. Ein stärker politisiertes Umfeld erhöht die Salienz für Politik und verringert die Kosten der Informationsbeschaffung. Dies kann dazu beitragen, die Leistungsfähigkeit des politischen Systems angemessener zu bewerten bzw. das System nicht mit Forderungen zu überfrachten. Dies könnte sich günstig auf die Bewertung der Effektivität auswirken. Andererseits lässt sich argumentieren, dass mit einer stärkeren Politisierung auch eine stärkere Wahrnehmung der Defizite und Mängel des politischen Prozesses verbunden ist. Dies könnte sich nachteilig auf die Zufriedenheit mit der Arbeit politischer Autoritäten auswirken. Auf Basis dieser Argumente werden zwei unterschiedliche Erwartungen formuliert.

K7. Je stärker die lokale Politisierung, desto positiver wird die Effektivität der EU bewertet.

K8. Je stärker die lokale Politisierung, desto negativer wird die Effektivität der EU bewertet.

Die bisher formulierten Erwartungen postulieren lineare Zusammenhänge zwischen Politisierung und Effektivität. Denkbar wäre allerdings auch ein kurvilinearer Zusammenhang. Ein mittleres Niveau lokaler Politisierung könnte sich günstig auf die Bewertung der Effektivität auswirken, da politische Prozesse besser verstanden werden (Informationen sind verfügbarer). Eine Politisierung über dieses Niveau hinaus könnte sich dagegen negativ auf die Effektivität auswirken, da Defizite und Mängel des politischen Prozesses stärkere Beachtung finden. Deshalb wird folgende Erwartung formuliert:

K9. Zwischen lokaler Politisierung und Bewertung der Effektivität der EU besteht ein kurvilinearer Zusammenhang.

Da die Bürger eine Präferenz für Harmonie und Sachlichkeit in der Kommunalpolitik haben, dürfte eine stärkere Politisierung eher eine Entfremdung vom politischen System begünstigen. Daraus leitet sich folgende Erwartung ab:

K10. Je stärker die lokale Politisierung, desto negativer ist die Identifikation mit der EU.

Operationalisierung

Für die Erfassung der lokalen Politisierung werden zwei Indikatoren ausgewählt: Die Relevanz von Konflikten zwischen sozialen Gruppen bei kommunalpolitischen Entscheidungen und die Bewertung der Kommunalpolitik als harmonisch. Entsprechende Informationen stehen durch die Kommunalpolitikerbefragung zur Verfügung, die im Rahmen des EiK-Projekts als Internet- bzw. als postalische

Befragung im Zeitraum von Juni bis Oktober 2009 durchgeführt wurde.[137] Die Grundgesamtheit in den 28 Kommunen bildeten die gewählten Mitglieder der Gemeindevertretung sowie die Mandatsträger im Gemeindevorstand. Von insgesamt 1346 Kommunalpolitikern haben sich 720 Personen an der Befragung beteiligt (53,5 Prozent). Bei der Erhebung wurde den Mandatsträgern folgende Aussage vorgelegt:

> *Bei wichtigen kommunalpolitischen Entscheidungen in Ihrer Gemeinde/Stadt spielen Konflikte zwischen sozialen Gruppen eine wichtige Rolle.*

Diesem Statement konnten die Kommunalpolitiker überhaupt nicht zustimmen, eher nicht zustimmen, eher zustimmen oder voll zustimmen. Wie Abbildung 47 verdeutlicht, spielen für die meisten Kommunalpolitiker bei wichtigen Entscheidungen Konflikte zwischen sozialen Gruppen keine oder eher eine untergeordnete Rolle. Knapp 30 Prozent der Befragten haben der Aussage eher bzw. voll zugestimmt. Der Anteil nicht verwertbarer Antworten ist gering.

Abbildung 47: Relevanz von Konflikten bei politischen Entscheidungen (in Prozent; Fallzahl: 720)

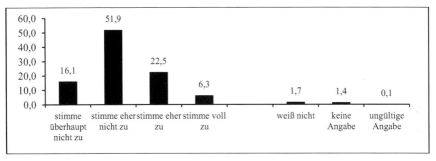

Wie der ersten Zeile in Tabelle 58 allerdings zu entnehmen ist, variiert dieser Anteil erheblich zwischen den 28 Gemeinden. In Büttelborn sind 11,1 Prozent der Mandatsträger der Ansicht, dass bei wichtigen kommunalpolitischen Entscheidungen Konflikte zwischen sozialen Gruppen eine wichtige Rolle spielen. In Kassel liegt der Anteil bei 53,3 Prozent. Entsprechend sollte das Niveau lokaler Politisierung in Kassel stärker ausgeprägt sein als in Büttelborn.

Ein politisiertes Umfeld dürfte kommunalpolitische Auseinandersetzungen und Konflikte eher begünstigen und damit einem harmonischen Klima in der Kommunalpolitik abträglich sein. In der Kommunalpolitikerbefragung zielte ein

---

137 Ausführliche Informationen zur Kommunalpolitikerbefragung finden sich in Abschnitt 2.1.2 dieser Arbeit.

Item darauf ab, den subjektiv erlebten Charakter der lokalen Politik zu erfassen. Dazu wurde den Mandatsträgern folgende Aussage vorgelegt:

Kommunalpolitik in Ihrer Gemeinde/Stadt ist von Harmonie geprägt.

Die Kommunalpolitiker konnten der Aussage überhaupt nicht zustimmen, eher nicht zustimmen, eher zustimmen oder voll zustimmen. Wie Abbildung 48 zeigt, haben 61,5 Prozent der Kommunalpolitiker der Aussage überhaupt nicht bzw. eher nicht zugestimmt. Der Anteil nicht verwertbarer Antworten ist gering.

Abbildung 48: Kommunalpolitik ist von Harmonie geprägt
(in Prozent; Fallzahl: 720)

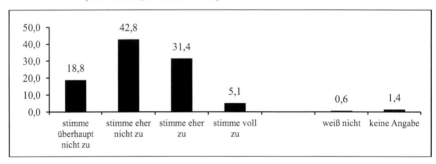

Wie die zweite Zeile in Tabelle 58 zeigt, variiert diese Bewertung allerdings erheblich zwischen den Gemeinden. In Bickenbach haben lediglich 8,7 Prozent der Kommunalpolitiker der Aussage überhaupt nicht bzw. eher nicht zugestimmt. Dagegen liegt der Anteil in Witzenhausen bei knapp 96 Prozent. Höhere „Disharmonie"-Werte werden als Hinweis auf eine stärkere lokale Politisierung interpretiert.

Tabelle 58: Indikatoren der Politisierung

Indikator	MW	SD	Min	Max
Kommunalpolitische Entscheidungen[1] (Kommunalpolitikerbefragung; in Prozent)	28,1	10,5	11,1	53,3
Kommunalpolitik von Disharmonie geprägt[2] (Kommunalpolitikerbefragung; in Prozent)	61,1	22,4	8,7	95,7

Anmerkungen: Eine Übersicht der Werte für die einzelnen Gemeinden findet sich im Anhang dieser Arbeit. 1) Auf Grundlage der Kommunalpolitikerbefragung wird für jede Gemeinde der Anteil der Mandatsträger berechnet, die der Aussage „Bei wichtigen kommunalpolitischen Entscheidungen in Ihrer Gemeinde/Stadt spielen Konflikte zwischen sozialen Gruppen eine wichtige Rolle" eher und voll zugestimmt haben. 2) Auf Grundlage der Kommunalpolitikerbefragung wird für jede Gemeinde der Anteil der Mandatsträger berechnet, die der Aussage „Kommunalpolitik in Ihrer Gemeinde/Stadt ist von Harmonie geprägt" überhaupt nicht und eher nicht zugestimmt haben.

Die Korrelation der beiden Indikatoren liegt bei r=0,54 und ist statistisch signifikant (p<0,05). Da die Indikatoren aber durchaus unterschiedliche Aspekte der lokalen Politisierung erfassen, werden beide in der Analyse berücksichtigt.

Empirische Analysen

Zur Überprüfung der Erwartungen werden Mehrebenenmodelle geschätzt. Für eine Analyse von strukturellen Effekten auf individuelle Einstellungen sind 28 Gemeinden zwar ausreichend (z.B. Snijders 2003, 676; Snijders/Bosker 1999, 141-154), angesichts der geringen Freiheitsgrade auf der Kontextebene werden die Kontextmerkmale dem Modell allerdings einzeln hinzugefügt.[138] Dadurch wird den Erwartungen die größtmögliche Chance eingeräumt, sich zu bewähren. Bei den Analysen werden die relevanten Individualmerkmale jeweils berücksichtigt. Da sich die Effekte gegenüber der Modellierung ohne Kontextmerkmale nicht verändern, wird auf die Darstellung der Individualeffekte verzichtet. Die Ergebnisse dieser Berechnungen sind in Tabelle 59 zusammengefasst.

Für keinen Indikator der lokalen Politisierung kann ein Effekt auf die Effektivität oder Identifikation belegt werden.[139] Die Erwartungen K7 bis K10 müssen damit zurückgewiesen werden. Offensichtlich hat die lokale Politisierung – trotz erheblicher Niveauunterschiede zwischen den Gemeinden – weder einen positiven noch einen negativen Einfluss auf die Zufriedenheit mit den europäischen Autoritäten und die Verbundenheit mit der politischen Gemeinschaft. Auch kurvilineare Relationen konnten nicht nachgewiesen werden. Für diesen Befund sind mehrere Erklärungen denkbar. Zum einen erschwert die geringe Kontextvarianz die Varianzaufklärung. Zum anderen erfassen die Indikatoren das wahrgenommene Konfliktpotenzial aus Sicht der Kommunalpolitiker. Möglicherweise werden die politischen Auseinandersetzungen von Bürgern und Politikern unterschiedlich wahrgenommen. Allerdings konnte auch mit alternativen Operatio-

---

138 In der Literatur wird die notwendige Fallzahl bei der Mehrebenenanalyse kontrovers diskutiert: „As usual, it is not precisely known when a sample is large enough to be confident about the precision of the estimates" (Hox 2002, 45). Eine Übersicht verschiedener Positionen bieten Braun et al. (2010, 20-22).

139 Als alternative Operationalisierung der lokalen Politisierung sind auch die Anzahl der Bürgerentscheide oder die Anzahl der im Kommunalparlament vertretenen Gruppen denkbar. Die Varianz ist bei beiden Indikatoren allerdings gering. In 18 der 28 Gemeinden gab es bisher keinen Bürgerentscheid, in neun Gemeinden einen Entscheid und in einer Kommune zwei Entscheide. Nach der Kommunalwahl 2006 waren in den 28 Gemeinden zwischen drei und sieben Gruppen im Parlament vertreten (die Anzahl der Gruppen in der Gemeindevertretung ist auch von der Größe des Parlaments abhängig). Dennoch wurden Mehrebenenanalysen geschätzt, bei denen die Anzahl der Bürgerentscheide und die Anzahl der im Parlament vertretenen Parteien als Kontextmerkmal berücksichtigt wurden. Auch hier konnten keine Effekte auf die Effektivität oder Identifikation nachgewiesen werden.

nalisierungsvarianten kein Zusammenhang zwischen lokaler Politisierung und europäischen Orientierungen nachgewiesen werden (siehe Fußnote 139). Schließlich könnte die lokale Politisierung auch nur einen Effekt auf das Verhältnis der Bürger zur lokalen Politik, nicht aber zur nationalen und europäischen Politik haben.

Tabelle 59: Politisierung und politische Unterstützung der EU

	Effektivität	**Identifikation**
Kontextmerkmale		
Kommunalpolitische Entscheidungen (linear)	-0,002	-0,003
Kommunalpolitische Entscheidungen (kurvilinear)	0,005	–
Kommunalpolitik von Disharmonie geprägt (linear)	0,003	0,002
Kommunalpolitik von Disharmonie geprägt (kurvilinear)	0,004	–

Anmerkungen: Mehrebenenanalyse mit einer Restricted-Maximum-Likelihood-Schätzung. Bei den ausgewiesenen Schätzungen sind die relevanten Variablen der Individualebene enthalten (siehe Abschnitt 5.1). Alle Variablen sind auf eine 0-1-Skala umgerechnet. 0 ist der niedrigste Wert der Variable, 1 ist die höchste Ausprägung der Variable. Die Koeffizienten geben damit den Effekt vom Minimal- zum Maximalwert eines Indikators an. – = Keine Berechnung, da keine Erwartung formuliert. #=p<0,10; *=p<0,05; **=p<0,01; ***=p<0,001. Zur Kodierung der abhängigen Variablen siehe Kapitel 3.3.

5.2.1.2 Zufriedenheit mit lokalen Institutionen

Auf lokaler Ebene haben die Bürger einen direkten Zugang zur Politik. Sie können die Leistungen der Institutionen unvermittelt beobachten und bewerten, während direkte Erfahrungsmöglichkeiten mit europäischen Institutionen eher selten sind. Die Zufriedenheit mit der Arbeit der lokalen Institutionen variiert dabei zwischen den 28 Gemeinden. In Gemeinden, in denen die politischen Akteure verantwortungsbewusst handeln, die Präferenzen der Bürger berücksichtigt werden und die Entscheidungsprozesse transparent sind, sollte die Zufriedenheit mit den lokalen Institutionen höher ausgeprägt sein als in Kommunen, in denen dies nicht der Fall ist. Dadurch leben die Menschen – unabhängig ihrer individuellen Merkmale – in Gemeinden, die sich hinsichtlich des lokalen Niveaus der Zufriedenheit mit den örtlichen Institutionen unterscheiden.[140] Dies könnte auch einen Einfluss auf die Bewertung der Politik auf höheren Ebenen entfalten.

Erwartungen

Hinsichtlich der Effektivität sind unterschiedliche Effekte denkbar. Einerseits könnten die europäischen Autoritäten von einem hohen Zufriedenheitsniveau profitieren, wenn durch spillover-Effekte die positive Haltung zu lokalen Institutionen auf die europäische Ebene transferiert wird. Andererseits könnte ein hohes Zufriedenheitsniveau auch einen negativen Effekt haben, wenn die lokalen Institutionen als Vergleichsmaß für die politischen Autoritäten herangezogen werden. Deshalb werden zwei unterschiedliche Erwartungen formuliert:

K11. Je größer die Zufriedenheit mit lokalen Institutionen, desto positiver wird die Effektivität der EU bewertet.

K12. Je größer die Zufriedenheit mit lokalen Institutionen, desto negativer wird die Effektivität der EU bewertet.

Auch hinsichtlich der Identifikation sind unterschiedliche Effekte denkbar. Auf der einen Seite könnte sich ein höheres lokales Zufriedenheitsniveau günstig auf die allgemeine Verbundenheit mit der politischen Gemeinschaft auswirken. Auf der anderen Seite wäre auch denkbar, dass sich dieser Effekt auf die Verbundenheit mit der lokalen politischen Gemeinschaft beschränkt. Folgende Erwartungen werden formuliert:

K13. Je größer die Zufriedenheit mit lokalen Institutionen, desto positiver ist die Identifikation mit der EU.

K14. Je größer die Zufriedenheit mit lokalen Institutionen, desto negativer ist die Identifikation mit der EU.

Neben den formulierten linearen Zusammenhängen sind auch kurvilineare Relationen zwischen der Zufriedenheit mit lokalen Institutionen und europäischen Orientierungen denkbar. Danach würde insbesondere ein mittleres lokales Zufriedenheitsniveau die Haltungen der Bürger zur EU mitprägen.

K15. Zwischen der Zufriedenheit mit lokalen Institutionen und der Bewertung der Effektivität der EU besteht ein kurvilinearer Zusammenhang.

K16. Zwischen der Zufriedenheit mit lokalen Institutionen und der Identifikation mit der EU besteht ein kurvilinearer Zusammenhang.

---

140 Die Argumentation basiert allerdings auf der Annahme, dass das Anspruchsniveau der Bürger an die kommunale Politik in allen 28 Gemeinden etwa gleich hoch ist.

Operationalisierung

Auf den ersten Blick scheint sich die kommunale Wahlbeteiligung als Indikator für die Zufriedenheit mit den lokalen Institutionen anzubieten. Schließlich wird in den Medien und in einzelnen Veröffentlichungen (z.B. Schulz 2011, 156) die Höhe der Wahlbeteiligung als Gradmesser für die Akzeptanz des politischen Systems und die Zufriedenheit der Bürger mit der Arbeit der politischen Autoritäten angesehen.[141] In der politikwissenschaftlichen Fachliteratur ist allerdings umstritten, „ob eine niedrige Wahlbeteiligung auf Unzufriedenheit oder Zufriedenheit der Bürger schließen lässt" (Aarts/Weßels 2005, 595). Ihren Ausgangspunkt hat diese Debatte in der rückläufigen Beteiligung bei den Bundestagswahlen Mitte der 1980er Jahre. Die beiden Extrempositionen lassen sich als Krisen- und Normalisierungsthese bezeichnen. Feist (1992) beurteilt dabei eine geringe Wahlbeteiligung als Krisensymptom der Demokratie, da politischer Protest, Misstrauen in die politische Klasse sowie fehlende politische Einflussmöglichkeiten die zentralen Motive für die Wahlenthaltung seien. Nach dieser Argumentation wird die Wahlenthaltung als Protest gedeutet, die als geringe Zufriedenheit mit den politischen Institutionen gewertet werden kann. Dagegen sieht Roth (1992) in der sinkenden Wahlbeteiligung keine Krise der Demokratie. Im Gegenteil: Die Bürger verzichten auf die Stimmabgabe, weil sie mit der Politik und der Funktionsweise der Demokratie zufrieden sind. Wahlenthaltung wird dabei als eine „stillschweigende Einverständniserklärung" (Bürklin/Klein 1998, 160) gewertet. Während Roth (1992, 67) keinen Zusammenhang zwischen einer niedrigen Wahlbeteiligung und der Zufriedenheit mit der Demokratie in Hessen feststellen kann, belegen die Analysen von Schäfer (2011) zur Bundestagswahl 2009 durchaus eine Relation zwischen Demokratiezufriedenheit und Wahlteilnahme. Zufriedene Bürger haben eher von ihrem Stimmrecht Gebrauch gemacht als Unzufriedene (siehe auch Klein 2005; für eine lokale Untersuchung siehe Schmitt-Beck et al. 2008). Da die Wahlbeteiligung allerdings auch von einer Vielzahl anderer Faktoren beeinflusst wird (allgemein siehe z.B. Caballero 2005; Steinbrecher et al. 2007; lokal siehe z.B. Vetter 2009; 2008b), ist eine generelle Aussage über die Zufriedenheit oder Unzufriedenheit der Bürger mit den Politikern, den politischen Institutionen oder gar dem politischen System auf Basis der Wahlbeteiligung schwierig (siehe auch Ladner/Bühlmann 2007, 179). Deshalb wird auf die lokale Wahlbeteiligung als Indikator für die Zufriedenheit mit den lokalen Institutionen verzichtet.

---

141 Entsprechende Interpretationen finden sich auch auf durchaus seriösen Internetseiten. So heißt es bei wahlrecht.de: „Häufig wird die Wahlbeteiligung als Gradmesser für die Zufriedenheit der Bürger mit dem politischen System angesehen." (www.wahlrecht.de/lexikon/ungueltig.html; Zugriff am 10.02.2012).

Eine alternative Möglichkeit der Erfassung der allgemeinen Zufriedenheit mit lokalen Institutionen bietet die Aggregation von Individualangaben. Bei der Bürgerbefragung wurden die Personen gefragt, wie zufrieden sie mit der Arbeit der Stadt- oder Gemeindeverwaltung, den Parteien, der Gemeindevertretung und des Bürgermeisters sind (zur Begründung der Items siehe Kapitel 4.4.1). Alle Fragen konnten die Bürger jeweils auf einer Skala von 0 bis 10 beantworten, bei der 0 „überhaupt nicht zufrieden" und 10 „sehr zufrieden" bedeutet. Eine Hauptkomponentenanalyse zeigt für alle Gemeinden eine einfaktorielle Lösung, weshalb die Items zu einem allgemeinen Zufriedenheitsindex verdichtet werden.[142] Für jede Gemeinde wird der Anteil der Bürger berechnet, die auf diesem Zufriedenheitsindex mindestens den Wert ‚6' haben. Der Mittelwert liegt bei 73,2 Prozent mit einer Standardabweichung von 8,7. Mit 48,1 Prozent ist die lokale Zufriedenheit in Alsfeld am niedrigsten, während in Guxhagen 84,2 Prozent der Bürger Werte von ‚6' oder höher angegeben haben. Diese Zahlen deuten auf eine erhebliche Variation in der Zufriedenheit mit lokalen Institutionen zwischen den 28 hessischen Gemeinden hin.[143]

Empirische Analysen

Zur Überprüfung der Erwartungen werden Mehrebenenmodelle geschätzt, bei denen – neben den relevanten Individualmerkmalen – jeweils die aggregierten Individualmerkmale als Indikator für die Zufriedenheit mit lokalen Institutionen berücksichtigt werden. Die in Tabelle 60 dokumentierten Ergebnisse belegen einen negativen Effekt der (aggregierten) Zufriedenheit mit lokalen Institutionen auf die Effektivität der EU. In einer Gemeinde, in der viele Bürger mit den Leistungen der lokalen Autoritäten zufrieden sind, bewerten die Menschen die Effektivität der EU schlechter als in einer Kommune, in der dies nicht der Fall ist. Die Erwartung K11 ist damit widerlegt, die Erwartung K12 bestätigt. Der Regressionskoeffizient von -0,017 gibt dabei den Effekt von der Gemeinde mit der geringsten Zufriedenheit zur Gemeinde mit der höchsten Zufriedenheit an. Danach wird in Guxhagen die Effektivität um 0,017 Skalenpunkte schlechter bewertet als in Alsfeld.

---

142 Cronbach's Alpha liegt zwischen 0,85 (Alsfeld) und 0,91 (Petersberg).
143 Die Korrelation zwischen der Wahlbeteiligung bei der Kommunalwahl 2006 und der lokalen Zufriedenheit beträgt r=0,14. Dieser Wert deutet darauf hin, dass die Höhe der Wahlbeteiligung keine Rückschlüsse auf die lokale Zufriedenheit erlaubt. Bei Mehrebenenanalysen konnten auch keine Effekte der Wahlbeteiligung auf europäischen Orientierungen nachgewiesen werden.

Tabelle 60: Zufriedenheit mit lokalen Institutionen
und politische Unterstützung der EU

	Effektivität	Identifikation
Kontextmerkmale		
Aggregierte Zufriedenheit mit lokalen Institutionen (linear)	-0,017**	-0,005
Aggregierte Zufriedenheit mit lokalen Institutionen (kurvilinear)	0,003	0,003

Anmerkungen: Mehrebenenanalyse mit einer Restricted-Maximum-Likelihood-Schätzung. Bei den ausgewiesenen Schätzungen sind die relevanten Variablen der Individualebene enthalten (siehe Abschnitt 5.1). Alle Variablen sind auf eine 0-1-Skala umgerechnet. 0 ist der niedrigste Wert der Variable, 1 ist die höchste Ausprägung der Variable. Die Koeffizienten geben damit den Effekt vom Minimal- zum Maximalwert eines Indikators an. #=p<0,10; *=p<0,05; **=p<0,01; ***=p<0,001. Zur Kodierung der abhängigen Variablen siehe Kapitel 3.3.

Der negative Effekt ist insofern überraschend, da sich auf Individualebene eine positive Beziehung zwischen der Zufriedenheit mit lokalen Institutionen und der Effektivität nachweisen lässt (siehe Kapitel 4.4.1). Die Berücksichtigung der (aggregierten) Zufriedenheit als Kontextmerkmal hat dabei keinen Einfluss auf den Zusammenhang auf der Individualebene. Mit einer Cross-Level-Interaktion wird geprüft, ob der individuelle Zusammenhang in Abhängigkeit des Kontexts variiert. Diese ist allerdings statistisch nicht signifikant (tabellarisch nicht dargestellt). Die Erwartungen K13 und K14, die einen Zusammenhang zwischen der Zufriedenheit mit den lokalen Institutionen und der Identifikation postulieren, können nicht bestätigt werden. Das lokale Zufriedenheitsniveau hat weder einen positiven noch einen negativen Effekt auf die Identifikation. Bei den Analysen wurden auch mögliche kurvilineare Zusammenhänge zwischen der (aggregierten) Zufriedenheit mit lokalen Institutionen und politischer Unterstützung der EU untersucht (Erwartungen K15 und K16). Entsprechende Beziehungen können allerdings ebenfalls nicht nachgewiesen werden.

5.2.1.3 Haltungen der Kommunalpolitiker zur EU

Kommunalpolitiker sind zentrale Akteure der lokalen Politik. Durch die räumliche Nähe können sie besser als nationale oder europäische Politiker als Ansprechpartner für politische Fragen fungieren. Lokale Politiker informieren über Planungen, werben für politische Projekte und erläutern Beschlüsse. Dabei müssen Kommunalpolitiker sicherlich nicht nur zu örtlichen Themen Stellung beziehen, sondern auch Entscheidungen der nationalen und europäischen Ebene kommentieren. Schließlich haben diese auch Auswirkungen auf die lokale Ebene (z.B. Sabathil 2006; Münch 2006; Vetter/Soós 2008; siehe auch Kapitel 4.4.1). Der österreichische Außenminister Michael Spindelegger betont:

> „Die Städte und Gemeinden sind das natürliche Fundament und Herzstück Europas. Viele EU-Regelungen wirken sich unmittelbar auf unsere Gemeinden aus oder sind dort umzusetzen. Bürgermeister und Gemeindevertreter sind oft die ersten Ansprechpartner, auch wenn es um die Sorgen und Anliegen zu Europa geht." (Spindelegger 2010)

Deshalb hat das Bundesministerium für europäische und internationale Angelegenheiten und die Vertretung der Europäischen Kommission in Österreich die Initiative „Europa-Gemeinderat" gestartet, um in möglichst vielen Kommunen eigene „Europa-Gemeinderäte" zu gewinnen. Diese sollen als Ansprechpartner für Europa-Themen in den Gemeinden fungieren und „einen wesentlichen Beitrag leisten, damit Entscheidungen der EU vor Ort besser erklärt, verstanden und letztlich mitgetragen werden" (Spindelegger 2010). Als Brücke zwischen der Staatengemeinschaft und den Gemeinden sollen die Kommunalpolitiker den Bürgern Europa näher bringen. Die Einstellungen der Bürger zur EU können daher auch von den Haltungen der lokalpolitischen Eliten beeinflusst werden. Schließlich handelt es sich bei der Europäischen Union für die meisten Personen um ein „fernes politisches Objekt" (Wagner 2010, 219) mit geringer Bedeutung für die eigene Lebenswirklichkeit. Bei der Bewertung der Staatengemeinschaft orientieren sich die Bürger deshalb an vertrauten Objekten oder den Positionen von Parteien und Politikern (siehe auch Kapitel 4.2.4).

Die Beziehung zwischen der Haltung der Eliten und der Bevölkerung wurde bisher weitgehend auf nationaler Ebene untersucht (z.B. Weske 2011; Haller 2009b; Hooghe 2003; Nissen 2003; Weßels 1995b). Über die 28 hessischen Gemeinden sind die Haltungen der nationalen Eliten zur Europäischen Union konstant. Entsprechend sind auch keine kontextuellen Effekte zu erwarten. Für die politischen Eliten auf lokaler Ebene gilt dies nicht, je nach örtlicher Situation kann sich die Bewertung der Staatengemeinschaft unterscheiden. Daher sind Kontexteffekte der lokalen Eliten auf die europäischen Einstellungen der Bürger grundsätzlich möglich. Im Vergleich zu nationalen Politikern könnten Kommunalpolitiker eine wichtigere Rolle bei der Haltung der Bürger zur EU spielen, weil die räumliche Distanz eine größere Interaktionsdichte ermöglicht. Zudem wird den lokalen Politikern ein größeres Vertrauen entgegengebracht als nationalen oder europäischen Politikern (z.B. Ladner/Bühlmann 2007, 161-165; Europäische Kommission 2009b, 9). Dies könnte sich günstig auf die Glaubwürdigkeit der Kommunalpolitiker auswirken und die Bürger könnten ihren Aussagen einen stärkeren Stellenwert einräumen.

Erwartungen

Bei Infoständen in der Innenstadt, bei Parteiveranstaltungen oder auch bei Vereinsfesten kommen Kommunalpolitiker mit den Bürgern ins Gespräch. Dabei stehen sicherlich lokale Themen im Mittelpunkt, allerdings werden vermutlich auch nationale und europäische Themen diskutiert. Dabei treffen Bürger auf Kommunalpolitiker, die eine mehr oder weniger auskristallisierte Einstellung zur EU haben. Einige werden der Staatengemeinschaft skeptisch gegenüber stehen, andere werden sich klar für eine weitere Europäische Integration aussprechen. Die Wahrscheinlichkeit, auf einen europakritischen oder europafreundlichen Kommunalpolitiker zu treffen, wird sich zwischen den einzelnen Kommunen unterscheiden. Eine positive Haltung der kommunalpolitischen Eliten zur EU kann sich dabei günstig auf die Zufriedenheit der Bürger mit den Leistungen der europäischen Autoritäten auswirken. Deshalb wird folgende Erwartung formuliert:

K17. Je positiver die Kommunalpolitiker die EU bewerten,
desto positiver wird die Effektivität der EU bewertet.

Ein struktureller Effekt der Haltung der lokalpolitischen Elite ist auch im Hinblick auf die Identifikation möglich. In einem Umfeld, in dem die Kommunalpolitiker eher die positiven als die negativen Seiten der EU betonen, werden sich die Bürger vermutlich eher mit der Staatengemeinschaft identifizieren. Folgende Erwartung wird formuliert:

K18. Je positiver die Kommunalpolitiker die EU bewerten,
desto positiver ist die Identifikation mit der EU.

Operationalisierung

Informationen zur Haltung der Kommunalpolitiker zur EU stehen durch die Kommunalpolitikerbefragung zur Verfügung. Dabei wurden die lokalen Politiker unter anderem gefragt, ob sie ein Scheitern der Staatengemeinschaft bedauern würden, eine weitere Europäische Einigung eher ablehnen oder befürworten würden, ihre Gemeinde Vorteile durch die EU hat, und wie zufrieden sie mit dem Funktionieren der Demokratie in der EU sind.[144]

---

144 Die Erhebung wurde von Juni bis Oktober 2009 durchgeführt und fand damit erst nach der Bürgerbefragung statt (2. Februar bis 25. Mai 2009). Dadurch ist die kausale Interpretation der Daten zwar eingeschränkt, allerdings sind starke Veränderungen des kommunalpolitischen Europabilds in diesem kurzen Zeitraum nicht sehr wahrscheinlich. Ausführlichere Informationen zur Kommunalpolitikerbefragung finden sich in Kapitel 2.1.2. Der Fragebogen sowie der im September 2010 veröffentlichte Kurzbericht „Europa aus Sicht von Kommunalpolitikern" steht auf der EiK-Projekthomepage unter www.europa-im-kontext.de als pdf-Dokument zur Verfügung.

Der erste Indikator erfasst den Grad des Bedauerns, falls die EU scheitern würde. Die Formulierung zielt auf eine emotionale Bewertung der EU ab. Es geht um eine gefühlsmäßige Reaktion des Befragten gegenüber der Staatengemeinschaft zum aktuellen Zeitpunkt. Die entsprechende Frage lautet:

> *Wenn man Ihnen morgen erzählen würde, dass die Europäische Union gescheitert ist, würden Sie das sehr bedauern, ziemlich bedauern, wenig bedauern oder überhaupt nicht bedauern?*

Wie aus Abbildung 49 eindeutig hervorgeht, würde eine deutliche Mehrheit von knapp 80 Prozent der Befragten ein Scheitern EU sehr oder ziemlich bedauern. Wie der ersten Zeile in Tabelle 61 zu entnehmen ist, bestehen in dieser Frage allerdings erhebliche Unterschiede zwischen den Kommunen. In Heuchelheim würde nahezu jeder Kommunalpolitiker ein Scheitern der EU bedauern, in Ranstadt jeder Zweite. Die Wahrscheinlichkeit für einen Bürger in Ranstadt mit einem Kommunalpolitiker ins Gespräch zu kommen, der die Staatengemeinschaft eher skeptisch beurteilt, ist daher deutlich größer als in Heuchelheim.

Abbildung 49: Bedauern eines EU-Scheiterns (in Prozent; Fallzahl: 720)

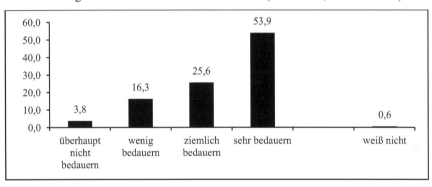

Der zweite Indikator ist eher prospektiv angelegt und erfasst die Zustimmung zur weiteren Europäischen Einigung. Auf einer 11-Punkte-Skala konnten die Mandatsträger angeben, ob sie eine weitere Integration ablehnen oder begrüßen. Folgende Frage wird dabei gestellt:

> *Manche sagen, die Europäische Einigung sollte weiter vorangetrieben werden. Andere sagen, dass sie schon zu weit gegangen ist. Was ist Ihre Meinung? Nutzen Sie für Ihre Antwort wieder das Thermometer, das von 0 bis 10 geht. 0 bedeutet dabei, die Europäische Einigung ist schon zu weit gegangen. 10 bedeutet, die Europäische Einigung sollte weiter vorangetrieben werden. Mit den Zahlen dazwischen können Sie Ihre Meinung wieder abstufen.*

Abbildung 50 dokumentiert den Anteil der Befragten in den einzelnen Antwortmöglichkeiten. Knapp ein Viertel der Kommunalpolitiker spricht sich vorbehaltlos für eine weitere Europäische Integration aus. Insgesamt 62 Prozent der Mandatsträger haben Werte von 6 und höher angegeben (MW=6,4, SD=3,0). Dieser Wert deutet auf eine große Zustimmung der lokalen Politiker zur weiteren Europäischen Integration hin.

Abbildung 50: Zustimmung zur weiteren Europäischen Integration
(in Prozent; Fallzahl: 720)

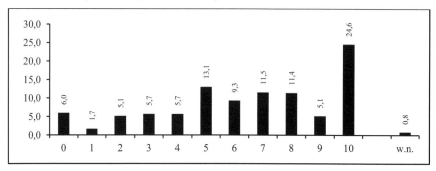

Anmerkungen: 0=„Europäische Einigung ist schon zu weit gegangen", 10=„Europäische Einigung sollte weiter vorangetrieben werden". Mit den Zahlen dazwischen konnten die Befragten ihre Antwort abstufen. w.n.=weiß nicht.

Wie die Zahlen in der zweiten Zeile in Tabelle 61 dokumentieren, variiert der Anteil der Kommunalpolitiker, die auf der 11-Punkte-Skala einen Wert von sechs oder höher angegeben haben, allerdings erheblich zwischen den Kommunen. In Helsa liegt der Anteil bei 80 Prozent, in Biedenkopf bei 30 Prozent.

Ein Item der Kommunalpolitikerbefragung erkundigte sich nach den wahrgenommenen Vorteilen für die Gemeinde durch die EU. Dabei wurde folgende Frage gestellt:

> *Deutschland ist Mitglied in der Europäischen Union. Inwieweit hat Ihre Gemeinde dadurch Vor- oder Nachteile?*

In Abbildung 51 sind die Anteile in den einzelnen Antwortkategorien dokumentiert. 36,8 Prozent der Kommunalpolitiker sehen nur bzw. mehr Vorteile als Nachteile. Knapp 16 Prozent sehen nur Nachteile bzw. mehr Nachteile als Vorteile. Mit 41 Prozent sieht die Mehrheit der Kommunalpolitiker ein ausgeglichenes Verhältnis an Vor- und Nachteilen. Sechs Prozent der Mandatsträger beantwortet diese Frage mit „weiß nicht".

Abbildung 51: Vorteile der Gemeinde durch die EU (in Prozent; Fallzahl: 720)

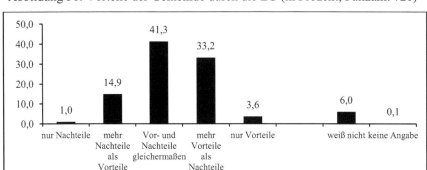

Wie die dritte Zeile in Tabelle 61 zeigt, werden auch die Vorteile für die Gemeinde durch die EU unterschiedlich bewertet. In Kassel sind 70 Prozent der Kommunalpolitiker der Auffassung, dass die Stadt durch die Staatengemeinschaft „nur Vorteile" bzw. „mehr Vorteile als Nachteile" hat. Dagegen liegt der Anteil bei den Politikern in Alsfeld lediglich bei 17 Prozent.

Der vierte Indikator erfasst die Zufriedenheit der Kommunalpolitiker mit dem Funktionieren der Demokratie in der Staatengemeinschaft. Die Frage lautete:

> *Wie zufrieden sind Sie alles in allem mit der Art und Weise, wie Demokratie in der Europäischen Union funktioniert? Nutzen Sie für Ihre Antwort bitte wieder Zahlen von 0 bis 10. 0 bedeutet, dass Sie überhaupt nicht zufrieden sind. 10 bedeutet, dass Sie sehr zufrieden sind Mit den Zahlen dazwischen können Sie Ihre Meinung abstufen.*

Die relativen Häufigkeiten der einzelnen Antwortkategorien sind Abbildung 52 zu entnehmen.

Abbildung 52: Zufriedenheit mit der Demokratie in der EU (in Prozent; Fallzahl: 720)

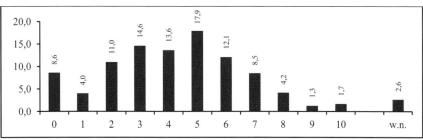

Anmerkungen: 0=überhaupt nicht zufrieden, 10=sehr zufrieden. Mit den Zahlen dazwischen konnten die Befragten ihre Antwort abstufen. w.n.=weiß nicht.

Knapp 28 Prozent der Befragten haben Werte größer als sechs angegeben und zeigen sich demnach mit dem Funktionieren der Demokratie in der EU zufrieden. Mit knapp 52 Prozent drückt die Mehrheit der Mandatsträger allerdings eher eine Unzufriedenheit aus (Werte von 0 bis 4). 17,9 Prozent der Politiker verorten sich in der Skalenmitte (MW=4,2; SD=2,3). Auch bei der Zufriedenheit mit dem Funktionieren der Demokratie lassen sich Unterschiede zwischen den Gemeinden belegen. Wie aus der vierten Zeile in Tabelle 61 hervorgeht, liegt der Anteil der Kommunalpolitiker, die auf der 11-Punkte-Skala einen Wert von ‚6' oder höher angegeben haben, in Bickenbach bei 13 Prozent und in Rüdesheim bei über 53 Prozent.

Tabelle 61: Indikatoren der Haltungen der Kommunalpolitiker zur EU

Indikator	MW	SD	Min	Max
Bedauern eines EU-Scheiterns (Kommunalpolitikerbefragung; in Prozent)	78,5	9,2	50,0	96,4
Zustimmung zur weiteren EU-Integration (Kommunalpolitikerbefragung; in Prozent)	61,8	12,4	29,6	80,0
Vorteile der Gemeinde durch die EU (Kommunalpolitikerbefragung; in Prozent)	36,6	13,0	17,4	70,0
Zufriedenheit mit der Demokratie in der EU (Kommunalpolitikerbefragung; in Prozent)	28,2	9,4	13,0	53,3

Anmerkungen: Eine Übersicht der Werte für die einzelnen Gemeinden findet sich im Anhang dieser Arbeit.

In Tabelle 62 sind die Korrelationen der vier Indikatoren dargestellt, die allesamt positiv sind. Zwar liegen zwei der sechs Korrelationen über r=0,50, insgesamt sind die Relationen aber eher mittelmäßig. Die Ergebnisse deuten darauf hin, dass durch die Indikatoren verschiedene Aspekte der Haltung zur EU erfasst werden. Deshalb werden bei den Analysen alle Indikatoren der Haltungen der Kommunalpolitiker zur EU berücksichtigt.

Tabelle 62: Korrelationen der Haltungen der Kommunalpolitiker zur EU (Pearson's r, N=28)

	Bedauern eines EU-Scheiterns	Zustimmung zur weiteren EU-Integration	Vorteile der Gemeinde durch die EU
Zustimmung zur weiteren EU-Integration	0,55**		
Vorteile der Gemeinde durch die EU	0,35	0,52**	
Zufriedenheit mit der Demokratie in der EU	0,01	0,29	0,19

Anmerkungen: *=p<0,05; **=p<0,01; ***=p<0,001.

Empirische Analysen

Die Haltungen der Kommunalpolitiker zur EU unterscheiden sich erheblich zwischen den Gemeinden. Mit Mehrebenenanalysen wird geprüft, ob sich eine positive Haltung positiv auf die Bewertung der Effektivität (Erwartung K17) und Identifikation (Erwartung K18) auswirkt. Die in Tabelle 63 dokumentierten Ergebnisse widersprechen dabei eindeutig diesen Erwartungen. Die Indikatoren der Haltung der Kommunalpolitiker können weder für die Effektivität noch für die Identifikation einen positiven Effekt belegen. Im Gegenteil: Für die Effektivität belegen die Analysen zwei negative Beziehungen. In einem Umfeld, in dem viele Politiker ein Scheitern der EU bedauern würden oder durch die EU Vorteile für die Gemeinde sehen, wird die Arbeit der europäischen Autoritäten schlechter bewertet als in Kommunen, in denen dies nicht der Fall ist.

Tabelle 63: Haltungen der Kommunalpolitiker zur EU und politische Unterstützung der EU

	Effektivität	Identifikation
Kontextmerkmale		
Bedauern eines EU-Scheiterns	-0,013#	0,007
Zustimmung zur weiteren EU-Integration	-0,007	0,006
Vorteile der Gemeinde durch die EU	-0,010*	-0,004
Zufriedenheit mit der Demokratie in der EU	0,001	-0,006

Anmerkungen: Mehrebenenanalyse mit einer Restricted-Maximum-Likelihood-Schätzung. Bei den ausgewiesenen Schätzungen sind die relevanten Variablen der Individualebene enthalten (siehe Abschnitt 5.1). Alle Variablen sind auf eine 0-1-Skala umgerechnet. 0 ist der niedrigste Wert der Variable, 1 ist die höchste Ausprägung der Variable. Die Koeffizienten geben damit den Effekt vom Minimal- zum Maximalwert eines Indikators an. #=$p<0,10$; *=$p<0,05$; **=$p<0,01$; ***=$p<0,001$. Zur Kodierung der abhängigen Variablen siehe Kapitel 3.3.

5.2.1.4 Zusammenfassung

In Tabelle 64 sind die Erwartungen und Befunde zum Einfluss des politischen Umfelds auf die Effektivität und Identifikation zusammengefasst. Lediglich eine der 13 formulierten Erwartungen konnte bestätigt werden. Bei der Politisierung bestätigt sich keine der Erwartungen. Entsprechend konnte kein (linearer oder kurvilinearer) Effekt des Konfliktcharakters der Kommunalpolitik auf die Effektivität und Identifikation festgestellt werden. Bei der (aggregierten) Zufriedenheit mit lokalen Institutionen lässt sich ein negativer Effekt auf die Effektivität belegen. Bei Berücksichtigung der relevanten Individualmerkmale zeigen Bürger, die in einem Umfeld leben, in dem die Zufriedenheit mit lokalen Institutionen hoch ist, eine geringere Effektivität als Personen, die in einer Gemeinde leben, in der die lokale Zufriedenheit gering ausgeprägt ist. Dieses Ergebnis ist deshalb überraschend, da sich auf der Mikroebene eine positive Beziehung zwischen der individuellen Zufriedenheit mit lokalen Institutionen und der Effektivität nachweisen lässt. Diese Relation ist auch bei Berücksichtigung des Kontextmerkmals stabil, während eine Cross-Level-Interaktion zwischen der individuellen Zufriedenheit mit lokalen Institutionen und der lokalen Zufriedenheit als Kontextmerkmal nicht signifikant ist. Auf die Identifikation mit der EU hat das Niveau der lokalen Zufriedenheit keinen Effekt. Die Erwartungen K17 und K18, die eine positive Beziehung zwischen der Haltung der Kommunalpolitiker und der Effektivität sowie Identifikation postuliert haben, müssen zurückgewiesen werden. Ein Umfeld, in dem die Kommunalpolitiker die Staatengemeinschaft durchweg positiv bewerten, hat keinen positiven Effekt auf die europäischen Orientierungen der Bürger. Während bei der Identifikation für keine der vier Indikatoren signifikante Zusammenhänge nachweisbar waren, konnten bei der Effektivität für zwei der vier Items negative Beziehungen festgestellt werden.

Tabelle 64: Erwartungen und Befunde zum politischen Umfeld

	Effektivität		Identifikation	
	E	B	E	B
Erwartungen K7 bis K10				
Politisierung der Gemeinde	+/-	0	+/-	0
Erwartungen K11 bis K16				
Zufriedenheit mit lokalen Institutionen	+/-	-	+/-	0
Erwartungen K17 bis K18				
Haltungen der Kommunalpolitiker zur EU	+	(-)	+	0

Anmerkungen: +=positiver Effekt; -=negativer Effekt; 0=kein Effekt beobachtet; ()=Effekt eingeschränkt beobachtet.

Bei den bisherigen Analysen wurden die Kontextmerkmale einzeln berücksichtigt, um ihnen – aufgrund der geringen Fallzahl auf Kontextebene – die größtmögliche Chance einzuräumen, sich zu bewähren. Abschließend werden die drei signifikanten Kontextmerkmale in einem gemeinsamen Modell aufgenommen, um ihre Relevanz unter Berücksichtigung der anderen Merkmale zu prüfen. In Tabelle 65 sind die Ergebnisse dieser Analysen dargestellt.

Tabelle 65: Politisches Umfeld und politische Unterstützung der EU

	Effektivität
Kontextmerkmale	
Zufriedenheit mit lokalen Institutionen	-0,016***
Bedauern eines EU-Scheiterns (Kommunalpolitiker)	-0,008
Vorteile der Gemeinde durch die EU (Kommunalpolitiker)	-0,009*
Modellkennwerte	
Individualvarianz	0,011
Kontextvarianz	0,000
Intraklassenkorrelation	0,000
Fallzahl (Gemeinden)	11.467 (28)

Anmerkungen: Mehrebenenanalyse mit einer Restricted-Maximum-Likelihood-Schätzung. Bei den ausgewiesenen Schätzungen sind die relevanten Variablen der Individualebene enthalten (siehe Abschnitt 5.1). Alle Variablen sind auf eine 0-1-Skala umgerechnet. 0 ist der niedrigste Wert der Variable, 1 ist die höchste Ausprägung der Variable. Die Koeffizienten geben damit den Effekt vom Minimal- zum Maximalwert eines Indikators an. #=p<0,10; *=p<0,05; **=p<0,01; ***=p<0,001. Zur Kodierung der abhängigen Variablen siehe Kapitel 3.3.

Mit der (aggregierten) Zufriedenheit lokaler Institutionen und den wahrgenommenen Vorteilen der Gemeinde durch die EU (Kommunalpolitiker) sind zwei der drei Indikatoren weiterhin signifikant. Die Berücksichtigung der Kontextmerkmale führt bei der Effektivität zu einer Reduktion der Intraklassenkorrelation (von 0,02 auf 0,00); Unterschiede zwischen den Gemeinden sind nicht mehr nachweisbar.

5.2.2 Gesellschaft

Das gesellschaftliche Umfeld bildet den zweiten Bereich des lokalen Kontexts. Damit wird in dieser Arbeit ein Bereich innerhalb der Gemeinde bezeichnet, der zwischen politischer, wirtschaftlicher und privater Sphäre liegt (zum Begriff Gesellschaft allgemein siehe z.B. Esser 1999b, 323-340). Im gesellschaftlichen Umfeld spielt sich für viele Menschen das unmittelbare Alltagsleben ab. Hier begegnen sich die Bürger und es findet alltägliche Kommunikation und Austausch statt – beim Einkaufen auf dem Wochenmarkt, der Party im Café Coyote oder dem Adventsbasar der Kirchengemeinde. Der lokale Lebensraum ist damit der natürliche Treffpunkt der Menschen. „Vor Ort" pflegen die Menschen direkte Kontakte mit Freunden und Nachbarn, engagieren sich in Vereinen und gestalten gemeinsam das unmittelbare Lebensumfeld. Durch soziale Bindungen und Interaktionen sind viele Bürger fest in dem gesellschaftlichen Umfeld einer Gemeinde verankert. Dadurch wird die Gemeinde zum „Ort der sozialen Integration" (Ladner/Bühlmann 2007, 67). Mit (europäischen) Städtepartnerschaften (Kapitel 5.2.2.1), der religiösen Fragmentierung (Kapitel 5.2.2.2), dem Werteklima (Kapitel 5.2.2.3) und dem Ausländeranteil (5.2.2.4) wird der Einfluss von vier gesellschaftlichen Kontextmerkmalen auf die politische Unterstützung der EU untersucht. Die zentralen Befunde werden in Kapitel 5.2.2.5 zusammengefasst.

5.2.2.1 Europäische Städtepartnerschaften

Die sichtbarsten Zeichen der Verbundenheit zwischen der lokalen und der europäischen Ebene stehen an den Ortseingängen: die Hinweisschilder auf Städtepartnerschaften.[145] Die Schilder sind „die stummen Zeugen *der* kommunalen Erfolgsstory" und die Partnerschaften gelten als „Synonym für transnationale Verständigungsarbeit auf kommunaler Ebene" (Bautz 2002, 36; Hervorhebung im Original). Sie sind die „größte Friedensbewegung der Welt" (Woesler 2006, 412; siehe auch Wagner 1995, 346; Hofmann 1989, 144) und leisten „einen wichtigen Beitrag zur europäischen Verständigung und Einigung" (Sabathil 2006, 10; siehe auch die Beiträge in Jünemann et al. 1994). In vielen Gemeinden werden städtepartnerschaftliche Beziehungen gepflegt, bei denen Begegnungen zwischen den Bürgern stattfinden. Solche Begegnungen können Vorurteile verringern und das Verständnis füreinander fördern. Dadurch ermöglichen Städtepartnerschaften eine enge Verbindung der Menschen und begünstigen die Entwicklung einer europäischen Identität. Durch Städtepartnerschaften kommen die Bürger auch unmittelbar mit der EU in Berührung, indem sie sich bei Begegnungsfahrten oder gemeinsamen Projekten mit der Staatengemeinschaft beschäftigen. Deshalb wird

---

145 Eine zentrale Informationsquelle über Anzahl und Verteilung der bestehenden Partnerschaften deutscher Gemeinden bietet die Datenbank der deutschen Sektion des Rats der Gemeinden und Regionen Europas (RGRE) unter www.rgre.de/partnerschaften.html (Zugriff am 12.09.2011). Der RGRE unterscheidet dabei drei Typen kommunaler Auslandsbeziehungen: Erstens Partnerschaften, das heißt förmliche, zeitlich und sachlich nicht begrenzte Partnerschaften, die auf einem Partnerschaftsvertrag beruhen. Zweitens Freundschaften, eine Verbindung, die auf einer Vereinbarung beruht, aber zeitlich begrenzt ist, und/oder genau spezifizierte Projekte der Beziehung nennt. Drittens Kontakt, eine Beziehung ohne förmliche Festigung. Nach dieser Kategorisierung existierten in Deutschland zum 12. September 2011 insgesamt 4562 Partnerschaften, 413 Freundschaften und 875 Kontakte mit Gemeinden in der Europäischen Union. Mit 2280 kommunalen Auslandsbeziehungen, davon 2035 Partnerschaften, stellen die deutsch-französischen Freundschaften die mit Abstand stärkste Gruppe dar. Es folgen Polen (554), Großbritannien (544) und Italien (441). Eine empirische Studie zu Städtepartnerschaften hessischer Gemeinden und Städte haben Gerhard et al. (1994) vorgelegt. Ludolph (1994) präsentiert eine Fallstudie am Beispiel der Stadt Witzenhausen.

Städtepartnerschaften eine große Bedeutung für die Stabilität und Entwicklung der EU zugesprochen:

> „Für den europäischen Einigungsprozess sind die über 5.000 Städtepartnerschaften in Europa ein wichtiger Baustein. Sie sind ein ausgezeichnetes Beispiel dafür, wie Bürgerinnen und Bürger die Integration Europas auf lokaler Ebene vorantreiben können." (Sabathil 2006, 11)

In den Anfangsjahren der Städtepartnerschaften stellten Versöhnung und Friedenssicherung die dominanten Motive dieser kommunalen Auslandsbeziehungen dar (siehe z.b. Münch 2006, 204; Bautz 2002, 36; Woesler 2006, 412; Schmalstieg 1989, 20-21).[146] Durch persönliche Begegnungen der Bürger sollten Vorurteile abgebaut, das gegenseitige Verständnis gefördert und Gemeinsamkeiten entdeckt werden. Mittlerweile wird solchen Städtepartnerschaften aber auch eine wichtige Funktion bei der Entwicklung eines europäischen Bewusstseins zugesprochen (siehe z.B. Bautz 2002, 46; Gerhard et al. 1994, 167; Stock 2005, 11; Statz/Wohlfarth 2010, 13; Hofmann 1989, 145). Münch (2006, 203-205) bezeichnet solche Städtepartnerschaften als „Motor der Europäischen Union", die eine unmittelbare Verbindung zwischen der lokalen und europäischen Ebene ermöglichen. Die Europäische Kommission bewertet auf der Homepage „Städtepartnerschaften für die Einheit"[147] solche Beziehungen als „wichtiges Instrument zur Entwicklung einer aktiven europäischen Bürgerschaft und eines gemeinsamen Identitätsgefühls". Die Städtepartnerschaften gelten dabei als stabiles und robustes Netzwerk von Bürgern, die beim Aufbau einer immer engeren Staatengemeinschaft eine wichtige Rolle spielen. Sie vermitteln die Vorzüge der Euro-

---

146 Städtepartnerschaften haben eine lange Tradition, aber die Anzahl ist seit dem Ende des Zweiten Weltkriegs erheblich gestiegen (siehe z.B. Münch 2006, 203; Statz/Wohlfarth 2010, 13). In Anlehnung an Mirek (1989, 37-38) unterscheidet Bautz (2002, 43-46) fünf Phasen der Entwicklung der deutschen Städtepartnerschaften im Kontext der europäischen Partnerschaftsbewegung. Die erste Phase umfasst die Städtepartnerschaften, die bereits vor Gründung der BRD abgeschlossen wurden. Dabei handelt es sich meist um Beziehungen zu amerikanischen und britischen Städten, die durch die Besatzungsbehörden initiiert wurden (siehe auch Woesler 2006, 412). In der zweiten Phase von 1950 bis 1960 entwickelte sich insbesondere zwischen deutschen und französischen Gemeinden ein reger Austausch, der in der dritten Phase ab den 1960er Jahren in einen Partnerschaftsboom mündete. Die vierte Phase von 1975 bis 1990 kennzeichnet einen Strukturwandel der kommunalen Auslandsbeziehungen. Neben Begegnungsfahrten gewinnen Kooperationen zwischen den Gemeinden und Partnerschaften zu Kommunen in Entwicklungsländern an Bedeutung (siehe z.B. Wagner 1995, 18; Mirek 1989, 38; Schmalstieg 1989, 26). Mit dem Ende des Ost-West-Konflikts und dem Zerfall der Sowjetunion beginnt in den 1990er Jahren die fünfte Phase der Partnerschaftsbewegung, in der zunehmend auch Beziehungen zu den osteuropäischen Ländern geschlossen wurden.

147 Siehe für weitere Informationen http://ec.europa.eu/citizenship/programme-actions/doc30_de.htm. Seit 1989 unterstützt die Europäische Union Städtepartnerschaften zwischen Gemeinden. Siehe auch www.twinning.org (Zugriff jeweils am 21.09.2011).

päischen Integration auf lokaler Ebene, binden die Bürger ein und fördern aktive Beteiligung.

Diese positive Bewertung der Städtepartnerschaften für die Europäische Integration wird dabei auch von Kommunalpolitikern geteilt. Viernheims Bürgermeister Matthias Baaß (2010) bezeichnet Städtepartnerschaften als wichtigen Beitrag zur Europäischen Integration, Paderborns Bürgermeister Heinz Paus (2003, 26) hebt die Bedeutung der kommunalen Partnerschaften für die Verwirklichung der Einheit Europas hervor, und der Erfurter Oberbürgermeister Manfred O. Ruge (2003, 32) sieht in den freundschaftlichen Beziehungen die Möglichkeit, die Europäische Einigung konkret für die Bürger erfahrbar zu machen. Entsprechend beschäftigen sich die Partnerstädte zunehmend auch mit europäischen Themen. Als Beispiele führt Woesler (2006, 425-427) „Integration in Europa am Beispiel der Partnergemeinden", „Die Zukunft der Europäischen Union – Mitgestaltungsmöglichkeiten für Bürger und Kommunen" und „Aktive Partnerschaften – aktive Bürger in der EU/Kulturelle Vielfalt und kulturelle Identität" an. Aber auch bei Begegnungsfahrten werden EU-Themen diskutiert (z.B. „Die EU nach der Osterweiterung").

Eine umfassende Arbeit zur Bedeutung von Städtepartnerschaften für die Europäische Integration hat Grunert (1981) vorgelegt. Bei seiner Analyse unterscheidet er mit Bevölkerung, lokalen Eliten, Transaktionen, Attitüden und Organisationen fünf mögliche Wirkungsdimensionen (Grunert 1981, 277). Die freiwilligen und gewollten Kontakte begünstigen die Entwicklung von Toleranz, Verständnis und Kooperation. Städtepartnerschaften können daher den Informationsaustausch, das Interesse an europäischer Politik und Solidarität zwischen den Bürgern fördern. Deshalb bezeichnet Grunert (1981, 332) Städtepartnerschaften als „stabilisierende und legitimierende Komponente" im europäischen Integrationsprozess. Allerdings zieht er keine allgemeingültigen Schlussfolgerungen, da sich die Quantität und Qualität städtepartnerschaftlicher Beziehungen erheblich zwischen den Gemeinden unterscheiden (Grunert 1981, 332).

Erwartungen

Städtepartnerschaften bringen Menschen aus verschiedenen Ländern miteinander in Kontakt. Sie fördern den Austausch der Bürger, können Vorurteile verringern und das Verständnis füreinander begünstigen. Solche Städtepartnerschaften haben zunächst einmal Auswirkungen für die Personen, die sich daran aktiv beteiligen. Die Analysen in Abschnitt 4.3.1 belegen systematische Zusammenhänge zwischen der Beteiligung in Partnerschaftsvereinen und europäischen Orientierungen. Aktive Mitglieder in solchen Vereinigungen zeigen eine höhere Effektivität, Legitimität und Identifikation als Nicht-Mitglieder. Mit den vorliegenden Querschnittsdaten lässt sich allerdings keine Aussage zur Kausalität dieser Beziehung treffen. Möglicherweise zeigen die Bürger bereits vor dem Eintritt in solche Vereinigungen eine höhere Unterstützung der Europäischen Union und engagieren sich deshalb in Partnerschaftsvereinen. Denkbar sind auch reziproke Zusammenhänge.

Mit Blick auf Städtepartnerschaften sind aber auch indirekte Erfahrungsmöglichkeiten möglich. Dazu zählen beispielsweise die Hinweisschilder an Ortseingängen. Durch solche Informationstafeln erfahren auch nicht unmittelbar von Städtepartnerschaften betroffene Personen von den Beziehungen der Kommune zu anderen Gemeinden. Häufig werden auch Plätze und Straßen nach den Partnerstädten benannt, so dass sich hier weitere mögliche Berührungen ergeben. Eine wichtige Rolle bei den indirekten Erfahrungsmöglichkeiten spielen sicherlich die lokalen Medien. Die Berichterstattung über Begegnungsfahrten, gemeinsame Aktivitäten von ausländischen und lokalen Gruppen sowie Hinweise auf die Bedeutung der Freundschaft für Verständigung und Frieden ermöglicht eine breite Streuung partnerschaftsrelevanter Informationen. Natürlich können die Bürger von solchen partnerschaftlichen Beziehungen aber auch durch Gespräche mit Freunden und Nachbarn erfahren. In allen Fällen gilt, dass in einem gesellschaftlichen Umfeld, in dem es eine höhere Intensität solcher Beziehungen gibt, mehr Möglichkeiten bestehen, indirekte Erfahrungen mit Städtepartnerschaften zu machen.

Für einen Einfluss der städtepartnerschaftlichen Beziehungen auf die Effektivität lassen sich unterschiedliche Erwartungen formulieren. Einerseits können sich Informationen über die EU, die im Rahmen von Städtepartnerschaften vermittelt werden (z.B. durch die Organisation von Ausstellungen oder Informationsveranstaltungen), günstig auf die Vertrautheit mit dem politischen System auswirken. Städtepartnerschaften können so als positiver „Informationsträger" dienen und zu einer Auseinandersetzung mit europäischen Themen beitragen. Schließlich unterstützt die EU insbesondere Begegnungen, die sich mit der Europäischen Integration auseinandersetzen. Solche Informationen könnten dann via Presse einen größeren Personenkreis erreichen. Dies könnte sich in einer positiveren Haltung – auch gegenüber den politischen Autoritäten – niederschlagen. Allerdings lässt sich ebenso argumentieren, dass durch die Verfügbarkeit von politischen Informationen die Menschen eher für Defizite im politischen Prozess sensibilisiert werden.

K19. Je stärker die städtepartnerschaftlichen Beziehungen, desto positiver wird die Effektivität der EU bewertet.

K20. Je stärker die städtepartnerschaftlichen Beziehungen, desto negativer wird die Effektivität der EU bewertet.

Zwischen den städtepartnerschaftlichen Beziehungen und der Effektivität ist aber auch eine kurvilineare Beziehung denkbar. Ein mittleres Niveau fördert das Verständnis für den politischen Prozess und begünstigt die Zufriedenheit mit den politischen Autoritäten, während ein hohes Niveau solcher Kontakte für Defizite und Probleme sensibilisiert. Deshalb wird folgende Erwartung formuliert:

K21. Zwischen der Stärke der städtepartnerschaftlichen Beziehungen und der Bewertung der Effektivität der EU besteht eine kurvilineare Beziehung.

Städtepartnerschaften wird ein wichtiger Beitrag für die Entwicklung eines gemeinsamen Identitätsgefühls zugesprochen. Hinweisschilder mit europäischem Sternenbanner, Slogans wie „Gemeinde Europas" sowie eine entsprechende lokale Berichterstattung über Begegnungsfahrten entfalten möglicherweise auch auf Personen eine Wirkung, die sich nicht direkt in solchen Partnerschaften engagieren. Städtepartnerschaftliche Beziehungen können in einer Gemeinde zudem ein Klima der Verbundenheit und Solidarität schaffen, das sich günstig auf die Identifikation auswirken könnte. Deshalb wird folgende Erwartung formuliert.

K22. Je stärker die städtepartnerschaftlichen Beziehungen, desto positiver ist die Identifikation mit der EU.

Operationalisierung

Städtepartnerschaften sind Beziehungen zwischen zwei Gemeinden. Dabei kann zwischen Beziehungen von Gemeinden in einem Land oder in verschiedenen Ländern unterschieden werden. Ein Einfluss von Städtepartnerschaften auf europäische Orientierungen ist dabei am ehesten von europäischen Städtepartnerschaften zu erwarten. Damit sind lokale Beziehungen zu Gemeinden in den anderen Mitgliedsländern der Europäischen Union gemeint. Mit der Anzahl der europäischen Städtepartnerschaften, der Dauer solcher Beziehungen und der Häufigkeit von Begegnungsfahrten stehen drei Indikatoren für die Intensität solcher städtepartnerschaftlicher Beziehungen einer Gemeinde zur Verfügung.[148]

Der einfachste Indikator der städtepartnerschaftlichen Beziehungen stellt die Zahl an Städtepartnerschaften mit Gemeinden in den Mitgliedsländern der EU dar. Je mehr Städtepartnerschaften existieren, desto größer die Wahrscheinlichkeit, entsprechende Informationen zu erhalten (z.B. durch Berichterstattung in den Medien). Wie die Zahlen in der ersten Zeile von Tabelle 66 verdeutlichen, bestehen hinsichtlich der Anzahl von städtepartnerschaftlichen Beziehungen erhebliche Unterschiede zwischen den 28 Kommunen. Büttelborn, Guxhagen, Ranstadt und Selters pflegten zum Zeitpunkt der Datenerhebung keine solche Verbindung, während Wiesbaden sieben europäische Städtepartnerschaften hat.

---

148 Die Informationen zu den städtepartnerschaftlichen Beziehungen beruhen auf einer schriftlichen Befragung der 28 Gemeindeverwaltungen. Dieser Fragebogen findet sich unter www.europa-im-kontext (Projektdokumentation, Frage 8).

Der Durchschnitt der 28 Kommunen liegt bei 2,5 europäischen Partnerstädten je Gemeinde.

Neben der Anzahl der Städtepartnerschaften spielt sicherlich auch die Dauer und Intensität dieser kommunalen Auslandsbeziehungen eine Rolle. Je länger solche Verbindungen bestehen, desto eher wird sich Vertrautheit entwickeln. Auch erhöht sich die Wahrscheinlichkeit mit städtepartnerschaftlichen Aktivitäten – direkt oder indirekt – in Berührung zu kommen. Als zweiter Indikator wird deshalb die Dauer der städtepartnerschaftlichen Beziehungen berücksichtigt. Diese wird aus der Differenz des Jahres, indem die Partnerschaft aufgenommen wurde, und dem Jahr der Erhebung (2008) gebildet. Für jede einzelne Partnerstadt kann so eine Partnerschaftsdauer ermittelt werden. Die Addition dieser Zeiträume ergibt die Gesamtdauer der städtepartnerschaftlichen Beziehungen einer Gemeinde. Wie aus der zweiten Zeile in Tabelle 66 hervorgeht, variieren diese Zeiträume zwischen 0 und 248 Jahren, der Mittelwert liegt bei 67 Jahren.

Beide bisher präsentierten Indikatoren erfassen lediglich die quantitativen Aspekte städtepartnerschaftlicher Beziehungen. Die von vielen Autoren formulierten positiven Wirkungen von Städtepartnerschaften sind allerdings am ehesten zu erwarten, wenn diese Beziehungen auch gepflegt werden – durch Begegnungsfahrten oder auch gemeinsame Projekte. Solche Aktivitäten sind dann wieder Anlässe für lokale Berichterstattung, so dass auch Personen, die sich nicht aktiv an solchen Zusammenkünften beteiligen, etwas von diesen Aktivitäten erfahren. Bei der Befragung der Gemeindeverwaltungen wurde deshalb auch nach der Anzahl der Begegnungsfahrten gefragt. Dabei handelt es sich zwar nur um eine grobe Schätzung, da die Gemeindeverwaltungen sicherlich nicht über alle Fahrten informiert werden. Zudem finden viele Kontakte auch im Rahmen von Schüleraustauschen und Vereinsaktivitäten statt. Die übermittelten Zahlen sind daher zurückhaltend zu bewerten, ermöglichen allerdings eine qualitative Bewertung der städtepartnerschaftlichen Beziehungen in den einzelnen Gemeinden. Wie der dritten Zeile in Tabelle 66 zu entnehmen ist, rangiert die Anzahl der jährlichen Fahrten in die EU-Partnerstädte zwischen 0 und 29; der Mittelwert liegt bei 4,7. Für Wiesbaden liegt allerdings kein Wert vor, so dass die hessische Landeshauptstadt bei der Analyse nicht berücksichtigt werden kann.

Tabelle 66: Indikatoren der städtepartnerschaftlichen Beziehungen

Indikator	MW	SD	Min	Max
Anzahl der EU-Partnerstädte	2,5	1,6	0	7
Dauer der EU-Städtepartnerschaften	66,7	65,4	0	248
Fahrten in die EU-Partnerstädte (ohne Wiesbaden)	4,6	6,3	0	29

Anmerkungen: Befragung der Gemeindeverwaltungen. Eine Übersicht der Werte für die einzelnen Gemeinden findet sich im Anhang dieser Arbeit.

In Tabelle 67 sind die Korrelationen der Indikatoren der städtepartnerschaftlichen Beziehungen dargestellt. Die Indikatoren „Anzahl der EU-Partnerstädte" und „Dauer der EU-Städtepartnerschaften" erfassen ähnliche Aspekte von städtepartnerschaftlichen Beziehungen. Bei den Analysen ist die Berücksichtigung eines der beiden Indikatoren daher ausreichend. Da die zeitliche Komponente der städtepartnerschaftlichen Beziehungen offensichtlich keine große Rolle spielt, wird bei den Analysen der einfachere Indikator – „Anzahl der städtepartnerschaftlichen Beziehungen" – berücksichtigt.

Tabelle 67: Korrelationen der Indikatoren der städtepartnerschaftlichen Beziehungen (Pearson's r)

	Anzahl der EU-Partnerstädte	Dauer der EU-Städtepartnerschaften
Dauer der EU-Städtepartnerschaften (N=28)	0,93***	
Fahrten in die EU-Partnerstädte (N=27)	0,38	0,36

Anmerkungen: *=p<0,05; **=p<0,01; ***=p<0,001.

Als zweiter Indikator wird die Anzahl der jährlichen Begegnungsfahrten in die Analyse aufgenommen. Zwar bestehen positive Korrelationen zwischen der Anzahl der Fahrten und der Anzahl der EU-Partnerstädte bzw. Dauer der EU-Städtepartnerschaften, aber der Indikator erfasst offensichtlich einen anderen Aspekt städtepartnerschaftlicher Beziehungen.

Empirische Analysen

Zur Überprüfung der Erwartungen werden Mehrebenenanalysen geschätzt, bei denen neben den relevanten Individualmerkmalen jeweils ein Kontextmerkmal berücksichtigt wird. Die in Tabelle 68 präsentierten Ergebnisse können einen strukturellen Effekt der städtepartnerschaftlichen Beziehungen auf europäische Orientierungen allerdings nicht belegen. Weder die Anzahl der EU-Partnerstädte noch die Häufigkeit von Begegnungsfahrten haben einen signifikanten Einfluss auf Effektivität und Identifikation.[149]

---

149 Bei den verwendeten Indikatoren ist die Einwohnerzahl einer Gemeinde nicht berücksichtigt. Mit der Gemeindegröße erhöht sich allerdings die Wahrscheinlichkeit von städtepartnerschaftlichen Beziehungen. Größere Gemeinden haben eher Städtepartnerschaften als kleine Gemeinden. Alle Analysen wurden deshalb zweimal gerechnet – einmal mit der Einwohnerzahl, einmal ohne. Die Ergebnisse sind vergleichbar. Die Einwohnerzahl hat keinen Effekt auf die politische Unterstützung.

Tabelle 68: Städtepartnerschaftliche Beziehungen
und politische Unterstützung der EU

	Effektivität	Identifikation
Kontextmerkmale		
Anzahl der EU-Partnerstädte (linear)	0,001	0,003
Anzahl der EU-Partnerstädte (kurvilinear)	-0,004	–
Fahrten in die EU-Partnerstädte (linear)	-0,010	0,003
Fahrten in die EU-Partnerstädte (kurvilinear)	-0,005	–

Anmerkungen: Mehrebenenanalyse mit einer Restricted-Maximum-Likelihood-Schätzung. Bei den ausgewiesenen Schätzungen sind die relevanten Variablen der Individualebene enthalten (siehe Abschnitt 5.1). Alle Variablen sind auf eine 0-1-Skala umgerechnet. 0 ist der niedrigste Wert der Variable, 1 ist die höchste Ausprägung der Variable. Die Koeffizienten geben damit den Effekt vom Minimal- zum Maximalwert eines Indikators an. – = Keine Berechnung, da keine Erwartung formuliert. #=p<0,10; *=p<0,05; **=p<0,01; ***=p<0,001. Zur Kodierung der abhängigen Variablen siehe Kapitel 3.3.

Die empirischen Befunde widersprechen damit den theoretischen Erwartungen K19 bis K22. Trotz vielfältiger Berührungspunkte – Schilder an den Ortseingängen, Benennung von Straßen und Plätzen sowie Berichterstattung in den Medien – entfalten Städtepartnerschaften keine strukturellen Effekte auf Effektivität und Identifikation. Offensichtlich beschränken sich die (positiven) Effekte von städtepartnerschaftlichen Beziehungen auf die Personen, die sich aktiv an solchen Aktivitäten beteiligen.

5.2.2.2 Religiöse Fragmentierung

Trotz Säkularisierungsprozesse hat Religion auch heute noch einen prägenden Einfluss auf das gesellschaftliche Leben. Viele Feiertage haben einen religiösen Hintergrund, öffentliche Einrichtungen wie Kindertagesstätten, Schulen und Krankenhäuser einen kirchlichen Träger und auf den ersten Blick säkulare Gruppen, Vereine und Netzwerke religiöse Wurzeln. Als „gesellschaftlicher Prägefaktor" (Pickel 2011b, 393) kann Religion eine Vielzahl von sozialen Prozessen und das Alltagshandeln von Individuen beeinflussen. Dies zeigt sich in der Ausgestaltung politischer Institutionen (z.B. Roßteutscher 2009a, 19), der Familienpolitik (Minkenberg 2003, 131-135) oder auch gewaltsamen Konflikten (Gerhards 2006, 57), aber auch bei individuellen Einstellungen und Verhaltensweisen (siehe Kapitel 4.1.6).

Empirische Ergebnisse zu einem Einfluss des religiösen Umfelds auf die individuelle Einstellung zur EU liegen zwar nicht vor, aber in der Wahlforschung konnten strukturelle Effekte der Religion auf die Wahlentscheidung bereits nachgewiesen werden. Huckfeldt und Plutzer (1993, 374) haben für die USA gezeigt, dass die Parteipräferenzen in Abhängigkeit der vorherrschenden Konfession in der Nachbarschaft variieren. Auch Regnerus et al. (1999) belegen Zusammenhänge zwischen dem religiösen Umfeld und Wahlpräferenzen. In einer neueren Studie können Dülmer und Ohr (2008) zeigen, dass ein religiöses (katholisches) Milieu die Wahrscheinlichkeit einer rechtsextremen Wahlabsicht reduziert. Mit Blick auf verschiedene Formen der politischen Partizipation ist die Studie von Bühlmann (2006, 133) allgemeiner angelegt. Er findet allerdings nur geringe empirische Evidenz für eine Relation zwischen der konfessionellen Zusammensetzung einer Gemeinde und der individuellen politischen Beteiligung.

Erwartungen

Ein möglicher struktureller Effekt des religiösen Umfelds auf europäische Orientierungen lässt sich auf Grundlage der Religionsvorstellungen der EU begründen (zusammenfassend Gerhards 2006, 59-63). Zwar steht die EU in einer christlichen Traditionslinie (Wuermeling 2007, 188), in den Vertragstexten selbst findet sich allerdings kein Verweis auf das Christentum oder auf Gott. Die EU lässt sich daher als Wertegemeinschaft charakterisieren, die keine spezifische religiöse Orientierung präferiert. Die verschiedenen Religionen werden als gleichwertig betrachtet und die EU achtet die Vielfalt der Religionen (siehe auch Artikel 22 der Charta der Grundrechte der Europäischen Union). Gerhards (2006, 73) bezeichnet die EU deshalb als säkulare Wertegemeinschaft, die aber die Religionsfreiheit der Individuen und Kirchen garantiert (siehe auch Robbers 2003). Entsprechend werden im Vertrag von Lissabon (Artikel 2) Pluralismus, Toleranz und Nichtdiskriminierung als zentrale Werte der Staatengemeinschaft beschrieben. Die EU ist damit einerseits an keine Religion oder religiöse Weltanschauung gebunden, andererseits tritt sie für Religionsfreiheit ein und wirbt für eine wechselseitige Toleranz zwischen den Religionsgruppen. Menschen, die auf lokaler Ebene eine größere religiöse Vielfalt erfahren, könnten den von der Staatengemeinschaft propagierten Werten wie Pluralismus und Toleranz eine größere Beachtung schenken als Personen, die dies nicht erleben. Mit anderen Worten: Ein religiös fragmentiertes Umfeld verhindert eine dominante Stellung einer Religion bzw. einer Konfession in der Gesellschaft. Dadurch wird die Notwendigkeit von gegenseitiger Rücksichtnahme und Verständnis unmittelbar ersichtlich. Dies wirkt sich günstig auf die Haltung zur EU aus, da die Staatengemeinschaft eine vergleichbare Position vertritt. Folgende Erwartungen werden formuliert:

> **K23.** Je stärker die religiöse Fragmentierung,
> desto positiver wird die Effektivität der EU bewertet.

> **K24.** Je stärker die religiöse Fragmentierung,
> desto positiver ist die Identifikation mit der EU.

Operationalisierung

Das Bundesland Hessen ist seit der Reformation in konfessioneller Hinsicht zwar überwiegend protestantisch geprägt (Schiller/Winter 1997, 275), aber die religiösen Gegebenheiten unterscheiden sich zwischen den Gemeinden. In einigen Kommunen haben einzelne Konfessionen bzw. Religionen eine faktische Monopolstellung, in anderen Gemeinden lässt sich eine stärkere religiöse Fragmentierung feststellen. Die Messung der religiösen Fragmentierung orientiert sich an einem Vorschlag von Laakso und Taagepera (1979), die einen etablierten Indikator für die Fragmentierung von Parteiensystemen entwickelt haben. Anstelle der Stimmenanteile der Parteien werden die Anteilswerte der religiösen Gruppen in den einzelnen Gemeinden herangezogen. Für die Berechnung des religiösen Fragmentierungsgrads werden die jeweiligen Anteilswerte zunächst quadriert und anschließend addiert. Die Summe wird anschließend durch ‚1' dividiert. Der Wert ‚1' entspricht damit der geringsten Fragmentierung. Alle Personen gehören einer Religion/Konfession an. Höhere Werte deuten auf eine größere Fragmentierung hin.

Zur Berechnung des Fragmentierungsgrads stehen allerdings keine differenzierten Informationen zu den einzelnen religiösen Gruppen in einer Gemeinde zur Verfügung.[150] Es können lediglich drei Kategorien unterschieden werden: Katholiken, Protestanten und Sonstige. Die Kategorie „Sonstige" umfasst dabei sowohl Konfessionslose als auch Angehörige anderer Religionen. Diese Vermischung ist aus mehreren Gründen problematisch. Einerseits aufgrund der Gleichbehandlung von Konfessionslosen und Angehörigen anderer Religionen (z.B. Islam), andererseits wird die mögliche religiöse Fragmentierung unterschätzt. Die verfügbaren Daten erlauben damit lediglich eine grobe Einschätzung der religiösen Fragmentierung der Gemeinden. Auf Basis der Anteile der Katholiken, Protestanten und Sonstigen wird für jede Gemeinde die religiöse Fragmentierung berechnet.[151] Mit einem Wert von 1,4 weist Frielendorf die geringste religiöse Fragmentierung auf, während der Wert für Kelkheim bei 2,9 liegt. Bei einer Standardabweichung von 0,48 liegt der durchschnittliche religiöse Fragmentierungsgrad der 28 Gemeinden bei 2,3.

---

150 Da solche Informationen beim hessischen statistischen Landesamt nicht verfügbar sind, wurden die Angaben durch die Befragung der Gemeindeverwaltungen ermittelt (siehe Frage 1 und 2 der Gemeindebefragung).
151 Die getrennte Betrachtung der Anteile der Katholiken und Protestanten als eigenständige Religionen lässt sich theoretisch durch die konfessionelle Spaltung des Christentums rechtfertigen. Empirisch hat diese Differenzierung allerdings nur geringe Konsequenzen. Die Korrelation der beiden Fragmentierungsmaße liegt bei $r=0,94$ und ist statistisch hochsignifikant ($p<0,05$).

Empirische Analysen

Die Erwartungen werden mittels Mehrebenenanalysen überprüft, bei denen – neben den relevanten Individualmerkmalen – der religiöse Fragmentierungsgrad für die einzelnen Gemeinden als Kontextmerkmal aufgenommen wird. Der Einfluss der Fragmentierung auf die Effektivität ist dabei negativ (-0,002), aber statistisch nicht signifikant (p>0,10). Erwartung K23 ist damit falsifiziert. Eine höhere (lokale) religiöse Fragmentierung hat keinen Effekt auf die Effektivität. Die Analysen können – entsprechend Erwartung K24 – allerdings einen positiven Einfluss der religiösen Fragmentierung auf die Identifikation belegen (0,023), der statistisch signifikant ist (p<0,001). Je größer die religiöse Fragmentierung einer Gemeinde, desto stärker identifizieren sich die Bürger – bei Kontrolle der individuellen Bestimmungsfaktoren – mit der politischen Gemeinschaft. Der Koeffizient von 0,023 entspricht dabei der Differenz zwischen der Gemeinde mit der geringsten Fragmentierung (Frielendorf) und der Gemeinde mit der höchsten Fragmentierung (Kelkheim). Die durchschnittliche Identifikation mit der EU ist in Kelkheim um 0,023 Punkte größer als in Frielendorf. Bei Berücksichtigung der religiösen Fragmentierung als Kontextmerkmal lassen sich hinsichtlich der Identifikation keine Unterschiede mehr zwischen den Gemeinden nachweisen (ICC<0,000). Der Likelihood-Ratio-Test ist nicht signifikant.

5.2.2.3 Werteklima

In Kapitel 4.2.2 wurde der Zusammenhang zwischen Wertorientierung und europäischen Einstellungen auf Individualebene untersucht. Dabei zeigte sich, dass Personen mit einer materialistischen Wertorientierung mit den Leistungen der politischen Autoritäten zufriedener sind als Befragte mit einer postmaterialistischen Wertorientierung. Eine materialistische bzw. postmaterialistische Wertorientierung lässt sich allerdings nicht nur als Individualmerkmal konzeptualisieren, sondern auch als gesellschaftliches Merkmal. Janssen (1991, 446) bezeichnet dies als Werteklima und definiert es als „the differences in importance a group attaches to different values". In Übereinstimmung mit den Annahmen von Inglehart (1977) erwartet Janssen (1991, 462), dass ein postmaterialistisches Werteklima eine proeuropäische Haltung begünstigt. Den Zusammenhang zwischen Werteklima und europäischen Orientierungen hat Janssen allerdings nur auf der Makroebene untersucht und kann eine entsprechende Relation nicht belegen. Denkbar ist allerdings auch ein kontextueller Effekt des Werteklimas auf die individuelle Haltung zur Staatengemeinschaft. Ein postmaterialistisches Werteklima könnte sowohl eine stärkere Zuwendung zum politischen System der EU als auch eine kritischere Betrachtung der Arbeit der politischen Autoritäten begünstigen. Ein materialistisches Werteklima könnte sich dagegen förderlich auf die Akzeptanz von Werten wie Wohlstand und Sicherheit auswirken. Entsprechend wird die EU auf der Grundlage bewertet, inwieweit diese Ziele erreicht werden.

Erwartungen

Vor dem Hintergrund dieser Überlegungen kann das Werteklima auf die Bewertung der Effektivität unterschiedliche Effekte entfalten. Ein materialistisches Werteklima begünstigt eine höhere Effektivität, da die EU Sicherheit und Wohlstand eine große Bedeutung einräumt. Ein postmaterialistisches Werteklima geht dagegen mit einer geringeren Effektivität einher, da die Arbeit der politischen Autoritäten kritischer bewertet wird. Folgende Erwartungen werden formuliert:

K25. Je postmaterialistischer das Werteklima,
desto negativer wird die Effektivität der EU bewertet.

K26. Je materialistischer das Werteklima,
desto positiver wird die Effektivität der EU bewertet.

Das Werteklima kann zudem einen Einfluss auf die individuelle Identifikation mit der politischen Gemeinschaft ausüben. Während ein postmaterialistisches Werteklima die gesellschaftliche Akzeptanz kultureller Andersartigkeit begünstigen sollte, dürfte von einem materialistischen Werteklima eine stärkere Fixierung auf den Nationalstaat ausgehen. Aus dieser Argumentation leiten sich folgende Erwartungen ab:

K27. Je postmaterialistischer das Werteklima,
desto positiver ist die Identifikation mit der EU.

K28. Je materialistischer das Werteklima,
desto negativer ist die Identifikation mit der EU.

Operationalisierung

Auf den ersten Blick scheint die Erfassung des materialistischen bzw. postmaterialistischen Werteklimas einer Gemeinde ein schwieriges Vorhaben zu sein. Schließlich handelt es sich um ein Merkmal des gesellschaftlichen Umfelds, das sich einer direkten Beobachtung entzieht. Nach Welzel (2003) ermöglichen allerdings aggregierte Individualmerkmale verlässliche Rückschlüsse auf kulturelle Aspekte einer Gesellschaft (siehe auch Rippl/Seipel 2008, 156-157; Gerhards 2006, 32; Pickel 2003, 157-161). Dieser Auffassung wird an dieser Stelle gefolgt und das postmaterialistische bzw. materialistische Werteklima einer Gemeinde durch die Aggregation von Individualangaben erfasst. Der Anteil der Postmaterialisten bzw. Materialisten dient als Indikator für das Werteklima der Gemeinde.[152]

Bei der EiK-Bürgerbefragung wird die individuelle Wertorientierung mit dem klassischen Vier-Item-Katalog nach Inglehart erhoben (siehe ausführlich Kapitel 4.2.2). Auf Grundlage der individuellen Wertorientierung wird für jede Gemeinde der Anteil an Postmaterialisten bzw. Materialisten berechnet. Wie aus Tabelle 69 hervorgeht, variiert der Anteil beider Wertetypen erheblich zwischen den Gemeinden. Mit 22,3 Prozent ist in Viernheim der geringste Anteil an Postmaterialisten zu verzeichnen, dagegen liegt er in Bickenbach bei 38,3 Prozent. Beim Anteil der Materialisten sind die Unterschiede zwischen den Gemeinden geringer. In Erzhausen liegt er bei 4,8 Prozent, in Wolfhagen bei 16,8 Prozent.

Tabelle 69: Indikatoren des Werteklimas

Indikator	MW	SD	Min	Max
Anteil der Postmaterialisten (in Prozent)	27,8	3,6	22,3	38,3
Anteil der Materialisten (in Prozent)	10,0	2,3	4,8	16,8

Anmerkungen: Auf Grundlage der individuellen Wertorientierung wird für jede Gemeinde der Anteil der Postmaterialisten bzw. Materialisten berechnet. Eine Übersicht der Werte für die einzelnen Gemeinden findet sich im Anhang dieser Arbeit. Die Erhebung der individuellen Wertorientierung basiert auf dem klassischen Vier-Item-Katalog nach Inglehart (siehe Kapitel 4.2.2).

Empirische Analysen

Zur Überprüfung der Erwartungen werden Mehrebenenmodelle geschätzt. Die in Tabelle 70 dargestellten Ergebnisse belegen strukturelle Effekte des Werteklimas auf die Effektivität. Je höher das postmaterialistische Werteklima, desto schlechter werden die politischen Autoritäten bewertet. Der Koeffizient von -0,014 gibt dabei den maximalen Effekt des Werteklimas auf die Effektivität an. In der Gemeinde mit dem höchsten postmaterialistischen Werteklima (Bickenbach) ist die durchschnittliche Zufriedenheit mit der Arbeit des Europäischen Parlaments, der

---

152 Eine alternative Operationalisierungsvariante ist der lokale Stimmenanteil der Grünen. So ist aus der Wahlforschung bekannt, dass insbesondere Postmaterialisten „grün" wählen (z.B. Klein 2009; Klein/Arzheimer 1997, 671). Entsprechend könnte der lokale Stimmenanteil der Grünen genutzt werden, um das postmaterialistische Werteklima einer Gemeinde zu erheben. Die Korrelation von r=0,49 zwischen dem lokalen Stimmenanteil der Grünen bei der Bundestagswahl 2005 und des Anteils der Postmaterialisten lässt diesen Rückschluss zu. Allerdings wird die Wahl der Grünen auch noch von anderen Faktoren beeinflusst, die nicht mit der Wertorientierung in Zusammenhang stehen. Zudem deutet ein geringer Stimmenanteil für die Grünen nicht auf einen hohen Materialistenanteil hin. Zur Erfassung eines postmaterialistischen bzw. materialistischen Werteklimas wird deshalb die Aggregation von Individualdaten genutzt.

Europäischen Kommission und dem Funktionieren der Demokratie in der EU um 0,014 Punkte geringer als in der Gemeinde mit dem niedrigsten postmaterialistischen Werteklima (Viernheim). Analog ist auch der Wert der Effektivität für das materialistische Werteklima zu interpretieren. Allerdings lässt sich – entsprechend der Erwartung K26 – ein positiver Effekt belegen. Je materialistischer das Werteklima, desto höher die Effektivität. In Wolfhagen (höchstes materialistisches Werteklima) wird die Effektivität durchschnittlich um 0,012 Punkte höher bewertet als in Erzhausen (niedrigstes materialistisches Werteklima). Die Ergebnisse bestätigen damit die Erwartungen K25 und K26.

Tabelle 70: Werteklima und politische Unterstützung der EU

	Effektivität	Identifikation
Kontextmerkmale		
postmaterialistisches Werteklima	-0,014*	0,005
materialistisches Werteklima	0,012[#]	-0,005

Anmerkungen: Mehrebenenanalyse mit einer Restricted-Maximum-Likelihood-Schätzung. Bei den ausgewiesenen Schätzungen sind die relevanten Variablen der Individualebene enthalten (siehe Abschnitt 5.1). Alle Variablen sind auf eine 0-1-Skala umgerechnet. 0 ist der niedrigste Wert der Variable, 1 ist die höchste Ausprägung der Variable. Die Koeffizienten geben damit den Effekt vom Minimal- zum Maximalwert eines Indikators an. #=p<0,10; *=p<0,05; **=p<0,01; ***=p<0,001. Zur Kodierung der abhängigen Variablen siehe Kapitel 3.3.

Die Erwartungen K27 und K28, die einen Einfluss des Werteklimas auf die Identifikation postuliert haben, können allerdings nicht bestätigt werden. Die Vorzeichen der Koeffizienten entsprechen zwar den Erwartungen, die Effekte lassen sich allerdings statistisch nicht absichern. Danach geht vom Werteklima kein struktureller Effekt auf die Identifikation aus.

Bei den durchgeführten Analysen wurde die individuelle Wertorientierung nicht berücksichtigt, da bei den erweiterten Individualanalysen entsprechende Zusammenhänge zwischen postmaterialistischer bzw. materialistischer Wertorientierung und politischer Unterstützung der EU nicht nachweisbar waren (siehe Kapitel 4.5). Das Werteklima basiert allerdings auf der Aggregation der individuellen Wertorientierungen. Um die Ergebnisse abzusichern, werden auch Mehrebenenanalysen mit der individuellen Werteorientierung als Prädiktor der Effektivität und Identifikation geschätzt. Die Ergebnisse dieser Schätzungen sind mit den berichteten Befunden vergleichbar. Während die Zusammenhänge zwischen der individuellen Wertorientierung und der Effektivität statistisch nicht signifikant sind, belegen die Resultate einen strukturellen Effekt des materialistischen bzw. postmaterialistischen Werteklimas auf die Effektivität. Darüber hinaus werden auch mögliche Cross-Level-Interaktionen zwischen der individuellen Wertorientierung und dem Werteklima untersucht. Entsprechende Wechselwirkungen zwischen der Individual- und der Kontextebene sind empirisch nicht nachweisbar.[153]

5.2.2.4 Ausländeranteil

Jederzeit ohne Grenzkontrolle ins benachbarte Ausland reisen, ein Auslandssemester in Frankreich verbringen oder einen Arbeitsplatz jenseits der nationalstaatlichen Grenzen suchen – das sind spürbare Veränderungen durch die EU. Durch den Integrationsprozess kommen Menschen aus verschiedenen Ländern, Regionen und Kulturen zusammen. Daher ist es denkbar, dass Haltungen gegenüber Ausländern auch die Haltung zur Europäischen Union beeinflussen. Durch den europäischen Binnenmarkt ist schließlich (auch) die Staatengemeinschaft für Migrationsbewegungen verantwortlich. Mit dem „Gesamtansatz für Migration und Mobilität" verfolgt die Europäische Kommission zudem das Ziel einer kohärenten und umfassenden Migrationspolitik für die Mitgliedsländer der Staatengemeinschaft (Europäische Kommission 2011b). Migrationspolitik ist damit keine Angelegenheit der einzelnen Nationalstaaten mehr, sondern ein zentrales Politikfeld der Zusammenarbeit auf europäischer Ebene (z.B. Bendel 2008; Jahn et al. 2006; Tomei 2001).

Mit Blick auf die Zustimmung der Bürger zur Europäischen Union bezeichnen de Vreese und Boomgarden (2005, 59) die Haltung gegenüber Ausländern als „key variable for understanding reluctance about integration". McLaren (2002, 353) betont, dass „Antipathy toward the EU is not just about cost/benefit calculations or about cognitive mobilization, postmaterialist values, or evaluation of the national government, but about fear of, or hostility toward, other cultures". Auf Individualebene gilt der Zusammenhang zwischen ausländerfeindlichen Einstellungen und negativer Bewertung der EU als empirisch belegt (siehe z.B. Boomgaarden et al. 2011; Braun/Tausendpfund 2011; Braun et al. 2010; Boomgaarden/Freire 2009; Garry/Tilley 2009; De Vreese et al. 2008; Elgün/Tillman 2007; Lubbers/Scheepers 2007; De Vreese/Boomgarden 2005).[154]

---

153 Bei den Analysen wurde auch ein Einfluss der Wertefragmentierung auf die politische Unterstützung der EU untersucht. Dafür wurde für jede Gemeinde die Wertefragmentierung berechnet, die zwischen 1,91 (Kelkheim) und 2,41 (Wolfhagen) liegt. Die Berechnung der Wertefragmentierung erfolgte dabei analog zur Berechnung der religiösen Fragmentierung. Die Anteilswerte für Postmaterialisten, Materialisten und Mischtyp wurden zunächst quadriert und anschließend addiert. Die Summe wurde anschließend durch ‚1' dividiert. Der Wert ‚1' entspricht damit der geringsten Fragmentierung. Ein Effekt der Wertefragmentierung auf europäische Orientierungen kann nicht belegt werden.
154 Mit den EiK-Daten kann der Zusammenhang zwischen Einstellungen gegenüber Ausländern und europäischen Orientierungen allerdings nicht auf Individualebene untersucht

Neben der individuellen Einstellung gegenüber Immigranten könnte auch die Präsenz von Ausländern eine Rolle bei der Bewertung der EU spielen. So kann sich der Anteil an Immigranten auf die Kontaktmöglichkeiten auswirken oder auch die Aufmerksamkeit für das Thema Immigration beeinflussen. Mit der Kontakthypothese und der These der Gruppenbedrohung lassen sich zwei theoretische Zugänge unterscheiden, die häufig herangezogen werden, um die Beziehung zwischen Ausländeranteil und Fremdenfeindlichkeit zu erklären (für eine knappe Darstellung siehe z.B. Schneider 2008, 54-55; McLaren 2003, 912-917). Diese Ansätze können auch für die Betrachtung des Zusammenhangs zwischen Ausländeranteil und europäischen Orientierungen genutzt werden.

In der einfachsten Formulierung der Kontakthypothese führt Kontakt mit Fremden zu einem Abbau von Vorurteilen. Diese Annahme beruht auf der Überlegung, dass Vorurteile auf fehlendem oder falschem Wissen beruhen und durch Kontakt dieses Defizit verringert wird (z.B. Weins 2011, 485; Rustenbach 2010, 58). Da mit einer höheren Ausländerquote die Wahrscheinlichkeit steigt, mit Ausländern in Kontakt zu kommen, sollten sich die Vorurteile gegenüber Fremden verringern. Darauf aufbauend können Gemeinsamkeiten zwischen In- und Ausländern entdeckt, Immigranten als kulturelle Bereicherung für die Gesellschaft erfahren und mögliche Ängste, die mit dem Thema Immigration verbunden sind, verringert werden. Dies könnte sich günstig auf die Bewertung der Europäischen Union auswirken, da diese für Immigrationsprozesse verantwortlich gemacht wird. In der erweiterten Fassung der Kontakthypothese werden für eine vorurteilsreduzierende Wirkung von Kontakten allerdings mehrere Voraussetzungen genannt. Als notwendige Bedingungen für einen Abbau von Vorurteilen durch Kontakt gelten unter anderem Statusgleichheit, Kooperation sowie häufige Interaktionen innerhalb eines positiven normativen Klimas (siehe z.B. Allport 1971, 267-286; Pettigrew 1998; Jonas 1998, 133-139). Trotz dieser anspruchsvollen Voraussetzungen weisen aktuelle Forschungsergebnisse darauf hin, dass ein höherer Ausländeranteil mit geringeren Vorurteilen gegenüber Ausländern einhergeht (z.B. Weins 2009; 2011). Für die vorliegende Fragestellung lässt sich daraus ein positiver Zusammenhang zwischen Ausländerquote und europäischen Einstellungen ableiten.

Diese Überlegung steht allerdings im Widerspruch zur These der Gruppenbedrohung. Diese postuliert, dass sich Einheimische durch eine steigende Anzahl an Ausländern bedroht fühlen (z.B. Schneider 2008, 54-55). Mit ökonomischer und kultureller Bedrohung unterscheidet McLaren (2003, 915) zwei unterschiedliche Arten der Bedrohung. Erstgenanntes bezieht sich primär auf wirtschaftliche Aspekte, insbesondere die Konkurrenz auf dem Arbeitsmarkt (z.B. Quillian

werden, da aus zeitlichen Gründen entsprechende Items bei der Erhebung nicht berücksichtigt werden konnten.

1995). Zweitgenanntes meint die Bedrohung des Lebensstils durch eine Zunahme des Ausländeranteils (z.B. McLaren 2002). Lubbers und Scheepers (2007) argumentieren in diesem Zusammenhang, dass die Präsenz von Fremden, den Prozess der Kontraidentifikation anregt, der Exklusion zur Folge hat (siehe auch Scheepers et al. 2002, 18). Deshalb erwarten sie, dass „higher numbers of foreigners produce stronger social contra-identification and a consistently stronger political euro-scepticism" (Lubbers/Scheepers 2007, 647). Mit zunehmendem Ausländeranteil nimmt zudem die sozio-strukturelle Bedeutung dieser Bevölkerungsgruppe zu (Rosar 2004, 95). Auf lokaler Ebene haben Ausländer aus den EU-Mitgliedsländern die Möglichkeit, sich an den Kommunalwahlen zu beteiligen. Ein höherer Ausländeranteil könnte daher die Ängste eines möglichen Machtverlusts der einheimischen Bevölkerung verstärken.

Die vorliegenden empirischen Befunde zur Beziehung zwischen Ausländeranteil und europäischen Orientierungen sind uneinheitlich. Mit Daten des Eurobarometers belegen Gerhards und Hans (2008, 13) eine positive Relation zwischen Ausländeranteil und ablehnender Haltung einer künftigen Erweiterung (siehe auch Master/Roy 2000, 431). Ein höherer Ausländeranteil im Land geht demnach mit einer geringeren Zustimmung zu einer künftigen Erweiterung einher. Dagegen können die Arbeiten von Braun/Tausendpfund (2011), Braun et al. (2010) und Lubbers/Scheepers (2007) keine Relation zwischen der Ausländerquote und europäischen Einstellungen feststellen. Möglicherweise sind die unterschiedlichen Befunde auch auf die regionalen Unterschiede im Ausländeranteil zurückzuführen. In Deutschland konzentrieren sich Ausländer auf die westdeutschen Bundesländer und dort auf Großstädte und industrielle Ballungszentren (z.B. Geißler 2008, 231; Weins 2011, 482). Die vorliegenden Daten bieten daher eine ausgezeichnete Möglichkeit den Zusammenhang zwischen dem Ausländeranteil und europäischen Orientierungen im lokalen Kontext zu untersuchen.

Erwartungen

Aus der Kontakthypothese und der These der Gruppenbedrohung lassen sich unterschiedliche Effekte des Ausländeranteils auf europäische Einstellungen ableiten. Hinsichtlich der Effektivität lässt sich argumentieren, dass insbesondere die europäischen Autoritäten für den Anteil der Ausländer verantwortlich gemacht werden. Schließlich spielt die Staatengemeinschaft in einem Europa ohne Binnengrenzen eine immer wichtigere Rolle in den Politikfeldern Migration und Integration. Aus der Kontakthypothese lässt sich eine positive Beziehung zwischen Ausländerquote und Effektivität ableiten, aus der These der Gruppenbedrohung eine negative Relation.

    K29. Je höher der Ausländeranteil,
          desto positiver wird die Effektivität der EU bewertet.

K30. Je höher der Ausländeranteil,
desto negativer wird die Effektivität der EU bewertet.

Ein höherer Anteil an Ausländern kann dazu beitragen, Gemeinsamkeiten zwischen den Kulturen zu entdecken. Dies könnte sich günstig auf eine Kategorisierung auf nächst höherer Inklusionsebene auswirken. Beispielsweise können Personen, die sich als Deutsche im Verhältnis zu Franzosen sehen, ihre Sichtweise umstrukturieren und sich gemeinsam als Europäer wahrnehmen (z.B. Mummendey/Otten 2002, 110). Andererseits könnte ein höherer Anteil an Ausländern auch als Bedrohung der eigenen Lebensweise und Kultur wahrgenommen werden. Dies würde sich nachteilig auf eine europäische Identifikation auswirken. Daraus leiten sich folgende widersprechende Erwartungen ab:

K31. Je höher der Ausländeranteil,
desto positiver ist die Identifikation mit der EU.

K32. Je höher der Ausländeranteil,
desto negativer ist die Identifikation mit der EU.

Die bisherigen Erwartungen nehmen keine Differenzierung nach der Herkunft der Ausländer vor. Fuchs et al. (1993) haben mit Daten des Eurobarometers allerdings gezeigt, dass die Bürger nicht einfach zwischen deutscher und nichtdeutscher Herkunft differenzieren, sondern die Grenze zwischen Personen aus westeuropäischen Staaten und Menschen aus nicht-westeuropäischen Staaten verläuft. Als Ausländer werden „in erster Linie nicht (mehr) die anderen europäischen nationalstaatlichen Kollektive gesehen, sondern die nicht-europäischen ethnischen Gemeinschaften im eigenen Land" (Fuchs et al. 1993, 252). Treffen diese Überlegungen zu, dann sollte nicht etwa der allgemeine Ausländeranteil für die Haltung zur EU relevant sein, sondern vielmehr der Ausländeranteil aus den Nicht-EU-Staaten. Aus der Kontakthypothese lässt sich dabei eine positive Beziehung zwischen dem Anteil der Nicht-EU-Ausländer und europäischen Orientierungen ableiten, während die These der Gruppenbedrohung eine negative Relation postuliert. Die formulierten Erwartungen werden entsprechend präzisiert und erweitert:

K33. Je höher der Anteil der Nicht-EU-Ausländer,
desto positiver wird die Effektivität der EU bewertet.

K34. Je höher der Anteil der Nicht-EU-Ausländer,
desto negativer wird die Effektivität der EU bewertet.

Auch für die Identifikation werden die Erwartungen entsprechend spezifiziert:

K35. Je höher der Anteil der Nicht-EU-Ausländer,
desto positiver ist die Identifikation mit der EU.

K36. Je höher der Anteil der Nicht-EU-Ausländer,
desto negativer ist die Identifikation mit der EU.

2008 hatten 25 Prozent aller Ausländer im Bundesland Hessen die türkische Staatsbürgerschaft. Sie sind damit mit Abstand die größte Gruppe an Ausländern in Hessen. Die Europäische Union eröffnete im Oktober 2005 die Beitrittsverhandlungen mit der Türkei. Diese Verhandlungen stagnieren zwar derzeit,[155] aber ein EU-Beitritt der Türkei ist „zu einer realen Möglichkeit geworden" (Schoen 2008, 69).[156] Vor dem Hintergrund dieser Diskussion könnte insbesondere der Anteil der türkischen Bevölkerung eine Rolle bei der Bewertung der Europäischen Union spielen. Durch das kommunale Wahlrecht der EU-Bürger hätte ein EU-Beitritt der Türkei unter anderem Auswirkungen auf die Zusammensetzung der wahlberechtigten Bürger auf lokaler Ebene. Aus der These der Gruppenbedrohung lässt sich daher eine negative Beziehung zwischen dem Anteil der türkischen Bevölkerung ableiten, aus der Kontakthypothese dagegen eine positive Relation. Folgende Erwartungen werden für die Effektivität formuliert:

K37. Je höher der türkische Bevölkerungsanteil,
desto positiver wird die Effektivität der EU bewertet.

K38. Je höher der türkische Bevölkerungsanteil,
desto negativer wird die Effektivität der EU bewertet.

Entsprechend werden für die Identifikation folgende Erwartungen formuliert:

K39. Je höher der türkische Bevölkerungsanteil,
desto positiver ist die Identifikation mit der EU.

K40. Je höher der türkische Bevölkerungsanteil,
desto negativer ist die Identifikation mit der EU.

Operationalisierung

Informationen zum Ausländeranteil in den 28 Gemeinden bieten die amtliche Bevölkerungsfortschreibung des hessischen statistischen Landesamts und die Auszählungen aus dem Ausländerzentralregister (AZR) des Bundesverwaltungsamts in Köln. Beide Datenquellen weisen hinsichtlich der Methodik zwar Gemeinsamkeiten aber auch Unterschiede auf, so dass die Ergebnisse beider Daten-

---

155 Ausführliche Informationen zu den Beitrittsverhandlungen der EU mit der Türkei finden sich auf der Homepage der Europäischen Kommission unter http://ec.europa.eu/enlargement/candidate-countries/turkey/index_de.htm (15.12.2011).
156 Mittlerweile liegen mehrere Veröffentlichungen vor, die sich mit den Einstellungen der Bürger zu einem möglichen EU-Beitritt der Türkei beschäftigen (siehe z.B. Gerhards/Hans 2011; De Vreese et al. 2012; De Vreese et al. 2008; Schoen 2008; McLaren 2007b).

quellen voneinander abweichen. Tendenziell übertrifft das AZR-Ergebnis die Angaben der Bevölkerungsfortschreibung, wobei sich in der Unterteilung nach Altersgruppen teilweise gegenläufige Differenzen ergeben. Dabei ist unklar, welche Datenquelle die präziseren Informationen bietet (Hessisches Statistisches Landesamt 2010, 1). Für die vorliegende Fragestellung wirkt sich insbesondere die regionale Differenzierung der AZR-Daten nachteilig aus. Den AZR-Daten sind zwar detaillierte Informationen zu ausgewählten Staatsangehörigkeiten zu entnehmen, allerdings liegen diese Angaben lediglich auf Kreisebene vor. Die Angaben der Bevölkerungsfortschreibung stehen dagegen auf Gemeindeebene zur Verfügung, allerdings wird lediglich zwischen deutscher und nicht-deutscher Bevölkerung unterschieden. Während auf regionaler Ebene damit sehr differenzierte Angaben zum Ausländeranteil zur Verfügung stehen, kann auf lokaler Ebene nur der allgemeine Ausländeranteil ermittelt werden. Für die Erwartungen K29 bis K32 werden deshalb die Angaben des hessischen statistischen Landesamts genutzt, für die Erwartungen K33 bis K40 werden die Informationen des AZR disaggregiert. Die einzelnen Gemeinden erhalten jeweils den Anteil der Nicht-EU-Ausländer bzw. den Anteil der türkischen Bürger auf Kreisebene zugewiesen.[157]

Informationen zum Anteil der nicht-deutschen Bevölkerung in den einzelnen Gemeinden sind der hessischen Gemeindestatistik zu entnehmen. Im Zeitraum 2000 bis 2008 ist der Ausländeranteil dabei relativ stabil, die Veränderungen liegen in der Regel unter einem Prozentpunkt. Als Indikator für den Anteil der nicht-deutschen-Bevölkerung wird deshalb der Wert für das Jahr 2008 verwendet.[158] Wie der ersten Zeile in Tabelle 71 zu entnehmen ist, bestehen zwischen den 28 Kommunen erhebliche Unterschiede im Anteil der nicht-deutschen Bevölkerung. In Frielendorf liegt der Anteil bei 1,8 Prozent, in Wiesbaden bei 20,3 Prozent. In sieben Gemeinden liegt der Anteil über zehn Prozent, in elf Kommunen unter fünf Prozent. Die Wahrscheinlichkeit mit ausländischen Menschen in Kontakt zu kommen, sollte sich je nach Kontext erheblich unterscheiden.[159]

Auf Basis der AZR-Daten wird für jede Gemeinde der Anteil der Nicht-EU-Ausländer bestimmt. Dafür wird der Anteil der Nicht-EU-Ausländer bzw. der

---

157 Diese Disaggregation ist problematisch. Darauf deutet die geringe Korrelation der AZR- und HSL-Ausländeranteile hin, die bei r=0,44 liegt. Allerdings bietet die Disaggregation die einzige Möglichkeit, die Ausländeranteile auf Gemeindeebene differenzierter zu erfassen.
158 Die Korrelation zwischen dem Anteil der nicht-deutschen Bevölkerung für die Jahre 2000 bis 2008 und dem Anteil 2008 liegt bei r=0,99.
159 Die GfK-Bevölkerungsstrukturdaten beinhalten Informationen zum Anteil der ausländischen Haushalte an allen Haushalten einer Gemeinde. Die Korrelation zwischen dem Anteil der ausländischen Bevölkerung und dem Anteil ausländischer Haushalte liegt bei r=0,95.

Anteil der türkischen Mitbürger auf Kreisebene der jeweiligen Gemeinde zugespielt. Der zweiten Zeile in Tabelle 71 ist zu entnehmen, dass dieser Anteil zwischen 2,0 (Witzenhausen) und 13,6 Prozent (Helsa, Kassel und Wolfhagen) liegt. Die dritte Zeile in Tabelle 71 dokumentiert den Anteil der türkischen Bürger in einer Gemeinde. Dieser liegt zwischen 0,6 (Alsfeld) und 5,7 Prozent (Helsa, Kassel und Wolfhagen).

Tabelle 71: Indikatoren der ausländischen Bevölkerung

Indikator	MW	SD	Min	Max
Anteil der Ausländer in Prozent[1]	7,3	4,4	1,8	20,3
Anteil der Nicht-EU-Ausländer in Prozent[2]	6,3	3,4	2,0	13,6
Anteil der Türken 2008 in Prozent[2]	2,7	1,5	0,6	5,7

Anmerkungen: Eine Übersicht der Werte für die einzelnen Gemeinden findet sich im Anhang dieser Arbeit. 1) Anteil der nicht-deutschen Bevölkerung an der Gesamtbevölkerung einer Gemeinde in Prozent 2008. Quelle: Hessisches Statistisches Landesamt. Hessische Gemeindestatistik. Ausgewählte Strukturdaten aus Bevölkerung und Wirtschaft. Wiesbaden. 2) Hessisches Statistisches Landesamt. Statistische Berichte. Ausländer in Hessen am 31. Dezember 2008.

Empirische Analysen

Zur Überprüfung der formulierten Erwartungen werden Mehrebenenanalysen geschätzt, bei denen neben den relevanten Individualmerkmalen jeweils ein Kontextmerkmal aufgenommen wird. Die in Tabelle 72 dokumentierten Ergebnisse können einen Zusammenhang zwischen dem Ausländeranteil und der Effektivität nicht belegen. Weder der reine Ausländeranteil noch der Anteil der Nicht-EU-Ausländer oder der Anteil der türkischen Bevölkerung haben einen Einfluss auf die Zufriedenheit der Bürger mit der Arbeit des Europäischen Parlaments, der Europäischen Kommission und dem Funktionieren der Demokratie in der EU. Die Erwartungen K29 und K30, K33 und K34 sowie K37 und K38 sind damit widerlegt. Der Ausländeranteil hat keinen Effekt auf die Bewertung der Effektivität.

Tabelle 72: Ausländische Bevölkerung und politische Unterstützung der EU

	Effektivität	Identifikation
Kontextmerkmale		
Anteil der Ausländer in Prozent	-0,002	0,019**
Anteil der Nicht-EU-Ausländer in Prozent	-0,004	0,011#
Anteil der Türken in Prozent	-0,003	0,009

Anmerkungen: Mehrebenenanalyse mit einer Restricted-Maximum-Likelihood-Schätzung. Bei den ausgewiesenen Schätzungen sind die relevanten Variablen der Individualebene enthalten (siehe Abschnitt 5.1). Alle Variablen sind auf eine 0-1-Skala umgerechnet. 0 ist der niedrigste Wert der Variable, 1 ist die höchste Ausprägung der Variable. Die Koeffizienten geben damit den Effekt vom Minimal- zum Maximalwert eines Indikators an. #=p<0,10; *=p<0,05; **=p<0,01; ***=p<0,001. Zur Kodierung der abhängigen Variablen siehe Kapitel 3.3.

Die Ergebnisse der Mehrebenenanalysen können allerdings einen Zusammenhang zwischen dem Anteil der Ausländer bzw. dem Anteil der Nicht-EU-Ausländer und der Verbundenheit mit der Europäischen Union belegen.[160] In Gemeinden mit einem höheren Ausländeranteil zeigen die Bürger eine größere Identifikation mit der Staatengemeinschaft. Die Ergebnisse bestätigen damit die Erwartungen K31 und K35, entsprechend sind die Erwartungen K32 und K36 widerlegt. Die positive Beziehung zwischen dem Anteil der türkischen Bevölkerung und der Identifikation lässt sich hingegen statistisch nicht absichern. Die Erwartungen K39 und K40 lassen sich damit nicht belegen.

Die vorliegenden Befunde bieten damit durchaus Evidenz für die These, dass ein höherer Anteil an Ausländern dazu beiträgt, Gemeinsamkeiten zwischen den Kulturen zu entdecken, die sich günstig auf die Identifikation der EU auswirken. Offensichtlich ist der positive Zusammenhang zwischen Ausländeranteil und europäischen Orientierungen aber auf die Identifikation mit der Staatengemeinschaft beschränkt. Schließlich lässt sich für die Effektivität keine entsprechende Beziehung nachweisen. Befunde von Gerhards/Hans (2008) weisen allerdings auf eine negative Relation zwischen Ausländeranteil und der Zustimmung zur weiteren Europäischen Integration hin. Dies verdeutlicht die Notwendigkeit bei der Analyse der europäischen Orientierungen zwischen verschiedenen Formen der politischen Unterstützung zu differenzieren.

---

160 Zur Validierung der Ergebnisse wurden auch Mehrebenenanalysen mit dem Anteil der EU-Ausländer je Gemeinde geschätzt. Die Ergebnisse sind mit den vorliegenden Befunden vergleichbar. Zwischen der Effektivität und dem Anteil der EU-Ausländer besteht keine Relation, dagegen lässt sich für die Identifikation eine positive Beziehung nachweisen.

5.2.2.5 Zusammenfassung

Tabelle 73 bietet eine Übersicht der Erwartungen und Befunde zum Einfluss des gesellschaftlichen Umfelds auf die Effektivität und Identifikation.[161] Lediglich fünf der 21 Erwartungen werden bestätigt. Zwei Erwartungen beziehen sich auf die Effektivität, drei Erwartungen auf die Identifikation. Das Werteklima beeinflusst die individuelle Zufriedenheit mit der Arbeit des Europäischen Parlaments, der Europäischen Kommission und dem Funktionieren der Demokratie in der EU. Dabei übt ein postmaterialistisches Werteklima einen negativen, ein materialistisches Werteklima einen positiven Effekt auf die Effektivität aus (Erwartungen K25 und K26). Bei der Analyse der Identifikation wurden drei signifikante Kontextmerkmale identifiziert. Eine höhere religiöse Fragmentierung (Erwartung K23) fördert die Identifikation mit der politischen Gemeinschaft. Ebenso entfaltet ein höherer Anteil der nicht-deutschen Bevölkerung bzw. ein höherer Anteil an Nicht-EU-Ausländern (Erwartungen K29 und K30) eine positive Wirkung auf die Verbundenheit mit der Staatengemeinschaft.

Tabelle 73: Erwartungen und Befunde zum gesellschaftlichen Umfeld

	Effektivität		Identifikation	
	E	B	E	B
Erwartungen K19 bis K22				
Städtepartnerschaftliche Beziehungen	+/-	0	+	0
Erwartungen K23 bis K24				
religiöse Fragmentierung	+	0	+	+
Erwartungen K25 bis K28				
postmaterialistisches Werteklima	-	-	+	0
materialistisches Werteklima	+	+	-	0
Erwartungen K29 bis K40				
Anteil der nicht-deutschen Bevölkerung	+/-	0	+/-	+
Anteil der Nicht-EU-Ausländer	+/-	0	+/-	+
Anteil der türkischen Bevölkerung	+/-	0	+/-	0

Anmerkungen: +=positiver Effekt; -=negativer Effekt; ?=unklare Erwartung; ./.=keine Erwartung; 0=kein Effekt beobachtet; ()=Effekt eingeschränkt beobachtet.

---

161 Über die dokumentierten Schätzungen hinaus wurde noch eine Vielzahl weiterer Modelle mit Interaktionseffekten zwischen Kontext und Individualebene (Cross-Level-Interaktionen) berechnet. Auf die Darstellung dieser Ergebnisse wird allerdings verzichtet, da keine Interaktion auf dem Zehn-Prozent-Signifikanzniveau abzusichern ist.

Die signifikanten Kontextmerkmale werden abschließend in einem gemeinsamen Modell aufgenommen, um die Relevanz der einzelnen Kontextmerkmale unter Berücksichtigung der anderen Faktoren zu prüfen. Die in Tabelle 74 dokumentierten Ergebnisse belegen einen negativen Einfluss eines postmaterialistischen Werteklimas auf die Effektivität und einen positiven Effekt der religiösen Fragmentierung auf die Identifikation. Die Erwartungen K24 und K25 bestätigen sich damit auch im erweiterten Modell. Dagegen sind die Effekte eines materialistischen Werteklimas und des Anteils der ausländischen Bevölkerung nicht mehr nachweisbar. Die Aufnahme der Kontextmerkmale verringert in beiden Fällen die Intraklassenkorrelation; die Likelihood-Ratio-Tests sind nicht signifikant.

Tabelle 74: Gesellschaftliches Umfeld und politische Unterstützung der EU

	Effektivität	Identifikation
Kontextmerkmale		
postmaterialistisches Werteklima	-0,012*	–
materialistisches Werteklima	0,008	–
religiöse Fragmentierung	–	0,021**
Anteil der nicht-deutschen Bevölkerung	–	0,003
Anteil der Nicht-EU-Ausländer	–	0,002
Modellkennwerte		
Individualvarianz	0,000	0,025
Kontextvarianz	0,000	0,000
Intraklassenkorrelation	0,001	0,000
Fallzahl (Gemeinden)	11.467 (28)	11.539 (28)

Anmerkungen: Mehrebenenanalyse mit einer Restricted-Maximum-Likelihood-Schätzung. Bei den ausgewiesenen Schätzungen sind die relevanten Variablen der Individualebene enthalten (siehe Abschnitt 5.1). Alle Variablen sind auf eine 0-1-Skala umgerechnet. 0 ist der niedrigste Wert der Variable, 1 ist die höchste Ausprägung der Variable. Die Koeffizienten geben damit den Effekt vom Minimal- zum Maximalwert eines Indikators an. #=p<0,10; *=p<0,05; **=p<0,01; ***=p<0,001. Zur Kodierung der abhängigen Variablen siehe Kapitel 3.3.

5.2.3 Wirtschaft

Die kommunale Verschuldung oder auch die lokale Arbeitslosigkeit haben vielfältige Auswirkungen auf die Situation vor Ort. Bei einer hohen Verschuldung verringern sich die Gestaltungs- und Handlungsspielräume der lokalen Politik, zentrale Entscheidungen der Gemeinde werden dann in zunehmender Weise von Aufsichtsbehörden getroffen. Dies bleibt natürlich nicht ohne Konsequenzen für das lokale Leistungsangebot: Notwendige Straßensanierungen werden verschoben, die Öffnungszeiten der Bibliothek reduziert und die Vereinsförderung verringert. Arbeitslosigkeit hat nicht nur individuelle Auswirkungen, sondern auch Folgen für die Gemeinde. Sie begünstigt soziale Konflikte und kann allgemein Existenzängste in einer Gemeinde schüren. Die Verantwortung für die wirtschaftliche Situation schreiben die Bürger den Repräsentanten des politischen Systems zu, da diese regulierend und steuernd in den Wirtschaftsprozess eingreifen (z.b. Franz 1985, 64; siehe auch Sturm 1995).[162] Zudem betonen auch Parteien und Politiker immer wieder ihre wirtschaftspolitische Kompetenz.[163] Der wirtschaftliche Erfolg stellt daher ein wesentliches Motiv politischer Unterstützung dar (z.b. Frey/Garbers 1972, 282). Nach Castles (1998, 159) fördert eine positive Wirtschaftsentwicklung die individuelle Lebenszufriedenheit und wirkt sich dadurch günstig auf die Popularität der politisch Verantwortlichen aus (z.B. Krumpal/Vatter 2008, 93). Anders ausgedrückt: Das wirtschaftliche Umfeld beeinflusst die Zufriedenheit der Bürger mit der Politik (z.b. Anderson 1995; Norpoth et al. 1991).[164]

Dies gilt nicht nur für die lokale oder nationalstaatliche Ebene, sondern auch für die Bewertung der Europäischen Union. Schließlich zielten die Gründungen der Europäischen Gemeinschaft für Kohle und Stahl sowie der Europäischen Wirtschaftsgemeinschaft, die Schaffung eines Europäischen Binnenmarkts und die Einführung einer gemeinsamen Währung darauf ab, „die Leistungsfähigkeit der europäischen Wirtschaft in den Weltmärkten über die Stärkung des Wettbewerbs zu verbessern" (Castles 1998, 159). Anderson und Reichert (1995) bezeichnen die Staatengemeinschaft als ökonomischen Zweckverband, der für Marktöffnung und freien Wettbewerb steht (siehe auch Enzensberger 2011, 43-49).[165] Danach ist die EU „first and foremost, an economic union and trade or-

---

162 Diese Sichtweise ist umstritten. Nach Richard S. Morris, dem früheren Berater von Bill Clinton, sei gerade in wirtschaftlichen Fragen der Handlungsspielraum der Politik sehr beschränkt und die Bürger seien sich dessen bewusst (Faas/Rattinger 2003, 206). Schimank (2009, 330-331) vertritt die These der Dominanz der Wirtschaft über die übrige Gesellschaft. Eine Übersicht verschiedener Positionen zum Verhältnis Wirtschaft und Politik bieten Schmid et al. (2006, 18-20).
163 Der SPD-Kanzlerkandidat Gerhard Schröder erklärte vor der Bundestagswahl 1998: „Wenn wir es nicht schaffen, die Arbeitslosenquote signifikant zu senken, dann haben wir es weder verdient, wiedergewählt zu werden, noch werden wir wiedergewählt" (Der Spiegel 1998, 39-40). Für weitere Beispiele siehe den Beitrag von Beckmann et al. (2011, 232-234).
164 Der Einfluss des wirtschaftlichen Umfelds auf individuelle Einstellungen und Verhaltensweisen wird insbesondere in der Wahlforschung untersucht. Für eine Literaturübersicht siehe z.B. Jung (1985), Lewis-Beck/Stegmaier (2007) oder Rattinger (2009, 87-89). Neuere Analysen haben Steiner/Steinbrecher (2012) und Bellucci/Lewis-Beck (2011) vorgelegt.
165 Auch der Vertrag über die Europäische Union betont ökonomische Ziele. So heißt es in Artikel 3, Punkt 3 (Bundeszentrale für politische Bildung 2010, 34): „Die Union errichtet

ganization" (Anderson/Reichert 1995, 232). Das ökonomische Ziel der Europäischen Union lässt daher vermuten, dass „auch die politische Unterstützung dieses Projektes in einem hohen Maße von der Leistungsfähigkeit der europäischen Wirtschaft abhängt" (Castles 1998, 159). Eine ähnliche Sichtweise vertreten Inglehart und Rabier (1978, 69), wonach „favorable economic payoffs are conducive to – and perhaps even essential to – the processes of national and supranational integration".

Nach der Logik des „sociotropic voting" beeinflusst das wirtschaftliche Umfeld die Bewertung politischer Objekte. Als Erklärung für zwischenstaatliche und regionale Unterschiede in der Unterstützung der EU wird daher häufig auf die wirtschaftliche Situation verwiesen. In Zeiten wirtschaftlicher Prosperität steigt die Zustimmung zur Staatengemeinschaft, der Rückgang der Unterstützung ist dagegen auf eine ungünstige Wirtschaftslage zurückzuführen (für zwischenstaatliche Unterschiede siehe z.B. Eichenberg/Dalton 1993; 2007; für regionale Unterschiede siehe z.B. Schmidberger 1997b). Das wirtschaftliche Umfeld unterscheidet sich allerdings nicht nur zwischen Staaten und Regionen, sondern auch zwischen Gemeinden existieren erhebliche Disparitäten. Daher kann auch vom lokalen wirtschaftlichen Umfeld ein struktureller Effekt auf die Haltung zur EU ausgehen. Drei Aspekte des wirtschaftlichen Umfelds werden berücksichtigt: die Finanzsituation der Gemeinden (Kapitel 5.2.3.1), die lokale Wirtschaftslage (Kapitel 5.2.3.2) und die EU-Transferzahlungen (Kapitel 5.2.3.3). Ein abschließendes Kapitel (5.2.3.4) fasst die wesentlichen Befunde zusammen.

5.2.3.1 Finanzsituation der Gemeinden

Kommunen gestalten das Leben vor Ort. Sie sollen Wohnraum zur Verfügung stellen, die Ansiedlung von Firmen fördern und Straßen sanieren. Auch Kinderbetreuung, Jugendcafés oder Seniorentreffs sowie der Bau und die Unterhaltung von kulturellen und sportlichen Einrichtungen sind Angelegenheiten der Gemeinden. Die Finanzierung dieser vielfältigen Aufgaben erfolgt zu großen Teilen aus den kommunalen Haushalten (siehe z.B. Naßmacher/Naßmacher 2007, 136-200; Karrenberg/Münstermann 1998; Walter-Rogg et al. 2005, 415-428). In den vergangenen Jahren hat sich die Finanzsituation der Gemeinden allerdings deut-

---

einen Binnenmarkt. Sie wirkt auf die nachhaltige Entwicklung Europas auf der Grundlage eines ausgewogenen Wirtschaftswachstums und von Preisstabilität, eine in hohem Maße wettbewerbsfähige soziale Marktwirtschaft, die auf Vollbeschäftigung und sozialen Fortschritt abzielt, sowie ein hohes Maß an Umweltschutz und Verbesserung der Umweltqualität hin. Sie fördert den wissenschaftlichen und technischen Fortschritt."

lich verschlechtert (siehe z.B. Holtkamp 2011; Naßmacher 2011; Vetter/Holtkamp 2008). Die hessischen Gemeinden hatten 2010 bundesweit das größte Finanzierungsdefizit (Hessischer Städtetag 2011); in einer gemeinsamen Erklärung bezeichnen der Hessische Städtetag, der Hessische Landkreistag und der Hessische Städte- und Gemeindebund (2011) die Finanzlage der Kommunen als „katastrophal". Die kommunale Finanzsituation unterscheidet sich dabei erheblich zwischen den 28 Kommunen. Dabei kann die Finanzlage auch einen Einfluss auf die Effektivität und Identifikation entfalten.

Erwartungen

Eine angespannte lokale Haushaltslage hat vielfältige Konsequenzen: Auf der einen Seite verringert eine schlechte Finanzsituation den Gestaltungs- und Handlungsspielraum vor Ort. Wesentliche Entscheidungen werden dann nicht mehr im Gemeinderat getroffen, sondern von der Aufsichtsbehörde. Nach Slawig (2011, 4) ist diese Situation besonders deshalb problematisch, weil dann insbesondere die Politiker, „die dem Bürger am nächsten sind, immer weniger selbst entscheiden dürfen". Diese „Entmachtung" der gewählten Repräsentanten auf lokaler Ebene hat dabei möglicherweise auch Konsequenzen für die Bewertung auf höheren politischen Ebenen. Auf der anderen Seite können in Abhängigkeit der kommunalen Finanzsituation entweder mehr oder weniger Leistungen angeboten werden (Ladner/Bühlmann 2007, 36). Dadurch kann sich eine angespannte Haushaltslage auch auf die Zufriedenheit der Bürger mit der Politik auswirken. Da die übergeordneten politischen Ebenen für die lokale Finanzausstattung eine Mitverantwortung tragen (siehe z.B. Häußermann et al. 2008, 281), sollten solche Effekte nicht auf die lokale Ebene begrenzt bleiben. Deshalb wird folgende Erwartung formuliert:

> **K41.** Je schlechter die Finanzsituation der Gemeinde,
> desto negativer wird die Effektivität der EU bewertet.

Die Auswirkungen der lokalen Finanzsituation müssen allerdings nicht auf die Effektivität beschränkt bleiben. Zum einen könnten Einschränkungen bei den freiwilligen Leistungen (z.B. Vereinsförderung) Gefühle der Entfremdung und Isolierung fördern. Zum anderen kann eine schlechte Finanzsituation auch auf eine mangelnde Solidarität der übergeordneten politischen Ebenen zurückgeführt werden. Daher wird folgende Erwartung formuliert:

> **K42.** Je schlechter die Finanzsituation der Gemeinde,
> desto negativer ist die Identifikation mit der EU.

Operationalisierung

Als Indikatoren für die Finanzsituation der Gemeinde werden die kommunale Verschuldung und die Gewerbesteuereinnahmen ausgewählt. Je höher die Verschuldung, desto geringer dürfte der kommunalpolitische Handlungsspielraum sein, da mit zunehmender Verschuldung die Zinsbelastung steigt und Auflagen der Aufsichtsbehörde bei kommunalen Ausgaben berücksichtigt werden müssen. Für die kommunalen Einnahmen hat die Gewerbesteuer eine große Bedeutung (Walter-Rogg et al. 2005, 420). Bei geringen Gewerbesteuereinnahmen müssen Investitionen verschoben oder durch neue Schulden finanziert werden. Da insbesondere die Gewerbesteuereinnahmen konjunkturellen Schwankungen unterworfen sind, werden neben den Werten zum 31. Dezember 2008 auch die Mittelwerte von 2000 bis 2008 berücksichtigt. Wie aus Tabelle 75 ersichtlich, unterscheidet sich die Finanzsituation der 28 Kommunen erheblich. Die Pro-Kopf-Verschuldung zum 31. Dezember 2008 liegt bei einem Mittelwert von knapp 1000 Euro zwischen 183 (Reiskirchen) und 3894 Euro (Frielendorf), die Gewerbesteuereinnahmen variieren zum 31. Dezember 2008 zwischen 48 (Helsa) und 822 Euro (Wiesbaden) je Einwohner.

Tabelle 75: Indikatoren der kommunalen Finanzlage

Indikator	MW	SD	Min	Max
Verschuldung pro Einwohner in Euro				
zum 31.12.2008	967,8	714,5	183	3894
Mittelwert von 2000 bis 2008	844,0	457,7	127,8	2138,6
Gewerbesteuereinnahmen pro Einwohner in Euro				
zum 31.12.2008	255,4	180,8	47,7	822,3
Mittelwert von 2000 bis 2008	186,1	136,2	45,1	633,4

Anmerkungen: Zusammenstellung auf Basis der vom Hessischen Statistischen Landesamt zur Verfügung gestellten Hessischen Gemeindestatistik (verschiedene Jahrgänge). Eine Übersicht der Werte für die einzelnen Gemeinden findet sich im Anhang dieser Arbeit.

In Tabelle 76 sind die Korrelationen (Pearson's r) der vier Indikatoren abgebildet. Zwischen der mittleren Verschuldung (2000 bis 2008) und dem Schuldenstand zum 31. Dezember 2008 sowie zwischen den mittleren Gewerbesteuereinnahmen (2000 bis 2008) und den Einnahmen zum 31. Dezember 2008 bestehen sehr starke und statistisch hochsignifikante Zusammenhänge. Das heißt, dass die Indikatoren fast identische Informationen widerspiegeln. Für die Analyse ist daher die Berücksichtigung jeweils eines Indikators für die Verschuldung bzw. Gewerbesteuer ausreichend. Ausgewählt wird dabei der Wert zum 31. Dezember 2008. Auffällig ist die geringe (negative) Korrelation zwischen Verschuldung und Gewerbesteuer. Offensichtlich handelt es sich um Indikatoren, die unterschiedliche Aspekte der kommunalen Finanzsituation abbilden. Mit anderen Worten: Zwischen Gewerbesteuereinnahmen und Verschuldung besteht kein Zusammenhang.

Tabelle 76: Korrelationen der Indikatoren der kommunalen Finanzlage (Pearson's r, N=28)

	Verschuldung zum 31.12.2008	Verschuldung 2000-2008	Gewerbesteuer zum 31.12.2008
Verschuldung 2000-2008	0,87***		
Gewerbesteuer zum 31.12.2008	-0,06	0,21	
Gewerbesteuer 2000-2008	-0,06	0,22	0,96***

Anmerkungen: *=p<0,05; **=p<0,01; ***=p<0,001.

Empirische Analysen

Zur Überprüfung der Erwartungen werden lineare Mehrebenenmodelle geschätzt. Neben den relevanten Individualmerkmalen wird jeweils ein Kontextmerkmal berücksichtigt, so dass insgesamt vier Berechnungen nötig sind. Die in Tabelle 77 dokumentierten Ergebnisse können einen Einfluss der lokalen Finanzsituation weder auf die Effektivität noch auf die Identifikation belegen.[166] Die Erwartungen K41 und K42 sind damit widerlegt. Die lokale Finanzsituation hat keinen strukturellen Effekt auf die Effektivität und Identifikation.

Tabelle 77: Kommunale Finanzlage und politische Unterstützung der EU

	Effektivität	**Identifikation**
Kontextmerkmale		
Verschuldung 2008 (in Euro/Einwohner)	-0,007	-0,015
Gewerbesteuer 2008 (in Euro/Einwohner)	-0,004	0,007

Anmerkungen: Mehrebenenanalyse mit einer Restricted-Maximum-Likelihood-Schätzung. Bei den ausgewiesenen Schätzungen sind die relevanten Variablen der Individualebene enthalten (siehe Abschnitt 5.1). Alle Variablen sind auf eine 0-1-Skala umgerechnet. 0 ist der niedrigste Wert der Variable, 1 ist die höchste Ausprägung der Variable. Die Koeffizienten geben damit den Effekt vom Minimal- zum Maximalwert eines Indikators an. #=p<0,10; *=p<0,05; **=p<0,01; ***=p<0,001. Zur Kodierung der abhängigen Variablen siehe Kapitel 3.3.

---

166 Neben den dargestellten Berechnungen wurden weitere Mehrebenenanalysen durchgeführt, bei denen die Verschuldung und die Gewerbesteuereinnahmen für die einzelnen Jahre von 2000 bis 2007 in den Analysen berücksichtigt wurden. Bei keiner Modellierung konnte ein statistisch signifikanter Effekt (p>0,10) festgestellt werden.

5.2.3.2 Wirtschaftslage

Das wirtschaftliche Umfeld, in dem die Menschen leben, unterscheidet sich zwischen den 28 Gemeinden. In einigen Kommunen wird Arbeitslosigkeit kaum ein Problem sein, in anderen Gemeinden werden die Menschen – direkt oder indirekt – eher damit konfrontiert sein. So mag es Menschen berühren, in einer Gemeinde mit hoher Arbeitslosigkeit zu leben, auch wenn sie selbst nicht davon betroffen sind (Engel/Simonson 2006, 304). Ähnliches gilt für Armut. Das wirtschaftliche Umfeld kann dabei das Leben in der Gemeinde in vielfältiger Weise beeinflussen. Ein angespanntes wirtschaftliches Umfeld kann Konflikte zwischen sozialen Gruppen verschärfen, da Ressourcen (z.B. Arbeitsplätze) knapp sind. Auch Abwanderung von Fachkräften, geringere Investitionen, höhere Kriminalität und ein geringeres Einzelhandelsangebot können die Folge sein. Deshalb leben Menschen auch lieber in einem Umfeld, dem es wirtschaftlich gut geht (Faas 2010, 50). Eine positive Wirtschaftslage kann sich dabei auch günstig auf die Zufriedenheit mit der Politik auswirken (z.B. Bühlmann 2006, 164-165; Ladner/ Bühlmann 2007, 195).

Bisherige Forschungsarbeiten haben den Zusammenhang zwischen Wirtschaftslage und europäischen Einstellungen allerdings nur auf nationalstaatlicher und regionaler Ebene untersucht. Trotz zahlreicher Studien sind die vorliegenden empirischen Befunde widersprüchlich (siehe für eine Übersicht Schmidberger 1997a, 28-32): Manchmal fördert eine positive Wirtschaftslage die Zustimmung zur Europäischen Union, manchmal aber auch nicht. So können Inglehart und Rabier (1978) eine positive Beziehung zwischen dem nationalen Index der Industrieproduktion und proeuropäischen Orientierungen sowie einen negativen Zusammenhang zwischen der nationalen Inflationsrate und der Unterstützung der EU nachweisen. Mit einer Aggregatdatenanalyse belegen Eichenberg und Dalton (1993) ebenfalls eine negative Relation zwischen der nationalen Inflationsrate und der EU-Bewertung sowie einen positiven Zusammenhang zwischen der Handelsbilanz und der Unterstützung der Europäischen Union. In einer neueren Studie räumen Eichenberg und Dalton (2007) allerdings ein, dass der Einfluss ökonomischer Faktoren auf europäische Einstellungen schwächer ist als in früheren Arbeiten angenommen und sich über die Zeit auch abgeschwächt hat. Nach dem Maastrichter Vertrag lässt sich zudem kein Effekt der Inflationsrate auf die Unterstützung der EU mehr nachweisen (siehe für weitere Arbeiten zu einem Einfluss nationaler ökonomischer Faktoren auf europäische Einstellungen z.B. Lubbers/Scheepers 2010; 2007; Braun et al. 2010; Garry/Tilley 2009; Hooghe/Marks 2004; Anderson/Kaltenthaler 1996; Anderson/Reichert 1995). Mit Blick auf regionale Unterschiede in der Zustimmung zur Europäischen Union kann Schmidberger (1997a) eine positivere Bewertung der EU in strukturschwachen Gebieten nachweisen. Gabel und Whitten (1997, 90-91) sowie Duch und Tayler (1997, 73) haben den Einfluss regionaler Wirtschaftsindikatoren auf die Zustimmung zur EU untersucht. Die Ergebnisse sind widersprüchlich. Während Duch und Tayler eine negative Relation zwischen regionaler Arbeitslosenquote und proeuropäischen Orientierungen belegen, können Gabel und Whitten eine positive Beziehung nachweisen. Einen Zusammenhang zwischen dem regionalen Wirtschaftswachstum und Zustimmung zur EU können beide Arbeiten nicht belegen. Bosch und Newton (1995) stellen die Relation zwischen der Wirtschaftslage und europäischen Orientierungen grundsätzlich in Frage. Ihre Ergebnisse sind mit den Resultaten von Treiber-Reif und Schmitt (1990) vereinbar, die die Beziehung zwischen ökonomischen Indikatoren und Bewertung der EU als „weak and casual" bezeichnen (Treiber-Reif/Schmitt 1990, 45).

Die widersprüchlichen Befunde führt Schmidberger (1997b, 109) darauf zurück, dass in den Studien nicht zwischen verschiedenen Unterstützungsarten unterschieden wurde. Nach seinen Ergebnissen begünstigt eine positive Wirtschaftslage die Zufriedenheit mit den politischen Autoritäten, hat aber keinen Effekt auf die Legitimität des Regimes und die Identifikation mit der politischen Gemeinschaft. Diese Ergebnisse sind mit dem Konzept der politischen Unterstützung vereinbar. Danach erfolgt die Unterstützung der politischen Autoritäten primär auf Basis nutzenspezifischer Überlegungen, während die Unterstützung der Legitimität auf moralischen und der Identifikation auf expressiven Motiven beruht (Fuchs 1989, 21-32; siehe auch Kapitel 3.2). Zudem können sich die widersprüchlichen Befunde auch auf die Heterogenität des nationalen und regionalen wirtschaftlichen Umfelds zurückführen lassen. Beide Kontextebenen stellen kein homogenes wirtschaftliches Umfeld dar, das heißt innerhalb des nationalen und regionalen Umfelds lassen sich in der Regel erhebliche Unterschiede in der Wirtschaftslage nachweisen (z.B. Kunz 2012; Niebuhr et al. 2012; siehe auch den Abschnitt Operationalisierung). Dadurch können sich positive bzw. negative Effekte des wirtschaftlichen Kontexts auf europäische Orientierungen abschwächen bzw. überlagern.

Mit dem vorliegenden Datenmaterial kann beiden Einwänden begegnet werden. Bei der politischen Unterstützung wird zwischen der Effektivität und Identifikation unterschieden, da auch bei Berücksichtigung der relevanten Individualmerkmale noch (geringe) Unterschiede zwischen den Gemeinden nachweisbar waren. Mit der lokalen Wirtschaftslage wird zudem der Einfluss des unmittelbaren wirtschaftlichen Umfelds auf die europäischen Orientierungen untersucht. Durch die räumliche Nähe könnte die lokale Wirtschaftslage zudem eine stärkere Wirkung auf politische Orientierungen entfalten als das regionale oder nationalstaatliche Umfeld. Schließlich können sich die Menschen durch Beobachtung und Interaktionen selbst ein Bild von dem Umfeld machen, in dem sie leben (Books/Prysby 1999, 4).

Erwartungen

Mit Castles (1998, 159) lässt sich argumentieren, dass sich eine positive Wirtschaftslage günstig auf die politische Unterstützung auswirkt. Dies gilt insbesondere für die Zufriedenheit der Bürger mit den Leistungen der politischen Autoritäten, da diese regulierend und steuernd in den Wirtschaftsprozess eingreifen. Wirtschaftlicher Erfolg und Misserfolg wird daher am ehesten konkreten Politikern zugeschrieben. In Zeiten von Europäisierung und Globalisierung werden Bürger die Verantwortung für die Wirtschaftslage nicht in erster Linie den lokalen Autoritäten zuschreiben, sondern Akteuren auf nationaler und europäischer Ebene. Aus dieser Argumentation lässt sich folgende Erwartung ableiten:

K43. Je besser die Wirtschaftslage, desto positiver wird die Effektivität der EU bewertet.

Die Identifikation mit der politischen Gemeinschaft beruht zwar nicht primär auf nutzenspezifischen Überlegungen, allerdings könnte sich die Wirtschaftslage auch auf die Verbundenheit mit der politischen Gemeinschaft auswirken. Leidet eine Gemeinde unter wirtschaftlichen Problemen (z.B. hohe Arbeitslosigkeit), dann kann dies die soziale Integration und soziale Kohäsion negativ beeinflussen. Ein wirtschaftlich positives Umfeld sollte sich dagegen günstig auf die Lebensqualität auswirken, die wiederum die Verbundenheit mit der politischen Gemeinschaft fördern könnte. Folgende Erwartung wird formuliert:

K44. Je besser die Wirtschaftslage, desto positiver ist die Identifikation mit der EU.

Operationalisierung

Zur Messung der lokalen Wirtschaftslage werden vier Indikatoren ausgewählt: Die Arbeitslosenquote, die Hilfequote, die Kaufkraft sowie der Anteil der Haushalte in einer Gemeinde mit einem Haushaltsnettoeinkommen von über 4000 Euro im Monat.

Die Arbeitslosenquote ist der Anteil der registrierten Arbeitslosen an der Gesamtzahl der zivilen Erwerbspersonen (Erwerbstätige und Arbeitslose) und ein gängiger volkswirtschaftlicher Indikator, der eine allgemeine Aussage über die wirtschaftliche Situation erlaubt.[167] Zum einen spielt die Erwerbstätigkeit im Leben der meisten Menschen eine zentrale Rolle zur Sicherung des Lebensunterhalts, zum anderen könnte eine hohe Arbeitslosigkeit das Konfliktpotenzial sozi-

---

167 Nach Lewis-Beck und Paldam (2000, 117) gehören Arbeitslosigkeit und Inflation zu den „big two" im Economic-voting-Ansatz. Für die Wahlentscheidung sei die Arbeitslosigkeit die wichtigere Erklärungsgröße: „As inflation has virtually disappeared in the West during the last decade, unemployment has soared to the center stage as an explanatory variable."

aler Gruppen verstärken. Eine hohe Arbeitslosigkeit deutet daher auf eine ungünstige Wirtschaftslage hin, da von Arbeitslosigkeit betroffene Menschen auf staatliche Unterstützung zur Finanzierung des Lebensunterhalts angewiesen sind. Für die Analysen stehen bedauerlicherweise erst Angaben zur lokalen Arbeitslosenquote ab Mai 2007 zur Verfügung.[168] Ein zeitlich verzögerter und/oder ein Effekt der Entwicklung der lokalen Arbeitslosenquote auf europäische Orientierungen kann daher nicht analysiert werden. Für die Analysen werden die Angaben des Jahres 2008 verwendet, da zur Berechnung der mittleren Arbeitslosenquote alle Monate berücksichtigt werden können.[169] Wie aus der ersten Zeile in Tabelle 78 zu entnehmen, unterscheidet sich die durchschnittliche Arbeitslosigkeit im Jahr 2008 erheblich zwischen den 28 hessischen Gemeinden. In Eppstein und Kelkheim lag die entsprechende Quote im Jahresmittel bei 3,4 Prozent, in Kassel dagegen bei 12,4 Prozent. Die Bürger leben – gemessen an der Arbeitslosenquote – in wirtschaftlich sehr unterschiedlichen Orten. Entsprechend können sie in den 28 Gemeinden auch unterschiedliche Erfahrungen mit der Arbeitslosigkeit machen. Bei Gesprächen mit Freunden und Bekannten oder auch durch Berichte in der Lokalpresse werden die Menschen in Gebieten mit hoher Arbeitslosigkeit vermutlich sehr viel häufiger mit diesem Thema konfrontiert als in Gebieten mit niedriger Arbeitslosigkeit.

Die Arbeitslosenquote berücksichtigt allerdings nur Personen, die vorübergehend nicht in einem Beschäftigungsverhältnis stehen, eine versicherungspflichtige Beschäftigung suchen und dabei den Vermittlungsbemühungen der Agentur für Arbeit zur Verfügung stehen und sich bei der Agentur für Arbeit arbeitslos gemeldet haben.[170] Nach dieser Definition kann nur eine bestimmte Population in einer Gemeinde überhaupt arbeitslos werden. Ein alternativer Indikator für die

---

168 In den Jahren 2003 bis 2005 traten in der Bundesrepublik Deutschland zahlreiche Gesetze zur Reform des Arbeitsmarkts in Kraft. Die sogenannten Hartz-Reformen zielten dabei auf eine Umstrukturierung und Reorganisation der Tätigkeit der Bundesagentur für Arbeit und eine Reform von Instrumenten der Arbeitsmarktpolitik ab. Das Vierte Gesetz für moderne Dienstleistungen am Arbeitsmarkt beinhaltete die Zusammenführung von Arbeitslosenhilfe und Sozialhilfe zum Arbeitslosengeld II. In zwölf hessischen Landkreisen sowie der Landeshauptstadt Wiesbaden erfolgte die Betreuung der Arbeitslosen ausschließlich durch die Städte oder Landkreise (optierende Kommunen). Die Bundesagentur für Arbeit ist zwar für die Arbeitsmarktstatistik verantwortlich, mit den optierenden Gemeinden kamen aber neue Akteure auf den Arbeitsmarkt. Dies wirkte sich in den ersten Jahren nach der Reform nachteilig auf die Vergleichbarkeit und die Qualität der Arbeitsmarktstatistik aus. Verlässliche Angaben zur kommunalen Arbeitslosenquote liegen zum Teil erst seit Mai 2007 vor und sind teilweise auch nicht für die Öffentlichkeit freigegeben.
169 Die Korrelation der durchschnittlichen Arbeitslosenquote 2007 und 2008 liegt bei r=0,99, so dass beide Angaben zudem nahezu identische Informationen widerspiegeln.
170 Nach § 16 des dritten Sozialgesetzbuchs, siehe unter http://dejure.org/gesetze/ SGB_III/16.html, Zugriff am 12.06.2011.

lokale Wirtschaftslage stellt daher die Hilfequote dar, die auch nicht erwerbsfähige Hilfebedürfte (z.B. Kinder) berücksichtigt.[171] Mit Blick auf die 28 Gemeinden variiert die durchschnittliche Hilfequote im Jahresdurchschnitt 2008 zwischen 3,0 (Kelkheim) und 18,0 (Kassel) Prozent. In sechs Gemeinden liegt die Hilfequote bei über zehn Prozent; der mittlere Wert liegt bei 7,9 Prozent. Insgesamt verweist der Indikator auf beträchtliche Unterschiede in der lokalen Wirtschaftslage.

Die beiden nächsten Indikatoren – die Kaufkraft und der Anteil der Haushalte in einer Gemeinde mit einem Haushaltsnettoeinkommen von über 4000 Euro im Monat – sind inhaltlich breiter angelegt und erfassen das lokale Wohlstandsniveau. Bei der Kaufkraft[172] handelt es sich um kommerzielle Daten der Firma GfK Geomarketing, die aus der Summe aller Nettoeinkünfte und staatlichen Transferleistungen berechnet wird.[173] Wie aus der dritten Zeile in Tabelle 78 hervorgeht, liegt die durchschnittliche Kaufkraft pro Einwohner zwischen 16.744 (Frielendorf) und 27.887 Euro (Kelkheim) im Jahr. Dies deutet auf erhebliche Wohlstandsunterschiede zwischen den Gemeinden hin. Ein solches Bild vermittelt auch der letzte Indikator. Dabei handelt es sich um den Anteil der Haushalte einer Gemeinde, die über ein Nettoeinkommen von über 4000 Euro verfügen. Nach den Angaben der Firma GfK Geomarketing erzielen in Kassel und Helsa 9,4 Prozent der Haushalte ein Nettohaushaltseinkommen von über 4000 Euro im Monat, dagegen liegt der Wert in Eppstein und Kelkheim bei über 60 Prozent. Dies entspricht einer Differenz von über 50 Prozentpunkten und deutet auf erhebliche Disparitäten zwischen den Kommunen hin.

---

171 Vereinfacht formuliert werden bei der Hilfequote alle hilfebedürftigen Personen nach dem SGB II (also sowohl erwerbsfähige Leistungsberechtigte als auch nicht erwerbsfähige Leistungsberechtigte) ins Verhältnis zur Bevölkerung unter 65 Jahren gesetzt. Für die genaue Definition der Hilfequote sei auf den Methodenbericht der Bundesagentur für Arbeit (2008) verwiesen.
172 Bei den GfK-Kaufkraftdaten handelt es sich um eine Projektion für das aktuelle Jahr. Für die Analysen stehen die GfK-Kaufkraftdaten 2009 zur Verfügung, die vor der Bürgerbefragung berechnet wurden.
173 Siehe für weitere Informationen http://www.gfk-geomarketing.de/marktdaten /marktdaten_nach_thema/kauf-kraft.html, Zugriff am 12.06.2011.

Tabelle 78: Indikatoren der Wirtschaftslage

Indikator	MW	SD	Min	Max
Arbeitslosenquote 2008 (in Prozent)[1]	6,1	2,3	3,4	12,4
Hilfequote 2008 (in Prozent)[2]	7,9	3,9	3,0	18,0
GfK-Kaufkraft 2009 (in Euro/Einwohner)[3]	20.230,5	2825,3	16.744,4	27.887,2
Anteil der Haushalte in einer Gemeinde (in Prozent) mit einem Haushaltsnettoeinkommen von über 4000 Euro im Monat in 2008[4]	28,0	14,0	9,4	62,6

Anmerkungen: Eine Übersicht der Werte für die einzelnen Gemeinden findet sich im Anhang dieser Arbeit. 1) Durchschnittliche Arbeitslosenquote in 2008 (in Prozent). Eigene Berechnung auf Basis der von der Statistik der Bundesagentur für Arbeit zur Verfügung gestellten Daten. 2) Durchschnittliche Hilfequote in 2008 (in Prozent). Eigene Berechnung auf Basis der von der Statistik der Bundesagentur für Arbeit und der vom Hessischen Statistischen Landesamt zur Verfügung gestellten Hessischen Gemeindestatistik zur Verfügung gestellten Daten. 3) GfK GeoMarketing. 4) Eigene Berechnung auf Basis der von der GfK GeoMarketing zur Verfügung gestellten GfK Bevölkerungsstrukturdaten 2008.

Wie die Korrelationsmatrix in Tabelle 79 verdeutlicht, bestehen zwischen den einzelnen Indikatoren starke Zusammenhänge. Arbeitslosen- und Hilfequote sowie Kaufkraft und Haushaltseinkommen korrelieren jeweils positiv. Dagegen bestehen zwischen Arbeitslosen- bzw. Hilfequote und Kaufkraft bzw. Haushaltsnettoeinkommen jeweils negative Beziehungen. Angesichts der hohen Korrelationen ist die Berücksichtigung aller vier Indikatoren nicht erforderlich. Für die Analyse werden Arbeitslosenquote und Kaufkraft ausgewählt, da sie zum einen unterschiedliche inhaltliche Aspekte abdecken und zum anderen die geringste Korrelation aufweisen.

Tabelle 79: Korrelationen der Indikatoren der Wirtschaftslage (Pearson's r, N=28)

	Arbeitslosenquote	Hilfequote	Kaufkraft
Hilfequote	0,93***		
Kaufkraft	-0,58**	-0,50**	
Haushaltsnettoeinkommen	-0,68***	-0,60***	0,90***

Anmerkungen: *=p<0,05; **=p<0,01; ***=p<0,001.

Empirische Analysen

Zur Überprüfung der formulierten Erwartungen werden lineare Mehrebenenmodelle geschätzt, bei denen neben den relevanten Individualmerkmalen jeweils ein Kontextmerkmal berücksichtigt wird. Weder für die lokale Arbeitslosenquote als klassischer volkswirtschaftlicher Indikator noch für die GfK-Kaufkraft als Indikator für den allgemeinen Wohlstand lassen sich signifikante Effekte auf die Effektivität belegen (siehe Tabelle 80). Erwartung K43 ist damit widerlegt.

Tabelle 80: Wirtschaftslage und politische Unterstützung der EU

	Effektivität	Identifikation
Kontextmerkmale		
Arbeitslosenquote 2008 (in Prozent)	0,004	-0,006
GfK-Kaufkraft 2009 (in Euro/Einwohner)	-0,007	0,024***

Anmerkungen: Mehrebenenanalyse mit einer Restricted-Maximum-Likelihood-Schätzung. Bei den ausgewiesenen Schätzungen sind die relevanten Variablen der Individualebene enthalten (siehe Abschnitt 5.1). Alle Variablen sind auf eine 0-1-Skala umgerechnet. 0 ist der niedrigste Wert der Variable, 1 ist die höchste Ausprägung der Variable. Die Koeffizienten geben damit den Effekt vom Minimal- zum Maximalwert eines Indikators an. #=p<0,10; *=p<0,05; **=p<0,01; ***=p<0,001. Zur Kodierung der abhängigen Variablen siehe Kapitel 3.3.

Die Resultate in Tabelle 80 können aber Erwartung K44 eingeschränkt bestätigen. Der Effekt der Arbeitslosenquote auf die Identifikation lässt sich statistisch zwar nicht absichern, aber tendenziell verringert eine hohe Arbeitslosigkeit die Verbundenheit mit der politischen Gemeinschaft. Der positive Effekt der Kaufkraft auf die Identifikation ist statistisch signifikant. Je wohlhabender das Gemeindeumfeld, desto stärker die individuelle Verbundenheit mit der EU. Die durchschnittliche Identifikation ist bei Berücksichtigung der Individualmerkmale bei einem Bürger in Kelkheim (höchster GfK-Wert) um 0,024 Punkte höher als bei einem Individuum in Frielendorf (geringster GfK-Wert). Bei Berücksichtigung der GfK-Kaufkraft als Kontextmerkmal verringert sich die ICC und liegt deutlich unter 0,1 Prozent.

5.2.3.3 EU-Transferzahlungen

Durch verschiedene Förderprogramme haben Gemeinden, Firmen und Bürger direkte Vorteile durch die Staatengemeinschaft. Insbesondere in ökonomisch schwächere Länder und Regionen fließen zum Teil erhebliche Summen, um die wirtschaftlichen Ungleichheiten zwischen den einzelnen Gebieten zu verringern. Aus utilitaristischer Perspektive sollten sich solche Finanzzuwendungen günstig auf die politische Unterstützung auswirken. Entsprechend sollte die Zustimmung zur Staatengemeinschaft in den Gebieten am höchsten sein, die wirtschaftlich am stärksten von der Europäischen Integration profitieren, beispielsweise durch den Erhalt von Transferzahlungen.[174]

Den Zusammenhang zwischen den (finanziellen) Vorteilen durch die EU-Mitgliedschaft und der Unterstützung der Union haben vorliegende Arbeiten überwiegend auf der nationalstaatlichen Ebene untersucht (siehe für die regionale Ebene z.b. Lubbers/Scheepers 2007; Duch/Taylor 1997). Der Nutzen der EU-Mitgliedschaft wird dabei meist durch die Verteilung der EU-Finanzmittel erfasst. Ein Land, das einen positiven Saldo aus den Beitragszahlungen und Subventionen aufweist, ist ein Nettoempfänger; entsprechend ist ein Staat mit einem negativen Saldo ein Nettozahler. Die Mehrheit der Studien belegt dabei einen positiven Zusammenhang zwischen dem monetären Nutzen der EU-Mitgliedschaft und proeuropäischen Orientierungen (z.B. Scheuer/van der Brug 2007, 109; Brinegar/Jolly 2005, 177; Hooghe/Marks 2004, 417; Anderson/ Reichert 1995, 241; Schmidberger 1997b, 114). Allerdings finden sich auch Arbeiten, die eine entsprechende Relation nicht belegen können (z.B. Eichenberg/ Dalton 1993, 524; Duch/Taylor 1997, 74). Die widersprüchlichen Befunde können auf verschiedene Ursachen zurückgeführt werden. Schmidberger (1997b, 113) kann zeigen, dass sich ein Netto-Finanztransfer zwar positiv auf die wahrgenommenen Vorteile durch die Europäische Union auswirkt, nicht aber auf die Selbsteinschätzung als Europäer. Die Analyse von Anderson und Reichert (1995, 243) verweist auf Unterschiede im Zeitverlauf sowie der Dauer der Mitgliedschaft in der Staatengemeinschaft. Bei den Gründungsmitgliedern der Union können die Autoren zwar eine positive Relation zwischen den finanziellen Vorteilen durch die EU und der Zustimmung zur Staatengemeinschaft nachweisen, die sich mit der Zeit aber abgeschwächt hat. Für Länder, die der Union erst zu einem späteren Zeitpunkt beigetreten sind, besteht zunächst eine negative Relation zwischen dem Netto-Finanztransfer und der Unterstützung der EU. Zu späteren Zeitpunkten kann ein entsprechender Zusammenhang statistisch nicht mehr nachgewiesen werden.

Für den Einfluss der EU-Transferzahlungen auf europäische Orientierungen ist die Analyse auf lokaler Ebene besonders interessant. Zwar werden auf europäischer Ebene Zielsetzungen und Höhe der EU-Transferzahlungen diskutiert und festgelegt, ausgegeben wird das Geld aber weitgehend in Gemeinden. Die Empfänger der EU-Finanzhilfen können dabei private Unternehmen, öffentliche

---

[174] In der Literatur findet sich dazu die These, dass die politisch Verantwortlichen durch Transferzahlungen in bestimmte Regionen die Unterstützung der Europäischen Integration positiv beeinflussen wollen (z.B. Carrubba 1997, 475-476; Kemmerling/Bodenstein 2006, 380; Bouvet/Dall'Erba 2010, 512). Die Ergebnisse dieser Studien sind allerdings nicht eindeutig und neuere Befunde widersprechen dieser Auffassung (Dellmuth 2011).

Institutionen und auch einzelne Bürger sein. Mit Zahlungen aus Brüssel werden lokale Unternehmen gefördert, soziale Projekte zur Beschäftigung und Weiterbildung von Jugendlichen finanziert oder auch das touristische Angebot einer Gemeinde weiterentwickelt. Mit EU-Transferzahlungen werden aber auch Existenzgründer unterstützt, die Integration von Migranten in den Arbeitsmarkt gefördert und ökologische Projekte realisiert. Schließlich dienen solche Gelder auch zur Finanzierung von Begegnungsfahrten im Rahmen von Städtepartnerschaften, lokalen Infrastrukturmaßnahmen oder auch der wirtschaftlichen Belebung von Innenstädten.

Erwartungen

Die EU-Transferzahlungen sollten sich günstig auf die Zufriedenheit mit den politischen Autoritäten auswirken, da sie nach theoretischen Überlegungen auf der Grundlage von Kosten-Nutzen-Kalkülen bewertet werden. Daraus leitet sich folgende Erwartung ab:

> K45. Je höher die Transferzahlungen,
> desto positiver wird die Effektivität der EU bewertet.

Die Identifikation mit der Europäischen Union basiert nicht primär auf nutzenspezifischen Überlegungen, sondern beruht eher auf der Erfüllung emotionaler Bedürfnisse. Auf den ersten Blick scheint daher ein Effekt der Transferzahlungen nicht sehr plausibel. Die EU-Transferzahlungen zielen aber darauf ab, die wirtschaftlichen und sozialen Unterschiede in der EU zu verringern. Sie könnte von der Bevölkerung daher auch als Ausdruck einer Solidarität der wirtschaftlich stärkeren Regionen mit den wirtschaftlich schwächeren Gebieten verstanden werden. Deshalb wird folgende Erwartung formuliert.

> K46. Je höher die Transferzahlungen,
> desto positiver ist die Identifikation mit der EU.

Operationalisierung

Die Europäische Union verwaltet eine Vielzahl an Förderprogrammen.[175] Da diese allerdings von unterschiedlichen Institutionen administriert werden und sich die Projektausgaben nur schwierig lokal verorten lassen, ist eine vollständi-

---

175 Eine übersichtliche Darstellung der EU-Förderprogramme in der Periode 2007-2013 findet sich auf der Homepage der Europaabgeordneten Heide Rühle unter www.heideruehle.de (Zugriff am 17.06.2011). Das Bundesministerium für Wirtschaft und Technologie bietet unter www.foerderdatenbank.de einen aktuellen Überblick der Fördermöglichkeiten (Zugriff am 17.06.2011). Informationen der Europäischen Kommission zu den Fördermöglichkeiten finden sich auch unter http://ec.europa.eu/contracts_ grants/grants_ de.htm (Zugriff am 17.06.2011). Eine Übersicht zu dieser Thematik – insbesondere für die kommunale Ebene – bietet auch der Beitrag von Blania (2006).

ge Erfassung der Finanzzuwendungen aus Brüssel für die einzelnen Gemeinden nicht möglich.[176] Deshalb werden nur die Förderprogramme mit dem größten Budget berücksichtigt. Dazu gehört die Struktur- und Regionalpolitik der Staatengemeinschaft, die mit einem Drittel des EU-Haushalts einer der zentralen Politikbereiche der Union darstellt (Hartwig 2011, 342). Die Struktur- und Regionalpolitik der Europäischen Union zielt darauf, die wirtschaftlichen Disparitäten zu verringern und den sozialen Zusammenhalt in der EU zu stärken (Weidenfeld 2010, 183). Nach Hartwig (2011, 343) ist sie eine tragende Säule der Europäischen Integration und „Ausdruck europäischer Solidarität". Zur Finanzierung der Struktur- und Regionalpolitik hat die Staatengemeinschaft Fonds eingerichtet, aus denen strukturschwache Länder bzw. Regionen Finanzzuwendungen erhalten.[177] In der Förderperiode 2007 bis 2013 lassen sich dabei der Kohäsionsfonds und die Strukturfonds unterscheiden (Heinemann et al. 2010, 58-69). Die Strukturfonds unterteilen sich dabei in den Europäischen Fonds für regionale Entwicklung (EFRE) und den Europäischen Sozialfonds (ESF). Während mit dem EFRE die strukturelle Anpassung wirtschaftlich rückständiger Gebiete und die Umstellung der Industriegebiete mit rückläufiger Entwicklung unterstützt werden, fördert der ESF schwerpunktmäßig aktive arbeitsmarktpolitische Maßnahmen zur Verringerung von Arbeitslosigkeit (z.B. Weidenfeld 2010, 183; Hartwig 2011, 338). Der Kohäsionsfonds richtet sich nur an die rückständigsten Regionen in der Europäischen Union; Hessen gehört mit keiner Region dazu. Das Bundesland erhält allerdings Fördergelder aus dem EFRE und dem ESF.[178] Für jede Gemeinde werden deshalb die Finanzzuweisungen aus dem EFRE- und ESF-Fonds in 2008 pro Einwohner berechnet.[179] Tabelle 81 zeigt, dass sich die Förderung aus

---

176 Zumal sich die Förderprogramme nicht nur an Gemeindeverwaltungen, sondern auch an gemeinnützige Vereine, Institutionen, Firmen und Privatpersonen richten.
177 Für eine ausführliche Darstellung der EU-Strukturpolitik und der verschiedenen Förderinstrumente sei auf Schöndorf-Haubold (2005), Heinelt et al. (2005) und Axt (2000) verwiesen. Zu den Veränderungen der Strukturpolitik in der Förderperiode 2007-2013 siehe Hartwig (2011) und Timm (2006).
178 Hessenspezifische Informationen zu beiden Strukturfonds finden sich unter www.efre.hessen.de und www.esf-hessen.de (Zugriff am 16.06.2011).
179 Das EU-Haushaltsjahr weicht vom Kalenderjahr ab. Es beginnt am 16.10. eines Jahres und endet am 15.10. des Folgejahres. Die Angaben von 2008 geben folglich die Summen vom 16.10.2007 bis 15.10.2008 wieder. Die Veröffentlichung der Angaben ist eine von mehreren Maßnahmen im Rahmen der sogenannten Transparenzinitiative, die auf ein Grünbuch der Europäischen Kommission (2006b) zurückgeht. In der Förderperiode 2007-2013 stehen daher Transparenzlisten zur Verfügung, die über die Empfänger von EU-Zahlungen informieren. Neben den Angaben für 2008 stehen auch Informationen für 2007 zur Verfügung. Das hessische Ministerium für Wirtschaft, Verkehr und Landesentwicklung hat auf Anfrage zudem die lokalen EFRE-Fördersummen für die Förderperiode 2000-2006 zur Verfügung gestellt. Bei den Analysen wurden auch diese Informationen berücksichtigt, allerdings unterscheiden sich die Resultate nicht von den Ergebnissen, bei

dem EFRE- bzw. ESF-Fonds erheblich zwischen den Gemeinden unterscheidet. Sieben der 28 Gemeinden haben EFRE-Fördermittel und zehn Kommunen Gelder aus dem ESF-Topf erhalten. Mit 118 Euro pro Einwohner profitierte die Gemeinde Helsa am stärksten durch den EFRE, beim ESF war es mit 130 Euro pro Einwohner die Stadt Wolfhagen.

Neben der Struktur- und Regionalpolitik stellt die Agrarpolitik ein wesentliches Politikfeld der EU dar (Lippert 2011; Weidenfeld 2010, 180-182). Deshalb werden die Zahlungen aus dem Europäischen Garantiefonds für die Landwirtschaft (EGFL) und dem Europäischen Landwirtschaftsfonds für die Entwicklung des ländlichen Raums (ELER) als dritter Indikator für monetäre Finanzzuweisungen aus Brüssel berücksichtigt. Auf Basis der amtlichen Transparenzlisten des Internetportals www.agrar-fischerei-zahlungen.de lassen sich die Zuschüsse ermitteln, die in jede Gemeinde fließen.[180] Wie aus der dritten Zeile von Tabelle 81 hervorgeht, liegt der Mittelwert im Jahr 2008 über alle 28 Gemeinden bei 52 Euro pro Einwohner und damit deutlich über den durchschnittlichen Fördersummen des EFRE und ESF. Dies unterstreicht den Stellenwert der Zahlungen aus dem Agraraushalt im Vergleich zu den Geldern der Struktur- und Regionalpolitik. Dabei entfallen auf Kelkheim überhaupt keine Gelder, während in Frielendorf über 175 Euro pro Einwohner zu verbuchen sind.

Tabelle 81: Indikatoren der EU-Transferzahlungen

Indikator	MW	SD	Min	Max
EFRE 2008 in Euro pro Einwohner[1]	8,2	25,0	0	118,1
ESF 2008 in Euro pro Einwohner[2]	16,8	31,9	0	129,5
Agrar 2008 in Euro pro Einwohner[3]	51,8	52,4	0	175,7

Anmerkungen: Eine Übersicht der Werte für die einzelnen Gemeinden findet sich im Anhang dieser Arbeit. 1) Eigene Zusammenstellung auf Basis der Angaben der Internetseite www.efre.hessen.de (Zugriff am 11.08.2009). 2) Eigene Zusammenstellung auf Basis der Angaben der Internetseite www.esf-hessen.de (Zugriff am 11.08.2009). 3) Eigene Zusammenstellung auf Basis der Angaben des Internetportals www.agrar-fischerei-zahlungen.de (Zugriff am 9.9.2009).

Vor der Analyse des Effekts der EU-Transferzahlungen auf europäische Orientierungen wird geprüft, inwieweit sich zwischen den einzelnen Indikatoren Zusammenhänge zeigen. Wie Tabelle 82 ausweist, finden sich zwischen den ein-

denen die Fördergelder 2008 verwendet wurden. Deshalb wird auf eine ausführliche Darstellung verzichtet.
180 Zum Zeitpunkt der Datensammlung im August 2009 stand unter dem Internetportal www.agrar-fischerei-zahlungen.de eine vollständige Übersicht der Empfänger der EU-Agrarfonds zur Verfügung. Nach dem Urteil des Europäischen Gerichtshofs (EuGH-Rechtssache C-92/09 und C-93/09) werden dort allerdings nur noch Informationen zu juristischen Personen ausgewiesen.

zelnen Indikatoren nur schwache und teilweise negative Zusammenhänge. Bei der Analyse werden daher alle Indikatoren der EU-Transferzahlungen berücksichtigt.

Tabelle 82: Korrelationen der Indikatoren der EU-Transferzahlungen (Pearson's r, N=28)

	EFRE 2008	ESF 2008
ESF 2008	0,12	
Agrar 2008	-0,26	0,24

Anmerkungen: *=p<0,05; **=p<0,01; ***=p<0,001.

Empirische Analysen

Zur Überprüfung der formulierten Erwartungen werden lineare Mehrebenenmodelle geschätzt. Die Ergebnisse dieser Berechnungen sind Tabelle 83 zu entnehmen.[181] Während sich für die EFRE- und ESF-Mittel keine Effekte auf die Effektivität und Identifikation nachweisen lassen, zeigt sich für die Agrar-Gelder ein positiver Effekt auf die Effektivität, aber ein negativer Einfluss auf die Identifikation.

In Abhängigkeit des Förderinstruments und der Unterstützungsart lassen sich damit unterschiedliche Effekte belegen. Wie können diese Resultate erklärt werden? Im Hinblick auf EFRE und ESF ist festzustellen, dass die Fördersummen – insbesondere im Vergleich zum Agrarfonds – eher gering sind. Zudem haben nur sieben (EFRE) bzw. zehn (ESF) Gemeinden Gelder aus diesen Fördertöpfen erhalten. Außerdem richtet sich die EFRE- bzw. ESF-Förderung nicht direkt an die Bürger, sondern an Firmen und öffentliche Institutionen. Ferner sind den Finanzzuweisungen aus Brüssel nationale Institutionen zwischengeschaltet. Diese Faktoren erschweren sicherlich die Wahrnehmung der EU-Finanzzahlungen und können damit als Erklärung für die Befunde dienen. Bei den Zahlungen aus dem Agrarhaushalt handelt es sich dagegen um deutlich höhere Summen, die zudem eine direkte Verbindung zwischen Bürger und EU ermöglichen. Dabei hat die Agrarförderung einen positiven Effekt auf die Effektivität. Die empirischen Befunde sprechen daher für eine teilweise Bestätigung von Erwartung K45. Der

---

181 Die Ergebnisse sind mit den Schätzungen der Angaben aus dem EU-Haushaltsjahr 2007 sowie der EFRE-Fördersumme 2000 bis 2006 vergleichbar. Deshalb werden die Berechnungen nicht gesondert ausgewiesen (siehe auch Fußnote 179). Es wurden auch Modelle geschätzt, bei denen die Gesamtsumme der Fördergelder (EFRE, ESF und Agrar) als Kontextmerkmal aufgenommen wurde. Dabei zeigte sich kein signifikanter Effekt auf die Effektivität und Identifikation.

Einfluss der EU-Transferzahlungen auf europäische Orientierungen ist damit abhängig von der Art des Förderinstruments. Während sich bei der Effektivität entsprechend der Erwartung ein positiver Effekt nachweisen lässt, zeigt sich bei der Identifikation ein negativer Effekt. Dies widerspricht Erwartung K46, die einen positiven Effekt auf die Identifikation prognostiziert hat. Offensichtlich begünstigen höhere Transferzahlungen nicht die Identifikation mit der Staatengemeinschaft.

Tabelle 83: EU-Transferzahlungen und politische Unterstützung der EU

	Effektivität	Identifikation
Kontextmerkmale		
EFRE 2008	-0,005	0,006
ESF 2008	0,002	-0,003
Agrar 2008	0,008[#]	-0,012*

Anmerkungen: Mehrebenenanalyse mit einer Restricted-Maximum-Likelihood-Schätzung. Bei den ausgewiesenen Schätzungen sind die relevanten Variablen der Individualebene enthalten (siehe Abschnitt 5.1). Alle Variablen sind auf eine 0-1-Skala umgerechnet. 0 ist der niedrigste Wert der Variable, 1 ist die höchste Ausprägung der Variable. Die Koeffizienten geben damit den Effekt vom Minimal- zum Maximalwert eines Indikators an. #=p<0,10; *=p<0,05; **=p<0,01; ***=p<0,001. Zur Kodierung der abhängigen Variablen siehe Kapitel 3.3.

5.2.3.4 Zusammenfassung

Eine Übersicht der Erwartungen und Befunde zum Einfluss des wirtschaftlichen Umfelds auf die Effektivität und Identifikation bietet Tabelle 84. Zwei der sechs formulierten Erwartungen werden eingeschränkt bestätigt. Während eine höhere Agrarförderung (EU-Transferzahlungen) eine höhere Effektivität begünstigt (K45), fördert ein wohlhabendes Umfeld (Wirtschaftslage) eine höhere Identifikation (K44).

Tabelle 84: Erwartungen und Befunde zum wirtschaftlichen Umfeld

	Effektivität		Identifikation	
	E	B	E	B
Erwartungen K41 bis K42				
Finanzsituation der Gemeinden	+	0	+	0
Erwartungen K43 bis K44				
Wirtschaftslage	+	0	+	(+)
Erwartungen K45 bis K46				
EU-Transferzahlungen	+	(+)	+	(-)

Anmerkungen: +=positiver Effekt; -=negativer Effekt; ?=unklare Erwartung; ./.=keine Erwartung; 0=kein Effekt beobachtet; ()=Effekt eingeschränkt beobachtet.

Mit der GfK-Kaufkraft und den EU-Agrarzahlungen konnten zwei Indikatoren identifiziert werden, die einen signifikanten Einfluss auf die Identifikation entfalten. Diese werden in einem gemeinsamen Modell aufgenommen, um zu prüfen, ob sich der Effekt auch bei Berücksichtigung des jeweils anderen Indikators nachweisen lässt. Während sich der Einfluss der Kaufkraft auf die Identifikation leicht verringert (von 0,024 auf 0,021) aber signifikant bleibt ($p<0,01$), schwächt sich der Effekt der Agrarzahlungen auf die Verbundenheit mit der EU deutlich ab (von -0,012 auf -0,004) und lässt sich statistisch nicht mehr absichern ($p>0,10$). Die Analyse stützt damit Erwartung K44, wonach ein wohlhabendes Umfeld die Identifikation mit der EU begünstigt.

5.2.4 Politik, Gesellschaft und Wirtschaft

Bei den bisherigen Analysen wurde der Einfluss des politischen, gesellschaftlichen und wirtschaftlichen Umfelds auf die politische Unterstützung der EU getrennt voneinander betrachtet. Wie Tabelle 85 dokumentiert, konnten dabei strukturelle Effekte des politischen, gesellschaftlichen und wirtschaftlichen Umfelds auf die Effektivität nachgewiesen werden. Merkmale des gesellschaftlichen und wirtschaftlichen Umfelds entfalten einen strukturellen Effekt auf die Identifikation.

Tabelle 85: Strukturelle Effekte des politischen, gesellschaftlichen und wirtschaftlichen Umfelds auf die politische Unterstützung der EU

Effektivität	Identifikation
Politik	*Politik*
• Zufriedenheit mit lokalen Institutionen (-) • Haltungen der Kommunalpolitiker zur EU (-) (Vorteile der Gemeinde durch EU)	–
Gesellschaft	*Gesellschaft*
• Postmaterialistisches Werteklima (-)	• Religiöse Fragmentierung (+)
Wirtschaft	*Wirtschaft*
• EU-Transferzahlungen (+) (Agrarzahlungen)	• Wirtschaftslage (+) (Kaufkraft)

Anmerkungen: In den Klammern ist die Effektrichtung angegeben. + deutet auf einen positiven, - auf einen negativen Effekt.

Zwischen dem politischen, gesellschaftlichen und wirtschaftlichen Umfeld können Zusammenhänge bzw. Wechselwirkungen bestehen. Der negative Effekt der (aggregierten) Zufriedenheit mit lokalen Institutionen auf die Effektivität hängt möglicherweise mit einem postmaterialistischen Werteklima zusammen. Deshalb wird die isolierte Analyse der drei Aspekte des lokalen Umfelds durch eine simultane Betrachtung des politischen, gesellschaftlichen und wirtschaftlichen Umfelds ergänzt. Zu diesem Zweck werden die signifikanten Kontextmerkmale in ein gemeinsames Modell aufgenommen. Dies soll klare Aussagen über die tatsächliche Relevanz und Effektstärke der einzelnen kontextuellen Bestimmungsfaktoren ermöglichen. Die relevanten Individualmerkmale werden bei den Analysen berücksichtigt. Allerdings wird auf eine tabellarische Darstellung der Koeffizienten verzichtet, da sich die Effekte im Vergleich zur Modellierung ohne Merkmale des lokalen Umfelds nur minimal verändern.

Die Ergebnisse in Tabelle 86 zeigen, dass die Indikatoren die Kontextvarianz aufklären können. Bei beiden Mehrebenenmodellen konvergiert die Intraklassenkorrelation gegen 0; die Likelihood-Ratio-Tests sind nicht signifikant. Bei der Effektivität lassen sich für drei der vier Kontextmerkmale weiterhin strukturelle Effekte nachweisen. Dabei übt allerdings nur noch das postmaterialistische Werteklima einen nennenswerten Einfluss auf die Effektivität aus. Der Koeffizient von -0,011 gibt den Effekt an, wenn von der Gemeinde mit dem niedrigsten postmaterialistischen Werteklima zur Gemeinde mit dem höchsten postmaterialistischen Werteklima „gesprungen" wird. Bei den 28 Gemeinden sind dies Viernheim (geringster Wert) und Bickenbach (höchster Wert). Bei

„Kontrolle" der anderen Bestimmungsfaktoren wird die Effektivität in Bickenbach um 0,01 Punkte schlechter bewertet als in Viernheim. Negative Effekte auf die Effektivität lassen sich auch für die (aggregierte) Zufriedenheit mit lokalen Institutionen und der Einschätzung der Vorteile der Gemeinde durch die EU durch die Kommunalpolitiker belegen. Beide Indikatoren üben allerdings nur einen sehr geringen Einfluss auf die Zufriedenheit mit den politischen Autoritäten aus. Der Effekt der EU-Agrarzahlungen auf die Effektivität lässt sich statistisch nicht mehr absichern. Für die Identifizierung möglicher Wechselwirkungen werden Interaktionsterme der Kontextmerkmale gebildet und dem Modell einzeln hinzugefügt. Keine Interaktion ist dabei statistisch signifikant (p>0,10); Wechselwirkungen können daher nicht nachgewiesen werden (tabellarisch nicht dargestellt).

Tabelle 86: Lokales Umfeld und politische Unterstützung der EU

	Effektivität	Identifikation
Politik		
Zufriedenheit mit lokalen Institutionen	-0,000***	–
Vorteile der Gemeinde durch EU (Kommunalpolitiker)	-0,000$^{\#}$	–
Gesellschaft		
Postmaterialistisches Werteklima	-0,011*	–
Religiöse Fragmentierung	–	0,018**
Wirtschaft		
EU-Transferzahlungen (Agrarzahlungen)	0,000	–
Wirtschaftslage (Kaufkraft)	–	0,011
Modellkennwerte		
Individualvarianz	0,011	0,025
Kontextvarianz	0,000	0,000
Intraklassenkorrelation	0,000	0,000
Fallzahl (Gemeinden)	11.467 (28)	11.539 (28)

Anmerkungen: Mehrebenenanalyse mit einer Restricted-Maximum-Likelihood-Schätzung. Bei den ausgewiesenen Schätzungen sind die relevanten Variablen der Individualebene enthalten (siehe Abschnitt 5.1). Alle Variablen sind auf eine 0-1-Skala umgerechnet. 0 ist der niedrigste Wert der Variable, 1 ist die höchste Ausprägung der Variable. Die Koeffizienten geben damit den Effekt vom Minimal- zum Maximalwert eines Indikators an. – = Merkmal nicht in der Analyse berücksichtigt. #=p<0,10; *=p<0,05; **=p<0,01; ***=p<0,001. Zur Kodierung der abhängigen Variablen siehe Kapitel 3.3.

Bei der Analyse des Einflusses des lokalen Umfelds auf die Identifikation bleibt der Effekt der religiösen Fragmentierung weiterhin signifikant. Je größer die religiöse Fragmentierung, desto stärker die Identifikation mit der EU. Dagegen schwächt sich der Einfluss der Wirtschaftslage auf die Identifikation deutlich ab (von 0,024 auf 0,011) und ist statistisch nicht mehr signifikant (p>0,10). Die Kontextvarianz der Identifikation kann daher auf das unterschiedliche Ausmaß der religiösen Fragmentierung zurückgeführt werden. Der Wert von 0,018 gibt dabei den Effekt an, wenn von der Gemeinde mit der geringsten Fragmentierung (Frielendorf) zur Gemeinde mit der höchsten Fragmentierung (Kelkheim) „gesprungen" wird.

5.3 Zusammenfassende Analysen

Zum Abschluss des empirischen Teils dieser Arbeit sind in Tabelle 87 die individuellen und kontextuellen Bestimmungsfaktoren der Effektivität, Legitimität und Identifikation dargestellt. Für die Analysen wurden sowohl Individual- als auch Kontextmerkmale auf einen einheitlichen Wertebereich von 0 bis 1 standardisiert.

Die in Tabelle 87 dokumentierten Ergebnisse erlauben dabei mehrere Schlussfolgerungen.[182] Unbestritten sind die Individualmerkmale für die Erklärung der Unterstützung der EU wichtiger als die Merkmale des lokalen Umfelds. Bei den individuellen Prädiktoren nehmen die nationalstaatlichen Orientierungen eine Schlüsselposition ein. Je größer die Zufriedenheit mit den nationalen Autoritäten, je höher die Akzeptanz des nationalen Regimes und je stärker die Identifikation mit der nationalen politischen Gemeinschaft, desto höher die (europäische) Effektivität, Legitimität und Identifikation. Mit den vorliegenden Querschnittsdaten lässt sich die kausale Richtung zwar nicht abschließend klären, aus theoretischer Perspektive ist ein Einfluss der nationalstaatlichen Orientierungen auf europäische Einstellungen aber plausibler als umgekehrt (siehe Kapitel 4.4.2). Ein wichtiger Bestandteil der Unterstützung der EU stellen allerdings auch die lokalen Orientierungen dar. Dieses Resultat unterstreicht vermutlich am eindrucksvollsten die Relevanz der lokalen Ebene für europäische Orientierungen. Zur Erklärung der politischen Unterstützung sind zudem das politische Interesse, die

---

182 Die Ergebnisse sind dabei mit den Resultaten der Analysen vergleichbar, bei denen die alternativen Indexkonstruktionen der abhängigen Variablen (Grundmodell und erweitertes Grundmodell) verwendet wurden (siehe Kapitel 3.3.5). Lediglich beim Effektivitätsindex, der auf Basis des erweiterten Grundmodells gebildet wurde, lässt sich das Kontextmerkmal „Vorteile der Gemeinde durch EU (Politiker)" statistisch nicht mehr absichern (p>0,10).

wahrgenommenen egozentrischen und soziotropischen Vorteile durch die EU, das soziale Vertrauen, die kognitive Mobilisierung sowie demographische Merkmale (Alter und Geschlecht) bedeutsam. Schließlich lassen sich für einzelne Unterstützungsarten kurvilineare Effekte des Alters – Personen mittleren Alters zeigen eine geringere Effektivität und Legitimität – und der Normakzeptanz belegen. Hinsichtlich der drei Unterstützungsarten lässt sich ein interessanter Befund feststellen: Die Effektstärke der individuellen Bestimmungsfaktoren variiert zwar in Abhängigkeit der betrachteten Unterstützungsform, aber es lassen sich keine Unterschiede hinsichtlich der Effektrichtung feststellen. Unabhängig von der Unterstützungsart ist der Effekt eines Prädiktors entweder positiv oder negativ. In einigen Fällen lässt sich der Zusammenhang allerdings statistisch nicht absichern.

Die Erklärung der politischen Unterstützung wird zwar von individuellen Bestimmungsfaktoren dominiert, aber die Analysen können auch einen Einfluss des lokalen Umfelds auf die Effektivität und Identifikation belegen. Mit anderen Worten: Die Variation dieser beiden Unterstützungsformen hängt nicht nur von individuellen Merkmalen ab, sondern auch von Eigenschaften des Umfelds. Bei der Effektivität lassen sich kontextuelle Effekte des postmaterialistischen Werteklimas, der (aggregierten) Zufriedenheit mit lokalen Institutionen und der von den Kommunalpolitikern wahrgenommenen Vorteile der Gemeinde durch die EU ausmachen. Bei der Identifikation findet sich ein kontextueller Effekt der religiösen Fragmentierung auf die individuelle Verbundenheit mit der EU. Bei allen drei Modellen ist die Intraklassenkorrelation jeweils kleiner als 0,00; die Likelihood-Ratio-Tests nicht signifikant.

Tabelle 87: Individuelle und kontextuelle Bestimmungsfaktoren
der politischen Unterstützung der EU

	Effektivität	Legitimität	Identifikation
Individuelle Bestimmungsfaktoren			
Geschlecht: Frauen	0,025***	0,018***	0,041***
Alter			
linear	-0,089***	-0,094***	-0,034***
kurvilinear	0,029**	0,108***	–
kognitive Mobilisierung	-0,076***	-0,073***	-0,052***
Politisches Interesse EU (Ref.: wenig interessiert)			
überhaupt nicht	-0,033***	-0,056***	-0,067***
ziemlich interessiert	0,027***	0,043***	0,048***
sehr interessiert	0,040***	0,067***	0,084***
Kosten-Nutzen-Überlegungen			
Vorteile: Land	0,074***	0,183***	0,130***
Vorteile: persönlich	0,033***	0,112***	0,141***
Soziales Vertrauen	0,021***	0,033***	0,045***
Normen			
Staatsbürger	–	0,026***	0,037***
Engagierte	0,009**	–	0,015***
Lokale Orientierungen	0,109***	0,073***	0,074***
Nationalstaatliche Orientierungen	0,610***	0,360***	0,530***
Kontextuelle Bestimmungsfaktoren			
Politisches Umfeld			
Zufriedenheit mit lokalen Institutionen	-0,000***	–	–
Vorteile der Gemeinde durch EU (Politiker)	-0,000*	–	–
Gesellschaftliches Umfeld			
Postmaterialistisches Werteklima	-0,012*	–	–
Religiöse Fragmentierung	–	–	0,023***
Modellkennwerte			
Individualvarianz	0,011	0,027	0,025
Kontextvarianz	0,000	0,000	0,000
Intraklassenkorrelation	0,000	0,001	0,000
Fallzahl Befragte (Gemeinden)	11.467 (28)	11.498 (28)	11.539 (28)

Anmerkungen: Mehrebenenanalyse mit einer Restricted-Maximum-Likelihood-Schätzung. Bei den ausgewiesenen Schätzungen sind die relevanten Variablen der Individualebene enthalten (siehe Abschnitt 5.1). Alle Variablen sind auf eine 0-1-Skala umgerechnet. 0 ist der niedrigste Wert der Variable, 1 ist die höchste Ausprägung der Variable. Die Koeffizienten geben damit den Effekt vom Minimal- zum Maximalwert eines Indikators an. – = Merkmal nicht in der Analyse berücksichtigt. #=p<0,10; *=p<0,05; **=p<0,01; ***=p<0,001. Zur Kodierung der abhängigen Variablen siehe Kapitel 3.3.

6. Zusammenfassung und Diskussion

Lange Zeit von Politik und Wissenschaft ignoriert, stellen heute die Einstellungen der Bürger zur EU einen zentralen Bestandteil der Europäischen Integration dar:

> „Citizens' attitudes towards the European Union now matter. As the EU institutions have gained more powers and the policy agenda of the EU has expanded, the publics have become more questioning. Europe's political leaders, at both the national and European levels, operate in a political environment where actions at the EU level are constrained by citizens' attitudes." (Hix/Høyland 2011, 105)

Seit den gescheiterten Referenden über eine Verfassung für Europa in Frankreich und den Niederlanden wird intensiv über die Zukunft der EU diskutiert. Dabei wird der „permissive consensus", der den politischen Eliten große Handlungsspielräume bei der Gestaltung der EU eingeräumt hat, verstärkt in Frage gestellt (z.B. Weßels 2009, 50-51).

In der Debatte um die Zukunft der EU richtet sich der Blick seit einiger Zeit verstärkt auf die lokale Ebene. Der Deutsche Städte- und Gemeindebund (2012) sieht die Kommunen als Motor der Revitalisierung des Integrationsprozesses. Als natürliches Fundament der Staatengemeinschaft (Spindelegger 2010) gelten die Städte und Gemeinden als „Keimzelle für das Zusammenleben in Europa" (Sabathil 2006, 10). Durch die vielfältigen Verbindungen zwischen der lokalen und europäischen Ebene sollen die Gemeinden besonders geeignet sein, die Distanz zwischen der EU und den Bürgern zu verringern. So hat die Mehrheit der europäischen Vorgaben direkte Auswirkungen auf die lokale Ebene und ist dort umzusetzen. Dadurch treffen viele Entscheidungen der EU unmittelbar mit den Lebenswelten der Menschen zusammen (Vetter 2010, 231). Die Gemeinde fungiert immer stärker als direkte Vermittlungsinstanz für europäische Beschlüsse und durch EU-Transferzahlungen profitiert auch die lokale Ebene. Schließlich ermöglichen städtepartnerschaftliche Beziehungen persönliche Kontakte zwischen den Menschen in den verschiedenen Mitgliedsländern der Staatengemeinschaft. Darüber hinaus wird den Gemeinden als „Schule der Demokratie" ein hohes Legitimationspotenzial zugeschrieben, das auf übergeordnete politische Ebenen übertragen werden kann. Demnach bilden die lokalen politischen Orientierungen eine wichtige Grundlage für die Haltungen gegenüber nationalen und supranationalen Institutionen (z.B. Vetter 2002b; Geißel 2010). Diese Gründe sprechen für eine stärkere Berücksichtigung der lokalen Ebene bei der Erklärung der Zustimmung der Bürger zur EU.

Die vorliegende Studie untersucht deshalb erstmals den Einfluss individueller Merkmale *und* des lokalen Umfelds auf die Zustimmung der Bürger zur Staatengemeinschaft. Aus methodischer Sicht stellt das Forschungsvorhaben deshalb eine Mehrebenenanalyse dar, bei der individuelle und kontextuelle Daten zusammengeführt werden. Für die empirischen Analysen konnte die Studie auf Daten des am Mannheimer Zentrum für Europäische Sozialforschung (MZES) der Universität Mannheim angesiedelten Projekts „Europa im Kontext" zurückgreifen. Im Rahmen des von der Deutschen Forschungsgemeinschaft geförderten Projekts fanden in 28 hessischen Kommunen lokale Bevölkerungsumfragen statt, um die Zustimmung der Bürger zur EU und relevante individuelle Bestimmungsfaktoren dieser Zustimmung zu erheben. Informationen zum lokalen Umfeld stehen durch eine Kommunalpolitikerbefragung sowie in Form umfangreicher statistischer Daten (z.B. Hessische Gemeindestatistik, Bundesagentur für Arbeit, GfK) zur Verfügung (zur Datengrundlage der Studie siehe Kapitel 2). Erst die Kombination dieser außergewöhnlichen Datensammlungen ermöglicht es, die Einflüsse individueller Merkmale und des lokalen Umfelds auf die Zustimmung der Bürger empirisch zu untersuchen. Durch die Begrenzung auf ein Bundesland unterscheiden sich die Gemeinden im Hinblick auf das lokale Umfeld, die überregionalen Einflussgrößen sind jedoch für alle Kommunen konstant. Die Festlegungen des Untersuchungsgebiets gewährleisten damit, dass mögliche lokale Unterschiede in europäischen Orientierungen zur EU nicht auf zwischenstaatliche oder grenzregionale Besonderheiten zurückzuführen sind. Der Forschungsentwurf entspricht damit einem most similar design (Jahn 2011, 74). In den folgenden Abschnitten werden die Forschungsfragen der Studie beantwortet, Implikationen der empirischen Befunde diskutiert und Forschungsperspektiven aufgezeigt.

6.1 Beantwortung der Forschungsfragen

Die Zustimmung der Bürger zur EU gilt heute in Wissenschaft und Politik als Grundvoraussetzung für die Stabilität und die Entwicklungsperspektiven der Staatengemeinschaft (Kapitel 3.1). Ein erstes Forschungsziel dieser Studie bestand deshalb darin, herauszufinden, wie hoch die Zustimmung zur EU in Gemeinden ausfällt und in welchem Ausmaß sich diese Zustimmung zwischen Gemeinden unterscheidet. Um diese Fragen zu beantworten, musste zunächst eine angemessene Konzeptualisierung europäischer Orientierungen entwickelt werden (Kapitel 3.2). Das von Easton (1965) entwickelte und von Fuchs (1989) modifizierte Konzept der politischen Unterstützung bildet dabei die Grundlage. Beide Autoren bezeichnen politische Unterstützung als eine Einstellung gegenüber politischen Objekten, die auf einem positiv-negativ-Kontinuum bewertet wird. Bei den Objekten des politischen Systems werden Autoritäten, Regime und Gemeinschaft unterschieden. Politische Autoritäten sind die Inhaber von Herrschaftspositionen. Mit Regime sind die grundlegenden Prinzipien des politischen Systems gemeint. Die Gemeinschaft besteht aus den Personen des politischen Verbands. Neben dieser Objektdifferenzierung sind noch Unterstützungsarten zu unterscheiden. Easton nutzt hierfür die Begriffe spezifisch und diffus. Bei der spezifischen Unterstützungsform handelt es sich um eine leistungsbezogene Form politischer Unterstützung. Die diffuse Unterstützung ist dagegen weitgehend unabhängig von den aktuellen Leistungen und wird über allgemeinere Eigenschaften des politischen Systems generiert (Kapitel 3.2.1). Fuchs orientiert sich bei den Unterstützungsarten an der Handlungstheorie von Parsons und unterscheidet mit instrumentellen, moralischen und expressiven Orientierungen drei verschiedene Unterstützungsarten. Die instrumentelle Orientierung bezieht sich auf eine leistungsbezogene Evaluierung von Objekten, die moralische Orientierung auf die Anwendung von Normen und die expressive Orientierung auf die Erfüllung emotionaler Bedürfnisse durch das Objekt (Kapitel 3.2.2). Trotz unterschiedlicher Bezeichnungen der Unterstützungsarten zielen die Begriffe auf ähnliche Sachverhalte; so entspricht die spezifische Unterstützung bei Easton der instrumentellen Unterstützung bei Fuchs. Während Easton allerdings eine asymmetrische Zuordnung der Unterstützungsarten und der Unterstützungsobjekte vornimmt, präsentiert Fuchs eine symmetrische Verknüpfung. Dadurch entstehen insgesamt neun Formen politischer Unterstützung. Fuchs (1989, 27) geht allerdings davon aus, dass gegenüber jedem der drei Objekte des politischen Systems eine dominierende Unterstützungsart existiert. Die Autoritäten werden primär auf Basis instrumenteller Überlegungen bewertet, das Regime auf Grundlage moralischer Orientierungen und bei der politischen Gemeinschaft spielen expressive Orientierungen die entscheidende Rolle. Auf dieser Grundlage unterscheidet Fuchs drei zentrale Formen politischer Unterstützung: die Effektivität der politischen Autoritäten, die Legitimität des politischen Regimes und die Identifikation mit der politischen Gemeinschaft. Diese drei Unterstützungsformen bilden die Grundlage für eine strukturierte und theoretisch gehaltvolle Betrachtung politischer Einstellungen, die sich mit Blick auf die EU auch inhaltlich sinnvoll interpretieren lassen: Die Effektivität bezieht sich auf die Zufriedenheit der Bürger mit der Arbeit politischer Autoritäten, die Legitimität auf die Akzeptanz des Ordnungsmodells und die Identifikation auf die Verbundenheit mit der politischen Gemeinschaft (Kapitel 3.2.3).

Bei der Effektivität, Legitimität und Identifikation handelt es sich um theoretische Konstrukte, die für eine empirische Analyse mit beobachtbaren Sachverhalten verknüpft werden müssen. In Kapitel 3.3 werden die verwendeten Erhebungsinstrumente erläutert und deskriptive Ergebnisse dargestellt. Die Operationalisierung von Effektivität beruht auf drei Items, die nach der Zufriedenheit mit der Arbeit des Europäischen Parlaments bzw. der Europäischen Kommission sowie der Zufriedenheit mit dem Funktionieren der Demokratie in der EU fragen

(Kapitel 3.3.1). Für die Messung der Legitimität wurden drei Indikatoren ausgewählt. Zwei Items beziehen sich dabei auf konkrete Werte der Union („Freiheit" und „Fairness"), die im Vertrag von Lissabon dokumentiert sind. Der dritte Indikator ist allgemeiner angelegt und fragt nach der Sympathie gegenüber dem politischen System (Kapitel 3.3.2). Für die Operationalisierung der Identifikation standen zwei klassische Erhebungsinstrumente zur Verfügung, die sich nach dem Stolz und der Verbundenheit mit der Staatengemeinschaft erkundigen (Kapitel 3.3.3). Mit Hauptkomponentenanalysen (Effektivität und Legitimität) sowie einer Korrelation (Identifikation) wurden die einzelnen Konstrukte empirisch validiert. Zusätzlich wurde eine weitere Hauptkomponentenanalyse mit allen acht Items durchgeführt, um zu prüfen, ob die analytische Differenzierung zwischen Effektivität, Legitimität und Identifikation überhaupt von den Bürgern vorgenommen wird bzw. sich die einzelnen Konstrukte voneinander abgrenzen lassen. Die in Kapitel 3.3.4 präsentierten Ergebnisse können dies weitgehend bestätigen.

Die zentralen abhängigen Variablen dieser Studie werden in Kapitel 3.3.5 gebildet. Ein Problem stellte dabei der hohe Anteil an „weiß nicht"-Antworten dar, die insbesondere bei den Fragen nach der Zufriedenheit mit der Arbeit der Europäischen Kommission (13,5 Prozent) und des Europäischen Parlaments (9,3 Prozent) auffällig sind. Deshalb wurden der Umgang mit „weiß nicht"-Antworten und verschiedene Varianten der Indexbildung diskutiert. Als Grundlage für die empirischen Analysen dient die als Standardmodell bezeichnete Variante, bei der „weiß nicht"-Antworten durch den Skalenmittelwert ersetzt wurden. Die Substitution der „weiß nicht"-Antworten durch den Skalenmittelwert basiert dabei auf der Überlegung, dass Personen, die keine klare Einstellung zu einem politischen Objekt haben, auf entsprechende Fragen mit „weiß nicht" antworten. Schließlich werden nach dem Konzept der politischen Unterstützung politische Objekte auf einem positiv-negativ-Kontinuum bewertet. In der Mitte dieses Kontinuums lassen sich Antworten verorten, die auf eine indifferente Haltung schließen lassen (Easton 1965, 163-164). Zur Validierung der auf Basis des Standardmodells ermittelten Ergebnisse wurden alle Analysen zusätzlich mit den anderen Indexarten durchgeführt. Die Resultate sind dabei vergleichbar (siehe Fußnote 182).

Die Konzeptualisierung europäischer Einstellungen auf Basis des Konzepts der politischen Unterstützung und die empirische Validierung der theoretischen Konstrukte Effektivität, Legitimität und Identifikation ermöglichen eine gehaltvolle Betrachtung der Einstellungen der Bürger zur EU. Auf dieser Grundlage wurden in Kapitel 3.4 die ersten beiden Forschungsfragen dieser Studie beantwortet: *Wie hoch fällt die Zustimmung zur Europäischen Union in Gemeinden aus? In welchem Ausmaß unterscheidet sich die Zustimmung der Bürger zwischen diesen Gemeinden?* Die empirischen Ergebnisse belegen bei allen drei Unterstützungsformen grundsätzlich eine proeuropäische Haltung der Bürger. Die Mehrheit der Bürger in allen 28 Gemeinden ist mit der Arbeit der politischen

Autoritäten zufrieden, zeigt eine grundlegende Akzeptanz des politischen Regimes und identifiziert sich mit der politischen Gemeinschaft. Die durchschnittliche Unterstützung unterscheidet sich allerdings erheblich in Abhängigkeit der betrachteten Unterstützungsform. Auf einer Skala von 0 bis 1 wird die Identifikation mit der politischen Gemeinschaft mit einem durchschnittlichen Wert von 0,68 eindeutig höher bewertet als die Legitimität (0,56) und Effektivität (0,54). Die empirischen Ergebnisse belegen aber nicht nur Unterschiede in Abhängigkeit der betrachteten Unterstützungsform, sondern auch Unterschiede in der Zustimmung zur EU zwischen den Gemeinden. Bei insgesamt elf der 28 Gemeinden weicht bei einer Irrtumswahrscheinlichkeit von fünf Prozent mindestens eine Unterstützungsform vom Gesamtmittelwert ab. Bei der Effektivität lässt sich für Kassel, Selters und Frielendorf eine unterdurchschnittliche Unterstützung belegen, während die Zufriedenheit mit den politischen Autoritäten in Petersberg, Kelkheim und Rüdesheim überdurchschnittlich ist. Hinsichtlich der Legitimität fällt die Unterstützung in fünf Gemeinden (Selters, Alsfeld, Frielendorf, Witzenhausen und Helsa) unterdurchschnittlich, in drei Gemeinden (Petersberg, Kelkheim und Eppstein) überdurchschnittlich aus. Schließlich belegen die Resultate in Kapitel 3.4 eine überdurchschnittliche Identifikation mit der politischen Gemeinschaft in Kelkheim, während in Hüttenberg, Witzenhausen, Frielendorf und Selters die Verbundenheit unterdurchschnittlich ausgeprägt ist. Insgesamt handelt es sich bei den lokalen Disparitäten aber eher um geringe Unterschiede, extreme „Ausreißer" können nicht identifiziert werden. Die maximale Differenz zwischen den Gemeinden beträgt auf einer Skala von 0 bis 1 bei der Effektivität 0,07 Punkte, bei der Legitimität 0,10 Punkte und bei der Identifikation 0,06 Punkte.

Während die beiden ersten Forschungsfragen darauf abzielten, das Niveau der Zustimmung zur EU und die Variation dieser Zustimmung zwischen den Gemeinden zu beschreiben, beschäftigten sich die folgenden Forschungsfragen mit der Erklärung der lokalen Disparitäten in der politischen Unterstützung der EU. Dabei lassen sich drei Möglichkeiten unterscheiden. Erstens kann die Variation in den europäischen Einstellungen zwischen den Gemeinden eine Konsequenz der unterschiedlichen Verteilung sozialer Gruppen sein. Zweitens können die Differenzen auch ein Resultat des lokalen Umfelds sein. Drittens sind Wechselwirkungen zwischen der Individual- und Kontextebene denkbar. Ein Einfluss des lokalen Umfelds auf europäische Orientierungen liegt nur vor, wenn sich bei Berücksichtigung relevanter Individualmerkmale noch ein (statistisch signifikanter) Einfluss von Kontextmerkmalen auf die Zustimmung zur EU nachweisen lässt. Deshalb mussten zunächst die individuellen Bestimmungsfaktoren der politischen Unterstützung identifiziert werden, ehe Merkmale des lokalen Umfelds in der Analyse berücksichtigt wurden. Die dritte Forschungsfrage beschäftigt sich daher mit den Zusammenhängen zwischen Individualmerkmalen und der Effektivität, Legitimität und Identifikation: *Welchen Einfluss haben Individualmerkmale auf die Zustimmung zur Europäischen Union?* Die Haltung der Bürger zur EU wird von einer Vielzahl von Individualmerkmalen beeinflusst, weshalb die Individualebene bei der Erklärung der Variation der Unterstützung der Europäischen Union eine besondere Rolle spielt (Hix/Høyland 2011, 115). Angesichts der umfangreichen Forschungsergebnisse wurden für eine strukturierte Betrachtung vier Gruppen individueller Merkmale unterschieden: Soziodemographische Faktoren (Kapitel 4.1), politische Faktoren (Kapitel 4.2), Sozialkapitalfaktoren (Kapitel 4.3) sowie lokale und nationalstaatliche Faktoren (Kapitel 4.4). Die Zusammenhänge zwischen Individualmerkmalen und politischer Unterstützung wurden in den einzelnen Abschnitten zunächst bivariat untersucht. Von 76 formulierten Erwartungen werden 45 komplett, 13 teilweise und 14 nicht bestätigt. Bei den Sozialkapitalfaktoren sowie den lokalen und nationalstaatlichen Faktoren werden jeweils mehr als 80 Prozent der formulierten Erwartungen bestätigt. Bei den politischen Faktoren sind es 60 Prozent, bei den soziodemographischen Erwartungen wird etwa die Hälfte vollständig bestätigt. Die Ergebnisse der Analysen machen dabei deutlich, dass die Relation zwischen Individualmerkmal und politischer Unterstützung in Abhängigkeit der betrachteten Unterstützungsart variieren kann. So besteht beispielsweise zwischen kognitiver Mobilisierung und Effektivität eine negative Relation, zwischen kognitiver Mobilisierung und Legitimität dagegen ein positiver Zusammenhang (Kapitel 4.2.1).

Um die Relevanz der einzelnen individuellen Bestimmungsfaktoren für die Erklärung der Effektivität, Legitimität und Identifikation ermitteln zu können, wurden zum Abschluss des vierten Kapitels multivariate Regressionsmodelle geschätzt. Die berücksichtigten Individualmerkmale können bei der Effektivität über 63 Prozent, bei der Legitimität knapp 38 Prozent und bei der Identifikation rund 47 Prozent der individuellen Variation europäischer Orientierungen aufklären (Kapitel 4.5). Bei der Erklärung der politischen Unterstützung der EU nehmen die nationalstaatlichen Orientierungen eine Schlüsselrolle ein. Je größer die Zufriedenheit mit den nationalen Autoritäten, je höher die Akzeptanz des nationalen Regimes und je stärker die Identifikation mit der nationalen Gemeinschaft, desto höher die europäische Effektivität, Legitimität und Identifikation. Bei der Effektivität binden nationalstaatliche Orientierungen fast 90 Prozent der erklärten Varianz, bei der Legitimität und Identifikation sind es jeweils mehr als 50 Prozent. Einen substanziellen Beitrag zur Erklärung der individuellen Variation der Unterstützung der EU leisten auch lokale Orientierungen. Je größer die Zufriedenheit mit lokalen Institutionen, desto höher die Effektivität. Eine positivere Bewertung der Einbindung in lokale Willensbildungs- und Entscheidungsprozesse begünstigt eine höhere Legitimität. Die politische Unterstützung der EU steigt ferner mit dem politischen Interesse, den wahrgenommenen (persönlichen und landesbezogenen) Vorteilen durch die EU, dem sozialen Vertrauen und der Normakzeptanz. Dagegen übt eine stärkere kognitive Mobilisierung – unter Berücksichtigung der anderen Bestimmungsfaktoren – einen negativen Effekt auf die Effektivität, Legitimität und Identifikation aus. Während Frauen die EU positiver bewerten, zeigen ältere Menschen eine geringere Unterstützung der Effektivität, Legitimität und Identifikation.

Die zum Abschluss des vierten Kapitels identifizierten zentralen individuellen Bestimmungsfaktoren europäischer Orientierungen bildeten den Ausgangspunkt für die weiterführenden Analysen in Kapitel 5, bei denen der Einfluss des lokalen Umfelds auf die politische Unterstützung der EU untersucht wird. Entsprechend lautet die vierte Forschungsfrage: *Welche Rolle spielt das lokale Umfeld für die Zustimmung der Bürger zur EU?* Für einen Einfluss des lokalen Umfelds auf europäische Orientierungen sprechen mehrere Argumente. Zum einen stellt die Gemeinde für die meisten Bürger einen Lebensraum dar, in dem sich das „unmittelbar-konkrete Alltagsleben vollzieht" (Oehmichen/Schröter 2011, 183), zum anderen sind lokale und europäische Ebene eng miteinander verbunden (z.B. Umsetzung europäischer Richtlinien, Förderprogramme, Städtepartnerschaften, Vermittlungsinstanz europäischer Entscheidungen). Trotz dieser Argumente können die in Kapitel 5.1 auf Grundlage von Random Intercept-Only-Modellen berechneten Intraklassenkorrelationen nur einen äußerst geringen Einfluss des lokalen Umfelds auf die politische Unterstützung der EU belegen. Bei der Legitimität entfallen 0,8 Prozent der Gesamtvariation auf die Kontextebene, bei der Identifikation sind es 0,3 Prozent und bei der Effektivität sind es 0,2 Prozent. Nach dem „information flow"-Ansatz hat der Kontext einen größeren Einfluss auf individuelle Einstellungen und Verhaltensweisen, wenn die Personen stärker in das Umfeld eingebunden sind. Dies trifft allerdings für keinen der vier Indikatoren der Eingebundenheit in das lokale Umfeld – Wohndauer, Anteil der Wohndauer am Lebensalter, Übereinstimmung von Arbeits- und Wohnort sowie die aktive Beteiligung in Vereinen am Wohnort – zu. Offensichtlich entfaltet der lokale Kontext auch bei stärkerer Integration der Individuen keine größere Wirkung auf die Zustimmung zur EU. Bei den empirischen Analysen wurde nicht nur der direkte Einfluss des lokalen Umfelds auf die politische Unterstützung der EU untersucht, sondern auch ein möglicher indirekter Effekt. Schließlich kann das lokale Umfeld auch einen Einfluss auf die relevanten individuellen Bestimmungsfaktoren der Zustimmung zur EU entfalten. Der lokale Kontext hat zwar einen Einfluss auf zwölf der 13 Individualmerkmale, der Anteil der Kontextvarianz ist allerdings gering. Lediglich bei zwei der drei lokalen Orientierungen entfällt mit sechs Prozent ein nennenswerter Anteil der Gesamtvariation auf die Kontextebene. Zusammenfassend belegen die empirischen Ergebnisse zwar einen Einfluss des lokalen Kontexts auf politische Orientierungen, aber das lokale Umfeld spielt weder für die drei Unterstützungsarten noch für individuelle Bestimmungsfaktoren der Zustimmung zur EU eine sonderlich wichtige Rolle.[183] Bei Berücksichtigung der individuellen Bestimmungsfaktoren verringert sich zudem die Intraklassenkorrelation bei der Legitimität (von 0,008 auf 0,001) und bei der Identifikation (von 0,003 auf 0,001). Bei der Legitimität lassen sich nach Berücksichtigung der Individualmerkmale keine Unterschiede mehr zwischen den Gemeinden nachweisen, weshalb auf die Modellierung kontextueller Effekte verzichtet wurde. Die weiterführenden Analysen in Kapitel 5.2 untersuchen daher den Einfluss des lokalen Umfelds auf die Effektivität und Identifikation.

Für eine strukturierte Analyse lokaler Kontextmerkmale auf die Effektivität und Identifikation wurden mit dem politischen (Kapitel 5.2.1), dem gesellschaftlichen (Kapitel 5.2.2) und dem wirtschaftlichen Umfeld (Kapitel 5.2.3) drei Aspekte des lokalen Kontexts unterschieden. Die drei Bereiche wurden zunächst getrennt betrachtet. Von 40 Erwartungen werden sechs Erwartungen vollständig und zwei Erwartungen teilweise bestätigt. Beim politischen Umfeld wird eine von zwölf Erwartungen, beim gesellschaftlichen Umfeld fünf von 22 Erwartungen und beim wirtschaftlichen Umfeld keine der sechs Erwartungen bestätigt. Die relevanten Kontextmerkmale werden in Kapitel 5.2.4 in einem gemeinsamen Modell aufgenommen. Damit konnten die Forschungsfragen 4a bis 4c beantwortet werden: *Welchen Einfluss hat das politische, gesellschaftliche und wirtschaftliche Umfeld auf die Zustimmung zur Europäischen Union?* Die – relativ gesehen – stärksten strukturellen Effekte auf die Bewertung der Effektivität und Identifikation entfaltet das gesellschaftliche Umfeld. Während ein postmaterialistisches Werteklima einen negativen Effekt auf die Bewertung der Effektivität ausübt, fördert eine stärkere religiöse Fragmentierung die Identifikation mit der politischen Gemeinschaft. Zudem lassen sich schwache kontextuelle Effekte des politischen Umfelds auf die Bewertung der Effektivität belegen. In einem Umfeld, in dem die Bürger mit den lokalen Institutionen zufrieden sind, zeigt sich eine geringere Zufriedenheit mit den politischen Autoritäten auf europäischer Ebene. Außerdem wird die Effektivität der EU in Gemeinden schlechter bewertet, in denen die Kommunalpolitiker eher Vorteile für die Kommune durch die EU wahrnehmen. Beide Kontextmerkmale sind statistisch signifikant, üben allerdings nur einen sehr geringen Einfluss auf die Bewertung der Effektivität aus. Für das wirtschaftliche Umfeld lassen sich – bei Berücksichtigung der relevanten Kontextmerkmale des politischen und gesellschaftlichen Umfelds – keine kontextuel-

---

183 Mit Ausnahme von lokalen Orientierungen hat das lokale Umfeld nur einen geringen Einfluss auf politische Orientierungen (van Deth/Tausendpfund 2013c, 442). Dies ist das zentrale Ergebnis des Bands „Politik im Kontext: Ist alle Politik lokale Politik?" (van Deth/Tausendpfund 2013b), in dem der Einfluss des lokalen Umfelds auf politische Orientierungen in einem größeren Kontext untersucht wird.

len Effekte auf die Bewertung der Effektivität und Identifikation nachweisen (Kapitel 5.2.4).

Am Ende des fünften Kapitels konnten auch die beiden letzten Forschungsfragen beantwortet werden. Sie lauten: *Bestehen hinsichtlich der Zustimmung der Bürger zur Europäischen Union Wechselwirkungen zwischen dem politischen, gesellschaftlichen und wirtschaftlichen Umfeld? Gibt es hinsichtlich der Zustimmung der Bürger zur Europäischen Union Wechselwirkungen zwischen der Individual- und der Kontextebene?* Die Ergebnisse der empirischen Analysen können weder Wechselwirkungen zwischen den einzelnen Aspekten des lokalen Umfelds noch Cross-Level-Interaktionen belegen. Allerdings erlaubt die geringe Anzahl an Kontexteinheiten keine verlässliche Schätzung von Interaktionseffekten. Dieser Befund muss daher zurückhaltend bewertet werden. Zum Abschluss der empirischen Analysen lässt sich damit die zentrale Fragestellung der vorliegenden Studie beantworten: Warum unterscheidet sich trotz fortschreitender Modernisierungs- und Individualisierungsprozesse die Zustimmung zur Europäischen Union zwischen Gemeinden? Die (geringen) lokalen Disparitäten in der Zustimmung zur EU sind auf die unterschiedliche Verteilung von sozialen Gruppen zurückzuführen. Das lokale Umfeld prägt europäische Orientierungen nur in sehr geringem Ausmaß.

6.2 Schlussfolgerungen

Die vorliegende Studie untersucht den Einfluss individueller Merkmale und des lokalen Umfelds auf die politische Unterstützung der EU in 28 hessischen Gemeinden. Mit den Ergebnissen der Untersuchung lassen sich allerdings Schlussfolgerungen ziehen, die nicht auf den hessischen Kontext begrenzt sind. Das – aus theoretischer Sicht – zentrale Ergebnis dieser Arbeit ist sicherlich, dass das lokale Umfeld nur einen äußerst geringen Einfluss auf die politische Unterstützung der Europäischen Union entfaltet. Das lokale Umfeld leistet für die Erklärung der Zustimmung der Bürger zur EU damit keinen wesentlichen Beitrag, individuelle Merkmale – insbesondere nationalstaatliche Orientierungen – sind eindeutig wichtiger.

Dieses Ergebnis ist deshalb besonders bedeutsam, weil die Rahmenbedingungen für den Nachweis kontextueller Effekte in dieser Studie aus mehreren Gründen besonders günstig waren. Erstens wurde der Einfluss des Kontexts auf politische Orientierungen im lokalen Umfeld untersucht. Die geringe räumliche Distanz erleichtert dabei soziale Kontakte und begünstigt eine hohe Interaktionsdichte. Diese Faktoren sollten sich nach dem „information flow"-Ansatz förderlich auf einen prägenden Einfluss des lokalen Umfelds auf politische Orientierungen auswirken. Zweitens wurde die Studie in der Bundesrepublik Deutschland durchgeführt. Im internationalen Vergleich wird den Gemeinden in Deutschland eine große Autonomie bescheinigt (Vetter/Soós 2008, 583), die auch im Grundgesetz verankert ist. Durch das Prinzip der lokalen Selbstverwaltung haben die Gemeinden in Deutschland einen relativ großen Einfluss auf die Gestaltung des lokalen Umfelds. Dadurch sollten sich die lokalen Kontexte zwischen Gemeinden in Deutschland stärker unterscheiden als in Ländern, in denen diese Autonomie nicht gegeben ist. Drittens zeichnet sich das eigentliche Untersuchungsgebiet – das Bundesland Hessen – zusätzlich durch eine große Heterogenität aus. Für zentrale Merkmale des lokalen Umfelds (z.B. Ausländeranteil, Arbeitslosigkeit, Kaufkraft) lassen sich deutliche Unterschiede zwischen den Gemeinden belegen. Diese Variation auf der Kontextebene sollte den Nachweis eines prägenden Einflusses des lokalen Umfelds ebenfalls erleichtern. Viertens erfüllt die Mehrheit der Gemeinden mit einer Einwohnerzahl zwischen 5000 und 50.000 die Voraussetzungen, um als „Schule der Demokratie" wirken zu können. In Gemeinden dieser Größenordnung bestehen einerseits sichtbare Beteiligungsmöglichkeiten, andererseits können die kollektiven Wünsche der Bürger eher realisiert werden (Naßmacher/Naßmacher 2007, 27). Fünftens bilden Gemeinden eine unmittelbare Brücke zwischen der weit entfernten EU und den Bürgern. Durch die Umsetzung europäischer Verordnungen, Förderprogramme und Städtepartnerschaften sind beide politischen Ebenen eng miteinander verbunden. Trotz dieser äußerst günstigen Rahmenbedingungen wird in dieser Studie nur ein geringer Einfluss des lokalen Umfelds auf die politische Unterstützung der EU festgestellt. Der Befund ist daher nicht auf den hessischen Kontext begrenzt, sondern ermöglicht eine allgemeine Schlussfolgerung: Das lokale Umfeld beeinflusst entgegen den Überlegungen zahlreicher Autoren die europäischen Orientierungen der Bürger nur in einem sehr begrenzten Ausmaß. Da der Kontext auch auf relevante individuelle Bestimmungsfaktoren der Zustimmung zur EU (z.B. nationalstaatliche Orientierungen, politisches Interesse, kognitive Mobilisierung) nur einen äußert geringen Einfluss entfaltet, kann diese Schlussfolgerung weiter verallgemeinert werden: Mit Ausnahme lokaler Orientierungen ist das lokale Umfeld für die Erklärung politischer Orientierungen praktisch bedeutungslos. Eine plausible Erklärung für diesen Befund sind die in der Einführung dieser Arbeit diskutierten Modernisierungs- und Individualisierungsprozesse (Kapitel 1.1). Die modernen Informations- und Kommunikationsmöglichkeiten, die Mobilität der Menschen oder auch die wechselnde Zugehörigkeit zu sozialen Gruppen an verschiedenen Orten schwächen mögliche kontextuelle Effekte des lokalen Umfelds ab (zusammenfassend z.B. Klein/Pötschke 2000b, 188-190; Esser 1999a, 457). Bei fortschreitender Globalisierung und Europäisierung wird sich der Einfluss des lokalen Umfelds auf politische Orientierungen vermutlich weiter verringern (für eine allgemeine Diskussion zur Relevanz des

lokalen Kontexts für politische Orientierungen siehe van Deth/Tausendpfund 2013c).
Der Einfluss des lokalen Umfelds auf europäische Orientierungen ist außerordentlich gering. Dieses Fazit erlaubt allerdings keinesfalls die Schlussfolgerung, dass Gemeinden für die politische Unterstützung der EU irrelevant sind. Dafür sprechen drei zentrale Befunde dieser Studie: Erstens bestehen auf der Individualebene durchweg positive und substanzielle Zusammenhänge zwischen lokalen und europäischen Einstellungen. Zweitens lassen sich schwache strukturelle Effekte des lokalen Umfelds auf die Bewertung der Effektivität und Identifikation nachweisen. Drittens sind insbesondere die lokalen Orientierungen durch den Kontext geprägt. Dadurch entfaltet der lokale Kontext einen indirekten Einfluss auf die Haltung der Bürger zur EU. Lokale Orientierungen sind damit ein wichtiger Bestimmungsfaktor der Haltungen der Bürger zur EU. Die lokale Ebene hat damit eine Bedeutung, die über die Gemeindegrenzen hinausgeht.
Auf Grundlage der empirischen Befunde lässt sich zum Abschluss dieser Arbeit auch die Frage auf der Titelseite dieses Buchs beantworten: *Gemeinden als Rettungsanker der EU?* Als unterste politische Ebene bilden die Gemeinden zweifellos das natürliche Fundament der Staatengemeinschaft. Sie erfüllen mit Blick auf die EU auch weitreichende Funktionen, die weit über die Umsetzung europäischer Verordnungen hinausgehen. Im Hinblick auf die politische Unterstützung der EU fungieren Gemeinden aber nicht als Rettungsanker der EU, vielmehr prägt das nationale politische System das Verhältnis der Bürger zur Staatengemeinschaft. Die Bewertung der EU basiert folglich weniger auf Basis einer lokalen, sondern vielmehr auf Grundlage einer nationalen „Brille".

6.3 Forschungsperspektiven

Die Ergebnisse der vorliegenden Studie bieten direkte und indirekte Anknüpfungspunkte für künftige Untersuchungen. Während Individualmerkmale bis zu 64 Prozent der Gesamtvariation der politischen Unterstützung der EU aufklären können, entfällt deutlich weniger als ein Prozent der Gesamtvarianz auf die Kontextebene. Damit stellt sich unmittelbar die Frage, ob sich künftige Forschung ausschließlich den individuellen Bestimmungsfaktoren der Zustimmung zur EU zuwenden sollte. In der Debatte um die Relevanz des Kontexts für individuelle Einstellungen und Verhaltensweisen verweist Esser (1999a, 457-461) auf die besondere Rolle der Nahumwelt, die trotz der Modernisierungs- und Individualisierungsprozesse ein relativ stabiler Teil der sozialen Umgebung der Menschen bleibt. Mit der persönlichen Nahumwelt sind die Bezugsgruppen der alltäglichen Lebensführung gemeint: Ehe- und Lebenspartner, familiäre Bindungen oder auch enge Freundschaften. Diese unmittelbar persönliche Sphäre „ist der weitaus wirksamste Teil der *aktuellen* Umgebung, von dem aus Kontexteffekte her entstehen können (Esser 1999a, 458; Hervorhebung im Original).

Die analytische Verlagerung vom lokalen Umfeld auf die interpersonalen Beziehungen der Menschen bietet daher mögliche Anknüpfungspunkte für künftige Untersuchungen. Vorliegende politikwissenschaftliche Studien haben insbesondere den Einfluss der persönlichen Nahumwelt auf individuelle Wahlentscheidungen beleuchtet. Danach entwickeln die Menschen ihre politischen Einstellungen nicht in sozialer Isolation, sondern in Auseinandersetzung mit den Mitgliedern ihrer Nahumwelt. Für das Wahlverhalten konnte die Relevanz der persönlichen Sphäre bereits mehrfach überzeugend nachgewiesen werden (statt vieler: Schmitt-Beck et al. 2012). Künftige Forschung sollte die auf die Wahlentscheidung fokussierte Perspektive der persönlichen Nahumwelt erweitern und stärker allgemeine politische Orientierungen berücksichtigen. Da die EU mittlerweile einen erheblichen Einfluss auf die Lebensbedingungen der Menschen hat, sollten dabei auch Haltungen zur Staatengemeinschaft berücksichtigt werden. Jüngere Forschung hat zudem auf die Bedeutung von Alltagsgesprächen aufmerksam gemacht (Hefner 2012). Bei einer Betrachtung der politischen Gesprächskultur könnte zum einen die Häufigkeit der Gespräche über die EU ermittelt und zum anderen die wahrgenommene Relevanz der Union im Lebensalltag festgestellt werden. Weitere Studien könnten sich zudem mit der Frage beschäftigen, inwieweit Bürger dazu tendieren, ihre Einstellung zur EU zu ändern, wenn Mitglieder der persönlichen Sphäre eine besondere Beziehung zur Staatengemeinschaft haben (z.B. durch die aktive Beteiligung in Partnerschaftsvereinen).

Bei den empirischen Ergebnissen ist der hohe Anteil an „weiß nicht"-Antworten bei den Fragen nach der Zufriedenheit mit der Arbeit des Europäischen Parlaments bzw. der Europäischen Kommission auffällig. Offensichtlich sehen sich viele Bürger nicht in der Lage, die zentralen Institutionen auf europäischer Ebene zu bewerten. Diese Ergebnisse stützen damit den bereits häufig in der Forschung dokumentierten Befund, dass die EU für viele Menschen ein abstraktes politisches Objekt mit nur wenig Relevanz für das eigene Leben ist (z.B. Europäische Kommission 2009c). Schon aus demokratietheoretischer Perspektive darf Europa aber nicht nur in Berlin, Brüssel oder Straßburg stattfinden, sondern muss vor Ort sichtbar, begreifbar und beeinflussbar sein. Das „Europäische Jahr der Bürgerinnen und Bürger" hat in der Debatte um mehr Bürgernähe der EU allerdings nur eine Symbolfunktion und wird die in der Einleitung dieser Arbeit von Kommissionsvizepräsidentin Viviane Reding aufgezeigten Informationsdefizite sicherlich nicht beheben. Vielversprechender ist schon eher die österreichische Initiative „Europa-Gemeinderat", die sowohl eine direkte als auch eine dauerhafte Brücke zwischen der Staatengemeinschaft und den Bürgern schlägt (siehe insbesondere Kapitel 5.2.1.3).[184] Methodisch gesehen handelt es sich bei dem Projekt „Europa-Gemeinderat" um ein „natürliches Experiment" (siehe z.B. Robinson et al. 2009). In einigen Gemeinden wird es Europa-Beauftrage geben, in anderen Gemeinden dagegen nicht. Aus politikwissenschaftlicher Perspektive wäre eine wissenschaftliche Begleitstudie zu diesem Projekt äußerst wünschenswert. Eine solche Studie könnte einerseits das Projekt evaluieren, andererseits könnten weitere wertvolle Erkenntnisse zur Wahrnehmung und Bewertung der EU auf lokaler Ebene gewonnen werden.

Städtepartnerschaften wird eine große Bedeutung für die Stabilität und Entwicklung der EU zugesprochen. Die in dieser Arbeit präsentierten Analysen können auf Individualebene eine positive Beziehung zwischen der aktiven Beteiligung in Partnerschaftsvereinen und der Zustimmung zur EU belegen (Kapitel 4.3.2). Mit den vorliegenden Querschnittsdaten lässt sich allerdings keine Aussage zur Kausalität dieser Beziehung treffen. Möglicherweise zeigen die Bürger bereits vor der Beteiligung in solchen Organisationen eine größere Unterstützung der EU und engagieren sich deshalb in Partnerschaftsvereinen. Denkbar sind auch reziproke Zusammenhänge zwischen der Beteiligung in Partnerschaftsvereinen und europäischen Orientierungen. Deshalb wäre eine längsschnittliche Betrachtung des Zusammenhangs zwischen Beteiligung an Städtepartnerschaften und europäischen Orientierungen wünschenswert, um zum einen Selbstselektionsprozesse und zum anderen Sozialisationsmechanismen zu identifizieren. Eine solche Untersuchung sollte dabei nicht nur mögliche Effekte auf europäische Orientierungen im Blick haben, sondern auch den Einfluss auf allgemeinere Orientierungen (z.B. Solidarität, Toleranz) untersuchen.

Die bisherige Forschung konnte deutliche Unterschiede in den europäischen Orientierungen zwischen Bürgern und Politikern auf nationaler Ebene feststellen (z.B. Weske 2011; Haller 2009b; Hooghe 2003). Das vorliegende Datenmaterial bietet die Möglichkeit, Gemeinsamkeiten und Unterschiede in der Bewertung der EU zwischen Bürgern und Politikern auf lokaler Ebene zu analysieren. Dieser Vergleich kann dabei durch eine Betrachtung der Haltungen hessischer Landtagsabgeordneter zur EU ergänzt werden. Entsprechende Daten stehen durch das von der DFG geförderte und am MZES angesiedelte Forschungsprojekt „Die Politik der Mobilisierung: Nationale Parteien und EU-Entscheidungsprozesse" zur Verfügung. Im Rahmen dieses Projekts wurde eine Befragung von Landtagsabgeordneten in sieben deutschen Bundesländern (darunter auch Hessen) realisiert, bei der neben europapolitischen Aktivitäten auch die Wahrnehmung und Bewertung der EU durch die Parlamentarier erhoben wurde (Schneider 2011).

---

184 Für weitere Informationen zur Initiative siehe http://www.bmeia.gv.at/aussenministerium/aussenpolitik/europa/europa-gemeinderaete.html (Zugriff am 12.11.2012).

Neben diesen sich unmittelbar eröffnenden Forschungsperspektiven bietet das im Rahmen des Projekts „Europa im Kontext" gesammelte Datenmaterial auch vielfältige Ansatzpunkte für nicht EU-bezogene Forschungsprojekte. Für weitere Forschungsarbeiten dürfte sich insbesondere die Kommunalpolitikerbefragung eignen, bei der neben den europäischen Orientierungen der lokalen Politiker auch eine Reihe relevanter Informationen zur Kommunalpolitik erhoben wurde. Diese einzigartigen Daten ermöglichen Einblicke im Hinblick auf die Arbeit in den politischen Gremien, das Verhältnis zwischen Gemeindevorstand (Magistrat) und Gemeinderat (Stadtverordnetenversammlung) sowie die Einflussnahme gesellschaftlicher Gruppen auf lokalpolitische Entscheidungen. Auch liegen detaillierte Informationen zur Haltung der Kommunalpolitiker zu bürgerschaftlichen Beteiligungsformen vor. Dabei können Unterschiede und Gemeinsamkeiten zwischen Bürgern und Kommunalpolitikern, Mandatsträgern verschiedener Parteien und zwischen den 28 Kommunen untersucht werden. Insbesondere die lokale Politikforschung dürfte von diesem reichhaltigen und einmaligen Datenmaterial sicherlich profitieren.

Literatur

Aarts, Kees/Bernhard Weßels. 2005. „Wahlbeteiligung in Deutschland und bei europäischen Nachbarn." In: Jürgen W. Falter/Oscar W. Gabriel/Bernhard Weßels (Hg.). *Wahlen und Wähler. Analysen aus Anlass der Bundestagswahl 2002.* Wiesbaden: VS Verlag für Sozialwissenschaften: 595-617.

Abendschön, Simone. 2010. *Die Anfänge demokratischer Bürgerschaft. Sozialisation politischer und demokratischer Werte und Normen im jungen Kindesalter.* Baden-Baden: Nomos.

Abendschön, Simone/Sigrid Roßteutscher. 2011. „Jugend und Politik: Verliert die Demokratie ihren Nachwuchs?" In: Evelyn Bytzek/Sigrid Roßteutscher (Hg.). *Der unbekannte Wähler? Mythen und Fakten über das Wahlverhalten der Deutschen.* Frankfurt: Campus: 59-80.

Acock, Alan C. 2005. „Working with missing values." *Journal of Marriage and the Family* 67 (4): 1012-1028.

Acock, Alan C. 2008. *A gentle introduction to Stata.* College Station: Stata Press.

Adam, Armin. 2006. „Res Publica Christiana? Die Bedeutung des Christentums für die Idee ‚Europa'." In: Hartmut Behr/Mathias Hildebrandt (Hg.). *Politik und Religion in der Europäischen Union. Zwischen nationalen Traditionen und Europäisierung.* Wiesbaden: VS Verlag für Sozialwissenschaften: 23-32.

Adam, Silke. 2009. „Euroscepticism and the Mass Media. An analysis of the form of contention in the German and French debates on a European constitution." In: Dieter Fuchs/Raul Magni-Berton/Antoine Roger (Hg.). *Euroscepticism. Images of Europe among mass publics and political elites.* Opladen: Budrich: 193-211.

Aldrin, Philippe. 2011. „The Eurobarometer and the Making of European Opinion." In: Daniel Gaxie/Nicolas Hubé/Jay Rowell (Hg.). *Perceptions of Europe. A Comparative Sociology of European Attitudes.* Colchester: ECPR Press: 17-35.

Alemann, Ulrich von/Claudia Münch (Hg.). 2006. *Europafähigkeit der Kommunen. Die lokale Ebene in der Europäischen Union.* Wiesbaden: VS Verlag für Sozialwissenschaften.

Alfermann, Dorothee. 1996. *Geschlechterrollen und geschlechtstypisches Verhalten.* Stuttgart: Kohlhammer.

Alford, John R./Carolyn L. Funk/John R. Hibbing. 2005. „Are Political Orientations Genetically Transmitted?" *American Political Science Review* 99 (2): 153-167.

Allensbacher Berichte. 2011. *Allensbacher Berufsprestige-Skala 2011.* Allensbach. Institut für Demoskopie Allensbach.

Allport, Gordon W. 1971. *Die Natur des Vorurteils.* Köln: Kiepenheuer&Witsch.

Almond, Gabriel A. 1950. *The American people and foreign policy.* New York: Harcourt Brace.

Almond, Gabriel A./Sidney Verba. 1963. *The Civic Culture. Political Attitudes and Democracy in Five Nations.* Boston: Little, Brown and Company.

Alpheis, Hannes. 1988. *Kontextanalyse. Die Wirkung des sozialen Umfeldes untersucht am Beispiel der Eingliederung von Ausländern.* Wiesbaden: Deutscher Universitäts Verlag.

Altides, Christina. 2009. *Making EU Politics Public. How the EU institutions develop public communication.* Baden-Baden: Nomos.

Anderson, Christopher. 1995. *Blaming the Government. Citizens and the Economy in Five European Democracies.* New York: Sharpe.

Anderson, Christopher J. 1998. „When in doubt, use proxies: Attitudes toward domestic politics and support for European integration." *Comparative Political Studies* 31 (5): 569-601.

Anderson, Christopher J./Karl C. Kaltenthaler. 1996. „The Dynamics of Public Opinion toward European Integration, 1973-93." *European Journal of International Relations* 2 (2): 175-199.

Anderson, Christopher J./M. Shawn Reichert. 1995. „Economic Benefits and Support for Membership in the E.U.: A Cross-National Analysis." *Journal of Public Policy* 15 (3): 231-249.

Armingeon, Klaus. 2007. „Political participation and associational involvement." In: Jan W. van Deth/José Ramón Montero/Anders Westholm (Hg.). *Citizenship and Involvement in European Democracies. A comparative analysis.* London: Routledge: 358-383.

Aronson, Elliot/Timothy D. Wilson/Robin M. Akert. 2004. *Sozialpsychologie.* 4. Auflage. München: Pearson.

Articus, Stephan. 2005. „Wer sich nicht positioniert, der verliert – Kommunale Reaktionen auf die Europäische Integration." *Deutsche Zeitschrift für Kommunalwissenschaften* 44 (2): 64-76.

Arzheimer, Kai. 2006. „Jung, dynamisch, Nichtwähler? Der Einfluss von Lebensalter und Kohortenzugehörigkeit auf die Wahlbereitschaft." In: Edeltraud Roller/Frank Brettschneider/Jan W. van Deth (Hg.). *Jugend und Politik: „Voll normal!" Der Beitrag der politischen Soziologie zur Jugendforschung.* Wiesbaden: VS Verlag für Sozialwissenschaften: 317-335.

Arzheimer, Kai. 2008. „Ein Märchen aus Tausend und einer Nacht? Kommentar zu dem Artikel von Frederike Wuermeling „Passt die Türkei zur EU und die EU zu Europa?"." *Kölner Zeitschrift für Soziologie und Sozialpsychologie* 60 (1): 123-135.

Arzheimer, Kai. 2009. „Ideologien." In: Viktoria Kaina/Andrea Römmele (Hg.). *Politische Soziologie. Ein Studienbuch.* Wiesbaden: VS Verlag für Sozialwissenschaften: 83-108.

Arzheimer, Kai/Annette Schmitt. 2005. „Der ökonomische Ansatz." In: Jürgen W. Falter/Harald Schoen (Hg.). *Handbuch Wahlforschung.* Wiesbaden: VS Verlag für Sozialwissenschaften: 89-103.

Arzheimer, Kai/Harald Schoen. 2007. „Mehr als eine Erinnerung an das 19. Jahrhundert? Das sozioökonomische und das religiös-konfessionelle Cleavage und Wahlverhalten 1994-2005." In: Hans Rattinger/Oscar W. Gabriel/Jürgen W. Falter (Hg.). *Der gesamtdeutsche Wähler. Stabilität und Wandel des Wählerverhaltens im wiedervereinigten Deutschland.* Baden-Baden: Nomos: 89-111.

Asendorpf, Jens B. 2007. *Psychologie der Persönlichkeit.* 4. Auflage. Heidelberg: Springer.

Aust, Folkert/Helmut Schröder. 2009. „Sinkende Stichprobenausschöpfung in der Umfrageforschung – ein Bericht aus der Praxis." In: Martin Weichbold/Johann Bacher/Christof Wolf (Hg.). *Umfrageforschung. Herausforderungen und Grenzen.* Wiesbaden: VS Verlag für Sozialwissenschaften: 195-273.

Axt, Heinz-Jürgen. 2000. *EU-Strukturpolitik. Einführung in die Politik des wirtschaftlichen und sozialen Zusammenhalts.* Opladen: Leske+Budrich.

Baaß, Matthias. 2010. *„Städtepartnerschaften: Freundschaft ohne Grenzen!".* Viernheim. Pressemitteilung der Stadtverwaltung Viernheim am 4. Februar 2010.

Bajon, Philip. 2012. *Europapolitik am Abgrund. Die Krise des leeren Stuhls 1965-66.* Stuttgart: Steiner.

Barbé, Esther. 2005. „Spanien." In: Werner Weidenfeld/Wolfgang Wessels (Hg.). *Jahrbuch der Europäischen Integration 2005.* Baden-Baden: Nomos: 397-404.

Barber, Benjamin R. 1994. *Starke Demokratie. Über die Teilhabe am Politischen.* Hamburg: Rotbuch.

Barnes, Samuel H./Max Kaase et al. (Hg.). 1979. *Political Action. Mass Participation in Five Western Democracies.* Beverly Hills: Sage.

Baron-Cohen, Simon. 2004. *Vom ersten Tag an anders. Das weibliche und das männliche Gehirn.* 2. Auflage. Düsseldorf: Patmos.

Barroso, José Manuel Durão. 2012. *Rede zur Lage der Union 2012. Plenartagung des Europäischen Parlaments am 12. September 2012 in Straßburg.* Referenz: SPEECH/12/596.

Battaglia, Michael P./Meena Khare/Martin R. Frankel/Mary Cay Murray/Paul Buckley/Saralyn Peritz. 2008. „Response Rates: How have they changed and where are they headed?" In: James M. Lepkowski/Clyde Tucker/Michael J. Brick/Edith D. de Leeuw/Lilli Japec/Paul J. Lavrakas/Michael W. Wink/Roberta L. Sangster (Hg.). *Advances in Telephone Survey Methodology.* Hoboken: Wiley: 529-560.

Baumert, Jürgen. 1991. „Langfristige Auswirkungen der Bildungsexpansion." *Unterrichtswissenschaft* 19: 333-349.

Bautz, Ingo. 2002. *Die Auslandsbeziehungen der deutschen Kommunen im Rahmen der europäischen Kommunalbewegung in den 1950er und 60er Jahren. Städtepartnerschaften – Integration – Ost-West-Konflikt.* Siegen: Dissertation.

Beck, Kurt/Jan Ziekow (Hg.). 2011. *Mehr Bürgerbeteiligung wagen. Wege zur Vitalisierung der Demokratie.* Wiesbaden: VS Verlag für Sozialwissenschaften.

Beck, Ulrich. 1986. *Risikogesellschaft. Auf dem Weg in eine andere Moderne.* Frankfurt: Suhrkamp.

Becker, Rolf. 2002. „Wahlbeteiligung im Lebenslauf. A-P-K-Analysen für die Bundesrepublik Deutschland in der Zeit von 1953 bis 1987." *Kölner Zeitschrift für Soziologie und Sozialpsychologie* 54 (2): 246-263.

Becker, Rolf/Anja Mays. 2003. „Soziale Herkunft, politische Sozialisation und Wählen im Lebensverlauf." *Politische Vierteljahresschrift* 44 (1): 19–40.

Beckmann, Ruth/Philipp Trein/Stefanie Walter. 2011. „Dominanz der Ökonomie: Entscheidet die Wirtschaftslage Wahlen?" In: Evelyn Bytzek/Sigrid Roßteutscher (Hg.). *Der unbekannte Wähler? Mythen und Fakten über das Wahlverhalten der Deutschen.* Frankfurt: Campus: 231-252.

Bellucci, Paolo/Michael S. Lewis-Beck. 2011. „A stable popularity function? Cross-national analysis." *European Journal of Political Research* 50 (2): 190-211.

Bendel, Petra. 2008. „Europäische Migrationspolitik: Ein stimmiges Bild?" *Aus Parlament und Zeitgeschichte* 35-36: 14-19.

Berezin, Mabel/Juan Díez Medrano. 2008. „Distance Matters: Place, Political Legitimacy and Popular Support for European Integration." *Comparative European Politics* 6: 1-32.

Berg-Schlosser, Dirk. 1995. „Attitudes." In: Dieter Nohlen/Rainer-Olaf Schultze/Suzanne S. Schüttemeyer (Hg.). *Lexikon der Politik. Band 7: Politische Begriffe.* München: Beck: 52.

Bergmann, Michael. 2008. *Item Nonresponse in politikwissenschaftlichen Umfragen – Ein Vergleich verschiedener Methoden zur Behandlung fehlender Werte.* Bamberg: Diplomarbeit.

Bertelsmann-Stiftung (Hg.). 2009. *Woran glaubt die Welt? Analysen und Kommentare zum Religionsmonitor 2008.* Gütersloh: Bertelsmann-Stiftung.

Bickel, Robert. 2007. *Multilevel Analysis for Applied Research. It's just regression!* New York: Guilford Press.

Bieber, Ina E. 2011. „Der weibliche Blick: Verhalten sich Frauen in der Politik anders?" In: Evelyn Bytzek/Sigrid Roßteutscher (Hg.). *Der unbekannte Wähler? Mythen und Fakten über das Wahlverhalten der Deutschen.* Frankfurt: Campus: 253-272.

Bijsmans, Patrick/Christina Altides. 2007. „Bridging the Gap between EU Politics and Citizens? The European Commission, National Media and EU Affairs in the Public Sphere." *European Integration* 29 (3): 323-340.

Binder, Tanja/Andreas M. Wüst. 2004. „Inhalte der Europawahlprogramme deutscher Parteien 1979-1999." *Aus Politik und Zeitgeschichte* (17): 38-45.

Bischof-Köhler, Doris. 2006. *Von Natur aus anders. Die Psychologie der Geschlechtsunterschiede.* 3. Auflage. Stuttgart: Kohlhammer.

Bizeul, Yves. 2009. *Glaube und Politik.* Wiesbaden: VS Verlag für Sozialwissenschaften.

Blania, Regina. 2006. „Beteiligung an europäischen Förderprogrammen – Von der Antragstellung bis zur Durchführung." In: Ulrich von Alemann/Claudia Münch (Hg.). *Europafähigkeit der Kommunen. Die lokale Ebene in der Europäischen Union.* Wiesbaden: VS Verlag für Sozialwissenschaften: 289-320.

Blank, Thomas/Horst-Alfred Heinrich/Peter Schmidt. 2000. „Nationale Identität und kollektive Erinnerung der Deutschen: Messung, Erklärung und Veränderungen über die Zeit." In: Hartmut Esser (Hg.). *Der Wandel nach der Wende. Gesellschaft, Wirtschaft, Politik in Ostdeutschland.* Wiesbaden: Westdeutscher Verlag: 251-276.

Blasius, Jörg/Jürgen Friedrichs/Jennifer Klöckner. 2008. *Doppelt benachteiligt? Leben in einem deutsch-türkischen Stadtteil.* Wiesbaden: VS Verlag für Sozialwissenschaften.

Blien, Uwe. 2005. „Die Mehrebenenanalyse regionaler Fragestellungen." In: Gerd Grözinger/Wenzel Matiaske (Hg.). *Deutschland regional. Sozialwissenschaftliche Daten im Forschungsverband.* München: Rainer Hampp Verlag: 133-156.

Blödorn, Sascha/Maria Gerhards/Walter Klingler. 2006. „Informationsnutzung und Medienauswahl 2006." *Media Perspektiven* (12): 630-638.

Bogumil, Jörg/Lars Holtkamp. 2006. *Kommunalpolitik und Kommunalverwaltung. Eine policyorientierte Einführung.* Wiesbaden: VS Verlag für Sozialwissenschaften.

Bohner, Gerd. 2003. „Einstellungen." In: Wolfgang Stroebe/Klaus Jonas/Miles Hewstone (Hg.). *Sozialpsychologie. Eine Einführung.* 4. Auflage. Heidelberg: Springer 265-315.

Bonfadelli, Heinz/Thomas N. Friemel/Werner Wirth. 2010. „Medienwirkungsforschung." In: Heinz Bonfadelli/Otfried Jarren/Gabriele Siegert (Hg.). *Einführung in die Publizistikwissenschaft.* 3. Auflage. Stuttgart: UTB: 605-656.

Books, John/Charles Prysby. 1999. „Contextual effects on retrospective economic evaluations. The Impact of the State and Local Economy." *Political Behavior* 21 (1): 1-16.

Books, John W./Charles L. Prysby. 1991. *Political behavior and the local context.* New York: Praeger.

Boomgaarden, Hajo G./André Freire. 2009. „Religion and Euroscepticism: Direct, Indirect or No Effects?" *West European Politics* 32 (6): 1240-1265.

Boomgaarden, Hajo G./Andreas R. T. Schuck/Matthijs Elenbaas/Claes H. De Vreese. 2011. „Mapping EU attitudes: Conceptual and empirical dimensions of Euroscepticism and EU support." *European Union Politics* 12 (2): 241-266.

Boomgaarden, Hajo G./Andreas M. Wüst. 2012. „Religion and party positions towards Turkish EU accession." *Comparative European Politics* 10 (2): 180-197.

Borg, Ingwer/Christian Treder. 2003. „Item-Nonresponse in Mitarbeiterbefragungen." *ZUMA-Nachrichten* 27 (53): 77-95.

Bortz, Jürgen. 2005. *Statistik für Human- und Sozialwissenschaftler.* 6. Auflage. Heidelberg: Springer.

Bosch, Agusti/Kenneth Newton. 1995. „Economic Calculus or Familiarity Breeds Content." In: Oskar Niedermayer/Richard Sinnott (Hg.). *Public Opinion and Internationalized governance.* Oxford: Oxford University Press: 73-104.

Böttcher, Winfried. 2011. *Ein anderes Europa. Von den Nationalstaaten zu den Regionen.* Baden-Baden: Nomos.

Botterman, Sarah/Marc Hooghe. 2012. „Religion and voting behaviour in Belgium: An analysis of the relation between religious beliefs and Christian Democratic voting." *Acta Politica* 47 (1): 1-17.

Bouvet, Florence/Sandy Dall'Erba. 2010. „European Regional Structural Funds: How Large is the Influence of Politics on the Allocation Process?" *Journal of Common Market Studies* 48 (3): 501-528.

Bovens, Mark/Anchrit Wille. 2010. „The education gap in participation and its political consequences." *Acta Politica* 45 (4): 393-422.

Brady, Henry E./Sidney Verba/Kay Lehmann Schlozman. 1995. „Beyond SES: A Resource Model of Political Participation." *American Political Science Review* 89 (2): 271-294.

Braun, Daniela. 2007. *Die Entwicklung der Europäischen Identität in den Mitgliedstaaten der Europäischen Union im Zeitraum von 1970 bis 2004.* Heidelberg: Magisterarbeit.

Braun, Daniela. 2010. *Politisches Vertrauen in neuen Demokratien Europas. Ein tausch- oder gemeinschaftsbasiertes Phänomen?* Mannheim. Mannheimer Zentrum für Europäische Sozialforschung (Arbeitspapier Nr. 131).

Braun, Daniela. 2011. *Politisches Vertrauen in neuen Demokratien. Honeymoon, Desillusionierung und Stabilisierung in der Vertrauensentwicklung nach Systemumbrüchen.* Stuttgart: Unveröffentlichte Dissertation.

Braun, Daniela/Hermann Schmitt. 2009. „Politische Legitimität." In: Viktoria Kaina/Andrea Römmele (Hg.). *Politische Soziologie. Ein Studienbuch.* Wiesbaden: VS Verlag für Sozialwissenschaften: 53-81.

Braun, Daniela/Nicole Seher/Markus Tausendpfund/Ansgar Wolsing. 2010. *Einstellungen gegenüber Immigranten und die Zustimmung zur Europäischen Integration. Eine Mehrebenenanalyse.* Mannheim. Mannheimer Zentrum für Europäische Sozialforschung (Arbeitspapier Nr. 136).

Braun, Daniela/Markus Tausendpfund. 2011. *Immigration und die Zustimmung zur weiteren Europäischen Integration.* Drei-Länder-Tagung „Politische Integration" am 13./14. Januar 2011 der DVPW, ÖGPW und der SVPW in Basel.

Braun, Sebastian. 2004. „Die Wiederentdeckung des Vereinswesens im Windschatten gesellschaftlicher Krisen." *Forschungsjournal Neue soziale Bewegungen* 17 (1): 26-35.

Braun, Sebastian/Stefan Hansen. 2004. „Soziale und politische Integration durch Vereine?" *Forschungsjournal Neue soziale Bewegungen* 17 (1): 62-69.

Breckler, Steven J. 1984. „Empirical Validation of Affect, Behavior, and Cognition as Distinct Components of Attitude." *Journal of Personality and Social Psychology* 47 (6): 1191-1205.

Brehm, Sharon S./Saul M. Kassin/Steven Fein. 1999. *Social Psychology.* 4. Auflage. Boston: Houghton Mifflin.

Bretschneider, Michael. 2005. *Die Beteiligung an kommunalen Bürgerumfragen 1970-2004. Ein Beitrag zur Methodenforschung*. Berlin: Deutsches Institut für Urbanistik.

Brettschneider, Frank. 1997. „Mediennutzung und interpersonale Kommunikation in Deutschland." In: Oscar W. Gabriel (Hg.). *Politische Orientierungen und Verhaltensweisen im vereinigten Deutschland*. Opladen: Leske+Budrich: 265-289.

Brettschneider, Frank/Jan van Deth/Edeltraud Roller (Hg.). 2002a. *Das Ende der politisierten Sozialstruktur?* Opladen: Leske+Budrich.

Brettschneider, Frank/Jan van Deth/Edeltraud Roller. 2002b. „Sozialstruktur und Politik: Forschungsstand und Forschungsperspektiven." In: Frank Brettschneider/Jan van Deth/Edeltraud Roller (Hg.). *Das Ende der politisierten Sozialstruktur?* Opladen: Leske+ Budrich: 7-24.

Brettschneider, Frank/Michaela Maier/Jürgen Maier. 2003a. „From D-Mark to Euro: the impact of mass media on public opinion in Germany." *German Politics* 12 (2): 45-64.

Brettschneider, Frank/Markus Rettich. 2005. „Europa – (k)ein Thema für die Medien " In: Jens Tenscher (Hg.). *Wahl-Kampf um Europa. Analysen aus Anlass der Wahlen zum Europäischen Parlament 2004*. Wiesbaden: VS Verlag für Sozialwissenschaften: 136-156.

Brettschneider, Frank/Jan W. van Deth/Edeltraud Roller. 2003b. „Europäische Integration in der öffentlichen Meinung: Forschungsstand und Forschungsperspektiven." In: Frank Brettschneider/Jan W. van Deth/Edeltraud Roller (Hg.). *Europäische Integration in der öffentlichen Meinung*. Opladen: Leske+Budrich: 9-26.

Brinegar, Adam P./Seth K. Jolly. 2005. „Location, Location, Location: National Contextual Factors and Public Support for European Integration." *European Union Politics* 6 (2): 155-180.

Brinegar, Adam P./Seth K. Jolly/Herbert Kitschelt. 2004. „Varieties of capitalism and political divides over European integration." In: Gary Marks/Marco R. Steenbergen (Hg.). *European Integration and Political Conflict*. Cambirdge: Cambridge University Press: 62-89.

Brouard, Sylvain/Olivier Costa/Thomas König. 2012. „Delors' Myth: The Scope and Impacts of the Europeanization of Law Production." In: Sylvain Brouard/Olivier Costa/Thomas König (Hg.). *The Europeanization of Domestic Legislatures. The Empirical Implications of the Delors' Myth in Nine Countries*. New York: Springer: 1-19.

Bühlmann, Marc. 2006. *Politische Partizipation im kommunalen Kontext. Der Einfluss lokaler Kontexteigenschaften auf individuelles politisches Partizipationsverhalten*. Bern: Haupt.

Bühlmann, Marc. 2010. „Kommunale Identität. Eine Mehrebenenanalyse der Determinanten individueller Verbundenheit mit der Gemeinde." *Zeitschrift für Vergleichende Politikwissenschaft* 4 (2): 203-231.

Bühlmann, Marc/Markus Freitag. 2004. „Individuelle und kontextuelle Determinanten der Teilhabe an Sozialkapital. Eine Mehrebenanalyse zu den Bedingungen des Engagements in Freiwilligenorganisationen." *Kölner Zeitschrift für Soziologie und Sozialpsychologie* 56 (2): 326-349.

Bühner, Markus. 2004. *Einführung in die Test- und Fragebogenkonstruktion*. München: Pearson Studium.

Bullmann, Udo. 2009. „Land Hessen." In: Uwe Andersen/Wichard Woyke (Hg.). *Handwörterbuch des politischen Systems der Bundesrepublik Deutschland*. 6. Auflage. Wiesbaden: VS Verlag für Sozialwissenschaften: 357-363.

Bundesagentur für Arbeit. 2008. *Statistik der Grundsicherung für Arbeitsuchende: Berechnung von Hilfequoten*. Nürnberg: Statistik der Bundesagentur für Arbeit.

Bundesleitung des dbb beamtenbund und tarifunion. 2011. *Bürgerbefragung öffentlicher Dienst. Einschätzungen, Erfahrungen und Erwartungen*. Berlin: dbb verlag.

Bundesministerium für Arbeit und Sozialordnung. 2001. *Lebenslagen in Deutschland. Der erste Armuts- und Reichtumsbericht der Bundesregierung*. Bonn: Bundesanzeiger Verlag.

Bundesministerium für Arbeit und Sozialordnung. 2008. *Lebenslagen in Deutschland. Der 3. Armuts- und Reichtumsbericht der Bundesregierung*. Bonn: Bundesanzeiger Verlag.

Bundesverfassungsgericht. 1994. „Urteil des Bundesverfassungsgerichts über die Verfassungsbeschwerde gegen den Vertrag von Maastricht vom 12. Oktober 1993." In: Jürgen Schwabe (Hg.). *Entscheidungen des Bundesverfassungsgerichts*. 6. Auflage. Hamburg: 447-460.

Bundeszentrale für politische Bildung (Hg.). 2010. *Vertrag von Lissabon*. Bonn: Bundeszentrale für politische Bildung.

Burbank, Matthew J. 1995. „How do contextual effects work? Developing a theoretical model." In: Munroe Eagles (Hg.). *Spatial and Contextual Model Model in Political Research*. London: 165-178.

Burbank, Matthew J. 1997. „Explaining Contextual Effects on Vote Choice." *Political Behavior* 19 (2): 113-132.

Bürklin, Wilhelm/Markus Klein. 1998. *Wahlen und Wählerverhalten. Eine Einführung*. Opladen: Leske+Budrich.

Caballero, Claudio. 2005. „Nichtwahl." In: Jürgen W. Falter/Harald Schoen (Hg.). *Handbuch Wahlforschung*. Wiesbaden: VS Verlag für Sozialwissenschaften: 329-365.

Caiani, Manuela/Mariona Ferrer-Fons. 2010. „Voluntary associations and support for Europe." In: Wilhelm A. Maloney/Jan W. van Deth (Hg.). *Civil Society and Activism in Europe. Contextualizing engagement and political orientations*. London: Routledge: 129-155.

Campbell, Ross. 2011. „Social Capital and Political Support: A Reassessment of the Putnam Thesis in East and West Germany." *German Politics* 20 (4): 568-590.

Canache, Damarys/Jeffery J. Mondak/Mitchell A. Seligson. 2001. „Meaning and measurement in cross-national research on satisfaction with democracy." *Public Opinion Quarterly* 65 (4): 506-528.

Carey, Sean. 2002. „Undivided Loyalties: Is National Identity an Obstacle to European Integration?" *European Union Politics* 3 (4): 387-413.

Carey, Sean/Jonathan Burton. 2004. „Research Note: The Influence of the Press in Shaping Public Opinion towards the European Union in Britain." *Political Studies* 52: 623-640.

Carrubba, Clifford J. 1997. „Net Financial Transfers in the European Union: Who Gets What and Why?" *Journal of Politics* 59 (2): 469-496.

Carrubba, Clifford J. 2001. „The Electoral Connection in European Union Politics." *The Journal of Politics* 63 (1): 141-158.

Castiglione, Dario/Jan W. van Deth/Guglielmo Wolleb (Hg.). 2008. *The Handbook of Social Capital*. Oxford: Oxford University Press.

Castles, Francis G. 1998. „Die Bedeutung der Ökonomie für die politische Unterstützung der Europäischen Union." In: Thomas König/Elmar Rieger/Hermann Schmitt (Hg.). *Europa der Bürger? Voraussetzungen, Alternativen, Konsequenzen*. Frankfurt: Campus: 159-176.

Chelini-Pont, Blandine. 2009. „Papal Thought on Europe and the European Union in the Twentieth Century." *Religion, State and Society* 37 (1-2): 131-146.

Chenaux, Philippe. 1994. „Der Vatikan und die Entstehung der Gemeinschaft." In: Martin Greschat/Wilfried Loth (Hg.). *Die Christen und die Entstehung der Europäischen Gemeinschaft.* Stuttgart: Kohlhammer: 97-124.

Chmielewski, Daniel. 2011. *Lokale Leser. Lokale Nutzer. Informationsinteressen und Ortsbindung im Vergleich. Eine crossmediale Fallstudie.* Köln: Halem.

Cialdini, Robert B. 2004. *Die Psychologie des Überzeugens. Ein Lehrbuch für alle, die ihren Mitmenschen und sich selbst auf die Schliche kommen wollen.* 3. Auflage. Bern: Huber.

Clarke, Harold D./Allan Kornberg/Chris McIntyre/Petra Bauer-Kaase/Max Kaase. 1999. „The Effect of Economic Priorities on the Measurement of Value Change: New Experimental Evidence." *American Political Science Review* 93 (3): 637-647.

Claußen, Bernhard. 1996. „Die Politisierung des Menschen und die Instanzen der politischen Sozialisation: Problemfelder gesellschaftlicher Alltagspraxis und sozialwissenschaftlicher Theoriebildung." In: Bernhard Claußen/Rainer Geißler (Hg.). *Die Politisierung des Menschen. Instanzen der politischen Sozialisation. Ein Handbuch.* Opladen: Leske+ Budrich: 15-48.

Coleman, James S. 1991. *Grundlagen der Sozialtheorie. Band 1: Handlungen und Handlungssysteme.* München: Oldenbourg.

Collomb, Gérard. 2005. „Ein erweitertes Europa braucht starke Städte." *Deutsche Zeitschrift für Kommunalwissenschaften* 44 (2): 77-88.

Corbett, Richard/Francis Jacobs/Michael Shackleton. 2011. *The European Parliament.* 8. Auflage. London: Harper.

Dahl, Robert A. 1994. „A Democratic Dilemma: System Effectiveness versus Citizen Participation." *Political Science Quarterly* 109 (1): 23-34.

Dahrendorf, Ralf. 1965. *Bildung ist Bürgerrecht. Plädoyer für eine aktive Bildungspolitik.* Hamburg: Nannen.

Dalton, Russell J. 1984. „Cognitive Mobilization and Partisan Dealignment in Advanced Industrial Democracies." *Journal of Politics* 46 (1): 264-284.

Dalton, Russell J. 1999. „Political Support in Advanced Industrial Democracies." In: Pippa Norris (Hg.). *Critical Citizens. Global Support for Democratic Governance.* New York: Oxford University Press: 57-77.

Dalton, Russell J. 2004. *Democratic Challenges, Democratic Choices. The Erosion of Political Support in Advanced Industrial Democracies.* Oxford: Oxford University Press.

Dalton, Russell J. 2007. „Partisan mobilization, cognitive mobilization and the changing American electorate." *Electoral Studies* 26: 274-286.

Dalton, Russell J. 2008a. *Citizen Politics. Public Opinion and Political Parties in Advanced Industrial Democracies.* 5. Auflage. Washington: CQ Press.

Dalton, Russell J. 2008b. „Citizenship Norms and the Expansion of Political Participation." *Political Studies* 56 (1): 76-98.

Dalton, Russell J./Christopher J. Anderson. 2011. „Citizens, Context, and Choice." In: Russell J. Dalton/Christopher J. Anderson (Hg.). *Citizens, Context and Choice. How Context Shapes Citizens' Electoral Choices.* Oxford: Oxford University Press: 3-30.

Dalton, Russell J./Robert Duval. 1986. „The Political Environment and Foreign Policy Opinions: British Attitudes Toward European Integration, 1972-1979." *British Journal of Political Science* 16 (1): 113-134.

Davis, Darren W./Christian Davenport. 1999. „Assessing the Validity of the Postmaterialism Index." *American Political Science Review* 93 (3): 649-664.

De Vreese, Claes H. 2005a. *Framing Europe television news and european integration.* 2. Auflage. Amsterdam: Het Spinhuis.

De Vreese, Claes H. 2005b. „The Spiral of Cynicism Reconsidered." *European Journal of Communication* 20 (3): 283–301.

De Vreese, Claes H. 2007. „A Spiral of Euroscepticism: The Media's Fault?" *Acta Politica* 42: 271-286.

De Vreese, Claes H./Susan A. Banducci/Holli A. Semetko/Hajo G. Boomgaarden. 2006. „The News Coverage of the 2004 European Parliamentary Election Campaign in 25 Countries." *European Union Politics* 7 (4): 477–504.

De Vreese, Claes H./Hajo G. Boomgaarden. 2005. „Projecting EU Referendums: Fear of Immigration and Support for European Integration." *European Union Politics* 6 (1): 59-82.

De Vreese, Claes H./Hajo G. Boomgaarden. 2006. „Media Effects on Public Opinion about the Enlargement of the European Union." *Journal of Common Market Studies* 44 (2): 419-436.

De Vreese, Claes H./Hajo G. Boomgaarden/Michael Minkenberg/Rens Vliegenthart. 2009. „Introduction: Religion and the European Union." *West European Politics* 32 (6): 1182-1189.

De Vreese, Claes H./Hajo G. Boomgaarden/Holly A. Semetko. 2008. „Hard and Soft: Public Support for Turkish Membership in the EU." *European Union Politics* 9 (4): 511-530.

De Vreese, Claes H./Wouter van der Brug/Sara Hobolt. 2012. „Turkey in the EU?: How cultural and economic frames affect support for Turkish accession." *Comparative European Politics* 10 (2): 133-148.

De Vreese, Claes/Holli Semetko. 2004. „News matters: Influences on the vote in the Danish 2000 euro referendum campaign." *European Journal of Political Research* 43 (5): 699-722.

Debus, Marc. 2010. „Soziale Konfliktlinien und Wahlverhalten: Eine Analyse der Determinanten der Wahlabsicht bei Bundestagswahlen von 1969 bis 2009." *Kölner Zeitschrift für Soziologie und Sozialpsychologie* 62 (4): 731-749.

Debus, Marc. 2012. „Sozialstrukturelle und einstellungsbasierte Determinanten des Wahlverhaltens und ihr Einfluss bei Bundestagswahlen im Zeitverlauf: Westdeutschland 1976 bis 2009." In: Rüdiger Schmitt-Beck (Hg.). *Wählen in Deutschland. Sonderheft der Politischen Vierteljahresschrift 45/2011.* Baden-Baden: Nomos: 40-62.

Dellmuth, Lisa Maria. 2011. „The cash divide: the allocation of European Union regional grants." *Journal of European Public Policy* 18 (7): 1016-1033.

Deloche-Gaudez, Florence/Christian Lequesne. 2005. „Frankreich." In: Werner Weidenfeld/Wolfgang Wessels (Hg.). *Jahrbuch der Europäischen Integration 2005.* Baden-Baden: Nomos: 329-336.

Delors, Jacques. 1988. „Verhandlungen des Europäischen Parlaments." *EG-Bulletin* (Nr. 2-367/157): 6. Juli 1988.

Delors, Jacques. 1993. „Entwicklungsperspektiven der Europäischen Gemeinschaft." *Aus Politik und Zeitgeschichte* (1): 3-9.

Denters, Bas/Oscar Gabriel/Mariano Torcal. 2007. „Norms of good citizenship." In: Jan W. van Deth/José Ramón Montero/Anders Westholm (Hg.). *Citizenship and Involvement in European Democracies. A comparative analysis.* London: Routledge: 88-108.

Der Spiegel. 1998. „Wir haben bessere Karten." (39): 38-40.

Deutsche Forschungsgemeinschaft. 1999. *Qualitätskriterien der Umfrageforschung.* Berlin: Akademie-Verlag.

Deutscher Städte- und Gemeindebund. 2012. *Erfolgreiche Zukunft nur mit mehr Europa! Kommunen als Motor der Revitalisierung des Integrationsprozesses.* Pressemitteilung vom 5. Januar 2012. Berlin.

Diedrichs, Udo. 2006. „Europäische Kommission." In: Werner Weidenfeld/Wolfgang Wessels (Hg.). *Europa von A bis Z.* 9. Auflage. Bonn: Bundeszentrale für politische Bildung: 150-159.

Diekman, Amanda B./Monika C. Schneider. 2010. „A social role theory perspective on gender gaps in political Attitudes." *Psychology of Women Quarterly* 34: 486-497.

Diekmann, Andreas. 2001. *Empirische Sozialforschung. Grundlagen, Methoden, Anwendungen.* 7. Auflage. Reinbek: Rowohlt.

Díez Medrano, Juan. 2003. *Framing Europe. Attitudes to European Integration in Germany, Spain, and the United Kingdom.* Princeton: Princeton University Press.

Dillman, Don A./Jolene D. Smyth/Leah Melani Christian. 2009. *Internet, Mail, and Mixed-mode surveys. The Tailored Design Method.* 3. Auflage. Hoboken: Wiley.

Ditton, Hartmut. 1998. *Mehrebenenanalyse. Grundlagen und Anwendungen des Hierarchisch Linearen Modells.* Weinheim: Juventa.

Dobratz, Betty A. 1993. „Changing value orientations and attitudes toward the european commuity: A comparison of Greeks with citizens of other european community nations." *East European Quarterly* 27 (1): 97-127.

Dow, Jay K. 2009. „Gender Differences in Political Knowledge: Distinguishing Characteristics-Based and Returns-Based Differences." *Political Behavior* 31: 117-136.

Down, Ian/Carole J. Wilson. 2008. „From 'Permissive Consensus' to 'Constraining Dissensus': A Polarizing Union?" *Acta Politica* 43 (1): 26-49.

Down, Ian/Carole J. Wilson. 2012. „A rising generation of Europeans? Life-cycle and cohort effects on support for 'Europe'." *European Journal of Political Research*: Artikel am 19. November 2012 online veröffentlicht. doi: 2010.1111/1475-6765.12001.

Dreßler, Ulrich. 2010. „Kommunalpolitik in Hessen." In: Andreas Kost/Hans-Georg Wehling (Hg.). 2. Auflage. Wiesbaden: VS Verlag für Sozialwissenschaften: 165-186.

Duch, Raymond/Michaell Taylor. 1997. „Economics and the vulnerability of the Pan-European institutions." *Political Behavior* 19 (1): 65-80.

Dülmer, Hermann/Dieter Ohr. 2008. „Rechtsextremistische Wahlabsicht und regionaler Kontext. Mehrebenenanalysen zur Rolle sozialer Milieus und regionaler Gruppenkonflikte in Deutschland." *Politische Vierteljahresschrift* 49 (3): 491-517.

Eagly, Alice H./Shelly Chaiken. 1993. *The Psychology of Attitudes.* Fort Worth: Harcourt Brace Jovanovich.

Easton, David. 1957. „An Approach to the Analysis of Political Systems." *World Politics* 9 (3): 383-400.

Easton, David. 1965. *A Systems Analysis of Political Life.* New York: Wiley.

Easton, David. 1975. „A Re-Assessment of the Concept of Political Support." *British Journal of Political Science* 5: 435-457.

Easton, David. 1976. „Theoretical Approaches to Political Support." *Canadian Journal of Political Science* 9 (3): 431-448.

Easton, David/Jack Dennis. 1969. *Children in the Political System. Origins of Political Legitimacy.* New York: McGraw-Hill.

Easton, David/Robert D. Hess. 1962. „The Child's Political World." *Midwest Journal of Political Science* 6 (3): 229-246.

Egle, Christoph. 2002. „Über die Notwendigkeit und Bestimmung liberaler Bürgertugenden." *Politische Vierteljahresschrift* 43 (3): 397-419.

Eichenberg, Richard C./Russell J. Dalton. 1993. „Europeans and the European Community: The Dynamics of Public Support for European Integration." *International Organization* 47 (4): 507-534.

Eichenberg, Richard C./Russell J. Dalton. 2007. „Post-Maastricht Blues: The Transformation of Citizen Support for European Integration, 1973-2004." *Acta Politica* 42 (2-3): 128-152.

Eilfort, Michael. 2006. „Wahlenthaltung: Ein vielschichtiges Phänomen mit wachsender politischer Bedeutung." In: Beate Hoecker (Hg.). *Politische Partizipation zwischen Konvention und Protest: eine studienorientierte Einführung* Opladen: Leske+Budrich: 55-73.

Elff, Martin. 2007. „Social Structure and Electoral Behavior in Comparative Perspective: The Decline of Social Cleavages in Western Europe Revisited." *Perspectives on Politics* 5 (2): 277-294.

Elff, Martin/Sigrid Roßteutscher. 2009. „Die Entwicklung sozialer Konfliktlinien in den Wahlen von 1994 bis 2005." In: Oscar W. Gabriel/Bernhard Weßels/Jürgen W. Falter (Hg.). *Wahlen und Wähler. Analysen aus Anlass der Bundestagswahl 2005*. Wiesbaden: VS Verlag für Sozialwissenschaften: 307-327.

Elgün, Özlem/Erik R. Tillman. 2007. „Exposure to European Union Policies and Support for Membership in the Candidate Countries." *Political Research Quarterly* 60 (3): 391-400.

Eliot, Lise. 2010. *Wie verschieden sind Sie? Die Gehirnentwicklung bei Mädchen und Jungen.* Berlin: Berlin Verlag.

Engel, Uwe. 1998. *Einführung in die Mehrebenenanalyse. Grundlagen, Auswertungsverfahren und praktische Beispiele.* Opladen: Westdeutscher Verlag.

Engel, Uwe/Manuela Pötschke/Julia Simonson. 2005. „Telefonsurveys. Vor- und Nachteile." *Bundesgesundheitsblatt* 48: 1217-1223.

Engel, Uwe/Julia Simonson. 2006. „Sozialer Kontext in der Mehrebenenanalyse." In: Andreas Diekmann (Hg.). *Methoden der Sozialforschung. Kölner Zeitschrift für Soziologie und Sozialpsychologie. Sonderheft 44/2004*. Wiesbaden: VS Verlag für Sozialwissenschaften: 303-329.

Engelhardt, Henriette. 2000. „Untersuchungsdesigns in der Bevölkerungswissenschaft." In: Ulrich Mueller/Bernhard Nauck/Andreas Diekmann (Hg.). *Handbuch der Demographie 1. Modelle und Methoden.* Berlin: Springer: 524-561.

Enzensberger, Hans Magnus. 2011. *Sanftes Monster Brüssel oder Die Entmündigung Europas.* Berlin: Suhrkamp.

Esmer, Yilmaz/Thorleif Pettersson. 2007. „The Effects of Religion and Religiosity on Voting Behavior." In: Russell J. Dalton/Hans-Dieter Klingemann (Hg.). *The Oxford Handbook of Political Behavior.* Oxford: Oxford University Press: 481-503.

Esser, Hartmut. 1987. „Warum die Routine nicht weiterhilft – Überlegungen zur Kritik an der „Variablen-Soziologie"." In: Norbert Müller/Herbert Stachowiak (Hg.). *Problemlösungsoperator Sozialwissenschaft. Anwendungsorientierte Modelle der Sozial- und Planungswissenschaften in ihrer Wirksamkeitsproblematik.* Stuttgart: Ferdinand Enke: 230-245.

Esser, Hartmut. 1988. „Sozialökologische Stadtforschung und Mehr-Ebenen-Analyse." In: Jürgen Friedrichs (Hg.). *Soziologische Stadtforschung. Sonderheft 29 der Kölner Zeitschrift für Soziologie und Sozialpsychologie.* Opladen: Westdeutscher Verlag: 35-55.

Esser, Hartmut. 1999a. *Soziologie – Spezielle Grundlagen. Band 1: Situationslogik und Handeln.* Frankfurt: Campus.

Esser, Hartmut. 1999b. *Soziologie. Allgemeine Grundlagen*. 3. Auflage. Frankfurt: Campus.

Esser, Hartmut. 2000. *Soziologie – Spezielle Grundlagen. Band 4: Opportunitäten und Restriktionen*. Frankfurt: Campus.

Esser, Hartmut. 2001. *Soziologie – Spezielle Grundlagen. Band 6: Sinn und Kultur*. Frankfurt: Campus.

Esser, Josef. 2005. „Kommunen und Länder im Sog der europäischen Mehrebenenverflechtung." *Deutsche Zeitschrift für Kommunalwissenschaften* 44 (2): 20-37.

Etzioni, Amitai. 1998. *Die Entdeckung des Gemeinwesens. Ansprüche, Verantwortlichkeiten und das Programm des Kommunitarismus*. Frankfurt: Fischer.

Europäische Kommission. 2001a. *Europäisches Regieren. Ein Weißbuch*.

Europäische Kommission. 2001b. *Neuer Schwung für die Jugend Europas. Ein Weißbuch*.

Europäische Kommission. 2005. *Aktionsplan für eine bessere Kommunikationsarbeit der Kommission zu Europa*.

Europäische Kommission. 2006a. *Eurobarometer 66: Die öffentliche Meinung in der Europäischen Union*.

Europäische Kommission. 2006b. *Grünbuch. Europäische Transparenzinitiative*.

Europäische Kommission. 2006c. *Spezial-Eurobarometer 251: Die Zukunft Europas*.

Europäische Kommission. 2006d. *Über eine europäische Kommunikationspolitik. Ein Weißbuch*.

Europäische Kommission. 2008. *Eurobarometer 70: Die öffentliche Meinung in der Europäischen Union*.

Europäische Kommission. 2009a. *35 Years of Eurobarometer. European integration as seen by public opinion in the Member States of the European Union 1973-2008*.

Europäische Kommission. 2009b. *Special Eurobarometer 307: The role and impact of local and regional authorities within the European Union. Opinions on the different levels of public authorities and awareness of the Committee of the Regions*.

Europäische Kommission. 2009c. *Spezial Eurobarometer 307: Rolle und Einfluss lokaler und regionaler Gebietskörperschaften innerhalb der Europäischen Union. Meinungen zu den verschiedenen Ebenen öffentlicher Gebietskörperschaften und Bekanntheit des Ausschusses der Regionen*.

Europäische Kommission. 2011a. *Eurobarometer 75. Frühjahr 2011. Die öffentliche Meinung in der Europäischen Union*.

Europäische Kommission. 2011b. *Gesamtansatz für Migration und Mobilität. Mitteilung der Kommission an das Europäische Parlament, den Rat, den europäischen Wirtschafts- und Sozialausschuss und den Ausschuss der Regionen*.

Europäische Kommission. 2011c. *Vorschlag für einen Beschluss des Europäischen Parlament und des Rates über das Europäische Jahr der Bürgerinnen und Bürger (2013). KOM (2011) 489*.

Europäische Kommission. 2012. *A Blueprint for a deep and genuine Economic and Monetary Union: Launching a European debate*. Pressemitteilung vom 28. November 2012. Referenz: IP/12/1272.

Europäischer Rat. 2005. *Haager Programm zur Stärkung von Freiheit, Sicherheit und Recht in der Europäischen Union*. Amtsblatt der Europäischen Union. C 53/1.

Europäischer Rat und Europäisches Parlament. 2006. *Beschluss Nr. 1904/2006/EG des Europäischen Parlaments und des Rates vom 12. Dezember 2006 über das Programm „Europa für Bürgerinnen und Bürger" zur Förderung einer aktiven europäischen Bürgerschaft (2007-2013).*

Faas, Thorsten. 2010. *Arbeitslosigkeit und Wählerverhalten. Direkte und indirekte Wirkungen auf Wahlbeteiligung und Parteipräferenzen in Ost- und Westdeutschland.* Baden-Baden: Nomos.

Faas, Thorsten/Hans Rattinger. 2003. „Politische Konsequenzen von Arbeitslosigkeit: Eine Analyse der Bundestagswahlen 1980 bis 2002." In: Andreas M. Wüst (Hg.). *Politbarometer.* Opladen: Leske+Budrich: 239-254.

Falter, Jürgen W. 1978. „Some theoretical and methodological problems of multilevel analysis reconsidered." *Social Science Information* 17: 841-869.

Falter, Jürgen W. 1991. *Hitlers Wähler.* München: Beck.

Falter, Jürgen W./Uwe W. Gehring. 1998. „Alter – ein neues Cleavage?" In: Max Kaase/Hans-Dieter Klingemann (Hg.). *Wahlen und Wähler. Analysen aus Anlaß der Bundestagswahl 1994.* Opladen: Westdeutscher Verlag: 463-503.

Falter, Jürgen W./Harald Schoen/Claudio Caballero. 2000. „Dreißig Jahre danach: Zur Validierung des Konzepts Parteiidentifikation in der Bundesrepublik." In: Markus Klein/Wolfgang Jagodzinski/Ekkehard Mochmann/Dieter Ohr (Hg.). *50 Jahre empirische Wahlforschung in Deutschland. Entwicklung, Befunde, Perspektiven, Daten.* Wiesbaden: Westdeutscher Verlag: 235-271.

Faulbaum, Frank/Peter Prüfer/Margrit Rexroth. 2009. *Was ist eine gute Frage? Die systematische Evaluation der Fragenqualität.* Wiesbaden: VS Verlag für Sozialwissenschaften.

Feist, Ursula. 1992. „Niedrige Wahlbeteiligung – Normalisierung oder Krisensymptom der Demokratie in Deutschland?" In: Karl Starzacher/Konrad Schacht/Bernd Friedrich/Thomas Leif (Hg.). *Protestwähler und Wahlverweigerer. Krise der Demokratie?* Köln: Bund-Verlag: 40-57.

Fine, Ben. 2010. *Theories of Social Capital. Researchers Behaving Badly.* London: Pluto Press.

Fischer, Claude S./Robert Max Jackson/C. Ann Stueve/Kathleen Gerson/Lynne McCallister Jones/Mark Baldassare. 1977. *Networks and Places. Social Relations in the Urban Setting.* New York: Free Press.

Fogt, Helmut. 1982. *Politische Generationen.* Opladen: Westdeutscher Verlag.

Forst, Rainer. 2010. „Bürgertugenden." In: Dieter Fuchs/Edeltraud Roller (Hg.). *Lexikon Politik. Hundert Grundbegriffe.* Stuttgart: Reclam: 31-35.

Franklin, Mark/Michael Marsh/Lauren McLaren. 1994. „Uncorking the Bottle: Popular Opposition to European Unification in the Wake of Maastricht." *Journal of Common Market Studies* 32 (4): 455-472.

Franz, Gerhard. 1985. „Zeitreihenanalysen zu Wirtschaftsentwicklung, Zufriedenheit und Regierungsvertrauen in der Bundesrepublik Deutschland." *Zeitschrift für Soziologie* 14 (1): 64-88.

Franzen, Axel/Markus Freitag. 2007a. „Aktuelle Themen und Diskussionen der Sozialkapitalforschung." In: Axel Franzen/Markus Freitag (Hg.). *Sozialkapital. Grundlagen und Anwendungen.* Wiesbaden: VS Verlag für Sozialwissenschaften: 7-22.

Franzen, Axel/Markus Freitag (Hg.). 2007b. *Sozialkapital. Grundlagen und Anwendungen.* Wiesbaden: VS Verlag für Sozialwissenschaften.

Franzen, Axel/Sonja Pointner. 2007. „Sozialkapital: Konzeptualisierungen und Messungen." In: Axel Franzen/Markus Freitag (Hg.). *Sozialkapital. Grundlagen und Anwendungen.* Wiesbaden: VS Verlag für Sozialwissenschaften: 66-90.

Freitag, Markus. 2001. „Das soziale Kapital der Schweiz: vergleichende Einschätzungen zu Aspekten des Vertrauens und der sozialen Einbindung." *Schweizerische Zeitschrift für Politikwissenschaft* 7 (4): 87-117.

Freitag, Markus/Marc Buhlmann. 2009. „Crafting Trust. The Role of Political Institutions in a Comparative Perspective." *Comparative Political Studies* 42 (12): 1537-1566.

Freitag, Markus/Marc Bühlmann. 2005. „Politische Institutionen und die Entwicklung generalisierten Vertrauens. Ein internationaler Vergleich." *Politische Vierteljahresschrift* 46 (4): 575-601.

Frey, Bruno S./Hermann Garbers. 1972. „Der Einfluß wirtschaftlicher Variablen auf die Popularität der Regierung – eine empirische Analyse." *Jahrbücher für Nationalökonomie und Statistik* 186: 281-295.

Frey, Dieter/Anne Gaska. 1993. „Die Theorie der kognitiven Dissonanz." In: Dieter Frey/Martin Irle (Hg.). *Theorien der Sozialpsychologie. Band I: Kognitive Theorien.* 2. Auflage. Bern: Huber: 275-324.

Friedman, Howard S./Miriam W. Schustack. 2004. *Persönlichkeitspsychologie und Differentielle Psychologie.* 2. Auflage. München: Pearson.

Fuchs, Dieter. 1987. „Trends politischer Unterstützung in der Bundesrepublik." In: Dirk Berg-Schlosser/Jacob Schissler (Hg.). *Politische Kultur in Deutschland. Bilanz und Perspektiven der Forschung.* Opladen: Westdeutscher Verlag: 357-377.

Fuchs, Dieter. 1989. *Die Unterstützung des politischen Systems der Bundesrepublik Deutschland.* Opladen: Westdeutscher Verlag.

Fuchs, Dieter. 2002a. *Das Demokratiedefizit der Europäischen Union und die politische Integration Europas: Eine Analyse der Einstellungen der Bürger in Westeuropa.* Berlin. Wissenschaftszentrum Berlin für Sozialforschung (WZB).

Fuchs, Dieter. 2002b. „Die politische Theorie der Systemanalyse: David Easton." In: André Brodocz/Gary Schaal (Hg.). *Politische Theorien der Gegenwart I. Eine Einführung.* Opladen: Leske+Budrich: 345-369.

Fuchs, Dieter. 2003. „Das Demokratiedefizit der Europäischen Union und die politische Integration Europas: Eine Analyse der Einstellungen der Bürger in Westeuropa." In: Frank Brettschneider/Jan W. van Deth/Edeltraud Roller (Hg.). *Europäische Integration in der öffentlichen Meinung.* Opladen: Leske+Budrich: 29-56.

Fuchs, Dieter/Oscar W. Gabriel/Kerstin Völkl. 2002. „Vertrauen in politische Institutionen und politische Unterstützung." *Österreichische Zeitschrift fü Politikwissenschaft* 31 (4): 427-450.

Fuchs, Dieter/Jürgen Gerhards/Edeltraud Roller. 1993. „Wir und die anderen. Ethnozentrismus in zwölf Ländern der europäischen Gemeinschaft." *Kölner Zeitschrift für Soziologie und Sozialpsychologie* 45 (1): 238-253.

Fuchs, Dieter/Hans-Dieter Klingemann. 1989a. „Das Links-Rechts-Schema als politischer Code. Ein interkultureller Vergleich auf inhaltsanalytischer Grundlage." In: Max Haller/Hans-Joachim Hoffmann-Nowotny/Wolfgang Zapf (Hg.). *Kultur und Gesellschaft. Verhandlungen des 24. Deutschen Soziologentags, des 11. Österreichischen Soziologentags und des 8. Kongresses der Schweizerischen Gesellschaft für Soziologie in Zürich 1988.* Frankfurt: Campus: 484-498.

Fuchs, Dieter/Hans-Dieter Klingemann. 1989b. „The Left-Right Schema." In: M. Kent Jennings/Jan W. van Deth/Samuel H. Barnes/Dieter Fuchs/Felix J. Heunks/Ronald Inglehart/Max Kaase/Hans-Dieter Klingeman/Jacques J. A. Thomassen (Hg.). *Continuities in Political Action. A Longitudinal Study of Political Orientations in Three Western Democracies.* Berlin: de Gruyter: 203-234.

Fuchs, Gesine. 2006. „Politische Partizipation von Frauen in Deutschland." In: Beate Hoecker (Hg.). *Politische Partizipation zwischen Konvention und Protest: eine studienorientierte Einführung.* Opladen: Leske+Budrich: 235-260.

Fuhse, Jan. 2005. *Theorien des politischen Systems. David Easton und Niklas Luhmann. Eine Einführung.* Wiesbaden: VS Verlag für Sozialwissenschaften.

Fung, Archon. 2003. „Associations and Democracy: Between Theories, Hopes, and Realities." *Annual Review of Sociology* 29: 515-539.

Gabel, Matthew. 1998a. „Economic Integration and Mass Politics: Market Liberalization and Public Attitudes in the European Union." *American Journal of Political Science* 42 (3): 936-953.

Gabel, Matthew. 1998b. „Public Support for European Integration: An Empirical Test of Five Theories." *The Journal of Politics* 60 (2): 333-354.

Gabel, Matthew J. 1998c. *Interests and Integration. Market Liberalization, Public Opinion, and European Union.* Ann Arbor: University of Michigan Press.

Gabel, Matthew/Harvey D. Palmer. 1995. „Understanding variation in public support for European Integration." *European Journal of Political Research* 27 (1): 3-19.

Gabel, Matthew/Guy D. Whitten. 1997. „Economic conditions, economic perceptions, and public support for European integration." *Political Behavior* 19 (1): 81-96.

Gabler, Siegfried/Sabine Häder. 1997. „Überlegungen zu einem Stichprobendesign für Telefonumfragen in Deutschland." *ZUMA-Nachrichten* 21 (41): 7-18.

Gabler, Siegfried/Sabine Häder. 2009. „Die Kombination von Mobilfunk- und Festnetzstichproben in Deutschland." In: Martin Weichbold/Johann Bacher/Christof Wolf (Hg.). *Umfrageforschung. Herausforderungen und Grenzen.* Wiesbaden: VS Verlag für Sozialwissenschaften: 239-252.

Gabriel, Oscar W. 2002. „Politische Unterstützung." In: Martin Greiffenhagen/Sylvia Greiffenhagen (Hg.). *Handwörterbuch zur politischen Kultur der Bundesrepublik Deutschland.* 2. Auflage. Wiesbaden: Westdeutscher Verlag: 477-483.

Gabriel, Oscar W. 2008. „Politische Einstellungen und politische Kultur." In: Oscar W. Gabriel/Sabine Kropp (Hg.). *Die EU-Staaten im Vergleich. Strukturen, Prozesse, Politikinhalte.* 3. Auflage. Wiesbaden: VS Verlag für Sozialwissenschaften: 181-214.

Gabriel, Oscar W. 2009. „Politische Kultur." In: Viktoria Kaina/Andrea Römmele (Hg.). *Politische Soziologie. Ein Studienbuch.* Wiesbaden: VS Verlag für Sozialwissenschaften: 17-51.

Gabriel, Oscar W. 2010. „Stärkung der lokalen Demokratie – Eine Antwort auf die Erfordernisse von European Good Governance?" In: Oscar Gabriel/Peter-Christian Müller-Graff/Christian O. Steger (Hg.). *Kommunale Aufgaben im Europäischen Binnenmarkt.* Baden-Baden: Nomos: 95-118.

Gabriel, Oscar W./Everhard Holtmann. 1993. „Kommunale Demokratie." In: Jürgen Bellers Raban von Westphalen (Hg.). *Parlamentslehre. Das parlamentarische Regierungssystem im technischen Zeitalter.* München: Oldenbourg: 471-488.

Gabriel, Oscar W./Volker Kunz. 2002. „Die Bedeutung des Sozialkapital-Ansatzes für die Erklärung politischen Vertrauens." In: Rainer Schmalz-Bruns/Reinhard Zintl (Hg.). *Politisches Vertrauen. Soziale Grundlagen reflexiver Kooperation.* Baden-Baden: Nomos: 255-274.

Gabriel, Oscar W./Volker Kunz/Sigrid Roßteutscher/Jan W. van Deth. 2002. *Sozialkapital und Demokratie. Zivilgesellschaftliche Ressourcen im Vergleich.* Wien: WUV-Universitätsverlag.

Gabriel, Oscar W./S. Isabell Thaidigsmann. 2009. „Item Nonresponse: Ausprägung und Ursachen." In: Harald Schoen/Hans Rattinger/Oscar W. Gabriel (Hg.). *Vom Interview zur Analyse. Methodische Aspekte der Einstellungs- und Wahlforschung.* Baden-Baden: Nomos: 283-320.

Gabriel, Oscar W./Melanie Walter-Rogg. 2008. „Social Capital and Political Trust." In: Heiner Meulemann (Hg.). *Social Capital in Europe: Similarity of Countries and Diversity of People? Multi-level analyses of the European Social Survey 2002.* Leiden: Brill: 219-250.

Garry, John/James Tilley. 2009. „The Macroeconomic Factors Conditioning the Impact of Identity on Attitudes towards the EU." *European Union Politics* 10 (3): 361-379.

Gattig, Alexander. 2006. „Klasseneinflüsse auf das Wahlverhalten und die Wahlbeteiligung. Resultate aus der Bundesrepublik Deutschland und den USA." *Kölner Zeitschrift für Soziologie und Sozialpsychologie* 58 (3): 510-533.

Geißel, Brigitte. 2010. *Kritische Bürger. Gefahr oder Ressource für die Demokratie?* Frankfurt: Campus.

Geißler, Rainer. 1994. „Politische Ungleichheit: Soziale Schichtung und Teilnahme an Herrschaft." In: Rainer Geißler (Hg.). *Soziale Schichtung und Lebenschancen in Deutschland.* 2. Auflage. Stuttgart: Enke: 74-110.

Geißler, Rainer. 2008. *Die Sozialstruktur Deutschlands. Zur gesellschaftlichen Entwicklung mit einer Bilanz zur Vereinigung.* 5. Auflage. Wiesbaden: VS Verlag für Sozialwissenschaften.

Gelman, Andrew/Jennifer Hill. 2007. *Data Analysis Using Regression and Multilevel/ Hierarchical Models.* Cambridge: Cambridge University Press.

Genna, Gaspare M. 2009. „Positive country images, trust and public support for European integration." *Comparative European Politics* 7 (2): 213-232.

Gerhard, Simone/Corinna Heipcke/Emanuel Richter. 1994. „Städtepartnerschaften haben Konjunktur – und Konjunktur benötigt Impulse. Eine empirische Studie zu Partnerschaften hessischer Gemeinden und Städte." In: Annette Jünemann/Emanuel Richter/Hartmut Ullrich (Hg.). *Gemeindepartnerschaften im Umbruch Europas.* Frankfurt: Peter Lang: 167-182.

Gerhards, Jürgen. 2006. *Kulturelle Unterschiede in der Europäischen Union. Ein Vergleich zwischen Mitgliedsländern, Beitrittskandidaten und der Türkei.* 2. Auflage. Wiesbaden: VS Verlag für Sozialwissenschaften.

Gerhards, Jürgen/Silke Hans. 2008. „Die Grenzen Europas aus der Perspektive der Bürger." *Aus Parlament und Zeitgeschichte* 35-36: 6-13.

Gerhards, Jürgen/Silke Hans. 2011. „Why not Turkey? Attitudes towards Turkish Membership in the EU among Citizens in 27 European Countries." *Journal of Common Market Studies* 49 (4): 741-766.

Gerlach, Irene. 2010. *Bundesrepublik Deutschland. Entwicklung, Strukturen und Akteure eines politischen Systems.* 3. Auflage. Wiesbaden: VS Verlag für Sozialwissenschaften.

Gesemann, Frank/Roland Roth. 2009. „Kommunale Integrationspolitik in Deutschland – einleitende Bemerkungen." In: Frank Gesemann/Roland Roth (Hg.). *Lokale Integrationspolitik in der Einwanderungsgesellschaft. Migration und Integration als Herausforderung von Kommunen.* Wiesbaden: VS Verlag für Sozialwissenschaften: 11-29.

Geys, Benny/Zuzana Murdoch. 2010. „Measuring the 'Bridging' versus 'Bonding' Nature of Social Networks: A Proposal for Integrating Existing Measures." *Sociology* 44 (3): 523-540.

Gornig, Martin. 2005. „Polarisierung der wirtschaftlichen Potentiale – Folgen von Tertiärisierung und Europäisierung für die Städte." *Deutsche Zeitschrift für Kommunalwissenschaften* 44 (2): 50-63.

Göthlich, Stephan E. 2006. „Zum Umgang mit fehlenden Daten in großzahligen empirischen Erhebungen." In: Sönke Albers/Daniel Klapper/Udo Konradt/Achim Walter/Joachim Wolf (Hg.). *Methodik der empirischen Forschung.* Wiesbaden: Deutscher Universitäts Verlag: 133-150.

Gray, John. 2004. *Men Are from Mars, Women Are from Venus: The Classic Guide to Understanding the Opposite Sex.* Quill.

Greenstein, Fred I. 1965. *Children and Politics.* New Haven: Yale University Press.

Greiffenhagen, Martin/Sylvia Greiffenhagen. 1993. *Ein schwieriges Vaterland. Zur politischen Kultur im vereinigten Deutschland.* München: List.

Greiffenhagen, Sylvia. 2002. „Bildung." In: Martin Greiffenhagen/Sylvia Greiffenhagen (Hg.). *Handwörterbuch zur politischen Kultur der Bundesrepublik Deutschland.* 2. Auflage. Wiesbaden: Westdeutscher Verlag: 52-57.

Grobecker, Claire/Elle Krack-Rohberg. 2008. „Bevölkerung." In: Statistisches Bundesamt/ Gesellschaft Sozialwissenschaftlicher Infrastruktureinrichtungen/Wissenschaftszentrum Berlin für Sozialforschung (Hg.). *Datenreport 2008. Ein Sozialbericht für die Bundesrepublik Deutschland.* Bonn: Bundeszentrale für politische Bildung: 1-25.

Groves, Robert M. 2006. „Nonresponse Rates and Nonresponse Bias in Household Surveys." *Public Opinion Quarterly* 70 (5): 646-675.

Groves, Robert M./Emilia Peytcheva. 2008. „The Impact of Nonresponse Rates on Nonresponse Bias. A Meta-Analysis." *Public Opinion Quarterly* 72 (2): 167-189.

Grunert, Thomas. 1981. *Langzeitwirkungen von Städte-Partnerschaften. Ein Beitrag zur europäischen Integration.* Kehl am Rhein: Engel.

Güllner, Manfred. 1986. „Der Zustand des lokalen Parteiensystems: Chance oder Ende der Kommunalpolitik?" In: Joachim Jens Hesse (Hg.). *Erneuerung der Politik „von unten"? Stadtpolitik und kommunale Selbstvetwaltung im Umbruch.* Opladen: Westdeutscher Verlag: 26-37.

Haas, Ernst B. 1958. *The Uniting of Europe. Political, social and economical forces 1950-1957.* London: Stevens.

Haas, Ernst B. 1970. „The Study of Regional Integration: Reflections on the Joy and Anguish of Pretheorizing." In: Lion N. Lindberg/Stuart A. Scheingold (Hg.). *Regional Integration: Theory and Research* Cambridge: Harvard University Press: 3-42.

Habermas, Jürgen. 1976. „Legitimationsprobleme im modernen Staat." In: Peter Graf Kielmansegg (Hg.). *Legitimationsprobleme politischer Systeme.* Opladen: Westdeutscher Verlag: 39-61.

Habich, Roland/Heinz-Herbert Noll. 2008. „Soziale Lagen und soziale Schichtung." In: Statistisches Bundesamt/Gesellschaft Sozialwissenschaftlicher Infrastruktureinrichtungen Zentrum für Sozialindikatorenforschung/Wissenschaftszentrum Berlin für Sozialforschung (Hg.). *Datenreport 2008. Ein Sozialbericht für die Bundesrepublik Deutschland.* Bonn: Bundeszentrale für politische Bildung: 173-179.

Häder, Michael. 2006. *Empirische Sozialforschung. Eine Einführung.* Wiesbaden: VS Verlag für Sozialwissenschaften.

Häder, Michael/Sabine Häder (Hg.). 2009. *Telefonbefragungen über das Mobilfunknetz. Konzept, Design und Umsetzung einer Strategie zur Datenerhebung.* Wiesbaden: VS Verlag für Sozialwissenschaften.

Hadjar, Andreas/Rolf Becker. 2006a. „Bildungsexpansion und Wandel des politischen Interesses in Westdeutschland zwischen 1980 und 2002." *Politische Vierteljahresschrift* 47 (1): 12-34.

Hadjar, Andreas/Rolf Becker. 2006b. *Die Bildungsexpansion. Erwartete und unerwartete Folgen.* Wiesbaden: VS Verlag für Sozialwissenschaften.

Hadjar, Andreas/Rolf Becker. 2006c. „Politisches Interesse und politische Partizipation." In: Andreas Hadjar/Rolf Becker (Hg.). *Die Bildungsexpansion. Erwartete und unerwartete Folgen.* Wiesbaden: VS Verlag für Sozialwissenschaften: 179-204.

Hadjar, Andreas/Rolf Becker. 2007. „Unkonventionelle politische Partizipation im Zeitverlauf? Hat die Bildungsexpansion zu einer politischen Mobilisierung beigetragen?" *Kölner Zeitschrift für Soziologie und Sozialpsychologie* 59 (3): 410-439.

Hagevi, Magnus. 2002. „Religiosity and Swedish opinion on the European Union." *Journal for the Scientific Study of Religion* 41 (4): 759-769.

Haller, Max. 2009a. „Die europäische Integration als Elitenprojekt." *Aus Politik und Zeitgeschichte* (23-24): 18-23.

Haller, Max. 2009b. *Die Europäische Integration als Elitenprozess. Das Ende eines Traums?* Wiesbaden: VS Verlag für Sozialwissenschaften.

Hallmann, Thorsten. 2005. „Vereine, lokale Politik und Demokratie." *Forschungsjournal Neue soziale Bewegungen* 18 (3): 97-103.

Halpern, David. 2005. *Social Capital.* Cambridge: Polity.

Handley, David H. 1981. „Public Opinion and European Integration: The Crisis of the 1970s." *European Journal of Political Research* 9 (4): 335-364.

Hank, Karsten. 2003. „Eine Mehrebenenanalyse regionaler Einflüsse auf die Familiengründung westdeutscher Frauen in den Jahren 1984 bis 1999." *Kölner Zeitschrift für Soziologie und Sozialpsychologie* 55 (1): 79-98.

Hans, Silke. 2006. *Die Analyse gepoolter Daten mit Mehrebenenmodellen. Einstellungen zu Zuwanderern im europäischen Vergleich.* BSEE-Arbeitspapier Nr. 6. Berlin: Freie Universität Berlin.

Hardin, Russell. 1999. „Do we want trust in government?" In: Mark E. Warren (Hg.). *Democracy and Trust.* Cambridge: Cambridge University Press: 22-41.

Hartmann, Jürgen. 2009. *Das politische System der Europäischen Union. Eine Einführung.* 2. Auflage. Frankfurt: Campus.

Hartwig, Ines. 2011. „Struktur- und Regionalpolitik." In: Werner Weidenfeld/Wolfgang Wessels (Hg.). *Europa von A bis Z.* 12. Auflage. Bonn: Bundeszentrale für politische Bildung: 336-344.

Hatemi, Peter K./Rose McDermott/J.Michael Bailey/Nicholas G. Martin. 2012. „The Different Effects of Gender and Sex on Vote Choice." *Political Research Quarterly* 65 (1): 76-92.

Hatemi, Peter K./Sarah E. Medland/Lindon J. Eaves. 2009. „Do Genes Contribute to the ‚Gender Gap'?" *The Journal of Politics* 71 (1): 262-276.

Haug, Sonja. 1997. *Soziales Kapital. Ein kritischer Überblick über den aktuellen Forschungsstand.* Mannheim: Mannheimer Zentrum für Europäische Sozialforschung (Arbeitspapier Nr. 15).

Häupl, Michael. 2005. „Europa funktioniert nur mit den Gemeinden." *Deutsche Zeitschrift für Kommunalwissenschaften* 44 (2): 89-128.

Hauser, Robert M. 1974. „Contextual Analysis Revisited." *Sociological Methods & Research* 2 (3): 365-375.

Häußermann, Hartmut/Dieter Läpple/Walter Siebel. 2008. *Stadtpolitik.* Bonn: Bundeszentrale für politische Bildung.

Häußermann, Hartmut/Jens Wurtzbacher. 2005. „Die Gemeinde als Ort politischer Integration." In: Wilhelm Heitmeyer/Peter Imbusch (Hg.). *Integrationspotenziale einer modernen Gesellschaft.* Wiesbaden: VS Verlag für Sozialwissenschaften: 429-449.

Hefner, Dorothée. 2012. *Alltagsgespräche über Nachrichten. Medienrezeption, politische Expertise und die wissensbildende Qualität von Anschlusskommunikation.* Baden-Baden: Nomos.

Heidenreich, Bernd/Klaus Böhme (Hg.). 2003. *Hessen. Land und Politik.* Stuttgart: Kohlhammer.

Heinelt, Hubert/Tanja Kopp-Malek/Jochen Lang/Bernd Reissert. 2005. *Die Entwicklung der EU-Strukturfonds als kumulativer Politikprozess.* Baden-Baden: Nomos.

Heinemann, Friedrich/Tobias Hagen/Philipp Mohl/Steffen Osterloh/Mark O. Sellenthin. 2010. *Die Zukunft der EU-Strukturpolitik.* Baden-Baden: Nomos.

Hess, Robert D./Judith V. Torney. 2007. *The Development of Political Attitudes in Children.* 2. Auflage. New Brunswick: Aldine.

Hessischer Städtetag. 2011. *Hessens Kommunen haben 2010 das höchste Finanzierungsdefizit bundesweit.* Presseinformation Nr. 9 vom 23. März 2011.

Hessischer Städtetag/Hessischer Landkreistag/Hessischer Städte- und Gemeindebund. 2011. *Land im Irrtum: Finanzlage der Kommunen nach wie vor katastrophal.* Presseinformation vom 23. Februar 2011.

Hessisches Statistisches Landesamt. 2010. *Statistische Berichte. Ausländer in Hessen am 31. Dezember 2009.* Wiesbaden: Hessisches Statistisches Landesamt.

Hewstone, Miles. 1986. *Understanding attitudes to the European Community. A socialpsychological study in four member states.* Cambridge: Cambridge University Press.

Hinz, Thomas. 2009. „Mehrebenenanalyse." In: Stefan Kühl/Petra Strodtholz/Andreas Taffertshofer (Hg.). *Handbuch Methoden der Organisationsforschung. Quantitative und Qualitative Methoden.* Wiesbaden: VS Verlag für Sozialwissenschaften: 648-667.

Hirsch, Mario. 2005. „Luxemburg." In: Werner Weidenfeld/Wolfgang Wessels (Hg.). *Jahrbuch der Europäischen Integration 2005.* Baden-Baden: Nomos: 359-360.

Hix, Simon. 2003. „Parteien, Wahlen und Demokratie in der EU." In: Markus Jachtenfuchs/Beate Kohler-Koch (Hg.). *Europäische Integration.* 2. Auflage. Opladen: Leske+Budrich: 151-180.

Hix, Simon/Bjørn Høyland. 2011. *The Political System of the European Union.* 3. Auflage. Houndmills: Palgrave Macmillan.

Hobe, Stephan. 2005. „Zur Stellung der Kommunen in der Europäischen Union." *Deutsche Zeitschrift für Kommunalwissenschaften* 44 (2): 38-49.

Hobolt, Sara B./Wouter Van der Brug/Claes H. De Vreese/Hajo G. Boomgaarden/Malte C. Hinrichsen. 2011. „Religious intolerance and Euroscepticism." *European Union Politics* 12 (3): 359-379.

Hofmann, Josef. 1989. „Kommunalpolitik in Europa." In: Paul von Kodolitsch (Hg.). *Kommunale „Außenpolitik". Zur Auslandsarbeit der Gemeinden und zu den innerdeutschen Städtepartnerschaften.* Berlin: Deutsches Institut für Urbanistik: 139-146.

Hölscheidt, Sven/Tilman Hoppe. 2010. „Der Mythos vom ‚europäischen Impuls' in der deutschen Gesetzgebungsstatistik." *Zeitschrift für Parlamentsfragen* 41 (3): 543-549.

Holtkamp, Lars. 2011. „Kommunale Haushaltspolitik bei leeren Kassen." *Aus Politik und Zeitgeschichte* (7-8): 13-19.

Holtmann, Everhard. 1992. „Politisierung der Kommunalpolitik und Wandlungen im lokalen Parteiensystem." *Aus Politik und Zeitgeschichte* (22/23): 13-22.

Holtmann, Everhard. 1999. „Parteien in der lokalen Politik." In: Hellmut Wollmann/Roland Roth (Hg.). *Kommunalpolitik. Politisches Handeln in den Gemeinden.* 2. Auflage. Bonn: Bundeszentrale für politische Bildung: 208-226.

Holtmann, Everhard. 2012. *Der Parteienstaat in Deutschland. Erklärungen, Entwicklungen, Erscheinungsbilder.* Bonn: Bundeszentrale für politische Bildung.

Holtz-Bacha, Christina. 1990. *Ablenkung oder Abkehr von der Politik? Mediennutzung im Geflecht politischer Orientierungen.* Wiesbaden: Westdeutscher Verlag.

Holtz-Bacha, Christina/Jacob Leidenberger. 2010. „Europawahl 2009: Wahlkampf im Schatten der Bundestagswahl oder doch eine europäische Kampagne?" In: Christina Holtz-Bacha (Hg.). *Die Massenmedien im Wahlkampf. Das Wahljahr 2009.* Wiesbaden: VS Verlag für Sozialwissenschaften: 22-41.

Hooghe, Liesbet. 2003. „Europe Divided? Elites vs. Public Opinion on European Integration." *European Union Politics* 4 (3): 281-304.

Hooghe, Liesbet/Ryan Bakker/Anna Brigevich/Catherine de Vries/Erica Edwards/Gary Marks/Jan Rovny/Marco Steenbergen. 2010. „Reliability and Validity of Measuring Party Positions: The Chapel Hill Expert Surveys of 2002 and 2006." *European Journal of Political Research* (4): 684-703.

Hooghe, Liesbet/Gary Marks. 2004. „Does Identity or Economic Rationality Drive Public Opinion on European Integration." *Political Science and Politics* 37: 415-420.

Hooghe, Liesbet/Gary Marks. 2005. „Calculation, Community and Cues: Public Opinion on European integration." *European Union Politics* 6 (4): 419-443.

Hooghe, Liesbet/Gary Marks. 2007. „Sources of Euroscepticism." *Acta Politica* 42: 119-127.

Hooghe, Liesbet/Gary Marks. 2008. „Die Entstehung eines politischen Gemeinwesens: Der Kampf um die europäische Integration." In: Martin Höpfner/Armin Schäfer (Hg.). *Die Politische Ökonomie der europäischen Integration.* Frankfurt: Campus.

Hooghe, Liesbet/Gary Marks. 2009. „A Postfunctionalist Theory of European Integration: From Permissive Consensus to Constraining Dissensus." *British Journal of Political Science* 39 (1): 1-23.

Höpner, Martin/Bojan Jurczyk. 2012. „Kritik des Eurobarometers. Über die Verwischung der Grenze zwischen seriöser Demoskopie und interessengeleiteter Propaganda." *Leviathan* 40 (3): 326-349.

Hox, Joop J. 1995. *Applied Multilevel Analysis.* 2. Auflage. Amsterdam: TT-Publikaties.

Hox, Joop J. 2002. *Multilevel Analysis. Techniques and Applications.* New York: Psychology Press.

Hox, Joop J./J. Kyle Roberts. 2011. „Multilevel Analysis: Where We Were and Where We Are." In: Joop J. Hox/J. Kyle Roberts (Hg.). *Handbook of Advanced Multilevel Analysis.* New York: Routledge: 3-11.

Hradil, Stefan. 2001. *Soziale Ungleichheit in Deutschland.* 8. Auflage. Opladen: Leske+ Budrich.

Huckfeldt, Robert. 1986. *Politics in Context: Assimilation and Conflict in Urban Neighborhoods.* New York: Agathon Press.

Huckfeldt, Robert/Eric Plutzer. 1993. „Alternative contexts of political behavior: Churches, neighborhoods, and individuals." *Journal of Politics* 55 (2): 365-381.

Huckfeldt, Robert/John Sprague. 1995. *Citizens, Politics, and Social Communication. Information and influence in an election campaign.* Cambridge: Cambridge University Press.

Hummell, Hans J. 1972. *Probleme der Mehrebenenanalyse.* Stuttgart: Teubner.

Hunsicker, Stefan/Yvonne Schroth. 2007. „Die Kombination von Mobilfunk- und Festnetzstichproben. Eine praktische Anwendung des Dual-Frame-Ansatzes." *Methoden–Daten–Analysen* 1 (2): 161-182.

Hurrelmann, Klaus/Matthias Grundmann/Sabine Walper (Hg.). 2008. *Handbuch Sozialisationsforschung.* 7. Auflage. Weinheim: Beltz.

Hyde, Janet Shibley. 2005. „The Gender Similarities Hypothesis." *American Psychologist* 60 (6): 581-592.

Immerfall, Stefan/Andreas Sobisch. 1997. „Europäische Integration und europäische Identität: Die Europäische Union im Bewußtsein ihrer Bürger." *Aus Politik und Zeitgeschichte* (10): 25-37.

Inglehart, Marita Rosch. 1991. „Gender Differences in Sex-Role Attitudes: A Topic without a Future?" In: Karlheinz Reif/Ronald Inglehart (Hg.). *Eurobarometer. The Dynamics of European Public Opinion. Essays in Honour of Jacques-René Rabier.* London: Macmillan: 187-200.

Inglehart, Ronald. 1967. „An End to European Integration." *American Political Science Review* 61 (1): 91-105.

Inglehart, Ronald. 1970a. „Cognitive Mobilization and European Identity." *Comparative Politics* 3 (1): 45-70.

Inglehart, Ronald. 1970b. „Public Opinion and Regional Integration." *International Organization* 24 (4): 764-795.

Inglehart, Ronald. 1971a. „Changing Value Priorities and European Integration." *Journal of Common Market Studies* 10 (1): 1-36.

Inglehart, Ronald. 1971b. „The Silent Revolution in Europe: Intergenerational Change in Post-Industrial Societies." *American Political Science Review* 65 (4): 991-1017.

Inglehart, Ronald. 1977. *The Silent Revolution. Changing Values and Political Styles Among Western Publics.* Princeton: Princeton University Press.

Inglehart, Ronald. 1984. „Wertewandel in den westlichen Gesellschaften: Politische Konsequenzen von materialistischen und postmaterialistischen Prioritäten." In: Helmut Klages/Peter Kmieciak (Hg.). *Wertewandel und gesellschaftlicher Wandel.* 3. Auflage. Auflage. Frankfurt: Campus: 279-316.

Inglehart, Ronald. 1995. *Kultureller Umbruch. Wertwandel in der westlichen Welt.* Frankfurt: Campus.

Inglehart, Ronald. 1998. *Modernisierung und Postmodernisierung. Kultureller, wirtschaftlicher und politischer Wandel in 43 Gesellschaften.* Frankfurt: Campus.

Inglehart, Ronald. 2007. „Postmaterialist Values and the Shift from Survival to Self-Expression Values." In: Russell J. Dalton/Hans-Dieter Klingemann (Hg.). *The Oxford Handbook of Political Behavior.* Oxford: Oxford University Press: 223-239.

Inglehart, Ronald/Paul R. Abramson. 1999. „Measuring Postmaterialism." *American Political Science Review* 93 (3): 665-677.

Inglehart, Ronald/Hans-Dieter Klingemann. 1996. „Dimensionen des Wertewandels. Theoretische und methodische Reflexionen anläßlich einer neuerlichen Kritik." *Politische Vierteljahresschrift* 37 (2): 319-340.

Inglehart, Ronald/Pippa Norris. 2000. „The Developmental Theory of the Gender Gap: Women's and Men's Voting Behavior in Global Perspective." *International Political Science Review* 21 (4): 441-463.

Inglehart, Ronald/Jacques-René Rabier. 1978. „Economic Uncertainty and European Solidarity: Public Opinion Trends." *The Annals of the American Academy of Political and Social Science* 440: 66-97.

Inglehart, Ronald/Jacques-René Rabier/Karlheinz Reif. 1987. „The Evolution of Public Attitudes toward European Integration: 1970-86." *Journal of European Integration* 10: 135-155.

Inglehart, Ronald/Karlheinz Reif. 1991. „Analyzing Trends in West European Opinion: the Role of the Eurobarometer Surveys." In: Karlheinz Reif/Ronald Inglehart (Hg.). *Eurobarometer. The Dynamics of European Public Opinion. Essays in Honour of Jacques-René Rabier.* Basingstoke: Macmillan: 1-26.

Jahn, Daniela/Andreas Maurer/Verena Oetzmann/Andrea Riesch. 2006. *Asyl- und Migrationspolitik der EU. Eine Kräftespiel zwischen Freiheit, Recht und Sicherheit.* Berlin: Stiftung Wissenschaft und Forschung.

Jahn, Detlef. 2011. *Vergleichende Politikwissenschaft.* Wiesbaden: VS Verlag für Sozialwissenschaften.

Jansen, Thomas. 2000. „Europe and Religions: the Dialogue between the European Commission and Churches or Religious Communities." *Social Compass* 47 (1): 103-112.

Janssen, Joseph I. H. 1991. „Postmaterialism, Cognitive Mobilization and Public Support for European Integration." *British Journal of Political Science* 21 (4): 443-468.

Johann, David. 2008. „Probleme der befragungsbasierten Messung von Faktenwissen." *Sozialwissenschaften und Berufspraxis* 31 (1): 53-65.

Joho, Katharina. 2009. „Der 80%-Mythos auf dem Prüfstand: Wie europäisch ist die nationale Politik?" *Integration* (4): 398-402.

Jonas, Klaus. 1998. „Die Kontakthypothese: Abbau von Vorurteilen durch Kontakt mit Fremden?" In: Margit E. Oswald/Ulrich Steinvorth (Hg.). *Die offene Gesellschaft und ihre Fremden.* Bern: Huber: 129-154.

Joseph, Jay. 2010. „The Genetics of Political Attitudes and Behavior: Claims and Refutations." *Ethical Human Psychology and Psychiatry* 12 (3): 200-217.

Jünemann, Annette/Emanuel Richter/Hartmut Ullrich (Hg.). 1994. *Gemeindepartnerschaften im Umbruch Europas.* Frankfurt: Peter Lang.

Jung, Helmut. 1985. „Ökonomische Variablen und ihre politischen Folgen: Ein kritischer Literaturbericht." In: Dieter Oberndörfer/Hans Rattinger/Karl Schmitt (Hg.). *Wirtschaftlicher Wandel, religiöser Wandel und Wertwandel. Folgen für das politische Verhalten in der Bundesrepublik Deutschland.* Berlin: Duncker&Humblot: 61-95.

Kaina, Viktoria. 2009. *Wir in Europa. Kollektive Identität und Demokratie in der Europäischen Union.* Wiesbaden: VS Verlag für Sozialwissenschaften.

Kaina, Viktoria. 2011. „Why Do We Trust Strangers? Revising the Institutional Approach to Generalised Trust Creation." *West European Politics* 34 (2): 282-295.

Karp, Jeffrey A./Susan A. Banducci/Shaun Bowler. 2003. „To know it is to love it? Satisfaction with democracy in the European Union." *Comparative Political Studies* 36 (3): 271-292.

Karrenberg, Hanns/Engelbert Münstermann. 1998. „Kommunale Finanzen." In: Hellmut Wollmann/Roland Roth (Hg.). *Kommunalpolitik. Politisches Handeln in den Gemeinden.* 2. Auflage. Bonn: Bundeszentrale für politische Bildung: 437-460.

Kasarda, John D./Morris Janowitz. 1974. „Community Attachment in Mass Society." *American Sociological Review* 39 (3): 328-339.

Kaspar, Hanna/Jürgen W. Falter. 2007. „Entstehung neuer Konfliktlinien: Geschlechterkonflikt und Alterskonflikt?" In: Hans Rattinger/Oscar W. Gabriel/Jürgen W. Falter (Hg.). *Der gesamtdeutsche Wähler. Stabilität und Wandel des Wählerverhaltens im wiedervereinigten Deutschland.* Baden-Baden: Nomos: 113-140.

Keil, Silke I. 2009. „Die Datengrundlage der Politischen Soziologie in Forschung und Lehre." In: Viktoria Kaina/Andrea Römmele (Hg.). *Politische Soziologie. Ein Studienbuch.* Wiesbaden: VS Verlag für Sozialwissenschaften: 421-445.

Keil, Silke I. 2010. „Political trust in the EU: active idealists and rational non-actives in Europe?" In: Wilhelm A. Maloney/Jan W. van Deth (Hg.). *Civil Society and Activism in Europe. Contextualizing engagement and political orientations.* London: Routledge: 207-230.

Kemmerling, Achim/Thilo Bodenstein. 2006. „Partisan Politics in Regional Redistribution. Do Parties Affect the Distribution of EU Structural Funds across Regions?" *European Union Politics* 7 (3): 373–392.

Kentmen, Cigdem. 2010. „Bases of Support for the EU's Common Foreign and Security Policy: Gender, Attitudes toward Economic Integration, and Attachment to Europe." *International Political Science Review* 31 (3): 285-299.

Kersting, Norbert (Hg.). 2008. *Politische Beteiligung. Einführung in dialogorientierte Instrumente politischer und gesellschaftlicher Partizipation.* Wiesbaden: VS Verlag für Sozialwissenschaften.

Kielmansegg, Peter Graf. 2003. „Integration und Demokratie." In: Markus Jachtenfuchs/Beate Kohler-Koch (Hg.). *Europäische Integration.* 2. Auflage. Opladen: Leske+Budrich: 50-83.

Kinder, Donald R./Roderick D. Kiewiet. 1981. „Sociotropic Politics: The American Case." *British Journal of Political Science* 11 (2): 129-161.

King, Gary/James Honaker/Anne Joseph/Kenneth Scheve. 2001. „Analyzing incomplete political science data: An alternative algorithm for multiple imputation." *American Political Science Review* 95 (1): 49-69.

Kittilson, Miki Caul. 2007. „Research Resources in Comparative Political Behavior." In: Russell J. Dalton/Hans-Dieter Klingemann (Hg.). *The Oxford Handbook of Political Behavior.* Oxford: Oxford University Press: 865-895.

Klein, Markus. 2005. „Die Entwicklung der Beteiligungsbereitschaft bei Bundestagswahlen. Eine Mehrebenenanalyse auf der Grundlage der Politbarometer-Trenderhebungen der Jahre 1977 bis 2002." *Kölner Zeitschrift für Soziologie und Sozialpsychologie* 57 (3): 494-522.

Klein, Markus. 2009. „Die Entwicklung der grünen Wählerschaft im Laufe dreier Jahrzehnte – eine empirische APK-Analyse." In: Hanna Kaspar/Harald Schoen/Siegfried Schumann/ Jürgen R. Winkler (Hg.). *Politik – Wissenschaft – Medien. Festschrift für Jürgen W. Falter zum 65. Geburtstag.* Wiesbaden: VS Verlag für Sozialwissenschaften: 391-401.

Klein, Markus/Kai Arzheimer. 1997. „Grau in Grau. Die Grünen und ihre Wähler nach eineinhalb Jahrzehnten." *Kölner Zeitschrift für Soziologie und Sozialpsychologie* 49 (4): 650-673.

Klein, Markus/Kai Arzheimer. 1999. „Ranking- und Rating-Verfahren zur Messung von Wertorientierungen, untersucht am Beispiel des Inglehart-Index." *Kölner Zeitschrift für Soziologie und Sozialpsychologie* 51 (3): 550-564.

Klein, Markus/Manuela Pötschke. 2000a. „Gibt es einen Wertewandel hin zum „reinen" Postmaterialismus? Eine Zeitreihenanalyse der Wertorientierungen der westdeutschen Bevölkerung zwischen 1970 und 1997." *Zeitschrift für Soziologie* 29 (3): 202-216.

Klein, Markus/Manuela Pötschke. 2000b. „Wählen im sozialen Kontext: Mehrebenenanalysen des Wahlverhaltens bei den Bundestagswahlen der Jahre 1969 bis 1998." In: Markus Klein/Wolfgang Jagodzinski/Ekkehard Mochmann/Dieter Ohr (Hg.). *50 Jahre empirische Wahlforschung in Deutschland. Entwicklung, Befunde, Perspektiven, Daten.* Wiesbaden: Westdeutscher Verlag: 182-211.

Klein, Thomas. 1991. „Zur Bedeutung von Alters-, Perioden- und Generationseinflüssen für den Wandel politischer Werte in der Bundesrepublik." *Zeitschrift für Soziologie* 20 (2): 138-146.

Kleining, Gerhard/Harriett Moore. 1968. „Soziale Selbsteinstufung (SSE). Ein Instrument zur Messung sozialer Schichten." *Kölner Zeitschrift fur Soziologie und Sozialpsychologie* 20: 502-552.

Klingemann, Hans-Dieter. 1999. „Mapping Political Support in the 1990s: A Global Analysis." In: Pippa Norris (Hg.). *Critical Citizens. Global Support for Democratic Governance.* New York: Oxford University Press: 31-56.

Klingemann, Hans-Dieter/Katrin Voltmer. 1989. „Massenmedien als Brücke zur Welt der Politik." In: Max Kaase/Hans-Dieter Klingemann (Hg.). *Massenkommunikation. Theorien, Methoden, Befunde.* Opladen: Westdeutscher Verlag: 221-238.

Klingemann, Hans-Dieter/Christian Welzel. 2002. „Ideologie." In: Martin Greiffenhagen/Sylvia Greiffenhagen (Hg.). *Handwörterbuch zur politischen Kultur der Bundesrepublik Deutschland.* 2. Auflage. Wiesbaden: Westdeutscher Verlag: 200-203.

Knelangen, Wilhelm. 2005. „Regierungssystem sui generis? Die institutionelle Ordnung der EU in vergleichender Sicht." *Zeitschrift für Staats- und Europawissenschaften* 3 (1): 7-33.

Knelangen, Wilhelm. 2012. „Euroskepsis? Die EU und der Vertrauensverlust der Bürgerinnen und Bürger." *Aus Politik und Zeitgeschichte* 62 (4): 32-40.

Knigge-McKenna, Pia/Oskar Niedermayer. 1990. *European Attitudes of Women.* Zentrum für Europäische Umfrageanalysen und Studien.

Knodt, Michèle. 2010. „Kommunales Regieren im europäischen Mehrebenensystem." In: Gabriele Abels/Annegret Eppler/Michèle Knodt (Hg.). *Die EU-Reflexionsgruppe „Horizont 2020-2030". Herausforderungen und Reformoptionen für das Mehrebenensystem.* Baden-Baden: Nomos: 153-168.

Kohler-Koch, Beate/Thomas Conzelmann/Michèle Knodt. 2004. *Europäische Integration – europäisches Regieren*. Wiesbaden: VS Verlag für Sozialwissenschaften.

König, Thomas/Lars Mäder. 2008. „Das Regieren jenseits des Nationalstaates und der Mythos einer 80-Prozent-Europäisierung in Deutschland." *Politische Vierteljahresschrift* 49 (3): 438-463.

Kornberg, Allan/Harold D. Clarke. 2011. *Citizens and Community. Political Support in a Representative Democracy* Cambridge: Cambridge University Press.

Kriesberg, Martin. 1949. „Dark Areas of Ignorance." In: Markel Lester (Hg.). *Public Opinion and Foreign Policy*. New York: Harper & Brothers: 49-64.

Kriesi, Hanspeter. 2007. „Sozialkapital. Eine Einführung." In: Axel Franzen/Markus Freitag (Hg.). *Sozialkapital. Grundlagen und Anwendungen*. Wiesbaden: VS Verlag für Sozialwissenschaften: 23-46.

Krimmel, Iris. 2000. „Politische Beteiligung in Deutschland – Strukturen und Erklärungsfaktoren." In: Jürgen Falter/Oscar W. Gabriel/Hans Rattinger (Hg.). *Wirklich ein Volk? Die politischen Orientierungen von Ost- und Westdeutschen im Vergleich*. Opladen: Leske+Budrich: 609-639.

Kritzinger, Sylvia. 2003. „The Influence of the Nation-State on Individual Support for the European Union." *European Union Politics* 4 (2): 219-241.

Kroh, Martin. 2006. „Das politische Interesse Jugendlicher: Stabilität oder Wandel?" In: Edeltraud Roller/Frank Brettschneider/Jan W. van Deth (Hg.). *Jugend und Politik: „Voll normal!" Der Beitrag der politischen Soziologie zur Jugendforschung*. Wiesbaden: VS Verlag für Sozialwissenschaften: 185-207.

Kroh, Martin. 2009. „The preadult origins of postmaterialism: A longitudinal sibling studye." *European Journal of Political Research* 48 (5): 598-621.

Krosnick, Jon A. 1999. „Survey Research." *Annual Review of Psychology* 50: 537-567.

Krouwel, André/Koen Abts. 2007. „Varieties of Euroscepticism and Populist Mobilization: Transforming Attitudes from Mild Euroscepticism to Harsh Eurocynicism." *Acta Politica* 42 (2-3): 252-270.

Krumpal, Ivar/Adrian Vatter. 2008. „Ökonomisches Wählen: Zum Einfluss von Wahrnehmungen der allgemeinen Wirtschaftslage auf das Abschneiden der Bundesregierungsparteien bei Landtagswahlen." *Zeitschrift für Parlamentsfragen* 39 (1): 93-111.

Kuhn, Theresa. 2012. „Europa ante portas: Border residence, transnational interaction and Euroscepticism in Germany and France." *European Union Politics* 13 (1): 94-117.

Kunz, Marcus. 2012. *Regional unemployment disparities in Germany. An empirical analysis of the determinants and adjustments paths on a small regional level*. Bielefeld: wbv.

Kunz, Volker. 2004. „Soziales Vertrauen." In: Jan W. van Deth (Hg.). *Deutschland in Europa. Ergebnisse des European Social Survey 2002-2003*. Wiesbaden: VS Verlag für Sozialwissenschaften: 201-227.

Kunz, Volker. 2010. „Vergleichende Sozialkapitalforschung." In: Hans-Joachim Lauth (Hg.). *Vergleichende Regierungslehre. Eine Einführung*. 3. Auflage. Wiesbaden: VS Verlag für Sozialwissenschaften: 373-395.

Kunz, Volker/Bettina Westle/Sigrid Roßteutscher. 2008. „Dimensionen und die Messung sozialen Kapitals." In: Bettina Westle/Oscar W. Gabriel (Hg.). *Sozialkapital. Eine Einführung*. Baden-Baden: Nomos: 41-50.

Laakso, Markku/Rein Taagepera. 1979. „Effective Number of Parties: A Measure with Application to West Europe." *Comparative Political Studies* 12 (1): 3-27.

Ladner, Andreas/Marc Bühlmann. 2007. *Demokratie in den Gemeinden. Der Einfluss der Gemeindegrösse und anderer Faktoren auf die Qualität der lokalen Demokratie.* Zürich: Rüegger.

Langer, Wolfgang. 2009. *Mehrebenenanalyse. Eine Einführung für Forschung und Praxis.* 2. Auflage. Wiesbaden: VS Verlag für Sozialwissenschaften.

Langer, Wolfgang. 2010. „Mehrebenenanalyse mit Querschnittsdaten." In: Christof Wolf/ Henning Best (Hg.). *Handbuch der sozialwissenschatflichen Datenanalyse.* Wiesbaden: VS Verlag für Sozialwissenschaften: 741-774.

Laumen, Anne/Andreas Maurer. 2006. *Jenseits des „Permissive Consensus". Bevölkerungsorientierungen gegenüber Europäischer Integration im Wandel?* Diskussionspapier der Forschungsgruppe EU-Integration. SWP Berlin.

Lautenbacher, Stefan/Onur Güntürkün/Markus Hausmann (Hg.). 2007. *Gehirn und Geschlecht. Neurowissenschaft des kleinen Unterschieds zwischen Frau und Mann.* Heidelberg: Springer.

Lazarsfeld, Paul F./Bernard Berelson/Hazel Gaudet. 1968. *The People's Choice. How the Voter makes up his mind in a Presidential Campaign.* 3. Auflage. New York: Columbia University Press.

Lazarsfeld, Paul F./Herbert Menzel. 1962. „On the Relation between Individual and Collective Properties." In: Herbert Etzioni (Hg.). *Complex Organizations. A Sociological Reader.* New York: Holt, Rinehart and Winston.

Leconte, Cécile. 2010. *Understanding Euroscepticism.* Houndmills: Palgrave Macmillan.

Lehner, Franz. 1984. „Die „stille Revolution": Zur Theorie und Realität des Wertwandelns in hochindustrialisierten Gesellschaften." In: Helmut Klages/Peter Kmieciak (Hg.). *Wertewandel und gesellschaftlicher Wandel.* 3. Auflage. Auflage. Frankfurt: Campus: 317-327.

Lenuweit, Birgit. 2007. „Leben in Europa 2005. Erste Ergebnisse der neuen Statistik über Einkommen und Lebensbedingungen für Deutschland." *Wirtschaft und Statistik* (1): 1-37.

Levi, Margaret. 1996. „Social and Unsocial Capital: A Review Essay of Robert Putnam's Making Democracy Work." *Politics & Society* 24 (1): 45-55.

Levi, Margaret/Laura Stoker. 2000. „Political Trust and Trustworthiness." *Annual Review of Political Science* 3: 475-507.

Lewis-Beck, Michael S./Martin Paldam. 2000. „Economic voting: an introduction." *Electoral Studies* 19 (2): 113-121.

Lewis-Beck, Michael S./Mary Stegmaier. 2007. „Economics models of voting." In: Russell J. Dalton/Hans-Dieter Klingemann (Hg.). *The Oxford Handbook of Political Behavior.* Oxford: Oxford University Press: 518-537.

Lewontin, Richard C./Steven Rose/Leon J. Kamin. 1988. *Die Gene sind es nicht ...: Biologie, Ideologie und menschliche Natur.* München: Psychologie-Verlags-Union.

Liebert, Ulrike. 1998. „Das gender gap in der europäischen Öffentlichkeit als Problem der international vergleichenden Meinungsforschung." In: Thomas König/Elmar Rieger/ Hermann Schmitt (Hg.). *Europa der Bürger? Voraussetzungen, Alternativen, Konsequenzen.* Frankfurt: Campus: 177-200.

Liebert, Ulrike. 1999. „Gender Politics in the European Union: The Return of the Public." *European Societies* 1 (2): 197-239.

Lindberg, Leon N./Stuart A. Scheingold. 1970. *Europe's would-be polity. Patterns of change in the European Community.* Englewood Cliffs: Prentice-Hall.

Lippert, Christian. 2011. „Agrarpolitik." In: Werner Weidenfeld/Wolfgang Wessels (Hg.). *Europa von A bis Z*. 12. Auflage. Bonn: Bundeszentrale für politische Bildung: 54-62.

Lipset, Seymour M./Stein Rokkan. 1967. „Cleavage Structures, Party Systems, and Voter Alignments. An Introduction." In: Seymour M. Lipset/Stein Rokkan (Hg.). *Party Systems and Voter Alignments. Cross-National Perspectives*. New York: Free Press: 1-64.

Lizotte, Mary-Kate/Andrew H. Sidman. 2009. „Explaining the Gender Gap in Political Knowledge." *Politics & Gender* 5 (2): 127-151.

Lois, Daniel. 2011. „Wie verändert sich die Religiosität im Lebensverlauf? Eine Panelanalyse unter Berücksichtigung von Ost-West-Unterschieden." *Kölner Zeitschrift für Soziologie und Sozialpsychologie* 63 (1): 83-110.

Lubbers, Marcel/Peer Scheepers. 2005. „Political versus instrumental Euro-scepticism: Mapping scepticism in European countries and regions." *European Union Politics* 6 (2): 223-242.

Lubbers, Marcel/Peer Scheepers. 2007. „Explanations of political euroscepticism at the individual, regional and national levels." *European Societies* 9 (4): 643-669.

Lubbers, Marcel/Peer Scheepers. 2010. „Divergent trends of euroscepticism in countries and regions of the European Union." *European Journal of Political Research* 49 (6): 787-817.

Ludolph, Nathalie. 1994. „Städtepartnerschaften: Eine Fallstudie am Beispiel der Stadt Witzenhausen." In: Annette Jünemann/Emanuel Richter/Hartmut Ullrich (Hg.). *Gemeindepartnerschaften im Umbruch Europas*. Frankfurt: Peter Lang: 213-237.

Luskin, Robert C./John G. Bullock. 2011. „Don't Know Means Don't Know: DK Responses and the Public's Level of Political Knowledge." *The Journal of Politics* 73 (2): 547-557.

Lynn, Peter. 2009. „The Problem of Nonresponse." In: Edith D. de Leeuw/J. Joop Hox/Don A. Dillman (Hg.). *International Handbook of Survey Methodology*. New York: Psychology Press: 35-55.

Maas, Cora J. M. 2011. „Multilevel Analysis." In: Bertrand Badie/Dirk Berg-Schlosser/ Leonardo Morlino (Hg.). *International Encyclopedia of Political Science. Volume 5*. Thousand Oaks: Sage: 1637-1641.

Maier, Jürgen/Frank Brettschneider/Michaela Maier. 2003. „Medienberichterstattung, Mediennutzung und die Bevölkerungseinstellungen zum Euro in Ost- und Westdeutschland." In: Frank Brettschneider/Jan W. van Deth/Edeltraud Roller (Hg.). *Europäische Integration in der öffentlichen Meinung*. Opladen: Leske+Budrich: 213-233.

Maier, Jürgen/Michaela Maier/Hans Rattinger. 2000. *Methoden der sozialwissenschaftlichen Datenanalyse. Arbeitsbuch mit Beispielen aus der Politischen Soziologie*. München: Oldenbourg.

Maier, Jürgen/Berthold Rittberger. 2008. „Shifting Europe's Boundaries: Mass Media, Public Opinion and the Enlargement of the EU." *European Union Politics* 9 (2): 243-267.

Maier, Michaela/Jesper Strömbäck/Lynda Lee Kaid (Hg.). 2011. *Political Communication in European Parliamentary Elections*. Farnham: Ashgate.

Maloney, William A./Sigrid Roßteutscher. 2007. „Associations, participation and democracy." In: William A. Maloney/Sigrid Roßteutscher (Hg.). *Social Capital and Associations in European Democracies. A comparative analysis*. London: Routledge: 3-15.

Maloney, William A./Jan W. van Deth. 2008. „The associational impact on attitudes towards Europe: a tale of two cities." In: William A. Maloney/Jan W. van Deth (Hg.). *Civil Society and Governance in Europe. From National to International Linkages*. Chentenham: Edward Elgar: 45-70.

Maloney, William A./Jan W. van Deth/Sigrid Roßteutscher. 2008. „Civic Orientations: Does Associational Type Matter?" *Political Studies* 56: 261-287.

Mannheim, Karl. 1928. „Das Problem der Generationen." *Kölner Vierteljahrshefte für Soziologie* 7: 157-185; 309-330.

Marcinkowski, Frank/Mirko Marr. 2010. „Medieninhalte und Medieninhaltsforschung." In: Heinz Bonfadelli/Otfried Jarren/Gabriele Siegert (Hg.). *Einführung in die Publizistikwissenschaft.* 3. Auflage. Stuttgart: UTB: 477-516.

Marcus, Jan. 2009. „Der Einfluss von Erhebungsformen auf den Postmaterialismus-Index." *Methoden–Daten–Analysen* 3 (2): 137-166.

Marks, Gary/Liesbet Hooghe. 2003. *National Identity and Support for European Integration. Discussion Paper SP IV 2003-202.* Wissenschaftszentrum Berlin für Sozialforschung (WZB).

Marschall, Stefan. 2005. *Parlamentarismus. Eine Einführung.* Baden-Baden: Nomos.

Maslow, Abraham H. 1954. *Motivation and Personality.* New York: Harper and Row.

Master, Sara De/Michael K. Le Roy. 2000. „Xenophobia and the European Union." *Comparative Politics* 32 (4): 419-436.

Maurer, Marcus. 2003. *Politikverdrossenheit durch Medienberichte. Eine Paneluntersuchung.* Konstanz: UVK.

Mays, Anja. 2008. *Der Einfluss jugendlicher Sozialisationserfahrungen auf ausgewählte Aspekte der politischen Identität im Erwachsenenalter.* Göttingen: Georg-August-Universität Göttingen.

Mays, Anja/Jürgen Leibold. 2009. „Schicht, soziale Mobilitat und Wahlverhalten." In: Steffen Kühnel/Oskar Niedermayer/Bettina Westle (Hg.). *Wähler in Deutschland. Sozialer und politischer Wandel, Gender und Wahlverhalten.* Wiesbaden: VS Verlag für Sozialwissenschaften: 450-466.

McCrea, Ronan. 2010. *Religion and the Public Order of the European Union.* Oxford: Oxford University Press.

McElroy, Gail/Kenneth Benoit. 2007. „Party Groups and Policy Positions in the European Parliament." *Party Politics* 13 (1): 5-28.

McGlone, Matthew S./Joshua Aronson/Diana Kobrynowicz. 2006. „Stereotype threat and the gender gap in political knowledge." *Psychology of Women Quarterly* 30 (4): 392-398.

McLaren, Lauren. 2007a. „Explaining Mass-Level Euroscepticism: Identity, Interests, and Institutional Distrust." *Acta Politica* 42 (2-3): 233-251.

McLaren, Lauren M. 2002. „Public Support for the European Union: Cost/Benefit Analysis or Perceived Cultural Threat?" *The Journal of Politics* 64 (2): 551-566.

McLaren, Lauren M. 2003. „Anti-Immigrant Prejudice in Europe: Contact, Threat Perception, and Preferences for the Exclusion of Migrants." *Social Forces* 81 (3): 909-936.

McLaren, Lauren M. 2004. „Opposition to European integration and fear of loss of national identity: Debunking a basic assumption regarding hostility to the integration project." *European Journal of Political Research* 43 (6): 895-911.

McLaren, Lauren M. 2006. *Identity, interests and attitudes to European integration.* Houndmills: Palgrave Macmillan.

McLaren, Lauren M. 2007b. „Explaining opposition to Turkish membership of the EU." *European Union Politics* 8 (2): 251-278.

McLaren, Lauren M. 2010. „Public Opinion and the EU." In: Michelle Cini/Nieves Pérez-Solórzano Borragán (Hg.). *European Union Politics*. 3. Auflage. Oxford: Oxford University Press: 375-390.

Meulemann, Heiner. 2004. „Religiosität: Die Persistenz eines Sonderfalls." In: Jan W. van Deth (Hg.). *Deutschland in Europa. Ergebnisse des European Social Survey 2002-2003*. Wiesbaden: VS Verlag für Sozialwissenschaften: 55-76.

Meulemann, Heiner. 2012. „Wie weit hat die erzwungene Säkularisierung gewirkt? Religiosität 2002-2008 in West und Ost von Deutschland und Europa." In: Silke I. Keil/Jan W. van Deth (Hg.). *Deutschlands Metamorphosen. Ergebnisse des European Social Survey 2002 bis 2008*. Baden-Baden: Nomos: 43-72.

Meyer, Birgit. 2002. „Frauen/Männer." In: Martin Greiffenhagen/Sylvia Greiffenhagen (Hg.). *Handwörterbuch zur politischen Kultur der Bundesrepublik Deutschland*. 2. Auflage. Wiesbaden: Westdeutscher Verlag: 144-157.

Miller, Bernhard. 2007. „Maßvoll Messen: Zur konzeptorientierten Entwicklung von Messinstrumenten." In: Thomas Gschwend/Frank Schimmelfennig (Hg.). *Forschungsdesign in der Politikwissenschaft. Probleme – Strategien – Anwendungen*. Frankfurt: Campus: 123-148.

Minkenberg, Michael. 2003. „Staat und Kirche in westlichen Demokratien." In: Michael Minkenberg/Ulrich Willems (Hg.). *Politik und Religion. Sonderheft 33 der Politischen Vierteljahresschrift*. Wiesbaden: Westdeutscher Verlag: 115-138.

Mirek, Holger. 1989. „Die Entwicklung von Städtepartnerschaften." In: Paul von Kodolitsch (Hg.). *Kommunale „Außenpolitik". Zur Auslandsarbeit der Gemeinden und zu den innerdeutschen Städtepartnerschaften*. Berlin: Deutsches Institut für Urbanistik: 33-46.

Misra, Joya/Leslie King. 2005. „Women, Gender, and State Policies." In: Thomas Janoski/Robert R. Alford/Alexander M. Hicks/Mildred A. Schwartz (Hg.). *The Handbook of Political Sociology. States, Civil Societies, and Globalization*. Cambridge: Cambridge University Press: 526-545.

Mittag, Jürgen. 2008. *Kleine Geschichte der Europäischen Union. Von der Europaidee bis zur Gegenwart*. Münster: Aschendorff.

Mittag, Jürgen (Hg.). 2011. *30 Jahre Direktwahlen zum Europäischen Parlament (1979-2009)*. Baden-Baden: Nomos.

Mittag, Jürgen/Claudia Hülsken. 2009. „Von Sekundärwahlen zu europäisierten Wahlen? 30 Jahre Direktwahlen zum Europäischen Parlament." *Integration* 32 (2): 105-122.

Mittag, Jürgen/Janosch Steuwer. 2010. *Politische Parteien in der EU*. Wien: UTB.

Moers, Walter. 2006. *Die Stadt der Träumenden Bücher*. München: Piper.

Molitor, Ute/Viola Neu. 1999. „Das Wahlverhalten der Frauen bei der Bundestagswahl 1998: Kaum anders als das der Männer." *Zeitschrift für Parlamentsfragen* (2): 252-276.

Monnet, Jean. 1988. *Erinnerungen eines Europäers*. Baden-Baden: Nomos.

Montaquila, Jill M./Michael J. Brick/Mary C. Hagedorn/Courtney Kennedy/Scott Keeter. 2008. „Aspects of Nonresponse Bias in RDD Telephone Surveys." In: James M. Lepkowski/Clyde Tucker/Michael J. Brick/Edith D. de Leeuw/Lilli Japec/Paul J. Lavrakas/Michael W. Wink/Roberta L. Sangster (Hg.). *Advances in Telephone Survey Methodology*. Hoboken: Wiley: 561-586.

Mößner, Alexandra. 2009. „Cognitive Mobilization, Knowledge and Efficacy as Determinants of Euroscepticism." In: Dieter Fuchs/Raul Magni-Berton/Antoine Roger (Hg.). *Euroscepticism. Images of Europe among mass publics and political elites*. Opladen: Budrich: 157-173.

Müller, Walter. 1998a. „Erwartete und unerwartete Folgen der Bildungsexpansion." In: Jürgen Friedrichs/Rainer Lepsius/Karl-Ulrich Mayer (Hg.). *Die Diagnosefähigkeit der Soziologie.* Opladen: Westdeutscher Verlag: 81-112.

Müller, Walter. 1998b. „Klassenstruktur und Parteisystem. Zum Wandel der Klassenspaltung im Wahlverhalten." *Kölner Zeitschrift für Soziologie und Sozialpsychologie* 50 (1): 3-46.

Müller, Walter. 2000. „Klassenspaltung im Wahlverhalten – Eine Reanalyse." *Kölner Zeitschrift für Soziologie und Sozialpsychologie* 52 (4): 790-795.

Müller, Walter/Markus Klein. 2012. „Die Klassenbasis in der Parteipräferenz des deutschen Wählers. Erosion oder Wandel?" In: Rüdiger Schmitt-Beck (Hg.). *Wählen in Deutschland. Sonderheft der Politischen Vierteljahresschrift 45/2011.* Baden-Baden: Nomos: 85-110.

Mummendey, Amélie/Sabine Otten. 2002. „Theorien intergruppalen Vehaltens." In: Dieter Frey/Martin Irle (Hg.). *Theorien der Sozialpsychologie. Band II: Gruppen-, Interaktions- und Lerntheorien.* 2. Auflage. Bern: Huber: 95-119.

Münch, Claudia. 2006. *Emanzipation der lokalen Ebene? Kommunen auf dem Weg nach Europa.* Wiesbaden: VS Verlag für Sozialwissenschaften.

Naßmacher, Hiltrud. 2006. *Baustelle Stadt. Effizienz und Bürgernähe ohne Demokratie und Nachhaltigkeit?* Wiesbaden: VS Verlag für Sozialwissenschaften.

Naßmacher, Hiltrud. 2011. „Kommunalpolitik in Deutschland." *Aus Politik und Zeitgeschichte* (7-8): 6-12.

Naßmacher, Hiltrud/Karl-Heinz Naßmacher. 2007. *Kommunalpolitik in Deutschland.* 2. Auflage. Wiesbaden: VS Verlag für Sozialwissenschaften.

Neller, Katja. 2002a. „Politische Informiertheit." In: Martin Greiffenhagen/Sylvia Greiffenhagen (Hg.). *Handwörterbuch zur politischen Kultur der Bundesrepublik Deutschland.* 2. Auflage. Wiesbaden: Westdeutscher Verlag: 363-369.

Neller, Katja. 2002b. „Politisches Interesse." In: Martin Greiffenhagen/Sylvia Greiffenhagen (Hg.). *Handwörterbuch zur politischen Kultur der Bundesrepublik Deutschland.* 2. Auflage. Wiesbaden: Westdeutscher Verlag: 489-494.

Neller, Katja. 2004a. „Mediennutzung und interpersonale politische Kommunikation." In: Jan W. van Deth (Hg.). *Deutschland in Europa. Ergebnisse des European Social Survey 2002-2003.* Wiesbaden: VS Verlag für Sozialwissenschaften: 339-369.

Neller, Katja. 2004b. „Politik und Lebenszufriedenheit." In: Jan W. van Deth (Hg.). *Deutschland in Europa. Ergebnisse des European Social Survey 2002-2003.* Wiesbaden: VS Verlag für Sozialwissenschaften: 27-53.

Neller, Katja. 2006. *DDR-Nostalgie. Dimensionen der Orientierungen der Ostdeutschen gegenüber der ehemaligen DDR, ihre Ursachen und politischen Konnotationen.* Wiesbaden: VS Verlag für Sozialwissenschaften.

Neller, Katja. 2009. „Aspekte Politischer Kultur in Deutschland: Legitimitätsvorstellungen und Legitimitätsurteile: Politische Gemeinschaft." In: Bettina Westle/Oscar W. Gabriel (Hg.). *Politische Kultur. Eine Einführung.* Baden-Baden: Nomos: 56-96.

Nelsen, Brent F./James L. Guth. 2000. „Exploring the Gender Gap: Women, Men and Public Attitudes toward European Integration." *European Union Politics* 1 (3): 267-291.

Nelsen, Brent F./James L. Guth. 2003. „Religion and Youth Support for the European Union." *Journal of Common Market Studies* 41 (1): 89-112.

Nelsen, Brent F./James L. Guth/Cleveland R. Fraser. 2001. „Does religion matter? Christianity and public support for the European Union." *European Union Politics* 2: 191-217.

Nelsen, Brent F./James L. Guth/Brian Highsmith. 2011. „Does Religion Still Matter? Religion and Public Attitudes toward Integration in Europe." *Politics and Religion* 4 (1): 1-26.

Neundorf, Anja. 2012. „Die Links-Rechts-Dimension auf dem Prüfstand: Ideologisches Wählen in Ost- und Westdeutschland 1990 bis 2008." In: Rüdiger Schmitt-Beck (Hg.). *Wählen in Deutschland. Sonderheft der Politischen Vierteljahresschrift 45/2011.* Baden-Baden: Nomos: 227-250.

Newton, Kenneth. 1999. „Social and Political Trust in Established Democracies." In: Pippa Norris (Hg.). *Critical Citizens. Global Support for Democratic Government.* Oxford: Oxford University Press: 169-187.

Nie, Norman H./Jane Junn/Kenneth Stehlik-Barry. 1996. *Education and democratic citizenship in America.* Chicago: University of Chicago Press.

Niebuhr, Annekatrin/Nadia Granato/Anette Haas/Silke Hamann. 2012. „Does Labour Mobility Reduce Disparities between Regional Labour Markets in Germany?" *Regional Studies* 46 (7): 841-858.

Niederhafner, Stefan. 2010. „Städte im EU-Mehrebenensystem 2030. Anmerkungen zu den Potenzialen einer besser integrierten lokalen Ebene." In: Gabriele Abels/Annegret Eppler/Michèle Knodt (Hg.). *Die EU-Reflexionsgruppe „Horizont 2020-2030". Herausforderungen und Reformoptionen für das Mehrebenensystem.* Baden-Baden: Nomos: 169-186.

Niedermayer, Oskar. 1991. „Bevölkerungsorientierungen gegenüber dem politischen System der Europäischen Gemeinschaft." In: Rudolf Wildenmann (Hg.). *Staatswerdung Europas? Optionen für eine Europäische Union.* Baden-Baden: Nomos: 321-353.

Niedermayer, Oskar. 1995. „Trends and Contrasts." In: Oskar Niedermayer/Richard Sinnott (Hg.). *Public Opinion and Internationalized governance* Oxford: Oxford University Press: 53-72.

Niedermayer, Oskar. 2005. *Bürger und Politik. Politische Orientierungen und Verhaltensweisen der Deutschen.* 2. Auflage. Wiesbaden: VS Verlag für Sozialwissenschaften.

Niedermayer, Oskar. 2008. „Plädoyer für die Abschaffung der Links-Rechts-Dimension." *Neue Gesellschaft. Frankfurter Hefte* (5): 32-35.

Niedermayer, Oskar. 2009a. „Bevölkerungseinstellungen zur Demokratie: Kein Grundkonsens zwischen Ost- und Westdeutschen." *Zeitschrift für Parlamentsfragen* 40 (2): 383-397.

Niedermayer, Oskar. 2009b. „Das Europäische Parlament in der öffentlichen Meinung – bekannt aber wenig relevant." *Integration* (3): 231-245.

Niedermayer, Oskar/Bettina Westle. 1995. „A Typology of Orientations." In: Oskar Niedermayer/Richard Sinnott (Hg.). *Public Opinion and Internationalized governance.* Oxford: Oxford University Press: 33-50.

Nissen, Sylke. 2003. „Who Wants Enlargement of the EU? Support for Enlargement among Elites and Citizens in the European Union." *Czech Sociological Review* 39 (6): 757-772.

Nissen, Sylke. 2004. „Europäische Identität und die Zukunft Europas." *Aus Politik und Zeitgeschichte* B 38: 21-29.

Nissen, Sylke. 2010. „Kommunikation in der Krise. Entwicklungen und Erfolgsbedingungen der EU-Informationspolitik." *Zeitschrift für Politik* 57 (4): 453-473.

Noelle-Neumann. 1973. „Kumulation, Konsonanz und Öffentlichkeitseffekt. Ein neuer Ansatz zur Analyse der Wirkung der Massenmedien." *Publizistik* 18: 26-55.

Noll, Heinz-Herbert. 1999. „Subjektive Schichteinstufung. Aktuelle Befunde zu einer traditionellen Frage." In: Wolfgang Glatzer/Ilona Ostner (Hg.). *Deutschland im Wandel. Sozialstrukturelle Analysen.* Opladen: Leske+Budrich: 147-162.

Nonnenmacher, Alexandra. 2007. „Eignen sich Stadtteile für den Nachweis von Kontexteffekten? Eine empirische Analyse am Beispiel von Disorder und Kriminalitätsfurcht." *Kölner Zeitschrift für Soziologie und Sozialpsychologie* 59 (3): 493-511.

Norpoth, Helmut/Michael S. Lewis-Beck/Jean-Dominique Lafay (Hg.). 1991. *Economics and Politics. The Calculus of Support.* Ann Arbor: The University of Michigan Press.

Norris, Pippa (Hg.). 1999. *Critical Citizens. Global Support for Democratic Government.* Oxford: Oxford University Press.

Norris, Pippa. 2000. *A Virtuous Circle. Political Communications in Postindustrial Societies.* Cambridge: Cambridge University Press.

Norris, Pippa. 2002. *Democratic Phoenix. Reinventing political activism.* Cambridge: Cambridge University Press.

Norris, Pippa. 2003. „The Gender Gap. Old Challenges, New Approaches." In: Susan J. Carroll (Hg.). *Women and American Politics. New Questions, New Directions.* Oxford: Oxford University Press: 146-170.

Norris, Pippa. 2011. *Democratic Deficit. Critical Citizens Revisited.* Cambridge: Cambridge University Press.

Norris, Pippa/Ronald Inglehart. 2004. *Sacred and Secular. Religion and Politics Worldwide.* Cambridge: Cambridge University Press.

Oehmichen, Ekkehardt/Christian Schröter. 2011. „Internet zwischen Globalität und Regionalität." *Media Perspektiven* (4): 182-194.

Offe, Claus. 1999. „How can we trust our fellow citizens?" In: Mark E. Warren (Hg.). *Democracy and Trust.* Cambridge: Cambridge University Press: 42-87.

Orbell, John M. 1970. „An Information-Flow Theory of Community Influence." *The Journal of Politics* 32 (2): 322-338.

Otto, Lukas/Patrick Bacherle. 2011. „Politisches Interesse Kurzskala (PIKS) – Entwicklung und Validierung." *Politische Psychologie* 1 (1): 19-35.

Page, Benjamin I./Robert Y. Shapiro/Glenn R. Dempsey. 1987. „What Moves Public Opinion?" *The American Political Science Review* 81 (1): 23-44.

Pähle, Katja. 2008. „Bürgerbeteiligung auf kommunaler Ebene. Eine Herausforderung für die Legitimation lokaler Mandatsträger?" In: Hubert Heinelt/Angelika Vetter (Hg.). *Lokale Politikforschung heute.* Wiesbaden: VS Verlag für Sozialwissenschaften.

Pähle, Katja/Marion Reiser. 2007. „Lokale politische Eliten und Fragen der Legitimation – ein relevantes Forschungsfeld." In: Katja Pähle/Marion Reiser (Hg.). *Lokale politische Eliten und Fragen der Legitimation.* Baden-Baden: Nomos: 7-21.

Pappi, Franz-Urban. 1977. *Sozialstruktur und politische Konflikte in der Bundesrepublik. Individual- und Kontextanalysen der Wahlentscheidung.* Köln: Habilitationsschrift.

Pappi, Franz Urban/Jens Brandenburg. 2008. „Soziale Einflüsse auf die Klassenwahl im Generationen- und Periodenvergleich. Eine Analyse für Westdeutschland." *Kölner Zeitschrift für Soziologie und Sozialpsychologie* 60 (3):

Pappi, Franz Urban/Jens Brandenburg. 2010. „Sozialstrukturelle Interessenlagen und Parteipräferenz in Deutschland. Stabilität und Wandel seit 1980." *Kölner Zeitschrift für Soziologie und Sozialpsychologie* 62 (4): 459-483.

Paus, Heinz. 2003. „Kommunale Partnerschaften als Beitrag zu einem vereinten Europa." In: Konrad-Adenauer-Stiftung (Hg.). *Kommunen in Europa. Diskurs Kommunal 2003.* Sankt Augustin: Konrad-Adenauer-Stiftung: 26-30.

Pausch, Markus. 2009. „Eurobarometer und die Konstruktion eines europäischen Bewusstseins." In: Martin Weichbold/Johann Bacher/Christof Wolf (Hg.). *Umfrageforschung. Herausforderungen und Grenzen.* Wiesbaden: VS Verlag für Sozialwissenschaften: 539-552.

Pehle, Heinrich. 2005. „Die kommunale Selbstverwaltung: Opfer der europäischen Integration?" *Gesellschaft – Wirtschaft – Politik* 54 (1): 9-21.

Peter, Jochen. 2003. „Konsonanz 30 Jahre später. Eine international vergleichende Studie zum Einfluss konsonanter Berichterstattung auf Meinungen zur europäischen Integration." *Publizistik* 48 (2): 190-208.

Peter, Jochen. 2004. „Kaum vorhanden, thematisch homogen und eher negativ – Die alltägliche Fernsehberichterstattung über die Europäische Union im internationalen Vergleich." In: Lutz M. Hagen (Hg.). *Europäische Union und mediale Öffentlichkeit. Theoretische Perspektiven und empirische Befunde zur Rolle der Medien im europäischen Einigungsprozess.* Köln: Halem: 146-161.

Petersen, Thomas. 2006. „Die öffentliche Meinung." In: Werner Weidenfeld/Wolfgang Wessels (Hg.). *Jahrbuch der Europäischen Integration 2005.* Baden-Baden: Nomos: 293-298.

Pettigrew, Thomas F. 1998. „Intergroup contact theory." *Annual Review of Psychology* 49 (1): 65-85.

Pfetsch, Frank R. 1997. *Die Europäische Union. Eine Einführung.* München: Fink.

Pfetsch, Frank R. 2005. *Die Europäische Union.* 3. Auflage. München: Fink.

Pickel, Gert. 2002. *Jugend und Politikverdrossenheit. Zwei politische Kulturen im Deutschland nach der Vereinigung?* Opladen: Leske+Budrich.

Pickel, Gert. 2003. „Die Verwendung von Individualdaten zum Nationenvergleich: Anmerkungen und Beispiele aus der vergleichenden Forschung." In: Susanne Pickel/Gert Pickel/Hans-Jochaim Lauth/Detlef Jahn (Hg.). *Vergleichende Politikwissenschaftliche Methoden.* Opladen: Westdeutscher Verlag: 151-178.

Pickel, Gert. 2011a. „Demokratie, Staat und Religionen. Vergleichende Politikwissenschaft und Religion." In: Antonius Liedhegener/Andreas Tunger-Zanetti/Stephan Wirz (Hg.). *Religion – Wirtschaft – Politik. Forschungszugänge zu einem aktuellen transdisziplinären Feld.* Baden-Baden: Nomos: 275-303.

Pickel, Gert. 2011b. *Religionssoziologie. Eine Einführung in zentrale Themenbereiche.* Wiesbaden: VS Verlag für Sozialwissenschaften.

Pickel, Susanne/Gert Pickel. 2006. *Politische Kultur- und Demokratieforschung. Grundbegriffe, Theorien, Methoden. Eine Einführung.* Wiesbaden: VS Verlag für Sozialwissenschaften.

Piepenschneider, Melanie. 2009. „Die EU nach Lissabon – bürgernah, bürgerfreundlich, bürgertauglich?" *Integration* (2): 153-166.

Poguntke, Thomas/Christine Pütz. 2006. „Parteien in der Europäischen Union: Zu den Entwicklungschancen der Europarteien." *Zeitschrift für Parlamentsfragen* 37 (2): 334-353.

Pollack, Detlef. 2011. „*Still alive* – das Säkularisierungsparadigma." In: Antonius Liedhegener/Andreas Tunger-Zanetti/Stephan Wirz (Hg.). *Religion – Wirtschaft – Politik. Forschungszugänge zu einem aktuellen transdisziplinären Feld.* Baden-Baden: Nomos: 41-60.

Pollak, Johannes/Peter Slominski. 2006. *Das politische System der EU.* Wien: UTB.

Popper, Karl R. 1969. „Die Logik der Sozialwissenschaften." In: Theodor W. Adorno/Hans Albert/Ralf Dahrendorf/Jürgen Habermas/Harald Pilot/Karl R. Popper (Hg.). *Der Positivismusstreit in der deutschen Soziologie.* Neuwied: Luchterhand: 103-123.

Pötschke, Manuela. 2006. „Mehrebenenanalyse." In: Joachim Behnke/Thomas Gschwend/Delia Schindler/Kai-Uwe Schnapp (Hg.). *Methoden der Politikwissenschaft. Neuere qualitative und quantitative Analyseverfahren.* Baden-Baden: Nomos: 167-179.

Proner, Hanna. 2011. *Ist keine Antwort auch eine Antwort? Die Teilnahme an politischen Umfragen.* Wiesbaden: VS Verlag für Sozialwissenschaften.

Putnam, Robert D. 1966. „Political Attitudes and Local Community." *American Political Science Review* 60 (3): 640-654.

Putnam, Robert D. 1993. *Making democracy work. Civic traditions in modern Italy.* 5. Auflage. Princeton: Princeton University Press.

Putnam, Robert D. 1995a. „Bowling Alone: America's Declining Social Capital." *Journal of Democracy* 6 (1): 65-78.

Putnam, Robert D. 1995b. „Tuning in, Tuning out: the Strange Disappearance of Social Capital in America." *Political Science and Politics* 28 (4): 664-683.

Putnam, Robert D. 1999. „Demokratie in Amerika am Ende des 20. Jahrhunderts." In: Friedrich Wilhelm Graf/Andreas Platthaus/Stephan Schleissing (Hg.). *Soziales Kapital in der Bürgergesellschaft.* Stuttgart: Kohlhammer: 21-70.

Putnam, Robert D. 2000. *Bowling Alone. The Collapse and Revival of American Community.* New York: Simon & Schuster.

Putnam, Robert D./Kristin A. Goss. 2001. „Einleitung." In: Robert D. Putnam (Hg.). *Gesellschaft und Gemeinsinn. Sozialkapital im internationalen Vergleich.* Gütersloh: Bertelsmann-Stiftung.

Quillian, Lincoln. 1995. „Prejudice as a Response to Perceived Group Threat: Population Composition and Anti-Immigrant and Racial Prejudice in Europe." *American Sociological Review* 60 (4): 586-611.

Rabe-Hesketh, Sophia/Anders Skrondal. 2008. *Multilevel and Longitudinal Modeling. Using Stata.* 2. Auflage. College Station: Stata Press.

Rattinger, Hans. 1996. „Einstellungen zur europäischen Integration in der Bundesrepublik: Ein Kausalmodell." *Zeitschrift für Internationale Beziehungen* 3 (1): 45-78.

Rattinger, Hans. 2009. *Einführung in die Politische Soziologie.* München: Oldenbourg.

Raudenbush, Steven S./Anthony W. Bryk. 2002. *Hierarchial Linear Models. Applications and Data Analysis Methods.* 2. Auflage. Thousand Oaks: Sage.

Ray, Leonard. 2003a. „Reconsidering the Link between Incumbent Support and Pro-EU Opinion." *European Union Politics* 4 (3): 259-279.

Ray, Leonard. 2003b. „When Parties Matter: The Conditional Influence of Party Positions on Voter Opinions about European Integration." *Journal of Politics* 65 (4): 978-994.

Ray, Leonard. 2006. „Public Opinion, Socialization and Political Communication." In: Knud Erik Jørgensen/Mark A. Pollack/Ben Rosamond (Hg.). *Handbook of European Union Politics.* London: Sage: 263-281.

Rechlin, Sandra. 2004. *Die deutschen Kommunen im Mehrebenensystem der Europäischen Union – Betroffene Objekte oder aktive Subjekte?* Discussion Paper SP IV 2004-101: Wissenschaftszentrum Berlin für Sozialforschung.

Regnerus, Mark D./David Sikkink/Christian Smith. 1999. „Voting with the Christian Right: Contextual and Individual Patterns of Electoral Influence." *Social Forces* 77 (4): 1375-1401.

Reif, Karlheinz. 1993. „Ein Ende des Permissive Consensus? Zum Wandel europapolitischer Einstellungen in der öffentlichen Meinung der EG-Mitgliedsstaaten." In: Rudolf Hrbek (Hg.). *Der Vertrag von Maastricht in der wissenschaftlichen Kontroverse.* Baden-Baden: Nomos: 23-40.

Renninger, K. Ann/Suzanne Hidi/Andreas Krapp (Hg.). 1992. *The Role of Interest in Learning and Development.* Hillsdale: Lawrence.

Reuband, Karl-Heinz. 1990. „Meinungslosigkeit im Interview. Erscheinungsformen und Folgen unterschiedlicher Befragungsstragien." *Zeitschrift für Soziologie* 19: 428-443.

Rippl, Susanne. 2008. „Politische Sozialisation." In: Klaus Hurrelmann/Matthias Grundmann/Sabine Walper (Hg.). *Handbuch Sozialisationsforschung.* 7. Auflage. Weinheim: Beltz: 443-457.

Rippl, Susanne/Dirk Baier/Klaus Boehnke. 2007. *Europa auf dem Weg nach rechts? Die EU-Osterweiterung und ihre Folgen für politische Einstellungen in Deutschland, Polen und der Tschechischen Republik.* Wiesbaden: VS Verlag für Sozialwissenschaften.

Rippl, Susanne/Christian Seipel. 2008. *Methoden kulturvergleichender Sozialforschung. Eine Einführung.* Wiesbaden: VS Verlag für Sozialwissenschaften.

Robbers, Gerhard. 1995. „Staat und Kirche in der Europäischen Union." In: Gerhard Robbers (Hg.). *Staat und Kirche in der Europäischen Union.* Baden-Baden: Nomos: 351-361.

Robbers, Gerhard. 2003. „Status und Stellung von Religionsgemeinschaften in der Europäischen Union." In: Michael Minkenberg/Ulrich Willems (Hg.). *Politik und Religion. Sonderheft 33 der Politischen Vierteljahresschrift.* Wiesbaden: Westdeutscher Verlag: 351-361.

Robinson, Gregory/John E. McNulty/Jonathan S. Krasno. 2009. „Observing the Counterfactual? The Search for Political Experiments in Nature." *Political Analysis* 17 (4): 341-357.

Rohrschneider, Robert. 2002. „The Democracy Deficit and Mass Support for an EU-Wide government." *American Journal of Political Science* 46 (2): 463-475.

Rölle, Daniel. 2002. „Nicht genaues weiß man nicht? Über die Perzeption von Wahlprogrammen in der Öffentlichkeit." *Kölner Zeitschrift für Soziologie und Sozialpsychologie* 54 (2): 264-280.

Roller, Edeltraud. 2007. „Robert D. Putnam in Zusammenarbeit mit Robert Leonardi und Raffaella Y. Nanetti, Making Democracy Work. Civic Traditions in Modern Italy, Princeton 1993." In: Steffen Kailitz (Hg.). *Schlüsselwerke der Politikwissenschaft.* Wiesbaden: VS Verlag für Sozialwissenschaften: 379-382.

Rosar, Ulrich. 2004. „Ethnozentrismus und Immigration." In: Jan W. van Deth (Hg.). *Deutschland in Europa. Ergebnisse des European Social Survey 2002-2003.* Wiesbaden: VS Verlag für Sozialwissenschaften: 77-101.

Roßteutscher, Sigrid. 2002. „Vereine." In: Martin Greiffenhagen/Sylvia Greiffenhagen (Hg.). *Handwörterbuch zur politischen Kultur der Bundesrepublik Deutschland.* 2. Auflage. Wiesbaden: Westdeutscher Verlag: 614-618.

Roßteutscher, Sigrid. 2004. „Die Rückkehr der Tugend?" In: Jan W. van Deth (Hg.). *Deutschland in Europa. Ergebnisse des European Social Survey 2002-2003.* Wiesbaden: VS Verlag für Sozialwissenschaften: 175-200.

Roßteutscher, Sigrid. 2005. „The lure of the associative elixir." In: Sigrid Roßteutscher (Hg.). *Democracy and the Role of Associations.* London: Routledge: 3-15.

Roßteutscher, Sigrid. 2007. „CDU-Wahl 2005: Katholiken, Kirchgänger und eine protestantische Spitzenkandidatin aus dem Osten." In: Frank Brettschneider/Oscar Niedermayer/Bernhard Weßels (Hg.). *Die Bundestagswahl 2005. Analysen des Wahlkampfes und der Wahlergebnisse.* Wiesbaden: VS Verlag für Sozialwissenschaften: 321-348.

Roßteutscher, Sigrid. 2008. „Undemokratische Assoziationen." In: André Brodocz/Marcus Llanque/Gary S. Schaal (Hg.). *Bedrohungen der Demokratie.* Wiesbaden: VS Verlag für Sozialwissenschaften.

Roßteutscher, Sigrid. 2009a. *Religion, Zivilgesellschaft, Demokratie. Eine international vergleichende Studie zur Natur religiöser Märkte und der demokratischen Rolle religiöser Zivilgesellschaften.* Baden-Baden: Nomos.

Roßteutscher, Sigrid. 2009b. „Soziale Partizipation und Soziales Kapital." In: Viktoria Kaina/Andrea Römmele (Hg.). *Politische Soziologie. Ein Studienbuch.* Wiesbaden: VS Verlag für Sozialwissenschaften: 163-180.

Roßteutscher, Sigrid. 2012. „Die konfessionell-religiöse Konfliktlinie zwischen Säkularisierung und Mobilisierung." In: Rüdiger Schmitt-Beck (Hg.). *Wählen in Deutschland. Sonderheft der Politischen Vierteljahresschrift 45/2011.* Baden-Baden: Nomos: 111-131.

Roßteutscher, Sigrid/Jan W. van Deth. 2002. *Associations between Associations. The Structure of the Voluntary Association Sector.* Mannheim: Mannheimer Zentrum für Europäische Sozialforschung (Arbeitspapier Nr. 56).

Roßteutscher, Sigrid/Bettina Westle/Volker Kunz. 2008. „Das Konzept des Sozialkapitals und Beiträge zentraler Klassiker." In: Bettina Westle/Oscar W. Gabriel (Hg.). *Sozialkapital. Eine Einführung.* Baden-Baden: Nomos: 11-40.

Roth, Dieter. 1992. „Sinkende Wahlbeteiligung – eher Normalisierung als Krisensymptom." In: Karl Starzacher/Konrad Schacht/Bernd Friedrich/Thomas Leif (Hg.). *Protestwähler und Wahlverweigerer. Krise der Demokratie?* Köln: Bund-Verlag: 58-68.

Rudi, Tatjana. 2010. „Die Links-Rechts-Dimension in Mittel- und Osteuropa: ‚Super-Issue' oder bedeutungslos?" In: Thorsten Faas/Kai Arzheimer/Sigrid Roßteutscher (Hg.). *Information – Wahrnehmung – Emotion. Politische Psychologie in der Wahl- und Einstellungsforschung.* Wiesbaden: VS Verlag für Sozialwissenschaften: 169-189.

Ruge, Manfred O. 2003. „Von der Peripherie des Ostblocks ins Herz Europas." In: Konrad-Adenauer-Stiftung (Hg.). *Kommunen in Europa. Diskurs Kommunal 2003.* Sankt Augustin: Konrad-Adenauer-Stiftung: 31-32.

Rustenbach, Elisa. 2010. „Sources of Negative Attitudes toward Immigrants in Europe: A Multi-Level Analysis." *International Migration Review* 44 (1): 53-77.

Sabathil, Gerhard. 2006. „Europa vor Ort – Warum Kommunen für Europa wichtig sind." In: Ulrich von Alemann/Claudia Münch (Hg.). *Europafähigkeit der Kommunen. Die lokale Ebene in der Europäischen Union.* Wiesbaden: VS Verlag für Sozialwissenschaften: 10-15.

Sarcinelli, Ulrich. 1992. „Massenmedien und Politikvermittlung – Eine Problem- und Forschungsskizze." In: Gerhard W. Wittkämper (Hg.). *Medien und Politik.* Darmstadt: Wissenschaftliche Buchgesellschaft: 37-62.

Scarbrough, Elinor. 1995. „Materialist-Postmaterialist Value Orientations." In: Jan W. van Deth/Elinor Scarbrough (Hg.). *The Impact of Values.* Oxford: Oxford University Press: 123-159.

Schaefer, Felix. 1979. *Muster-Stichproben-Pläne für Bevölkerungs-Stichproben in der Bundesrepublik Deutschland und West-Berlin*. München: Verlag Moderne Industrie.

Schäfer, Armin. 2006. „Nach dem permissiven Konsens. Das Demokratiedefizit der Europäischen Union." *Leviathan* 34 (3): 350-376.

Schäfer, Armin. 2011. „Der Nichtwähler als Durchschnittsbürger: Ist die sinkende Wahlbeteiligung eine Gefahr für die Demokratie?" In: Evelyn Bytzek/Sigrid Roßteutscher (Hg.). *Der unbekannte Wähler? Mythen und Fakten über das Wahlverhalten der Deutschen*. Frankfurt: Campus: 133-154.

Schäfers, Bernhard. 2006. *Stadtsoziologie. Stadtentwicklung und Theorien – Grundlagen und Praxisfelder*. Wiesbaden: VS Verlag für Sozialwissenschaften.

Scharkow, Michael. 2006. *Mediennutzung und europäische Integration. Eine Analyse von Daten des Eurobarometers*. Berlin: Magisterarbeit.

Scharkow, Michael. 2008. „Mediennutzung und europäische Integration. Eine Sekundäranalyse von Eurobarometerdaten." In: Esra Aydin (Hg.). *Düsseldorfer Forum Politische Kommunikation. Schriftenreihe DFPK. Band 3*. Münster: 271-290.

Scharkow, Michael/Jens Vogelgesang. 2009. „Effects of domestic media use on European integration." *Communications* 34: 73-91.

Scheepers, Peer/Mérove Gijsberts/Marcel Coenders. 2002. „Ethnic Exclusionism in European Countries. Public Opposition to Civil Rights for Legal Migrants as a Response to Perceived Ethnic Threat." *European Sociological Review* 18 (1): 17-34.

Scherer, Margarete. 2009. *Religious Influences on the Support for the European Union*. ECPR General Conference. Potsdam.

Scheuer, Angelika. 2005. *How Europeans see Europe. Structure and Dynamics of European Legitimacy Beliefs*. Amsterdam: Vossiuspers UvA.

Scheuer, Angelika/Hermann Schmitt. 2009. „Sources of EU Support: The Case of Germany." *German Politics* 18 (4): 577-590.

Scheuer, Angelika/Wouter van der Brug. 2007. „Locating support for European integration." In: Wouter van der Brug/Cees van der Eijk (Hg.). *European Elections & Domestic Politics. Lessons from the Past and Scenarios for the Future*. Notre Dame: University of Notre Dame Press: 94-115.

Schiefele, Ulrich/Andreas Krapp/Inge Schreyer. 1993. „Metaanalyse des Zusammenhangs von Interesse und schulischer Leistung." *Zeitschrift für Entwicklungspsychologie und Pädagogische Psychologie* 25 (2): 120-148.

Schiller, Theo/Thomas von Winter. 1997. „Hessen." In: Jürgen Hartmann (Hg.). *Handbuch der deutschen Bundesländer*. 3. Auflage. Bonn: Bundeszentrale für politische Bildung: 269-305.

Schimank, Uwe. 2009. „Die Moderne: eine funktional differenzierte kapitalistische Gesellschaft." *Berliner Journal für Soziologie* 19 (3): 327-351.

Schmalstieg, Herbert. 1989. „Städtepartnerschaften im Wandel." In: Paul von Kodolitsch (Hg.). *Kommunale „Außenpolitik". Zur Auslandsarbeit der Gemeinden und zu den innerdeutschen Städtepartnerschaften*. Berlin: Deutsches Institut für Urbanistik: 19-31.

Schmalz-Bruns, Rainer/Reinhard Zintl (Hg.). 2002. *Politisches Vertrauen. Soziale Grundlagen reflexiver Kooperation*. Baden-Baden: Nomos.

Schmid, Christine/Rainer Watermann. 2010. „Demokratische Bildung." In: Rudolf Tippelt/Bernhard Schmidt (Hg.). *Handbuch Bildungsforschung*. 3. Auflage. Wiesbaden: VS Verlag für Sozialwissenschaften: 881-897.

Schmid, Josef/Daniel Buhr/Christian Roth/Christian Steffen. 2006. *Wirtschaftspolitik für Politologen*. Stuttgart: Schöningh.

Schmidberger, Martin. 1997a. *Regionen und europäische Legitimität. Der Einfluß des regionalen Umfelds auf Bevölkerungseinstellungen zur EU.* Frankfurt: Peter Lang.

Schmidberger, Martin. 1997b. „Zwischenstaatliche Variationen bei Bevölkerungseinstellungen zur EU: ein mehrebenenanalytischer Untersuchungsansatz." *ZA-Information* 41: 102-119.

Schmidberger, Martin. 1998. „EU-Akzeptanz und europäische Identität im deutsch-französischen Grenzgebiet." *Aus Politik und Zeitgeschichte* (25-26): 18-25.

Schmidt, Manfred G. 1995. *Wörterbuch zur Politik.* Stuttgart: Kröner.

Schmidt, Siegmar/Jens Tenscher/Andrea Weber. 2003. „Mit Herz oder Verstand? Zur Akzeptanz des europäischen Integrationsprozesses in der Südpfalz." In: Frank Brettschneider/Jan W. van Deth/Edeltraud Roller (Hg.). *Europäische Integration in der öffentlichen Meinung.* Opladen: Leske+Budrich: 83-113.

Schmitt-Beck, Rüdiger. 1992. „Wertewandel." In: Manfred G. Schmidt (Hg.). *Lexikon der Politik. Band 3: Die westlichen Länder.* München: Beck: 527-533.

Schmitt-Beck, Rüdiger. 2000. *Politische Kommunikation und Wählerverhalten: Ein internationaler Vergleich.* Wiesbaden: Westdeutscher Verlag.

Schmitt-Beck, Rüdiger/Christian Mackenrodt/Thorsten Faas. 2008. „Hintergründe kommunaler Wahlbeteiligung. Eine Fallstudie zur Kommunalwahl 2004 in Duisburg." *Zeitschrift für Parlamentsfragen* 39 (3): 561-581.

Schmitt-Beck, Rüdiger/Julia Partheymüller/Thorsten Faas. 2012. „Einflüsse politischer Gesprächspartner auf Parteipräferenzen: Zur „sozialen Logik" des politischen Verhaltens bei der Bundestagswahl 2009." In: Rüdiger Schmitt-Beck (Hg.). *Wählen in Deutschland. Sonderheft der Politischen Vierteljahresschrift 45/2011.* Baden-Baden: Nomos: 465-488.

Schmitt, Hermann. 1983. „Party Government in Public Opinion: A European Cross-National Comparison." *European Journal of Political Research* 11: 353-376.

Schmitt, Hermann. 2003. „The Eurobarometers: Their Evolution, Obvious Merits, and Ways to Add Value to them." *European Union Politics* 4 (2): 243-251.

Schmitt, Hermann/Christine Pütz. 2009. „Zur Stellung der deutschen Parteien im europäischen Parteiensystem." *Politische Bildung* 42 (1): 90-111.

Schneekloth, Ulrich/Ingo Leven. 2003. „Woran bemisst sich eine „gute" allgemeine Bevölkerungsumfrage? Analysen zu Ausmaß, Bedeutung und zu den Hintergründen von Nonresponse in zufallsbasierten Stichprobenerhebungen am Beispiel des ALLBUS." *ZUMA-Nachrichten* 27 (53): 16-57.

Schneider, Ellen. 2011. *Bundesländer und EU-Entscheidungsprozesse. Befragung der Abgeordneten sieben deutscher Landtage.* Mannheim. Mannheimer Zentrum für Europäische Sozialforschung.

Schneider, Silke L. 2008. „Anti-Immigrant Attitudes in Europe: Outgroup Size and Perceived Ethnic Threat." *European Sociological Review* 24 (1): 53-67.

Schnell, Rainer. 1997. *Nonresponse in Bevölkerungsumfragen. Ausmaß, Entwicklung und Ursachen.* Opladen: Leske+Budrich.

Schnell, Rainer. 2012. *Survey-Interviews. Methoden standardisierter Befragungen.* Wiesbaden: VS Verlag für Sozialwissenschaften.

Schnell, Rainer/Paul B. Hill/Elke Esser. 2011. *Methoden der empirischen Sozialforschung.* 9. Auflage. München: Oldenbourg.

Schnell, Rainer/Ulrich Kohler. 1995. „Empirische Untersuchung einer Individualisierungshypothese am Beispiel der Parteipräferenz von 1953-1992." *Kölner Zeitschrift für Soziologie und Sozialpsychologie* 47: 634-657.

Schnell, Rainer/Ulrich Kohler. 1997. „Zur Erklärungskraft sozio-demographischer Variablen im Zeitverlauf." *Kölner Zeitschrift für Soziologie und Sozialpsychologie* 49: 783-795.

Schoen, Harald. 2005a. „Soziologische Ansätze in der empirischen Wahlforschung." In: Jürgen W. Falter/Harald Schoen (Hg.). *Handbuch Wahlforschung* Wiesbaden: VS Verlag für Sozialwissenschaften: 135-185.

Schoen, Harald. 2005b. „Wechselwahl." In: Jürgen W. Falter/Harald Schoen (Hg.). *Handbuch Wahlforschung* Wiesbaden: VS Verlag für Sozialwissenschaften: 367-387.

Schoen, Harald. 2008. „Die Deutschen und die Türkeifrage: eine Analyse der Einstellungen zum Antrag der Türkei auf Mitgliedschaft in der Europäischen Union." *Politische Vierteljahresschrift* 49 (1): 68-91.

Schöndorf-Haubold, Bettina. 2005. *Die Strukturfonds der Europäischen Gemeinschaft. Rechtsformen und Verfahren europäischer Verbundverwaltung.* München: Beck.

Schuck, Andreas R. T./Claes H. De Vreese. 2006. „Between Risk and Opportunity. News Framing and its Effects on Public Support for EU Enlargement." *European Journal of Communication* 21 (1): 5–32.

Schulz, Winfried. 2011. *Politische Kommunikation. Theoretische Ansätze und Ergebnisse empirischer Forschung.* 3. Auflage. Wiesbaden: VS Verlag für Sozialwissenschaften.

Semetko, Holli A./Claes H. De Vreese/Jochen Peter. 2000. „Europeanised Politics – Europeanised Media? European Integration and Political Communication." *West European Politics* 23 (4): 121-141.

Semetko, Holli A./Wouter van der Brug/Patti M. Valkenburg. 2003. „The Influence of Political Events on Attitudes Towards the European Union." *British Journal of Political Science* 33: 621-634.

Seresse, Volker. 2011. *Kirche und Christentum. Grundwissen für Historiker.* Paderborn: UTB.

Seubert, Sandra. 2000. „Bürgermut und Bürgertugend. Verantwortung und Verpflichtung in der modernen Demokratie." *Zeitschrift für Politikwissenschaft* 10 (3): 1015 - 1032.

Seubert, Sandra. 2009. *Das Konzept des Sozialkapitals.* Frankfurt: Campus.

Sigalas, Emmanuel. 2010a. „Cross-border mobility and European identity: The effectiveness of intergroup contact during the ERASMUS year abroad." *European Union Politics* 11 (2): 241-265.

Sigalas, Emmanuel. 2010b. „The Role of Personal Benefits in Public Support for the EU: Learning from the Erasmus Students." *West European Politics* 33 (6): 1341-1361.

Simon, Klaus. 1983. „Lokale Vereine – Schule der Demokratie? Zum Einfluss lokaler Freizeitvereinigungen auf die politische Beteiligung der Bürger in der Gemeinde." In: Oscar W. Gabriel (Hg.). *Bürgerbeteiligung und kommunale Demokratie.* München: Minerva Publikation: 241-269.

Sinnott, Richard. 1995. „Bringing Public Opinion Back In." In: Oskar Niedermayer/Richard Sinnott (Hg.). *Public Opinion and Internationalized governance.* Oxford: Oxford University Press: 11-32.

Skrondal, Anders/Sophia Rabe-Hesketh (Hg.). 2010. *Multilevel Modelling.* Los Angeles: Sage.

Slawig, Johannes. 2011. „Der Tag danach." *Aus Politik und Zeitgeschichte* (7-8): 3-5.

Snijders, Tom A. 2003. „Multilevel Analysis." In: Michael S. Lewis-Beck/Alan E. Bryman/Tim F. Liao (Hg.). *The Sage Encyclopedia of Social Science Research Methods.* Thousand Oaks: Sage: 673-677.

Snijders, Tom A./Roel J. Bosker. 1999. *Multilevel Analysis. An Introduction to Basic and Advanced Multilevel Modeling.* London: Sage.

Sodeur, Wolfgang/Jürgen H. P. Hoffmeyer-Zlotnik. 2005. „Regionalisierung von statistischen Daten: Eine Einführung." In: Arbeitsgruppe Regionale Standards (Hg.). *Regionale Standards. Eine gemeinsame Empfehlung des Arbeitskreises Deutscher Markt- und Sozialforschungsinstitute e.V. (ADM), der Arbeitsgemeinschaft Sozialwissenschaftlicher Institute e.V. (ASI) und des Statistischen Bundesamtes.* Bonn: Statistisches Bundesamt.

Spindelegger, Martin. 2010. *Europa braucht ein vertrautes Gesicht vor Ort.* Bundesministerium für europäische und internationale Angelegenheiten. Pressemitteilung vom 25. Februar 2010. Wien.

Statistisches Bundesamt. 2009. *In fast jedem zehnten Haushalt ersetzen Handys das Festnetz.* Pressemitteilung Nr. 184 vom 14.05.2009.

Statz, Albert/Charlotte Wohlfarth. 2010. *Kommunale Partnerschaften und Netzwerke: Ein Beitrag zu einer transnationalen Politik der Nachhaltigkeit.* Berlin: Heinrich-Böll-Stiftung.

Steenbergen, Marco R./Erica E. Edwards/Catherine E. de Vries. 2007. „Who's Cueing Whom? Mass-Elite Linkages and the Future of European Integration." *European Union Politics* 8 (1): 13-35.

Steenbergen, Marco R./Bradford S. Jones. 2002. „Modeling Multilevel Data Structures." *American Journal of Political Science* 46 (1): 218-237.

Steinbrecher, Markus/Sandra Huber/Hans Rattinger. 2007. *Turnout in Germany. Citizen participation in State, Federal, and European elections since 1979.* Baden-Baden: Nomos.

Steiner, Nils/Markus Steinbrecher. 2012. „Wirtschaft und Wahlverhalten in Westdeutschland zwischen 1977 und 2007: Wer sind die ökonomischen Wähler?" In: Rüdiger Schmitt-Beck (Hg.). *Wählen in Deutschland. Sonderheft der Politischen Vierteljahresschrift 45/2011.* Baden-Baden: Nomos: 321-344.

Stock, Antonia. 2005. *Städtepartnerschaft und interkulturelle Begegnung – ausgewählte deutsche Städte und ihre Partner im Ausland.* Hildesheim: Magisterarbeit.

Stocké, Volker/Tobias Stark. 2005. *Stichprobenverzerrung durch Item-Nonresponse in der international vergleichenden Politikwissenschaft.* Mannheim. Universität Mannheim. Sonderforschungsbereich 504.

Stoker, Gerry. 1991. „Introduction: Trends in European Local Government." In: Richard Batley/Gerry Stoker (Hg.). *Local government in Europe. Trends and Developments.* Basingstoke: Macmillan: 1-21.

Stolle, Dietlind. 1998. „Bowling Together, Bowling Alone: The Development of Generalized Trust in Voluntary Associations." *Political Psychology* 19 (3): 497-525.

Stolle, Dietlind/Bo Rothstein. 2007. „Institutionelle Grundlagen des Sozialkapitals." In: Axel Franzen/Markus Freitag (Hg.). *Sozialkapital. Grundlagen und Anwendungen.* Wiesbaden: VS Verlag für Sozialwissenschaften: 113-140.

Strack, Fritz/Roland Deutsch. 2002. „Urteilsheuristiken." In: Dieter Frey/Martin Irle (Hg.). *Theorien der Sozialpsychologie. Band III: Motivations-, Selbst- und Informationsverarbeitungstheorien.* 2. Auflage. Bern: Huber: 352-384.

Sturm, Roland. 1995. *Politische Wirtschaftslehre.* Opladen: Leske+Budrich.

Sturm, Roland. 2010. „Der Vertrag von Lissabon." In: Bundeszentrale für politische Bildung (Hg.). *Vertrag von Lissabon.* Bonn: Bundeszentrale für politische Bildung: 15-30.

Tammes, Peter/Dennie Oude Nijhuis. 2011. „Contextual influences and the Dutch rejection of the EU constitutional treaty: Understanding municipality differences." *Tijdschrift voor economische en sociale geografie* 102 (4): 455-467.

Targ, Harry R. 1970. „Children's Developing Orientations to International Politics." *Journal of Peace Research* 7 (2): 79-98.

Tausendpfund, Markus. 2008. *Demokratie Leben Lernen – Erste Ergebnisse der dritten Welle. Politische Orientierungen von Kindern im vierten Grundschuljahr.* Mannheim: Mannheimer Zentrum für Europäische Sozialforschung (Arbeitspapier Nr. 116).

Tenscher, Jens. 2009. „Informationsnutzung und politische Orientierung: Eine Vermessung der Europäischen Union." In: Frank Marcinkowski/Barbara Pfetsch (Hg.). *Politik in der Mediendemokratie.* Wiesbaden: VS Verlag für Sozialwissenschaften: 469-526.

Tenscher, Jens/Siegmar Schmidt. 2004. „So nah und doch so fern – Empirische Befunde zur massenmedialen Beobachtung und Bewertung des europäischen Integrationsprozesses in einer Grenzregion." In: Lutz M. Hagen (Hg.). *Europäische Union und mediale Öffentlichkeit. Theoretische Perspektiven und empirische Befunde zur Rolle der Medien im europäischen Einigungsprozess.* Köln: Halem: 212-237.

Thomas, Scott M. 2005. *The Global Resurgence of Religion and the Transformation of International Relations. The Struggle for the Soul of the Twenty-First Century.* New York: Palgrave Macmillan.

Thomassen, Jacques. 2009. „The Legitimacy of the European Union after Enlargement." In: Jacques Thomassen (Hg.). *The Legitimacy of the European Union after Enlargement.* Oxford: Oxford University Press: 1-20.

Thränhardt, Dietrich. 1998. „Die Kommunen und die Europäische Union." In: Hellmut Wollmann/Roland Roth (Hg.). *Kommunalpolitik. Politisches Handeln in den Gemeinden.* 2. Auflage. Bonn: Bundeszentrale für politische Bildung: 361-377.

Thukydides. 1964. „Geschichte des Peloponnesischen Krieges." In: Georg Peter Landmann (Hg.). *Geschichte des Peloponnesischen Krieges.* Reinbek: Rowohlt.

Tiemann, Guido/Oliver Treib/Andreas Wimmel. 2011. *Die EU und ihre Bürger.* Wien: UTB.

Timm, Jörn. 2006. „Die Reform der europäischen Strukturpolitik aus kommunaler Sicht." In: Ulrich von Alemann/Claudia Münch (Hg.). *Europafähigkeit der Kommunen. Die lokale Ebene in der Europäischen Union.* Wiesbaden: VS Verlag für Sozialwissenschaften: 119-130.

Tocqueville, Alexis de. 1985. *Über die Demokratie in Amerika.* Stuttgart: Reclam.

Töller, Annette Elisabeth. 2008. „Mythen und Methoden. Zur Messung der Europäisierung der Gesetzgebung des Deutschen Bundestages jenseits des 80-Prozent-Mythos." *Zeitschrift für Parlamentsfragen* (1): 3-17.

Tomei, Verónica. 2001. *Europäisierung nationaler Migrationspolitik. Eine Studie zur Veränderung von Regieren in Europa.* Stuttgart: Lucius & Lucius.

Tömmel, Ingeborg. 2008. *Das politische System der EU.* 3. Auflage. München: Oldenbourg.

Treiber-Reif, Helga/Hermann Schmitt. 1990. *Structure in European Attitudes.* Zentrum für Europäische Umfrageanalysen und Studien (ZEUS).

Trüdinger, Eva-Maria. 2008. „Die Europäische Integration aus Sicht der Bevölkerung: Akzeptanz trotz Vielfalt." In: Oscar W. Gabriel/Sabine Kropp (Hg.). *Die EU-Staaten im Vergleich. Strukturen, Prozesse, Politikinhalte.* 3. Auflage. Wiesbaden: VS Verlag für Sozialwissenschaften: 215-235.

Trüdinger, Eva-Maria/Uwe Bollow. 2011. „Andere Zeiten, andere Inhalte. Bedeutungsgehalt und Bedeutungswandel der politischen Richtungsbegriffe Links und Rechts im innerdeutschen Vergleich." *Zeitschrift für Parlamentsfragen* (2): 398-418.

Tsebelis, George. 2002. *Veto Players. How political institutions work.* New York: Russell Sage Foundation.

Tversky, Amos/Daniel Kahneman. 1973. „Availability: A Heuristic for Judging Frequency and Probability." *Cognitive Psychology* 5 (2): 207-232.

Tversky, Amos/Daniel Kahneman. 1974. „Judgment under Uncertainty: Heuristics and Biases. Biases in judgments reveal some heuristics of thinking under uncertainty." *Science* 185: 1124-1131.

Uslaner, Eric M. 2008. „Trust as a Moral Value." In: Dario Castiglione/Jan W. van Deth/Guglielmo Wolleb (Hg.). *The Handbook of Social Capital.* Oxford: Oxford University Press: 101-121.

van Deth, Jan W. 1983. „The Persistence of Materialist and Post-Materialist Value Orientations." *European Journal of Political Research* 11 (1): 63-79.

van Deth, Jan W. 1990. „Interest in Politics." In: M. Kent Jennings/Jan W. van Deth et al. (Hg.). *Continuities in Political Action. A Longitudinal Study of Political Orientations in Three Western Democracies.* Berlin: de Gruyter: 275-312.

van Deth, Jan W. 1995. „Comparative Politics and the Decline of the Nation-State in Western-Europe." *European Journal of Political Research* 27 (4): 443-462.

van Deth, Jan W. 1996. „Politisches Interesse und Apathie und Europa." In: Thomas König/ Elmar Rieger/Hermann Schmitt (Hg.). *Das europäische Mehrebenensystem.* Frankfurt: Campus: 383-402.

van Deth, Jan W. 2000a. „Das Leben, nicht die Politik ist wichtig." In: Oskar Niedermayer/Bettina Westle (Hg.). *Demokratie und Partizipation. Festschrift für Max Kaase.* Wiesbaden: Westdeutscher Verlag: 115-135.

van Deth, Jan W. 2000b. „Political Interest and Apathy: The Decline of a Gender Gap?" *Acta Politica* (3): 247-274.

van Deth, Jan W. 2001. „Soziale und politische Beteiligung: Alternativen, Ergänzungen oder Zwillinge?" In: Achim Koch/Martina Wasmer/Peter Schmidt (Hg.). *Politische Partizipation in der Bundesrepublik Deutschland.* Opladen: Leske+Budrich: 195-219.

van Deth, Jan W. 2003a. „Measuring Social Capital: Orthodoxies and Continuing Controversies." *International Journal of Social Research Methodology* 6 (1): 79-92.

van Deth, Jan W. 2003b. „Vergleichende politische Partizipationsforschung." In: Dirk Berg-Schlosser/Ferdinand Müller-Rommel (Hg.). *Vergleichende Politikwissenschaft.* Opladen: Leske+Budrich: 167-187.

van Deth, Jan W. 2004a. „Deutschland in Europa: Eine Republik zweier Kulturen?" In: Jan W. van Deth (Hg.). *Deutschland in Europa. Ergebnisse des European Social Survey 2002-2003.* Wiesbaden: VS Verlag für Sozialwissenschaften: 9-24.

van Deth, Jan W. 2004b. „Politisches Interesse." In: Jan W. van Deth (Hg.). *Deutschland in Europa. Ergebnisse des European Social Survey 2002-2003.* Wiesbaden: VS Verlag für Sozialwissenschaften: 275-292.

van Deth, Jan W. 2004c. „Soziale Partizipation." In: Jan W. van Deth (Hg.). *Deutschland in Europa. Ergebnisse des European Social Survey 2002-2003.* Wiesbaden: VS Verlag für Sozialwissenschaften: 295-315.

van Deth, Jan W. 2005. „Kinder und Politik." *Aus Politik und Zeitgeschichte* (41): 3-6.

van Deth, Jan W. 2007. „Norms of Citizenship." In: Russell J. Dalton/Hans-Dieter Klingemann (Hg.). *The Oxford Handbook of Political Behavior.* Oxford: Oxford University Press: 402-416.

van Deth, Jan W. 2008a. „Introduction: Social Capital and Democratic Politics." In: Dario Castiglione/Jan W. van Deth/Guglielmo Wolleb (Hg.). *The Handbook of Social Capital.* Oxford: Oxford University Press: 199-208.

van Deth, Jan W. 2008b. „Measuring Social Capital." In: Dario Castiglione/Jan W. van Deth/ Guglielmo Wolleb (Hg.). *The Handbook of Social Capital.* Oxford: Oxford University Press: 150-176.

van Deth, Jan W. 2010. „Participation in Voluntary Associations: Dark Shades in a Sunny World?" *American Behavioral Scientist* 53 (5): 640-656.

van Deth, Jan W. 2012. „Demokratische Bürgertugenden." In: Silke I. Keil/Jan W. van Deth (Hg.). *Deutschlands Metamorphosen. Ergebnisse des European Social Survey 2002 bis 2008.* Baden-Baden: Nomos: 363-390.

van Deth, Jan W./Simone Abendschön/Julia Rathke/Meike Vollmar. 2007. *Kinder und Politik. Politische Einstellungen von jungen Kindern im ersten Grundschuljahr.* Wiesbaden: VS Verlag für Sozialwissenschaften.

van Deth, Jan W./Simone Abendschön/Meike Vollmar. 2011. „Children and Politics: An Empirical Reassessment of Early Political Socialization." *Political Psychology* 32 (1): 147-174.

van Deth, Jan W./Martin Elff. 2001. *Politicisation and Political Interest in Europe: A Multi-Level Approach.* Mannheim. Mannheimer Zentrum für Europäische Sozialforschung (Arbeitspapier Nr. 36).

van Deth, Jan W./Martin Elff. 2004. „Politicisation, economic development and political interest in Europe." *European Journal of Political Research* 43: 477–508.

van Deth, Jan W./Frauke Kreuter. 1998. „Membership of voluntary associations." In: Jan W. van Deth (Hg.). *Comparative Politics: The Problem of Equivalence.* London: Routledge: 135-155.

van Deth, Jan W./William Maloney (Hg.). 2008. *Civil Society and Governance in Europe: From National toward International Linkages?* Cheltenham: Edward Elgar.

van Deth, Jan W./Elinor Scarbrough (Hg.). 1995. *The Impact of Values.* Oxford: Oxford University Press.

van Deth, Jan W./Markus Tausendpfund. 2013a. „Einführung: Ist alle Politik lokale Politik?" In: Jan W. van Deth/Markus Tausendpfund (Hg.). *Politik im Kontext: Ist alle Politik lokale Politik? Individuelle und kontextuelle Determinanten politischer Orientierungen.* Wiesbaden: Springer VS: 9-31.

van Deth, Jan W./Markus Tausendpfund (Hg.). 2013b. *Politik im Kontext: Ist alle Politik lokale Politik? Individuelle und kontextuelle Determinanten politischer Orientierungen.* Wiesbaden: Springer VS.

van Deth, Jan W./Markus Tausendpfund. 2013c. „Schlussbetrachtung: Warum ist nicht alle Politik lokale Politik?" In: Jan W. van Deth/Markus Tausendpfund (Hg.). *Politik im Kontext: Ist alle Politik lokale Politik? Individuelle und kontextuelle Determinanten politischer Orientierungen.* Wiesbaden: Springer VS: 441-455.

van Eimeren, Birgit/Beate Frees. 2009. „Der Internetnutzer 2009 – multimedial und total vernetzt?" *Media Perspektiven* (7): 334-348.

van Hüllen, Verra. 2008. „Die „normative Macht" der EU nach innen: Identität und Legitimität durch europäische Außenpolitik." *Zeitschrift für europarechtliche Studien* 11 (3): 565-578.

Verba, Sidney/Nancy Burns/Kay Lehman Schlozman. 2003. „Unequal at the Starting Line: Creating Participatory Inequalities across Generations and among Groups." *The American Sociologist* 34 (1-2): 45-69.

Verba, Sidney/Norman H. Nie. 1972. *Participation in America. Political Democracy and Social Equality.* New York: Harper & Row.

Verba, Sidney/Kay Lehman Schlozman/Henry E. Brady. 1995. *Voice and Equality. Civic Voluntarism in American Politics.* Cambridge: Harvard University Press.

Vetter, Angelika. 2002a. „Local Political Competence in Europe: A resource of Legitimacy for higher levels of Government?" *International Journal of Public Opinion Research* 14 (1): 3-18.

Vetter, Angelika. 2002b. *Lokale Politik als Ressource der Demokratie in Europa? Lokale Autonomie, lokale Strukturen und die Einstellungen der Bürger zur lokalen Politik.* Opladen: Leske+Budrich.

Vetter, Angelika. 2002c. „Lokale Politik und die Sozialisation demokratischer Einstellungen." *Politische Vierteljahresschrift* 43 (4): 606-623.

Vetter, Angelika. 2007. *Local Politics: A Resource for Democracy in Western Europe. Local Autonomy, Local Integrative Capacity, and Citizens' Attitudes Toward Politics.* Lanham: Lexington Books.

Vetter, Angelika (Hg.). 2008a. *Erfolgsbedingungen lokaler Bürgerbeteiligung.* Wiesbaden: VS Verlag für Sozialwissenschaften.

Vetter, Angelika. 2008b. „Kommunale Wahlbeteiligung im Bundesländervergleich: Politische Institutionen und ihre Folgen." *Die Öffentliche Verwaltung* 61 (21): 885-894.

Vetter, Angelika. 2009. „Alles nur Timing? Kommunale Wahlbeteiligung im Kontext von Bundestagswahlen und Wahlen zum Europäischen Parlament." *Zeitschrift für Parlamentsfragen* 40 (4): 788-808.

Vetter, Angelika. 2010. „Kommunen und die Unterstützung der Bürger für die EU." In: Gabriele Abels/Annegret Eppler/Michèle Knodt (Hg.). *Die EU-Reflexionsgruppe „Horizont 2020-2030". Herausforderungen und Reformoptionen für das Mehrebenensystem.* Baden-Baden: Nomos: 221-236.

Vetter, Angelika. 2011. „Lokale Politik als Rettungsanker der Demokratie?" *Aus Politik und Zeitgeschichte* (7-8): 25-32.

Vetter, Angelika/Lars Holtkamp. 2008. „Lokale Handlungsspielräume und Möglichkeiten der Haushaltskonsolidierung in Deutschland." In: Hubert Heinelt/Angelika Vetter (Hg.). *Lokale Politikforschung heute.* Wiesbaden: VS Verlag für Sozialwissenschaften: 21-50.

Vetter, Angelika/Jürgen Maier. 2005. „Mittendrin statt nur dabei? Politisches Wissen, politisches Interesse und politisches Kompetenzgefühl in Deutschland, 1994-2002." In: Oscar W. Gabriel/Jürgen Falter/Hans Rattinger (Hg.). *Wächst zusammen, was zusammen gehört? Stabilität und Wandel politischer Einstellungen im wiedervereinigten Deutschland.* Baden-Baden: Nomos: 51-90.

Vetter, Angelika/Gábor Soós. 2008. „Kommunen in der EU." In: Oscar W. Gabriel/Sabine Kropp (Hg.). *Die EU-Staaten im Vergleich. Strukturen, Prozesse, Politikinhalte.* 3. Auflage. Wiesbaden: VS Verlag für Sozialwissenschaften: 579-605.

Vliegenthart, Rens/Andreas R. T. Schuck/Hajo G. Boomgaarden/Claes H. De Vreese. 2008. „News Coverage and Support for European Integration, 1990-2006." *International Journal of Public Opinion Research* 20 (4): 415-439.

Vobruba, Georg. 2010. „Gesellschaftstheoretische Grundlagen der Europasoziologie. Die soziologische Beobachtung der Gesellschaft in der Europäischen Integration." In: Monika Eigmüller/Steffen Mau (Hg.). *Gesellschaftstheorie und Europapolitik. Sozialwissenschaftliche Ansätze zur Europaforschung.* Wiesbaden: VS Verlag für Sozialwissenschaften: 431-470.

Vollmar, Meike. 2007. „Politisches Wissen bei Kindern – nicht einfach nur ja oder nein." In: Jan W. van Deth/Simone Abendschön/Julia Rathke/Meike Vollmar (Hg.). *Kinder und Politik. Politische Einstellungen von jungen Kindern im ersten Grundschuljahr.* Wiesbaden: VS Verlag für Sozialwissenschaften: 119-160.

Vollmar, Meike. 2012. *König, Bürgermeister, Bundeskanzler? Politisches Wissen von Grundschülern und die Relevanz familiärer und schulischer Ressourcen.* Wiesbaden: Springer VS.

Wagner, Beate. 1995. *Partnerschaften deutscher Städte und Gemeinden. Transnationale Beiträge zur internationalen Sicherheit.* Münster: LIT.

Wagner, Bettina. 2010. „Unterstützung der Europäischen Union in Mittel- und Osteuropa: Die Rolle nationalstaatlicher Einstellungen als Heuristiken." In: Thorsten Faas/Kai Arzheimer/Sigrid Roßteutscher (Hg.). *Information – Wahrnehmung – Emotion. Politische Psychologie in der Wahl- und Einstellungsforschung.* Wiesbaden: VS Verlag für Sozialwissenschaften: 215-237.

Wagner, Bettina. 2012. *The Formation of Support for the European Union in Central and Eastern Europe. The Role of National Attitudes as Cognitive Heuristics.* Baden-Baden: Nomos.

Walter-Rogg, Melanie/Volker Kunz/Oscar W. Gabriel. 2005. „Kommunale Selbstverwaltung in Deutschland." In: Oscar W. Gabriel/Everhard Holtmann (Hg.). *Handbuch Politisches System der Bundesrepublik Deutschland.* 3. Auflage. München: Oldenbourg: 411-455.

Warren, Mark E. (Hg.). 1999. *Democracy and Trust.* Cambridge: Cambridge University Press.

Warren, Mark E. 2001. *Democracy and Association.* Princeton: Princeton University Press.

Warwick, Paul V. 2002. „Toward a Common Dimensionality in West European Policy Spaces." *Party Politics* 8 (1): 101-122.

Weakliem, David L. 2002. „The Effects of education on political opinions." *International Journal of Public Opinion Research* 13 (2): 141-157.

Weber, Max. 1924. „Rede auf dem ersten Deutschen Soziologentage in Frankfurt 1910." In: Max Weber (Hg.). *Gesammelte Aufsätze zur Soziologie und Sozialpolitik.* Tübingen: Mohr: 431-449.

Weidenfeld, Werner. 2010. *Die Europäische Union.* Paderborn: Fink.

Weins, Cornelia. 2009. „Fremdenfeindlichkeit durch Zuwanderung? Eine empirische Analyse für die Bundesrepublik." In: Hanna Kaspar/Harald Schoen/Siegfried Schumann/Jürgen R. Winkler (Hg.). *Politik – Wissenschaft – Medien. Festschrift für Jürgen W. Falter zum 65. Geburtstag.* Wiesbaden: VS Verlag für Sozialwissenschaften: 67-83.

Weins, Cornelia. 2011. „Gruppenbedrohung oder Kontakt? Ausländeranteile, Arbeitslosigkeit und Vorurteile in Deutschland." *Kölner Zeitschrift für Soziologie und Sozialpsychologie* 63 (3): 481-499.

Welzel, Christian. 2003. „Irrtümer bei der Interpretation des "ökologischen Fehlschlusses": Zur Aussagekraft aggregierter Umfragedaten." In: Susanne Pickel/Gert Pickel/Hans-Jochaim Lauth/Detlef Jahn (Hg.). *Vergleichende Politikwissenschaftliche Methoden.* Opladen: Westdeutscher Verlag: 179-200.

Weske, Simone. 2011. *Europapolitik im Widerspruch. Die Kluft zwischen Regierenden und Regierten.* Wiesbaden: VS Verlag für Sozialwissenschaften.

Weßels, Bernhard. 1995a. „Development of Support: Diffusion or Demographic Replacement?" In: Oskar Niedermayer/Richard Sinnott (Hg.). *Public Opinion and Internationalized Governance.* Oxford: Oxford University Press: 105-136.

Weßels, Bernhard. 1995b. „Support for Integration: Élite or Mass-Driven?" In: Oskar Niedermayer/Richard Sinnott (Hg.). *Public Opinion and Internationalized Governance.* Oxford: Oxford University Press: 137-162.

Weßels, Bernhard. 2007. „Discontent and European Identity: Three Types of Euroscepticism." *Acta Politica* 42 (2-3): 287-306.

Weßels, Bernhard. 2009. „Spielarten des Euroskeptizismus." In: Frank Decker/Marcus Höreth (Hg.). *Die Verfassung Europas. Perspektiven des Integrationsprojekts.* Wiesbaden: VS Verlag für Sozialwissenschaften: 50-68.

Weßels, Bernhard/Hermann Schmitt. 2000. „Europawahlen, Europäisches Parlament und nationalstaatliche Demokratie." In: Hans-Dieter Klingemann/Friedhelm Neidhardt (Hg.). *Zur Zukunft der Demokratie. Herausforderungen im Zeitalter der Globalisierung.* Berlin: Sigma: 295-319.

Wessels, Wolfgang. 2001. *Jean Monnet – Mensch und Methode. Überschätzt und überholt?* Reihe Politikwissenschaft / Political Science Series 74: Institut für Höhere Studien (IHS), Wien.

Wessels, Wolfgang. 2008. *Das politische System der Europäischen Union.* Wiesbaden: VS Verlag für Sozialwissenschaften.

Westle, Bettina. 1989. *Politische Legitimität – Theorien, Konzepte, empirische Befunde.* Baden-Baden: Nomos.

Westle, Bettina. 2000. „Politische Partizipation: Mobilisierung als Faktor geschlechtsspezifischer Ungleichheit." In: Oskar Niedermayer/Bettina Westle (Hg.). *Demokratie und Partizipation. Festschrift für Max Kaase.* Wiesbaden: Westdeutscher Verlag: 136-159.

Westle, Bettina. 2003a. „Europäische Identifikation im Spannungsfeld regionaler und nationaler Identitäten. Theoretische Überlegungen und empirische Befunde." *Politische Vierteljahresschrift* 44 (4): 453-482.

Westle, Bettina. 2003b. „Universalismus oder Abgrenzung als Komponente der Identifikation mit der Europäischen Union?" In: Frank Brettschneider/Jan W. van Deth/Edeltraud Roller (Hg.). *Europäische Integration in der öffentlichen Meinung.* Opladen: Leske+Budrich: 115-152.

Westle, Bettina. 2005. „Politisches Wissen und Wahlen." In: Jürgen W. Falter/Oscar W. Gabriel/Bernhard Weßels (Hg.). *Wahlen und Wähler. Analysen aus Anlass der Bundestagswahl 2002.* Wiesbaden: VS Verlag für Sozialwissenschaften: 484-512.

Westle, Bettina. 2007. „David Easton, A Systems Analysis of Political Life, Chicago/London 1965." In: Steffen Kailitz (Hg.). *Schlüsselwerke der Politikwissenschaft.* Wiesbaden: VS Verlag für Sozialwissenschaften: 104-109.

Westle, Bettina. 2009a. „Aspekte Politiker Kultur im internationalen Vergleich – Legitimitätsvorstellungen und Legitimitätsurteile: "Politische Gemeinschaft"." In: Bettina Westle/Oscar W. Gabriel (Hg.). *Politische Kultur. Eine Einführung.* Baden-Baden: Nomos: 247-294.

Westle, Bettina. 2009b. „Die unpolitische Frau – ein Methodenartefakt der Umfrageforschung?" In: Hanna Kaspar/Harald Schoen/Siegfried Schumann/Jürgen R. Winkler (Hg.). *Politik – Wissenschaft – Medien. Festschrift für Jürgen W. Falter zum 65. Geburtstag.* Wiesbaden: VS Verlag für Sozialwissenschaften: 179-201.

Westle, Bettina. 2009c. „Politisches Wissen als Grundlage der Entscheidung bei der Bundestagswahl." In: Steffen Kühnel/Oskar Niedermayer/Bettina Westle (Hg.). *Wähler in Deutschland. Sozialer und politischer Wandel, Gender und Wahlverhalten.* Wiesbaden: VS Verlag für Sozialwissenschaften: 366-398.

Westle, Bettina/Oscar W. Gabriel (Hg.). 2008. *Sozialkapital. Eine Einführung.* Baden-Baden: Nomos.

Westle, Bettina/David Johann. 2010. „Das Wissen der Europäer/innen über die Europäische Union." In: Thorsten Faas/Kai Arzheimer/Sigrid Roßteutscher (Hg.). *Information – Wahrnehmung – Emotion. Politische Psychologie in der Wahl- und Einstellungsforschung.* Wiesbaden: VS Verlag für Sozialwissenschaften: 353-374.

Westle, Bettina/Harald Schoen. 2002. „Ein neues Argument in einer alten Diskussion: ‚Politikverdrossenheit' als Ursache des *gender gap* im politischen Interesse." In: Frank Brettschneider/Jan van Deth/Edeltraud Roller (Hg.). *Das Ende der politisierten Sozialstruktur?* Opladen: Leske+Budrich: 215-244.

Wettig, Klaus. 2008. „Unbekannt und unbedeutend? Die Direktwahlen zum Europäischen Parlament." *Zeitschrift für Politikberatung* 1 (3/4): 553-557.

Wildgen, John K. /Werner J. Feld. 1976. „Evaluative and cognitive factors in the prediction of European unification." *Comparative Political Studies* 9 (3): 309-334.

Wilke, Jürgen/Carsten Reinemann. 2005. „Zwischen Defiziten und Fortschritten. Die Berichterstattung deutscher Tageszeitungen zu den Europawahlen 1979-2004." In: Jens Tenscher (Hg.). *Wahl-Kampf um Europa. Analysen aus Anlass der Wahlen zum Europäischen Parlament 2004.* Wiesbaden: VS Verlag für Sozialwissenschaften: 157-176.

Woesler, Dietmar M. 2006. „Städtepartnerschaften in neuem Licht." In: Ulrich von Alemann/Claudia Münch (Hg.). *Europafähigkeit der Kommunen. Die lokale Ebene in der Europäischen Union.* Wiesbaden: VS Verlag für Sozialwissenschaften: 412-433.

Wolf, Christof. 1995. „Sozio-Ökonomischer Status und Berufliches Prestige. Ein kleines Kompendium sozialwissenschaftlicher Skalen auf Basis der beruflichen Stellung und Tätigkeit." *ZUMA-Nachrichten* 37: 102-136.

Wolf, Dieter. 2006. „Neo-Funktionalismus." In: Hans-Jürgen Bieling/Marika Lerch (Hg.). *Theorien der europäischen Integration.* 2. Auflage. Wiesbaden: VS Verlag für Sozialwissenschaften: 65-90.

Wolling, Jens. 1999. *Politikverdrossenheit durch Massenmedien? Der Einfluß der Medien auf die Einstellungen der Bürger zur Politik.* Wiesbaden: Westdeutscher Verlag.

Wolling, Jens. 2009. „Onlinenutzung und Einstellungen zur Politik. Ergebnisse einer repräsentativen Panelstudie." In: Frank Marcinkowski/Barbara Pfetsch (Hg.). *Politik in der Mediendemokratie.* Wiesbaden: VS Verlag für Sozialwissenschaften: 447-467.

Woyke, Wichard. 1998. *Europäische Union. Erfolgreiche Krisengemeinschaft. Einführung in Geschichte, Strukturen, Prozesse und Politiken.* München: Oldenbourg.

Wuermeling, Frederike. 2007. „Passt die Türkei zur EU und die EU zu Europa? Eine Mehrebenenanalyse auf der Basis der Europäischen Wertestudie." *Kölner Zeitschrift für Soziologie und Sozialpsychologie* 59 (2): 185-214.

Wuermeling, Frederike. 2008. „Keineswegs ein Märchen aus Tausend und einer Nacht – Replik auf Kai Arzheimers Kommentar zu meinem Aufsatz „Passt die Türkei zur EU und die EU zu Europa? Eine Mehrebenenanalyse auf der Basis der Europäischen Wertestudie"." *Kölner Zeitschrift für Soziologie und Sozialpsychologie* 60 (1): 136-148.

Wüst, Andreas M./Markus Tausendpfund. 2009. „30 Jahre Europawahlen." *Aus Politik und Zeitgeschichte* (23-24): 3-9.

Zajonc, Robert B. 1968. „Attitudinal Effects of mere Exposure." *Journal of Personality and Social Psychology Monograph Supplement* 9 (2 (Part 2)): 1-27.

Zimmer, Annette. 2007. *Vereine – Zivilgesellschaft konkret.* 2. Auflage. Wiesbaden: VS Verlag für Sozialwissenschaften.

Zimmermann, Karsten. 2008. „Cities for growth, jobs and cohesion. Die implizite Stadtpolitik der EU." In: Hubert Heinelt/Angelika Vetter (Hg.). *Lokale Politikforschung heute*. Wiesbaden: VS Verlag für Sozialwissenschaften: 79-102.

Zmerli, Sonja. 2004. „Politisches Vertrauen und Unterstützung." In: Jan W. van Deth (Hg.). *Deutschland in Europa. Ergebnisse des European Social Survey 2002-2003*. Wiesbaden: VS Verlag für Sozialwissenschaften: 229-255.

Zmerli, Sonja. 2008. *Inklusives und exklusives Sozialkapital in Deutschland. Grundlagen, Erscheinungsformen und Erklärungspotential eines alternativen theoretischen Konzepts*. Baden-Baden: Nomos.

Zmerli, Sonja. 2010a. „EU legitimacy and social capital. Empirical insights into a complex relationship." In: Wilhelm A. Maloney/Jan W. van Deth (Hg.). *Civil Society and Activism in Europe. Contextualizing engagement and political orientations*. London: Routledge: 155-179.

Zmerli, Sonja. 2010b. „Social Capital and Norms of Citizenship: An Ambiguous Relationship?" *American Behavioral Scientist* 53 (5): 657-676.

Zmerli, Sonja/Marc Hooghe. 2011. *Political Trust. Why Context Matters*. Colchester: ECPR Press.

Zmerli, Sonja/Ken Newton. 2008. „Social Trust and Attitudes Toward Democracy." *Public Opinion Quarterly* 72 (4): 706-724.

Zmerli, Sonja/Kenneth Newton/José Ramón Montero. 2007. „Trust in people, confidence in political institutions, and satisfaction with democracy." In: Jan W. van Deth/José Ramón Montero/Anders Westholm (Hg.). *Citizenship and Involvement in European Democracies. A comparative analysis*. London: Routledge: 35-65.

Zürn, Michael. 2006. „Zur Politisierung der Europäischen Union." *Politische Vierteljahresschrift* 47 (2): 242-251.

Anhang: Kontextmerkmale der einzelnen Gemeinden

Indikatoren der Politisierung

Tabelle 88: Politisierung nach Gemeinden

Gemeinde	Kommunalpolitische Entscheidungen[1]	Kommunalpolitik von Disharmonie geprägt[2]
Alsfeld	26,1	65,2
Bickenbach	13,0	8,7
Biedenkopf	33,3	81,5
Bruchköbel	40,7	88,9
Büttelborn	11,1	44,4
Eppstein	24,1	69,0
Erzhausen	23,5	64,7
Felsberg	22,2	61,1
Frankenberg	30,0	25,0
Frielendorf	16,0	32,0
Gelnhausen	27,5	77,5
Guxhagen	32,0	68,0
Helsa	30,0	75,0
Heuchelheim	17,9	42,9
Hüttenberg	23,1	73,1
Kassel	53,3	86,7
Kelkheim	22,6	64,5
Limburg	39,4	60,6
Petersberg	13,0	34,8
Ranstadt	14,3	57,1
Reinheim	30,4	82,6
Reiskirchen	37,5	83,3
Rüdesheim	40,0	86,7
Selters	25,9	25,9
Viernheim	47,2	63,9
Wiesbaden	29,5	56,8
Witzenhausen	26,1	95,7
Wolfhagen	36,4	36,4
MW	28,1	61,1
SD	10,5	22,4
Min	11,1	8,7
Max	53,3	95,7

Anmerkungen: 1) Auf Grundlage der Kommunalpolitikerbefragung wird für jede Gemeinde der Anteil der Mandatsträger berechnet, die der Aussage „Bei wichtigen kommunalpolitischen Entscheidungen in Ihrer Gemeinde/Stadt spielen Konflikte zwischen sozialen Gruppen eine wichtige Rolle" eher und voll zugestimmt haben. 2) Auf Grundlage der Kommunalpolitikerbefragung wird für jede Gemeinde der Anteil der Mandatsträger berechnet, die der Aussage „Kommunalpolitik in Ihrer Gemeinde/Stadt ist von Harmonie geprägt" überhaupt nicht und eher nicht zugestimmt haben.

Indikator der Zufriedenheit mit lokalen Institutionen

Tabelle 89: Zufriedenheit mit lokalen Institutionen nach Gemeinden

Gemeinde	Anteil der Bürger, die mit den Leistungen lokaler Institutionen zufrieden sind
Alsfeld	48,1
Bickenbach	82,4
Biedenkopf	62,0
Bruchköbel	77,4
Büttelborn	78,3
Eppstein	77,5
Erzhausen	60,3
Felsberg	80,3
Frankenberg	81,2
Frielendorf	75,0
Gelnhausen	77,4
Guxhagen	84,2
Helsa	75,5
Heuchelheim	64,9
Hüttenberg	81,6
Kassel	64,3
Kelkheim	81,8
Limburg	70,3
Petersberg	81,5
Ranstadt	72,3
Reinheim	76,3
Reiskirchen	66,7
Rüdesheim	63,9
Selters	75,5
Viernheim	80,8
Wiesbaden	66,2
Witzenhausen	65,3
Wolfhagen	79,1
MW	73,2
SD	8,7
Min	48,1
Max	84,2

Anmerkungen: Auf Basis der Bürgerbefragung wird für jede Gemeinde der Anteil der Bürger ermittelt, die auf einer Zufriedenheitsskala von 0 bis 10 einen Wert größer als 5 haben. Die Zufriedenheitsskala setzt sich aus Items zur Zufriedenheit mit der Arbeit der Stadt- oder Gemeindeverwaltung, der Parteien, der Gemeindevertretung und des Bürgermeisters zusammen. Alle Fragen konnten die Bürger jeweils auf einer Skala von 0 bis 10 beantworten, bei der 0 „überhaupt nicht zufrieden" und 10 „sehr zufrieden" bedeutet. Eine Hauptkomponentenanalyse zeigt für alle Gemeinden eine einfaktorielle Lösung, Cronbach's Alpha liegt zwischen 0,85 (Alsfeld) und 0,91 (Petersberg). Die verwendeten Items werden in Kapitel 4.4.1 dargestellt.

Indikatoren der Haltungen der Kommunalpolitiker zur EU

Tabelle 90: Haltungen der Kommunalpolitiker zur EU nach Gemeinden

Gemeinde	Bedauern eines EU-Scheiterns[1]	Zustimmung zur weiteren EU-Integration[2]	Vorteile der Gemeinde durch die EU[3]	Zufriedenheit mit der Demokratie in der EU[4]
Alsfeld	73,9	47,8	17,4	21,7
Bickenbach	82,6	60,9	39,1	13,0
Biedenkopf	74,1	29,6	18,5	18,5
Bruchköbel	81,5	63,0	18,5	18,5
Büttelborn	92,6	74,1	33,3	33,3
Eppstein	79,3	48,3	31,0	34,5
Erzhausen	82,4	76,5	41,2	29,4
Felsberg	83,3	55,6	27,8	22,2
Frankenberg	80,0	75,0	50,0	50,0
Frielendorf	72,0	60,0	32,0	28,0
Gelnhausen	67,5	47,5	20,0	20,0
Guxhagen	76,0	56,0	20,0	28,0
Helsa	75,0	80,0	30,0	25,0
Heuchelheim	96,4	75,0	46,4	32,1
Hüttenberg	73,1	69,2	50,0	30,8
Kassel	80,0	60,0	70,0	26,7
Kelkheim	83,9	74,2	45,2	19,4
Limburg	90,9	66,7	36,4	39,4
Petersberg	78,3	52,2	43,5	26,1
Ranstadt	50,0	42,9	28,6	28,6
Reinheim	78,3	60,9	47,8	30,4
Reiskirchen	79,2	62,5	33,3	25,0
Rüdesheim	66,7	66,7	33,3	53,3
Selters	70,4	44,4	22,2	33,3
Viernheim	88,9	66,7	55,6	22,2
Wiesbaden	86,4	77,3	36,4	27,3
Witzenhausen	82,6	73,9	52,2	39,1
Wolfhagen	72,7	63,6	45,5	13,6
MW	78,5	61,8	36,6	28,2
SD	9,2	12,4	13,0	9,4
Min	50,0	29,6	17,4	13,0
Max	96,4	80,0	70,0	53,3

Anmerkungen: Kommunalpolitikerbefragung. 1) Anteil der Kommunalpolitiker in Prozent, die angegeben haben, dass sie es „ziemlich" bzw. „sehr bedauern" würden, wenn die Europäische Union scheitern würde (Frage 9). 2) Die Kommunalpolitiker wurden gefragt, ob die Europäische Einigung schon zu weit gegangen ist oder weiter vorangetrieben werden sollte. Dabei konnten die Politiker eine Zahl zwischen 0 („Die Europäische Einigung ist schon zu weitgegangen") und 10 („Die Europäische Einigung sollte weiter vorangetrieben werden") wählen. Mit den Zahlen dazwischen konnte die Meinung abgestuft werden. Für jede Gemeinde wurde der Anteil der Kommunalpolitiker berechnet, die auf der 11-Punkte-Skala einen Wert von sechs oder höher angegeben haben (Frage 10). 3) Anteil der Kommunalpolitiker in Prozent, die durch die Europäische Union „mehr Vorteile als Nachteile" bzw. „nur Vorteile" für ihre Gemeinde sehen (Frage 8b). 4) Die Kommunalpolitiker wurden gefragt, wie zufrieden sie mit dem Funktionieren der Demokratie in der Europäischen Union sind. Die Frage konnten sie auf einer Skala von 0 bis 10 beantworten, bei der 0 „überhaupt nicht zufrieden" und 10 „sehr zufrieden" bedeutet. Für jede Gemeinde wurde der Anteil der Kommunalpolitiker berechnet, die auf der Skala mindestens den Wert sechs angegeben haben (Frage 7c).

Indikatoren der städtepartnerschaftlichen Beziehungen

Tabelle 91: Städtepartnerschaftliche Beziehungen nach Gemeinden

Gemeinde	Anzahl der EU-Partnerstädte	Dauer der EU-Städtepartnerschaften	Fahrten in die EU-Partnerstädte
Alsfeld	5	171	0
Bickenbach	2	11	6
Biedenkopf	5	180	7,5
Bruchköbel	2	40	0
Büttelborn	0	0	0
Eppstein	3	46	4
Erzhausen	2	13	4
Felsberg	2	46	2
Frankenberg	4	120	8
Frielendorf	1	0	0
Gelnhausen	2	77	9
Guxhagen	0	0	0
Helsa	2	68	2
Heuchelheim	2	54	3
Hüttenberg	2	32	3
Kassel	4	172	15,5
Kelkheim	2	59	2
Limburg	3	93	0
Petersberg	2	18	5
Ranstadt	0	0	0
Reinheim	3	47	13,5
Reiskirchen	2	28	3
Rüdesheim	4	146	2
Selters	0	0	0
Viernheim	3	96	29
Wiesbaden	7	248	–
Witzenhausen	3	76	3
Wolfhagen	2	27	3
MW	2,5	66,7	4,6
SD	1,6	65,4	6,3
Min	0	0	0
Max	7	248	29

Anmerkungen: Eigene Berechnungen auf Basis einer schriftlichen Befragung der Gemeindeverwaltungen.

Indikatoren der religiösen Fragmentierung

Tabelle 92: Religion nach Gemeinden

Gemeinde	Anteil der Protestanten[1]	Anteil der Katholiken[1]	Anteil Sonstige[2]	Religiöse Fragmentierung[3]
Alsfeld	68,8	16,1	15,1	1,92
Bickenbach	43,5	18,7	37,8	2,72
Biedenkopf	63,3	11,1	25,6	2,09
Bruchköbel	39,1	24,7	36,2	2,90
Büttelborn	40,9	19,9	39,2	2,77
Eppstein	26,9	34,4	38,7	2,94
Erzhausen	39,6	19,1	41,3	2,75
Felsberg	69,0	11,0	20,0	1,89
Frankenberg	67,5	15,3	17,2	1,97
Frielendorf	83,6	7,8	8,6	1,40
Gelnhausen	42,9	30,2	26,9	2,88
Guxhagen	74,0	12,3	13,7	1,72
Helsa	74,8	12,9	12,3	1,69
Heuchelheim	52,1	14,9	33,0	2,48
Hüttenberg	82,5	14,6	2,9	1,42
Kassel	43,2	15,3	41,5	2,62
Kelkheim	26,9	35,7	37,4	2,94
Limburg	16,4	49,7	33,9	2,57
Petersberg	16,5	69,1	14,4	1,90
Ranstadt	63,4	16,8	19,8	2,13
Reinheim	52,5	20,8	26,7	2,56
Reiskirchen	60,7	15,4	23,9	2,23
Rüdesheim	17,7	58,4	23,9	2,33
Selters	18,1	47,1	34,8	2,66
Viernheim	22,0	45,6	32,4	2,77
Wiesbaden	28,8	24,0	47,2	2,75
Witzenhausen	68,2	16,0	15,8	1,94
Wolfhagen	71,8	14,2	14,0	1,80
MW	49,1	24,7	26,2	2,31
SD	21,7	15,8	11,7	0,48
Min	16,4	7,8	2,9	1,40
Max	83,6	69,1	47,2	2,94

Anmerkungen: 1) Eigene Berechnung auf Basis einer schriftlichen Befragung der Gemeindeverwaltungen. 2) 100-(Anteil Protestanten+Anteil Katholiken) 3) Für die Berechnung des religiösen Fragmentierungsgrads werden die Anteilswerte der Protestanten, Katholiken und Sonstige zunächst quadriert und anschließend addiert. Die Summe wird anschließend durch ‚1' dividiert. Der Wert ‚1' entspricht damit der geringsten Fragmentierung.

Indikatoren des Werteklimas

Tabelle 93: Anteil der Postmaterialisten und der Materialisten nach Gemeinden

Gemeinde	Anteil der Postmaterialisten	Anteil der Materialisten
Alsfeld	25,1	11,2
Bickenbach	38,3	9,6
Biedenkopf	25,2	10,0
Bruchköbel	29,9	7,6
Büttelborn	24,4	10,6
Eppstein	33,9	8,3
Erzhausen	29,9	4,8
Felsberg	24,9	9,2
Frankenberg	27,0	9,9
Frielendorf	26,3	9,7
Gelnhausen	27,5	10,4
Guxhagen	31,9	6,5
Helsa	27,0	8,4
Heuchelheim	27,1	9,3
Hüttenberg	26,0	8,4
Kassel	34,7	9,6
Kelkheim	24,4	7,9
Limburg	28,6	9,4
Petersberg	30,8	11,3
Ranstadt	28,1	9,5
Reinheim	25,3	10,7
Reiskirchen	26,6	12,5
Rüdesheim	22,9	13,3
Selters	27,9	12,8
Viernheim	22,3	11,4
Wiesbaden	28,7	11,3
Witzenhausen	26,3	9,3
Wolfhagen	27,3	16,8
MW	27,8	10,0
SD	3,6	2,3
Min	22,3	4,8
Max	38,3	16,8

Anmerkungen: Auf Grundlage der individuellen Wertorientierung wird für jede Gemeinde der Anteil der Postmaterialisten bzw. Materialisten berechnet. Die Erhebung der individuellen Wertorientierung basiert auf dem klassischen Vier-Item-Katalog nach Inglehart (siehe Abschnitt 4.2.2).

Indikatoren des Ausländeranteils

Tabelle 94: Ausländeranteil nach Gemeinden

Gemeinde	Anteil der Ausländer	Anteil der Nicht-EU-Ausländer	Anteil der Türken
Alsfeld	6,5	2,2	0,7
Bickenbach	8,4	5,8	2,5
Biedenkopf	8,0	5,4	2,8
Bruchköbel	6,4	7,2	3,7
Büttelborn	8,9	10,4	5,4
Eppstein	9,7	8,4	2,0
Erzhausen	8,6	5,8	2,5
Felsberg	4,5	2,6	1,1
Frankenberg	4,3	2,8	1,1
Frielendorf	1,8	2,6	1,1
Gelnhausen	8,5	7,2	3,7
Guxhagen	2,3	2,6	1,1
Helsa	2,3	13,6	5,7
Heuchelheim	7,2	5,0	2,0
Hüttenberg	4,2	5,7	2,7
Kassel	11,6	13,6	1,2
Kelkheim	11,3	8,4	1,2
Limburg	11,8	5,4	2,7
Petersberg	2,9	3,5	1,2
Ranstadt	3,8	6,0	2,5
Reinheim	8,4	5,8	2,5
Reiskirchen	3,8	5,0	2,2
Rüdesheim	12,3	5,2	2,0
Selters	4,5	5,4	2,7
Viernheim	15,4	5,9	2,7
Wiesbaden	20,3	10,8	4,1
Witzenhausen	4,7	2,0	0,6
Wolfhagen	2,6	13,6	5,7
MW	7,3	6,3	2,7
SD	4,4	3,4	1,5
Min	1,8	2,0	0,6
Max	20,3	13,6	5,7

Anmerkungen: 1) Anteil der nicht-deutschen Bevölkerung an der Gesamtbevölkerung einer Gemeinde in Prozent 2008. Quelle: Hessisches Statistisches Landesamt. Hessische Gemeindestatistik. Ausgewählte Strukturdaten aus Bevölkerung und Wirtschaft. Wiesbaden. 2) Hessisches Statistisches Landesamt. Statistische Berichte. Ausländer in Hessen am 31. Dezember 2008. Daten auf Gemeindeebene disaggregiert.

Indikatoren der Finanzsituation der Gemeinden

Tabelle 95: Finanzsituation der Gemeinden

Gemeinde	Verschuldung pro Einwohner		Gewerbesteuereinnahmen pro Einwohner	
	zum 31.12.2008 in Euro	Mittelwert von 2000 bis 2008 in Euro	zum 31.12.2008 in Euro	Mittelwert von 2000 bis 2008 in Euro
Alsfeld	896	949	264	185
Bickenbach	454	532	347	265
Biedenkopf	871	904	289	320
Bruchköbel	1120	813	145	79
Büttelborn	569	578	143	108
Eppstein	1001	822	377	239
Erzhausen	327	128	72	69
Felsberg	1778	944	88	79
Frankenberg	1000	938	204	169
Frielendorf	3894	2139	77	45
Gelnhausen	1077	1078	317	273
Guxhagen	384	359	253	130
Helsa	1213	1208	48	81
Heuchelheim	512	929	489	308
Hüttenberg	458	172	162	92
Kassel	1686	1474	631	428
Kelkheim	914	757	153	113
Limburg	561	758	517	428
Petersberg	255	327	141	134
Ranstadt	1078	942	121	100
Reinheim	328	226	194	113
Reiskirchen	183	252	258	150
Rüdesheim	1643	1634	247	133
Selters	736	787	48	69
Viernheim	946	680	316	223
Wiesbaden	1226	1351	822	633
Witzenhausen	1036	1063	235	136
Wolfhagen	952	887	194	109
MW	967,8	844,0	255,4	186,1
SD	714,5	457,7	180,8	136,2
Min	183	127,8	47,7	45,1
Max	3894	2138,6	822,3	633,4

Anmerkungen: Eigene Berechnung auf Basis der vom Hessischen Statistischen Landesamt zur Verfügung gestellten Hessischen Gemeindestatistik (verschiedene Jahrgänge).

Indikatoren der Wirtschaftslage

Tabelle 96: Wirtschaftslage nach Gemeinden

Gemeinde	Arbeitslosenquote 2008 (in Prozent)[1]	Hilfequote 2008 (in Prozent)[2]	GfK-Kaufkraft 2009 (in Euro/ Einwohner)[3]	Haushalte mit Einkommen > 4000 Euro[4]
Alsfeld	9,4	12,8	17.716	21,0
Bickenbach	3,8	4,2	23.178	42,0
Biedenkopf	4,8	7,4	19.091	18,9
Bruchköbel	3,6	4,5	23.279	41,2
Büttelborn	4,4	6,1	22.998	48,9
Eppstein	3,4	3,3	27.035	62,5
Erzhausen	3,9	4,3	22.966	38,7
Felsberg	5,3	7,3	18.881	25,2
Frankenberg	7,6	9,0	17.375	21,6
Frielendorf	5,9	7,0	16.744	19,6
Gelnhausen	4,9	6,0	21.916	27,4
Guxhagen	4,0	4,2	20.154	35,7
Helsa	7,1	7,8	17.924	9,4
Heuchelheim	7,0	6,5	20.608	14,9
Hüttenberg	3,9	5,3	19.374	31,9
Kassel	12,4	18,0	17.531	9,4
Kelkheim	3,4	3,0	27.887	62,6
Limburg	9,2	16,4	19.088	19,3
Petersberg	4,1	4,2	20.221	34,7
Ranstadt	5,3	6,3	19.553	23,4
Reinheim	7,3	9,3	21.116	32,9
Reiskirchen	6,9	8,0	18.812	28,4
Rüdesheim	7,6	7,8	18.665	19,2
Selters	4,5	4,5	17.279	13,8
Viernheim	7,8	12,0	20.128	24,4
Wiesbaden	7,6	13,5	21.673	22,2
Witzenhausen	9,1	12,3	17.466	14,0
Wolfhagen	6,4	9,1	17.795	19,5
MW	6,1	7,9	20.230,5	28,0
SD	2,3	3,9	2.825,3	14,0
Min	3,4	3,0	16.744	9,4
Max	12,4	18,0	27.887	62,6

Anmerkungen: 1) Arbeitslosenquote in 2008 (in Prozent). Eigene Berechnung auf Basis der von der Statistik der Bundesagentur für Arbeit zur Verfügung gestellten Daten. 2) Hilfequote in 2008 in Prozent. Eigene Berechnung auf Basis der von der Statistik der Bundesagentur für Arbeit und der vom Hessischen Statistischen Landesamt zur Verfügung gestellten Daten. 3) GfK GeoMarketing. 4) Eigene Berechnung auf Basis der von der GfK GeoMarketing zur Verfügung gestellten GfK Bevölkerungsstrukturdaten 2008.

Indikatoren der EU-Transferzahlungen

Tabelle 97: EU-Transferzahlungen nach Gemeinden

Gemeinde	EFRE 2008 in Euro/Einwohner[1]	ESF 2008 in Euro/Einwohner[2]	Agrar 2008 in Euro/Einwohner[3]
Alsfeld	1,47	17,34	173,38
Bickenbach	0,00	0,00	26,07
Biedenkopf	0,00	0,00	16,12
Bruchköbel	0,00	0,00	41,17
Büttelborn	0,00	0,00	33,20
Eppstein	0,00	0,00	3,32
Erzhausen	0,00	0,00	6,18
Felsberg	0,00	78,72	151,70
Frankenberg	0,00	38,29	20,35
Frielendorf	0,00	0,00	175,66
Gelnhausen	1,86	24,00	7,66
Guxhagen	0,00	0,00	94,16
Helsa	118,05	0,00	7,58
Heuchelheim	0,00	0,00	36,42
Hüttenberg	0,00	0,00	48,19
Kassel	22,63	28,16	3,77
Kelkheim	0,00	0,00	0,00
Limburg	11,12	48,78	20,25
Petersberg	0,00	18,51	37,41
Ranstadt	0,00	0,00	90,45
Reinheim	0,00	0,00	39,72
Reiskirchen	0,00	0,00	42,29
Rüdesheim	0,00	0,00	92,85
Selters	0,00	0,00	61,17
Viernheim	0,00	0,00	6,80
Wiesbaden	63,29	81,14	6,91
Witzenhausen	9,64	6,80	81,77
Wolfhagen	0,00	129,53	127,11
MW	8,15	16,83	51,84
SD	24,96	31,93	52,41
Min	0	0	0
Max	118,05	129,53	175,66

Anmerkungen: 1) Eigene Zusammenstellung auf Basis der Angaben der Internetseite www.efre.hessen.de (Zugriff am 11.08.2009). 2) Eigene Zusammenstellung auf Basis der Angaben der Internetseite www.esf-hessen.de (Zugriff am 11.08.2009). 3) Eigene Zusammenstellung auf Basis der Angaben des Internetportals www.agrar-fischerei-zahlungen.de (Zugriff am 9.9.2009).